FOURTH EDITION

ALLONS-Y!
LE FRANÇAIS PAR ÉTAPES

▼ ▼

JEANNETTE D. BRAGGER
The Pennsylvania State University

DONALD B. RICE
Hamline University

HH Heinle & Heinle Publishers

I Ⓣ P An International Thomson Publishing Company
Boston, Massachusetts 02116 USA

The publication of **Allons-y! Fourth Edition** was directed by the members of the
Heinle & Heinle French, German, and Russian Publishing Team:

Elizabeth Holthaus and Stan Galek, Team Leaders
Wendy Nelson, Editorial Director
Amy R. Terrell, Market Development Director
Gabrielle B. McDonald, Production Services Coordinator

Also participating in the publication of this program were:

Publisher:	Stan Galek
Director of Production:	Elizabeth Holthaus
Managing Developmental Editor:	Amy Lawler
Project Manager:	Anita L. Raducanu/A+ Publishing Services
Photo/Video Specialist:	Jonathan Stark
Associate Editor:	Diana Bohmer
Associate Market Development Director:	Melissa Tingley
Production Assistant:	Lisa Winkler
Manufacturing Coordinator:	Barbara Stephan
Photo Coordinators:	Jerry Christopher
	Martha Leibs-Heckly
Illustrators:	Devera Ehrenberg
	Jane O'Conor
	Len Shalansky
Interior Designers:	Marsha Cohen
	ImageSet Design
Cover Illustrator:	Nicole Hupin-Otis
Cover Designer:	Mark E. Caleb

Library of Congress Cataloging-in-Publication Data

Bragger, Jeannette D.
    Allons-y! : le français par étapes / Jeannette D. Bragger, Donald
Rice. -- 4th ed.
        p.   cm.
    ISBN 0-8384-6449-1
    1. French language--Textbooks for foreign speakers--English.
I. Rice, Donald, 1937–   II. Title.
PC2129.E5B65   1995
448.2'421--dc20
                                                    95-42316
                                                    CIP

Manufactured in the United States of America

ISBN: 0-8384-6449-1 (student text)
ISBN: 0-8384-6454-8 (instructor's annotated edition package: 2-volume set)

10 9 8 7 6 5 4 3 2

Michel Kerguézec
Locmariaquer, France

TABLE DES MATIÈRES

PREMIÈRE PARTIE

Mireille Loiseau
Paris, France

TABLE DES MATIÈRES

FOURTH EDITION

ALLONS-Y! LE FRANÇAIS PAR ÉTAPES

PREMIÈRE PARTIE

*Mireille Loiseau
Paris, France*

JEANNETTE D. BRAGGER
The Pennsylvania State University

DONALD B. RICE
Hamline University

HH Heinle & Heinle Publishers

I(T)P An International Thomson Publishing Company
Boston, Massachusetts 02116 USA

The publication of **Allons-y! Fourth Edition** was directed by the members of the Heinle & Heinle French, German, and Russian Publishing Team:

Elizabeth Holthaus and Stan Galek, Team Leaders
Wendy Nelson, Editorial Director
Amy R. Terrell, Market Development Director
Gabrielle B. McDonald, Production Services Coordinator

Also participating in the publication of this program were:

Publisher:	Stan Galek
Director of Production:	Elizabeth Holthaus
Managing Developmental Editor:	Amy Lawler
Project Manager:	Anita L. Raducanu/A+ Publishing Services
Photo/Video Specialist:	Jonathan Stark
Associate Editor:	Diana Bohmer
Associate Market Development Director:	Melissa Tingley
Production Assistant:	Lisa Winkler
Manufacturing Coordinator:	Barbara Stephan
Photo Coordinators:	Jerry Christopher
	Martha Leibs-Heckly
	Devera Ehrenberg
	Jane O'Conor
Illustrators:	Len Shalansky
	Marsha Cohen
Interior Designers:	ImageSet Design
	Nicole Hupin-Otis
Cover Illustrator:	Mark E. Caleb
Cover Designer:	

Library of Congress Cataloging-in-Publication Data

Bragger, Jeannette D.
    Allons-y! : le français par étapes / Jeannette D. Bragger, Donald
Rice. -- 4th ed.
    p.   cm.
    ISBN 0-8384-6449-1
    1. French language--Textbooks for foreign speakers--English.
I. Rice, Donald, 1937–   II. Title.
PC2129.E5B65   1995
448.2'421--dc20
                              95-42316
                                  CIP

Manufactured in the United States of America

ISBN: 0-8384-6449-1 (student text)
ISBN: 0-8384-6454-8 (instructor's annotated edition package: 2-volume set)

10 9 8 7 6 5 4 3 2

Michel Kerguézec
Locmariaquer, France

Véronique Béziers
Tarascon, France

CHAPITRE QUATRE • Allons en ville!   126

Masslya Fodéba
Dakar, Sénégal

DEUXIÈME PARTIE

*Claire Maurant
Strasbourg, France*

Madame Thibaudet
Bordeaux, France

Jean Hébert
Lyon, France

CHAPITRE HUIT • Soignons-nous!   298

M. Ahmed Abdiba
Fès, Maroc

TROISIÈME PARTIE

Intégration culturelle • LA FRANCE EN IMAGES — 340

CHAPITRE NEUF • Faisons des études à l'étranger! — 344

Peter Robidoux
Baton Rouge, Louisiane

CHAPITRE DIX • Installons-nous!   388

Anne et Yves Coron
Caen, France

CHAPITRE ONZE • Habillons-nous! 422

*Marie-Claude Étienne
Pointe-à-Pitre, Gaudeloupe*

*François Maillet
Toulouse, France*

CHAPITRE TREIZE • Voyageons!   532

Isabelle et Martine Moix
Lausanne, Suisse

CHAPITRE QUATORZE • Dînons!   582

*René Délavenne
Trois Rivières, Québec*

MAPS

▼▼▼▼▼▼▼▼▼▼▼▼▼▼▼▼▼▼▼▼▼▼▼

ALLONS-Y! Le français par étapes, Fourth Edition, is an integrated learning system designed to provide beginning-level students with immediately useful language skills in French. It is comprised of a mutually supporting network of learning components:

- a textbook (with student edition annotations)
- a workbook
- student audio tapes and CDs
- a special Instructor's Annotated Edition (conveniently divided into two paperback booklets)
- instructor's audio tapes
- a new culture-based video program
- a testing program in two formats: printed and computerized
- computer software: *Système-D 2.1: Writing Assistant for French*
- multimedia computer software: *Nouvelles dimensions*
- a resource manual for instructors
- an Instructor's Resource Kit

Together, these components provide students with unprecedented opportunities for listening to, speaking, reading, and writing French. They also open up the classroom and language lab to the sights and sounds of the French-speaking world.

Because we are convinced that creative use of language is possible from the outset, we have developed a program that allows for maximum interaction among students and between students and instructors, beginning with the preliminary lessons. Interaction is based on tasks to be accomplished and on effective linguistic functioning in the types of situations likely to be encountered in real life. We have tried to put into practice the principles set forth in the ACTFL Proficiency Guidelines so that we may help students function as accurately as possible in a variety of contexts.

By retaining the best of the Third Edition, and by making changes on the basis of the suggestions of numerous users, we have tried to insure that the Fourth Edition of *ALLONS-Y!* will be even more useable and exciting than the first.

To the Student

As you begin to use the French language, you will quickly discover that your interaction with French speakers or your classmates need not be postponed to some unspecified point in the future. It might help convince you of this to know that of the 80,000 words found in the French language, the average French person uses only about 800 on a daily basis. *Therefore, the most important task ahead of you is not to **accumulate** as much knowledge as possible about French grammar and vocabulary, but to **use** what you do know as effectively and as creatively as you can.*

Communication in a foreign language means understanding what others say and transmitting your own messages in such a way as to avoid misunderstandings. As you learn to do this, you will make the kinds of errors that are necessary to language learning. Consequently, errors should be seen by you as a positive step toward effective communication. They advance rather than hinder you in your efforts.

In using the Fourth Edition of *ALLONS-Y!*, you may be interested to learn about the capabilities of version 2.1 of the award-winning software program ***Système-D: Writing Assistant for French,*** since it is with this software in mind that we constructed the open-ended composition exercises found in the Workbook. ***Système-D's*** array of on-line tools include:

- a bilingual dictionary of more than 8,000 entries complete with examples of usage
- a verb conjugator that can call up over 500,000 conjugated verb forms
- an on-line reference grammar
- an index to functional phrases
- sets of thematically related vocabulary items

An on-line word processor enables you to capture the fruits of your labors in an electronic file that, when printed out, provides both you and your instructor with a legible product.

Acknowledgments

We would like to thank the following people at Heinle & Heinle Publishers who worked closely with us on the Fourth Edition of *ALLONS-Y!:* Charles H. Heinle, Stan Galek, Elizabeth Holthaus, Wendy Nelson, Amy Lawler, and Diana Bohmer. We would also like to thank: Gabrielle B. McDonald, Production Coordinator; Lisa Winkler, Production Assistant; Amy Terrell, Market Development Director; Melissa Tingley, Associate Market Director; and Jonathan Stark, Photo/Video Specialist.

In addition, we would like to thank: our project manager, Anita Raducanu of A+ Publishing Services: the artists Devera Ehrenberg, Jane O'Conor, and Len Shalansky; and the photographer Stuart Cohen.

We would like to acknowledge the contributions of the following colleagues who reviewed the Third Edition and made excellent suggestions for revisions:

- Elizabeth T. Blount, University of South Carolina
- Mary Ellen Scullen, University of Louisville
- Kenneth H. Rogers, University of Rhode Island
- Amber Landis, Illinois State University
- Wendy Pfeffer, University of Louisville
- Denise Phillippe, Ohio State University
- Catherine Marin, Georgia Tech University
- Susan Hendrickson, Arizona State University

Finally, our special thanks, as always, go to Baiba and Mary, who continue to support and encourage us during the many hours spent in front of the computers. As for Alexander, whose arrival on the scene preceded that of the First Edition by only a few months, he's now working on Chapter 12. He has been joined by Hilary who is making her way through Chapter 7. At this pace, they will both finish *ALLONS-Y!* in time to go to college!

J.D.B.
D.B.R.

Première Partie

Although you are just beginning to study French, can you already understand any of the signs shown on the stores in this typical French city?

Étape préliminaire

ÉTAPE SUPPORT MATERIALS

Cahier: pp. 1–8

 Student Tape: Étape préliminaire

Like the learning of most skills, the learning of French requires *attention, practice,* and *patience.* It also requires that you abandon any general misconceptions you may have and change certain habits associated with speaking English. The following introductory exercises will demonstrate some basic language principles involved in learning French.

A. Draw the picture suggested by each word.

1. a window

2. a loaf of bread

3. a washcloth

You probably drew a picture of a window that slides up and down; a French person would more likely draw a window that opens out. Your bread probably had the form of a rectangular loaf; the French person's bread would be a long, thin **baguette** or a round **pain de campagne.** And you would probably not be able to slide your hand *into* the washcloth you drew as you could with a French **gant de toilette** *(wash glove).*

- *Basic principle 1: Languages are culture-specific. Words exist to express notions relevant to a particular culture.*

B. Give an idiomatic version of each awkward phrase.

1. You can me see?
2. I me brush the teeth.
3. I have shame to it admit.
4. She is mounted into the bus.

Each of the preceding sentences is a word-for-word translation of a French sentence. Although it is possible to convey the same idea in both French and English, word order and word choice differ.

- *Basic principle 2: It is not possible to translate word for word from French to English or from English to French. You must find the equivalent structure in each language.*

C. Listen to your instructor say each sentence.

1. Je ne sais pas pourquoi.
2. Est-ce que vous avez un stylo?
3. Ce ne sont pas mes gants.
4. Il est déjà parti, non?

You will notice that, although each written sentence has at least five words, the spoken sentence sounds almost like one long word. You will also notice that certain sounds "slide together" with the sounds that follow them and that other sounds are dropped entirely.

- *Basic principle 3: French is spoken in groups of words. You should learn to listen for the group rather than for isolated words. If you try to listen in English (that is, translate as you go), you will rapidly get lost. Try hard to listen in French.*

D. Repeat the English vowels *a, e, i, o, u.* Watch other people in the class repeat the same vowels. Now watch your instructor pronounce the French vowels **a, e, i, o, u.** Say this English sentence: "What are you going to do next summer?" Now watch your instructor say the equivalent French sentence: **Qu'est-ce que tu vas faire l'été prochain?** You will probably have noticed that your instructor's mouth moves more distinctly in pronouncing French than do the mouths of people speaking English.

- *Basic principle 4: You cannot speak French with a "lazy" mouth. Learn to open and close your mouth, to spread and round your lips as a particular sound requires.*

E. Pronounce each English word.

roof / aunt / tomato / either / route

There is probably a certain amount of variation in the way you and your classmates pronounce these words. Yet whether you say [rŏŏf] or [rōōf], the word remains comprehensible. However, if you were to allow the same vowel variation in *full* and *fool*, there would certainly be confusion.

- *Basic principle 5: Certain sounds, called phonemes, contrast with each other to create the distinctions necessary to form meaning. Learn to articulate the phonemes of French as correctly as possible.*

The first twelve chapters of this book will give you practice in recognizing and articulating the phonemes of French. In addition, the preliminary exercises on the Student Tape provide a quick introduction to the basic sounds you will need.

F.   Pronounce each English word.

night / through / knave / knowledge / doubt

In each case, certain letters are not pronounced. This situation occurs even more frequently in French. Listen to your instructor pronounce the following French words.

mais / champ / lisent / prend / peine

Very often a letter is silent in French when it falls at the end of a word. In addition, the letter **h** is never pronounced.

homme / honnête / hôtel

- *Basic principle 6: There is no one-to-one correspondence between spoken and written French. As a general rule, the spoken form is shorter and simpler than the written.*

The pronunciation exercises in the first eleven chapters of the book will also help you to learn to recognize the relationships between sound and spelling in French.

G.   Try to guess the English meanings of the following French words.

imaginer	important	vérifier	catholique	délicieux
musicien	pharmacie	optimiste	naturel	profession

Now do the same with these French words.

wagon / lecture / car / figure / rester / demander

You were undoubtedly able to guess almost all of the words in the first group; these are called *cognates.* Thanks to the large number of cognates between French and English, you begin your study of French with a considerable vocabulary. However, the words in the second group are *false cognates* (the French call them **faux amis,** or *false friends*). A **wagon** is not a wagon, but a *railroad car;* a **lecture** is a *reading,* not a lecture; a **car** is a *bus,* not an automobile. Your **figure** is your *face,* not your figure. **Rester** does not mean to rest, but rather *to stay,* and **demander** means *to ask for,* not to demand. Therefore, although there are hundreds of cognates, beware of false friends.

- *Basic principle 7: There are many similarities between French and English vocabulary. However, always check an apparent cognate to see if it makes sense in its context.*

H. Point out the spelling differences between these cognates.

theater / **théâtre**   facade / **façade**   premier / **première**

Although the letters of the French alphabet are the same as those of the English alphabet, French uses *diacritic marks* (sometimes called accent marks), which have two basic purposes:

1. to distinguish between words that are pronounced the same but have different meanings (example: **ou** = *or,* **où** = *where*);
2. to identify the different pronunciations of the same letter (example: the **c** of **local** is pronounced [k]; the **ç** of **français** is pronounced [s]).

The most frequently used diacritics are:

Accent aigu (*acute accent*)	Used above the letter **e** to signal the closed vowel [e]: **été**
Accent grave (*grave accent*)	Used above the letter **e** to signal the open vowel sound [ɛ]: **père;** used above the vowels **a** and **u** to distinguish between like-sounding words—**la, là; ou, où**
Accent circonflexe (*circumflex*)	Used above a vowel to indicate the disappearance of an **s** from the earlier form of the word: **château, fête, maître, hôte, coût**
Cédille (*cedilla*)	Used below the letter **c** before **a, o,** or **u** when the consonant is pronounced [s]: **leçon**

■ *Basic principle 8: A French word is not spelled correctly unless its diacritic marks are in place.*

Now that you have these principles in mind, it's time to begin learning some French. **Allons-y!**

PREMIÈRE ÉTAPE

Point de départ

▼▼▼▼▼▼▼▼▼▼▼▼

Allons au café!

—**S'il vous plaît,** *Monsieur...*
—*Un moment, Madame... Oui, Madame,*
  vous désirez?
—*Un express, s'il vous plaît.*

—*Voilà... Un express* **pour** *Madame.*
—*Merci, Monsieur.*
—**Je vous en prie,** *Madame.*

Allons au café!: Let's go to
   the café!

please / for

you're welcome

LES BOISSONS CHAUDES

un café crème

un express   un café au lait

un thé nature

un thé citron   un thé au lait

Culture: If you order simply **un café,** you will get **un
express**—black, fairly
strong coffee. If you want a
cup of coffee with cream,
order **un café crème. Un
café au lait,** normally
served at breakfast, con-
tains roughly equal parts of
coffee and steamed milk.

LA BIÈRE ET LE VIN

une bière française

un demi   une bière
          allemande

un kir

un verre   un verre
de rouge   de blanc

This vocabulary is further
explained on p. 8.

LES BOISSONS FROIDES NON-ALCOOLISÉES

un Coca — un Orangina — une limonade — un Perrier — un Vittel — une menthe à l'eau — un lait fraise — un citron pressé — un diabolo citron

Vocabulary: Like **Coca,** the words **Orangina, Perrier,** and **Vittel** are registered trademarks and thus must be capitalized.

allemande   German
au lait   with milk
blanc   white
un citron pressé   lemonade; **une orange pressée**   orangeade
un demi   draught beer
un diabolo citron   **limonade** mixed with lemon-flavored syrup;
   limonade may also be mixed with other flavors—**un diabolo menthe**
   (mint), **un diabolo fraise** (strawberry)
un kir   white wine with black currant liqueur
un lait fraise   milk with strawberry syrup
une limonade   sweet, carbonated lemon-tasting soft drink
une menthe à l'eau   water with mint syrup
nature   plain, unflavored
un Orangina   brand of carbonated orange-flavored soft drink
un Perrier   brand of carbonated mineral water
rouge   red
un thé citron   tea with lemon
un verre   glass
un Vittel   brand of non-carbonated mineral water

À VOUS! (Exercices de vocabulaire)

A.   Order the suggested beverages.

Modèle: un café crème
   —Vous désirez, Mademoiselle (Monsieur, Madame)?
   —Un café crème, s'il vous plaît.

1. un Coca   2. un thé citron   3. un kir   4. une limonade
5. un Orangina   6. un thé nature   7. un express   8. un verre de rouge
9. une bière allemande   10. un demi   11. un citron pressé   12. un Perrier
13. un lait fraise   14. un verre de blanc   15. une orange pressée
16. une menthe à l'eau   17. une bière française   18. un thé au lait
19. un diabolo citron

B. Get the waiter's attention and order a drink of your choice.

Modèle: —*S'il vous plaît, Monsieur (Madame).*
                  —*Oui, Monsieur (Mademoiselle, Madame), vous désirez?*
                  —*Un demi (un express, un diabolo fraise), s'il vous plaît.*

C. Play the role of waiter or customer in the following situation. The customer orders what he or she wishes to drink; the waiter brings the wrong beverage.

Modèle: GARÇON: *Vous désirez?*
               CLIENTE: *Un thé au lait, s'il vous plaît.*
               GARÇON: *Voilà, Mademoiselle... un thé citron.*
               CLIENTE: *Non, Monsieur... un thé au lait.*
               GARÇON: *Ah, pardon, Mademoiselle, un thé au lait.*
               CLIENTE: *Merci, Monsieur.*
               GARÇON: *Je vous en prie, Mademoiselle.*

L·E·X·I·Q·U·E

À faire chez vous
(To do at home): **CAHIER /
Étape préliminaire**

At the end of each chapter you will find the **Lexique,** a list of words and expressions in the chapter. Each list is divided into three parts: **Pour se débrouiller** *(To get along)*—expressions used to accomplish the communicative acts emphasized in the chapter; **Thèmes et contextes**—words related to the context of the chapter and organized into thematic groups; and **Vocabulaire général**—other nouns, verbs, adjectives, etc., presented in the chapter.

To review chapter vocabulary, read each word and expression aloud and see if you can associate the correct meaning with it. Mark each word or expression whose meaning you do not know and consult the glossary at the end of the book.

Pour se débrouiller

Pour s'adresser à une personne
  Madame
  Mademoiselle
  Monsieur

Pour commander une boisson
  S'il vous plaît...
  Vous désirez?

Pour être poli
  Je vous en prie.
  Merci.
  Pardon.

Thèmes et contextes

Les boissons alcoolisées
  une bière allemande
  une bière française
  un demi
  un kir
  un verre de blanc
  un verre de rouge

Les boissons chaudes
  un café
  un café au lait
  un café crème
  un express
  un thé au lait
  un thé citron
  un thé nature

Les boissons froides non-alcoolisées
  un citron pressé
  un Coca
  un diabolo citron
  un diabolo fraise
  un diabolo menthe
  un lait fraise

  une limonade
  une menthe à l'eau
  une orange pressée
  un Orangina
  un Perrier
  un Vittel

Le café
  Allons au café!
  un(e) client(e)
  un garçon (de café)

Mireille Loiseau
Paris (Île de France),
France

—On va prendre quelque chose?
—Oui, je voudrais bien un Coca.

Allons prendre quelque chose!

OBJECTIVES

In this chapter, you will learn:

- to meet and greet people;
- to get something to eat and drink;
- to ask for and give information about basic activities;
- to hesitate in order to gain time to think;
- to read a café and a fast-food menu;
- to understand a simple conversation upon meeting someone for the first time.

CHAPTER SUPPORT MATERIALS

Cahier: pp. 9–38

 Student Tape: Chapitre 1 Segments 1, 2, 3

ALLONS-Y!
Video Program

ACTE 1
FÊTE D'ANNIVERSAIRE

▶ **Première étape**   Commandons!
▶ **Deuxième étape**   Parlons!
▶ **Troisième étape**   Tu aimes les fast-foods?
▶ **Quatrième étape**   Lecture: La Dauphine vous propose

PREMIÈRE ÉTAPE

Point de départ

▼▼▼▼▼▼▼▼▼▼▼▼▼▼▼▼

Commandons! Let's order!

breakfast

Commandons!

Le petit déjeuner

un café au lait   un thé au lait

un croissant   un chocolat

lunch

Le déjeuner

with pâté (meat spread) /
with cheese / open-faced
grilled ham and cheese
sandwich

un sandwich **au pâté**   une omelette **au fromage**   **un croque-monsieur**

with ham

un sandwich **au jambon**   une omelette au jambon

with mixed herbs / open-faced
grilled ham and cheese
with egg sandwich

un sandwich au fromage   une omelette **aux fines herbes**   **un croque-madame**

Une scène au café

ANTOINE:	S'il vous plaît, Monsieur.
GARÇON:	Oui. Vous désirez?

uh (hesitation)

HÉLÈNE:	Je voudrais... **euh**... un sandwich au jambon et un thé citron.
GARÇON:	Et pour vous, Monsieur?

Let's see (hesitation) /
I'll have
also (too)

ANTOINE:	**Voyons**... moi, **je vais prendre** une omelette aux fines herbes... et un thé citron **aussi.**
GARÇON:	Merci.

Note culturelle

In France, people of all ages and from all walks of life frequent **cafés.**
They go there for breakfast or a light lunch, to chat with friends after
school and work, or simply to spend an hour or two reading the newspaper or a book and watching people walk by. In the summertime, the
tables on the sidewalk in front of the café (**la terrasse**) are full. In the
winter, most of the activity moves inside.

There are different kinds of cafés. On exclusive avenues such as
the Champs-Élysées, you will find elegant cafés that cater primarily to
tourists. There you can eat exotic ice cream or pay 30F ($7.00) for a
Coke as you watch a constant parade of passersby. In the business cen-
ters of French cities, the cafés attract primarily workers and shoppers,
who stop by for lunch or to relax for a moment on their way home. Near
every school and university, you are sure to find cafés filled with students discussing their classes and arguing ideas. Finally, every town
and city has its **cafés du coin** (neighborhood cafés). There you will
find, seated at little tables or standing at the counter, a mixture
of customers—factory workers discussing politics, retirees playing
cards, teenagers trying their luck at pinball (**le flipper**) and other
electronic games.

Question: What places are the equivalent of cafés in the United
States?

Le savez-vous?

▲▲▲▲▲▲▲▲▲▲▲▲▲▲

**Approximately how many
cafés are there in the city
of Paris?**

a. 1,000
b. 5,000
c. 12,000

Réponse ▲▲▲

À VOUS! (Exercices de vocabulaire)

Reminder, Ex. A: In this
and following exercises, if
you have to pause, re-
member to use a filler expression (**euh, voyons**).

A. Qu'est-ce que tu prends? *(What are you having?)* You and a friend are in
a café. Using the words suggested, discuss what to have for lunch.

Modèle: un sandwich au fromage / un sandwich au jambon
—*Qu'est-ce que tu prends?*
—*Euh... je voudrais un sandwich au fromage. Et toi?*
—*Voyons... moi, je vais prendre un sandwich au jambon.*

1. un sandwich au jambon / un croque-monsieur
2. une omelette au fromage / un sandwich au fromage
3. un sandwich au pâté / une omelette aux fines herbes
4. un croque-monsieur / une omelette au jambon

B. Le petit déjeuner. Order the breakfast of your choice in a café.

Modèle: —*Vous désirez?*
—*Un café au lait et un croissant, s'il vous plaît.*

C. **Le déjeuner.** With a friend, order the lunch of your choice in a café. One of your classmates will play the role of the server.

▲▲▲ b

Modèle: —*Oui, Mademoiselle (Madame, Monsieur). Qu'est-ce que vous désirez?*
—*Un sandwich au jambon et... euh... un express.*
—*Et pour Monsieur (Mademoiselle, Madame)?*
—*Je vais prendre une omelette au fromage et... voyons... un Perrier.*

S·T·R·U·C·T·U·R·E

L'article indéfini (un, une, des)

un garçon	**une** femme *(woman)*
un café	**une** bière
un citron	**une** orange

The English equivalents of the above nouns would be preceded by the indefinite article *a* (or *an*). In French, however, one must distinguish between the *masculine* indefinite article **un** and the *feminine* indefinite article **une.**

For an English speaker, there is nothing surprising about the fact that a waiter (**un garçon**) is masculine and a woman (**une femme**) is feminine. But it is much more startling to learn that a cup of coffee (**un café**) is masculine and a beer (**une bière**) is feminine, or that a lemon (**un citron**) is masculine while an orange (**une orange**) is feminine. All nouns in French have gender, even those that do not refer to people. Since there are no infallible rules for determining gender, it is best to associate each noun with the appropriate article from the very beginning. For example, remember **un café,** not just **café.**

Ordinarily, the **n** of **un** is not pronounced. However, when the word that follows **un** begins with a vowel or a silent **h,** the **n** is pronounced: **un Orangina, un homme** *(man)*, but **un thé.** The **n** of **une** is always pronounced.

The plural form of the indefinite articles **un** and **une** is **des. Des** is the equivalent of the English word *some:*

Un café au lait, un chocolat et **des** croissants, s'il vous plaît.	A coffee with hot milk, a hot chocolate, and *some* croissants, please.
Moi, je voudrais une salade et **des** frites.	I'd like *a* salad and *some* french fries.

▲ ▲ ▲

APPLICATION

D. Remplacez les mots en italique. *(Replace the italicized words.)*

1. *Un café,* s'il vous plaît. (un thé au lait / un Orangina / une limonade / un demi / une omelette au jambon / un croque-monsieur / une bière / un Coca / un kir / une menthe à l'eau / un diabolo citron)
2. Voilà, Mademoiselle... *un Perrier.* (un express / une orange pressée / un sandwich au pâté / un Vittel / un thé nature / un verre de blanc / une bière allemande / un croque-madame / une omelette aux fines herbes)
3. Pour moi, *des frites et un Coca.* (des croissants et un café au lait / une salade et des frites)

E. Moi, je voudrais... Et toi? Say that you would like one or some of the following items. Then ask another student about his/her choice; he/she will respond with a drink or a food item not on the list.

Modèle: café
—*Moi, je voudrais un café. Et toi, (Peter)?*
—*Moi, je vais prendre un chocolat.*

1. thé citron   2. Vittel   3. limonade   4. kir   5. frites   6. diabolo fraise
7. express   8. menthe à l'eau   9. Coca   10. croissants   11. salade
12. bière allemande   13. omelette au fromage   14. sandwich au jambon
15. croque-monsieur

Culture: The basic distinction between **tu** and **vous** is one of informality versus formality. In general, **vous** is used in speaking to older people outside the family. **Tu** is used to speak to family members and close friends as well as to children and pets.

The use of **tu** and **vous** varies from situation to situation. In some groups (for example, among students or fellow workers), **tu** is used by everyone. In other cases (for example, in certain businesses and among people of older generations), **vous** is the rule. Unless the situation is absolutely clear, it is best to listen to the pronoun a native speaker uses when speaking to you before deciding to address that person with **tu**.

Grammar: Before a vowel or a vowel sound: **je → j'** (**j'habite**), and the **s** of **nous/vous** is pronounced (**nous̲ étudions, vous̲ habitez**).

Grammar: When an infinitive ends in **-ger,** add an **e** before the **-ons** ending in order to preserve the soft sound of the **g.** Examples: **nous mangeons, nous voyageons, nous nageons.**

S·T·R·U·C·T·U·R·E

*Le présent des verbes réguliers en **-er** (1ère et 2e personnes)*

Je fume rarement.	*I rarely smoke.*
Tu travailles beaucoup.	*You work a great deal.*
Nous parlons anglais.	*We speak English.*
Vous chantez bien.	*You sing well.*

~~~~~~~~~ **Subject pronouns** ~~~~~~~~~

English	*French*
I	**je**
you	**tu** (one person, known well)
we	**nous**
you	**vous** (one person, not known well, or two or more people)

1. Verbs consist of two parts: a *stem,* which carries the meaning, and an *ending,* which indicates the subject.
2. In English, verb endings seldom change (with the exception of the third-person singular in the present tense—*I read,* but *she reads*). In French, verb endings are very important, since each verb ending must agree in person and number with the subject.
3. Most French verbs are regular and belong to the first conjugation—that is, their infinitive (unconjugated form) ends in **-er.** The stem is found by dropping the **-er** from the infinitive:

Infinitive	*Stem*
travailler *(to work)*	**travaill-**
parler *(to speak)*	**parl-**
voyager *(to travel)*	**voyag-**
visiter *(to visit a place)*	**visit-**
manger *(to eat)*	**mang-**
habiter *(to live)*	**habit-**
étudier *(to study)*	**étudi-**
chanter *(to sing)*	**chant-**
fumer *(to smoke)*	**fum-**
nager *(to swim)*	**nag-**

4. To conjugate a regular **-er** verb, add the right endings to the stem:

Subject	*Ending*	*Conjugated verb form*		
je	**-e**	je parl**e**	je mang**e**	j'habit**e**
tu	**-es**	tu parl**es**	tu mang**es**	tu habit**es**
nous	**-ons**	nous parl**ons**	nous mang**eons**	nous habit**ons**
vous	**-ez**	vous parl**ez**	vous mang**ez**	vous habit**ez**

▲ ▲ ▲

APPLICATION

F. Remplacez les sujets en italique et faites les changements nécessaires. *(Replace the italicized subjects and make the necessary changes.)*

1. *Je* parle anglais. (tu / nous / vous / je)
2. *Nous* travaillons beaucoup. (je / vous / tu / nous)
3. *Tu* habites à Paris. (vous / nous / je / tu)
4. *Vous* étudiez beaucoup. (nous / je / tu / vous)
5. *Je* voyage rarement. (tu / vous / nous / je)

Note grammaticale

Quelques adverbes

Here are some frequently used French adverbs. Adverbs modify verbs and are usually placed directly *after* the conjugated verb.

bien	well	**souvent**	often	**beaucoup**	a lot
mal	poorly	**rarement**	rarely	**un peu**	a little

Nous étudions **beaucoup.** We study *a lot*.
Tu chantes **bien.** You sing *well*.
Nous voyageons **souvent.** We travel *often*.

The adverbs **très** *(very)* and **assez** *(rather, enough)* can be used in combination with all of these adverbs except **beaucoup.** When they are used with **un peu, très** and **assez** take the place of **un: très peu, assez peu:**

Vous parlez **assez bien.** You speak *fairly well*.
Je travaille **très peu.** I work *very little*.

G. **On pose des questions aux nouveaux arrivés.** *(The new arrivals are asked some questions.)* Patrick and Laura have just arrived at the home of the French family with whom they will be spending the year. The children of the family start by asking Patrick about himself. Play the role of Patrick and answer the questions, using the expressions in parentheses.

> *Modèle:*   Tu nages beaucoup? (non / très peu)
> *Non, je nage très peu.*

1. Tu parles français? (oui / un peu)
2. Tu étudies beaucoup? (non, mais *(but)* / assez)
3. Tu chantes bien? (non, mais / assez bien)
4. Tu voyages souvent? (non / rarement)
5. Tu manges beaucoup? (non, mais / assez)
6. Tu travailles beaucoup? (non / très peu)

Then they ask Laura about her and her friends. Play the role of Laura and answer the questions, using the expressions in parentheses.

> *Modèle:*   Vous chantez bien? (non / faux [*off-key*])
> *Non, nous chantons faux.*

7. Vous nagez? (oui / très souvent)
8. Vous voyagez rarement? (non / assez souvent)
9. Vous parlez anglais? (oui)
10. Vous étudiez beaucoup? (oui)
11. Vous travaillez? (oui / beaucoup)
12. Vous mangez beaucoup? (non, mais / assez)

H. **On vous pose des questions.** *(You are asked some questions.)* You are seated in a café with some French university students. They ask you questions—first, about yourself **(tu)**; then, about you and your friends **(vous)**. Answer their questions on the basis of your own experience.

1. Tu habites à Paris?
2. Tu étudies beaucoup?
3. Tu travailles?
4. Tu chantes bien?
5. Tu manges beaucoup?
6. Vous habitez à Paris?
7. Vous voyagez beaucoup?
8. Vous nagez?
9. Vous parlez français?
10. Vous visitez souvent New York?

Pronunciation: Can you think of some French words used in English in which the final consonant is not pronounced? Suggestions: *ballet, rapport, coup d'état.*

Student Tape: Chapitre 1 Segment 1

You will find the **Pronunciation** section of each **étape** on your Student Tape.

PRONONCIATION   *Les consonnes finales non-prononcées*

As a general rule, final consonants in French are silent. Because speakers of English are accustomed to pronouncing most final consonants, you will have to pay close attention to final consonants when speaking French:

| ENGLISH: | part | uncles | mix | cup |
| FRENCH: | par~~t~~ | George~~s~~ | pri~~x~~ | cou~~p~~ |

I.   Read each word aloud, being careful *not* to pronounce the final consonant.

désirez / travailler / français / un thé au lait / Paris / bien / assez / garçon / beaucoup / vous / je voudrais / s'il vous plaît / tu parles / nous mangeons / Monsieur

S·T·R·U·C·T·U·R·E

Les formes interrogatives

—**Tu étudies** beaucoup?	—*Do you study* a lot?
—**Oui, j'étudie** beaucoup.	—*Yes, I study* a lot.
—**Est-ce que vous parlez** espagnol?	—*Do you speak* Spanish?
—**Non, nous ne parlons pas** espagnol.	—*No, we don't speak* Spanish.
—**Tu habites** à Lyon, **n'est-ce pas?**	—*You live* in Lyon, *don't you?*
—**Oui, j'habite** à Lyon.	—*Yes, I live* in Lyon.

A great many questions can be answered by *yes* or *no*. There are three basic ways to ask such questions in French:

1. Make your voice rise at the end of a group of words:

   Vous habitez à Bordeaux?

2. Place the expression **est-ce que** before a group of words and make your voice rise at the end:

   Est-ce que tu voyages souvent?

3. Add the phrase **n'est-ce pas** to the end of a group of words and make your voice rise:

   Je chante bien, **n'est-ce pas?**

Grammar: The phrase **n'est-ce pas?** is the equivalent of *don't you?, aren't you?, isn't that right?,* and assumes a *yes* answer.

   To answer a yes/no question negatively, place **ne** before and **pas** immediately after the conjugated verb:

   Je **ne** parle **pas** espagnol.
   Tu **ne** chantes **pas** très bien.
   Nous **ne** mangeons **pas** assez.

If the verb begins with a vowel or a silent **h, ne** becomes **n':**

   Nous **n'**habitons **pas** à Paris.
   Je **n'**étudie **pas** assez.

▲ ▲ ▲

APPLICATION

J. Posez des questions. *(Ask questions.)* Now it's the turn of the American students (Patrick and Laura) to ask questions of their French "brothers" and "sisters." Using the expressions suggested below, play the roles of Patrick and Laura. Change the infinitive to agree with the subject and vary the question form you use. Begin by asking questions of all the young people.

Modèle: vous / parler anglais
              Vous parlez anglais? or *Est-ce que vous parlez anglais?*

1. vous / travailler
2. vous / étudier beaucoup
3. vous / fumer
4. vous / chanter bien
5. vous / nager

Then ask questions of individuals.

Modèle: Marie-Laure, tu / manger beaucoup
              Marie-Laure, tu manges beaucoup? or
              Marie-Laure, est-ce que tu manges beaucoup?

6.   Éric, tu / parler anglais
7.   Nicole, tu / voyager souvent
8.   Martine, tu / habiter à Paris aussi
9.   Didier, tu / manger bien
10. Véronique, tu / étudier beaucoup

K. Mireille et François. Mireille Loiseau tends to disagree a lot with her brother François. Whenever one of them answers a question affirmatively, the other contradicts the answer. Play the roles of Mireille and François in answering the following questions.

Modèle: Mireille, tu chantes bien, n'est-ce pas?
              MIREILLE: *Oui, je chante très bien.*
              FRANÇOIS: *Mais non, tu ne chantes pas bien!*

1. François, tu parles allemand, n'est-ce pas?
2. Mireille, tu manges très peu, n'est-ce pas?
3. François, tu travailles beaucoup, n'est-ce pas?
4. Mireille, tu voyages souvent, n'est-ce pas?
5. François, tu fumes rarement, n'est-ce pas?
6. Mireille, tu nages, n'est-ce pas?

Débrouillons-nous!

Petite révision de l'étape

L. Toi... Using the expressions given below and asking only yes/no questions, find out as much information as possible about one of your classmates. He/she will then ask for information about you.

Modèle: ·habiter à Chicago
—*Toi, tu habites à Chicago?* or *Est-ce que tu habites à Chicago, toi?*
—*Non, je n'habite pas à Chicago. J'habite à...*

1. habiter à New York
2. parler anglais / espagnol / allemand *(German)*
3. étudier beaucoup
4. chanter bien
5. manger beaucoup
6. nager souvent
7. travailler
8. voyager beaucoup

M. Au café. Two students, who have just met in class, go to a café for lunch. They place their order and then ask each other questions to get acquainted.

À faire chez vous:
CAHIER, Chapitre 1er /
1ère étape

Instructor's Tape: Parlons!

DEUXIÈME ÉTAPE

Point de départ

▼▼▼▼▼▼▼▼▼▼▼▼▼▼▼▼

Parlons!

ALLONS-Y!
Video Program

ACTE 1
FÊTE D'ANNIVERSAIRE

QUESTIONS DE FOND
1. Why is the family all together?
2. What drink does Xavier request?
3. What does Aude's mother hope for?

Hi / How're you doing? / So long / Good-bye / See you soon.

—**Salut,** Jean-Marc. **Comment ça va?**
—Ça va bien. Et toi, Martine, ça va?
—Oh, oui. Ça va.
—Martine Fortier, Suzanne Lecaze.
—Bonjour, Suzanne.
—Bonjour, Martine.

—**Allez, au revoir,** Jean-Marc.
—**Au revoir,** Martine. **À bientôt.**
—Au revoir, Suzanne.
—Au revoir, Martine.

How are you?

—Bonjour, Madame. **Comment allez-vous?**
—Très bien, Isabelle. Et toi?

I'm fine
I would like you to meet (to introduce you to)

—**Je vais bien** aussi, merci. Madame, **je voudrais vous présenter** Jean-Claude Merrien. Jean-Claude, Madame Duvalier.

Delighted (to meet you)

—**Enchanté,** Madame.
—Enchantée, Monsieur.

—Au revoir, Madame.
—Au revoir, Isabelle. Au revoir, Monsieur.
—Au revoir, Madame.

Les salutations	*Les réponses*	*salutations:* greetings

Les salutations   *Les réponses*

Bonjour. ——————————→Bonjour.
Salut. ————————————→Salut.
Comment ça va? ⎫   (Oui,) ça va bien. ⎫
Ça va? ⎬————————→(Oui,) ça va. ⎬————————→Et toi?
Ça va bien? ⎭   (Oui,) **pas mal.** ⎭   not bad
Comment allez-vous? —————→Je vais très bien, merci. Et vous?

On prend congé   *Les présentations*

On prend congé: Saying good-bye

Au revoir.   Je te présente (Thierry).
Allez, au revoir.   (Thierry, Michel.)
Salut.   Je voudrais vous présenter (Caroline
À tout à l'heure.   Mercier).
À bientôt.   Enchanté(e), Madame (Monsieur,   See you in a while.
                                        Mademoiselle).
                                    (Caroline Mercier, Jacques Merlot.)

Note culturelle

In France, custom requires that you shake hands when you greet people and when you take leave of them. This social rule is followed by men and women, young and old. If the two people are related or are very good friends, instead of shaking hands they often kiss each other on both cheeks. In formal situations, **Monsieur, Madame,** or **Mademoiselle** always accompanies **bonjour** and **au revoir.**

Question: How do Americans greet each other and say good-bye? When do they shake hands?

Le savez-vous?
▲▲▲▲▲▲▲▲▲▲▲▲▲▲▲
French young people often use expressions from a foreign language when they are taking leave of someone. What do they say?
a. Bye-bye!
b. Ciao!
c. Adios!

Réponse ▲▲▲

À VOUS! (Exercices de vocabulaire)

A. **Répondons!** *(Let's answer!)* Complete the dialogues with an appropriate expression. In the first group of exchanges, you are speaking with people you know well or with fellow students.

Modèle: (Martine) Salut, Georges.
              Salut, Martine.

1. (Pierre) Salut, Sandrine.
2. (Véronique) Comment ça va, Jean-Patrice?
3. (Éric) Ça va, Yvonne?
4. (Gérard) Salut, Chantal. Ça va bien?
5. (Marianne) Robert, Sylviane.
6. (Dominique) Allez, au revoir, Nicole.
7. (Francine) À bientôt, Caroline.

Now you are speaking with older people whom you do *not* know very well.

Modèle: (M. Legard) Bonjour, Jeannette.
                 Bonjour, Monsieur.

  8. (Mme Michaud) Bonjour, Édouard.
  9. (M. Dupont) Comment allez-vous, Étienne?
10. (Mme Maire) Madame Piquet, je voudrais vous présenter Annick et Vincent.
11. (M. Alviez) Au revoir, Mademoiselle.
12. (Mme Guérin) À bientôt, Philippe.

B. Faites des présentations. *(Make introductions.)*

1. Introduce another student to the instructor.
2. Introduce two students to each other.

C. Dans la rue. You are walking down the street with a friend when you run into a second friend. Greet him/her and make introductions. The two people who have been introduced ask each other questions about where they live. Then your second friend says good-bye to you and your first friend.

▲▲▲ a, b

R·E·P·R·I·S·E

Première étape

D. Qu'est-ce que tu prends? *(What are you having?)* Three friends order lunch in a café. Imitate their conversation, substituting your own food and drink choices. Rotate until everyone has played each role.

Reminder, Ex. D: The model is designed to show you a possible form for this conversation. It is *not* necessary to repeat it word for word.

Modèle: PIERRE: *Qu'est-ce que tu prends, Hélène?*
               HÉLÈNE: *Voyons... moi, je vais prendre une omelette au fromage et un demi.*
               PIERRE: *Et toi, Chantal?*
               CHANTAL: *Moi, je voudrais un croque-monsieur.*
               HÉLÈNE: *Et un demi?*
               CHANTAL: *Non, un Perrier. Et toi, Pierre, qu'est-ce que tu prends?*
               PIERRE: *Un sandwich au jambon et un Perrier.*

E. Posons des questions. Use the verbs and expressions below to find out some personal information about other people in the class. Ask each question twice: first, of one fellow student; then, of a pair of students or of your instructor. The person(s) to whom you address each question will give you an answer.

Modèle: fumer (beaucoup)
              Henri, tu fumes? Tu fumes beaucoup? Et
              Madame (Jacqueline et Sarah), vous fumez?

1. habiter à *(city)*
2. travailler (beaucoup)
3. étudier (assez)
4. voyager (beaucoup)
5. nager (bien)
6. chanter (bien)
7. parler français (allemand, espagnol)
8. fumer (beaucoup)

S·T·R·U·C·T·U·R·E

*Le présent des verbes réguliers en **-er** (3ᵉ personne)*

Jacques? **Il voyage** beaucoup.
Hélène? **Elle parle** espagnol.
Paul et Philippe? **Ils chantent** bien.
Marie et Jeanne? **Elles** n'**étudient** pas beaucoup.
Claire et Vincent? **Ils visitent** Paris.

~~~~~~~~~ **Subject pronouns** ~~~~~~~~~

English	French
he	**il**
she	**elle**
they	**ils** (two or more males, group of males and females)
they	**elles** (two or more females)

To form the present tense of an **-er** verb in the third person, add the appropriate ending to the stem. Recall that the stem is found by dropping the **-er** ending from the infinitive (**étudier → étudi-**):

Subject	Ending	Conjugated verb form		
il	**-e**	il parl**e**	il mang**e**	il habit**e**
elle	**-e**	elle parl**e**	elle mang**e**	elle habit**e**
on	**-e**	on parl**e**	on mang**e**	on habit**e**
ils	**-ent**	ils parl**ent**	ils mang**ent**	ils habit**ent**
elles	**-ent**	elles parl**ent**	elles mang**ent**	elles habit**ent**

Remember to make a liaison between the **s** of **ils** or **elles** and a verb beginning with a vowel or a silent **h: ils‿étudient, elles‿habitent.**

▲ ▲ ▲

Usage: In French, there is another third-person pronoun, **on.** It is used to refer to a *general, undefined* group of people. The English equivalent is *one* or *people* (in general). **On** is also the equivalent of *you* or *they* when these pronouns do not refer to anyone in particular: *You drink white wine with fish,* or *They say that Chicago is very windy.* Even though **on** usually refers to a number of people, from a grammatical point of view it is a singular pronoun, acting just like **il** or **elle: À Paris on parle français.**

APPLICATION

F. Remplacez les sujets en italique et faites les changements nécessaires.

1. *Je* chante bien. (Marie / Jean et Yvette / Patrick / François et Jacques / tu / vous)
2. *Il* habite à Montréal. (elle / ils / elles / tu / vous / je)
3. *Hervé* travaille rarement. (Annick / Chantal et Geneviève / Pierre et Marc / on / je / vous)
4. *Elle* ne mange pas assez. (ils / il / nous / on / vous / je / elles)
5. *Georges et Sylvie* fument beaucoup. (vous / tu / elles / on / il / je / nous)

G. Un peu plus tard. *(A little later.)* Your new French friends ask you questions about some of the other American students in your group. Answer according to the suggestions in parentheses.

1. Est-ce que Robert habite à Chicago? (à Denver)
2. Est-ce qu'on parle français à Denver? (anglais)
3. Est-ce qu'on fume beaucoup à Denver? (très peu)
4. Est-ce que Nancy et Susan parlent allemand? (non)
5. Est-ce que Beverly travaille? (oui)
6. Est-ce que George et Bill voyagent souvent? (rarement)
7. Est-ce que Mark chante bien? (faux)
8. Est-ce que Carol mange beaucoup? (non, mais / assez)
9. Est-ce que Frank étudie souvent? (non)
10. Est-ce que Frank et Carol habitent à Denver? (Dallas)

H. La ronde des questions. *(The question circle.)* Using one of the suggested cues, each student in the group asks four questions—one corresponding to each of the following pronouns: **tu, vous, il/elle, ils/elles.** The other members of the group respond according to what they know or hear.

Modèle: parler espagnol

LISA: *Bill, tu parles espagnol?*
BILL: *Oui, je parle espagnol.*
LISA: *Diane et James, vous parlez espagnol?*
DIANE: *Non, nous ne parlons pas espagnol.*
LISA: *James, est-ce que Bill parle espagnol?*
JAMES: *Oui, il parle espagnol.*
LISA: *Bill, est-ce que Diane et James parlent espagnol?*
BILL: *Non, ils ne parlent pas espagnol.*

1. travailler
2. fumer
3. manger beaucoup
4. habiter à ____

PRONONCIATION *Les consonnes finales prononcées*

Student Tape:
Chapitre 1
Segment 1

The major exceptions to the rule of unpronounced final consonants are **c, r, f,** and **l**. These four consonants are usually pronounced when they are the last letter of a word. It may be helpful to use the English word **CaReFuL** as a memory aid.

par**c**	bonjou**r**	acti**f**	ma**l**
chi**c**	au revoi**r**	che**f**	espagno**l**

This rule does *not* apply to the infinitives of **-er** verbs: **parler, chanter, voyager.**

I. Read each word aloud, being careful to pronounce the final consonant unless the word is an infinitive.

Marc / kir / bref / mal / étudier / bonjour / sec / espagnol / amour / Montréal / manger / Jean-Luc / il / tarif

J. Read each word aloud, being careful to decide whether or not the final consonant should be pronounced.

au revoir / bientôt / chocolat / professeur / mal / n'est-ce pas / souvent / nager / un Vittel / bar / café au lait / anglais / beaucoup / actif / salut

S·T·R·U·C·T·U·R·E

L'article défini (le, la, l', les)

J'aime **le** vin, mais je préfère **la** bière.

I like wine, but I prefer beer.

Elle n'aime pas beaucoup **l'**eau minérale et elle n'aime pas du tout **les** boissons gazeuses.

She doesn't like mineral water and she doesn't like carbonated beverages at all.

The French definite article has three singular forms and one plural form:

MASCULINE SINGULAR	**le**	**le** vin, **le** thé, **le** jambon
FEMININE SINGULAR	**la**	**la** bière, **la** limonade, **la** salade
MASCULINE OR FEMININE SINGULAR BEFORE A VOWEL OR A VOWEL SOUND	**l'**	**l'**eau minérale, **l'**Orangina
PLURAL (MASCULINE OR FEMININE)	**les**	**les** boissons gazeuses, **les** omelettes

The definite article is often used to designate a noun in a general or collective sense. For example, **Michel n'aime pas la bière** means that Michel dislikes all kinds of beer; **Anne préfère les sandwiches** means that Anne prefers sandwiches as a type or kind of food. Notice that in English the noun is used *without* an article to express these ideas. The definite article is frequently used in French after the following expressions:

aimer	to like, to love
aimer beaucoup	to like a lot
adorer	to love, to really like
ne pas aimer	to dislike
ne pas aimer du tout	not to like at all, to dislike
préférer	to prefer
aimer mieux	to like better, to prefer

▲ ▲ ▲

Grammar: The written forms of **préférer** change the accent on the *second* e from acute (**é**) to grave (**è**) when the ending is silent (**-e, -es, -ent): je préfère, tu préfères, il/elle/on préfère, ils/elles préfèrent.** When the ending is pronounced (**-ons, -ez**), the acute accent remains: **nous préférons, vous préférez.**

APPLICATION

K. Replace the indefinite article with the appropriate definite article (**le, la, l', les**).

> *Modèles:*   un Coca   *le Coca*
>   une limonade   *la limonade*

1. un café   2. une eau minérale   3. une salade   4. un thé   5. des sandwiches   6. une bière   7. un lait   8. des omelettes   9. un Orangina   10. une limonade   11. un chocolat   12. des boissons alcoolisées

L. Les goûts. You learn that Mireille Loiseau and her friends have differing tastes. In each category, you discover what the first person likes (**aimer, aimer beaucoup**), what the second person prefers (**aimer mieux, préférer**), and what the third person dislikes (**ne pas aimer, ne pas aimer du tout**).

> *Modèle:*   Éric (bière) / Mireille (vin) / Roger (boissons alcoolisées)
>   *Éric aime (beaucoup) la bière, mais Mireille aime mieux (préfère) le vin. Roger n'aime pas (du tout) les boissons alcoolisées.*

1. Mireille (thé) / Sylvie (café) / Geneviève (boissons chaudes)
2. Henri (fromage) / Didier (jambon) / Jean-Jacques (sandwiches)
3. Colette (Vittel) / Yvonne (Perrier) / Jeanne (eau minérale)
4. Robert (vin) / Marie (bière) / Christine (boissons alcoolisées)
5. Annick (limonade) / Jacques (Orangina) / Guy (boissons gazeuses)

M. Tu voudrais...? *(Would you like. . . ?)* Offer each of the following items of food and drink to at least two of your classmates. They will accept or ask for something else, depending on their personal preferences.

Reminder, Ex. M: When offering or asking for something to eat or drink, use an indefinite article (**un, une, des**); when indicating your likes, dislikes, or preferences, use a definite article (**le, la, l', les**).

> *Modèle:*   bière
>   —*Tu voudrais une bière?*
>   —*Ah, oui. J'aime beaucoup la bière.*
>   —*Toi aussi, tu voudrais une bière?*
>   —*Non, merci. Je n'aime pas la bière.* or *Je préfère le vin. Je voudrais un verre de rouge.*

1. un verre de vin
2. un Perrier
3. une omelette au fromage
4. un sandwich au pâté
5. un thé au lait

Débrouillons-nous!

▲ ▲ ▲ ▲ ▲ ▲ ▲ ▲ ▲ ▲ ▲ ▲ ▲ ▲ ▲ ▲ ▲ ▲

Petite révision de l'étape

N. Échange. Ask questions of another student, who will answer you and find out similar information about you.

> *Modèle:*   —*Est-ce que tu habites à Richfield?*
> —*Non, j'habite à Duluth. Et toi?*
> —*Moi, j'habite à Denver.* or *Moi aussi, j'habite à Duluth.*

O. Une scène au café. You and a friend are going to a café to have lunch. Just as you arrive, you see another friend. You greet each other, make introductions, sit down, and order. The three of you have a short conversation (including a discussion of your likes and dislikes in food and drink). Then the friend you met at the café leaves.

À faire chez vous:
CAHIER, Chapitre 1er / 2e étape

TROISIÈME ÉTAPE

Point de départ

▼▼▼▼▼▼▼▼▼▼▼▼▼▼▼

Tu aimes les fast-foods?

L'heure du déjeuner

Mireille, Angélique et Thierry **sont en ville.**

MIREILLE:	On mange quelque chose?
ANGÉLIQUE:	Oui, **pourquoi pas? On va** au Quick?
THIERRY:	**D'accord.** J'aime bien les fast-foods.

L'heure du déjeuner:
  Lunchtime

are downtown

why not? / Shall we go . . . ?

OK.

Vocabulary: Un fast-food (singular) refers to a fast-food restaurant; **les fast-foods** (plural) refers to the type of food served there.

Au Quick.

MIREILLE:	Qu'est-ce que tu manges?
ANGÉLIQUE:	Pour moi, un Giant, des frites et un milkshake au chocolat.
THIERRY:	Moi, je voudrais un Big, des frites et un Coca.

two / three vanilla	MIREILLE:	D'accord. Mademoiselle, **deux** Giants, un Big, **trois** frites, un Coca, un milkshake au chocolat et un milkshake **à la vanille.**
Hey!	THIERRY:	**Tiens!** Voilà Jeanne.
is	ANGÉLIQUE:	Elle **est** américaine, n'est-ce pas?
from	THIERRY:	Non, non, elle est canadienne. Elle est **de** Montréal. Elle chante très bien—en français et en anglais.
That's great (neat)!	MIREILLE:	**C'est chouette, ça.**

Note culturelle

In 1920, France had more than 500,000 cafés. Today, there are fewer than 175,000. A major cause of this decline is the growth of the fast-food industry in France. Fast-food restaurants are becoming almost as popular in France as they are in the United States. The best known is McDonald's, sometimes called **Macdo** in French. The major French fast-food restaurant chain is called **Le Quick,** run by a supermarket corporation called **Casino.** In addition to soft drinks and milk shakes, many of these fast-food restaurants serve wine and/or beer.

Questions: Study the menu and the picture of the Quick restaurant. In what ways do French fast-food restaurants seem similar to their American counterparts? Do you notice any differences?

À VOUS! (Exercices de vocabulaire)

A. **On va au Quick?** Suggest to a friend that you go to the following places for a bite to eat. Your friend may either agree or suggest a different place.

Modèle: au Quick
—*On mange quelque chose?*
—*Oui, pourquoi pas?*
—*On va au Quick?*
—*D'accord.* or *Non, je n'aime pas beaucoup le Quick. Allons* (let's go) *au Macdo.*

1. au Macdo   2. au Burger King   3. au Café Minet   4. au Love Burger

B.   Un, deux, trois... au Quick. Based on the drawings below, order food for yourself and your friends.

Modèle: *Deux cheeseburgers, deux frites, un Coca et un milk-shake à la vanille, s'il vous plaît.*

R·E·P·R·I·S·E

Deuxième étape

C.   Bonjour!... Salut!... Play the roles of the people in each of the following situations. Pay attention to the level of language—formal or informal.

Modèle: Henri, Jean-Jacques (greetings)
—*Salut, Jean-Jacques.*
—*Salut, Henri. Ça va?*
—*Oui, ça va. Et toi?*
—*Oui, ça va bien.*

1.   Henri, Jean-Jacques *(greetings)*
2.   M. Ventoux, Chantal *(greetings)*
3.   Claude, Angèle, Henri *(greetings, introductions)*
4.   Martine, Annick, Mme Leroux *(greetings, introductions)*
5.   Mme Didier, Gérard *(good-byes)*
6.   Ahmed, Jean *(good-byes)*

D.   Mon ami(e). *(My friend.)* Mention the name of one of your friends to some of your classmates. They will ask you questions about this friend, using the following verbs: **habiter, parler, étudier, chanter, fumer, manger, voyager, travailler, aimer, préférer.**

Modèle: mon amie Carole
—*Est-ce qu'elle habite à Boston?*
—*Non, elle habite à...*

S·T·R·U·C·T·U·R·E

Le présent du verbe irrégulier *être*

Sylvie **est** de New York.	Sylvie *is* from New York.
Ils ne **sont** pas ici. Ils **sont** à Québec.	They *aren't* here. They*'re* in Quebec City.
—Vous **êtes** américains?	—*Are* you American?
—Non, nous **sommes** canadiens.	—No, we *are* Canadian.

Some French verbs do not follow the pattern of conjugation you have learned for regular **-er** verbs. They are called *irregular verbs* because they do not fit into a fixed category. One of the most frequently used irregular verbs is **être** *(to be)*:

être *(to be)*	
je **suis**	nous **sommes**
tu **es**	vous **êtes**
il, elle, on **est**	ils, elles **sont**

The interrogative and negative forms follow the same patterns as **-er** verbs:

—Est-ce que **tu es** française?
—Non, je **ne** suis **pas** française, je suis américaine.

▲   ▲   ▲

APPLICATION

E.   Remplacez le sujet en italique et faites les changements nécessaires.

1. *Éric* est à Bordeaux. (je / Hélène et moi, nous / tu / elles)
2. *Monique* est de Paris. (Jean-Jacques / je / vous / ils / nous / tu)
3. Est-ce que *Mathieu* est au Macdo? (Nathalie / Monsieur et Madame Ledoux / vous / tu / on / nous)
4. *Yves et Mathilde* ne sont pas au café. (Jean-Luc / je / Denise / vous / elles / on / tu)

F.   **Martine n'est pas là. Elle est à Nice.** You notice that, just two days before a vacation break, many of your new friends are not around. When you ask Mireille where everybody is, she explains that they are in other cities. Reproduce Mireille's answers.

Modèle: Renée / Strasbourg
Renée? Elle n'est pas là. Elle est à Strasbourg.

1. Georges / Toulouse
2. Chantal et Marcel / Grenoble
3. Michèle et Jeanne / Cannes
4. Vincent / Orléans
5. Brigitte / Bordeaux
6. Jean-Pierre et Henri / Rennes

Le savez-vous?

▲▲▲▲▲▲▲▲▲▲▲▲▲▲
Paris is the largest city in France. What is the second largest?
a. Marseille
b. Lyon
c. Bordeaux

Réponse ▲▲▲

A more detailed map of France appears on p. 340.

G. Ils ne sont pas de Paris. Even though many of your French friends live in Paris, they were not born there. When you ask them if they are from Paris, they tell you where they are originally from. Using the cities below, ask and answer questions according to the model.

Modèle: vous / Marseille
              —*Vous êtes de Paris?*
              —*Non, nous ne sommes pas de Paris. Nous sommes de Marseille.*

1. vous / Lyon
2. tu / Nice
3. Étienne et Dominique / Lille
4. vous / Rouen
5. Édouard / Limoges
6. tu / Dijon

Student Tape:
Chapitre 1
Segment 1

PRONONCIATION   *Les consonnes finales + e*

If a word ends in a mute **e** (an **e** without a diacritic mark), the preceding consonant is pronounced. The mute **e,** as its name implies, remains silent:

chant**e**	femm**e**	fromag**e**
parl**e**	salad**e**	omelett**e**

H. Read each pair of words aloud, being careful not to pronounce the consonant at the end of the first word and making sure to pronounce the consonant before the final **e** of the second word.

français, française / allemand, allemande / italien, italienne / américain, américaine / Denis, Denise / François, Françoise

▲▲▲ a

I. Say each word aloud, being careful to pronounce a consonant before a final **e** and not to pronounce a final consonant alone (with the exception of **c, r, f, l**).

Madame / bien / limonade / Rome / chocolat / Vittel / tu es / canadienne / jambon / pour / croissant / chose / voudrais / kir / chef

S·T·R·U·C·T·U·R·E

Les adjectifs de nationalité

Jacques est **français.**
Claire est **française.**

Bernard et Yves sont **canadiens.**
Yvette et Simone sont **canadiennes.**

In French, adjectives agree in *gender* (masculine or feminine) and *number* (singular or plural) with the person or thing to which they refer.

1. Some adjectives have identical masculine and feminine forms:

Il est **belge** *(Belgian).*
Il est **russe** *(Russian).*
Il est **suisse** *(Swiss).*

Elle est **belge.**
Elle est **russe.**
Elle est **suisse.**

2. Many adjectives have a feminine form that consists of the masculine form + **-e:**

Il est **français.**
Il est **anglais.**
Il est **américain.**
Il est **mexicain.**
Il est **allemand**.
Il est **espagnol.**
Il est **japonais.**
Il est **chinois** *(Chinese).*
Il est **sénégalais** *(Senegalese).*

Elle est **française.**
Elle est **anglaise.**
Elle est **américaine.**
Elle est **mexicaine.**
Elle est **allemande.**
Elle est **espagnole.**
Elle est **japonaise.**
Elle est **chinoise.**
Elle est **sénégalaise.**

3. Finally, some adjectives have a feminine form that consists of the masculine form + **-ne:**

Il est **italien.**
Il est **canadien.**
Il est **égyptien.**

Elle est **italienne.**
Elle est **canadienne.**
Elle est **égyptienne.**

4. To form the plural of all these adjectives, simply add **-s** to the masculine or feminine singular form. If the singular form already ends in **-s,** the singular and the plural are the same.

Ils sont **allemands.**
Ils sont **français.**

Elles sont **chinoises.**
Elles sont **italiennes.**

▲ ▲ ▲

Supplementary Vocabulary: Here are some additional adjectives of nationality. You are not expected to know all of these; pick out those that apply to you or that have some importance for you.

algérien(ne), argentin(e), australien(ne), autrichien(ne) *(Austrian),* **danois(e), grec(-que), indien(ne), iranien(ne), israélien(ne), libanais(e)** *(Lebanese),* **marocain(e), norvégien(ne), polonais(e)** *(Polish),* **suédois(e)** *(Swedish),* **tunisien(ne), turc(-que).** Ask your instructor for other nationalities you may want to say.

APPLICATION

J.   Et Roger? Answer the questions according to the model. In the first six items, the first person is female and the second is male. In the last six items, the first person is male and the second female.

> *Modèle:*   Jacqueline est française. Et Roger?
> *Il est français aussi.*

1.   Janet est américaine. Et Stan?
2.   Sophia est italienne. Et Vittorio?
3.   Olga est russe. Et Boris?
4.   Fatima est égyptienne. Et Ahmed?
5.   Miko est japonaise. Et Yoshi?
6.   Isabela est mexicaine. Et José?
7.   Harold est anglais. Et Priscilla?
8.   Maurice est canadien. Et Jeanne-Marie?
9.   Gunther est allemand. Et Helga?
10.   Tchen est chinois. Et Sun?
11.   Alfred est suisse. Et Jeannette?
12.   Yves est français. Et Mireille?

K.   Les nationalités. You are with a group of young people from all over the world. Find out their nationalities by making the indicated assumption and then correcting your mistake.

> *Modèle:*   Marguerite—portugais / New York
> *—Est-ce que Marguerite est portugaise?*
> *—Mais non, elle est de New York.*
> *—Ah, bon. Elle est américaine.*
> *—C'est ça.* (That's it.) *Elle est américaine.*

1.   Monique—suisse / Paris
2.   Lin-Tao *(m.)*—japonais / Beijing
3.   Francesca—mexicain / Rome
4.   Jean-Pierre—belge / Québec
5.   Verity—américain / Londres *(London)*
6.   Fumiko et Junko *(f.)*—égyptien / Tokyo
7.   Carlos et Pablo—espagnol / Guadalajara
8.   Natasha et Svetlana *(f.)*—canadien / Moscou
9.   Eberhard *(m.)* et Heidi—suisse / Berlin
10.   Gina et Sofia—vénézuélien / Madrid

Note grammaticale

Grammar: Notice that French, unlike English, does *not* require an indefinite article **(un, une, des)** when identifying someone's profession after the verb **être.** Thus, the equivalent of *I am a lawyer* is **Je suis avocat(e).**

Les noms de profession

Most nouns that refer to work or occupation follow the same pattern as adjectives of nationality.

1. Some nouns have identical masculine and feminine forms:

Il est **secrétaire**.   Elle est **secrétaire**.
Il est **médecin** *(doctor)*.   Elle est **médecin**.
Il est **professeur** *(teacher)*.   Elle est **professeur**.
Il est **ingénieur** *(engineer)*.   Elle est **ingénieur**.

2. Some nouns have a feminine form that consists of the masculine form + **-e:**

Il est **avocat** *(lawyer)*.   Elle est **avocate**.
Il est **étudiant** *(college student)*.   Elle est **étudiante**.
Il est **assistant** *(teaching assistant)*.   Elle est **assistante**.

3. Other nouns have a feminine form that consists of the masculine form + **-ne:**

Il est **mécanicien** *(mechanic)*.   Elle est **mécanicienne**.
Il est **pharmacien** *(pharmacist)*.   Elle est **pharmacienne**.

4. Nouns of profession, like adjectives of nationality, form the plural by adding **-s** to the masculine or feminine singular:

Ils sont **avocats**.   Elles sont **professeurs**.
Ils sont **mécaniciens**.   Elles sont **étudiantes**.

L.   **Voilà M. Chevalier. Il est avocat.** You and a French friend are attending a function with his/her parents. Your friend points out various acquaintances of his/her parents and states their professions. Recreate the statements of your friend.

Modèles: M. Chevalier / avocat
                  Voilà M. Chevalier. Il est avocat.

                  M. et Mme Richard / pharmacien
                  Voilà M. et Mme Richard. Ils sont pharmaciens.

1. M. et Mme Aubert / médecin
2. Mme Forestier / professeur
3. Mme Longin / avocat
4. M. Cordier / cadre *(executive)*
5. M. Dumoulin / avocat
6. Nicole et Suzanne Martineau / étudiant
7. Patrick Desnoyers / étudiant
8. Georges Denis / secrétaire
9. Mme Beaujour / ingénieur
10. Mlle Jacquier / mécanicien
11. M. Gautier / mécanicien
12. Catherine Raymond et Jeanne Duval / assistant à l'université

M.   **Est-ce que tu voudrais être ingénieur?** From the following list, choose several careers or jobs that you would like and several that you would not like.

Modèle: *Je voudrais être architecte, mais je ne voudrais pas être avocat(e).*

architecte / **comptable** *(accountant)* / **dentiste** / **avocat(e)** / **journaliste** / **professeur** / **secrétaire** / **cadre** / **pharmacien(ne)** / **mécanicien(ne)** / **ingénieur** / **musicien(ne)** / **agriculteur(-trice)** *(farmer)* / **acteur (actrice)** / **astronaute** / **vendeur(-euse)** *(salesperson)* / **homme (femme) d'affaires** *(businessman, businesswoman)* / **fonctionnaire** *(civil servant)* / **commerçant(e)** *(small business owner)* / **instituteur(-trice)** *(grade-school teacher)* / **programmeur(-euse)**

▲ ▲ ▲ ▲ ▲ ▲ ▲ ▲ ▲ ▲ Débrouillons-nous! ▲ ▲ ▲ ▲ ▲ ▲ ▲ ▲ ▲ ▲ ▲

Petite révision de l'étape

N. Échange. Posez les questions suivantes à un(e) camarade de classe, qui va vous répondre.

1. Quelle *(what)* est ta nationalité?
2. Tu es d'origine italienne (allemande, ___)?
3. Tu es professeur?
4. Tu habites à ___, n'est-ce pas?
5. Tu es de ___ aussi?
6. Tu travailles?
7. Tu parles espagnol? allemand? chinois? russe?
8. Tu aimes les boissons alcoolisées? Les boissons chaudes?
9. Tu voudrais être astronaute?
10. Qu'est-ce que tu voudrais être?

O. Au Quick. You and two friends decide to have lunch at a nearby Quick. You talk about what you will eat. Then one of you places the order. While eating, each of you notices an acquaintance from another country. You each point out this person to your friends and tell them something about him/her.

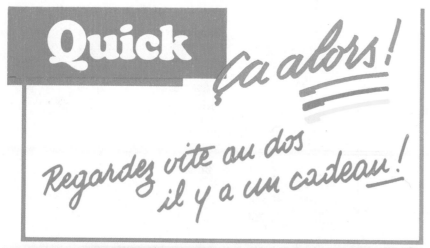

Quick

Ça alors!

Regardez vite au dos il y a un cadeau!

LES IDEES DE QUICK POUR VOUS EPATER !

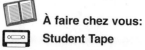

À faire chez vous:
CAHIER, Chapitre 1ᵉʳ / 3ᵉ étape

À faire chez vous:
Student Tape

Now that you've completed the first three **étapes** of **Chapitre 1ᵉʳ,** do Segment 2 of the STUDENT TAPE. See **CAHIER, Chapitre 1ᵉʳ,** *Écoutons!,* for exercises that accompany this segment.

QUATRIÈME ÉTAPE

L·E·C·T·U·R·E

La Dauphine vous propose

*Here is a list of items served in a café called **La Dauphine.** Because you would rarely order more than two or three items to eat and drink, it is not really necessary to understand every item when you try to read the menu. What you can do, however, is to use the French you already know as well as your general knowledge to try to recognize or figure out as many items as you can. Study the menu below, then do the exercises that follow.*

La Dauphine vous propose

Plats Chauds

CROQUE-MONSIEUR	30F
CROQUE-MADAME	36F
OMELETTE JAMBON OU FROMAGE	36F
OMELETTE MIXTE	40F
HOT DOG	30F
FRANCFORT FRITES	44F

Sandwiches

JAMBON OU GRUYÈRE OU PÂTÉ	18F
AMÉRICAIN: crudités et jambon	44F

Salades

SALADE NATURE	30F
SALADE DE TOMATES	44F
CAROTTES RÂPÉES	32F
SALADE DE CONCOMBRES	44F

Boissons

33 EXPORT	20F	CAFÉ	11F
33 RECORD	18F	CRÈME	24F
HEINEKEN	24F	CHOCOLAT	24F
KREICK BELLEVUE	50F	THÉ LAIT OU	
COCA-COLA	24F	CITRON	24F
JUS DE FRUITS	24F	THÉS AROMATISÉS	24F
JUS PRESSÉS	28F	CAFÉ VIENNOIS	40F
EAUX MINÉRALES	20F	CAPPUCCINO	18F

COMPRÉHENSION

A. Your traveling companions do *not* speak French at all. They tell you what they would like to eat or drink, and you tell them what they should order and how much it will cost.

1. I'm not very hungry; all I want is a cup of espresso.
2. I can't eat meat. I want something with cheese.
3. I'm really thirsty; I'd like a nice glass of lemonade.
4. Can I have a ham and cheese omelet?
5. Is it possible to get just a plain lettuce salad?
6. All I want is a beer.

B. Devinez! *(Guess!)* You are more adventuresome than your friends, so you decide to try an item whose name you don't recognize. If you were to order each of the following, what do you think you would get?

1. un sandwich américain   2. une Kreick Bellevue   3. un crème   4. un francfort frites   5. une salade de concombres   6. des carottes râpées
7. un café viennois

R·E·P·R·I·S·E

Troisième étape

C. Le déjeuner au Surf. You and two classmates go to the **Surf,** a small fast-food restaurant in Avignon. Discuss with your friends what you and they will have to eat. Then go to the counter and order.

SURF PIZZABURGER

PLATS CHAUDS

Pizza René			20F
Hot Dog	simple 14F	double 20F	
Brochette de Dinde			34F

HAMBURGERS

Freeburger	16F	Fishburger		20F
Big Free	24F	Big Fish		28F
Surfburger	20F			
Big Surf	28F	Frites	simple 14F	double 20F
Cheeseburger	20D	Salade du jour		10F
Big Cheese	28F	Croque-Monsieur		18F

DESSERTS		**BOISSONS FRAÎCHES**			
Apple Pie	14F	Coca-Cola	14F	18F	28F
Sundae	18F	Limonade	10F	14F	24F
Pavé au chocolat	14F	Jus d'orange	12F	16F	26F
		Milk Shake	20F		

Culture: French fast-food restaurants do not limit themselves to hamburgers and hot dogs. Many serve pizza or **quiches** ([*f.pl.*]) (cheese, milk, and eggs baked in a pastry shell and served in slices). The **Surf** also has grilled turkey on a stick **(une brochette de dinde).**

D. Des photos. While traveling in Europe, you met people from several different countries. Upon your return to France, you are showing photographs of these people to your French family. Using the information given below, give each person's profession, tell where he/she lives, and indicate his/her nationality. Remember to make all adjectives agree with the person to whom they refer.

▲▲▲ a

Modèle: M. Cordero / professeur / Madrid
              M. Cordero est professeur. Il habite à Madrid. Il est espagnol.

1. Michael Frye / avocat / Londres
2. Mme Sebastiani / médecin / Rome
3. Natasha Fedchenko / mécanicien / Moscou
4. Jean-Yves Péronnet / étudiant / Bordeaux
5. M. Dalbach / ingénieur / Munich
6. Janine Néel / cadre / Toulouse
7. Li Ping *(f.)* / dentiste / Shangaï
8. Susan Yaeger / professeur / Pittsburgh

À faire chez vous:
Student Tape

CAHIER, Chapitre 1ᵉʳ:
Rédigeons! / Travail de
fin de chapitre (including
STUDENT TAPE, Chapitre
1ᵉʳ, Segment 3)

▲▲▲▲▲▲▲▲▲▲▲▲▲▲▲▲▲▲▲▲▲▲▲▲▲▲▲▲▲▲▲

Point d'arrivée

Activités orales

Exprimons-nous!

When French speakers pause to think of what to say next, two conversation fillers they frequently use are **euh** and **voyons.**

Martine parle anglais et...
euh... allemand, oui,
allemand.

Martine speaks English
and...*uh*...German, yes,
German.

Voyons... moi, je voudrais
une omelette au fromage
et un demi.

Let's see...I'd like a cheese
omelet and a draught beer.

E. Au café. You and a friend meet at a café for a drink **(un verre)** or for breakfast or lunch. After you greet each other, another friend arrives. Introduce him/her to your first friend. The two people who have just met try to get better acquainted by asking

each other questions about their nationality, residence, work, languages, and the like. Don't forget to order something for the new arrival.

F. On mange quelque chose? While downtown on a Saturday afternoon, you and a friend run into one or more classmates. You are hungry. Therefore, you try to get people interested in going somewhere (café, fast-food restaurant) for something to eat. When you have decided, go to the place and order your food. (If you can't all agree, split into smaller groups, say good-bye, and go off to the place of your choice.)

G. Une présentation. Question another student in order to introduce him/her to the class. Find out (1) his/her nationality, (2) where he/she is from, (3) where he/she lives now, (4) what languages he/she speaks, (5) whether he/she likes to sing, travel, swim, etc., and (6) what kinds of snack food and beverages he/she prefers. When you have finished, present the student to the class.

H. En attendant à l'aéroport. While waiting for a plane at an international airport, you and your friends take turns guessing the nationalities and professions of various people. After making your guesses, one of you goes up to each person and finds out the correct information. Use the cards provided by your teacher. The person holding a card plays the role of the person(s) pictured.

Reminder, Ex. G: Don't try to translate your questions directly from English to French. Instead, use the French you have learned to find a way to get the needed information.

ÇA
VA
TRÈS
BIEN...
MERCI
! ! !

Portrait: At the end of each chapter, you will find a short monologue by the character(s) featured in that chapter. You will not know all the words in the monologue; however, by using your reading strategies, you will be able to get the gist of what the characters have to say.

PORTRAIT

Mireille Loiseau, Paris

Je suis parisienne. Mes parents, mon frère François et moi, nous habitons à Paris depuis six ans. Je suis née à Strasbourg et j'ai encore de la famille en Alsace. Je suis élève au lycée Victor Duruy. Mes amis et moi, nous déjeunons souvent dans le quartier. Ils aiment les fast-foods, mais moi, je préfère aller au café. J'adore les omelettes et les boissons à la menthe.

Profil

Paris

SITUATION: sur la Seine, en Île-de-France

POPULATION: 2 200 000 habitants

IMPORTANCE: capitale de la France

LIEUX D'INTÉRÊT: la tour Eiffel, la cathédrale de Notre-Dame, l'avenue des Champs-Élysées, le Louvre

HISTOIRE: habitée par les Gaulois, conquise par les Romains en 52 avant Jésus-Christ *(B.C.)*

COMMENTAIRE: Malgré *(in spite of)* des efforts vers la décentralisation, Paris demeure *(remains)* le centre politique, commercial, culturel et symbolique de la France.

À discuter: What cities play the role of Paris in the lives and minds of the American people?

L·E·X·I·Q·U·E

Pour se débrouiller

Pour saluer
Bonjour.
Salut.
Comment allez-vous?
Comment ça va?
Ça va (bien)?

Pour répondre à une salutation
Bonjour.
Salut.
Je vais (très) bien.
Ça va (bien).
Pas mal.

Pour faire les présentations
Je vous présente...
(Michel, Suzanne; Suzanne,
Michel.)
Enchanté(e).

Pour prendre congé
Au revoir.
Allez, au revoir.
À bientôt.
À tout à l'heure.
Salut.

Pour proposer quelque chose à manger ou à boire
Tu prends quelque chose?
Tu voudrais...?
Qu'est-ce que tu prends?
On mange quelque chose?
On va au...?

Pour commander
Je vais prendre...
Je voudrais...

Thèmes et contextes

Les fast-foods
un fast-food
un double
un simple
un milk shake au chocolat
à la vanille

Le petit déjeuner
un croissant

Le déjeuner
un croque-madame
un croque-monsieur
des frites *(f.pl.)*
une omelette aux fines herbes
au fromage
au jambon
une (part de) pizza
une quiche
une salade
un sandwich au fromage
au jambon
au pâté

Les nationalités
allemand(e)
américain(e)
anglais(e)
belge
canadien(ne)
chinois(e)
égyptien(ne)
espagnol(e)
français(e)
italien(ne)
japonais(e)
mexicain(e)
portugais(e)
russe
sénégalais(e)
suisse
vénézuélien(ne)

Les professions
un acteur (une actrice)
un(e) agriculteur(-trice)
un(e) architecte
un(e) assistant(e)
un(e) astronaute
un(e) avocat(e)
un cadre
un(e) commerçant(e)
un(e) comptable
un(e) dentiste
un(e) étudiant(e)
un(e) fonctionnaire
un homme (une femme)
d'affaires
un ingénieur
un(e) instituteur(-trice)
un(e) journaliste
un(e) mécanicien(ne)
un médecin
un(e) musicien(ne)
un(e) pharmacien(ne)
un professeur
un(e) programmeur(-euse)
un(e) secrétaire
un(e) vendeur(-euse)

Vocabulaire général

Verbes
chanter	nager
être	parler
étudier	travailler
fumer	visiter
habiter	voyager
manger	

Adverbes
assez	un peu
beaucoup	rarement
bien	souvent
mal	très

Michel Kerguézec
Locmariaquer (Bretagne),
France

—C'est à toi, ça, Michel?
—Oui. Tu as un ordinateur, toi?

▼▼▼▼▼▼▼▼

Faisons connaissance!

OBJECTIVES

In this chapter, you will learn:

- to talk about possessions;
- to express likes and dislikes;
- to describe your family;
- to have someone repeat what you have not heard or understood;
- to read a short descriptive text about people;
- to understand people talking about themselves and their families.

CHAPTER SUPPORT MATERIALS

Cahier: pp. 39–62

 Student Tape: Chapitre 2 Segments 1, 2, 3

ALLONS-Y!
Video Program

ACTE 2

SCÈNE 1: LES COUPLES
SCÈNE 2: UNE FAMILLE
À LA GUADELOUPE

▶ **Première étape**   C'est à toi, ça?
▶ **Deuxième étape**   Moi, j'aime beaucoup...
▶ **Troisième étape**   Voici ma famille!
▶ **Quatrième étape** Lecture: **Mon identité**

PREMIÈRE ÉTAPE

Point de départ

▼ ▼ ▼ ▼ ▼ ▼ ▼ ▼ ▼ ▼ ▼ ▼ ▼ ▼

C'est à toi, ça?

J'habite dans...

une maison

un appartement
un immeuble

une chambre
**une résidence
universitaire**

apartment building /
dormitory

To go into town, I have

Pour aller en ville, j'ai...

une voiture (une auto)

une motocyclette
(une moto)

un vélomoteur

une bicyclette
(un vélo)

At our house, there is

Chez nous, il y a...

un Walkman
(un baladeur)

une chaîne stéréo
des cassettes *(f.pl.)*
des compacts disques *(m.pl.)*

un téléviseur
un magnétoscope

VCR

Dans **ma** chambre, il y a   my

un poster

des plantes vertes *(f.pl.)*

un ordinateur

MARTINIQUE

un radioréveil

un bureau

une chaise

un lit

Pour aller en classe, j'ai...

un portefeuille

un sac (à main)

un sac à dos

un cahier

ALLONS-Y!

un livre

un stylo

un carnet

une calculatrice

un crayon

Vocabulary: Some additional vocabulary that you may need when talking about objects you own or use includes: **un appareil-photo** *(camera)*, **une caméra** *(movie camera or camcorder)*, **un frigo** *(refrigerator)*, **un téléphone, un transistor, des coussins** *(m.pl., cushions)*, **une lampe, une affiche** *(poster)*, **une armoire** *(dresser)*, **un miroir** *(mirror)*, **une serviette** *(briefcase)*, **une machine à écrire** *(typewriter)*, **des disques** *(m.pl., records)*, **un réveil-matin** *(alarm clock)*.

À VOUS! (Exercices de vocabulaire)

A.   **Qu'est-ce que c'est?** Answer the questions according to the drawings.

Modèles: Qu'est-ce que c'est?
C'est un cahier.
Ce sont des cassettes.

▲▲▲   a

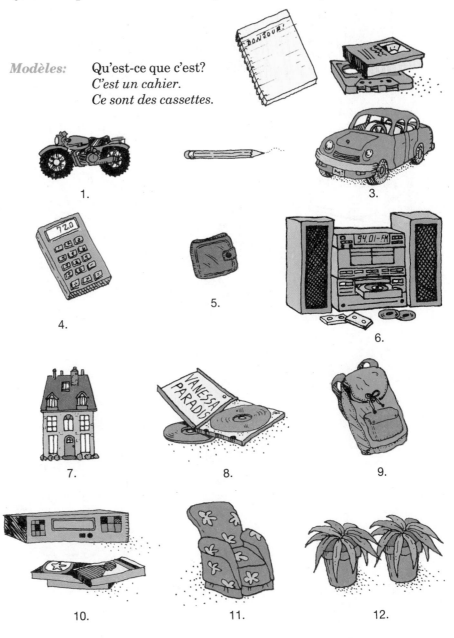

1.

3.

4.

5.

6.

7.

8.

9.

10.

11.

12.

B. **Christine, Bertrand, Antoinette et René.** On the basis of the drawings, complete each person's description of where he/she lives.

1. Je m'appelle *(my name is)* Christine Devise. J'habite dans ___ . J'ai ___ et ___ , mais je n'ai pas de (d') ___ . Pour aller en ville, j'ai ___ .

2. Je m'appelle Bertrand Perreaux. J'habite dans ___ . J'ai ___ et ___ . Pour aller à l'université, j'ai ___ .

3. Je m'appelle Antoinette Salanches. Moi, j'habite dans ___ . Chez nous, il y a ___ , mais nous n'avons pas de (d') ___ . Pour aller en classe, j'ai ___ .

4. Moi, je m'appelle René Poulain. J'habite dans ___ . Dans ma chambre il y a ___ et ___ et ___ , mais il n'y a pas de (d') ___ . Pour aller en classe, j'ai ___ .

S·T·R·U·C·T·U·R·E

*Le présent du verbe irrégulier **avoir** et quelques expressions avec **avoir***

Michel Kerguézec a une Renault Clio.	*Michel Kerguézec has* a Renault Clio.
Et vous, est-ce que **vous avez** une voiture?	How about you? *Do you have* a car?
Non, **nous** n'**avons** pas de voiture.	No, *we do* not *have* a car.
Ça ne fait rien. **Chantal et Mireille ont** une moto.	It doesn't matter. *Chantal and Mireille have* a motorcycle.

The verb **avoir** *(to have)* is irregular:

avoir *(to have)*	
j'**ai**	nous **avons**
tu **as**	vous **avez**
il, elle, on **a**	ils, elles **ont**

In a negative sentence, the indefinite articles **un, une,** and **des** change to **de** (**d'** before a vowel or a vowel sound). This often occurs with the verb **avoir:**

J'ai un portefeuille.	Je **n'**ai **pas de** portefeuille.
Bruno a un ordinateur.	Bruno **n'**a **pas d'**ordinateur.
Nous avons des posters.	Nous **n'**avons **pas de** posters.

Many common French expressions use the verb **avoir.** Among the most frequently used are:

avoir besoin de	to need
avoir faim	to be hungry
avoir soif	to be thirsty

J'ai besoin d'un stylo.	*I need* a pen.
Je n'ai pas faim, mais **j'ai** très **soif.**	*I'm not hungry,* but *I'm* very *thirsty.*

Grammar: Note that **avoir besoin** is followed by **de** (not **des**) when it precedes a *plural* noun: **Ils ont besoin de plantes vertes.**

▲ ▲ ▲

APPLICATION

C. Remplacez le sujet et faites les changements nécessaires.

1. *Luc* a soif, mais *il* n'a pas faim. (Chantal / je / nous / Irène et Claude / tu / vous)
2. Est-ce que *François* a une chaîne stéréo? (tu / Mireille Loiseau / Michèle et Francine / vous / Michel Kerguézec)
3. *Ils* n'ont pas d'ordinateur. (elle / tu / nous / je / elles / Éric)
4. *Nous* avons besoin d'un lit et de chaises. (je / vous / ils / tu / Nicole)

D. Non, mais j'ai... Each time you ask about someone's possessions, you learn that he/she does not have the object you mention, but something else instead.

Modèle: Philippe / ordinateur / calculatrice
             —Est-ce que Philippe a un ordinateur?
             —Non, il n'a pas d'ordinateur, mais il a une calculatrice.

1. Nathalie / motocyclette / vélo
2. tu / stylo / crayon
3. Monique et Didier / maison / appartement
4. vous / radioréveil / Walkman
5. tu / sac / portefeuille
6. Madeleine / plantes vertes / posters
7. vous / faim / soif
8. elle / besoin de / cassettes / compacts disques

Note grammaticale

Il y a, voilà et voici

The expressions **il y a** and **voilà** both are the equivalent of *there is* or *there are* in English. **Il y a** is used to state that a person, place, or thing exists. It does not necessarily mean that the item in question can be seen from where you are standing. **Voilà** is used to point out the location of a person, place, or thing. It is usually intended to get someone to look in that direction.

     Voici is the equivalent of the English *here is* or *here are*. It is used to point out the location of a person, place, or thing that is near the speaker.

Dans ma chambre **il y a** un lit, un bureau et des chaises.	In my room, *there are* a bed, a desk, and some chairs. (They exist.)
Voilà les chaises.	*There are* the chairs. (They are located away from me, the speaker. Look at them.)
Voici le bureau.	*Here is* the desk. (It is located near me, the speaker. Look at it!)

The negative of **il y a un (une, des)** is **il n'y a pas de: Il n'y a pas de** plantes vertes dans la chambre. **Il n'y a pas de** stylos ici *(here)*. **Voilà** and **voici** do not have a negative form.

E.   La chambre de Michel. First tell whether each item is or is not found in
Michel Kerguézec's room.

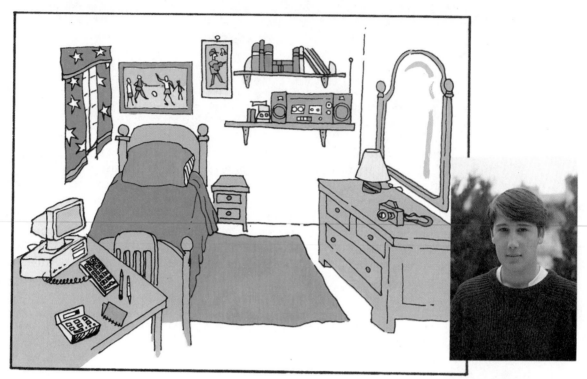

Modèles: une lampe
                Dans la chambre de Michel il y a une lampe.

                des compacts disques
                Il n'y a pas de compacts disques.

> **Reminder:** Use an indefi-
> nite article **(un, une, des)**
> after **il y a.** Use a definite
> article **(le, la, l', les)** after
> **voilà** and **voici.**

un lit / une chaise / un bureau / des cassettes / un ordinateur / des
posters / un téléviseur / une chaîne stéréo / des livres / des crayons et des
stylos / des plantes vertes / un radioréveil / un vélo / des cahiers / une
calculatrice / un sac à dos

Now point out to another student those items that are in the room.

Modèle: *Voilà la lampe.*

F.   Dans ta chambre est-ce qu'il y a...? Find out from several classmates
what they have and do not have in their rooms at home or in the dormitory.

Modèle: —*Dans ta chambre* (in your room) *est-ce qu'il y a des posters?*
               —*Comment?* (What did you say?)
               —*Tu as des posters dans ta chambre?*
               —*Oui, il y a des posters dans ma chambre* (in my room). or
                 Non, je n'ai pas de posters dans ma chambre.

S·T·R·U·C·T·U·R·E

L'article défini **(le, la, l', les)** *(suite)*

Où est **la** lampe?	Where is *the* lamp?
Ce sont **les** clés **de** Pierre.	Those are Pierre's keys.

You have already learned that the definite article **(le, la, l', les)** is used in French to designate a noun in a general or collective sense. In this case, it often has no English equivalent: **Tu aimes le fromage?** *(Do you like cheese?)* The definite article may also designate a noun in a specific sense. The question **Où est la lampe?** asks for the location of a particular lamp (one that has already been mentioned in the conversation). The phrase **les clés de Pierre** refers to the particular keys that belong to Pierre. Notice in the latter example that the definite article can be used with **de** to indicate possession *(Pierre's keys)*.

▲   ▲   ▲

APPLICATION

Reminder: Remember to use **c'est** with a singular noun and **ce sont** with a plural noun.

G. Ça, c'est... *(That's . . .)* When you and a friend stay after class one day, you notice that your other classmates have left behind several of their belongings. You show these objects to your friend, who identifies the owners.

> *Modèles:*   —Voici un livre. (Béatrice)
>   —*Ça, c'est le livre de Béatrice.*
>
>   —Voici des crayons. (Marc)
>   —*Ça, ce sont les crayons de Marc.*

1. Voici un cahier. (Vincent)
2. Voici une calculatrice. (Sylviane)
3. Voici un sac. (Anne-Marie)
4. Voici des cassettes. (Martine)
5. Voici des livres. (Jean-Pierre)
6. Voici des cahiers. (Yvonne)
7. Voici un stylo. (Michel)
8. Voici des clés. (Gérard)
9. Voici un sac à dos. (Mireille)
10. Voici une cassette. (Claude)

H. Voilà les livres de... Point out objects belonging to other members of the class.

> *Modèles:*   *Voilà les livres de Robert.*
>   *Voilà la calculatrice de Marthe.*

Student Tape:
Chapitre 2
Segment 1

PRONONCIATION   *La combinaison* **qu**

In English, the combination *qu*, except at the end of a word *(unique)*, is pronounced [kw]: *quote, quick, request.* In French, the combination **qu** is always pronounced [k]; the **u** is silent. Notice the difference between:

English	*French*
Quebec	**Qu**ébec
se**qu**ence	sé**qu**ence

I.   Read each word aloud, being careful to pronounce the **qu** combination as [k].

est-ce **qu**e / cro**qu**e-monsieur / **qu**'est-ce **qu**e / **qu**el**qu**e chose / Jac**qu**eline / Véroni**qu**e / criti**qu**e / **Qu**ébec / dis**qu**e

S·T·R·U·C·T·U·R·E

Les adjectifs possessifs (1ère et 2e personnes)

—Tu aimes **ton** ordinateur?
—Oui, j'aime beaucoup **mon** ordinateur.

—Do you like *your* computer?
—Yes, I like *my* computer a lot.

—Où est **ta** chambre?
—Voilà **ma** chambre.

—Where is *your* room?
—There's *my* room.

—Tu aimes **mes** amis?
—Oh, oui. J'aime bien **tes** amis.

—Do you like *my* friends?
—Oh, yeah. I like *your* friends.

—C'est **votre** maison?
—Non, ce n'est pas **notre** maison.

—Is that *your* house?
—No, it's not *our* house.

—Où sont **nos** clés?
—Voici **vos** clés.

—Where are *our* keys?
—Here are *your* keys.

Possessive adjectives in French agree with the noun they modify, *not* the possessor. Consequently, French has three forms for both *my* and "familiar" *your* and two forms for *our* and "formal or plural" *your*. The following chart summarizes the first- and second-person possessive adjectives:

Subject	*Masculine singular*	*Feminine singular*	*Masc. and fem. plural*	*English equivalent*
je	**mon**	**ma**	**mes**	*my*
tu	**ton**	**ta**	**tes**	*your*
nous	**notre**	**notre**	**nos**	*our*
vous	**votre**	**votre**	**vos**	*your*

▲   ▲   ▲

Grammar: With a singular feminine noun beginning with a vowel or a vowel sound, the masculine form **mon** or **ton** is used to provide liaison:

une omelette
  mon‿omelette
une amie
  mon‿amie

The **s** of **mes, tes, nos,** and **vos** is silent, except before a vowel or a silent **h.** Then liaison takes place: **meś clés,** but **mes‿amis.**

APPLICATION

J. Remplacez le mot en italique et faites les changements nécessaires.

1. Voilà mon *vélo.* (crayon / bureau / immeuble / Walkman)
2. Voilà ma *calculatrice.* (maison / chaîne stéréo / résidence)
3. Voilà mes *cassettes.* (plantes vertes / clés / amis)
4. Où est ta *résidence?* (maison / chambre / cahier / sac à dos / porte-feuille / calculatrice)
5. Où sont tes *compacts disques?* (cassettes / posters / livres / amis)
6. Nous aimons notre *maison.* (voiture / ordinateur / posters / magnétoscope / amis / professeur)
7. Est-ce que vous avez votre *stylo?* (voiture / calculatrice / cahiers / clés / carnet / vélo)

K. **Non, non, non!** All of a sudden everyone seems confused about who certain things belong to. When a stranger tries to take your school things, you politely set him/her straight.

Modèle: Ah, voici mon crayon.
               Je m'excuse. Ce n'est pas votre crayon, c'est mon crayon.

1. Ah, voici mon cahier.
2. Et ma calculatrice.
3. Et mes livres.
4. Et mes stylos.

Then your neighbors confuse their possessions with those belonging to your family.

Modèle: C'est notre voiture?
               Non, ce n'est pas votre voiture, c'est notre voiture.

5. C'est notre téléviseur?
6. Ce sont nos chaises?
7. C'est notre magnétoscope?
8. Ce sont nos clés?

Finally, your friend thinks your possessions are his/hers.

Modèle: Eh bien, donne-moi *(give me)* ma clé.
               Mais non, ce n'est pas ta clé, c'est ma clé.

9.   Eh bien, donne-moi mon crayon.
10. Eh bien, donne-moi mes cahiers.
11. Eh bien, donne-moi ma cassette.
12. Eh bien, donne-moi mon sac à dos.

L. Vous avez faim? Vous avez soif? When you ask some classmates whether they are hungry or thirsty, they respond by telling you what they would like to eat or drink. You get what they ask for and then distribute the items, using the appropriate possessive adjectives or definite articles + **de.**

BOISSONS: **un Coca, une limonade, une eau minérale, une bière, un verre de vin, un citron pressé**

CHOSES À MANGER: **un sandwich au ___ , une omelette au ___ , des frites, des croissants**

Modèle:
—*Vous avez soif?*
—*Oui, je voudrais un Coca.*
—*Pour moi, une limonade.*
—*Et moi, je vais prendre une eau minérale.*
—*Voilà ton Coca.*
—*Merci.*
—*Marie, c'est ta limonade?*
—*Non, ça, c'est la limonade de Sarah. Moi, j'ai une eau minérale.*
—*Oh, pardon! Voilà ton eau minérale.*

▲▲▲▲▲▲▲▲▲▲ Débrouillons-nous! ▲▲▲▲▲▲▲▲▲▲

Petite révision de l'étape

M. Échange. Posez les questions à un(e) autre étudiant(e), qui va vous répondre.

1. Est-ce que tu habites dans un appartement?
2. Qu'est-ce que tu as pour aller en ville? Une voiture? Un vélo?
3. Est-ce que tu étudies beaucoup? Est-ce que tu as un stylo? Des livres? Un ordinateur? Une calculatrice?
4. Est-ce que tu as une chaîne stéréo? Un radioréveil? Un Walkman?
5. Dans ta chambre est-ce qu'il y a des livres? Des plantes vertes? Des posters? Un bureau?
6. Tu as besoin d'un stylo? D'une calculatrice? De crayons?
7. Tu as faim? (Qu'est-ce que tu voudrais?) Tu as soif? (Qu'est-ce que tu voudrais?)

N. Qu'est-ce qu'il y a dans ta chambre? *(What's in your room?)* You have an important paper to write and need a quiet place to work, but there's a party going on where you live. Therefore, you would like to borrow someone else's room or apartment. Ask your classmates questions in order to find the most comfortable and best equipped place to work.

À faire chez vous: CAHIER, Chapitre 2 / 1ère étape

DEUXIÈME ÉTAPE

Point de départ

Moi, j'aime beaucoup...

ALLONS-Y!
Video Program

ACTE 2: SCÈNE 1
LES COUPLES

QUESTIONS DE FOND
1. How long has the third couple known each other?
2. Which couple tells the most romantic story?
3. Compare American couples with those you see here.

Bonjour. Je m'appelle Christine. Et voici Robert. C'est mon **petit ami,** mais nous avons des **goûts** différents.

| boyfriend | |
| tastes | |

	Christine	*Robert*
cats / dogs	J'aime les **chats.**	Moi, j'aime mieux les **chiens.**
	J'aime beaucoup le camping.	Moi, je déteste la nature.
	Je n'aime pas les sports.	Moi, j'adore le tennis.
to look at, to watch	Je n'aime pas du tout la télévision.	Moi, j'aime bien **regarder** la télé.
	J'aime la musique classique.	Moi, je préfère la musique populaire.
	J'aime le cinéma et le théâtre.	Moi, je n'aime pas le cinéma et je n'aime pas le théâtre **non plus.**
either		
painting	J'adore la **peinture.**	Moi, j'aime beaucoup la sculpture.
languages	J'étudie les **langues** et les maths.	Moi, j'étudie les sciences et la littérature.
	Je n'aime pas travailler.	Ah, moi, j'aime bien mon **travail.**
work		
Nevertheless	**Pourtant,** j'aime bien Robert.	Et moi, j'aime bien Christine.

À VOUS! (Exercices de vocabulaire)

A. Est-ce que vous aimez...? Give your reactions to each item. If you agree with a positive reaction by the previous person, use the expression **aussi** *(also);* if you agree with a negative reaction by the previous person, use the expression **non plus** *(either).*

> *Modèle:*   —*Est-ce que vous aimez le tennis?*
> —*Oui, j'aime le tennis.* or *J'aime bien le tennis.* or *J'adore le tennis.* or *Je n'aime pas le tennis.*
> —*Et vous?*
> —*Moi aussi* (I, too), *j'aime le tennis.* or *Je n'aime pas le tennis non plus.*

1. le cinéma   2. la bière   3. les maths   4. le camping   5. la musique classique   6. la politique   7. les sports   8. les chats   9. regarder la télé   10. nager   11. danser   12. travailler   13. voyager   14. manger

Grammar: You may use an infinitive as well as a noun after verbs such as **aimer: J'aime beaucoup regarder la télé.**

Vocabulary: You may also express varying degrees of liking and disliking. The following list goes from the strongest positive reaction to the strongest negative reaction—**j'adore / j'aime beaucoup / j'aime / j'aime bien / j'aime assez / j'aime un peu / je n'aime pas / je n'aime pas du tout / je déteste.**

B. Qu'est-ce que vous aimez mieux? Indicate your preferences. Use both the expression **aimer mieux** and the verb **préférer.**

> *Modèle:*   le football ou le basket
> —*J'aime mieux le football. Et toi?*
> —*Moi aussi, je préfère le football.* or *Moi, je préfère le basket.*

1. le football américain ou le base-ball
2. les chiens ou les chats
3. la peinture ou la sculpture
4. le cinéma ou le théâtre
5. la musique populaire ou le rock
6. la musique classique ou le jazz
7. écouter *(to listen to)* la radio ou regarder la télé
8. chanter ou danser
9. étudier ou travailler
10. aller en ville ou rester *(to stay)* à la maison

Vocabulary: In French, **le football** refers to soccer; football as played in the United States is called **le football américain.**

C. Qu'est-ce que vous aimez le mieux? When asking someone to compare more than two items, you must add the article **le** to **aimer mieux—aimer le mieux.** However, in the answer, the **le** is not needed. No change is made with **préférer.** Ask two of your classmates to choose from the following sets of items.

> *Modèle:*   la musique classique, le jazz ou le rock
> *—Qu'est-ce que tu aimes le mieux—la musique classique, le jazz ou le rock?*
> *—Moi, j'aime mieux le rock.*
> *—Et toi?*
> *—Moi, je préfère la musique classique.*

1. le football, le football américain ou le basket
2. la peinture, la sculpture ou l'architecture
3. la musique, la danse ou le cinéma
4. la musique populaire, le funk ou le rock
5. les chiens, les chats ou les hamsters
6. écouter la radio, regarder la télé ou aller au cinéma
7. parler, chanter ou danser

R·E·P·R·I·S·E

Première étape

D. Ma famille et moi, nous... *(My family and I . . .)* Tell a classmate where you and your family live and what you own.

> *Modèle:*   *Ma famille et moi, nous sommes de New York, mais nous habitons à Minneapolis dans une maison. Dans la maison il y a une chaîne stéréo, mais il n'y a pas d'ordinateur. Etc.*

E. C'est à qui, ça? *(Who does that belong to?)* Your instructor will point to objects and ask you who they belong to. He/she will then verify your answer.

> *Modèle:*   *—C'est à qui, ça?*
> *—C'est le livre de Paul.*
> *—Paul, c'est votre livre?*
> *—Oui, c'est mon livre.* or *Non, c'est le livre de (Nancy).*

S·T·R·U·C·T·U·R·E

Les questions d'information **qui, où, que** et **pourquoi**

You have already learned how to ask questions that take *yes* or *no* as an answer. Frequently, however, you ask a question because you are seeking specific information:

—**Qui** regarde la télé?   —*Who* is watching TV?
—Claudine regarde la télé.   —Claudine is watching TV.

To find out *who* is doing something, use **qui.**

—**Où est-ce que** Claudine   —*Where* does Claudine live?
  habite?
—Elle habite à Bordeaux.   —She lives in Bordeaux.

To find out *where* something or someone is located, use **où + est-ce que (qu').**

> **Grammar:** When **qui** is the subject of a sentence, the verb always takes the third-person singular form:—**Qui aime les sports?**—**Jean, Philippe et moi, nous aimons les sports.**

—**Où est** Bordeaux?   —*Where is* Bordeaux?
—Pardon?   —What did you say?
—**Où se trouve** la ville de   —*Where is* the city of Bordeaux
  Bordeaux?   *located?*
—Bordeaux est au sud-ouest de   —Bordeaux is southwest of
  Paris.   Paris.

When a question with **où** contains the verb **être** or the expression **se trouver, est-ce que** is not usually used.

—**Qu'est-ce qu'**elle regarde?   —*What* is she watching?
—Elle regarde un film.   —She's watching a movie.

To find out *what* someone wants or is doing, use **qu' est-ce que.**

—**Pourquoi est-ce qu'**elle ne   —*Why* isn't she watching the
  regarde pas le match de foot?   soccer match?
—**Parce qu'**elle n'aime pas les   —*Because* she doesn't like
  sports.   sports.

To ask *why,* use **pourquoi + est-ce que (qu').** The answer to this question usually begins with **parce que (qu').**

▲ ▲ ▲

APPLICATION

F. Remplacez les mots en italique et faites les changements nécessaires.

1. Qui *regarde la télé?* (écoute la radio / parle / mange / travaille / étudie le français)
2. Où est-ce que vous *habitez?* (travaillez / étudiez / aimez voyager / mangez)
3. Où est *Bordeaux?* (Toulouse / ta maison / mon crayon / mes clés / mes livres)
4. Qu'est-ce que tu *cherches?* (regardes / manges / écoutes / étudies)
5. Pourquoi est-ce qu'elle *n'étudie pas?* (ne travaille pas / regarde le match de foot / a besoin d'un ordinateur / n'a pas de cassettes)

G. Faisons connaissance de Michel Kerguézec. You have just met some friends of Michel Kerguézec. When they say something about Michel, you ask a follow-up question to keep the conversation going.

Modèle: Michel n'habite pas à Rennes.
          Où est-ce qu'il habite?

1. Il étudie beaucoup. (qu'est-ce que)
2. Il n'aime pas les mathématiques. (pourquoi)
3. Il travaille. (où)
4. Il mange beaucoup. (qu'est-ce que / aimer)
5. Il passe l'été *(spends the summer)* à Cassis. (où)
6. Il a des chiens et des chats. (qu'est-ce que / aimer mieux)
7. Il y a des gens qui *(people who)* n'aiment pas Michel. (qui / pourquoi)

H. Faisons connaissance! Ask a classmate questions in order to get to know him/her better. In some cases, you can get the information with a yes/no question; other times, you will need to use a question word **(qui, où, qu'est-ce que, pourquoi).** Find out . . .

Modèle: where he/she lives
          —*Où est-ce que tu habites?*
          —*J'habite à Clarksburg.*

1. whether he/she is originally from the city where he/she now lives.
2. whether he/she works.
3. where he/she works.
4. why he/she works (or doesn't work). (Possible answer: **avoir besoin d'argent** [*money*].)
5. why he/she is studying French.
6. whether he/she has a dog or a cat. (Why or why not?)
7. what he/she likes more—music, sports, or politics.
8. who likes to travel more, you or he/she.
9. whether he/she likes to dance. (What? Where?)

PRONONCIATION   *La combinaison ch*

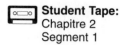

Student Tape:
Chapitre 2
Segment 1

In English, the combination *ch* is usually pronounced with the hard sounds [tch] or [k]: *chicken, reach; character, architect.* In French, the combination **ch** usually has a softer sound, much like the *sh* in the English word *sheep.* Notice the difference in the following pairs:

English	French
*ch*ief	**ch**ef
tou*ch*	tou**che**
ar*ch*itect	ar**ch**itecte

Prononciation: There are a few words in French, mainly of Greek origin, in which **ch** is pronounced with a hard sound [k]: **orchestre, écho, chrétien, Christian(e).**

I.   Read each word aloud, being careful to pronounce **ch** as [sh]:

chante / chose / Chantal / chinois / chien / chambre / machine / chat / chaîne / chercher / chef / chic / chinois

S·T·R·U·C·T·U·R·E

Le présent du verbe irrégulier **faire** *et quelques expressions avec* **faire**

—Qu'est-ce qu'**on fait** aujourd'hui?
—Moi, **je fais** du tennis. Et vous?
—**Nous faisons** un tour à vélo.
—Jean-Louis aussi?
—Non, **il fait** des devoirs.

—What *are we doing* today?
—*I'm playing* tennis. What about you?
—*We're going* for a bike ride.
—Jean-Louis too?
—No, *he's doing* homework.

faire *(to do, to make)*	
je **fais**	nous **faisons**
tu **fais**	vous **faites**
il, elle, on **fait**	ils, elles **font**

Grammar: The verb **faire** is often used in questions. In such cases, the answer frequently involves a verb other than **faire:**
—**Qu'est-ce que tu fais?**
—**Je travaille.**
—**Qu'est-ce qu'ils aiment faire?**
—**Ils adorent voyager.**

The verb **faire** is used in idiomatic expressions where the English equivalent is not the basic meaning of the verb. The following are a few of these expressions. You will encounter additional expressions in future chapters:

faire un voyage	to take (go on) a trip
faire une promenade	to take (go for) a walk
faire du sport	to participate in sports
faire du ski	to go skiing
faire du tennis	to play tennis
faire un tour (à vélo, en voiture, à moto)	to go for a ride (on a bike, in a car, on a motorcycle)

Nous faisons une promenade.
Tu fais du ski?

We are going for a walk.
Do you ski (go skiing)?

▲   ▲   ▲

APPLICATION

J. Remplacez le sujet et faites les changements nécessaires.

1. *Jean-Luc* fait du ski dans les Alpes. (Béatrice / nous / les amis de Sylvie / je / vous / tu)
2. *Marie-Claire* ne fait pas de ski. (Stéphane / je / vous / mon ami / tu / nous / mes camarades de chambre)
3. Qu'est-ce que *Pierre* fait? (tu / vous / les autres / on / nous / Chantal)

K. Qu'est-ce qu'on fait ce week-end? Michel Kerguézec calls up a friend to see what everyone is doing this weekend. The friend in turn asks the person(s) in question what he/she/they are doing. Play the role of Michel and use the suggested activities.

Modèle: Martine / travailler
           MICHEL: *Qu'est-ce que Martine fait ce week-end?*
           L'AMI(E):   *Martine, qu'est-ce que tu fais ce week-end?*
           MARTINE: *Je travaille ce week-end.*
           MICHEL: *Hein? Qu'est-ce qu'elle fait?*
           L'AMI(E):   *Elle travaille.*

1. Jean-Pierre / étudier
2. Maurice et Vincent / rester à la maison
3. Bernadette / faire du ski
4. Paul / faire du tennis
5. Gérard et Yvette / travailler
6. René / voyager

L. Qu'est-ce qu'on fait ce soir? Ask several people what they would like to do tonight. They will answer using one of the possibilities listed below. In each case, tell whether their idea coincides with yours.

Modèle: VOUS: *Qu'est-ce qu'on fait ce soir?*
           ÉTUDIANT(E):   *Moi, je voudrais aller danser.*
           VOUS: *Moi aussi, je voudrais aller danser.* or *Moi, je voudrais faire une promenade.*

faire du tennis / faire une promenade / faire un tour en voiture (à vélo, à moto) / parler / manger / aller danser / aller nager / regarder la télé / écouter des cassettes / rester à la maison

▲▲▲▲▲▲▲▲▲ Débrouillons-nous! ▲▲▲▲▲▲▲▲▲▲

Petite révision de l'étape

M. Échange. Posez les questions à un(e) autre étudiant(e), qui va vous répondre.

1. Est-ce que tu aimes la nature? La politique? Les sports?
2. Est-ce que tu aimes mieux le thé, le café ou le lait?
3. Est-ce que tu as besoin d'une calculatrice? Pourquoi ou pourquoi pas?
4. Où est-ce que tu aimes passer l'été? Où est ___ ?
5. Qui aime mieux le football américain, toi ou ___ ?
6. Est-ce que tu fais du ski? Du tennis?
7. Qu'est-ce que tu aimes faire pendant *(during)* le week-end?

N. Moi, je suis... Imagine that it is your first day in an international school where the common language is French. Go up to another student and introduce yourself. Tell who you are, what you do, where you are from. Then try to give the other person an idea of what you like and dislike, giving examples (where appropriate) of what you own or don't own.

À faire chez vous: CAHIER, Chapitre 2 / 2e étape

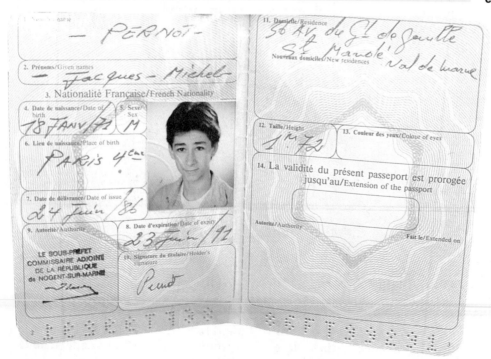

TROISIÈME ÉTAPE

Point de départ

ALLONS-Y!
Video Program

ACTE 2: SCÈNE 2
UNE FAMILLE À
LA GUADELOUPE

QUESTIONS DE FOND
1. What is Christine's mother's name and profession? And her father's?
2. Name two of Christine's other relatives and their professions.
3. What is Christine's profession?

Voici ma famille!

first name
last name
father / mother / sister / brothers / is named
fairly tall / brown hair / brown eyes / grandfather /

grandmother

Bonjour. Je m'appelle Michel Kerguézec. Michel, c'est mon **prénom.** Kerguézec, c'est mon **nom de famille.** Nous sommes quatre dans ma famille. J'ai un **père,** une **mère** et une **sœur.** Je n'ai pas de **frères.** Ma sœur **s'appelle** Sophie. Elle est **assez grande.** Elle a les **cheveux bruns** et les **yeux bruns** aussi. Nous habitons dans une maison à Locmariaquer avec mon **grand-père** et ma **grand-mère.**

who / uncle
married / His wife
son / fairly short / blond hair
blue eyes / wears glasses / aunt
Her husband

J'ai aussi de la famille **qui** n'habite pas en Bretagne. Voilà mon **oncle** Jacques. C'est le frère de mon père. Il est **marié. Sa femme** s'appelle Élise. Ils ont un **fils**—c'est mon cousin André. Il est **assez petit.** Il a les **cheveux blonds** et les **yeux bleus.** Il **porte des lunettes.** Ma **tante** Élise a aussi une fille, Jacqueline, d'un premier mariage. Jacqueline est mariée. **Son mari** s'appelle René.

À VOUS! (Exercices de vocabulaire)

A.   Vous et votre famille. First, complete the following sentences with information about you and your family.

1.   Je m'appelle...
2.   Mon prénom, c'est...
3.   Mon nom de famille, c'est...
4.   Mon père s'appelle...
5.   Ma mère s'appelle...
6.   J'ai ____ frères. Il(s) s'appelle(nt)... (Je n'ai pas de frères.)
7.   J'ai ____ sœurs. Elle(s) s'appelle(nt)... (Je n'ai pas de sœurs.)
8.   Mes grands-parents habitent (n'habitent pas) avec nous.

B.   Du côté de votre mère... Du côté de votre père... *(On your mother's side . . . On your father's side . . .)* Answer the following questions about family members on both sides of your family.

1.   Est-ce que votre mère est d'une petite famille ou d'une famille nombreuse *(a big family)?*
2.   Est-ce que vous avez des oncles? Comment est-ce qu'ils s'appellent? Est-ce qu'ils sont mariés? Est-ce qu'ils ont des enfants? des fils? des filles?
3.   Comment s'appellent vos cousins? Où est-ce qu'ils habitent?
4.   Est-ce que vous avez des tantes aussi du côté de votre mère? Est-ce qu'elles travaillent? Elles sont avocates?
5.   Et votre père, il est d'une famille nombreuse?
6.   Est-ce que vous avez des tantes du côté de votre père? Est-ce qu'elles sont mariées? Est-ce qu'elles ont des enfants?
7.   Comment s'appellent vos cousines du côté de votre père?
8.   Est-ce que votre père a aussi des frères? Où est-ce qu'ils habitent? Est-ce qu'ils travaillent? Ils sont architectes?

Vocabulary: Some additional words that may prove useful in describing a particular family situation are: **un beau-père** *(stepfather, father-in-law)*, **une belle-mère** *(stepmother, mother-in-law)*, **un beau-frère** (stepbrother, brother-in-law), **une belle-sœur** *(stepsister, sister-in-law)*.
   If one of your parents is dead, you may say: **Mon père est mort. Ma mère est morte.** If your parents are divorced, you may say: **Mes parents sont divorcés.**

Note grammaticale

L'apparence

To describe hair and eyes in French, use the verb **avoir** and a definite article.

J'ai les cheveux roux.	*I have red hair.*
Mon grand-père a les cheveux gris.	*My grandfather has gray hair.*

To say that someone is short or tall, use the adjectives **petit** and **grand.** If the person is female, add an **e.** If you are talking about more than one person, add an **s:**

Ma sœur est très petite.	*My sister is very short (small).*
Mes frères sont assez grands.	*My brothers are fairly tall (big).*

C. Ma famille. Describe each member of your immediate family, telling whether he/she is short or tall and indicating the color of his/her hair and eyes. Also mention whether or not he/she wears glasses. Remember to include yourself!

Modèle: *Mon père est très grand. Il n'a pas de cheveux. Il est chauve (bald). Il a les yeux bruns et il ne porte pas de lunettes.*

R·E·P·R·I·S·E

Deuxième étape

D. Faisons connaissance! To get to know one of your classmates better, ask him/her a series of yes/no questions. Use the elements suggested below.

Modèles: avoir / voiture
—*Tu as une voiture?*
—*Oui, j'ai une voiture.* or *Non, je n'ai pas de voiture.*

aimer / sports
—*Tu aimes les sports?*
—*Oui, j'aime les sports.* or *Non, je n'aime pas les sports.*

1. habiter / dans / appartement
2. aimer / animaux

Reminder: Be sure to distinguish between nouns that require an indefinite article (**un, une, des**) and nouns that require a definite article (**le, la, l', les**). Remember that the negative of **un, une, des** is usually **de;** however, **le, la, l', les** do not change after a negated verb.

3. aimer mieux / chiens / ou / chats
4. avoir / chien (chat)
5. aimer / musique
6. avoir / chaîne stéréo
7. aimer le mieux / rock / funk / jazz / musique classique
8. faire / ski
9. aimer / étudier
10. faire / devoirs

E. Un nouvel ami. *(A new friend.)* A French exchange student whom you
have just met is telling you about his family and his life in France. Each
time he makes a statement, ask a follow-up question using **qui, où, qu'est-
ce que,** or **pourquoi.**

Modèle: Nous sommes de Paris, mais nous n'habitons pas à Paris.
               Où est-ce que vous habitez?

1. Nous habitons à Aix-en-Provence.
2. Mes parents travaillent à Aix.
3. Moi, je fais des études à l'université. J'étudie les mathématiques et les
    sciences.
4. Je n'étudie pas les langues.
5. J'aime mes profs et les autres étudiants, mais le week-end j'aime mieux
    être avec mes amis. Je fais beaucoup de choses avec mes amis.
6. Nous faisons du ski.
7. Je regarde très peu la télé.
8. Mais je connais quelqu'un qui *(know somebody who)* regarde beaucoup
    la télé.

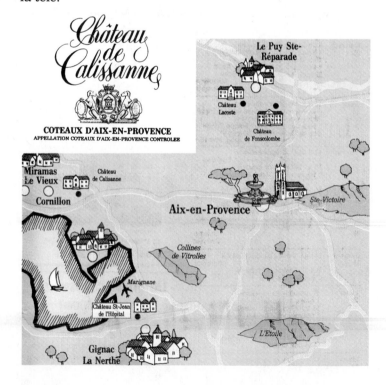

▲▲▲ d

S·T·R·U·C·T·U·R·E

Les nombres de 0 à 69

The French equivalent of the number *one* agrees with the noun it introduces: **un livre, une orange.** Zero and the numbers from two on always stay the same.

0	**zéro**	7	**sept**	14	**quatorze**
1	**un, une**	8	**huit**	15	**quinze**
2	**deux**	9	**neuf**	16	**seize**
3	**trois**	10	**dix**	17	**dix-sept**
4	**quatre**	11	**onze**	18	**dix-huit**
5	**cinq**	12	**douze**	19	**dix-neuf**
6	**six**	13	**treize**	20	**vingt**

The numbers from twenty-one through sixty-nine follow a regular pattern. 21, 31, 41, 51, and 61 all use **et;** other numbers use only a hyphen.

		30	**trente**	40	**quarante**
21	**vingt et un**	31	**trente et un**	41	**quarante et un**
22	**vingt-deux**	32	**trente-deux**	42	**quarante-deux**
23	**vingt-trois,** etc.	33	**trente-trois,** etc.	43	**quarante-trois,** etc.
50	**cinquante**	60	**soixante**		
51	**cinquante et un**	61	**soixante et un**		
52	**cinquante-deux**	62	**soixante-deux**		
53	**cinquante-trois,** etc.	63	**soixante-trois,** etc.		

▲   ▲   ▲

When a number precedes a noun beginning with a vowel or a vowel sound, liaison occurs and the final consonant is pronounced: **cinq étudiants, huit appartements.** In liaison, **x** and **s** are pronounced **z: deux appartements, trois amis, dix omelettes, vingt-six ordinateurs.**

The **t** of **vingt** is not pronounced, except in liaison: **vingt livres,** but **vingt étudiants.** However, in the numbers from 21 through 29, the **t** of **vingt** is always pronounced: **vingt-cinq.**

APPLICATION

F. Pour compter...

1. Comptez de 0 à 10, de 10 à 0, de 11 à 20, de 20 à 11, de 0 à 20, de 20 à 0.
2. Comptez de 21 jusqu'à 69, de 69 à 21.
3. Comptez de 10 jusqu'à 60 par 10.
4. Donnez les nombres impairs *(odd)* de 1 jusqu'à 69.
5. Donnez les nombres pairs *(even)* de 2 jusqu'à 68.
6. Lisez les numéros de téléphone suivants: 45. 31.47.54 / 55. 62.17.41 / 61. 33.14.68 / 20. 55.15.61 / 30. 29.12.66 / 21. 57.44.13 / 48. 32.19.51 / 66. 39.11.16.

G.   Calculons! Do the following arithmetic problems.

Modèle: 2 + 2
         —*Combien font* (how much is) *deux et deux?*
         —*Deux et deux font quatre.*

1. 3 + 6	5. 8 + 12	9. 42 + 23	13. 27 + 39
2. 7 + 9	6. 10 + 30	10. 28 + 9	14. 24 + 27
3. 11 + 4	7. 25 + 35	11. 19 + 42	
4. 14 + 3	8. 16 + 18	12. 21 + 18	

Modèle: 3 × 20
         —*Combien font trois fois vingt?*
         —*Trois fois vingt font soixante.*

15. 2 × 15	17. 3 × 19	19. 4 × 10	21. 3 × 7	23. 5 × 5
16. 4 × 9	18. 7 × 8	20. 6 × 11	22. 2 × 24	24. 9 × 7

Note grammaticale

Combien de...? / Quel âge avez-vous?

The expression **combien** is the equivalent of both *how much* and *how many*. When **combien** precedes a noun, it must be followed by **de.**

—**Combien de** frères avez-vous?
—J'ai trois frères.

—*How many* brothers do you have?
—I have three brothers.

—**Combien de** voitures est-ce qu'ils ont?
—Ils ont deux voitures.

—*How many* cars do they have?
—They have two cars.

To ask someone's age in French, use the verb **avoir** and the expression **quel âge:**

—**Quel âge as-tu?**
—**J'ai dix-neuf ans.**
—**Quel âge a ton père?**
—**Il a quarante-sept ans.**

—*How old are you?*
—*I am 19.*
—*How old is your father?*
—*He's 47.*

When stating age, note that the word **ans** *(years)* must be included in French even though the word *years* may be omitted in English.

H. Toi et ta famille. Ask several of your classmates the following questions.

1. Quel âge as-tu?
2. Quel âge a ton père? et ta mère?
3. Combien de frères est-ce que tu as? Quel âge ont-ils (a-t-il)?
4. Combien de sœurs est-ce que tu as? Quel âge ont-elles (a-t-elle)?
5. Combien d'oncles et de tantes est-ce que tu as du côté de ton père (ta mère)?

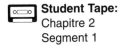

Student Tape:
Chapitre 2
Segment 1

PRONONCIATION *Les consonnes c et g*

Depending on the sound that follows it, the French consonant **c** may represent the hard sound [k], as in the English word *car,* or the soft sound [s], as in the English word *nice.* Similarly, the consonant **g** may represent either the hard sound [g], as in *gun,* or the soft sound [ʒ], as in *sabotage.*

The hard sounds [k] and [g] occur before another consonant and before the vowels **a, o,** and **u:**

[k]: **c**lasse, **c**ar, **c**orps, é**c**u

[g]: **g**rand, **g**are, mé**g**ot, **g**uide

The soft sounds [s] and [ʒ] occur before the vowels **e, i,** and **y. C** is also soft when it has a cedilla (**ç**):

[s]: fa**c**e, ra**c**ine, Saint-**C**yr, fran**ç**ais

[ʒ]: â**g**e, ri**g**ide, **g**ymnase

I. Read each word aloud, being careful to give the appropriate hard or soft sound to the consonants **c** and **g.**

café / citron / croissant / ça / cahier / pièces / combien / Françoise / Orangina / goûts / rouge / fromage / portugais / belge / langue / Roger / égyptienne

S·T·R·U·C·T·U·R·E

Les adjectifs possessifs (3e personne)

—C'est le vélo de Bénédicte?
—Oui, c'est **son** vélo.

—It's Bénédicte's bike?
—Yes, it's *her* bike.

—Où est la chambre de Mathieu?
—**Sa** chambre est là-bas.

—Where is Mathieu's room?

—*His* room is over there.

—Tu aimes les amis de ta sœur?

—Oui, en général, j'aime **ses** amis.

—Do you like your sister's friends?

—Yes, generally I like *her* friends.

—Où sont les cassettes de Jeanne et de Monique?
—Voici **leurs** cassettes.

—Where are Jeanne and Monique's cassettes?
—Here are *their* cassettes.

The third-person singular forms of the possessive adjectives are **son, sa,** and **ses.** Like the first- and second-person possessive adjectives (**mon, ta, nos, votre,** etc.), these adjectives agree in gender with the noun they modify, *not* with the person who possesses the noun. The third-person plural of the possessive adjective has only two forms: **leur** (with singular nouns) and **leurs** (with plural nouns).

Subject	Masculine singular	Feminine singular	Masc. and fem. plural	English equivalent
je	**mon**	**ma**	**mes**	*my*
tu	**ton**	**ta**	**tes**	*your*
il, elle, on	**son**	**sa**	**ses**	*his, her*
nous	**notre**	**notre**	**nos**	*our*
vous	**votre**	**votre**	**vos**	*your*
ils, elles	**leur**	**leur**	**leurs**	*their*

▲ ▲ ▲

Grammar: Because a possessive adjective agrees with the noun it modifies and *not* with the possessor, the gender of a possessor in the third person must be determined from the context, not from the adjective:

son père *(his father* or *her father)*
son vélo *(her bike* or *his bike)*
sa mère *(his mother* or *her mother)*
sa chambre *(her room* or *his room)*
ses amis *(her friends* or *his friends)*

Grammar: When a feminine noun begins with a vowel or a vowel sound, the masculine form **(son)** is used: **son auto, son amie.**

The **s** of **ses** and **leurs** is silent, except before a noun beginning with a vowel or a vowel sound. Then liaison takes place: **leurs avocats.**

APPLICATION

J. Remplacez les mots en italique et faites les changements nécessaires.

1. Voilà son *stylo.* (cahier / appartement / amie / vélo)
2. Où est sa *chambre?* (maison / calculatrice / clé / télévision)
3. Ce sont ses *clés?* (cassettes / cahiers / amis / stylos)
4. Où est leur *ordinateur?* (transistor / voiture / appartement / maison)
5. Voici leurs *livres.* (clés / amies / crayons / compacts disques)
6. Voici son *crayon.* (maison / appartement / ami / amie / cassettes / amis / chaîne stéréo / cahier)
7. Voilà leur *maison.* (chambre / voiture / clés / amis / ordinateur / appartement / livres)

K. C'est la chambre d'Anne-Marie, n'est-ce pas? You are showing a friend around a dormitory. As you point out different places, people, and objects, he/she tries to identify them. You confirm the identification, using the appropriate possessive adjective (**son, sa, ses, leur, leurs**).

Modèle: chambre / Anne-Marie
—*Voici une chambre.*
—*C'est la chambre d'Anne-Marie, n'est-ce pas?*
—*Oui, c'est sa chambre.*

1. chambre / Robert
2. chambre / Guy et Jacques
3. clés / Éric
4. clés / Annick et Pascale
5. clés / Véronique
6. amie / Claire
7. amie / Jean-Luc
8. amis / Yvonne
9. bureau / Roger
10. bureau / Nicole

L. À qui est (sont)...? *(Whose . . . ?)* Find out to whom the following objects belong.

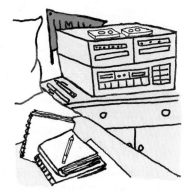

Dominique

M. Allard

M. et Mme Lehmann

Modèles: la chaîne stéréo
—*À qui est la chaîne stéréo?*
—*C'est la chaîne stéréo de Dominique.*
—*Ah, bon. C'est sa chaîne stéréo.*

les cassettes
—*À qui sont les cassettes?*
—*Ce sont les cassettes de Dominique.*
—*Ah, bon. Ce sont ses cassettes.*

1. le cahier   2. la voiture   3. les chiens   4. le vélo   5. les livres
6. l'appareil-photo *(camera)*   7. la maison   8. les clés   9. la chambre

▲ ▲ ▲ ▲ ▲ ▲ ▲ ▲ ▲ **Débrouillons-nous!** ▲ ▲ ▲ ▲ ▲ ▲ ▲ ▲ ▲

Petite révision de l'étape

M.   Échange. Posez les questions suivantes à un(e) autre étudiant(e), qui va vous répondre.

1. Vous êtes combien dans ta famille?
2. Comment s'appelle ton père? Et ta mère?
3. Est-ce qu'ils travaillent tous les deux *(both)?* Où? Qu'est-ce qu'ils font?
4. Combien de sœurs est-ce que tu as? Quel âge ont-elles? Est-ce que tu as aussi des frères? Quel âge ont-ils?
5. Est-ce qu'ils (elles) sont étudiant(e)s aussi?
6. Où est-ce que tes grands-parents habitent—dans une maison? dans un appartement?
7. Quel est le prénom de ton (ta) meilleur(e) *(best)* ami(e)?
8. Quel âge a-t-il (elle)?
9. Où est-ce qu'il (elle) habite?
10. Est-ce que ses parents travaillent aussi?
11. Combien de frères et de sœurs est-ce qu'il (elle) a?
12. Est-ce qu'ils (elles) sont marié(e)s?

N.   Ta famille. Find out as much as you can about another student's family. Begin by getting information about the size and composition of the family. Then choose one member of the family (mother, father, brother, sister, or grandparent) and ask more detailed questions.

 À faire chez vous:
CAHIER, Chapitre 2 / 3ᵉ étape

À faire chez vous:
Student Tape

Now that you've completed the first three **étapes** of **Chapitre 2,** do Segment 2 of the STUDENT TAPE. See **CAHIER, Chapitre 2,** *Écoutons!,* for exercises that accompany this segment.

QUATRIÈME ÉTAPE

L·E·C·T·U·R·E

Mon identité

The ability to read in French develops more rapidly than the skills of speaking, listening, and writing. One reason is the large number of cognates (similar words) shared by French and English. Use the many cognates in the paragraphs below to get the general idea without *consulting the definitions that follow.*

Je suis présidente d'une grande[1] entreprise. J'ai une grande maison, quatre téléviseurs couleur et trois voitures. Mon mari et moi, nous voyageons beaucoup. Nous avons un chalet en Suisse et un appartement à Paris. Mes enfants[2] sont dans une école[3] privée et chacun[4] a une chaîne stéréo, une grande quantité de disques compacts et de vidéos et une voiture. Ma vie[5] est très intéressante; je n'ai pas de problèmes.

Je suis étudiante. Je travaille comme serveuse[6] et j'habite dans une petite chambre en ville. J'aime les sports, surtout[7] le tennis. J'adore la musique classique. Je n'ai pas de disques compacts, mais j'écoute[8] souvent la radio. J'étudie les langues, la littérature et la linguistique parce que ce sont des sujets fascinants. J'aime ma vie; je n'ai pas de problèmes.

Je suis père de famille. J'ai deux enfants: un fils et une fille. Nous n'avons qu'une[9] petite maison, mais elle est confortable. Ma femme et moi, nous faisons beaucoup de choses[10] avec[11] nos enfants. Nous aimons le camping et les sports. Ma femme fait du ski; moi, j'aime mieux le football. Nous célébrons les jours de fête[12] en famille —oncles, tantes, cousins, cousines et grands-parents, nous dînons ensemble.[13] Ma vie est très agréable; je n'ai pas de problèmes.

Je suis à la retraite.[14] Ma femme est morte en 1990. J'habite avec mon fils Michel à Rennes. Il est marié. Sa femme s'appelle Renée. Ils ont deux filles. Je ne travaille pas. J'aime beaucoup la nature et je fais souvent des promenades. Le soir[15] je mange avec la famille et après le dîner je regarde la télévision. Ma vie est assez agréable; je n'ai pas de problèmes.

Je suis professeur de psychiatrie. Je travaille dans une clinique à Bordeaux. J'ai un mari très sympathique.[16] Nous aimons aller[17] au théâtre et au cinéma. Nous avons beaucoup d'amis et nous aimons discuter ensemble. Nous parlons des crises d'identité, du matérialisme, des goûts, de la famille, des influences sociales sur la personnalité. Au travail, je passe mon temps[18] à analyser les personnes «qui n'ont pas de problèmes».

1. large   2. children   3. school   4. each one   5. life   6. waitress   7. especially   8. listen (to)
9. only a   10. things   11. with   12. holidays   13. together   14. retired   15. in the evening
16. nice (friendly)   17. to go   18. spend my time

COMPRÉHENSION

A. Les mots apparentés. *(Cognates.)* What do you think each of the following cognates means?

la présidente / couleur / voyager / privé(e) / la quantité / intéressant(e) / le problème / la linguistique / fascinant / confortable / dîner / agréable / la nature / la psychiatrie / la clinique / l'identité / le matérialisme / l'influence / social(e) / la personnalité / analyser

B. Vrai ou faux? Reread the **Lecture** using the definitions at the end. Then decide which statements are true **(vrai)** and which are false **(faux)**. Support your answers.

1. La présidente d'entreprise

    a. Je suis matérialiste.
    b. J'ai une grande maison à Paris.
    c. Je suis riche.
    d. Je passe les vacances avec mes enfants.

2. L'étudiante

    a. Je travaille dans un restaurant.
    b. J'adore le tennis.
    c. J'habite dans un appartement.
    d. Je fais des sciences.
    e. J'ai une chaîne stéréo et beaucoup de cassettes.

3. Le père de famille

    a. J'ai cinq enfants.
    b. J'ai trois filles.
    c. Je n'aime pas le camping.
    d. Je fais du sport, surtout du ski.
    e. Je passe les jours de fête en famille.

4. L'homme à la retraite

    a. J'habite avec la famille de mon fils à Rennes.
    b. Je fais souvent des promenades avec ma femme.
    c. Je prends le déjeuner dans un restaurant fast-food avec mes amis.
    d. Le soir je suis à la maison.

5. Le professeur de psychiatrie

    a. J'aime bien mon mari.
    b. J'aime les films.
    c. J'aime mieux les idées que les actions.
    d. J'adore les discussions.
    e. J'analyse les problèmes des présidentes d'entreprise, des étudiantes, des pères de famille et des retraités.

R·E·P·R·I·S·E

Troisième étape

C. **Qui a le plus grand nombre de...?** *(Who has the most . . . ?)* Go around the class asking other students how many brothers, sisters, aunts, uncles, and cousins they have. Based on your findings, your instructor will try to determine **qui a le plus grand nombre de frères, de sœurs,** etc.

D. **Qui est-ce?** *(Who is it?)* Give a short description of someone in your class. The others will try to guess who it is. Include in your description size, color of hair and eyes, and whether or not the person wears glasses. If no one guesses, add another detail (something the person has, something you know about the size of the person's family, what he/she likes to do, etc.).

▲ ▲

Point d'arrivée

Activités orales

Exprimons-nous!

When French speakers do not hear or understand what someone says, they use expressions such as **Comment? Pardon? Quoi? Hein?** to ask for repetition. The latter two expressions are informal.

—Ils n'aiment pas le vin.
—**Comment? (Pardon?)**

—They don't like wine.
—*Excuse me. What did you say?*

—M. et Mme Verlay, ils n'aiment pas le vin.

—M. et Mme Verlay don't like wine.

—Tu veux une boisson?

—Do you want something to drink?

—**Hein? (Quoi?)**
—Est-ce que tu voudrais une boisson?

—*Huh? What'd you say?*
—Would you like something to drink?

À faire chez vous:
Student Tape

CAHIER, Chapitre 2:
Rédigeons! / Travail de fin de chapitre (including STUDENT TAPE, Chapitre 2, Segment 3)

Le savez-vous?
▲▲▲▲▲▲▲▲▲▲▲▲▲▲
Mémé **et** Pépé **are terms often used by French children when talking to or about their** _____ .
a. mother and father
b. grandmother and grandfather
c. brother and sister
d. uncle and aunt

Réponse ▲▲▲

▲▲▲ b

E. **Faisons connaissance!** Get to know another student by trying to discover the indicated information. He/she will ask the same things about you. Find out his/her name; where he/she is from; where he/she lives now; the size and makeup of his/her family; his/her interests (sports, politics, etc.); his/her possessions; his/her likes and dislikes (activities).

F. **Je suis...** Present yourself to the class. Give as much information as you can (within the limits of the French you have learned) about your family, your interests, your activities, and your possessions.

G. **Le déjeuner en ville.** *(Lunch in town.)* You go to a café or a fast-food restaurant for lunch with a student you have just met. When you arrive, you see a friend. Along with two other members of the class, play the roles of the students in this situation. During the conversation, make introductions, order lunch, and find out as much as possible about each other.

H. **L'arbre généalogique.** *(Family tree.)* Construct your family tree and explain to the class (or to a small group of students) the relationships between you and the other family members. (Bring in a family picture, if possible.) For each person mentioned, give several pieces of information.

I. **Contrastes.** Imagine that you and another student are like the two people in the picture on page 62. The two of you are very different: you come from different families (one large, one small) and you have different possessions and interests. Invent the personal details of your lives and present them to the class in the form of a dialogue of opposites.

Locmariaquer, France

PORTRAIT

Michel Kerguézec, Locmariaquer (Bretagne), France

Comme l'indique mon nom (Kerguézec), je suis de Bretagne. Mes parents, ma sœur, Sophie, et moi, nous parlons français, bien sûr, mais mes grands-parents, ils parlent aussi breton. Je suis né dans la ville où j'habite. Locmariaquer est une ville de 56 000 habitants à l'entrée du golfe du Morbihan, près de Vannes. J'ai dix-sept ans et je suis élève au lycée. J'ai les cheveux bruns et les yeux bleus. J'aime la musique rock et le tennis. Alors, bien sûr, dans ma chambre j'ai une raquette de tennis, un poster de Sting et beaucoup de cassettes.

Profil

La Bretagne

SITUATION: l'ouest de la France
POPULATION: 2 707 886 habitants
VILLES PRINCIPALES: Rennes, Brest, Quimper, Vannes, Saint-Malo
CLIMAT: doux, mais pluvieux *(rainy)*
ÉCONOMIE: pêche, agriculture (artichauts, choux-fleurs, haricots verts), industrie (automobile)
LIEUX D'INTÉRÊT: Carnac (monuments préhistoriques), la Pointe du Raz (extrémité occidentale de la France)

COMMENTAIRE: Les Bretons sont très fiers *(proud)* de leur héritage celtique. Il y a beaucoup de Bretons qui continuent à parler breton et à suivre *(to follow)* les coutumes de leurs ancêtres.

À discuter: Are there any regions in the United States where the people cling to their own language and customs? If so, where? If not, why do you think there are none?

L·E·X·I·Q·U·E

Pour se débrouiller

Pour indiquer ses goûts et ses préférences
   adorer
   aimer (assez, bien, beaucoup,
      mieux, le mieux)
   détester,
   ne pas aimer (du tout)
   préférer

Pour se présenter
   je m'appelle...
   je suis...

Pour se renseigner
   comment s'appelle...
   où
   pourquoi
   qu'est-ce que
   qui

Pour faire répéter
   Comment?
   Hein?
   Pardon?
   Quoi?

Pour décrire une personne
   avoir ___ ans
   avoir les cheveux blonds (bruns, gris,
      noirs, roux)
   avoir les yeux bleus (bruns, verts)
   être chauve

Pour demander et indiquer l'âge
   Quel âge avez-vous (as-tu)?
   J'ai ___ ans.

Pour établir la possession
   À qui est...?
   C'est à qui,...?
   C'est le (la, l', les) de...
   C'est (ce sont) son (sa, ses)...
                     leur (leurs)...

Pour identifier le possesseur
   À qui est (sont)...?
   C'est ton (votre)...?
   C'est à qui, ça?

Thèmes et contextes

Les habitations
   un appartement
   une chambre
   un immeuble
   une maison
   une résidence
      (universitaire)

Les matériaux scolaires
   un cahier
   une calculatrice
   un carnet
   un crayon
   un livre
   un sac à dos
   un stylo

Les moyens de transport
   une auto
   une bicyclette
   une moto(cyclette)
   un vélo
   un vélomoteur
   une voiture

Les possessions

un appareil-photo	un lit
un bureau	un magnétoscope
une cassette	un ordinateur
une chaîne stéréo	une plante verte
une chaise	un portefeuille
un chat	un poster
un chien	un radioréveil
une clé	un sac (à main)
un disque compact	un téléviseur (couleur)
une lampe	un Walkman (un baladeur)

Les activités

faire du ski
faire du sport
faire du tennis
faire une promenade
faire un tour (en voiture,
    à vélo, à pied)
faire un voyage

Les goûts et les préférences

l'art *(m.)*	la politique
le camping	les sciences *(f.pl.)*
le cinéma	la sculpture
les langues *(f.pl.)*	les sports *(m.pl.)*
la littérature	la télévision
les mathématiques *(f.pl.)*	le tennis
la musique	le théâtre
la nature	

La famille

un(e) cousin(e)	un mari
une femme	une mère
une fille	un oncle
un fils	un père
un frère	une sœur
une grand-mère	une tante
un grand-père	

Vocabulaire général

Verbes

avoir
avoir besoin de
    faim
    soif
chercher
écouter
faire
regarder
rester

ALLONS-Y!
Video Program

ACTE 2

VOCABULAIRE

SCÈNE 1: LES COUPLES
le coup de foudre
  love at first sight
l'aboutissement
  the outcome

SCÈNE 2: UNE FAMILLE À
    LA GUADELOUPE
la restauratrice
  the restaurant owner
l'institutrice
  the teacher
la secrétaire-comptable
  the secretary-
  accountant
la boîte privée
  the private office
sur les genoux
  on the lap
la sucette   *the lollipop*

—Allons-y! Faisons connaissance de la ville!

Véronique Béziers
Tarascon (Provence),
France

▼▼▼▼▼▼▼▼▼

Renseignons-nous!

OBJECTIVES

In this chapter, you will learn:

- to identify and locate places in a city;
- to ask for and give directions;
- to give orders and suggest activities;
- to tell time;
- to make plans;
- to indicate possession;
- to read a tourist brochure;
- to understand discussions of plans and activities.

CHAPTER SUPPORT MATERIALS

Cahier: pp. 63–92

 Student Tape: Chapitre 3 Segments 1, 2, 3

ALLONS-Y!
Video Program

ACTE 3
LA VILLE

▷ **Première étape** Faisons connaissance de la ville!

▷ **Deuxième étape** Où se trouve... ?

▷ **Troisième étape** Rendez-vous à 10 heures

▷ **Quatrième étape** Lecture: **Visitez Fougères!**

PREMIÈRE ÉTAPE

Point de départ

▼ ▼ ▼ ▼ ▼ ▼ ▼ ▼ ▼ ▼ ▼ ▼ ▼

Faisons connaissance de la ville!

ALLONS-Y!
Video Program

ACTE 3
LA VILLE

QUESTIONS DE FOND
1. What does the woman teach the young man?
2. Where does the young man's trip start? Where will it end?

Dans une ville il y a souvent

library	un aéroport	une cathédrale	**une bibliothèque**
railroad station / church / post office	**une gare**	**une église** une synagogue	**un bureau de poste**
school (general or elementary) / town (city) hall / high school / police station	**une école** **un lycée**	une université un hôpital	**un hôtel de ville** **un commissariat de police**
bookstore	un hôtel	**une librairie**	
tobacco store (also sells stamps, newspapers)	une banque	**un bureau de tabac** une pharmacie	

Pour s'amuser, il y a souvent

	un café	un cinéma	un parc
stadium	un restaurant	un théâtre	**un stade**
museum / swimming pool	un fast-food	**un musée**	**une piscine**

À VOUS (Exercices de vocabulaire)

Transparencies:
3-1, 3-2 (Ex. A, public buildings)

A.   Qu'est-ce que c'est? Identify each place or building.

Modèle: *C'est une cathédrale.*

B. Est-ce qu'il y a un(e) ___ dans le quartier? *(Is there a ___ in the neighborhood?)* Ask a passerby if the following places are in the area. The passerby will answer yes and name the street where each can be found.

> *Modèle:*   restaurant / dans la rue Clemenceau
> —*Pardon, Madame (Monsieur). Est-ce qu'il y a un restaurant dans le quartier?*
> —*Oui. Il y a un restaurant dans la rue Clemenceau.*

1. parc / dans la rue Bellevue
2. théâtre / dans l'avenue Jean Mermoz
3. synagogue / dans la rue d'Orléans
4. musée / dans l'avenue de la Libération
5. pharmacie / dans l'avenue Aristide Bruant
6. cinéma / dans la rue Mazarin
7. église / dans la rue de Strasbourg
8. piscine / dans la rue Jean-Jacques
9. fast-food / dans l'avenue de Paris
10. bureau de tabac / dans la rue Vauban
11. hôtel / dans la rue de la Montagne
12. une école / dans l'avenue du Maréchal Joffre

C. Il est là. *(It is there.)* You are looking at a map of the town where you are staying in France. A stranger comes up and asks you where certain buildings and places are located. Using **il est** or **elle est** and the expression **là,** indicate the various locations on the map.

> *Modèle:*   la gare
> —*Où est la gare?*
> —*La gare? Elle est là.*

1. la cathédrale
2. le bureau de poste
3. l'université
4. l'hôpital
5. le parc
6. la gare
7. l'aéroport
8. le commissariat de police
9. le stade
10. l'hôtel de ville
11. la bibliothèque
12. le musée

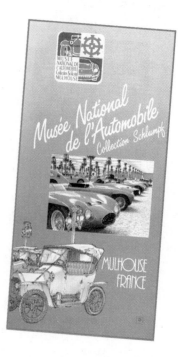

Note culturelle

Most French towns and cities date from the Middle Ages, a period when the major concern in city planning was protection. Often, the town grew up around a castle **(un château)** or a church, with the houses crowded together within defensive walls. As a result, the streets were narrow and winding and did not follow any predetermined pattern.

In the center of French cities today, the basic street pattern has changed very little since the fifteenth century. Most of the walls have come down, and the towns have expanded. However, you still find a central square **(une place)** with its **château** or church. In larger cities, each **quartier** may have its own **place centrale.**

Questions: Compare the layout of the town or city where you live with that of a typical French town or city. What differences do you notice? How might you explain these differences?

S·T·R·U·C·T·U·R·E

*Le verbe irrégulier **aller***

Comment **vas-tu?**	How *are you?*
Marie va à Paris.	*Marie is going* to Paris.
Ils ne vont pas à Nice.	*They are not going* to Nice.

The verb **aller** (*to go* and, in some expressions dealing with health, *to be*) is irregular:

aller *(to go)*	
je **vais**	nous **allons**
tu **vas**	vous **allez**
il, elle, on **va**	ils, elles **vont**

▲   ▲   ▲

APPLICATION

D. Remplacez le sujet en italique et faites les changements nécessaires.

1. *Henri* va à Londres. (je / nous / M. et Mme Duplessis / Chantal)
2. Est-ce que *Jeanne* va en ville? (tu / Éric / vous / Paul et son frère)
3. *Ils* ne vont pas à la bibliothèque. (Michèle / je / nous / on)

E. **À la gare.** You are at the railroad station with a group of friends who are all leaving to visit cathedrals in different French cities. Each time you ask if someone is going to a certain cathedral town, you find out that you are wrong. Ask and answer questions following the model.

Modèle: Alex / à Paris (à Rouen)
              —*Alex va à Paris?*
              —*Mais non, il ne va pas à Paris, il va à Rouen.*

1. Thérèse / à Strasbourg (à Bourges)
2. tu / à Poitiers (à Chartres)
3. Jean-Paul et François / à Marseille (à Albi)
4. vous / à Angers (à Reims)
5. Michel / à Metz (à Lyon)

Note grammaticale

Quelques adverbes

The following adverbs are often used with **aller:**

toujours *(always)*	**de temps en temps** *(from time to time)*
souvent *(often)*	**quelquefois** *(sometimes)*
rarement *(rarely)*	**ne . . . jamais** *(never)*

De temps en temps and **quelquefois** usually begin or end the sentence. The shorter adverbs directly follow the verb. **Ne . . . jamais** is a negative expression. **Ne** precedes the verb and **jamais** follows it, just as with **ne . . . pas.**

De temps en temps nous allons en ville.	*From time to time* we go into town.
Il va **souvent** à l'église.	He *often* goes to church.
Je **ne** vais **jamais** à la bibliothèque.	I *never* go to the library.

F. **Une enquête.** (*A survey.*) Ask three other students the questions below and take note of their answers. The students do not need to answer with complete sentences.

Modèle: —*Est-ce que tu vas souvent à l'aéroport?*
              —*Rarement.*
              —*De temps en temps.*
              —*Jamais.*

When a negative answer using **jamais** contains no verb, it is used without **ne: —Tu vas souvent au musée? —Jamais.**

1. Est-ce que tu vas souvent à la bibliothèque?
2. Est-ce que tu vas souvent à l'église ou à la synagogue?
3. Est-ce que tu vas souvent à l'hôpital?
4. Est-ce que tu vas souvent à l'hôtel de ville?

G. **Les résultats.** *(The results.)* Now report your findings from Exercise F to other members of your class. This time use complete sentences.

Modèle: *De temps en temps Éric va à la bibliothèque. Janine va rarement à la bibliothèque, et Martine va très souvent à la bibliothèque.*

S·T·R·U·C·T·U·R·E

La préposition à et l'article défini

Nous sommes **à la** piscine.
Mon frère travaille **à l'**aéroport.
Nous allons **au** cinéma ensemble.
Elle parle **aux** médecins.

We're *at the* swimming pool.
My brother works *at the* airport.
We're going *to the* movies together.
She's talking *to the* doctors.

When followed by **la** or **l'**, the preposition **à** *(to, at, in)* does not change. However, **à** followed by **le** contracts to form **au,** and **à** followed by **les** contracts to form **aux:**

à + la → **à la**   **à la** maison
à + l' → **à l'**   **à l'**église
à + le → **au**   **au** café
à + les → **aux**   **aux** professeurs

The **x** of **aux** is silent, except when it precedes a vowel or a vowel sound. Then, in liaison, it is pronounced as a **z: aux étudiants.**

▲ ▲ ▲

Le savez-vous?
▲▲▲▲▲▲▲▲▲▲▲▲▲▲▲
When the French use the term le foot, what are they referring to?
a. a part of the body
b. American football
c. soccer

Réponse ▲▲▲

APPLICATION

H. Remplacez les mots en italique et faites les changements nécessaires.

1. Il va à la *cathédrale*. (maison / bibliothèque / gare / piscine)
2. Elles sont à l'*hôpital*. (université / église / aéroport / hôtel de ville)
3. Est-ce que tu vas au *café*? (restaurant / musée / bureau de poste / fast-food)
4. Je parle aux *professeurs*. (médecins / avocats / ingénieurs)

I. Remplacez les mots en italique et faites les changements nécessaires.

1. Ma sœur travaille au *musée*. (bureau de poste / hôtel / gare / théâtre)
2. Nous allons souvent au *café*. (église / parc / hôtel de ville / gare / piscine)
3. Est-ce que nous sommes déjà au *restaurant?* (cathédrale / hôpital / musée / bureau de poste / stade)
4. Il parle au *garçon*. (professeur / avocat / étudiants / médecins)

J. Tu vas au musée, toi? A group of young people join you in front of a map of the town where you are staying. Find out where each one is headed, being careful to use the appropriate form of **à** + the definite article.

Modèle: musée / hôpital
—*Tu vas au musée, toi?*
—*Non, je vais à l'hôpital.*

1. église / cathédrale
2. librairie / piscine
3. gare / aéroport
4. théâtre / cinéma
5. bureau de poste / parc
6. café / pharmacie
7. banque / restaurant
8. hôtel de ville / commissariat de police

K. D'abord... ensuite... *(First . . . then . . .)* After lunch, you and your friends are discussing your plans. Using the verb **aller** and the appropriate form of **à** + the definite article, find out where each person is headed.

Modèle: Anne-Marie (piscine / bibliothèque)
—*Anne-Marie, où est-ce que tu vas?*
—*D'abord, je vais à la piscine et ensuite je vais à la bibliothèque.*

1. Élisabeth (banque / théâtre)
2. Pierre et Sylvie (restaurant / cinéma)
3. Monique (bureau de poste / pharmacie)
4. Jean-Jacques (hôtel / gare)
5. Simone (musée / parc)
6. Henri et Alain (bureau de tabac / stade)

▲▲▲ C

L. Après les cours, nous jouons... *(After classes, we play . . .)* What sports and games do you and your friends play? How about you and your family? Choose games from the following list to complete the sentences. Notice that the verb **jouer** *(to play)* is followed by **à** before the name of a sport or game. Be sure to make the appropriate contraction.

Supplementary vocabulary: Additional games that can be used with **jouer à** include **le golf, le hockey (sur glace,** *on ice*)**, les cartes** *(cards)***, les dames** *(checkers)***, le Monopoly, le Scrabble.**

le basket	**le volley**	**les échecs** *(m.pl.) (chess)*
le football	**le base-ball**	**le flipper** *(pinball)*
le football américain	**le tennis**	**le Nintendo**

Modèle: Mes amis et moi, nous jouons...
                —*Mes amis et moi, nous jouons au basket.*

1. Mes amis et moi, nous aimons   4. Nous ne jouons jamais...
   jouer...   5. Ma famille et moi, nous
2. Quelquefois nous jouons...   jouons...
3. Nous jouons rarement...   6. Nous ne jouons jamais...

PRONONCIATION   *La combinaison **gn***

Student Tape:
Chapitre 3
Segment 1

In French, the combination **gn** is pronounced as [ɲ]—much like the *ny* in the English word *canyon:* **gagner, ligne.**

M. Read each word aloud, being careful to pronounce the **gn** combination as [ɲ].

espagnol / renseignons-nous / magnifique / magnétique / signe / Agnès / Champagne / montagne / champignon

S·T·R·U·C·T·U·R·E

Le futur immédiat

Qu'est-ce que **vous allez faire** ce soir?   What *are you going to do* tonight?
Moi, **je vais aller** au concert.   *I'm going to go* to the concert.
Georges et moi, nous allons faire   *Georges and I are going to go* for a
   un tour en voiture.   ride.
Mathilde ne va pas quitter la   *Mathilde isn't going to leave* the
   maison.   house.

To express a future action, especially one that will occur in the not-too-distant future, use a present tense form of **aller** and an infinitive. This structure is the equivalent of the English phrase *going to* + verb.

Note that in the negative **ne . . . pas** is placed around the conjugated form of **aller: Mathilde** *ne va pas* **quitter la maison.**

▲   ▲   ▲

APPLICATION

N. Remplacez le sujet en italique et faites les changements nécessaires.

1. *Suzanne* va faire une promenade ce soir. (Jean-Paul / nous / je / les Mauclair / tu / vous)
2. *Marc* ne va pas quitter la maison. (Annick / je / mes amis / vous / tu / nous)
3. Est-ce que *Nicolas* va aller en ville? (tu / Georges et sa sœur / vous / on / Paulette / nous)

O. Qu'est-ce qu'on va faire ce soir? You find out from some of your friends what they are going to do tonight.

> *Modèle:*   Charles, qu'est-ce que tu vas faire ce soir? (aller au cinéma)
> *Je vais aller au cinéma (ce soir).*

1. Marcelle, qu'est-ce que tu vas faire ce soir? (travailler)
2. Et Jean-Pierre, qu'est-ce qu'il va faire? (aller au théâtre)
3. Et Michèle et son amie? (étudier)
4. Sylvie, qu'est-ce que tu vas faire ce soir? (regarder la télé)
5. Et Gérard, qu'est-ce qu'il va faire? (aller en ville)
6. Et Jacques et Isabelle? (rester à la maison)
7. Et vous deux? (faire un tour à vélo)

P. Et toi, qu'est-ce que tu vas faire? Now find out from several of your classmates what they are going to do tonight **(ce soir),** tomorrow night **(demain soir),** and over the weekend **(pendant le week-end).** Then report your findings to the class.

▲▲▲▲▲▲▲▲▲▲ Débrouillons-nous! ▲▲▲▲▲▲▲▲▲▲

Petite révision de l'étape

Q. Échange. Ask another student the following questions. He/she will respond on the basis of his/her knowledge and personal situation.

1. Est-ce qu'il y a un aéroport dans notre ville? Une gare? Un hôpital? Un bureau de poste? Une cathédrale? Un stade? Une piscine? Un musée?
2. Est-ce que tu vas souvent au cinéma? À l'église ou à la synagogue? À l'hôtel de ville? À la bibliothèque? Au fast-food? Au théâtre? À la banque?
3. Est-ce que tu vas regarder la télé ce soir? Écouter la radio? Rester à la maison (dans ta chambre)? Étudier? Aller en ville? Parler au professeur?

R. Dans la rue. While heading for a place in town (your choice), you bump into a friend. Greet your friend, find out how he/she is and where he/she is going. If you are going to the same place, suggest that you go there together **(On y va ensemble?).** He/she will agree **(Oui. Allons-y!).** If not, find out what he/she is going to do tomorrow night **(demain soir).** Either suggest that you do it together or tell what different plans you have. Then say good-bye and continue on your way.

📖 **À faire chez vous:**
CAHIER, Chapitre 3 / 1ère étape

DEUXIÈME ÉTAPE

Point de départ

▼▼▼▼▼▼▼▼▼▼▼

Où se trouve...?

se trouve: is (located, found)

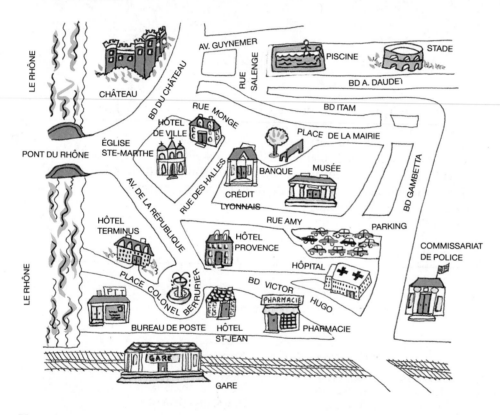

Véronique Béziers habite à Tarascon, dans le **sud** de la France. À Tarascon il y a un **château fort** qui date du XVe **siècle.** Regardez le **plan** de la ville.

south

fortified castle / century / map (of city)

Le château est **près de** l'église Sainte-Marthe, mais il est **loin de** la gare.

near / far from

Devant le château il y a le boulevard du Château. **Derrière** le château se trouve le **Rhône.** Le château est situé **entre** le boulevard du Château et le Rhône.

in front of / behind

river in southern France that flows from the Alps into the Mediterranean Sea / between

L'hôtel de ville de Tarascon se trouve **au coin de** la rue Monge et de la rue des Halles.

on the corner of

Le commissariat de police se trouve **en face de** l'hôpital.
Il y a une pharmacie **à côté de** l'hôtel St-Jean.
Il y a un **pont au bout de** l'avenue de la République.
À Tarascon on **stationne** les voitures **dans** un garage ou sur un grand parking qui se trouvent **sur** le boulevard Gambetta.

across from

next to

bridge / at the end of

park / in

on

passerby / asks for
information

Véronique visite le château de Tarascon avec des amis. Un **passant demande** des **renseignements.**

—S'il vous plaît, Mademoiselle. Est-ce qu'il y a une banque près d'ici?
—Oui, Monsieur. Dans la rue des Halles.
—La rue des Halles? Où se trouve la rue des Halles?

cross / straight ahead
until / turn right
on your left

—Bon, vous **traversez** le boulevard du Château et vous allez **tout droit** dans la rue Monge. Continuez **jusqu'à** la rue des Halles et **tournez à droite.** Il y a une banque en face de l'hôtel de ville, **sur votre gauche.**
—Merci bien, Mademoiselle.
—Je vous en prie, Monsieur.

À VOUS! (Exercices de vocabulaire)

A. La ville de Tarascon. When someone asks you about Tarascon, you first answer using the suggested expressions.

>   *Modèle:*   Où est le château? (près de l'église Sainte-Marthe)
>   *Elle est près de l'église Sainte-Marthe.*

1. Où est l'hôtel Saint-Jean? (à côté de la pharmacie)
2. Où est la banque? (en face de l'hôtel de ville)
3. Où est le château? (loin de la gare)
4. Où est le bureau de poste? (près de l'hôtel Terminus)
5. Où est le pont? (au bout de l'avenue de la République)
6. Où est le boulevard du Château? (entre le château et l'église Sainte-Marthe)

Now correct the erroneous statements that you hear about Tarascon by looking at the map on page 99 and using the appropriate expressions to locate each place.

Modèle: Le château est près de la gare, n'est-ce pas?
              Mais non, il est (assez) loin de la gare.

7.   La pharmacie est à côté de l'hôtel Terminus, n'est-ce pas?
8.   Le stade est près de la gare, n'est-ce pas?
9.   Le stade est en face de l'hôpital, n'est-ce pas?
10. Le Rhône est devant le château, n'est-ce pas?
11. L'hôtel de ville est au bout de l'avenue Guynemer, n'est-ce pas?
12. La rue Amy est entre le boulevard Gambetta et le boulevard Victor Hugo, n'est-ce pas?

Note culturelle

Many American cities are laid out in fairly regular patterns: streets often meet at right angles, run north and south or east and west, and have numbers (Second Avenue, Seventeenth Street). As you have seen, in French cities, streets rarely form regular patterns and they are usually given the name of a landmark **(le boulevard du Château)**, a famous person **(le boulevard Victor Hugo)**, or an historical reference **(l'avenue de la République).**

Americans often express distance in terms of city blocks and compass points: "Go three blocks east and turn left." The French indicate the cross street on which to turn: **Vous allez jusqu'à la rue Monge et vous tournez à gauche.**

Questions: What is the origin of the street names in your town or neighborhood? Is it possible to direct people around the area where you live using blocks and compass points?

B. Remplacez les mots en italique.

1.   Traversez *la rue.* (la place / le boulevard / l'avenue)
2.   Vous tournez à droite *dans l'avenue Mitterrand.* (dans la rue Sainte-Catherine / sur le boulevard des Italiens / sur la place Notre-Dame)
3.   Vous continuez tout droit *jusqu'à la rue Jean-Baptiste.* (jusqu'à la place de la Révolution / jusqu'à l'avenue Clemenceau / jusqu'au boulevard Garibaldi)
4.   Allez tout droit *jusqu'à l'avenue de la Gare.* (jusqu'au coin / jusqu'au bout de la rue Balzac / jusqu'à la cathédrale)
5.   Tournez à gauche *dans la rue Sainte-Anne.* (dans l'avenue de la Marine / sur le boulevard Masséna / sur la place Stanislas)

Vocabulary: Notice that French uses the preposition **sur** to talk about a square or a boulevard **(sur la place, sur le boulevard)** and the preposition **dans** to talk about streets and avenues **(dans la rue, dans l'avenue).**

C. **Pardon, Monsieur/Madame.** You are standing in front of the château in Tarascon. Explain to passersby how to get to the following places.

> *Modèle:*   l'hôtel de ville
> —*Pardon, Monsieur (Madame). L'hôtel de ville, s'il vous plaît?*
> —*Vous traversez le boulevard du Château. Vous continuez dans la rue Monge jusqu'à la rue des Halles. L'hôtel de ville est au coin de la rue Monge et de la rue des Halles, sur votre droite.*

1. le stade
2. le commissariat de police
3. le bureau de poste
4. l'hôtel Saint-Jean

R·E·P·R·I·S·E

Première étape

D. **Les parents de vos amis.** While talking with some of your new friends, you have learned about their parents. Tell about their work and their leisure activities.

> *Modèle:*   le père de Janine (hôtel / les livres / bibliothèque)
> *Le père de Janine travaille à l'hôtel. Il aime beaucoup les livres; il va souvent à la bibliothèque.*

1. le père de Mireille (gare / les films / cinéma)
2. la mère de Michel (aéroport / la nature / parc)
3. le père de Véronique (bureau de poste / l'art / musée)
4. la mère de Jean-Alex (hôpital / la littérature / librairie)
5. le père de Jacqueline (bureau de tabac / voyager / aéroport)
6. la mère de Philippe (université / chanter / théâtre)
7. le père de Denise (banque / l'art gothique / cathédrale)
8. la mère de Marielle (hôtel de ville / manger / restaurant)

Reminder: You must listen carefully to distinguish between general questions that require the present tense and questions about a future time that call for **aller** + infinitive.

E. **Questions.** Your instructor will play the role of an exchange student who has just arrived at your university. Answer his/her questions, paying close attention to the time frame.

1. Est-ce que vous étudiez beaucoup? Est-ce que vous allez étudier ce soir?
2. D'habitude, qu'est-ce que vous faites le soir *(in the evening)?* Qu'est-ce que vous allez faire ce soir?
3. Où est-ce que vous allez dîner ce soir—à l'université, au restaurant ou à la maison? Où est-ce que vous dînez d'habitude *(usually)?*
4. Est-ce que vous étudiez le français? Le russe? Le chinois? Est-ce que vous allez étudier une autre langue?
5. Est-ce que vous faites souvent des promenades? Est-ce que vous allez faire une promenade pendant le week-end?

S·T·R·U·C·T·U·R·E

*La préposition **de** et l'article défini*

Elle arrive **de la** gare.	She is arriving *from the* station.
Quelle est l'adresse **de l'**hôtel?	What is the address *of the* hotel?
Voilà la voiture **du** professeur.	There is the teacher's car.
Nous parlons **des** étudiants.	We are talking *about the* students.

When followed by **la** or **l'**, the preposition **de** *(of, about, from)* does not change. However, **de** followed by **le** contracts to form **du,** and **de** followed by **les** contracts to form **des:**

de + la → **de la**	**de la** pharmacie
de + l' → **de l'**	**de l'**hôtel
de + le → **du**	**du** musée
de + les → **des**	**des** étudiants

The **s** of **des** is silent, except when it precedes a vowel or a vowel sound. Then, in liaison, it is pronounced as a **z: des̲ églises.**

▲   ▲   ▲

APPLICATION

F. Remplacez les mots en italique et faites les changements nécessaires.

1. Quel est le nom du *restaurant?* (banque / hôtel / librairie / musée)
2. Où est l'entrée *(entrance)* du *lycée?* (parc / bibliothèque / bureau de poste / église / gare)
3. Est-ce que tu as l'adresse de l'*avocat?* (hôtel / restaurant / bureau de tabac / librairie / professeur / pharmacie)
4. Non, elle ne parle pas du *professeur.* (médecin / avocats / ingénieurs / assistante / professeurs)

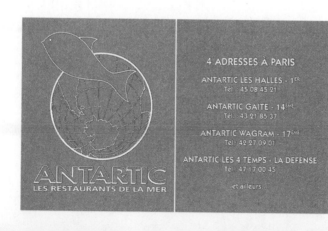

4 ADRESSES À PARIS

ANTARTIC LES HALLES - 1ᴱᴿ
Tél. : 45 08 45 21

ANTARTIC GAITE - 14ᴱᴹᴱ
Tél. : 43 21 85 37

ANTARTIC WAGRAM - 17ᴱᴹᴱ
Tél. : 42 27 09 01

ANTARTIC LES 4 TEMPS - LA DEFENSE
Tél. : 47 17 00 45

et ailleurs...

ANTARTIC
LES RESTAURANTS DE LA MER

Note grammaticale

De et les prépositions de lieu

Many of the prepositions of place presented in the **Point de départ** of this **étape** are followed by **de**:

près de   *(near)*   **à côté de**   *(next to)*
loin de   *(far from)*   **au bout de** *(at the end of)*
en face de *(across from)*   **au coin de** *(at the corner of)*

This **de** follows the usual rules for contraction:

La voiture est en face **de la** maison.
Tu habites à côté **de l'**hôtel?

Nous sommes près **du** musée.
Le parc est au bout **du** boulevard.

G. Remplacez les mots en italique et faites les changements nécessaires.

1. La banque est *près* de la gare. (à côté / en face / loin)
2. Nous habitons *en face* de l'avenue Leclerc. (près / au bout / loin)
3. Est-ce que la pharmacie est *loin* du restaurant? (en face / près / à côté)
4. L'hôtel est près de la *cathédrale*. (université / musée / parc / gare)
5. Le café est en face de l'*église*. (théâtre / boulangerie / bureau de poste / hôtel de ville / commissariat de police)

Grammar: Remember that some of the place prepositions are not followed by **de: devant, derrière, entre, dans, sur.** Example: **devant l'église.**

▲▲▲ b

H. La ville. Using the drawing on p. 105, answer the questions that a stranger might ask you about the city. Be as precise as possible.

Modèle: Pardon, Monsieur. Le théâtre, s'il vous plaît?
           —*Le théâtre? Il est dans l'avenue de la République, en face de l'hôtel.*

1. Pardon, Madame. Le restaurant, s'il vous plaît?
2. Pardon, Monsieur. Où se trouve l'église, s'il vous plaît?
3. Pardon, Mademoiselle. Où est la pharmacie?
4. S'il vous plaît, le musée?
5. La banque, s'il vous plaît?
6. Où est le bureau de poste, s'il vous plaît?
7. Est-ce qu'il y a un bureau de tabac près d'ici?
8. Pardon, Monsieur. L'hôtel, il est près de l'aéroport?

I. **Moi, je joue du...** What musical instruments do you, your friends, and your relatives play? Choose instruments from the list below and talk about the people mentioned. Notice that the verb **jouer** is followed by **de** before a musical instrument. (The preposition **à** is used only with games.) Be sure to make the appropriate contraction.

> **Supplementary Vocabulary:** Additional musical instruments that can be used with **jouer de** include **le hautbois** *(oboe)*, **le violoncelle** *(cello)*, **le tuba**, **l'harmonica** *(m.)*, **l'orgue** *(m.)*.

Modèle: *Je joue du saxophone.*

le piano	**la flûte**	**la trompette**
le violon	**le saxophone**	**la batterie** *(drums)*
la guitare	**la clarinette**	**le trombone**

1. vous
2. votre père
3. votre mère
4. vos frères et vos sœurs
5. votre ami...
6. votre amie...

PRONONCIATION   *La consonne s*

> **Student Tape:** Chapitre 3 Segment 1

Depending on the sounds that surround it, the letter **s** may represent the sound [s], as in the English word *rinse,* or the sound [z], as in the English word *rise.*

The consonant **s** represents the sound [s] when it is the first letter in a word or when it is followed by a second **s** or by another consonant: **sœur, masse, disque.**

The consonant **s** represents the sound [z] when it occurs between two pronounced vowels or when it is followed by a mute **e: visage, rose.**

J. First, read each pair of words aloud, being careful to distinguish between the [s] of the first word and the [z] of the second.

dessert, désert / poisson, poison / coussin, cousin / russe, ruse

Now read each word aloud, being careful to distinguish between [s] and [z].

désirez / souvent / croissant / Mademoiselle / brésilien / suisse / classique / église / maison / professeur / musée / passer / ensuite

S·T·R·U·C·T·U·R·E

L'impératif

Écoute!	*Listen!*
Faites attention!	*Be careful! (Pay* attention!*)*
Allons en ville ensemble!	*Let's go* downtown together!

Imperative or command forms of verbs are used to give orders, directions, and suggestions. The three forms of the imperative—**tu** (familiar), **vous** (formal or plural), and **nous** (plural, including yourself)—are based on the present tense. The subject pronoun is omitted and the verb is used alone. In written French, the **s** of the **tu** form is dropped for regular **-er** verbs and for **aller**:

Present tense	Imperative	Present tense	Imperative
tu travailles	**travaille!**	tu vas	**va!**
vous travaillez	**travaillez!**	vous allez	**allez!**
nous travaillons	**travaillons!**	nous allons	**allons!**

To form the negative imperative, place **ne** before the verb and **pas** after it:

Ne parlez pas anglais!	*Don't speak* English!
Ne mange pas!	*Don't eat!*

Grammar: The verbs **avoir** and **être** have irregular imperative forms: **avoir: aies! ayez! ayons!; être: sois! soyez! soyons!** These forms are used relatively infrequently.

APPLICATION

K. Give the three imperative forms of the following verbs.

Modèle: regarder   *Regarde! Regardez! Regardons!*

1. chanter   2. ne pas parler anglais   3. aller au bureau de poste   4. avoir de la patience   5. être sage *(be good, said to a child)*

L. **Dites à...** *(Tell . . .)* Use the appropriate command forms to get the following people to do what you want.

Dites à votre petit frère...d'écouter.   *Écoute!*

1. de ne pas regarder la télé.   2. d'aller à l'école.   3. de faire attention.
4. d'être sage.

Dites à vos amis...de chanter.   *Chantez!*

5. de regarder.   6. de ne pas écouter.   7. de faire attention.   8. d'aller au commissariat de police.

Proposez à vos amis...de danser.   *Dansons!*

9. d'aller au cinéma.   10. de faire une promenade.   11. de ne pas avoir peur *(to be afraid)*.   12. de ne pas rester à la maison.

M. Allez-y! *(Go on and do it!)* Using the suggested verbs, tell one or two of your classmates to do something. They are obliged to obey you!

VERBES: **regarder, écouter, chanter, danser, parler, aller, faire des devoirs, chercher**

Modèles: *Charles et Henri, chantez!*
                Anne, parle à Monique!
                Éric, dansons!

▲ ▲ ▲ ▲ ▲ ▲ ▲ ▲ ▲ ▲ **Débrouillons-nous!** ▲ ▲ ▲ ▲ ▲ ▲ ▲ ▲ ▲ ▲

Petite révision de l'étape

N. Échange. Answer the questions, referring to the city or town where your school is located.

1. Est-ce que tu vas à l'aéroport de temps en temps? Est-ce qu'il est près de la ville? Près de l'université?
2. Est-ce que tu vas souvent au cinéma? Est-ce qu'il y a un cinéma près de l'université? Qu'est-ce qu'il y a en face du cinéma?
3. Est-ce qu'il y a un restaurant près de l'université? Quel est le nom du restaurant? Est-ce que tu dînes au restaurant de temps en temps?
4. Est-ce qu'il y a un hôtel près de l'université? Quel est le nom de l'hôtel? Qu'est-ce qu'il y a à côté de l'hôtel?
5. Comment est-ce qu'on va de ___ à ___ ? *(Choose places on campus or in town; get directions.)*

O. Je vous en prie. A group of French-speaking visitors is on your campus. Each person wants to see a different place—either on campus or in town. Help these visitors by giving them directions on how to get where they want to go.

À faire chez vous:
CAHIER, Chapitre 3 / 2e étape

TROISIÈME ÉTAPE

Point de départ

Rendez-vous à 10 heures

Every year / Flowers
poster / this year

Tous les ans, à Tarascon, il y a un festival, la fête des **Fleurs.** Véronique Béziers et ses amis regardent une **affiche** annonçant le festival de **cette année.**

FÊTE DES FLEURS
Tarascon

samedi 27 juin

Saturday		
Parade	10h30	**Défilé:** la Grande Cavalcade (bd Victor Hugo, bd Gambetta, bd Itam)
	11h–12h	Danses folkloriques (place de la Mairie)
(Food) tasting / on the banks of	12h–14h	**Dégustation:** spécialités de la région (**au bord du** Rhône)
	13h–15h	Concert de rock: Louis Bertgani et «Les Visiteurs» (place de la Mairie)
	14h–18h	Sports: tennis, judo, volley-ball (stade municipal)
	16h–18h	Exposition de peintures (musée des Beaux-Arts)
organ	19h–21h	Concert d'**orgue** (église Sainte-Marthe)
	19h–21h	Dégustation: spécialités de la région (au bord du Rhône)
sound and light	21h30	Spectacle **son et lumière** (devant le château)
Fireworks	22h30	**Feux d'artifice** (au bord du Rhône)
Dance	23h	**Bal** populaire (devant le château)

Véronique et ses amis font des **projets.**   plans

VÉRONIQUE:	**Alors,** qu'est-ce qu'on fait?	So
JEAN-LOUP:	Allons **voir** le défilé!	see
CÉCILE:	**D'accord. Bonne idée!**	OK / Good idea!
PATRICIA:	Oui. Pourquoi pas?	
DAVID:	Mais moi, je voudrais faire du tennis.	
VÉRONIQUE:	Pas de problème! D'abord, on va voir le défilé et ensuite on va au stade faire du tennis. Ça va?	
LES AUTRES:	Oui, ça va.	
CÉCILE:	Où est-ce qu'**on se retrouve?**	do we meet
DAVID:	Et **à quelle heure?**	what time
VÉRONIQUE:	Sur le boulevard Gambetta, devant le parking, à 10 heures. D'accord?	
LES AUTRES:	D'accord.	
PATRICIA:	Alors, **c'est décidé.** Rendez-vous à 10 heures devant le parking sur le boulevard Gambetta.	it's settled

À VOUS! (Exercices de vocabulaire)

A. Où? À quelle heure? You are staying in Tarascon at the time of the festival. You run into a group of American tourists who do not speak French and are confused by the schedule of events. Answer their questions.

Modèle: Where are the fireworks? And when?
         On the banks of the Rhone river. They start at 10:30 P.M.

1. Where are the folk dances? What time?
2. When does the parade start? What route will it take?
3. If we get hungry, is there food to eat? Where? When?
4. My husband and I love classical music. Are there any concerts? When? Where?
5. Our children hate classical music. Is there anything for them? When? Where?
6. What time does the dancing begin?
7. My children would like to watch some sporting events. Where can they go? All day?
8. We heard there was an historical pageant with music and lights. What time does that start? Where do we go to see it?

Culture: In France, many public events are listed in official time—that is, using a 24-hour clock rather than the 12-hour clock used to express time in conversation. For times after 12 noon, subtract 12 from the official time. Example: **14h** = 2:00 P.M.

B. Qu'est-ce qu'on fait? You and your friend are planning to attend the **fête des Fleurs** in Tarascon. Ask your friend what he/she wants to do at the festival. In the first part of the exercise, when your friend suggests an activity, you indicate your agreement by saying: **D'accord. Bonne idée!** or **Oui. Pourquoi pas?**

Modèle: aller voir le défilé
           —*Alors, qu'est-ce qu'on fait?*
           —*Allons voir le défilé!*
           —*D'accord. Bonne idée!* or *Oui. Pourquoi pas?*
           —*Bon. C'est décidé. On va voir le défilé.*

1. écouter le concert de rock
2. manger des spécialités de la région
3. aller au bal populaire
4. aller voir le son et lumière
5. regarder le tennis
6. aller voir les feux d'artifice

In the second part of the exercise, when you propose an activity, your friend has a different idea. Settle the disagreement by suggesting that first (**d'abord**) you do one activity and then (**ensuite**) you do the other.

Modèle: aller voir les danses folkloriques / écouter le concert de jazz
           —*Alors, qu'est-ce qu'on fait?*
           —*Allons voir les danses folkloriques!*
           —*Mais moi, je voudrais écouter le concert de jazz.*
           —*D'abord, on va voir les danses folkloriques et ensuite on écoute le concert de jazz. D'accord?*
           —*Bon. D'accord.*

7. aller voir le défilé / manger des spécialités de la région
8. écouter le concert de rock / regarder le judo
9. regarder le tennis / écouter le concert d'orgue
10. manger des spécialités de la région / aller voir le son et lumière
11. aller voir les feux d'artifice / aller au bal populaire

C. À quelle heure est-ce qu'on se retrouve? Et où? You and your classmate have decided where to go. Now you need to arrange a time and place to meet.

Modèle: 10h / devant le parking sur le boulevard Gambetta
           —*À quelle heure est-ce qu'on se retrouve?*
           —*À 10 heures.*
           —*Et où?*
           —*Devant le parking sur le boulevard Gambetta.*
           —*D'accord. Rendez-vous à 10 heures devant le parking sur le boulevard Gambetta.*

1. 11h / à la place de la Mairie
2. 3h / au stade
3. 4h / à l'église Sainte-Marthe
4. 9h / devant le château
5. 10h / derrière le château
6. 2h / au musée des Beaux-Arts

*Emblème de Tarascon, la Tarasque
est un monstre imaginaire dont la
représentation est promenée dans
les rues pendant les fêtes de la
Tarasque.*

TARASCON

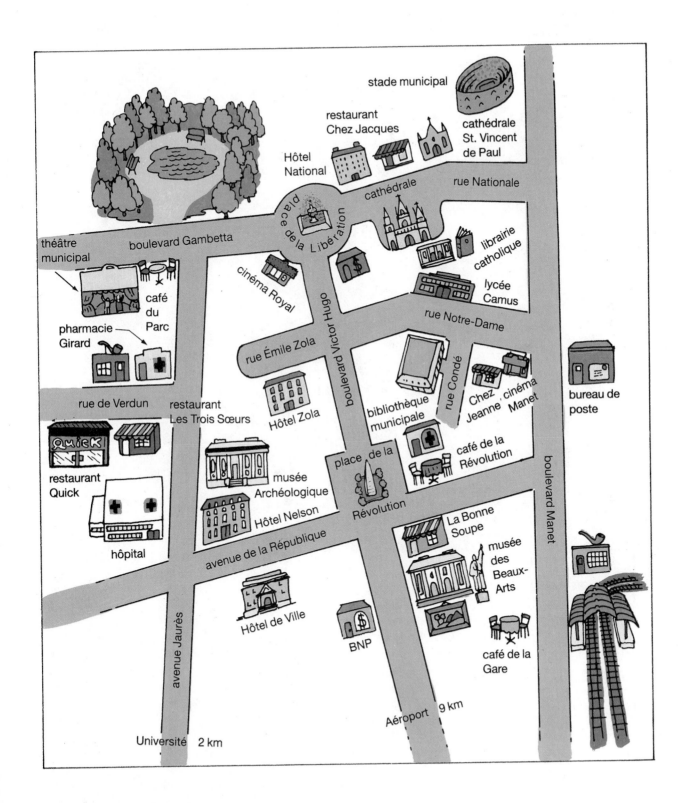

R·E·P·R·I·S·E

Deuxième étape

D. S'il vous plaît...? You are at the place de la Libération when some tourists stop you and ask how to get to certain places. Using the map on p. 112, give them as precise directions as possible.

> *Modèle:*   le lycée Camus
>
> —*Le lycée Camus, s'il vous plaît.*
> —*Le lycée Camus? Il est dans la rue Notre-Dame, en face de la bibliothèque municipale.*
> —*C'est loin d'ici?*
> —*Non, non. Vous traversez la place de la Libération et vous continuez sur le boulevard Victor Hugo jusqu'à la rue Notre-Dame. Tournez à droite et le lycée est sur votre gauche.*

1. la gare   2. le restaurant Chez Jeanne   3. l'hôtel Nelson   4. l'hôtel de ville

Now you are standing in front of the St. Vincent de Paul Cathedral. Continue using the map on p. 112 to help tourists find where they want to go.

> *Modèle:*   un bureau de poste
>
> —*Excusez-moi, Monsieur (Madame). Est-ce qu'il y a un bureau de poste près d'ici?*
> —*Oui. Il y a un bureau de poste sur le boulevard Manet.*
> —*Le boulevard Manet? C'est à gauche ou à droite?*
> —*Vous allez à gauche et vous continuez jusqu'au bout de la rue Nationale. Là, vous tournez à droite et vous continuez tout droit. Le bureau de poste est en face du cinéma Manet.*

5. une pharmacie   6. un bureau de tabac   7. une banque   8. un fast-food

E. Un petit exercice. Guide one of your classmates through the following exercise, using the imperative and the map on p. 112.

1. regarder le plan de la ville
2. chercher le musée
3. faire attention (Il y a deux musées: vous préférez l'art moderne.)
4. expliquer où se trouve le musée
5. aller au tableau *(chalkboard)*
6. faire une peinture ou une statue
7. retourner à sa place

S·T·R·U·C·T·U·R·E

Le présent du verbe irrégulier **prendre**

Je prends le petit déjeuner.	*I eat (have)* breakfast.
Tu ne prends pas ton temps.	*You're not taking* your time.
Elle prend le métro.	*She takes* the subway.
Nous prenons un café.	*We're having* a cup of coffee.
Prenez la rue Monge.	*Take* Monge Street.
Ils prennent un billet.	*They are buying* a ticket.

The irregular verb **prendre** has several English equivalents: *to take; to have* or *to eat* or *to drink* when talking about meals, food, or beverages; and *to buy* when referring to tickets.

prendre *(to take, to have; to eat, to drink; to buy)*	
je **prends**	nous **prenons**
tu **prends**	vous **prenez**
il, elle, on **prend**	ils, elles **prennent**

Two other verbs conjugated like **prendre** are **apprendre** *(to learn)* and **comprendre** *(to understand).*

Elle apprend l'italien.	*She is learning* Italian.
Je ne comprends pas.	*I don't understand.*

▲　▲　▲

APPLICATION

F. Remplacez les sujets et faites les changements nécessaires.

1. *Marie-Hélène* prend le déjeuner. (Jacques / tu / nous / vous / Hervé et son cousin / je)
2. *Gérard* ne prend pas le métro d'habitude. (je / nous / Chantal / Michèle et ses amis / tu)
3. Est-ce que *vous* apprenez l'italien? (nous / tu / Jean-Pierre / M. et Mme Beauchamp / Jacqueline)
4. *Émilie* ne comprend pas la question. (tu / nous / les étudiants / je / vous / Vincent)

G. Dis-moi! *(Tell me!)* While traveling together on the bus in Paris, you find out some things about Mireille Loiseau and her friends.

Modèle: Dis-moi! Est-ce que tu prends souvent l'autobus? (de temps en temps)
Je prends l'autobus de temps en temps.

1. Dis-moi! Est-ce que Stéphane prend souvent l'autobus? (rarement)
   a. Et tes parents? (assez souvent)
   b. Et ta sœur? (ne . . . jamais)
2. Dis-moi! Qu'est-ce que Martine prend pour aller à l'université? (le métro)
   a. Et toi et ton frère? (l'autobus)
   b. Et Jean-Jacques? (le métro)
   c. Et tes professeurs? (le métro aussi)
3. Dis-moi! Quelle route est-ce que Didier prend pour rentrer à la maison? (la rue du Bac)
   a. Et toi? (l'avenue de l'Armée)
   b. Et tes parents? (le boulevard de l'Ouest)
   c. Et Geneviève? (la rue Champollion)
4. Dis-moi! Est-ce que Jean-Luc apprend l'anglais? (l'italien)
   a. Et Michèle? (l'espagnol)
   b. Et vous deux? (le russe)
   c. Et les autres? (le chinois)

H. La ronde des questions. Posez quatre questions **(tu, vous, il/elle, ils/ elles)** aux autres membres de votre groupe.

1. prendre le petit déjeuner d'habitude   2. apprendre l'espagnol   3. bien comprendre les hommes *(men)* ou les femmes *(women)*   4. prendre souvent l'autobus

PRONONCIATION *La consonne t*

The **t** in French is usually pronounced like the *t* in the English word *stay:* **hôtel, Vittel, hôpital.** The **th** combination in French is also pronounced [t]. Compare:

English	French
*th*eater	**th**éâtre
Ca*th*olic	cat**h**olique

When the combination **ti** occurs in the middle of a word, there is no hard-and-fast rule for pronunciation: the **t** may be pronounced [t] or [s]. In general, if an English cognate of the word has a [t] sound, its French counterpart has a [t] sound also. If an English cognate has a [sh] or a [s] sound, its French counterpart is usually pronounced [s].

English	French
pi*t*y	pitié
na*t*ion	nation
democra*c*y	démocratie

Student Tape:
Chapitre 3
Segment 1

Le savez-vous?
▲▲▲▲▲▲▲▲▲▲▲▲▲▲
Why would someone go to a syndicat d'initiative?
a. **to get tourist information**
b. **to obtain a business loan**
c. **to ask for protection**

Réponse ▲▲▲

I. Read each word aloud, being sure to pronounce **th** as [t] and to distinguish between [t] and [s] when necessary.

thé / tes / tabac / national / menthe / étudiant / cathédrale / partie / habiter / question / bibliothèque / omelette / à côté / Athènes / aristocratie / mythe

S·T·R·U·C·T·U·R·E

Quelle heure est-il?

Il est une heure.

Il est deux heures.

Il est deux heures dix.

Il est deux heures et quart.

Il est deux heures et demie.

Il est trois heures moins vingt.

Il est trois heures moins le quart.

Il est midi.

Il est minuit et demi.

Grammar: The word **heure** is feminine; consequently, the word **demie** ends in **-e** in times such as **deux heures et demie** and **trois heures et demie.** The words **midi** and **minuit** are masculine; consequently, no **-e** is added to **demi: midi et demi, minuit et demi.**

▲▲▲   a

To distinguish between A.M. and P.M., use the expression **du matin** *(in the morning),* **de l'après-midi** *(in the afternoon),* or **du soir** *(in the evening).*

9:12 A.M.   neuf heures douze **du matin**
2:30 P.M.   deux heures et demie **de l'après-midi**
8:40 P.M.   neuf heures moins vingt **du soir**

▲   ▲   ▲

APPLICATION

J.   Give the time for every three minutes between **9h** and **10h.**

K.   **Quelle heure est-il?** Find out the time from a classmate. Tell whether it is morning **(du matin),** afternoon **(de l'après-midi),** or evening **(du soir).**

> *Modèle:*   2h20 P.M.
> —*Quelle heure est-il? (Vous avez l'heure? Tu as l'heure?)*
> —*Il est deux heures vingt de l'après-midi.*

1. 8:20 A.M.	3. 10:55 P.M.	5. 7:45 P.M.	7. 12:00 A.M.	9. 11:45 A.M.
2. 10:25 A.M.	4. 3:10 P.M.	6. 4:15 P.M.	8. 1:30 A.M.	10. 6:35 A.M.

Note grammaticale

Quelques expressions pour parler de l'heure

To ask someone *what time* something happens, use **À quelle heure...?** The response to this question requires either the preposition **à** (if you give an exact time) or the preposition **vers** (if you give an approximate time):

—**À quelle heure** est-ce qu'on mange?

—*What time* do we eat?

—**À 6h15.**

—*At 6:15.*

—**Vers 6h.**

—*Around 6 o'clock.*

To ask someone *when* something occurs, use **quand.** To indicate that something happens *between* two times, use either **entre ___ et ___** or **de ___ jusqu'à ___** :

—**Quand** est-ce que tu fais ton français?

—*When* do you do your French (homework)?

—**Entre 8h et 9h.**

—*Between 8 and 9.*

—**Quand** est-ce que ta mère travaille?

—*When* does your mother work?

—Elle travaille **de 4h jusqu'à minuit.**

—*She works from 4 until midnight.*

L. **Au festival de Tarascon.** You want to find out when you and your friends will do certain things the day of the festival. Answer the questions, using the information provided.

Modèle: Quand est-ce qu'on va à l'exposition de peinture? (vers 3h)
              On va à l'exposition vers 3h.

1. À quelle heure est-ce qu'on va au défilé? (vers 10h)
2. À quelle heure commence le concert de rock? (à 1h)
3. Quand est-ce qu'on mange? (entre 12h et 2h)
4. Quand est-ce qu'il y a du judo? (de 2h jusqu'à 6h)
5. À quelle heure est-ce qu'on va au son et lumière? (vers 9h)
6. À quelle heure commence le feu d'artifice? (à 10h30)
7. À quelle heure est-ce qu'il y a des danses folkloriques? (entre 11h et 12h)
8. À quelle heure est-ce que le bal commence? (vers 11h)

▲▲▲▲▲▲▲▲▲▲ Débrouillons-nous! ▲▲▲▲▲▲▲▲▲▲

Petite révision de l'étape

M. **Échange.** Posez des questions à un(e) camarade de classe, qui va vous répondre.

1. Est-ce que tu prends l'autobus pour aller à l'université? Pour aller en ville?
2. Est-ce que tu apprends le russe? Quelle autre langue est-ce que tu voudrais apprendre?
3. Est-ce que tu comprends toujours tes parents? Est-ce que tes parents comprennent bien les jeunes *(young people)*?
4. En semaine *(during the week)*, où es-tu d'habitude à 9h du matin? À midi? À 5h de l'après-midi? À 8h du soir?
5. Pendant le week-end, où es-tu d'habitude à 11h du matin? À 2h de l'après-midi? À 9h du soir?

N. **Qu'est-ce qu'on fait?** Make plans with one or more of your classmates to do something. Agree on an activity. Then arrange a time and place to meet. If necessary, give directions on how to get to the meeting place.

ACTIVITÉS: **aller au cinéma, aller à un concert, faire une promenade, regarder une vidéo, écouter des disques, faire du tennis**

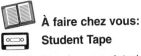

À faire chez vous:
CAHIER, Chapitre 3 / 3ᵉ étape

À faire chez vous:
Student Tape

Now that you've completed the first three **étapes** of **Chapitre 3,** do Segment 2 of the STUDENT TAPE. See **CAHIER, Chapitre 3,** *Écoutons!,* for exercises that accompany this segment.

QUATRIÈME ÉTAPE

▼▼▼▼▼▼▼▼▼▼▼▼▼

L·E·C·T·U·R·E

Visitez Fougères!

Read the following tourist brochure published by the tourist office of Fougères, a city in eastern Brittany. Use the many cognates to do Exercise A without looking at the definitions that follow the brochure.

FOUGÈRES

*"Nulle part en France
le voyageur ne rencontre
de contraste aussi grandiose ...
La Bretagne est là
dans sa fleur"*

Balzac.

FOUGÈRES Ville d'Art
Citadelle du Duché de Bretagne

Visitée et chantée par les grands écrivains de l'époque romantique, FOUGÈRES offre aux touristes, aux historiens, aux peintres, avec le souvenir vivant de son passé et de son site incomparable, le spectacle de ses monuments d'architecture militaire avec son château et ses fortifications urbaines, de foi médiévale avec ses magnifiques églises.

Riche de son passé, FOUGÈRES est de nos jours un centre industriel et agricole très important.

écrivains: writers   *foi:* faith   *de nos jours:* nowadays

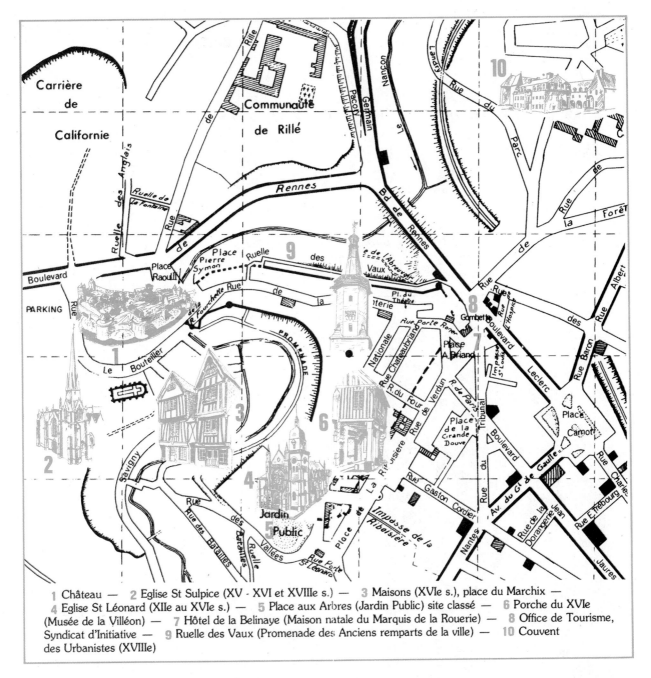

1 Château — 2 Eglise St Sulpice (XV - XVI et XVIIIe s.) — 3 Maisons (XVIe s.), place du Marchix —
4 Eglise St Léonard (XIIe au XVIe s.) — 5 Place aux Arbres (Jardin Public) site classé — 6 Porche du XVIe
(Musée de la Villéon) — 7 Hôtel de la Belinaye (Maison natale du Marquis de la Rouerie) — 8 Office de Tourisme,
Syndicat d'Initiative — 9 Ruelle des Vaux (Promenade des Anciens remparts de la ville) — 10 Couvent
des Urbanistes (XVIIIe)

COMPRÉHENSION

A. La brochure. After your first reading of the brochure, list as many facts
about the city of Fougères as you can. Then read the brochure again, this
time consulting the definitions at the end, and add to your list any attrac-
tions or ideas that you missed.

B. Le plan de la ville. Study the map of Fougères and pick out five sites you
would like to visit.

R·E·P·R·I·S·E

Troisième étape

C. Pourriez-vous me dire...? *(Could you tell me . . . ?)* You are at the American Embassy in the African city of Bamako, the capital of Mali. Find out where certain places are located and get directions on how to go there.

Among the places you might be looking for are: **une pharmacie, un bureau de tabac, un bureau de poste, le commissariat de police, une boulangerie** *(bakery),* **un café, un restaurant, une banque, un hôtel, l'hôpital**

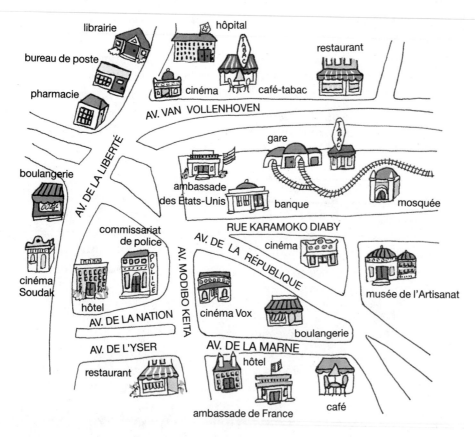

D. Quelle heure est-il? Answer according to the cues.

> *Modèle:*   2h30
> —*Quelle heure est-il?*
> —*Il est deux heures et demie.*

1. 7h25   2. 11h52   3. 10h15   4. 3h30   5. 8h10   6. 1h45   7. 4h40
8. 12h05   9. 8h33   10. 9h16   11. 0h05   12. 4h20

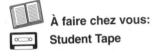 À faire chez vous:
Student Tape

CAHIER, Chapitre 3:
*Rédigeons! / Travail de
fin de chapitre* (including
STUDENT TAPE, Chapitre
3, Segment 3)

▲ ▲

Point d'arrivée

Activités orales

Exprimons-nous!

When stopping a stranger to ask for directions or other information, French speakers use expressions such as **pardon, s'il vous plaît, excusez-moi,** and **pourriez-vous me dire:**

S'il vous plaît, la rue du Pirou?

Would you please direct me to the rue du Pirou?

Pardon, Madame. **Pourriez-vous me dire** où se trouve la rue Sully?

Pardon me, Madam. Could you tell me where the rue Sully is located?

Excusez-moi, Monsieur. **Pourriez-vous me dire** s'il y a une pharmacie près d'ici?

Excuse me, Sir. Could you tell me if there is a drugstore near here?

E. Renseignons-nous! *(Let's get some information!)* You have been living in the town on p. 112 for several months. A stranger (who does not speak English) stops you in the street and asks directions. Help the stranger find the desired destination.

You are at the:
- railroad station
- Hotel Nelson
- cathedral
- archeological museum

The stranger is looking for:
- the Hotel Zola
- the Catholic bookstore
- a restaurant (near the hospital)
- a bank

F. Mon ami(e). Make a presentation to the class about a friend. Include such information as name, where he/she lives in relation to you, family, possessions, interests, likes, and dislikes.

G. À Bamako. You and an Austrian student (whom you have just met) are newly arrived in Mali. You are having lunch at the café on avenue Van Vollenhoven (see map on p. 121). After ordering, you talk about your families, your interests, etc. Then you look at the map and help each other decide the best way to get to the places you wish to go to. Your destination is the Cinéma Soudak; your friend is looking for a bank.

H. Au festival de Tarascon. You and one or more of your class-mates are in Tarascon for the festival. Using the poster on p. 108 and the map on p. 99, plan your activities for the day. You will probably want to do some things together. However, each person should have one activity that he/she will do alone. You can then make plans to meet again later in the day.

PORTRAIT

Véronique Béziers, Tarascon (Provence), France

J'habite dans la ville de Tarascon, dans le sud de la France, non loin d'Avignon. Notre appartement se trouve dans la rue des Halles, en face de l'hôtel de ville et tout près du château. J'y habite avec mes parents et ma sœur Danielle. Tous les ans je participe à la fête des Fleurs; cette année je vais faire des danses folkloriques.

Profil

Tarascon

SITUATION: dans le sud de la France, au bord du Rhône

POPULATION: 11 024 habitants

IMPORTANCE: centre expéditeur de fruits et de légumes *(vegetables)*

LIEUX D'INTÉRÊT: château, église romane

HISTOIRE: ville natale du Tartarin de Tarascon, personnage *(character)* inventé par l'auteur Alphonse Daudet

COMMENTAIRE: Comme beaucoup de petites villes de France, Tarascon s'anime une fois par an à l'occasion de sa fête. Des habitants de la région et des touristes d'autres régions de la France rejoignent les Tarasconnais pour une journée de culture populaire.

À discuter: Do small towns and cities in the United States have their own popular festivals? Is this widespread or is it more typical of certain regions?

L·E·X·I·Q·U·E

Pour se débrouiller

Pour demander un renseignement

Pardon,...

S'il vous plaît,...

Excusez-moi,...

Pourriez-vous me dire...?

Où est (se trouve)...?

Est-ce qu'il y a un(e) ____ près d'ici (dans le quartier)?

Pour situer un endroit

à côté de

au bord de

au bout de

au coin de

derrière

devant

en face de

entre

loin de

près de

Pour expliquer comment aller quelque part

tourner à droite (à gauche)

dans l'avenue

dans la rue

sur le boulevard

sur la place

continuer tout droit jusqu'à...

traverser

Pour organiser une activité

Qu'est-ce qu'on va faire?

Je voudrais voir...

Allons...

Faisons...

On y va ensemble?

D'accord. Bonne idée.

Oui. Pourquoi pas?

Oui. Allons-y!

Pour fixer un rendez-vous

À quelle heure est-ce qu'on se retrouve?

Où est-ce qu'on se retrouve?

On se retrouve à...

Rendez-vous à...

Pour demander et indiquer l'heure

Quelle heure est-il?

Il est une heure.

une heure et quart.

une heure et demie.

deux heures moins le quart.

midi.

minuit.

À quelle heure?

à (vers) ____ h

Quand?

entre ____ h et ____ h

de ____ h jusqu'à ____ h

Thèmes et contextes

Les bâtiments et les lieux publics

l'aéroport *(m.)*
la bibliothèque
le bureau de poste
une cathédrale
un château
le commissariat de police
une école
une église
la gare
l'hôpital

l'hôtel de ville
un lycée
un musée
un parc
un parking
une piscine
un pont
un stade
une synagogue
une université

Les bâtiments commerciaux

une banque
une boulangerie
un bureau de tabac
un cinéma
une épicerie

un hôtel
une librairie
une pharmacie
un restaurant
un théâtre

Les jeux

le base-ball
le basket
le flipper

le football (américain)
le tennis
le volley

Les instruments de musique

la batterie
la clarinette
la flûte
la guitare
le piano

le saxophone
le trombone
la trompette
le violon

Un festival

un bal
un concert d'orgue
            de rock
les danses folkloriques *(f.pl.)*
un défilé

les feux *(m.pl.)* d'artifice
déguster
   une spécialité de la région
un spectacle son et lumière

Vocabulaire général

Verbes

aller
jouer à (de)
stationner
voir

Adverbes

d'abord
de temps en temps
ensuite
là-bas
ne . . . jamais
quelquefois
rarement
souvent
toujours

ALLONS-Y!
Video Program

ACTE 3
LA VILLE

VOCABULAIRE
une fois que vous êtes
  once you are
longer   *to go along*
la direction   *the last
  station of a Paris
  Metro line*
Gare de Lyon, Bastille,
Gare d'Austerlitz,
Maubert-Mutualité, La
Défense, Place d'Italie
  *names of Paris
  Metro stations*

Massyla Fodéba
Dakar, Sénégal

—Tu voudrais aller en ville avec moi?
—Oui, j'ai une course à faire.

Allons en ville!

OBJECTIVES

In this chapter, you will learn:

- to make plans to do various activities in town;
- to talk about various means of urban transportation;
- to use the Paris subway;
- to talk about future plans;
- to read short informational texts about transportation;
- to understand conversations about making plans.

CHAPTER SUPPORT MATERIALS

Cahier: pp. 93–120

 Student Tape:
Chapitre 4
Segments 1, 2, 3

ALLONS-Y!
Vidéo Program

ACTE 4

SCÈNE 1: AU CAFÉ
SCÈNE 2: PRENONS LE MÉTRO

▶ Première étape Vous allez en ville?
▶ Deuxième étape Prenons le métro!
▶ Troisième étape Je veux prendre un taxi!
▶ Quatrième étape Lecture: Histoire de billets

PREMIÈRE ÉTAPE

Point de départ

▼▼▼▼▼▼▼▼▼▼▼▼▼▼

Vous allez en ville?

ALLONS-Y!
Video Program

ACTE 4: SCÈNE 1
AU CAFÉ

QUESTIONS DE FOND
1. Why did Sébastien arrive late?
2. What are the two suggested activities for tonight?
3. What do they finally settle on?

today
to meet (arranged in advance)
subway

—*Tu vas en ville **aujourd'hui**?*
—*Oui, je vais **retrouver** des amis. Nous avons rendez-vous à 2h.*
—*Tu prends l'autobus?*
—*Non, je vais prendre le **métro**.*

feel like

—*Tu **as envie d'**aller au cinéma ce soir?*
—*Ah, oui. Bonne idée. On prend le métro?*
—*Non. Prenons l'autobus.*

—*Je **dois** aller en ville aujourd'hui pour **faire des achats**. Tu voudrais m'accompagner?*
—*Oui. Moi aussi, j'ai besoin d'**acheter** quelque chose. On y va **à pied?***
—*Non. J'ai la voiture de ma sœur.*

must, have to / to go shopping
to buy / on foot

Grammar: With the verb **aller,** it is usually necessary to specify where one is going—that is, you can't use the verb all by itself (as is done in English). When the place is not indicated, the pronoun **y** *(there)* is used: **Allons-y! On y va? Tu voudrais y aller aussi? Claude y va à pied.**

—*Je vais en ville **faire une course**. Je dois aller au bureau de poste.*
—*Moi aussi, j'**ai une course à faire**.*
—*C'est parfait. On y va **ensemble** et ensuite on **fait du lèche-vitrines**.*

to do an errand
have an errand to do
together / to go window shopping

À VOUS! (Exercices de vocabulaire)

A. Je dois..., mais j'ai envie de... In each case, tell what you have to do (**je dois**) and what you feel like doing (**j'ai envie de**).

Grammar: In the verb **acheter, è** replaces **e** in forms where the ending following the **t** is not pronounced: **j'achète, tu achètes, elle achète, ils achètent.** But: **nous achetons, vous achetez.**

> *Modèle:*   aller au bureau de poste / retrouver mes amis
> *Je dois aller au bureau de poste, mais j'ai envie de retrouver mes amis.*

1. aller à la banque / faire du lèche-vitrines
2. acheter quelque chose pour ma mère / aller au cinéma
3. retrouver mes amis / faire des achats
4. faire des courses pour mon père / retrouver mes amis au café
5. prendre l'autobus / prendre le métro
6. rester à la maison avec ma petite sœur / aller chez mon ami Jean-Pierre
7. y aller à pied / prendre la voiture de mes parents
8. faire mes devoirs / aller voir l'exposition de peintures au musée

B. Pourquoi (comment) est-ce qu'ils vont en ville? Based on the drawings, tell why and how each student is going downtown.

1. Chantal

Modèle: *Elle va en ville pour retrouver une amie.* or *Elle va retrouver une amie (en ville).*
Elle prend l'autobus.

2. Vincent

3. Michèle

4. Monique

5. Liliane

6. Marc et Christian

C. Tu voudrais aller en ville? You are going downtown and invite a friend to come along. When you explain your reason for going, he/she agrees and suggests a way of getting there. You have a different idea, which your friend accepts.

Modèle: aller au bureau de poste / métro / à pied
        —*Tu voudrais aller en ville avec moi?*
        —*Pour quoi faire?*
        —*Je dois (je vais) aller au bureau de poste.*
        —*D'accord. On prend le métro?*
        —*Non, non. Allons à pied.*
        —*D'accord. On y va à pied.*

Reminder: The first-person plural imperative form may be used to make a suggestion: **Prenons l'autobus! Allons à pied!** Notice that in this case you need not use **y** with **aller.**

1. faire des achats / autobus / voiture
2. aller au cinéma / voiture / métro
3. faire du lèche-vitrines / vélo / à pied
4. faire une course / à pied / autobus
5. voir une exposition au musée / métro / vélos
6. prendre quelque chose au café / autobus / à pied

S·T·R·U·C·T·U·R·E

Les jours de la semaine

—**Quel jour sommes-nous aujourd'hui?**   —*What day is it today?*

—**Nous sommes mercredi.**   —*It's Wednesday.*

Mardi je vais au théâtre.   *Tuesday* I'm going to the theater.

In French, the days of the week are:

lundi *(Monday)*   **vendredi** *(Friday)*
mardi *(Tuesday)*   **samedi** *(Saturday)*
mercredi *(Wednesday)*   **dimanche** *(Sunday)*
jeudi *(Thursday)*

The days of the week are not usually accompanied by either an article or a preposition. Thus, **jeudi** is the equivalent of *on Thursday* as well as just *Thursday*. To indicate a repeated occurence, the French use the definite article **le.** Thus, **le dimanche** is the equivalent of *on Sundays* or *every Sunday*:

J'ai rendez-vous avec M. Didier **jeudi.**   I have a meeting with M. Didier *(on) Thursday.*

Le dimanche, ma famille et moi aimons faire une promenade après le dîner.   *On Sundays,* my family and I like to take a walk after dinner.

▲   ▲   ▲

APPLICATION

D. Quel jour sommes-nous? *(What day is it?)* Your friend is forgetful and never knows what day it is. Answer his/her questions, using the day *following* the day mentioned in the question.

Modèle: lundi
—*Nous sommes lundi aujourd'hui?*
—*Non, nous sommes mardi aujourd'hui.*

1. jeudi   2. samedi   3. mercredi   4. dimanche   5. vendredi   6. mardi

E. Ah, il arrive jeudi. Some students from France are coming to visit your university. They have been visiting different U.S. cities and will arrive on different days. Using the calendar below, tell on what day of the week each student will arrive.

JANVIER

L	M	M	J	V	S	D
1	2	3	4	5	6	7
8	9	10	11	12	13	14
15	16	17	18	19	20	21
22	23	24	25	26	27	28
29	30	31				

Modèle: Jean-Michel Tilorier va arriver le 18.
Ah, il arrive jeudi.

1. Renée Musigny va arriver le 15.
2. Maurice Alard et Olivier Basset vont arriver le 17.
3. Bruno Monteil va arriver le 21.
4. Marie et Jeanne Cottet vont arriver le 20.
5. Henri Vergnaud va arriver le 16.
6. Tous les autres *(all the others)* vont arriver le 19.

Vocabulary: Students in France often use the expression **avoir cours** without the indefinite article **(un, des): Tu as cours cet après-midi?** *(Do you have class today?)* **Je n'ai pas cours aujourd'hui.**

F. Quels jours? *(What days?)* The French exchange students, having arrived on your campus, are curious to know about life in the United States. Answer their questions about when you and your family do certain things.

Modèle: Quel jour est-ce que tu vas au cinéma?
D'habitude, je vais au cinéma le vendredi ou le samedi.

1. Quels jours est-ce que tu as des cours?
2. Quels jours est-ce qu'il n'y a pas de cours à ton université?
3. Tu travailles? Quel(s) jour(s)?
4. Quel(s) jour(s) est-ce qu'on fait les courses chez toi?

5. Quel(s) jour(s) est-ce que tes parents sont à la maison?
6. Quel(s) jour(s) est-ce qu'on mange un grand *(large)* dîner chez toi?

PRONONCIATION *Les consonnes finales **m** et **n***

Student Tape:
Chapitre 4
Segment 1

Like most final consonants in French, **m** and **n** are not pronounced at the end of a word. However, the presence of **m** or **n** frequently signals that the vowel preceding the **m** or **n** is nasalized—that is, that air passes through the nose as well as the mouth during pronunciation. Depending on which vowel precedes the final **m** or **n,** three different nasal sounds are possible:

[ã]	[ɛ̃]	[ɔ̃]
-am (champ)	**-aim** (faim)	**-om** (nom)
-an (tant)	**-ain** (saint)	**-on** (sont)
-em (temps)	**-ien** (bien)	
-en (gens)	**-éen** (européen)	
	-um (parfum)	
	-un (un)	

G. Read each word aloud, being careful to nasalize the vowel without pronouncing the final consonant(s).

citron / allemand / Jean / appartement / boisson / vin / Verdun / demain / blanc / canadien / souvent / jambon / combien / nous avons / prend / vingt

Le savez-vous?
▲▲▲▲▲▲▲▲▲▲▲▲▲▲
Senegal is found at the
_____ tip of Africa.
a. northern
b. southern
c. eastern
d. western

Réponse ▲▲▲

S·T·R·U·C·T·U·R·E

*Le présent du verbe irrégulier **vouloir***

Tu veux un Coca?	*Do you want* a Coke?
Elle ne veut pas de café.	*She doesn't want* any coffee.
Ils veulent aller chez Marie.	*They want* to go to Marie's.
Est-ce que vous voulez faire une promenade?	*Do you want* to take a walk?

The verb **vouloir** is used to indicate something one wants to have or do:

vouloir *(to want)*	
je **veux**	nous **voulons**
tu **veux**	vous **voulez**
il, elle, on **veut**	ils, elles **veulent**

▲ ▲ ▲

APPLICATION

H. Remplacez les sujets en italique et faites les changements nécessaires.

1. *Je* veux habiter à Paris. (nous / mes sœurs / Jacques / tu)
2. Est-ce que *Michel* veut aller en ville? (tu / Martine / vos parents / vous)
3. *Anne-Marie* ne veut pas de frites. (je / les autres / nous / Michel / on)

I. **Ils veulent tous faire autre chose.** *(They all want to do something else.)* Your brother/sister asks if you're going to the movies with your friends or relatives. Explain that they all seem to have other plans.

Modèle: Suzanne / aller au concert
—*Est-ce que tu vas au cinéma avec Suzanne?*
—*Non, elle veut aller au concert.*

▲▲▲ d

1. Alain / faire du ski
2. les parents / dîner au restaurant
3. Geneviève / aller à la bibliothèque
4. nos cousins / faire un tour en voiture
5. Denise / faire des achats
6. Jean et Catherine / regarder la télé

Note grammaticale

*Quelques expressions avec **vouloir***

You are already familiar with **je voudrais** and **tu voudrais**. The **nous** and **vous** forms of this polite expression can also be used to offer or request something:

Vous voudriez y aller aussi?   *Would you like* to go too?
Nous voudrions parler à Yves.   *We would like* to talk to Yves.

The idiomatic expression **vouloir bien** is an informal way of saying *OK, gladly, with pleasure:*

—**Tu veux** faire un tour à vélo?   —*Do you want* to take a bike ride?

—Oui, **je veux bien.**   —Yes, *I'd like to.*

J. **Des invitations.** Invite a friend to go somewhere or to do something with you. When your friend accepts, suggest a way of getting there. Use the appropriate forms of **vouloir** and **vouloir bien.**

Modèle: aller en ville / autobus
—*Tu veux aller en ville?*
—*Oui, je veux bien.*
—*Prenons l'autobus.*
—*D'accord. C'est une bonne idée.*

1. aller au cinéma / métro
2. faire un tour en voiture / ma voiture
3. dîner en ville / autobus
4. visiter la cathédrale / à pied
5. faire des courses en ville / nos vélos

Now invite some people you know less well to do something or go some-where. When they accept, suggest a day. This time, instead of **vouloir bien** (which is appropriate for more informal situations), use **avec plaisir.**

Modèle: aller au théâtre / samedi
—*Est-ce que vous voudriez aller au théâtre?*
—*Oui, avec plaisir.*
—*Samedi, c'est possible?*
—*Oui, samedi, c'est très bien.*

6. aller au concert / jeudi
7. dîner chez nous / mardi
8. faire une promenade avec nous / dimanche
9. aller voir l'exposition au musée / samedi

Débrouillons-nous!

▲ ▲ ▲ ▲ ▲ ▲ ▲ ▲ ▲ ▲   ▲ ▲ ▲ ▲ ▲ ▲ ▲ ▲ ▲ ▲

Petite révision de l'étape

K. Échange. Posez les questions suivantes à un(e) autre étudiant(e), qui va vous répondre.

1. Où est-ce que tu voudrais aller un jour *(someday)*?
2. Quelle autre langue est-ce que tu voudrais apprendre un jour?
3. Qu'est-ce que tu vas faire ce soir? Est-ce que tu as envie de ____ ? (Non? Qu'est-ce que tu voudrais faire?)
4. Quels jours est-ce que tu n'as pas de cours?
5. Qu'est-ce que tu fais le samedi? Le dimanche?
6. Quel jour de la semaine est-ce que tu préfères? Pourquoi?

L. Tu voudrais y aller? Invite a classmate to do something with you. When you get an affirmative response, arrange a day and a time and agree on a means of transportation.

À faire chez vous: CAHIER, Chapitre 4 / 1ère étape

DEUXIÈME ÉTAPE

Point de départ

Prenons le métro!

ALLONS-Y!
Video Program

ACTE 4: SCÈNE 2
PRENONS LE MÉTRO

QUESTIONS DE FOND
1. Where is Xavier now? Where does he want to go? How will he get there?
2. What is the difference between **la Carte orange** and a single ticket?

Grammar: Descendre is a regular **-re** verb, a category that you will not meet formally until Chapter 11. For the moment, learn the following verb forms: **je descends, tu descends, nous descendons, vous descendez.**

it is necessary to change trains

get off

Massyla Fodéba et son ami belge, Stéphane, vont prendre le métro pour aller au musée Rodin. Massyla habite près de la place d'Italie, où il y a une station de métro. Les deux garçons regardent un plan de métro.

MASSYLA: Bon. Nous sommes là, place d'Italie.
STÉPHANE: Où est le musée Rodin?
MASSYLA: Il est près de la station Invalides. Là. Alors, nous prenons la direction Charles de Gaulle–Étoile.
STÉPHANE: C'est direct?
MASSYLA: Non, **il faut prendre une correspondance.** Nous changeons à La Motte-Picquet, direction Créteil. Et nous **descendons** à la station Invalides.
STÉPHANE: Bon. Allons-y!

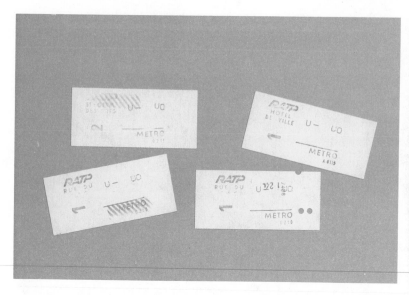

Massyla et Stéphane entrent dans la station et vont **au guichet**.

to the ticket window

STÉPHANE:	Je prends un billet?
MASSYLA:	Non, tu prends **un carnet** de dix billets. C'est **moins cher.**
STÉPHANE:	Et toi, tu ne prends pas de billet?
MASSYLA:	Non, j'ai **une Carte orange.** C'est bon un mois entier dans le métro ou dans l'autobus.
STÉPHANE:	C'est bien, ça. *(Au guichet)* S'il vous plaît, Madame. Un carnet de dix.
L'EMPLOYÉE:	Trente-quatre francs cinquante, Monsieur.

book (of tickets) / less expensive

orange card

A map showing the locations of the various monuments in Paris appears on p. 168 (Intégration culturelle «Paris»).

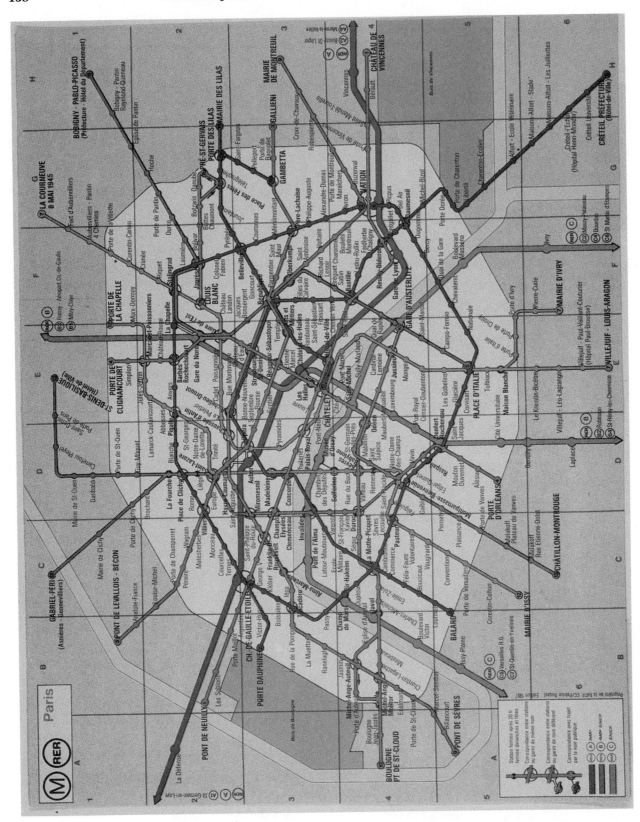

Note culturelle

Le métro is one of the best-developed subway systems in the world. There are fifteen lines, organized so that one can go almost anywhere in Paris with a minimum number of **correspondances** (changes of line). Each line has a number. However, most often the lines are designated by the **directions** (stations at each end of the line). Thus, Line 1 is called **Château de Vincennes–Pont de Neuilly** (sometimes abbreviated to **Vincennes-Neuilly**), Line 4 is **Porte d'Orléans–Porte de Clignancourt (Orléans-Clignancourt),** and so forth.

To determine your route, you look at **un plan de métro** (map) like the one on p. 138. On the map, find the station where you want to get off and the station at the end of the line beyond it (for example, **la direction Orléans**). Then follow the signs for that **direction.** If you need to change trains, find the new **direction** (from the map) and look for signs indicating **correspondance** and **direction.** Do not confuse subway lines with the **RER** lines (trains that run between Paris and its suburbs).

Métro tickets can be bought singly (**un billet**) or in groups of five (**un carnet de cinq**) or ten tickets (**un carnet de dix**). You can also buy special tickets: unlimited one-day travel (**formule 1**), unlimited travel for three or five days (**Paris Visite**), unlimited travel for six days (**un Coupon jaune**), and a full-month commuter ticket (**une Carte orange**). These tickets can all be used on buses as well as on the subway.

Questions: What American cities have subway systems? What other means of public transportation are available in American cities?

Le savez-vous?

▲▲▲▲▲▲▲▲▲▲▲▲▲▲▲▲

The Paris métro **has a worldwide reputation. Many people do not know, however, that there is more than one subway system in France. What other cities have a metro?**
a. **Toulouse**
b. **Marseille**
c. **Lyon**
d. **Lille**

Réponse ▲▲▲

À VOUS! (Exercices de vocabulaire)

A.   Au guichet. Buy the indicated metro tickets.

Modèle: a book of ten tickets
Un carnet de dix, s'il vous plaît.

1.   one ticket
2.   a ticket that allows you unlimited travel for a single day
3.   a book of five tickets
4.   a ticket that allows you unlimited travel for three days
5.   a ticket that allows you to travel for a month
6.   a ticket that allows you to travel for almost a week

B. Prenons le métro! Following the models and using the metro map on
p. 138, explain how to use the subway. The number-letter combinations
(shown in parentheses after the name of each station) correspond to the
grid coordinates on the map and will help you locate the stations.

> *Modèles:*   Alain / Saint-Lazare (D2) → Bastille (F4)
> *Alain, tu prends la direction Mairie d'Issy, tu changes à Con-
> corde, direction Château de Vincennes, et tu descends à
> Bastille.*
>
> M. Genois / Montparnasse-Bienvenüe (D4) → Opéra (D3)
> *M. Genois, vous prenez la direction Porte de Clignancourt,
> vous changez à Châtelet, direction La Courneuve, et vous
> descendez à Opéra.*

1. Jacqueline / Charles de Gaulle-Étoile (C3) → Raspail (D4)
2. Albert / gare du Nord (E2) → gare de Lyon (F4)
3. Mme Fantout / Louvre (E3) → Trocadéro (C3)
4. Isabelle et Jean-Luc / Odéon (D4) → place de Clichy (D2)

C. Prenons le métro! (suite) Explain to each person how to take the subway. Specify the kind of ticket to buy. Consult the metro map on p. 138.
(Map coordinates are in parentheses.)

▲▲▲ a, b, c, d

> *Modèle:*   *Tu vas (vous allez) à la station Monceau, tu
> prends (vous prenez) un carnet de dix, tu
> prends la direction..., etc.*

1. Olga, your German friend, is in Paris for four or five days. Her hotel
    is near the Odéon station (D4). She wants to go to church near the
    Madeleine station (D3).
2. Mr. and Mrs. Van D'Elden, some Dutch friends of your family, are
    spending three weeks in Paris. Their hotel is near the Palais-Royal sta-
    tion (D3). Their first day in the city they want to go to a store near the
    Montparnasse-Bienvenüe station (D4).
3. A stranger passing through Paris is trying to get from the airline ter-
    minal at Porte Maillot (B2) to the gare du Nord (E2).

R·E·P·R·I·S·E

Première étape

D. D'habitude,... Some members of your family follow a regular routine. On
a certain day of the week, they always go downtown. Based on the drawings, tell why they go downtown and how they go.

Modèle: votre mère
*Le lundi ma mère va en ville pour
faire des courses. or Le lundi
ma mère fait des courses en ville.
Elle y va à pied.*

1. votre grand-père

2. votre cousin

3. votre sœur

4. votre tante et votre oncle

5. vos cousines

E.   Demande aux autres. *(Ask the others.)* Tell the person next to you to ask
the other members of your group the following questions. After asking each
group member individually, the questioner will report back to you.

1.   Demande aux autres s'ils veulent aller à la bibliothèque.
     Est-ce que tu veux aller à la bibliothèque? Et toi,...?
2.   Demande aux autres ce qu'ils veulent acheter.
     Qu'est-ce que...?
3.   Demande aux autres la ville qu'ils veulent visiter un jour.
     Quelle ville...?
4.   Demande aux autres ce qu'ils veulent faire samedi.
     Qu'est-ce que...?

S·T·R·U·C·T·U·R·E

Les adverbes désignant le présent et le futur

Ma mère travaille **aujourd'hui.**	My mother is working *today*.
Demain elle ne va pas travailler.	*Tomorrow* she's not going to work.
Où est-ce qu'ils sont **maintenant?**	Where are they *now?*
Lundi matin je vais aller à mon cours de maths.	*Monday morning* I'm going to my math class.
Elles vont arriver **la semaine prochaine.**	They are going to get here *next week*.

You have already learned a few adverbs that express present or future time. Here is a list of these and other expressions:

maintenant *(now)*	**bientôt** *(in a little while)*
aujourd'hui *(today)*	**demain** *(tomorrow)*
ce matin *(this morning)*	**demain matin** *(tomorrow morning)*
cet après-midi *(this afternoon)*	**demain après-midi** *(tomorrow afternoon)*
ce soir *(tonight)*	**demain soir** *(tomorrow evening)*
cette semaine *(this week)*	**la semaine prochaine** *(next week)*
cette année *(this year)*	**l'année prochaine** *(next year)*

In addition, **matin, après-midi, soir,** and **prochain** can be combined with the days of the week: **lundi matin, samedi après-midi, dimanche soir, mardi prochain.** Time expressions are usually placed at the very beginning or end of a sentence.

▲ ▲ ▲

APPLICATION

F. Remplacez les mots en italique et faites les changements nécessaires.

1. Où est-ce que tu vas *aujourd'hui?* (maintenant / cet après-midi / vendredi soir / cette semaine)

2. *Cet après-midi* je vais aller au cinéma. (ce soir / aujourd'hui / samedi matin / jeudi après-midi / demain)

3. Elles vont être à Paris *mercredi prochain.* (cette année / la semaine prochaine / bientôt / l'année prochaine / vendredi prochain)

G. Pas ce soir... When you are at home, your mother is always asking about your and other people's activities; however, she usually gets them all confused. Correct her statements, using the information given.

Modèle: Jean et toi, vous allez au cinéma ce soir? (demain soir)
Pas ce soir. Nous allons au cinéma demain soir.

1. Jean et toi, vous allez en ville mercredi soir? (mercredi après-midi)
2. Ton père va faire les courses demain matin? (samedi matin)
3. Marcel va faire du ski cette semaine? (la semaine prochaine)
4. Ton frère apprend l'espagnol cette année? (l'année prochaine)
5. Marie et toi, vous allez au cinéma ce soir? (vendredi soir)
6. Ta sœur va prendre la voiture cet après-midi? (dimanche après-midi)
7. Tes grands-parents vont arriver aujourd'hui? (jeudi prochain)
8. Est-ce que tu vas faire tes devoirs maintenant? (ce soir)

H. L'emploi du temps des Verdun. *(The Verduns' schedule.)* Use the calendar to answer questions about the Verdun family's activities during the month of February. Choose the appropriate time expressions, assuming that today is the morning of October 15.

LUNDI	MARDI	MERCREDI	JEUDI	VENDREDI	SAMEDI	DIMANCHE
1	2	3	4	5 Restaurant	6	7 église
8	9	10	11	12 Restaurant	13	14 église
15 M. et Mme. en théâtre ville (soir)	16 M. jouer au tennis	17 M. travail (soir)	18 Mme. Musée	19 Mme. travail (matin) restaurant	20 Mme. (cours de russe (après-midi)	21 église
22 Cathédrale	23 Les Michaud	24 Les Michaud	25 Les Michaud	26 Restaurant les Michaud	27	28 église

Modèle: Quand est-ce que Mme Verdun va aller au musée?
Jeudi.

1. Quel soir est-ce que M. Verdun va travailler?
2. Quand est-ce que les Verdun vont visiter la cathédrale?
3. Quand est-ce que les Verdun dînent au restaurant?
4. Quand est-ce qu'ils vont avoir la visite des Michaud?
5. Quand est-ce que M. Verdun va jouer au tennis?
6. Quel matin est-ce que Mme Verdun va travailler?

 **Student Tape:**
Chapitre 4
Segment 1

PRONONCIATION *Les consonnes **m** et **n** au milieu d'un mot*

When **m** or **n** is followed by a consonant other than **m** or **n,** the preceding vowel is nasalized and the **m** or **n** is not pronounced: **chanter, impossible, monde.** When **m** or **n** is followed by another **m** or **n,** and when **m** or **n** falls between two vowels, the **m** or **n** is pronounced and the preceding vowel is *not* nasalized: **dommage, ami, imiter.**

I. Read each word aloud, being careful to distinguish between **m** or **n** followed by a consonant, **m** or **n** between vowels, and **m** or **n** in combination with another **m** or **n.**

Londres / camping / banque / sandwich / japonais / oncle / cinéma / immédiatement / limonade / tante / Orangina / caméra / nombres / omelette / changer / sciences / inutile

S·T·R·U·C·T·U·R·E

*Les expressions **espérer** et **avoir l'intention de***

J'espère acheter une Renault l'année prochaine.	*I hope* to buy a Renault next year.
J'ai l'intention de demander de l'argent à mon père.	*I intend* to ask my father for some money.

You have already learned two ways to talk about future actions: what you *want* to do (**vouloir**) and what you *are going* to do (**aller**). You can make the exact state of your plans more specific by telling what you *hope* to do (**espérer**) or what you *intend* to do (**avoir l'intention de**). In all four expressions, the action verb is in the infinitive form.

In the following examples, note how the meanings of these expressions progress from the least certain to the most certain:

vouloir + infinitive	**Je voudrais aller** en France. *I would like to go* to France.
espérer + infinitive	**J'espère aller** en France. *I hope to go* to France.
avoir l'intention de + infinitive	**J'ai l'intention d'aller** en France. *I intend to go* to France.
aller + infinitive	**Je vais aller** en France. *I am going to go* to France.

These expressions can also be used in the negative:

Je n'ai pas l'intention d'aller en France.	*I don't intend to go* to France.

 Grammar: In the verb **espérer, è** replaces **é** in forms where the ending following the **r** is not pronounced: **j'espère, tu espères, il espère, elles espèrent.** But: **nous espérons, vous espérez.**

▲ ▲ ▲

APPLICATION

J. Remplacez le verbe en italique et faites les changements nécessaires.

1. Je *veux* aller en France. (vais / espère / n'ai pas l'intention / voudrais)
2. Nous *allons* faire un voyage. (voudrions / avons l'intention / espérons / voulons)
3. Est-ce que tes parents *vont* voyager en Afrique? (espèrent / ont l'intention / veulent)

K. Un jour. Tell how each person feels about doing the following activities someday.

Modèle: voyager en Europe (votre père / vos amis / vous)
                 Mon père ne veut pas voyager en Europe.
                 Mes amis espèrent voyager en Europe un jour.
                 Moi, j'ai l'intention de voyager en Europe l'année prochaine.

1. aller à Paris (votre mère / vos frères [sœurs, amis] / vous)
2. voyager en Asie (votre amie / vos parents / vous)
3. être président(e) (vous et vos amis / votre père / votre sœur [frère, ami])
4. avoir une Mercédès (votre père / vos amis / vous)

L. Tu voudrais habiter en Europe un jour? Ask your classmates how they feel about doing the following things at the times indicated. Then tell them how you feel.

Modèle: habiter en Europe un jour
                 —Tu voudrais habiter en Europe un jour?
                 —Ah, oui. Je veux habiter à Paris ou à Londres.
                 —Moi, j'espère habiter à Madrid.
                 —Moi, je n'ai pas envie d'habiter en Europe.

1. habiter en Europe un jour
2. faire un long voyage l'année prochaine
3. aller au cinéma vendredi soir
4. avoir une famille un jour
5. aller au match de ___ samedi après-midi
6. dîner au restaurant la semaine prochaine

Débrouillons-nous!

Petite révision de l'étape

M. Échange. Posez les questions à un(e) autre étudiant(e), qui va vous répondre.

1. Est-ce que tu espères être à l'université l'année prochaine?
2. Est-ce que tu as l'intention de continuer à étudier le français?
3. Est-ce que tu voudrais apprendre une autre langue?
4. Qu'est-ce que tu as l'intention de faire ce soir?
5. Qu'est-ce que tu vas faire samedi après-midi?
6. Qu'est-ce que tu veux faire dimanche?
7. Qu'est-ce que tu as l'intention de faire la semaine prochaine?
8. Qu'est-ce que tu espères être un jour?

N. Il faut prendre quelle direction? You are staying in Paris at a hotel near the place de l'Odéon (D4). You need to go to the American Express office near the Opéra (D3). You have recently arrived in Paris and don't understand the subway system yet, so you ask the desk clerk for help. When he/she explains how to get there, you repeat the instructions to make sure you have understood. (Another student will play the role of the desk clerk.)

À faire chez vous:
CAHIER, Chapitre 4 / 2e étape

T R O I S I È M E   É T A P E

Point de départ

▼ ▼ ▼ ▼ ▼ ▼ ▼ ▼ ▼ ▼ ▼ ▼ ▼

Je veux prendre un taxi!

Taxi!   Taxi!

La sœur de Mireille Loiseau, Andrée, et son amie Gabrielle ont des billets pour le concert de Sting à Paris. Elles quittent la maison de Gabrielle pour aller au concert.

ANDRÉE:	Alors, on prend l'autobus?
GABRIELLE:	Mais non. On n'a pas **le temps.** Il est **déjà** 8h40. Le concert commence dans vingt minutes. Il faut prendre un taxi.
ANDRÉE:	Bon. D'accord. Ah, voilà un taxi. Taxi! Taxi!
LE CHAUFFEUR:	Mesdemoiselles? Où est-ce que vous allez?

time / already

Elles **montent dans** le taxi.

get in

GABRIELLE:	Au **Zénith,** s'il vous plaît. **Il faut combien de temps pour y aller?**
LE CHAUFFEUR:	Vingt minutes... vingt-cinq au maximum.
GABRIELLE:	Eh, bien. **Dépêchez-vous!** Nous sommes **pressées.**

Paris auditorium where many rock concerts are held / How long does it take to go (get) there?

Hurry up! / in a hurry

Elles arrivent au Zénith. Gabrielle descend. C'est Andrée qui va payer.

ANDRÉE:	**Je vous dois combien,** Monsieur?
LE CHAUFFEUR:	Quarante-quatre francs, Mademoiselle.
ANDRÉE:	Voilà **un billet de 50. Gardez la monnaie,** Monsieur.
LE CHAUFFEUR:	Merci, Mademoiselle. Au revoir.

How much do I owe you?

a 50-franc bill / Keep the change.

Note culturelle

French money, like currency in the United States, is based on the decimal system. The main unit, the **franc,** is divided into 100 **centimes.** Coins **(les pièces de monnaie)** are issued by the French government. Bills **(les billets)** are issued by the **Banque de France.** Here are examples of French money:

une pièce de	5 centimes	un billet de	20 francs
	10 centimes		50 francs
	20 centimes		100 francs
	50 centimes		200 francs
	1 franc		500 francs
	2 francs		
	5 francs		
	10 francs		
	20 francs		

Prices in French are written either with a comma (**22,50 [vingt-deux cinquante]**) or with an **F** (**22F50 [vingt-deux francs cinquante]**).

Question: Check the financial pages of your local newspaper. What is the current value of the French franc against the American dollar?

À VOUS! (Exercices de vocabulaire)

A. Il faut combien de temps pour y aller? As you make plans with a friend, discuss how long it will take to get to your destination. The answer will depend on the means of transportation you choose.

> *Modèle:*   au parc / en autobus (10 minutes) / à pied (30 ou 35 minutes)
> *—Il faut combien de temps pour aller au parc?*
> *—Pour y aller en autobus, il faut dix minutes.*
> *—Et pour y aller à pied?*
> *—À pied? Il faut trente ou trente-cinq minutes.*

Vocabulary: In French the preposition **en** is used in **en voiture, en autobus, en métro,** and **en taxi,** but **à** is used in **à pied** and **à vélo.**

1. à la bibliothèque / à pied (25 minutes) / à vélo (10 minutes)
2. à la cathédrale / en métro (20 minutes) / en autobus (25 ou 30 minutes)
3. à l'aéroport / en taxi (45 minutes) / en métro (30 ou 35 minutes)
4. à la gare / en voiture (20 minutes) / en autobus (20 ou 25 minutes)
5. en ville / à pied (35 minutes) / en autobus (15 minutes)

B. Je vous dois combien? Ask the taxi driver how much you owe and give him/her money (French bills in denominations of 10F, 20F, and 50F). Then either tell him/her to keep the change (**Gardez la monnaie**) or take the change and give a tip (**Et voilà pour vous**).

> *Modèle:*   36F
> *—Je vous dois combien?*
> *—Trente-six francs, Monsieur (Madame).*
> *—Voilà un billet de cinquante... Et voilà pour vous.*
> *—Merci, Monsieur (Madame). Au revoir.*

1. 18F   2. 42F   3. 27F   4. 31F   5. 48F

Le savez-vous?

▲▲▲▲▲▲▲▲▲▲▲▲▲▲▲

Berlioz, Racine, Delacroix, and Voltaire have their pictures on various denominations of French paper money. What do these four men have in common?

a. They were all well-known political figures.

b. They were all famous scientists.

c. They were all associated with the arts (literature, music, painting, etc.).

d. They were all famous generals.

Réponse ▲▲▲

R·E·P·R·I·S·E

Deuxième étape

C. Ils sont très actifs! Michel Kerguézec, his sister Sophie, and his parents lead very busy lives. Based on their activity calendar, tell what will be happening on each day shown. Give your answers from Michel's point of view (that is, Michel = **je**) and use **aller** plus an infinitive to tell what is going to happen. Today is May 10.

Modèle: *Ce soir mes parents vont dîner au restaurant.*
              Demain je vais manger au Quick.

matin   après-midi   soir

▲▲▲ C

D. **Pourquoi est-ce qu'ils font ça?** Using the cues provided, suggest the reasons for people's actions. Use an appropriate form of **aller, vouloir, espérer,** or **avoir l'intention de** plus an infinitive in each answer.

Modèle: Pierre va rester à la maison. (faire ses devoirs)
              Il va rester à la maison parce qu'il veut (a l'intention de) faire ses devoirs.

1.   Isabelle fait ses devoirs vendredi soir. (faire du ski samedi)
2.   Claude et Michèle apprennent l'anglais. (aller à New York l'année prochaine)
3.   Louis va à la librairie. (acheter un livre intéressant)
4.   Frédérique étudie les sciences. (être médecin un jour)
5.   Juliette va en ville ce soir. (retrouver des amis)
6.   Gérard travaille beaucoup. (acheter une moto)

S·T·R·U·C·T·U·R·E

Le présent des verbes pronominaux

Grammar: Tout, tous, toutes + **le, la, l', les** = *every:* **tous les jours** = *every day;* **toutes les semaines** = *every week.*

Je me lève de bonne heure.	*I get up* early.
Ma petite amie Chantal se lève de bonne heure aussi.	*My girlfriend Chantal gets up* early too.
Nous nous téléphonons tous les samedis et tous les dimanches.	*We call each other* every Saturday and Sunday.
Mais **nous ne nous parlons pas** en semaine.	But *we don't talk to each other* during the week.
Ton petit ami et toi, **est-ce que vous vous téléphonez** souvent?	You and your boyfriend, *do you call each other* often?

Pronominal verbs are verbs that require a pronoun in addition to the subject. Pronominal verbs may have two different meanings. They may express:

1.   An action that reflects back on the subject:

Je me lève.	*I get up.* (Literally, *I get myself up.*)
Elle se renseigne.	*She gets information.* (Literally, *she informs herself.*)

2.   An action in which two or more subjects interact:

Nous nous téléphonons.	*We call each other.*
Elles se retrouvent au café.	*They meet (each other)* at the café.

Grammar: The verb **se lever** requires an **è** instead of an **e** whenever the vowel following the **v** is not pronounced: **il se lève,** but **nous nous levons.**

In either case, the subject (noun or pronoun) is accompanied by its corresponding reflexive or reciprocal pronoun **(me, te, se, nous, vous).** This pronoun usually comes directly before the verb:

se lever *(to get up)*	
je **me lève**	nous **nous levons**
tu **te lèves**	vous **vous levez**
il, elle, on **se lève**	ils, elles **se lèvent**

To ask a question with a pronominal verb, use intonation, **est-ce que,** or an interrogative expression + **est-ce que:**

Vous vous amusez?
Est-ce qu'ils se retrouvent souvent en ville?
Pourquoi est-ce que tu ne t'amuses pas?

To make a negative statement with a pronominal verb, put **ne** in front of the reflexive or reciprocal pronoun and **pas** immediately after the verb:

Je **ne** me lève **pas** de bonne heure.
Nous **ne** nous parlons **jamais.**

Here is a list of some frequently used pronominal verbs:

If a verb begins with a vowel or a vowel sound, the pronouns **me, te,** and **se** become **m', t',** and **s':** **je m'amuse, tu t'amuses, elle s'amuse.** The **s** of **nous** and **vous** (normally silent) is pronounced in liaison with a vowel or a vowel sound: **nous nous‿amusons, vous vous‿amusez.**

se lever	*to get up*
se coucher	*to go to bed*
se renseigner	*to get information*
s'amuser	*to have a good time*
se promener	*to take a walk*
se reposer	*to rest*
se préparer (pour/à)	*to get ready (to)*
se dépêcher	*to hurry*
se téléphoner	*to call each other*
se parler	*to speak (talk) to each other*
se retrouver	*to meet (each other) (by prearrangement)*

▲   ▲   ▲

APPLICATION

E. Remplacez le sujet en italique et faites les changements nécessaires.

1. *Je* me repose. (Jeanne / nous / vous / les autres / tu)
2. *Ils* se téléphonent souvent. (vous / mes sœurs / on / nous / nos cousins)
3. Est-ce que *tu* t'amuses bien? (vous / elles / Patrick / on)
4. *Elle* ne se dépêche jamais. (nous / je / tu / vous / mes parents)

F. **Le dimanche.** Véronique Béziers explains what she does on Sundays. Use the cues to create her explanation. Be careful: Not all the verbs are pronominal.

Modèle: d'habitude / s'amuser bien / le dimanche
          D'habitude je m'amuse bien le dimanche.

1. se lever / vers 10h
2. prendre / un café et des croissants
3. téléphoner à / mon amie Patricia
4. (nous) se parler au téléphone / pendant une heure
5. déjeuner *(to have lunch)* / avec ma famille
6. quelquefois / (Patricia et moi) se retrouver en ville / pour aller voir un film
7. quelquefois / (nous) se promener au jardin public
8. le soir / se préparer pour la semaine
9. se coucher / vers 10h30 ou 11h
10. le dimanche, c'est le jour où / ne pas se dépêcher

*Véronique
Béziers en ville*

Note grammaticale

Le futur immédiat des verbes pronominaux

Ma sœur et moi, nous allons nous retrouver en ville.	*My sister and I are going to meet downtown.*
Tu vas t'acheter quelque chose?	*Are you going to buy yourself something? (Are you going to buy something for yourself?)*
Oui, **je voudrais m'acheter** un jean.	*Yes, I would like to buy myself some jeans.*
Ensuite, **on va se balader** un peu.	*Afterwards, we're going to take a little stroll.*

The immediate future of a pronominal verb is formed in the same way as the immediate future of any other verb—that is, with **aller** and an infinitive. The reflexive or reciprocal pronoun that accompanies the verb agrees with the subject of **aller** and is placed immediately before the infinitive.

The negative of the immediate future is formed by putting **ne . . . pas** around the conjugated form of **aller:**

Je **ne** vais **pas** me coucher de bonne heure.

The same rules for agreement and placement apply to pronominal verbs preceded by other conjugated verbs such as **vouloir** and **espérer:**

Moi, **je veux me reposer** un peu.
Nous espérons nous amuser pendant le voyage.

G. Remplacez le sujet en italique et faites les changements nécessaires.

1. *Je* vais me reposer. (nous / Marc / tu / mes parents / on / vous)
2. Est-ce que *tu* vas t'acheter quelque chose? (elle / Marc / tes parents / vous / nous / on)
3. *Ils* ne veulent pas se dépêcher. (elle / nous / je / tu / on / les autres)

H. Samedi prochain. Next Saturday is a special day. Consequently, Véronique Béziers is not planning to follow her usual weekend routine. Using the cues, describe what she normally does on Saturday morning and then tell how next Saturday is going to be different.

Modèle: rester à la maison / se balader avec des amis à la campagne
Normalement je reste à la maison le samedi. Mais samedi prochain je vais me balader avec des amis à la campagne.

1. ne pas se lever de bonne heure / se lever à 7h30
2. ne pas se dépêcher / se dépêcher
3. (mon amie Cécile et moi) se téléphoner / ne pas se parler au téléphone
4. rester à la maison / (Cécile et moi) se retrouver en ville
5. ne pas faire d'achats / s'acheter quelque chose
6. se reposer un peu / ne pas se reposer
7. se coucher de bonne heure / se coucher vers minuit
8. ne pas s'amuser / s'amuser

I.   Et toi? You and your classmates are discussing your daily lives. Use the suggested verbs to tell what you usually do (or don't do) and what you are planning to do in the near future. VERBES: **se lever, se coucher, se reposer, se promener, se téléphoner, se retrouver.**

Modèle: se lever
      —*Moi, je me lève d'habitude vers 7h30 en semaine.*
      —*Moi, je n'aime pas me lever de bonne heure. Je me lève vers 9h ou 9h30 en semaine.*
      —*Et le week-end, à quelle heure est-ce que tu te lèves?*
      —*Vers onze heures et demie ou midi.*

PRONONCIATION   *Les consonnes **m** et **n** suivies de la voyelle **e***

Student Tape:
Chapitre 4
Segment 1

The presence of a mute **e** at the end of a word causes the preceding consonant, which in many cases would be silent, to be pronounced. In the case of **m** and **n**, pronouncing the consonant denasalizes the preceding vowel:

| Sim**on** | améric**ain** | **un** | **an** |
| Sim**one** | améric**aine** | **une** | **âne** |

J.   Read each pair of words aloud, being careful to pronounce the **m** or **n** in the first word and keep the **m** or **n** silent in the second.

américaine, américain / mexicaine, mexicain / cousine, cousin / prochaine, prochain / Christiane, Christian / une, un / Jeanne, Jean

K.   Now read each word aloud, distinguishing between words in which the final consonant is silent (nasal vowel) and those in which it is pronounced.

madame / marine / vin / direction /
fume / chaîne / garçon / machine /
Rome / Lyon / crème / italien

S·T·R·U·C·T·U·R·E

Reminder: The final **s** of the **tu** form is dropped in the imperative of **-er** verbs: **Tu te lèves. Lève-toi! Ne te lève pas!**

L'impératif des verbes pronominaux

Dépêche-toi!	*Hurry up!*
Ne vous levez pas!	*Don't get up!*

The command forms of pronominal verbs follow the same pattern as the other command forms you have learned—that is, the subject pronoun is simply dropped. In an affirmative command, the reflexive or reciprocal pronoun is placed *after* the verb. When written, this pronoun is attached to the verb with a hyphen. Notice that, for ease of pronunciation, **te** becomes **toi** when it follows the verb. In a negative command, the reflexive or reciprocal pronoun remains *before* the verb.

Here are some common expressions involving the imperative of pronominal verbs:

Dépêche-toi! Dépêchez-vous!	*Hurry up!*
Amuse-toi bien! Amusez-vous bien!	*Have a good time!*
Lève-toi! Levez-vous!	*Get up! Stand up!*
Assieds-toi! Asseyez-vous!	*Sit down!*
Calme-toi! Calmez-vous!	*Take it easy!*
Ne te dépêche pas! Ne vous dépêchez pas!	*Don't hurry!*
Ne te lève pas! Ne vous levez pas!	*Don't get up!*
Ne t'inquiète pas! Ne vous inquiétez pas!	*Don't worry!*
Ne t'énerve pas! Ne vous énervez pas!	*Don't get upset!*

▲ ▲ ▲

APPLICATION

L. Give the **vous** forms of the following imperatives.

1. Dépêche-toi!   2. Amuse-toi bien!   3. Ne t'inquiète pas!   4. Ne t'énerve pas!   5. Assieds-toi!   6. Calme-toi!

Now give the **tu** forms of the following imperatives.

7. Levez-vous!   8. Calmez-vous!   9. Ne vous dépêchez pas!   10. Ne vous inquiétez pas!   11. Amusez-vous bien!   12. Asseyez-vous!

M. Dialogues à compléter. Complete each dialogue with an appropriate expression using the imperative (affirmative or negative) of a pronominal verb.

> *Modèle:*   —André! André! *Lève-toi! (Dépêche-toi!)*
> —Comment? Qu'est-ce qu'il y a?
> —Il est déjà 8h. Tu as cours dans cinq minutes.

1. —Tu vas en ville ce soir?
   —Je vais au cinéma avec Anne-Marie.
   —C'est formidable! _____
2. —Oh, là là! Qu'est-ce que je vais faire? Où est mon sac à dos? Où sont mes livres? J'ai un examen ce matin et je ne trouve pas mon sac à dos.
   —_____ Jacques et moi, nous allons chercher ton sac à dos.
3. —Jean-Jacques! Il est déjà 19h30!
   —Et alors?
   —Ben, le film commence à 20h. _____
4. —Bonjour, Monsieur. Est-ce que vous avez le temps de parler avec moi?
   —Certainement, Mademoiselle. _____
5. —Où est Chantal? Il est 6h. Elle devait *(was supposed to)* être là à 5h30.
   —_____ Elle va arriver dans un instant.

Débrouillons-nous!

Petite révision de l'étape

N. Échange. Posez les questions à un(e) camarade de classe, qui va vous répondre.

1. À quelle heure est-ce que tu te lèves d'habitude en semaine? Et le week-end?
2. À quelle heure est-ce que tu vas te lever demain matin? Pourquoi?
3. Est-ce que tu te dépêches pour aller à ton premier *(first)* cours? Pourquoi (pas)?
4. Est-ce que tu te reposes pendant la journée *(during the day)*? Quand?
5. Est-ce que tes parents et toi, vous vous téléphonez souvent?
6. Où est-ce que tes amis et toi, vous vous retrouvez d'habitude?
7. Est-ce que tu t'énerves facilement *(easily)*?
8. Est-ce que tu t'amuses quand tu es avec ta famille?

O. Il faut prendre un taxi. You are in Paris with your parents, who don't speak French. They want to go from their hotel (the Paris Sheraton) to Notre-Dame Cathedral. They don't like the subway, so they ask you to go with them in a taxi. Hail a taxi and tell the driver where you want to go. Then ask if it's nearby and how long the trip will take. Remember to pay for the ride when you reach your destination. (A classmate will play the role of the driver.)

À faire chez vous: CAHIER, Chapitre 4 / 3e étape

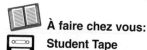

À faire chez vous: Student Tape

Now that you've completed the first three **étapes** of **Chapitre 4,** do Segment 2 of the STUDENT TAPE. See **CAHIER, Chapitre 4,** *Écoutons!,* for exercises that accompany this segment.

QUATRIÈME ÉTAPE

L·E·C·T·U·R·E

Histoire de billets

Read the following cartoon sequence, taken from a brochure distributed by the **RATP (Régie Autonome des Transports Parisiens)** *for people who are unfamiliar with the transportation system in Paris. Do* **not** *look at the definitions at the end. Once you have a sense of the passage's general meaning, do the first comprehension exercise, which deals with guessing from context.*

John Busy est arrivé à Paris sans sa "Rolls" parce qu'il préfère voyager, comme disent les Parisiens, dans sa "deuxième voiture."

Avec un seul ticket, John Busy peut aller à toutes les stations dans le métro.

Le métro est en service de l'aube jusqu'à après minuit. Son réseau consiste en 359 stations facilitant le déplacement entre tous les musées, les monuments et d'autres points d'intérêt.

20 km en dehors de Paris, le métro devient le RER avec des correspondances, par exemple, aux stations Châtelet — Les Halles, Charles de Gaulle — Étoile et Gare du Nord.

Un billet touristique de 2, 4 ou 7 jours, appelé "Paris Sésame," lui permettra de voyager rapidement dans la ville de Paris et ses environs en utilisant le RER, le métro et les bus. À certaines stations du RER, il peut même louer un vélo RATP.

Pour faire ses achats, il va à la Chaussée d'Antin et il passe l'après-midi dans les magasins.

Pour rentrer à son hotel, John Busy prend le bus à un des 5 658 arrêts de bus. Rapidement et confortablement, il traverse la ville de Paris.

Buvant un thé dans sa chambre d'hôtel, il appelle les Renseignements RATP (tél: 43 46 14 14, 24h sur 24) ou l'Office du Tourisme de Paris (tél: 47 20 94 94). John Busy a déjà préparé ses projets pour demain.

1. *disent:* say   2. *déplacement:* movement   3. *lui permettra:* will allow him   4. *environs:* surrounding area   5. *magasins:* stores

COMPRÉHENSION

A. Devinez! *(Guess!)* For each boldfaced word, choose the meaning that best fits the context. In items 1 through 3, you will be given several choices. In the remaining items, it is up to you and your classmates to suggest the possibilities and then select the best one.

1. John Busy est arrivé à Paris **sans** sa «Rolls» parce qu'il préfère voyager dans sa «deuxième voiture» (le métro). *(with / without / in / on)*
2. Avec un **seul** ticket, John Busy peut aller à toutes les stations dans le métro. *(special / only / lonely / single)*
3. Le métro est en service de **l'aube** jusqu'après minuit. *(east / dawn / weekdays / twilight)*
4. Son **réseau** consiste en 359 stations.
5. 20 km **en dehors de** Paris, le métro devient le RER.
6. Dans certaines stations du RER, il peut même **louer** un vélo.
7. Pour **rentrer** à son hôtel, John Busy prend le bus à un des 5 658 **arrêts d'autobus.**
8. John Busy a déjà fait ses **projets** pour demain.

Postreading: Have students create a simple brochure, aimed at French-speaking visitors, about public transportation in a nearby town or city.

B. Vous allez à Paris? Reread the text, this time looking at the definitions found at the end. Pick at least five items of information that would be very useful to an American tourist going to Paris for the first time.

R·E·P·R·I·S·E

Troisième étape

C. Combien? You and your friends are going over how much money you have paid for certain things or services. Each time you say the price, your friend asks for confirmation, so you repeat more clearly.

Modèle: 12,50
—*Douze cinquante.*
—*Combien?*
—*Douze francs cinquante.*

1. 3,25   2. 16,40   3. 51,65   4. 39,15   5. 47,30   6. 13,60   7. 26,50
8. 65,45

D. Échange. Posez les questions à un(e) camarade de classe, qui va vous répondre.

1. À quelle heure est-ce qu'on se lève chez toi d'habitude? Qui se lève le premier (la première)? Qui se lève le dernier (la dernière)? En semaine? Le week-end?
2. Qui se couche le premier chez toi? À quelle heure? Et le dernier?
3. Quand est-ce que tu te dépêches? (Je me dépêche pour...)
4. Quand est-ce que tu t'amuses?
5. Est-ce que tu t'énerves souvent? Quand?
6. Est-ce que tu aimes te promener? Quand? Où? Comment? (à pied, en voiture, à vélo)
7. Tes parents et toi, vous vous parlez souvent?
8. Tes amis et toi, vous vous retrouvez souvent après les cours?

À faire chez vous:
Student Tape

CAHIER, Chapitre 4:
Rédigeons! / Travail de
fin de chapitre (including
STUDENT TAPE, Chapitre
4, Segment 3)

Point d'arrivée

Activités orales

Exprimons-nous!

In French, to suggest an activity to someone, you can use expressions such as **Tu voudrais? Tu veux? Tu as le temps de?**

Tu voudrais aller en ville?
Tu veux aller voir un film?
Tu as le temps de faire du lèche-vitrines?

To accept a suggestion	*To refuse a suggestion*
Bien sûr. Pourquoi pas?	**Je ne peux pas.**
Oui. C'est une bonne idée.	**Je dois** travailler.
Oui. Je veux bien.	Non, **je n'ai pas le temps.**

E. **Une visite-éclair de Paris.** *(A lightning-fast visit to Paris.)* You and a friend have only a few hours between planes in Paris. Discuss how you will manage to see the following sights. Use such expressions as **Nous allons à la station... Nous prenons la direction... Nous changeons à... Nous descendons à... Ensuite nous allons...** Begin and end your tour at the gare du Nord (E2), which has trains connecting with the airport. To answer, refer to the metro map on p. 138.

1. la cathédrale de Notre-Dame (métro: Cité—E4)
2. l'arc de Triomphe (métro: Charles de Gaulle–Étoile—C3)
3. la tour Eiffel (métro: Trocadéro—C3)
4. Montmartre (métro: place de Clichy—D2)

F. **Au café.** Your Brazilian friend, who speaks no English, has joined you in Paris. You are in a café on the rue Dauphine. Greet your friend and order a drink. Discuss your families, activities, etc. Then, using the map of this section of Paris (see p. 168) and the metro map (see p. 138), explain how to get from the café to the St-Germain-des-Prés subway station (D4), how to buy a ticket, and how to take the subway to the place d'Italie (E5).

G. **Allons en ville!** You and a friend are making plans to do something downtown over the weekend. Decide what you want to do, when you want to do it, and how you will get there. Then try to persuade two other friends to join you.

H. **Mes projets.** *(My plans.)* Discuss your future plans with some friends. Talk about next year **(l'année prochaine)** and the years following **(dans deux ans, dans cinq ans, dans dix ans,** etc.). Suggestions: Consider what you definitely intend to do **(J'ai l'intention de chercher un travail),** what you would like to do **(Je voudrais voyager),** and what you hope to do **(J'espère avoir une famille).**

PORTRAIT

Massyla Fodéba, Dakar, Sénégal

Je suis né à Dakar et j'y ai habité jusqu'à l'âge de 19 ans. Après avoir fini mes études au lycée Senghor à Dakar, je suis venu en France où j'ai fait un DEUG avant d'entrer à une école d'ingénieurs. Quand j'étais à Dakar, je prenais l'autobus pour aller en ville. Mais quand je suis à Paris, je prends le métro. Il est très efficace et il ne coûte pas cher.

En gros, j'aime bien Paris. Avec mes amis, pour passer le temps, on joue au foot, on va au cinéma. Mais je garde toujours un très bon souvenir de mon pays natal et j'espère retourner au Sénégal pour y travailler un jour.

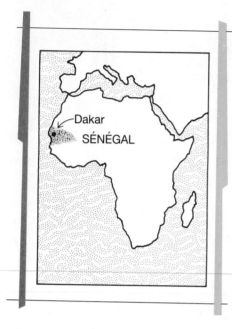

Profil

Le Sénégal

A detailed map of the French speaking world appears on pp. 478–479.

SITUATION: sur la côte ouest de l'Afrique, entre la Mauritanie et la Guinée-Bissau

POPULATION: 6 700 000 habitants

CAPITALE: Dakar

LANGUE OFFICIELLE: français

RELIGIONS: musulmans (80–90%), chrétiens, animistes

ÉCONOMIE: arachides *(peanuts),* coton, mil *(millet),* riz, pêche *(fishing),* mines de fer *(iron),* industries chimiques

HISTOIRE: Ancienne colonie de la France; indépendance—1960

COMMENTAIRE: Léopold Sédar Senghor, le premier président du Sénégal (1960–1980), est aussi un poète très important. C'est un chef du mouvement nommé **la négritude**—effort de revalorisation de la culture africaine.

À discuter: The African poet Léopold Senghor becomes president of his country; the Caribbean poet Aimé Césaire serves as a representative from Martinique to the French Assembly. French presidents, such as De Gaulle and Mitterand, are also writers. Do we find a similar interplay between politics and the arts in the United States? Why (not)?

Dakar, Sénégal

L · E · X · I · Q · U · E

Pour se débrouiller

Pour organiser une sortie
  On prend l'autobus.
              le métro.
              un taxi.
              sa voiture.
              son vélo.
  On y va à pied.
  Il faut combien de temps pour y aller en autobus?
                                    en métro?
                                    à pied?
                                    en taxi?
                                    en voiture?
                                    à vélo?

      Quand est-ce qu'on y va?
        aujourd'hui
        ce matin
        cet après-midi
        ce soir
        demain (matin, après-midi, soir)
        lundi (mardi, mercredi, jeudi, vendredi, samedi, dimanche) (matin, après-
          midi, soir)
        cette semaine
        la semaine prochaine
        cette année
        l'année prochaine
      Qu'est-ce qu'on va faire?
        avoir rendez-vous avec
        avoir une course à faire
        faire des achats
        faire du lèche-vitrines
        faire une course
        n'avoir rien à faire
        retrouver quelqu'un

  Pour parler de ses projets
    aller + *infinitif*
    avoir envie de + *infinitif*
    avoir l'intention de + *infinitif*
    espérer + *infinitif*
    vouloir + *infinitif*

Pour demander le jour qu'il est
C'est aujourd'hui...?
Quel jour est-ce aujourd'hui?
Quel jour sommes-nous?
  C'est aujourd'hui...

Pour faire, accepter ou refuser une proposition
Tu veux (tu voudrais)...?
Vous voulez (vous voudriez)...?
  Mais oui.
  Bien sûr.
  Avec plaisir.
  C'est une bonne idée.
  Pourquoi pas?
  Je veux bien.

  C'est impossible.
  Je ne peux pas.
  Je dois + *infinitif*

Pour se débrouiller dans le métro
changer   prendre
descendre   Quelle direction?

Pour payer
C'est combien?   Voilà pour vous.
Je vous dois combien? Gardez (la monnaie).

Thèmes et contextes

Le métro
un billet
une bouche de métro
un carnet de cinq (dix)
une Carte orange
une correspondance
un Coupon jaune
formule 1
le guichet
les heures *(f.pl.)* de pointe
Paris Visite
un plan de métro
une station de métro

L'argent (m.)
un billet
un centime
un franc
une pièce de monnaie

Vocabulaire général

Verbes
(s')acheter   monter (dans)
s'amuser   se parler
apprendre   prendre
arriver   se préparer
se balader   se promener
comprendre   quitter
se coucher   se renseigner
se dépêcher   se reposer
s'énerver   (se) retrouver
entrer (dans)   se téléphoner
s'inquiéter   vouloir
se lever

ALLONS-Y!
Video Program

ACTE 4

V O C A B U L A I R E

SCÈNE 1: AU CAFÉ
content   *happy*
en retard *late*
pas grave *not serious*
une orange pressée
  an orange juice
une carafe d'eau
  a pitcher of water
Comme ça, ça roule.
  That's cool.

SCÈNE 2: PRENONS LE
  MÉTRO
me rendre = aller
ticket à l'unité
  one regular ticket
environ = à peu près
autant de *as many as*
à tout de suite
  see you in a minute

Deuxième Partie

fontaine Tinguely

OFFREZ-VOUS PARIS

PARIS

Centre Pompidou

SPECTACLES

INTEGRATION ★ CULTURELLE

L'ATELIER
JEANNE MOREAU
LE RÉCIT DE LA SERVANTE

5.me ARR.t

RUE DU POT DE FER

Trocadéro Tour Eiffel · Palais des Congrès · Champs-Élysées Office de Tourisme de Paris · Madeleine Tuileries · Louvre · St-Germain-des-Près · Montmartre · Forum des Halles Centre G. Pompidou · Notre-Dame-de-Paris · Place des Vosges Musée Picasso · Ile St-Louis · La Villette · Luxembourg · Paris Bercy

PARIS ★ EN IMAGES

parc de la Villette

musée du Louvre, à l'intérieur

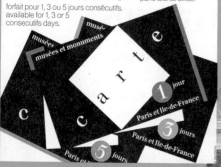

1 – Cité des Sciences et de l'Industrie
2 – géode
3 – parc
4 – folies
5 – zénith
6 – grande halle
7 – théâtre Paris-Villette
8 – cité de la Musique

la Villette, Cité des Sciences et de l'Industrie

musée d'Orsay

musée du Louvre, à l'extérieur

Festival de Paris

MAIRIE DE PARIS

FESTIVAL DE PARIS

parc EuroDisney

AVENUE VICTOR HUGO

Obélisque
de Louksor

arc de Triomphe

LIBRAIRIE   DELAMAIN

rue Saint Honoré

découvrir
PARIS

Montmartre, place
du Tertre

tour Eiffel

la Défense

PARIS CANAL

Bassin de la Villette
11 Quai de la Loire - 75019 PARIS
☎ (1) 42.40.96.97
Télex : 642248 QUIZTOUR
Fax : (1) 42.40.77.30

avenue des
Champs-Élysées

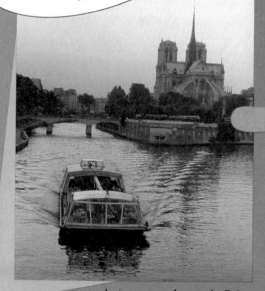

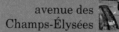

bateau-mouche sur la Seine

Notre Dame de Paris

Claire Maurant
Strasbourg (Alsace),
France

—Moi, j'ai envie de m'amuser un peu.
—Moi aussi. Qu'est-ce qu'on va faire?

Amusons-nous!

OBJECTIVES

In this chapter, you will learn:

- to organize leisure-time activities;
- to talk about events in the past;
- to talk about the weather;
- to read informational materials about leisure-time activities;
- to understand conversations about leisure-time activities.

ALLONS-Y!
Video Program
ACTE 5
UNE EXCURSION

Première étape	Quel temps fait-il?
Deuxième étape	Tu veux voir le nouveau film au Gaumont les Halles?
Troisième étape	On pourrait faire une excursion!
Quatrième étape	Lecture: Déjeuner du matin

PREMIÈRE ÉTAPE

Point de départ

Quel temps fait-il?

En semaine Claire Maurant travaille comme comptable pour une **société** textile à Strasbourg. Mais le week-end elle aime s'amuser avec ses amis. C'est samedi après-midi. Claire et ses amis sont **en train de** faire des **projets.**

CLAIRE:	Bon. Qu'est-ce qu'on va faire?
ANDRÉ:	Moi, je voudrais bien jouer au tennis. J'ai besoin de faire un peu d'exercice.
THIERRY:	Moi aussi. Mais **il ne fait pas très beau** maintenant.
CLAUDETTE:	Et la **météo** annonce de la **pluie** pour **toute la journée.**
CLAIRE:	Et qu'est-ce qu'**elle prévoit** pour demain?
CLAUDETTE:	Oh, il va **faire du soleil** demain.
THIERRY:	Eh bien, on va faire du sport demain. Et ce soir **on pourrait** aller au cinéma. **Vous avez vu** le film de Belmondo, *Le Solitaire?*
CLAIRE:	Oui, **je l'ai vu** à Paris avec ma cousine.
ANDRÉ:	Bon, alors, on va voir un autre film ou on va trouver autre chose à faire.

Quel temps fait-il?

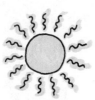

Il fait du soleil.
Il fait beau.
Il fait chaud.

Il y a un orage.
Il fait mauvais.

Il pleut.

Il fait bon.
Pas trop froid,
  pas trop chaud.

Il neige.
Il fait froid.

Le ciel est couvert.
Le temps est nuageux.

Il fait du vent. (Il y a du vent.)
Il fait frais.

Il fait du brouillard.

Il y a du verglas.

Note culturelle

Temperatures in France and other European countries are given on the Celsius (centigrade) scale. Here is a comparison of Celsius temperatures and their Fahrenheit equivalents:

C:	30°	25°	20°	15°	10°	5°	0°	−5°
F:	86°	77°	68°	59°	50°	41°	32°	23°

To convert from Celsius to Fahrenheit, divide by 5, multiply by 9, and add 32. To convert from Fahrenheit to Celsius, subtract 32, multiply by 5, and divide by 9. To tell a temperature, a French person would say, **La température est de cinq degrés** or **Il fait cinq degrés dehors** (*outside*).

Question: What is today's temperature in both Fahrenheit and Celsius?

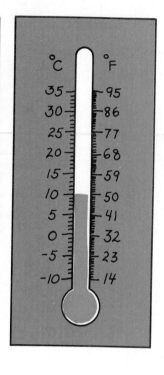

À VOUS! (Exercices de vocabulaire)

A. Quel temps fait-il? Tell what the weather is like in each drawing.

Modèle: *Il fait chaud. (Il fait du soleil. / Il fait très beau.)*

1.

2.

3.

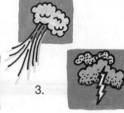

4.

5.

6.

7.

B. Est-ce qu'il fait beau aujourd'hui? You're traveling around the United States with your friend's family. Each time you call home, your parents want to know what the weather is like. Answer their questions negatively. Then give the indicated weather condition.

Modèle: —Est-ce qu'il fait beau aujourd'hui? (mauvais)
—*Non, il ne fait pas beau (aujourd'hui). Il fait mauvais.*

1. Est-ce qu'il fait chaud aujourd'hui? (froid)
2. Est-ce qu'il pleut aujourd'hui? (il neige)
3. Est-ce que le ciel est couvert? (du soleil)
4. Est-ce qu'il y a un orage? (beau)
5. Est-ce qu'il fait frais? (très froid)
6. Est-ce qu'il fait chaud? (du vent)
7. Est-ce qu'il fait du soleil? (nuageux)
8. Est-ce qu'il fait froid? (assez chaud)

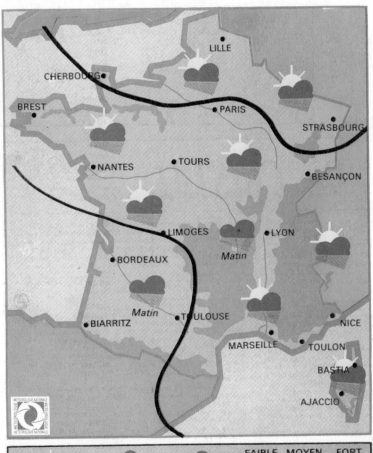

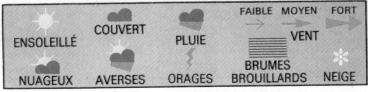

C. **Quel temps est-ce qu'il va faire le 16 février?** Below is a list of predicted temperatures for various French and European cities. The first number is the high during the day and the second number is the low during the night. Based on the high temperature, say whether it will be warm (**Il va faire bon**), cool (**Il va faire frais**), cold (**Il va faire froid**), or very cold (**Il va faire très froid**) on February 16.

Modèle: Bordeaux
Il va faire frais. Le maximum va être de 14 degrés.

Mardi 16 février

TEMPÉRATURES (le premier chiffre indique le maximum enregistré dans la journée du 16 février, le second le minimum dans la nuit du 16 au 17 février):

Ajaccio, 14 et 5 degrés; **Biarritz,** 20 et 11; **Bordeaux,** 14 et 7; **Bréhat,** 7 et 4; **Brest,** 7 et 4; **Cannes,** 14 et 7; **Cherbourg,** 5 et 2; **Clermont-Ferrand,** 12 et 4; **Dijon,** 2 et 0; **Dinard,** 8 et 2; **Embrun,** 8 et −1; **Grenoble-St-Geoirs,** 11 et 1; **Grenoble-St-M.-H.,** 11 et 2; **La Rochelle,** 12 et 5; **Lille,** 2 et −4; **Limoges,** 10 et 5; **Lorient,** 6 et 5; **Lyon,** 8 et 2; **Marseille-**

Marignane, 12 et 8; **Nancy,** 1 et −5; **Nantes,** 10 et 4; **Nice,** 13 et 7; **Paris-Montsouris,** 6 et 1; **Paris-Orly,** 7 et 0; **Pau,** 17 et 7; **Perpignan,** 15 et 4; **Rennes,** 6 et 3; **Rouen,** 6 et 2; **Saint-Étienne,** 10 et 3; **Strasbourg,** 0 et −6; **Toulouse,** 15 et 2; **Tours,** 6 et 3.

TEMPÉRATURES RELEVÉES À L'ÉTRANGER:
Alger, 21 et 11; **Genève,** 4 et 0; **Lisbonne,** 15 et 9; **Londres,** 2 et 0; **Madrid,** 14 et 3; **Rome,** 12 et 1; **Stockholm,** −6 et −16.

Grammar: To talk about what the weather is going to be in the near future, use **aller** + an infinitive: **Il va faire froid. Le ciel va être nuageux. Il va neiger.** The infinitive of **il pleut** is **pleuvoir: Il va pleuvoir.** The immediate future of **il y a** is **il va y avoir: Il va y avoir du verglas.**

S·T·R·U·C·T·U·R·E

Les mois de l'année

janvier	**juillet**
février	**août**
mars	**septembre**
avril	**octobre**
mai	**novembre**
juin	**décembre**

All the months of the year are masculine and are used without articles. They are not capitalized. To express the idea of *in* a month, use **en** or **au mois de (d')**:

En janvier, il neige beaucoup.
Il fait chaud **au mois d'août.**

In January, it snows a lot.
It's hot *in August.*

▲ ▲ ▲

APPLICATION

D. Quel temps fait-il chez vous? For each month, describe what the weather is like in your area.

Modèle: septembre
              En septembre, il fait frais et il y a du vent.

1. janvier   2. juillet   3. mars   4. novembre   5. mai   6. août
7. décembre   8. juin

E. Je suis né(e) au mois de... (*I was born in . . .*) Tell your classmates what month you were born in and what the weather is usually like.

Modèle: *Je suis né(e) au mois de juillet. Il fait toujours* (always) *très chaud en juillet.*

Note grammaticale

La date

Nous sommes le combien aujourd'hui?	
Quelle date sommes-nous?	*What is today's date?*
Quelle est la date aujourd'hui?	

Nous sommes le 5 avril.	
Aujourd'hui c'est le 5 avril.	*Today is April 5.*
C'est aujourd'hui le 5 avril.	

To express the date in French, use the definite article **le,** a cardinal number (**trente, dix, cinq**), and the name of the month. The one exception is the first of the month, expressed by **le premier:**

C'est **le premier février.**   It's *February 1.*

F. C'est quelle date? Give the following dates in French.

Modèle: le 23 mars
              le vingt-trois mars

1. le 8 janvier   4. le 16 septembre   7. le 31 mai
2. le 15 août   5. le 4 juillet   8. le 12 juin
3. le 1ᵉʳ octobre   6. le 14 juillet   9. aujourd'hui

Note grammaticale

Les saisons de l'année

le printemps

l'été

l'automne

l'hiver

All the nouns for the seasons are masculine. To express the idea of *in* a particular season, use **en** with **hiver, automne,** and **été,** and **au** with **printemps.**

En automne on joue au football.	Soccer is played *in the fall.*
En hiver il fait froid.	It's cold *in the winter.*
Il pleut beaucoup **au printemps.**	It rains a lot *in the spring.*
On va à la plage **en été.**	People go to the beach *in the summer.*

G. Chez vous. Explain what the weather is like during the various seasons in the region where you live.

> *Modèle:*   Quel temps fait-il chez vous en hiver?
> *Chez nous, en hiver, il neige et il fait très froid.*

1. Quel temps fait-il chez vous en hiver?   2. Et en automne?   3. En été?
4. Et au printemps?

H. Des questions, encore des questions, toujours des questions! You're working with small children who are always curious about something. Answer their questions.

1. Combien de saisons est-ce qu'il y a dans une année?
2. Quels sont les mois de l'été?
3. En quelle saison est-ce qu'on fait du ski?
4. En quelle saison est-ce qu'on va à la plage?
5. En quelles saisons est-ce qu'on joue au football? Au basket?
6. En quelle saison est-ce qu'on célèbre Thanksgiving? Pâques *(Easter)*?
7. Quelle est la date aujourd'hui?
8. Quelle est la date du premier jour des vacances?

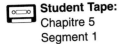

Student Tape:
Chapitre 5
Segment 1

PRONONCIATION   *Les voyelles **a** et **i***

In French, the letters **a** and **i**, when not combined with another vowel or with the consonants **m** or **n**, are pronounced as follows:

The French **a** sound is between the *a* sounds in the English words *fat* and *father*. It is pronounced with the mouth rounded.

The French **i** sound is similar to the *i* sound in the English word *machine*. It is pronounced with the lips spread wide, as in a smile.

I. Read each word aloud, being careful to open your mouth to pronounce **a** and to spread your lips (smile!) when saying **i.**

la / Ça va? / gare / papa / ici / livre / dîne / ville / Paris / mari / Italie / pharmacie / capitale / politique / rive / île / divisé / habiter / film / tennis

S·T·R·U·C·T·U·R·E

*Le passé composé avec **avoir***

Samedi dernier **il a fait** très beau.

J'ai travaillé dans le jardin et **mes parents ont joué** au golf.

Dimanche **il a plu** et **nous avons visité** le Louvre.

Qu'est-ce que **vous avez fait** pendant le week-end?

Last Saturday *the weather was beautiful.*

I worked in the garden and *my parents played* golf.

Sunday *it rained* and *we visited* the Louvre.

What *did you do* over the weekend?

In French, to talk about actions that were carried out in the past, you use the past tense called the **passé composé** *(compound past)*. This tense is called "compound" because it is made up of two parts: a helping verb, which agrees with the subject, and a past participle. For most French verbs, the helping verb is **avoir:**

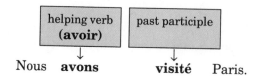

Nous   **avons**   **visité**   Paris.

Thus, the **passé composé** of the verb **visiter** is as follows:

visiter	
j'ai **visité**	nous **avons visité**
tu **as visité**	vous **avez visité**
il, elle, on **a visité**	ils, elles **ont visité**

The key to using the **passé composé** is learning the past participles. The past participle of an **-er** verb sounds exactly like the infinitive; however, the written form ends in **-é:**

Infinitive   *Past participle*

chanter   chant**é**
étudier   étudi**é**
manger   mang**é**
parler   parl**é**

The past participles of irregular verbs often do not follow the same pattern. Among the verbs you have already learned, the following have irregular past participles:

Infinitive   *Past participle*

faire   **fait**
pleuvoir   **plu**
prendre   **pris**

To form the negative of the **passé composé,** simply insert **ne** and **pas** around the helping verb. Remember that **ne** becomes **n'** before a vowel:

Ils **n'**ont **pas** trouvé le musée.   They did*n't* find the museum.

▲   ▲   ▲

APPLICATION

J. Replace the past participle in italics with those given in parentheses.

1. Est-ce que tu as *voyagé?* (travaillé / écouté la radio / visité Paris / pris l'autobus)
2. J'ai *trouvé* le livre. (acheté / commencé / aimé / regardé)
3. Hier soir nous avons beaucoup *dansé*. (parlé / mangé / étudié / travaillé)
4. Elles n'ont pas *chanté*. (mangé / fait le voyage / appris les verbes / quitté la maison)

K. Remplacez le sujet en italique et faites les changements nécessaires.

1. *J'*ai regardé la télé. (nous / elle / tu / ils / vous / je / on)
2. *Paul* a déjà visité Paris, n'est-ce pas? (Chantal / tu / vous / elles / nous / je)
3. *Elles* n'ont pas fait les devoirs. (tu / nous / il / je / vous / elles)
4. Quand est-ce que *tu* as quitté la maison? (vous / elles / il / tu / on)

L. **Oui et non.** You spent the evening at a friend's house. The next day your other friends want to know all about it. Tell them what you did and did not do.

Modèles: Est-ce que tu as parlé à Simone? Et à Francine?
          J'ai parlé à Simone, mais je n'ai pas parlé à Francine.

          Est-ce que vous avez dansé? (étudier)
          Nous avons dansé, mais nous n'avons pas étudié.

1. Est-ce que vous avez téléphoné à Paul? Et à Marie?
2. Est-ce que vous avez écouté la radio? (danser)
3. Est-ce que tu as mangé un sandwich? Et des fruits?
4. Est-ce que tu as regardé la télé? (étudier)
5. Est-ce que tu as parlé aux parents de Sylvie? Et à sa sœur?
6. Est-ce que vous avez fait une promenade? (prendre la voiture)

▲▲▲ C

WAGRAM CLIP'S DANCE
DISCOTHÈQUE
WAGRAM
CLIP'S SUR ÉCRANS GÉANTS.

M. Pourquoi est-ce que vous êtes en retard? *(Why are you late?)* You and
your friend arrive late at a party. Use the drawing and the verbs to explain
what happened.

Modèle: *Nous avons quitté la maison à 8h15...*

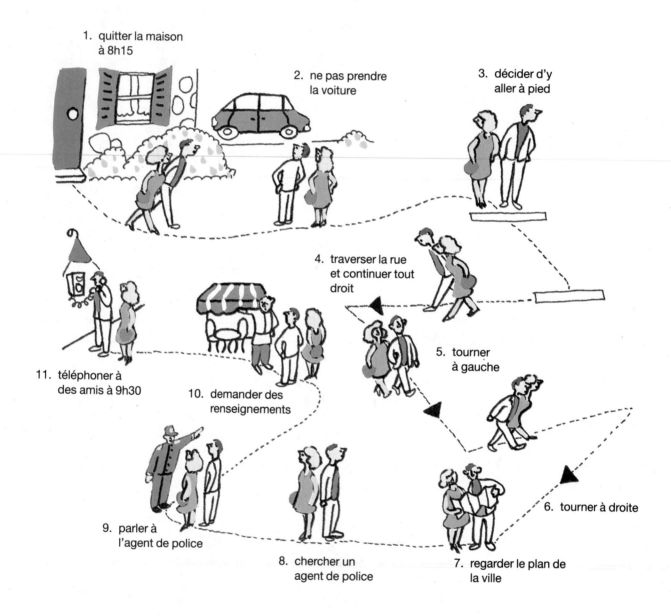

1. quitter la maison
   à 8h15

2. ne pas prendre
   la voiture

3. décider d'y
   aller à pied

4. traverser la rue
   et continuer tout
   droit

5. tourner
   à gauche

6. tourner à droite

7. regarder le plan de
   la ville

8. chercher un
   agent de police

9. parler à
   l'agent de police

10. demander des
    renseignements

11. téléphoner à
    des amis à 9h30

Débrouillons-nous!

Petite révision de l'étape

N. Échange. Posez les questions suivantes à un(e) camarade de classe, qui va vous répondre.

1. Est-ce que tu aimes mieux la neige ou la pluie? Qu'est-ce que tu fais quand il neige? Quand il pleut?
2. Est-ce que tu supportes mieux *(better tolerate)* le froid ou la chaleur? Qu'est-ce que tu aimes faire quand il fait froid? Quand il fait chaud?
3. Quelle saison est-ce que tu préfères? Pourquoi?
4. Quelle est la date de ton anniversaire *(birthday)*? Quel temps fait-il en général le mois de ton anniversaire?
5. Est-ce que tu as étudié hier soir? Tu as fait tes devoirs de français?
6. Est-ce que tu as quitté la maison (ta chambre) de bonne heure ce matin? Tu as pris l'autobus pour aller à l'université?
7. Est-ce que tu as déjà visité Paris? Rome? Québec?
8. Est-ce que tu as téléphoné à tes amis récemment? Tes amis et toi, vous vous téléphonez souvent?
9. Est-ce que tu as mangé quelque chose au petit déjeuner? Est-ce que tu prends le petit déjeuner d'habitude?

O. Mon week-end. It's Monday morning and you and your friend are discussing what you did (or did not do) over the weekend. Begin by reminding each other of Saturday's and Sunday's weather. Then use some of the following verbs to tell about your activities.

VERBES: **travailler, regarder la télé (une vidéo), parler à, téléphoner à, danser, manger, visiter, prendre (l'autobus) pour..., écouter la radio, faire une promenade (un tour)**

À faire chez vous: CAHIER, Chapitre 5 / 1ère étape

DEUXIÈME ÉTAPE
Point de départ

▼▼▼▼▼▼▼▼▼▼▼▼▼▼▼

Tu veux voir le nouveau film au Gaumont les Halles?

Il y a trois semaines Claire Maurant **est allée** à Paris pour voir sa cousine Mireille Loiseau. Un jour les deux jeunes femmes **ont eu** la conversation suivante avec Jean-Francis, le frère de Mireille.

ago / went

had

MIREILLE:	Alors, qu'est-ce qu'on fait ce soir?
CLAIRE:	Pourquoi pas nous balader un peu?
JEAN-FRANCIS:	Non, ce n'est pas très intéressant, ça.
CLAIRE:	Eh bien, qu'est-ce que tu veux faire, toi?
JEAN-FRANCIS:	On pourrait **louer** une vidéo.
CLAIRE:	Non. Moi, j'ai envie de **sortir.**
MIREILLE:	Moi, j'ai une idée. Allons voir le nouveau film au Gaumont les Halles.
CLAIRE:	J'espère que ce n'est pas un film **d'épouvante. J'ai horreur** de ça.
MIREILLE:	Non, non, non. C'est une comédie dramatique **polonaise** qui s'appelle *La Double Vie de Véronique*.
JEAN-FRANCIS:	**Ça passe** à quelle heure?
MIREILLE:	Voyons! Je vais regarder dans le **journal**. Elle passe à 20h.
JEAN-FRANCIS:	Écoute! Moi, j'ai une course à faire. On se retrouve devant le Gaumont les Halles à 19h45. D'accord?
MIREILLE:	À huit heures moins le quart devant le Gaumont les Halles. D'accord, Claire?
CLAIRE:	Oui. D'accord.

Marginal glosses: to rent / to go out / horror / I hate / Polish / It is showing / newspaper

Le savez-vous?

▲▲▲▲▲▲▲▲▲▲▲▲▲▲▲▲

The cinéastes (filmmakers) François Truffaut, Jean-Luc Godard, and Alain Resnais gained great popularity in the 1960s and 1970s. They were often linked together by a group name, which was

a. *La Nouvelle Vague* **(The New Wave)**

b. *Les Surréalistes* **(The Surrealists)**

c. *Les Coléreux* **(The Angry Young Men)**

Réponse ▲▲▲

À VOUS! (Exercices de vocabulaire)

A.   Renseignons-nous! Each week in Paris you can purchase entertainment guides at newsstands **(kiosques).** Answer the questions about the following excerpt from one of these guides, *L'Officiel des spectacles.*

⬛ DOUBLE VIE DE VERONIQUE (LA). — Norvégien-polonais, coul. (90). Comédie dramatique, de Krzysztof Kieslowski : Deux jeunes filles en tous points semblables. L'une est Polonaise, l'autre, Française. Elles ne se connaissent pas et cependant un lien surnaturel semble les unir. Prix d'interprétation Cannes 1991. Avec Irène Jacob, Halina Gryglaszewska, Kalina Jedrusik, Aleksander Bardini, Wladyslaw Kowalski. **Gaumont les Halles 1er** (vo), **Gaumont Opéra 2e** (vo), **Saint-André-des-Arts 6e** (vo), **Pagode 7e** (vo), **Gaumont Ambassade 8e** (vo), **Bastille 11e** (vo), **Gaumont Alésia 14e** (vo), **Gaumont Parnasse 14e** (vo).

GAUMONT LES HALLES, rue du Forum, Pte Rambuteau (Niveau - 3), M° Châtelet-Les Halles, 40 26 12 12. (H). Pl. 40F. CB. TR. 31F : lun + ET, CV et FN du dim 20h au ven 18h et - 18 ans (dim 20h au mar 18h). TU. 26F : de 11h à 12h45.

1) *Séances 11h40, 13h45, 15h50, 17h55, 20h, 22h05. Film 20 mn après :*
LA DOUBLE VIE DE VERONIQUE (vo)

2) *Séances: 11h10, 13h45, 16h20, 18h55, 21h30. Film 15 mn :*
△ **LES ANGES DE LA NUIT** (vo) (Dolby stéréo)

3) *Séances 11h10, 13h45, 16h20, 18h55, 21h30. Film 15 mn après :*
JUNGLE FEVER (vo)

4) *Séances 11h20, 13h25, 15h30, 17h35, 19h40, 21h45. Film 25 mn après :*
TOTO LE HEROS

5) *Séances 11h30, 14h, 16h30, 19h, 21h30. Film 25 mn après :*
☐ **LE SILENCE DES AGNEAUX** (vo)

6) *Séances 11h40, 14h10, 16h40, 19h10, 21h40. Film 25 mn après :*
CE CHER INTRUS (vo)

1.   What kind of film is *La Double Vie de Véronique?* When was it made? Who directed it? How many movie theaters is it playing at?

2.   One place where *La Double Vie de Véronique* is being shown is the **Gaumont les Halles.** Where is this movie house located? Where do you get off the subway when you go there?

3.   You are meeting a friend, who is not free until after 8:30 P.M. Which show will you attend?

4.   There are usually short subjects before the main feature. At what time will *La Double Vie de Véronique* start?

5.   How much will it cost to see the film? Does everyone pay the same price?

B.   Qu'est-ce qu'on va voir? Using the information from *L'Officiel des spectacles* on pages 187 and 188, recommend films for your friends. They will tell you what kinds of films they like and will ask you questions about where and when the films are playing as well as where (in what countries) the films were made.

Modèle: — *Moi, j'adore les films policiers.*
                — *Va voir* Miller's Crossing.
                — *Où est-ce qu'il passe?*
                — *Au Saint-Lambert.*
                — *À quelle heure est la première séance?*
                — *À 14h (à 2 heures de l'après-midi).*
                — *C'est un film français?*
                — *Non, c'est un film américain.*

Afin d'en faciliter la lecture, voici une liste des abréviations qui accompagnent les renseignements concernant les salles.

○ Films interdits aux moins de 18 ans.
□ Films interdits aux moins de 16 ans.
△ Films interdits aux moins de 12 ans.
◆ Recommandés aux très jeunes.
(H) Salles accessibles aux handicapés physiques.
Les numéros attribués aux salles multiples ne constituent qu'un repère pour la lecture des programmes, mais ne correspondent pas nécessairement à l'ordre donné par les exploitants.
   DESIGNATION DES CARTES EN USAGE :
CB : Carte bleue Visa acceptée.
CP : Carte Pathé (300 F - 10 entrées) Possibilité de réservation.

C UGC : Cartes UGC « Privilège » I et II (112 F - 4 entrées) ou 168 F (2 personnes - 6 entrées). Rens. : 47 47 12 34.
TR : Tarif réduit appliqué aux catégories indiquées, sauf le vendredi soir, samedi, dimanche, fêtes et veilles de fêtes.
CF : Carte fidélité de la salle.
CV : Carte Vermeil.
FN : Familles nombreuses.
MI : Militaires appelés.
ET : Etudiants.
CH : Chômeurs.

Culture: Foreign films in France are shown both in the original language with subtitles **(version originale)** and dubbed in French **(version française).**

○ DISCRETE (LA). — Franç., coul. (90). Comédie dramatique, de Christian Vincent : Un homme qui voulait se venger de la trahison d'une femme à l'encontre du beau sexe, s'éprend de celle qu'il avait choisie, au hasard, pour en faire sa victime. Avec Fabrice Luchini, Judith Henry, Maurice Garrel, Marie Bunel, François Toumarkine, Yvette Petit, Nicole Félix, Olivier Achard. **Latina 4e, Bretagne 6e, Balzac 8e.**

C JOUR DES ROIS (LE). — Franç., coul. (90). Comédie, de Marie-Claude Treilhou : Trois sœurs âgées, très différentes, sont marquées malgré elles par la personnalité extravagante de l'artiste de la famille qui échappe à leur univers et au poids des années. Avec Danielle Darrieux, Micheline Presle, Paulette Dubost, Robert Lamoureux, Michel Galabru, Manuela Gourary, Sherif Scouri. **Epée de Bois 5e.**

○ JUNGLE FEVER. — Amér., coul. (91). Comédie dramatique, de Spike Lee : Flipper, Noir américain, croit mettre une clef de voûte à sa réussite en ayant une maîtresse blanche, Américaine d'origine italienne. Le couple se heurtera aux préjugés racistes. Avec Wesley Snipes, Annabella Sciorra, Spike Lee, Anthony Quinn, Ossie Davis, Ruby Dee, Samuel Jackson, Lonette McKee, John Turturro, Frank Vincent. **Gaumont les Halles 1er** (vo), **Gaumont Opéra 2e** (vo), **14 Juillet Odéon 6e** (vo), **Gaumont Ambassade 8e** (vo), **Bastille 11e** (vo), **Bienvenue Montparnasse 15e** (vo).

K KICKBOXER N°2 (Le successeur - Kickboxer II : the road back). — Amér., coul. (90). Arts martiaux, de Albert Pyun : Adepte de la non violence, le frère de Kurt Sloan, mort à l'issue de son brillant combat contre Tong Po, est amené à affronter ce sauvage lutteur assoiffé de vengeance. Avec Sasha Mitchell, Peter Boyle, Cary Hiroyuchi Tagawa, Dennis Chan, Michel Qissi, John Diehl, Matthias Hues. **(Voir rubrique « Nouveaux films ».)**

○ LABYRINTHE DES PASSIONS (Laberinto de pasiones). — Espagnol, coul. (82). Comédie dramatique, de Pedro Almodovar : Une jeune érotomane, membre d'un sauvage groupe musical féminin, l'héritier d'un empereur arabe déchu, passionné par les cosmétiques et les hommes : un cocktail explosif dans Madrid survolté. Avec Cecilia Roth, Imanol Arias, Helga Line, Antonio Banderas, Marta Fernandez-Muro, Fernando Vivanco. **Studio des Ursulines 5e** (vo).

C LADY FOR A DAY (Grande dame d'un jour). — Amér., noir et blanc (33). Comédie, de Frank Capra : Une clocharde de New York, avec la complicité de ses amis, se fait passer pour une femme du monde aux yeux de sa fille, fiancée à un noble Espagnol. Inédit en France depuis sa sortie en 1935. Avec May Robson, Guy Kibbee, Glenda Farrell, Warren Williams, Jean Parker, Walter Connolly, Nat Pendleton, Barry Norton, Ned Sparks. **14 Juillet Odéon 6e** (vo), **14 Juillet Bastille 11e** (vo), **14 Juillet Beaugrenelle 15e** (vo).

M LAST WALTZ. — Amér., coul. (78). Film musical, de Martin Scorsese : Le concert d'adieu du groupe « The Band » en novembre 1976 au Winterland de San Francisco en compagnie de prestigieux invités.

Avec The Band, Bob Dylan, Joni Mitchell, Neil Diamond, Emmylou Harris, Neil Young, Ringo Starr, Van Morrison, Ron Wood, Eric Clapton, Muddy Waters. **14 Juillet Odéon 6e** (vo).

D LIAISONS DANGEREUSES, de Frears (LES) (Dangerous liaisons). — Amér., coul. (88). Drame, de Stephen Frears : Au XVIIIe siècle, deux libertins s'amusent à bafouer l'innocence amoureuse, par victimes interposées, avant de s'affronter à visage découvert. D'après le roman de Choderlos de Laclos. Avec John Malkovich, Glenn Close, Michelle Pfeiffer, Swoosie Kurtz, Keanu Reeves, Uma Thurman, Peter Capaldi, Joe Sheridan, Valerie Gogan, Laura Benson. **Cinoches 6e** (vo).

D LIFEBOAT. — Amér., noir et blanc (43). Drame, de Alfred Hitchcock : Neuf rescapés du naufrage d'un paquebot se retrouvent à bord d'un canot de sauvetage. Parmi eux, un nazi, le seul capable de diriger l'embarcation.... Avec Tallulah Bankhead, William Bendix, Walter Slezak, Mary Anderson, John Hodiak, Hume Cronyn. **Action Ecoles 5e** (vo).

○ LISTE NOIRE (LA) (Guilty by suspicion). — Amér., coul. (90). Comédie dramatique, de Irwin Winkler : En 1951, un célèbre réalisateur de Hollywood est poursuivi par la Commission des activités anti-américaines. Il lui faudra choisir entre dénoncer ses amis ou perdre son travail. Avec Robert De Niro, Annette Bening, George Wendt, Patricia Wettig, Sam Wanamaker, Luke Edwards, Chris Cooper, Ben Piazza. **Cinoches 6e** (vo).

D LOLITA. — Brit., noir et blanc (62). Drame passionnel, de Stanley Kubrick : La passion obsessionnelle d'un homme de lettres pour une nymphette ingénue et perverse. D'après le roman de Vladimir Nabokov. Avec Sue Lyon, James Mason, Shelley Winters, Peter Sellers. **République Cinémas 11e** (vo), **Denfert 14e** (vo).

C □ LUNE FROIDE. — Franç., noir et blanc (91). Comédie, de Patrick Bouchitey : A 40 ans, Dédé et Simon, éternels adolescents, cèdent la nuit venue aux rêves fous auxquels ils n'osent aspirer le jour. Vient la nuit de la pleine lune, fertile en sortilèges. D'après Charles Bukowski. Avec Jean-François Stévenin, Patrick Bouchitey, Jean-Pierre Bisson, Laura Favali, Marie Mergey, Silvana de Faria. **Saint-André-des-Arts 6e.**

D MADAME BOVARY, de Claude Chabrol. — Franç., coul. (91). Drame, de Claude Chabrol : Mariée à un brave médecin de campagne, Emma, par insatisfaction et vanité, fait le malheur de cet homme et le sien propre. D'après le roman de Gustave Flaubert. Avec Isabelle Huppert, Jean-François Balmer, Christophe Malavoy, Jean Yanne, Lucas Belvaux, Christiane Minazzoli, Jean-Louis Maury, Florent Gibassier. **14 Juillet Parnasse 6e.**

F △ MALEDICTION N°4 (LA) (Omen IV). — Amér., coul. (91). Fantastique, de Jorge Montesi, et Dominique Othenin-Gérard : Manifestant dès son enfance un pouvoir diabolique terrifiant, la petite fille adoptée par un jeune couple d'avocats se-

rait-elle l'Antéchrist ?. Avec Faye Grant, Michael Woods, Michael Lerner, Madison Mason, Ann Hearn, Jim Byrnes, Don S. Davis, Asia Vieira. **George V 8e** (vo), **Hollywood Boulevard 9e.**

C MAMAN, J'AI RATE L'AVION ! (Home alone). — Amér., coul. (90). Comédie, de Chris Columbus : Oublié à Chicago, dans la fièvre du départ de la famille pour Paris, un petit garçon se fait le gardien vigilant et imaginatif de la maison menacée par d'inquiétants visiteurs. Avec Macaulay Culkin, Catherine O'Hara, John Heard, Joe Pecsi, Daniel Stern, Roberts Blossom. **Saint-Lambert 15e.**

P MANIERE FORTE (LA) (Hard way). — Amér., coul. (91). Comédie policière, de John Badham : Un flic new-yorkais reçoit pour mission de servir de baby-sitter à une vedette de cinéma cherchant à capter sur le terrain, en vue d'un prochain rôle, « l'essence » même de l'expérience policière. Avec James Woods, Michael J. Fox, Stephen Lang, Annabella Sciorra, Delroy Lindo, Luis Guzman, Mary Mara, Christina Ricci, John Capodice, Penny Marshall, Conrad Roberts. **Forum Horizon 1er** (vo), **Rex 2e, 14 Juillet Odéon 6e** (vo), **George V 8e** (vo), **Pathé Marignan Concorde 8e** (vo), **Pathé Français 9e, Nation 12e, UGC Lyon Bastille 12e, Fauvette 13e, Pathé Montparnasse 14e, 14 Juillet Beaugrenelle 15e** (vo), **Gaumont Convention 15e, Pathé Clichy 18e.**

F ◆ MARRRTIENS ! (LES). — Amér., coul. (90). Science-fiction, de Patrick Read Johnson : Attirés sur notre terre par un canular radiophonique, cinq Martiens, confrontés à l'hostilité de la population d'une bourgade américaine, voudraient rejoindre leur planète. Avec Douglas Barr, Royal Dano, Ariane Richards, Jimmy Briscoe, Kevin Thomson, Tony Cox, Debbie Lee Carrington, Tommy Madden. **Saint-Lambert 15e.**

○ MERCI LA VIE. — Franç., noir et blanc, couleur (90). Comédie dramatique, de Bertrand Blier : Deux filles face à elles-mêmes, aux « mecs », à leurs souvenirs. S'agit-il de la réalité, ou du tournage d'un film ? De toute façon, c'est moche. « Merci la vie... ». Avec Charlotte Gainsbourg, Anouk Grinberg, Gérard Depardieu, Michel Blanc, Jean Carmet, Catherine Jacob, François Perrot, Jean-Louis Trintignant, Annie Girardot, Thierry Frémont. **Epée de Bois 5e.**

P △ MILLER'S CROSSING (Un cadavre sous le chapeau). — Amér., coul. (90). Policier, de Joel et Ethan Coen : Un parieur malchanceux, bras droit d'un caïd irlandais de la pègre dont il partage - à son insu - la maîtresse, se trouve mêlé à une nouvelle guerre des gangs sur fond de Prohibition. Avec Gabriel Byrne, Albert Finney, Jon Polito, Marcia Gay Harden, J.E. Freeman, Mike Starr, Al Mancini. **Saint-Lambert 15e** (vo).

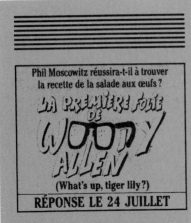

Phil Moscowitz réussira-t-il à trouver la recette de la salade aux œufs ?

LA PREMIÈRE FOLIE DE WOODY ALLEN

(What's up, tiger lily ?)

RÉPONSE LE 24 JUILLET

ACTION ECOLES, 23, rue des Ecoles, Mᵒ Maubert-Mutualité ou Cardinal Lemoine, 43 25 72 07. (H). Pl. 36F. TR. 26F (week-end compris) : lun + ET, CV et - 20 ans. CF : cème ent. gratuite.
1) *Séances* 14h, 15h40, 17h20, 19h, 20h40, 22h20. *Film 10 mn après* :
LIFEBOAT (vo)

2)
*FESTIVAL WOODY ALLEN (vo)
Mer 14h, 16h, 18h, 20h, 22h: **Quoi de neuf, Pussy Cat ?.** — *Jeu* 14h, 16h, 18h, 20h, 22h: **Stardust memories.** — *Ven* 14h, 16h, 18h, 20h, 22h: **Tout ce que vous avez toujours voulu savoir sur le sexe....** — *Sam* 14h, 16h, 18h, 20h, 22h: **Manhattan.** — *Dim* 14h, 16h, 18h, 20h, 22h: **Bananas.** — *Lun* 14h, 16h, 18h, 20h, 22h: **Guerre et amour***

EPEE DE BOIS, 100, rue Mouffetard. Mᵒ Censier-Daubenton, 43 37 57 47. Pl. 35F. TR. 25F : lun + ET, CV, - 20 ans, FN, MI et CH. TU. 24F : à 12h.
1) *Ven, sam* 22h : △ **Hot spot.**
Tlj 12h : **Aux yeux du monde.**
Tlj (sf dim) 16h, 20h05, *dim* 20h05 : **Merci la vie.**
Mer 14h30 : ◆ **Robinson et cie.**
Tlj 18h15 : **Hors la vie.**
Mer 20h15, *tlj (sf mer)* 14h, 20h15 : **Cheb**

2) *Tlj* 16h : **Halfaouine** (vo).
Dim 16h : **Le jour des rois.**
Tlj 18h : **Cellini** (vo).
Tlj 14h : **Toujours seuls.**
Tlj 22h15 : **Chuck Berry** (vo).
Tlj 12h : **Acte d'amour.**
Mer, jeu, dim, lun, mar 22h : **Les Doors** (vo)

SAINT-ANDRE-DES-ARTS, 30, rue Saint-André-des-Arts, Mᵒ Saint-Michel, 43 26 48 18. (H). Pl. 38F. TR. 28F : lun + ET, CV, - 25 ans et CH.
1) *Film* 14h15, 16h10, 18h10, 20h05, 22h05 :
LA DOUBLE VIE DE VERONIQUE (vo)

2) *Film* 14h25, 16h25, 18h20, 20h15, 22h15 :
□ LUNE FROIDE

14 JUILLET ODEON, 113, bd Saint-Germain, Mᵒ Odéon, 43 25 59 83. Pl. 40F. TR 31F : lun + ET, CV (jusqu'à 18h30), FN, MI et - 18 ans. 22F : groupes scolaires (rés. 43 25 19 71).
1) *Séances* 13h10, 15h, 16h50, 18h40, 20h30, 22h20. *Film 10 mn après* :
LADY FOR A DAY (vo)

2) *Séances* 13h10, 15h30, 17h50, 20h10, 22h30. *Film 10 mn après* :
JUNGLE FEVER (vo)

3) *Séances* 13h40, 15h50, 18h, 20h10, 22h20. *Film 10 mn après* :
LAST WALTZ (vo) (Dolby stéréo)

4) *Séances* 14h, 16h30, 19h, 21h30. *Film 10 mn après* :
△ LES ANGES DE LA NUIT (vo)

5) *Séances* 13h30, 15h40, 17h50, 20h, 22h10. *Film 10 mn après* :
LA MANIERE FORTE (vo) (Dolby stéréo)

14 JUILLET PARNASSE, 11, rue Jules-Chaplain, Mᵒ Vavin, 43 26 58 00. Pl. 39F. TR. 29F : lun + ET, CV, FN, MI et - 18 ans. 22F : groupes.
1) *Séances:* 13h55, 16h30, 19h, 21h45. *Film 10 mn après* :
MADAME BOVARY, de Claude Chabrol

2)
*INTEGRALE NANNI MORETTI vo
Mer, dim 14h, 16h, 18h, 20h, 22h: **La messe est finie.** — *Jeu* 14h, 16h, 18h, 20h, 22h: **Sogni d'oro.** — *Ven* 14h, 16h, 18h, 20h, 22h: **Bianca.** — *Sam* 14h, 16h, 18h, 20h, 22h: **Palombella rossa.** — *Lun* 14h, 16h, 18h, 20h, 22h: **Je suis un autarcique.** — *Mar* 14h, 16h, 18h, 20h, 22h: **Ecce homo***

3) *Tlj* 14h10. (- 14 ans: 15F) : ◆ **Crin blanc** et ◆ **Le ballon rouge.**
Tlj 16h10, 18h10, 20h10, 22h10 : **Alice** (vo)

STUDIO DES URSULINES, 10, rue des Ursulines, Mᵒ Luxembourg ou Port-Royal, 43 26 19 09 et 43. Salle climatisée. Pl. 34F. TR. 25F : lun + ET, MI, CV, FN, - 18 ans, CH et Cte Jeunes.
Mer 22h10 : **Sexe, mensonges et vidéo** (vo).
Dim 21h : **Barry Lyndon** (vo).
Sam 21h50 : △ **Qui a peur de Virginia Woolf ?** (vo).
Mar 19h15 : △ **Casanova, de Fellini** (vo).
Sam 20h10 : △ **La nuit du chasseur** (vo).
Jeu 22h10 : **The element of crime** (vo).
Ven 20h, *lun* 20h15 : **1984** (vo).
Mer, jeu, ven 22h : **Outremer.**
Mer, sam, dim 14h : **La gloire de mon père.**
Mer, sam, dim 16h : **Le château de ma mère.**
Jeu, ven, lun, mar 14h : ◆ **Sa majesté des mouches** (vo).
Ven 22h10 : **Big time** (vo).
Lun 22h10, *mar* 17h30 : **Labyrinthe des passions** (vo).
Dim 17h50 : **Don Giovanni, de Joseph Losey** (vo).
Mer, jeu, ven 17h45, *sam, dim* 12h, *mar* 22h : **L' Atalante.**
Mer, jeu 19h30, *sam, lun* 17h45 : **Macbeth, de Roman Polanski** (vo).
Jeu, ven, lun, mar 15h45 : **Veraz** (vo).
Lun, mar 12h : **Sale comme un ange**

SAINT-LAMBERT, 6, rue Péclet. Mᵒ Vaugirard, 45 32 91 68 et 48 28 78 87. Pl. 32F. TR. 25F : lun + ET, CV, CH et - 15 ans. 16F : groupes.
Salle 1 :
Mer, ven 13h30 : ◆ **Les voyages de Gulliver, de Dave Fleischer.**
Mer 17h, *mar* 13h30 : ◆ **L' histoire sans fin n°2.**
Jeu 13h30 : ◆ **Tintin et le lac aux requins.**
Jeu, sam, lun 15h, *mar* 17h : ◆ **Les tortues ninja n°1.**
Jeu, dim 16h45 : ◆ **Mary Poppins.**
Ven 15h, *sam, lun* 17h : ◆ **Les Marrrtiens !.**
Sam, lun 13h30 : ◆ **Les 12 travaux d'Astérix.**
Dim 13h30 : ◆ **La flûte à 6 schtroumpfs.**
Mer, mar 19h : **Alexandre Nevski** (vo).
Mer, dim 21h, *sam* 19h : △ **Miller's crossing** (vo).
Jeu, dim 19h15, *mar* 21h : **Arizona junior** (vo).
Jeu 21h : **La mort aux trousses** (vo).
Ven 18h45, *lun* 21h15 : **Dersou Ouzala** (vo).
Ven 21h15 : **Gatsby le magnifique** (vo).
Sam 21h, *lun* 18h45 : **Excalibur** (vo)

Mer, dim, mar 15h, *ven* 17h :
MAMAN, J'AI RATE L'AVION !

Salle 2 :
Mer, dim 13h30, *ven* 15h : ◆ **Le triomphe de Babar.**
Mer 17h, *sam* 13h30, *mar* 15h : **Allo maman, c'est encore moi.**
Jeu 13h30, *sam* 17h : ◆ **La guerre des boutons.**
Jeu, dim 17h : **Chérie, j'ai rétréci les gosses.**
Ven, lun 13h30 : ◆ **Crin blanc** et ◆ **Le ballon rouge.**
Ven, lun 17h : ◆ **Fantasia.**
Dim 15h, *mar* 13h30 : ◆ **Tintin et le temple du soleil.**
Mar 17h : ◆ **L' histoire sans fin n°1.**
Mer 19h, *lun* 21h : **Quand Harry rencontre Sally** (vo).
Mer 21h : **La règle du jeu.**
Jeu 19h : □ **L' important, c'est d'aimer.**
Jeu 21h : **Hôtel du Nord.**
Ven, mar 19h : **L' équipée sauvage** (vo).
Sam, mar 21h : **Arsenic et vieilles dentelles** (vo).
Dim 19h : **Agent X 27**

Mer, sam, lun 15h, *jeu* 15h15 :

CINOCHES, carrefour de l'Odéon, 1, rue de Condé, Mᵒ Odéon, 46 33 10 82. (H). Pl. 35F. TR. 25F : lun + ET, CV et - 18 ans (sf sam, dim et fêtes).
1) *Tlj* 19h20 : **Green card** (vo).
Tlj 21h30 : **L' insoutenable légèreté de l'être** (vo).
Jeu, sam, dim, mar 13h40 : **Le mystère von Bulow** (vo).
Tlj 16h : ◆ **Cendrillon.**
Tlj 19h55. *Sam séance suppl. à 0h10* : **La liste noire** (vo).

2) *Tlj* 15h50 : ◆ **Fantasia.**
Tlj 17h30. *Sam séance suppl. à 0h10* : △ **Easy rider** (vo).
Tlj 13h40 : **Les liaisons dangereuses, de Frears** (vo).
Mer, ven 13h40 : ◆ **Le cercle des poètes disparus** (vo).
Tlj 18h : △ **Misery** (vo).
Tlj 21h50 : **The two Jakes** (vo)

Grammar: In official time, the hour is treated as a 60-minute whole: **14h15 = quatorze heures quinze**, **17h30 = dix-sept heures trente**, **22h45 = vingt-deux heures quarante-cinq.** Expressions such as **et quart, moins,** and **et demi(e)** are not used.

C. **Rendez-vous à 18h.** Invite a friend to go to the movies with you. Then make arrangements about where and when to meet.

Módèle: *La Discrète* / devant le cinéma / 18h20
—*Est-ce que tu veux (voudrais) voir* La Discrète?
—*Máis oui. On dit* (people say) *que c'est un très bon film. À quelle heure est-ce que tu veux y aller?*
—*Il y a une séance à 18h20. On pourrait se retrouver devant le cinéma, vers 18 heures (six heures).*
—*D'accord. Rendez-vous à 18h (6h), devant le cinéma.*

1. *Le Silence des agneaux* / à la station de métro Denfert-Rochereau / 20h15
2. *Uranus* / devant le cinéma / 19h30
3. *Cinéma Paradiso* / au Café Royal / 18h
4. *La Vie des morts* / en face du cinéma / 21h

R·E·P·R·I·S·E

Première étape

D. Quel temps est-ce qu'il a fait? Match the headlines with the weather descriptions.

Joie chez les agriculteurs

Trois maisons inondées!

Aéroport fermé

Accident de bateau à voile

35°! La France transpire!

Les skieurs se réjouissent!

Pas de soleil depuis 15 jours

inondées: flooded

fermé: closed

bateau à voile: sailboat

transpirer: to sweat

se réjouir: to be delighted

depuis: for

1. Il a fait du vent.
2. Il a fait du brouillard.
3. Il y a eu un orage.
4. Il a fait chaud.
5. Il a neigé.
6. Il a plu.
7. Le temps a été nuageux.

E.   **Un séjour à Paris.** *(A stay in Paris.)* Here is a paragraph from a letter you wrote to a friend last year explaining your plans for a visit to Paris. Now that you've returned from your trip, you want to tell your friend that you fulfilled your plans. Redo the paragraph by changing the italicized verbs to the **passé composé.** Start your story with **L'année dernière, j'ai visité Paris** *(Last year I visited Paris).*

L'année prochaine je *vais visiter* Paris. Avant de quitter les États-Unis, mes parents et moi, nous *allons étudier* le plan de la ville et mon père *va acheter* les billets d'avion. Je *vais* aussi *chercher* des renseignements sur Paris à la bibliothèque de mon université. Ma famille et moi, nous *allons quitter* New York le 25 juin et nous *allons traverser* l'Atlantique en avion. À Paris nous *allons commencer* notre visite par l'avenue des Champs-Élysées. Moi, je *vais visiter* le quartier des étudiants (le Quartier latin). Le soir, mon père et ma mère *vont visiter* Saint-Germain-des-Prés et moi, je *vais regarder* la télévision française. Nous *allons* aussi *manger* beaucoup de choses délicieuses. Nous *allons* beaucoup *aimer* Paris.

F.   **Et vous?** Répondez aux questions.

1. Est-ce que vous étudiez beaucoup? Est-ce que vous avez étudié hier soir? Est-ce que vous allez étudier ce soir?
2. D'habitude, est-ce que vous dînez à l'université, au restaurant ou à la maison? Où est-ce que vous avez dîné hier soir? Où est-ce que vous allez dîner ce soir?
3. Est-ce que vous aimez voyager? Est-ce que vous avez fait un voyage récemment? Est-ce que vous allez faire un voyage l'année prochaine?
4. Est-ce que vous prenez le petit déjeuner d'habitude? Est-ce que vous avez pris le petit déjeuner ce matin? Est-ce que vous allez prendre le petit déjeuner dimanche matin?

S·T·R·U·C·T·U·R·E

Les adverbes et les prépositions désignant le passé

La semaine dernière j'ai visité
   Montmartre.
Nous avons déjeuné ensemble **hier**.

Last week I visited
   Montmartre.
We had lunch *yesterday*.

The following time expressions are used to talk about an action or a condition in the past.

> **hier**   *yesterday*
> **hier matin (après-midi, soir)**   *yesterday morning (afternoon, evening)*
> **mercredi (samedi) dernier**   *last Wednesday (Saturday)*
> **le week-end dernier**   *last weekend*
> **la semaine dernière**   *last week*
> **le mois dernier**   *last month*
> **l'année dernière**   *last year*

The following expressions will enable you to express for how long you did something and how long ago something happened.

> **pendant une heure (deux jours, six ans)**   *for an hour (two days, six years)*
> **il y a une heure (deux mois, cinq ans)**   *an hour (two months, five years) ago*

Notice that time expressions are usually placed either at the beginning or at the end of the sentence.

▲ ▲ ▲

Vocabulary: There are two French equivalents for *year*. **L'année** *(f.)* is used with an adjective **(l'année prochaine); l'an** *(m.)* is used with a number **(un an, trois ans)**. The same difference applies to **le jour** and **la journée**.

APPLICATION

Grammar: The verbs **avoir** and **être** have irregular past participles: **avoir = eu, être = été.**

G. Remplacez les mots en italique et faites les changements nécessaires.

1. *Hier* nous avons eu un accident. (la semaine dernière / jeudi dernier / hier soir / l'année dernière)
2. Qu'est-ce que tu as fait *samedi dernier?* (hier après-midi / le mois dernier / la semaine dernière / il y a huit jours)
3. Ils ont été à Paris *la semaine dernière*. (il y a trois ans / le mois dernier / pendant deux semaines / il y a quinze jours)

H. **Mais non!** Claire Maurant often contradicts what her brothers and sisters try to tell her parents. Use the expressions in parentheses to play the role of Claire.

Modèles: Gérard a habité à Paris pendant deux ans. (un an)
Mais non! Il a habité à Paris pendant un an.

Claire va visiter la cathédrale demain. (hier)
Mais non! J'ai visité la cathédrale hier.

1. Hervé a été à Paris il y a quatre jours. (trois semaines)
2. Françoise va parler à ses parents cette semaine. (la semaine dernière)
3. Nous avons travaillé pendant cinq heures. (trois heures)
4. M. et Mme Beaulieu vont acheter une maison. (l'année dernière)
5. Nos cousins vont visiter le musée demain. (mardi dernier)
6. Claire va travailler ce soir. (hier soir)
7. Ses copines ont téléphoné hier. (il y a huit jours)
8. Les Leroux ont acheté leur voiture la semaine dernière. (le mois dernier)

Student Tape:
Chapitre 5
Segment 1

PRONONCIATION   *La voyelle **u***

In French, the letter **u**, when not followed by another vowel or by the consonants **m** or **n** at the end of a word or before another consonant, is always pronounced in the same fashion. To learn to make the sound represented by the letter **u**, first pronounce the letter **i** (remember to spread your lips in a smile). Then, keeping the interior of your mouth in the same tense position, move your lips forward as if to whistle. There is no equivalent sound in English.

I. Read each word aloud, being careful to pronounce the **u** sound with your lips positioned as far forward as possible.

une / tu / fume / autobus / bureau / portugais / salut / vue / russe / musique / musée / sur / architecture / d'habitude

musée d'Orsay, Paris

S·T·R·U·C·T·U·R·E

*Le passé composé avec **être***

Je suis sorti hier soir.	*I went out* last night.
Nous sommes allés au concert et ensuite à un café.	*We went* to the concert and then to a cafe.
Vous êtes restés longtemps au café?	*Did you stay* at the cafe a long time?
Non, **nous sommes rentrés** vers 11h30.	No, *we got home* about 11:30.

To talk about past events, you have already learned to use the **passé composé** with the auxiliary verb **avoir.** In addition, some verbs use **être** as their auxiliary verb in the **passé composé.** The past participles of many of these verbs are formed in the regular manner (that is, **-er** becomes **-é).** Note, however, that the past participles of **descendre** and **sortir** are **descendu** and **sorti.** Here are some verbs conjugated with **être:**

Infinitive	*Past participle*
aller	**allé**
arriver	**arrivé**
descendre	**descendu**
entrer	**entré**
monter	**monté**
rentrer *(to go home, to come home)*	**rentré**
rester	**resté**
retourner	**retourné**
sortir	**sorti**

The past participle of a verb conjugated with **être** acts like an adjective. This means that it agrees in gender (masculine or feminine) and in number (singular or plural) with the subject of the verb. Notice the various possibilities in the first and second persons:

je **suis allé** / je **suis allée**
tu **es allé** / tu **es allée**
nous **sommes allés** / nous **sommes allées**
vous **êtes allé** / vous **êtes allée** / vous **êtes allés** / vous **êtes allées**

In the third person, each past participle has one possible form:

il **est allé**	ils **sont allés**
elle **est allée**	elles **sont allées**

▲ ▲ ▲

APPLICATION

J. Remplacez le sujet en italique et faites les changements nécessaires.

1. *Hervé* est allé au cinéma. (Jeanne / je / nous / les autres / vous / tu)
2. *Yvonne* n'est pas sortie. (Marc / Sylvie et Alain / nous / je / tu / vous)
3. Est-ce que *vous* êtes descendus à Châtelet? (Monique / vos amis / elles / tu / Éric)

K. Oui ou non? You're part of a student group on a tour of Paris. All of the students have dispersed, leaving you the only one to answer the group leader's questions. Answer **oui** or **non** according to the cues in parentheses.

1. Est-ce que Nicole et Marie-Claire sont sorties? (oui)
2. Est-ce que Madeleine est allée à la tour Eiffel? (non / au Louvre)
3. Est-ce que Didier est resté dans sa chambre? (oui)
4. Est-ce que Bénédicte est déjà rentrée? (non / pas encore [*not yet*])
5. Est-ce que Philippe et sa sœur sont arrivés? (oui)
6. Est-ce qu'Anne et Chantal sont montées dans leur chambre? (non)
7. Est-ce que Sylvie est allée au théâtre? (oui)
8. Est-ce que tu es allé(e) au Quartier latin? (non)

L. Les cousins. Each time that Claire Maurant asks her cousins, Mireille and Jean-Francis Loiseau, a question, they say that the activities were already carried out.

Modèle: Est-ce que vous voulez aller à la piscine aujourd'hui? (hier)
Non, nous sommes allés à la piscine hier.

1. Mireille, tu veux aller à Montmartre ce soir? (hier soir)
2. Est-ce que tes parents vont rentrer de leur voyage demain? (mardi dernier)
3. Est-ce que nos cousins suisses vont arriver demain? (il y a trois jours)
4. Est-ce que vous voulez aller au théâtre cette semaine? (la semaine dernière)
5. Jean-Francis, tu veux sortir ce soir? (tous les soirs la semaine dernière)
6. Mireille, est-ce que ton ami américain Jim va bientôt retourner à New York? (déjà)
7. Est-ce que nous allons au Louvre cet après-midi? (déjà / trois fois cette semaine)
8. Est-ce que votre père va bientôt rentrer? (il y a une heure)

M. La journée de Claire. Use the verbs to tell what Claire Maurant did last Wednesday. Be careful to distinguish verbs conjugated with **être** from those conjugated with **avoir.**

Modèles: quitter la maison
Elle a quitté la maison.

aller au bureau de tabac
Elle est allée au bureau de tabac.

1. aller à la station de métro
2. prendre le métro
3. descendre à l'île de la Cité
4. visiter le Palais de Justice
5. rester au musée jusqu'à deux heures et demie
6. rentrer à la maison
7. monter dans sa chambre
8. téléphoner à une amie
9. retrouver l'amie près du Grand Rex
10. aller voir *La Mouche*

▲▲▲▲▲▲ Débrouillons-nous! ▲▲▲▲▲▲

Petite révision de l'étape

N. Mon week-end. Using the verbs you have already learned, describe to another student what you did during a memorable weekend. (If you prefer, you may describe the weekend of a friend or a family member.) Use both verbs conjugated with **avoir** and verbs conjugated with **être.**

O. Allons au cinéma! Using *L'Officiel des spectacles (pp. 187–188),* make arrangements with another student to go to the movies. Be sure to discuss the kind of film you would like to see, to choose a film, and to arrange where and when you will meet.

Reminder: The following verbs you know are conjugated with **être:** aller, arriver, descendre, entrer, monter, rentrer, rester, retourner, sortir.

À faire chez vous: **CAHIER, Chapitre 5 / 2ᵉ étape**

TROISIÈME ÉTAPE

Point de départ

On pourrait faire une excursion!

On pourrait: We could

Samedi soir Claire et ses amis **se sont séparés. Les uns** sont allés écouter du jazz, **les autres** sont allés voir un **chansonnier** à un café-théâtre. Puis **ils se sont tous retrouvés** dimanche matin pour refaire des projets.

split up / Some (of them) . . ., the others . . . / singer

they all met (again)

CLAIRE: Il fait un temps splendide aujourd'hui! Qu'est-ce qu'on va faire?

ANDRÉ: Vous voulez jouer au golf? Je peux téléphoner pour réserver.

have a game of tennis

THIERRY: Ou, si vous préférez, pourquoi ne pas **faire une partie de tennis?**

CLAUDETTE: Non, non, non. Vous autres garçons, vous voulez toujours **gagner.** Moi, je veux m'amuser.

to win
reconstructed castle on a mountain peak about 50 km southwest of Strasbourg

CLAIRE: Écoutez! J'ai une idée. On va faire une excursion... au **Haut-Kœnigsbourg.**

CLAUDETTE: Voilà. Une jolie petite promenade à vélo.

crazy

THIERRY: Mais vous êtes **folles!** À vélo! C'est loin. C'est très **difficile.**

difficile

go for a hike

CLAIRE: Eh bien, si vous voulez, on prend la voiture, on apporte un pique-nique, on visite le château, puis on **fait une randonnée** dans les **Vosges.**

mountain range in eastern France

ANDRÉ: Ah! Super! Allons-y!

outdoors

Les activités **en plein air**

faire du ski (de piste)

faire du patinage

faire de la luge

nager, se baigner

faire de la planche à voile

faire du ski nautique

faire de la voile

jouer au tennis

jouer au foot(ball)

faire des randonnées *(f.pl.)*

aller à la pêche

Et aussi...

faire du **ski de fond**　　cross country skiing
jouer au golf
jouer au basket
faire du jogging
faire de l'aérobic *(m.)*

Vocabulary: Some additional outdoor activities include: **aller à la chasse** *(to go hunting)*, **faire de la plongée sous-marine** *(to go scuba diving)*, **faire de l'alpinisme** *(to go mountain climbing)*, **jouer aux boules ou à la pétanque** *(to play bocce ball)*, **faire du canoë / du kayak** *(to go canoeing / kayaking)*.

À VOUS! (Exercices de vocabulaire)

A.　Vous et les sports. Give your personal reactions to or experiences with each of the activities mentioned below.

　　Modèle:　　　faire de l'aérobic
　　　　　　　　Je fais souvent de l'aérobic. or *Je voudrais bien faire de l'aérobic un jour.* or *J'ai fait de l'aérobic ce matin.* or *Je n'ai jamais fait de l'aérobic.*

1. faire du jogging　2. nager　3. aller à la pêche　4. faire des randonnées
5. faire du ski (de piste, de fond)　6. faire de la planche à voile　7. jouer au golf　8. faire du ski nautique　9. jouer au basket　10. faire de la voile

B. **Alors, qu'est-ce qu'on va faire?** Make plans with some of your class-mates to do one of the activities mentioned for each type of weather. Express your feelings about the possibilities. Then come to an agreement about which activity, when, and where.

1. Il fait très chaud: nager, faire de la voile, faire de la planche à voile, faire du ski nautique
2. Il a neigé: faire du ski (de piste, de fond), faire de la luge
3. Il fait beau: jouer au golf, jouer au tennis, jouer au basket
4. Il fait frais: faire du jogging, aller à la pêche, faire une randonnée

▲▲▲ C

R·E·P·R·I·S·E

Deuxième étape

C. **Je suis allé(e) en ville hier après-midi.** Using the verbs in the drawing, describe what these people did yesterday.

Modèle: je   *J'ai quitté l'hôtel à 12h30, je suis allé(e)...*

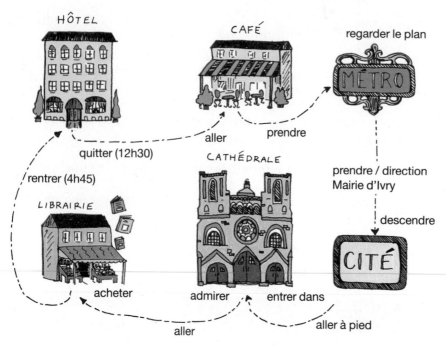

1. je   2. Jean-Jacques   3. ma sœur et moi, nous   4. mes amis

D. Le calendrier de Massyla Fodéba. Look at Massyla Fodéba's calendar for last week and answer the questions about his activities. Today is Monday the fifteenth.

Modèle: Quand est-ce que Massyla a déjeuné avec sa famille?
           Il a déjeuné avec sa famille hier après-midi (hier à midi).

Lundi	8	*chez le dentiste*
Mardi	9	*cinéma avec Raoul*
Mercredi	10	
Jeudi	11	*bibliothèque (3h–7h)*
Vendredi	12	*rendez-vous avec le professeur Arnault*
Samedi	13	*dîner chez les Piéron*
Dimanche	14	*déjeuner en famille*
		cinéma avec Maryse

1. Quand est-ce qu'il est allé à la bibliothèque?
2. Pendant combien de temps est-ce qu'il est resté à la bibliothèque?
3. Quand est-ce qu'il a dîné avec les Piéron?
4. Quand est-ce qu'il a eu rendez-vous avec son professeur? (il y a ____ jours)
5. Combien de fois *(times)* est-ce qu'il est allé au cinéma la semaine dernière?
6. Quand est-ce qu'il est allé au cinéma avec Maryse?
7. Quand est-ce qu'il est allé chez le dentiste?

PRONONCIATION   *Les combinaisons **ai** et **au***

The combinations **ai** and **au** are pronounced as single vowel sounds in French. The letters **ai** sound like the *e* in the English word *melt*. The combination **au** is always pronounced like the *o* in the English word *hope*.

E.   Read each word aloud, being careful to pronounce the **ai** combination as a single sound.

j'aime / française / anglais / frais / je vais / maître / semaine / il fait

F.   Now read each word aloud, being careful to pronounce the **au** combination as a single sound.

au / aussi / auto / autobus / de Gaulle / gauche / aujourd'hui / haut

S·T·R·U·C·T·U·R·E

Le passé composé des verbes pronominaux

Je me suis trompée.	*I made a mistake. (I was mistaken.)*
Hélène ne s'est pas disputée avec son frère.	*Hélène did not have a fight (an argument) with her brother.*
Ils se sont parlé au téléphone hier soir et tout va bien.	*They spoke (to each other) on the phone last night and everything is OK.*

In the **passé composé,** *all* pronominal verbs are conjugated with the auxiliary verb **être.** The reflexive or reciprocal pronoun is placed directly in front of the auxiliary verb:

se tromper	
je **me suis trompé(e)**	nous **nous sommes trompés(es)**
tu **t'es trompé(e)**	vous **vous êtes trompé(e)(s)(es)**
il, on **s'est trompé**	ils **se sont trompés**
elle **s'est trompée**	elles **se sont trompées**

The past participle usually agrees in gender and number with the reflexive or reciprocal pronoun (which stands for the subject).

To form the negative, place **ne . . . pas** around the auxiliary verb:

Je **ne** me suis **pas** bien amusé hier soir.
Elles **ne** se sont **pas** disputées.

▲   ▲   ▲

APPLICATION

G. Remplacez le sujet en italique et faites les changements nécessaires.

1. *Je* me suis bien amusé hier soir. (Marie / nous / les garçons / vous / tu / on)
2. *Elle* ne s'est pas trompée. (tu / les autres / je / vous / Henri / nous)
3. *Ils* se sont disputés? (vous / nous / les autres / Jeanne et ses parents)

H. Pourquoi (pas)? Say that if the following people are or are not doing something, it is because of what they have previously done, as indicated in parentheses.

Modèle: Ton frère est toujours au lit? (se coucher à 1h du matin)
            C'est parce qu'il s'est couché à 1h du matin.

1. Tu te couches déjà? (se coucher à minuit hier soir)
2. Martine et Charles ne se parlent pas? (se disputer la semaine dernière)
3. Tu ne téléphones pas à Robert ce matin? (se parler hier)
4. Tes frères ne veulent pas aller au festival? (ne pas s'amuser l'année dernière)
5. Tu as envie d'aller danser ce soir? Tu n'es pas fatigué(e)? (se reposer cet après-midi)
6. Comment! Jean-Pierre n'est pas à Lyon? Il est à Grenoble! (se tromper de train)
7. Tu veux te reposer un peu? (se lever de très bonne heure ce matin)
8. Comment! Anne-Marie aime faire du jogging? (s'acheter un Walkman)

I. Ils se sont bien amusés. Using the verbs suggested, recount the day that Michel Kerguézec spent with his friend François. Fill in appropriate details, such as times, food, etc.

Modèle: s'amuser bien
            Michel et son ami François se sont bien amusés (vendredi dernier). Michel...

1. se lever   2. téléphoner à   3. se parler pendant   4. inviter ____ à aller
5. se retrouver   6. décider de   7. se tromper de jour *(to go on the wrong day)*   8. décider de   9. aller   10. retourner chez   11. jouer aux cartes
12. rentrer   13. manger   14. se coucher

Now recount the day's activities from Michel's point of view.

Modèle: *François et moi, nous nous sommes bien amusés (vendredi dernier). Je...*

Débrouillons-nous!

Petite révision de l'étape

J.   Échange. Compare what you did yesterday with another student's activities. Use both pronominal and nonpronominal verbs.

Modèle: —*Hier matin je me suis levé(e) à 7h. Et toi?*
              —*Moi, je suis resté(e) au lit jusqu'à 9h. Etc.*

K.   Et s'il pleut? Et s'il fait superbeau? With two or three class-mates, plan some outdoor activities for the coming weekend. In your discussion, consider various weather possibilities. Work out as many details as you can.

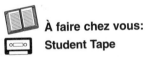

**À faire chez vous:
CAHIER, Chapitre 5 / 3e
étape**

**À faire chez vous:
Student Tape**

Now that you've completed the first three **étapes** of **Chapitre 5,** do Segment 2 of the STUDENT TAPE. See **CAHIER, Chapitre 5,** *Écoutons!,* for exercises that accompany this segment.

QUATRIÈME ÉTAPE

L·E·C·T·U·R·E

Déjeuner du matin

There is more to reading a poem than just understanding the meaning of the words. The full meaning of a poem depends on the relationship between what is said and what is not said, and it is up to the reader to complete the unsaid part with his or her own thoughts and feelings. Here is a poem in very simple language about an ordinary event—breakfast. Read it several times, then do the two exercises that follow: the first deals with what is said; the second, with what is unsaid.

Déjeuner du matin

Il a mis[1] le café
Dans la tasse[2]
Il a mis le lait
Dans la tasse de café
Il a mis le sucre
Dans le café au lait
Avec la petite cuiller[3]
Il a tourné
Il a bu le café au lait
Et il a reposé[4] la tasse
Sans me parler

Il a allumé[5]
Une cigarette
Il a fait des ronds
Avec la fumée[6]
Il a mis les cendres[7]
Dans le cendrier[8]
Sans me parler
Sans me regarder
Il s'est levé
Il a mis
Son chapeau[9] sur sa tête

Il a mis
Son manteau de pluie[10]
Parce qu'il pleuvait[11]
Et il est parti
Sous[12] la pluie
Sans une parole[13]
Sans me regarder
Et moi j'ai pris
Ma tête dans ma main
Et j'ai pleuré.[14]

Jacques Prévert, *Paroles* © 1949, Éditions Gallimard

1. put   2. cup   3. spoon   4. put down again   5. lit   6. smoke   7. ashes   8. ashtray   9. hat
10. raincoat   11. was raining   12. in   13. word   14. cried

APPRÉCIATION

A.   Qu'est-ce qui s'est passé? *(What happened?)* Using the expressions suggested below, summarize the "events" of the poem.

Modèle: prendre le petit déjeuner
               On a pris le petit déjeuner. Il...

prendre du café au lait / fumer / se parler / se regarder / partir (*to leave,*
conjugated with **être)** / pleurer

B.   Qui? Pourquoi? In English, discuss with your classmates the story behind this breakfast. Who are these two people? Where are they? What has happened? What is happening? Why? Does more than one explanation make sense?

Le Petit-déjeuner Buffet
La Soupière

à partir de 7 heures

24 F Prix net

R·E·P·R·I·S·E

Troisième étape

C. Il y a quelques semaines. (*A few weeks ago.*) Claire Maurant describes one of the days she spent in Paris with her cousins Mireille and Jean-Francis Loiseau. Use the **passé composé** to recreate her sentences, making sure to distinguish between pronominal and nonpronominal verbs.

> *Modèle:*   Jean-Francis et Mireille / se lever à 7h
> *Ce jour-là* (that day) *Jean-Francis et Mireille se sont levés à 7h.*

1. je / se lever à 7h30
2. je / prendre une douche *(shower)*
3. Jean-Francis / faire du jogging
4. Mireille et moi / faire du yoga
5. Jean-Francis et Mireille / se préparer pour aller au travail
6. nous / déjeuner ensemble
7. ils / se dépêcher pour prendre leur autobus
8. je / rester à leur appartement jusqu'à 10h
9. je / faire des courses
10. je / s'acheter un nouveau maillot de bain *(bathing suit)*
11. Mireille et moi / se retrouver à 12h30 pour déjeuner
12. Jean-Francis / aller chercher sa fiancée Jocelyne à la gare
13. Jean-Francis et Jocelyne / s'embrasser
14. ils / rentrer chez Jean-Francis
15. Mireille et moi / retrouver les deux amoureux vers 6h
16. nous / dîner ensemble au restaurant
17. Mireille et moi / s'amuser à écouter des disques compacts
18. Jean-Francis et Jocelyne / se parler
19. je / se coucher vers 11h
20. les autres / ne pas se coucher avant minuit

D. Un jour de pluie... un jour de neige... un jour de soleil... Tell your classmate(s) about a particularly enjoyable day you remember (or imagine). Choose a day in which you participated in one or more outdoor activities. In your description, include the weather and your routine activities as well as sports.

> *Modèle:*   *Il a fait très froid ce jour-là et il a neigé. Je me suis levé(e)...*

▲ ▲

Point d'arrivée

À faire chez vous:
Student Tape

CAHIER, Chapitre 5:
*Rédigeons! / Travail de
fin de chapitre* (including
STUDENT TAPE, Chapitre
5, Segment 3)

Activités orales

Exprimons-nous!

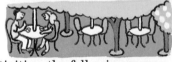

For recounting a sequence of activities, the following expressions are useful:

d'abord (premièrement)   **ensuite (puis)**   **enfin**

D'abord, j'ai fait des courses: je suis allé au bureau de poste, j'ai acheté un livre pour mon cours d'histoire et je suis allé chercher de l'argent à la banque. **Ensuite,** je me suis promené dans le parc, **puis** j'ai pris quelque chose à boire au café. **Enfin,** je suis rentré à la maison.

E.   **Ma journée.** Describe your activities, from the time you got up to the time you went to bed, on a recent school day or on a day when you didn't have any classes.

F.   **Au café.** You and some friends meet downtown in a cafe. Greet each other, order something to drink and eat, and then use **L'Officiel des spectacles** listing on pages 187 and 188 to decide on a movie to see and when to see it.

G.   **Un week-end.** Tell your classmates about one of your favorite weekends. If possible, bring in photos and describe your activities and those of your friends (or family members).

H.   **Un jour de fête.** You and your friends are making plans for an upcoming holiday. Plan a busy schedule of activities, including sports, movies, and the like. Be detailed in your plans—determine time, place, etc.

PORTRAIT

Claire Maurant
Strasbourg, France

Je suis alsacienne. J'habite à Strasbourg avec mes parents, mes deux frères et ma sœur. Je travaille comme comptable pour une société textile. J'aime bien mon travail, mais j'adore passer les week-ends avec mes amis. Je suis assez sportive. Je joue un peu au tennis, mais je préfère les sports moins compétitifs. Il y a quelques week-ends, par exemple, on est allé faire du camping en Allemagne. On a amené nos vélos. Il a fait très beau: on a fait des randonnées à pied et à vélo, on s'est baigné et on a fait du canoë. On s'est bien amusé.

Profil

L'Alsace

SITUATION: à l'est de la France, sur le Rhin, près de l'Allemagne

POPULATION: 1 566 000 habitants

VILLES PRINCIPALES: Strasbourg, Mulhouse, Colmar

CLIMAT: hivers froids, étés chauds, beaucoup de pluie

ÉCONOMIE: centre commercial et industriel

LIEUX D'INTÉRÊT: les Vosges (montagnes), Obernai et Riquewihr (villages avec des maisons sculptées)

HISTOIRE: Objet de dispute entre pays voisins, l'Alsace est tour à tour française (1681–1871), allemande (1871–1919), française (1919–1940), allemande (1940–1944), française (1944–).

COMMENTAIRE: L'Alsace est une province très pittoresque, célèbre pour ses nids de cigogne *(stork nests)*, son architecture et ses particularités linguistiques (à cause de son histoire, beaucoup de gens parlent alsacien, un dialecte germanique).

À discuter: Have any regions of the United States had a history similar to that of Alsace? If so, which ones and how? If not, why not?

L·E·X·I·Q·U·E

Pour se débrouiller

Pour parler du temps qu'il fait

Quel temps fait-il?
Il est nuageux.
Il fait beau.
Il fait bon.
Il fait chaud.
Il fait frais.
Il fait froid.
Il fait mauvais.
Il fait du brouillard.

Il fait du soleil.
Il fait du vent.
Il y a un orage.
Il y a du verglas.
Il neige.
Il pleut.
Le ciel est couvert.
La température est de ___ degrés.
Il fait ___ degrés dehors.

Pour exprimer ses préférences à propos du temps

J'aime (je n'aime pas) la pluie (la neige).
Je supporte bien (mal, mieux) le froid (la chaleur).

Pour demander et donner la date

Nous sommes le combien aujourd'hui?
Quelle date sommes-nous?
Quelle est la date aujourd'hui?
Quelle est la date de ___?

Nous sommes le 5 avril.
Aujourd'hui, c'est le 5 avril.
C'est aujourd'hui le 5 avril.
Je suis né(e) au mois de ___.

Pour énumérer une suite d'actions

d'abord
ensuite

puis
enfin

Pour situer des actions dans le passé

lundi (mardi, etc.) dernier
lundi (mardi, etc.) après-midi
la semaine dernière
le mois dernier
l'année dernière
le lendemain

Thèmes et contextes

Les mois de l'année

janvier
février
mars
avril
mai
juin

juillet
août
septembre
octobre
novembre
décembre

Les saisons de l'année
  le printemps (au printemps)   l'automne (en automne)
  l'été (en été)   l'hiver (en hiver)

Les films
  une comédie   un film de science-fiction
  un drame psychologique   un film fantastique
  un film d'aventure   un film policier
  un film d'épouvante   une séance

Les activités sportives
  aller à la pêche   jouer au basket
  se baigner   au foot(ball)
  faire de l'aérobic (*m.*)   au golf
    du jogging   au tennis
    de la luge   nager
    du patinage
    de la planche à voile
    des randonnées (*f.pl.*)
    du ski (de piste)
    du ski de fond
    du ski nautique
    de la voile

Vocabulaire général

Verbes
  avoir horreur de   sortir
  se disputer   se tromper
  gagner

ALLONS-Y!
Vidéo Program

ACTE 5
UNE EXCURSION

V O C A B U L A I R E
la planche à voile
  windsurfing board
la voile   *sailing*
le tennis   *tennis*
le golfe   *golf*
le trapèze volant
  the flying trapeze

Madame Thibaudet
Bordeaux (Gironde),
France

—Ah, Madame Thibaudet. Quel plaisir
de vous voir! Vous allez en ville?
—Oui, j'ai des courses à faire. Vous
aussi, Monsieur Monnet?

Allons faire les courses!

OBJECTIVES

In this chapter, you will learn:

- to ask for information and make purchases in stores;
- to choose the right store when making a purchase;
- to express quantities;
- to use a variety of expressions to say what you want to buy;
- to understand information presented by salespeople;
- to read ads about a variety of products.

ALLONS-Y!
Video Program

ACTE 6

SCÈNE 1: LES COURSES
SCÈNE 2: AU CENTRE
COMMERCIAL

▶ Première étape   Chez les petits commerçants
▶ Deuxième étape   Au supermarché
▶ Troisième étape   Au centre commercial
▶ Quatrième étape Lecture: Des produits alimentaires

PREMIÈRE ÉTAPE

Point de départ

▼▼▼▼▼▼▼▼▼▼▼▼▼▼

Chez les petits commerçants

Vocabulary: To enable you to state your personal likes and dislikes, this chapter contains a great deal of vocabulary. From each major category of words, select the ones that you are likely to use most often. For example, you are not expected to learn the vocabulary for every kind of vegetable, but you should learn to say the items that you particularly like and dislike.

to do her shopping
bread

was it better

Ce matin, Mme Thibaudet est allée en ville **faire ses courses.** À la boulangerie, elle a acheté du **pain**—une baguette et un pain de campagne.

Ensuite, elle a traversé la rue pour aller à la pâtisserie. Là, elle a hésité: est-ce qu'**il valait mieux** acheter une tarte, des tartelettes ou des gâteaux? Après quelques instants elle a pris sa décision. Elle a acheté une tartelette au citron et une religieuse pour son dessert.

À la boulangerie, on peut acheter:

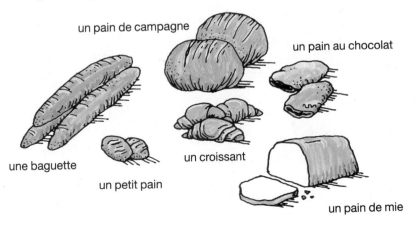

un pain de campagne

un pain au chocolat

un croissant

une baguette

un petit pain

un pain de mie

À la pâtisserie, on peut acheter:

un millefeuille

une religieuse

une tarte aux abricots

une tartelette
au citron

une tarte aux pommes

un éclair

un gâteau au chocolat

une tarte aux fraises

Vocabulary: The word **pâtisserie** may refer to either a pastry shop or the pastries made and sold there.

Supplementary Vocabulary, Pâtisserie: un baba au rhum *(rum pastry)*, **un gâteau aux amandes** *(almond cake)*, **un gâteau moka, des petits fours** *(small pastries of all flavors)*, **une tarte aux cerises** *(cherry pie).*

Après la pâtisserie, Mme Thibaudet est allée à **la charcuterie.**

delicatessen

de la salade
de thon

du saucisson   du pâté   du jambon   des saucisses
(f.pl.)

de la salade
de tomates

de la salade
de concombres

Vocabulary: Note that **saucisson** means *salami* and **saucisse** means *sausage.*

—Bonjour, Madame Thibaudet. Comment allez-vous aujourd'hui?
—Bonjour, Madame Fernand. Ça va pas mal, et vous?
—Assez bien, merci. Qu'est-ce que vous désirez aujourd'hui?
—D'abord, **il me faut** du pâté—**assez** pour trois personnes.

I need / enough

—Très bien. Voilà. Et avec ça?
—**Donnez-moi** six **tranches** de jambon. Ce jambon-ci.

give me / slices

—Et avec ça?
—**Je prends** aussi une douzaine de tranches de saucisson. Des tranches très **fines.** C'est tout.

I'll take
thin

—Bon. Le pâté, 12F; le jambon, 25F; et le saucisson, 15F. Ça fait 52F. Merci bien et au revoir, Madame.
—Au revoir, Madame.

Note culturelle

In France, it is still common for people to shop for food in small neighborhood stores where each shopkeeper **(le petit commerçant)** specializes in a particular kind of food.

Bakery shops often specialize either in bread **(une boulangerie)** or in pastry **(une pâtisserie).** However, many stores combine both **(une boulangerie-pâtisserie).** Since the French are known for their excellent bread and pastries, several of these shops are usually found in every neighborhood. Bakery shops are typically open from 7 or 8 A.M. until 1 P.M. and then again from 4 P.M. until 7 P.M. They are often closed on Monday morning. Most French people buy their bread fresh every morning.

La charcuterie is somewhat like an American delicatessen because you can buy a variety of prepared foods, particularly salads and some hot dishes. The **charcuterie** also sells ham and other cooked pork products, such as sausages, salami, ham, and pâté. When shopping in a **charcuterie,** you may buy meats by the slice **(une tranche)** or you may simply specify the number of people you're planning to serve **(du pâté pour quatre personnes).** The **charcutier (charcutière)** will then help you determine how much you should buy.

Questions: How frequently do you buy bread? What is the difference between French and American bread? What kinds of stores do you go to when you want to buy prepared foods?

À VOUS! (Exercices de vocabulaire)

A. C'est combien? You play the role of a shopkeeper and one of your class-mates plays a customer. Tell how much he/she has to pay for each item in the drawings.

Modèle:

—*Une baguette, s'il vous plaît.*
—*Une baguette? Ça fait deux francs cinquante.*

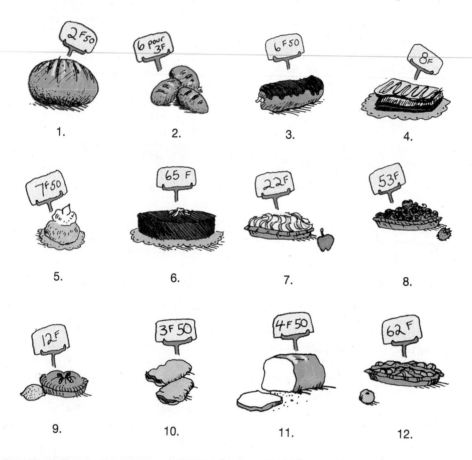

1.   2.   3.   4.

5.   6.   7.   8.

9.   10.   11.   12.

B. Il me faut... *(I need . . .)* Use the cues to tell the shopkeeper what you need.

Modèle: 1 livre / salade de concombres
           Il me faut une livre de salade de concombres.

1. 1 livre / salade de tomates
2. 4 tranches / jambon
3. 10 tranches / saucisson
4. 6 saucisses
5. 1 livre / salade de thon
6. 3 tranches / pâté

Vocabulary, Ex. B: France uses the metric system of weights and measures. The basic unit of weight is the kilogram **(un kilo),** which equals one thousand grams **(un gramme).** Half a kilogram **(un demi-kilo)** is also called **une livre** *(a pound).* However, because a kilogram is approximately 2.2 American pounds, a French **livre** is a little more than an American pound. The basic unit of measurement for liquids is the liter **(un litre),** which is roughly equivalent to a quart.

C. Chez les petits commerçants. Use the cues to roleplay making purchases with one of your classmates. One of you is the customer; the other is the shopkeeper.

Modèles: 1 pain de campagne / 2F50
—*Vous désirez?*
—*Je voudrais un pain de campagne. C'est combien?*
—*Un pain de campagne, c'est deux francs cinquante.*

1 livre / salade de thon / 15F
—*Vous désirez?*
—*Je voudrais une livre de salade de thon. C'est combien?*
—*La salade de thon, c'est quinze francs la livre.*

1. 3 millefeuilles / 8F la pièce
2. 1 baguette / 2F50
3. 1 gâteau au chocolat / 49F
4. 5 éclairs / 6F50 la pièce
5. 1 tarte aux abricots / 64F
6. 1 livre / jambon / 26F la livre
7. 1 livre / salade de tomates / 8F
8. 3 saucisses / 5F30 la saucisse

S·T·R·U·C·T·U·R·E

Les adjectifs démonstratifs (ce, cet, cette, ces)

Je vais prendre **ce** pain de campagne.
I'll take *this* round loaf of bread.

Et aussi **cette** baguette et **ces** croissants.
And also *this* bread and *these* croissants.

The demonstrative adjective is used to point out specific things. It has three singular forms that are equivalent to the English words *this* or *that:*

ce	masculine singular before a pronounced consonant (**ce livre**)
cet	masculine singular before a vowel or vowel sound (**cet hôtel**)
cette	feminine singular (**cette maison**)

The demonstrative adjective has only one plural form, which is equivalent to the English words *these* or *those:*

ces	plural (**ces fraises, ces fruits**)

The **s** of **ces** is silent, except before a vowel or a vowel sound (**ces amis, ces hôtels**).

APPLICATION

D. Replace the definite article with the demonstrative adjective.

> *Modèle:*   la tartelette au citron
> *cette tartelette au citron*

1. le pâté
2. les petits pains
3. l'hôtel
4. les saucisses
5. la baguette
6. le gâteau
7. l'étudiante
8. la tarte
9. l'étudiant
10. les croissants
11. le jambon
12. l'appareil-photo
13. l'église
14. les éclairs
15. le pain de campagne

E. **C'est combien?** Find out the price of each item. Use the demonstrative adjective in your question.

> *Modèle:*   pain de campagne
> *C'est combien, ce pain de campagne?*

À la boulangerie-pâtisserie

1. baguette
2. pain de campagne
3. éclairs
4. croissants
5. gâteau

À la charcuterie

6. saucisses
7. salade de thon
8. jambon
9. saucisson
10. pâté

À la Fnac

11. magazine
12. disques compacts
13. radio-cassette
14. magnétoscope
15. chaîne stéréo

Note grammaticale

Les adjectifs démonstratifs (suite)

Sometimes it may be important to distinguish between *this* and *that* or between *these* and *those*. When you have a lot of choices and want to be precise about the object or people you're referring to, use the demonstrative adjective with the noun and add **-ci** *(this, these)* or **-là** *(that, those)* to the noun:

Donnez-moi **ces** tartes-**ci**.   Give me *these* pies *(over here)*.
Et je prends **ce** pain-**là**.   And I'll take *that* bread *(over there)*.

Remember to use **-ci** and **-là** only if the distinction is necessary to make the meaning clear for someone else.

Le savez-vous?

▲▲▲▲▲▲▲▲▲▲▲▲▲▲▲▲

In France, the crusty French bread is eaten
a. only at breakfast
b. only at lunch as part of sandwiches
c. only at dinner
d. with every meal

Réponse ▲▲▲

Culture: The chain of French stores called **Fnac** specializes in audio, video, and reading materials. The **Fnac** is a discount store that is particularly popular among young people, who spend entire afternoons browsing through the huge selection. The **Fnac** is located in Paris, Mulhouse, Marseille, Strasbourg, Grenoble, Toulouse, Bordeaux, and Nice.

F. **À la Fnac.** You're shopping at the **Fnac** with a friend. Because there are so many things to choose from, you always have to explain which object you're referring to. Use **-ci** or **-là** in your answer, depending on the cue in parentheses.

> *Modèle:*   Quels livres est-ce que tu vas acheter? *(those)*
> *Ces livres-là.*

1. Quelle calculatrice est-ce que tu préfères? *(this one)*
2. Quel magazine est-ce que tu vas acheter? *(that one)*
3. Quels compacts disques est-ce que tu préfères? *(those)*
4. Quels livres est-ce que tu aimes mieux? *(these)*
5. Quel magnétoscope est-ce que tu vas acheter? *(this one)*
6. Quelle télévision est-ce que tu aimerais acheter? *(that one)*

36.15 Fnac **La Fnac sur minitel.**

Canal Fnac: le nouveau contact des "branchés" de la Fnac. **Fnac laser:** consultez à tous moments le catalogue constamment mis à jour de plus de 10 000 disques compacts. **Petites annonces:** vendez, achetez, échangez tout ce qui vous passe par la tête. **Fnac news:** choisissez 4 thèmes parmi les 23 proposés par la Fnac (Hi-Fi, photo, micro, disque, etc.) et recevez régulièrement toutes les informations les concernant. **2° déclic:** la cote du matériel photo d'occasion.

Pour en savoir plus composez le 3615 et tapez Fnac.

fnac

Student Tape: Chapitre 6 Segment 1

▲▲▲ d

PRONONCIATION   *La voyelle é*

The letter **é** (as in the word **été**) is pronounced like the vowel sound in the English word *fail;* however, the French vowel is not a diphthong. In other words, it is a single, steady sound, whereas the English vowel tends to slide from one sound to another.

G. Read each word aloud, being careful to pronounce **é** with enough tension to avoid a diphthong.

Réponse ▲▲▲

thé / café / église / métro / éclair / cathédrale / été / écouté / désiré / allé / hésité / acheté / étudié / stéréo / Hervé / téléphone / préféré / pâté / Québec / université / aéroport / lycée / télévision

S·T·R·U·C·T·U·R·E

Les expressions de quantité

Combien de disques
compacts est-ce que tu as?

How many compact discs do you
have?

Combien de jambon est-ce que tu
as acheté?

How much ham did you buy?

Combien d'argent est-ce que tu as?

How much money do you have?

To ask *how much* or *how many* of something someone has, use **combien de.** A variety of expressions, either specific or general, may be used to answer. Note that all the expressions listed below are followed by **de,** regardless of the gender and number of the noun they modify.

Structure: When **combien de** and a noun are followed by the **passé composé,** the past participle must agree in gender and number with the noun: **Combien de disques compacts est-ce que tu as achetés?**

~~~~~~~~~~~ **General quantities** ~~~~~~~~~~~

J'ai **beaucoup de** disques
compacts, mais j'ai **très peu
de** cassettes.

I have *a lot of* compact discs, but
I have *very few* cassettes.

beaucoup de	a lot of, a great deal of, many, much
ne . . . pas beaucoup de	not many, not much
un peu de	a little, a little bit of
très peu de	very little, very few

Grammar: The expression **un peu** can be used only with noncount nouns (nouns that are always singular). To express *a few* with a plural noun, French uses **quelques: un peu de thé,** but **quelques pommes.**

~~~~~~~~~~~ **Specific quantities** ~~~~~~~~~~~

J'ai acheté **un morceau de** pâté
et six **tranches de** jambon.

I bought *a piece of* pâté and six
slices of ham.

un kilo de	a kilogram of
un demi-kilo de	a half-kilogram of
une livre de	a pound (French) of
50 grammes de	50 grams of
un litre de	a liter of
une bouteille de	a bottle of
une douzaine de	a dozen
un morceau de	a piece of
un bout de	a piece of
une tranche de	a slice of

~~~~~~~~~~~ **Expressions of sufficiency** ~~~~~~~~~~~

Je **n'**ai **pas assez d'**argent pour
acheter un vélo.

I *don't* have *enough* money to
buy a bike.

trop de	too much, too many
assez de	enough
ne . . . pas assez de	not enough

Grammar: Note that the preposition **pour** followed by an infinitive is used to say what one has (or does not have) enough for: **J'ai assez d'argent pour acheter une voiture.**

▲ ▲ ▲

Deuxième partie

APPLICATION

H. Remplacez les mots en italique par les expressions entre parenthèses.

1. J'ai *trop de* patience. (assez de / trop de / pas assez de)
2. Il a *trop d'*argent. (assez de / pas assez de / trop de)
3. Elles ont *assez de* pâtisseries. (trop de / pas assez de / assez de)
4. Nous avons *trop de* jambon. (pas assez de / assez de / trop de)

Ajoutez les expressions entre parenthèses à chaque phrase et faites les changements nécessaires.

Modèle: Georges a de la limonade. (beaucoup)
             Georges a beaucoup de limonade.

5. Nous avons des amis. (pas beaucoup / très peu / beaucoup)
6. Elles ont des disques. (beaucoup / très peu / pas beaucoup)
7. Mon oncle a de la patience. (pas beaucoup / beaucoup / très peu)

I. Use the cues to answer the salesperson.

Modèle: Qu'est-ce que je peux faire pour vous? (1 kilo / abricots; 1
             livre / salade de tomates)
             Il me faut un kilo d'abricots et une livre de salade de tomates.

1. Qu'est-ce que je peux faire pour vous? (1 litre / vin rouge; 8 tranches / saucisson)
2. Qu'est-ce qu'il vous faut? (1 bouteille / Perrier; 2 kilos / pommes)
3. Qu'est-ce que je vous donne? (50 grammes / pâté; 1 morceau / saucisson)
4. Qu'est-ce que vous désirez? (une douzaine / abricots; 1 livre / salade de thon)
5. Qu'est-ce qu'il vous faut? (un bout / pâté; 1 livre / jambon)

J. **Questions d'argent.** First, describe each person's financial situation, using the expressions **beaucoup, pas beaucoup, un peu,** and **très peu.**

Monique: 60F   **Sylvie:** 7 000F   **Edgar:** 2F   **Jean-Paul:** 25F

Modèle: Est-ce que Monique a de l'argent?
             Oui, mais elle n'a pas beaucoup d'argent.

1. Est-ce qu'Edgar a de l'argent?
2. Et Sylvie?
3. Et Monique?
4. Et Jean-Paul?

Now decide if each person has too much, enough, or not enough money to buy the things indicated. Use the expressions **trop de, assez de,** and **pas assez de.**

Modèle: Une calculatrice coûte 60 francs. (Monique)
        Monique a assez d'argent pour acheter une calculatrice.

5. Un ordinateur coûte 12 000 francs. (Sylvie)
6. Un ticket de métro coûte 3F50. (Monique)
7. Un petit pain coûte 2 francs. (Edgar)
8. Un vélo coûte 1 200 francs. (Sylvie)
9. Un Walkman coûte 150 francs. (Jean-Paul)
10. Un disque coûte 45 francs. (Jean-Paul)
11. Un Coca coûte 8 francs. (Edgar)
12. Une tarte aux pommes coûte 55 francs. (Monique)

▲ ▲ ▲ ▲ ▲ ▲ ▲ ▲ ▲ ▲ Débrouillons-nous! ▲ ▲ ▲ ▲ ▲ ▲ ▲ ▲ ▲ ▲

Petite révision de l'étape

K. Échange. Posez les questions à un(e) autre étudiant(e), qui va vous répondre.

1. Est-ce que tu vas souvent à la boulangerie? Est-ce que tu aimes les croissants? Est-ce que tu as mangé des croissants récemment? Est-ce que tu aimes le pain français?
2. Est-ce que tu aimes les pâtisseries? Lesquelles *(which ones)* est-ce que tu préfères? Est-ce que tu manges souvent des desserts? Quel dessert est-ce que tu préfères? Qu'est-ce que tu prends avec ton dessert? Une tasse *(a cup)* de café? Une tasse de thé? Un Coca?
3. Est-ce que tu aimes le jambon? Qu'est-ce que tu préfères, la salade de thon ou la salade de concombres? Est-ce que tu aimes le saucisson? Est-ce que tu aimes le pâté?

L. Un dîner. You and your friends are organizing a dinner for your parents. You're in charge of buying some prepared foods and the dessert. First, you go to the **charcuterie** and then to the **boulangerie-pâtisserie.** Let the shopkeepers know what you need (**il me faut..., je prends..., donnez-moi...**). Two different classmates will play the roles of the shopkeepers.

Reminder, Ex. L: Remember to use **Madame** or **Monsieur** when you greet someone or say good-bye.

TARTE JULIE

PARIS la Défense
C.C. des 4 Temps
Tél. : 47.73.51.63

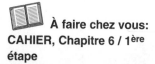

À faire chez vous: CAHIER, Chapitre 6 / 1ère étape

DEUXIÈME ÉTAPE

Point de départ

Au supermarché

Après la charcuterie, Mme Thibaudet est allée au supermarché.

DES LÉGUMES

DES FRUITS

Qu'est-ce qu'on peut y acheter?

DES LÉGUMES *(m.)*
des asperges *(f.)*
des champignons *(m.)*
des choux *(m.)*
des concombres *(m.)*
des courgettes *(f.)*
des haricots verts *(m.)*
des oignons *(m.)*
des petits pois *(m.)*
des pommes de terre *(f.)*
des radis *(m.)*
de la salade
des tomates *(f.)*

DES FRUITS *(m.)*
des abricots *(m.)*
des bananes *(f.)*
des cerises *(f.)*
des citrons *(m.)*
des fraises *(f.)*
des framboises *(f.)*
des melons *(m.)*
des oranges *(f.)*
des pêches *(f.)*
des poires *(f.)*
des pommes *(f.)*

DES CONSERVES

DE LA VIANDE

DES PRODUITS LAITIERS

DES PRODUITS SURGELÉS

DES CONSERVES *(f.)*

de la choucroute	sauerkraut
de la confiture	
des sardines *(f.)*	
de la sauce tomate	
de la soupe	
du thon	

DE LA VIANDE

du bifteck
du gigot
du poulet
du rosbif
du rôti de porc

DES PRODUITS LAITIERS

du beurre
du brie
du camembert
de la crême
du gruyère
du lait
du yaourt

D'AUTRES PRODUITS

DES PRODUITS SURGELÉS

des pommes frites *(f.)*
du poulet
du poisson
de la glace
de la pizza

D'AUTRES PRODUITS *(m.)*

de la farine	flour
de l'huile *(f.)*	oil
du ketchup	
de la mayonnaise	
de la moutarde	
des pâtes *(f.)*	pasta
du poivre	pepper
du riz	rice
du sel	
du sucre	
du vinaigre	

Note culturelle

In France, one can buy fruits, vegetables, and staple food products in a variety of places. There is, of course, the supermarket **(le super-marché),** which is becoming more and more popular as the pace of life increases and more and more women take jobs away from home. The supermarket has become the most convenient way to shop for many French people, who rely increasingly on frozen and canned foods. Just like their American counterparts, French supermarkets provide bakery counters, extensive delicatessen sections, and sometimes seafood counters.

As convenient as the supermarket may be, many French people still prefer to patronize the general store **(l'épicerie)** that can be found in every neighborhood or an open-air market **(le marché en plein air).** Most families, however, divide their shopping among all of the available stores. The neighborhood **épicerie** caters to customers who have ample time to shop and those who shop on their way home from work. Supermarket shopping tends to be done less frequently and for larger quantities. The **marché en plein air** is still very popular because the prices are often better and the produce is particularly fresh. Besides appealing to family shoppers, the **marché en plein air** also attracts the chefs of exclusive restaurants, who buy only the freshest produce.

Questions: Do you think there is a difference between where older Americans shop and where younger people shop? Is there a difference in shopping habits between city and rural areas?

À VOUS! (Exercices de vocabulaire)

A. Qu'est-ce que c'est? Identify the following foods.

Modèles: *C'est une banane. Ce sont des fraises.*

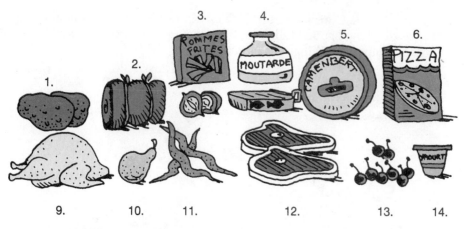

B. Dans le filet de Mme Thibaudet. Calculate the cost of the items in Mme Thibaudet's shopping bag.

Modèle: 2 kilos de tomates / 6F50 le kilo
Deux kilos de tomates à six francs cinquante le kilo, ça fait treize francs.

1. 2 kilos de pommes / 10F50 le kilo
2. 3 bottes *(bunches)* de radis / 4F la botte
3. 1 kilo d'abricots / 16F90 le kilo
4. 1 livre de petits pois / 19F90 le kilo
5. 3 biftecks (1 livre) / 55F le kilo
6. 1 livre de champignons / 19F20 le kilo
7. 2 kilos d'oranges / 8F90 le kilo
8. 1 rôti de bœuf (1 kilo) / 30F le kilo

C. Dans le chariot de Claire Maurant il y a... *(In Claire Maurant's shopping cart there is . . .)* Claire's mother sent her to the supermarket. Since Claire forgot the shopping list, she buys things from memory. Look at the drawing and tell what she's buying.

Modèle: *Il y a une pizza.*

Le savez-vous?
▲▲▲▲▲▲▲▲▲▲▲▲▲▲▲
France did not have supermarkets until
a. the 1950s
b. the 1960s
c. the 1970s
d. the 1980s

Réponse ▲▲▲

D. **Qu'est-ce que Claire a oublié?** When Claire gets home, her mother looks at the shopping list and tells her what she forgot to buy. Look at the drawings and name the things she forgot.

Modèle: *Elle a oublié la mayonnaise.*

R·E·P·R·I·S·E

Première étape

E. **À la charcuterie.** Ask the shopkeeper how much each of the following items costs.

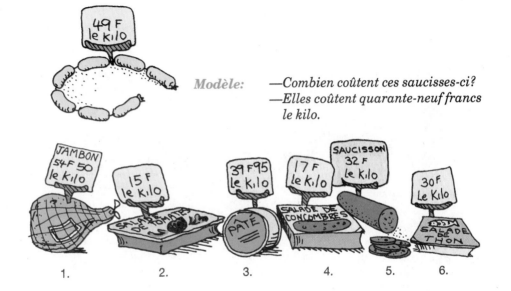

Modèle: —*Combien coûtent ces saucisses-ci?*
                 —*Elles coûtent quarante-neuf francs le kilo.*

▲▲▲   a

F. Des achats. *(Purchases.)* Use the cues to roleplay scenes in a store.

> *Modèle:*   3 kg / pommes / beaucoup / 10F50 le kilo
> —*Je voudrais trois kilos de pommes.*
> —*Oui, nous avons beaucoup de pommes.*
> —*C'est combien?*
> —*À dix francs cinquante le kilo, ça fait trente et un francs cinquante.*

1. 2 kg / abricots / beaucoup / 17F le kilo
2. 1 livre / fraises / beaucoup / 18F le kilo
3. 2 kg / concombres / beaucoup / 7F50 le kilo
4. 3 bouteilles / Perrier / beaucoup / 5F50 la bouteille
5. 1 livre / jambon / beaucoup / 45F le kilo
6. 1 livre / salade de tomates / beaucoup / 19F le kilo

S·T·R·U·C·T·U·R·E

Le partitif

Quand je vais à la charcuterie, j'achète toujours

du pâté	*some* pâté
de la salade de thon	*some* tuna salad
des saucisses	*some* sausages

—Est-ce que vous avez **du** jambon?
—Oui, et nous avons **des** saucisses aussi.

So far, you've learned two types of articles: the definite articles **le, la, l', les,** which mean *the* in English, and the indefinite articles **un, une, des,** which mean *a (an),* or *some.* A third type of article, the partitive article, expresses a certain amount or quantity, not the whole, of something. In English this idea is expressed either with the word *some* (I bought *some* vegetables) or without a modifier (I bought milk and cheese). The partitive article has three singular forms and one plural form:

Le partitif		
SINGULAR	Masculine	**du**
	Feminine	**de la**
	Masculine or feminine before a vowel or a silent **h**	**de l'**
PLURAL	Masculine or feminine	**des**

Reminder: The **s** of **des** is silent, except in liaison.

▲ ▲ ▲

APPLICATION

G. Replace the definite article with the partitive article.

> *Modèle:*   le pain   *du pain*

1. la salade
2. le pâté
3. les croissants
4. la limonade
5. la pâtisserie
6. le thé
7. les tartelettes
8. la crème
9. le lait
10. le café
11. l'eau minérale
12. les petits pains

H. Remplacez les mots en italique et faites les changements nécessaires.

1. Marie-Jeanne achète du *pâté*. (jambon / saucisson / salade de thon / saucisses)
2. Je vais prendre du *thé*. (Coca / eau minérale / limonade / café)
3. Elle a acheté des *tartelettes*. (croissants / baguettes / religieuses / éclairs)

Note grammaticale

Le partitif (suite)

The partitive articles **du, de la, de l', des** become **de** or **d'** after a negative expression, regardless of the gender and number of the noun. In English, the negative partitive is expressed either with the word *any* (I don't have *any* money) or without a modifier (I'm not buying ice cream):

—Tu prends **du** café?
—Non, je **ne** prends **pas de** café.

—Are you having coffee?
—No, I'm *not* having coffee.

—Vous avez **de la** mayonnaise?
—Non, nous **n'**avons **pas de** mayonnaise.

—Do you have *any* mayonnaise?
—No, we do*n't* have *any* mayonnaise.

—Tu as acheté **des** sardines?
—Non, je **n'**ai **pas** acheté **de** sardines.

—Did you buy *(any)* sardines?
—No, I did*n't* buy *(any)* sardines.

Reminder: The definite articles **le, la, l', les** don't change after a negative expression.

Reminder, Ex. I and J: Change the partitive articles to **de** after a negative **(pas de),** but don't change the definite articles **(pas le).**

I. **Merci, pas de...** Each time someone offers you something, you refuse politely. Remember that the partitive and indefinite articles become **de** after the negative.

> *Modèle:*   Du pain?   *Merci, pas de pain.*

1. De la moutarde?
2. Du pâté?
3. Du Perrier?
4. Des croissants?
5. De la soupe?
6. Des oranges?
7. De la limonade?
8. Du café?
9. De la salade?
10. Des pâtisseries?

J. Engage in short conversations based on the models.

Modèle: prendre / limonade / non / ne pas aimer
     —*Tu prends de la limonade?*
     —*Non, je ne prends pas de limonade.*
     —*Pourquoi pas?*
     —*Parce que je n'aime pas la limonade.*

1. prendre / pâté / non / ne pas aimer
2. vouloir / café / non / ne pas aimer du tout
3. aller acheter / jambon / non / détester
4. aller manger / soupe / non / ne pas aimer
5. prendre / eau minérale / non / ne pas aimer du tout

Modèle: café / express
     —*Vous désirez du café?*
     —*Oui, je voudrais un express.*

6. thé / thé citron
7. fruits / banane, orange
8. pâtisserie / religieuse, millefeuille
9. pain / baguette, pain de campagne
10. café / café au lait

Modèle: pain / baguette, pain de campagne
     —*Vous aimez le pain?*
     —*Oui, j'aime beaucoup le pain.*
     —*Est-ce que vous avez acheté du pain hier?*
     —*Oui, j'ai acheté une baguette et un pain de campagne.*

11. pâtisseries / tarte aux pommes, gâteau au chocolat
12. salade / salade de tomates, salade de concombres
13. eau minérale / bouteille de Vittel, bouteille de Perrier
14. pain / pain au chocolat, petit pain
15. viande / rôti de porc, gigot

Reminder, Ex. J: Note the difference between **du café** (*some coffee*) and **un express** (*an expresso*).

Reminder: Note the differences between **le pain** (*bread in general*), **du pain** (*some bread*), and **un pain** (*a loaf of bread*).

PRONONCIATION   *Les voyelles è et ê*

The letters **è** as in **mère** and **ê** as in **fête** are pronounced like the *e* in the English words *bed* and *belt*.

K. Read each word aloud, being careful to pronounce **è** and **ê** in the same way.

mère / frère / père / crème / achète / scène / bibliothèque / tête / êtes / fête

Student Tape: Chapitre 6 Segment 1

S·T·R·U·C·T·U·R·E

Les nombres de 70 à 100

Les nombres de 70 à 100

70	**soixante-dix**		86	**quatre-vingt-six**
71	**soixante et onze**		87	**quatre-vingt-sept**
72	**soixante-douze**		88	**quatre-vingt-huit**
73	**soixante-treize**		89	**quatre-vingt-neuf**
74	**soixante-quatorze**		90	**quatre-vingt-dix**
75	**soixante-quinze**		91	**quatre-vingt-onze**
76	**soixante-seize**		92	**quatre-vingt-douze**
77	**soixante-dix-sept**		93	**quatre-vingt-treize**
78	**soixante-dix-huit**		94	**quatre-vingt-quatorze**
79	**soixante-dix-neuf**		95	**quatre-vingt-quinze**
80	**quatre-vingts**		96	**quatre-vingt-seize**
81	**quatre-vingt-un**		97	**quatre-vingt-dix-sept**
82	**quatre-vingt-deux**		98	**quatre-vingt-dix-huit**
83	**quatre-vingt-trois**		99	**quatre-vingt-dix-neuf**
84	**quatre-vingt-quatre**		100	**cent**
85	**quatre-vingt-cinq**			

The **t** of **vingt** in **quatre-vingts, quatre-vingt-un,** etc., and the **t** of **cent** are not pronounced. **Quatre-vingts** is written with an **s** only when it is *not* followed by another number: **quatre-vingts francs.**

The two most important functions associated with numbers are understanding them and expressing them orally. Unless you write checks, it is unusual that numbers are spelled out.

▲ ▲ ▲

APPLICATION

L.   Do the following number exercises.

1. Count from 60 to 100.
2. Give the odd numbers from 1 to 99.
3. Give the even numbers from 0 to 100.
4. Count from 0 to 100 by tens.
5. Read the following phone numbers: 46 23 39 57; 64 83 92 42; 98 66 54 32; 34 52 76 97; 87 91 71 95.

Note grammaticale

Les nombres de 100 à 1 000 000

100	**cent**	200	**deux cents**
101	**cent un**	201	**deux cent un**
102	**cent deux**	202	**deux cent deux**
1 000	**mille**	2 000	**deux mille**
1 001	**mille un**	2 500	**deux mille cinq cents**
1 002	**mille deux**	2 550	**deux mille cinq cent cinquante**
1 000 000	**un million**	2 000 000	**deux millions**

Deux cents, trois cents, etc., are written with an **s** only when they are *not* followed by another number. **Mille** is invariable; it never takes an **s.** The commas used in English to write numbers in the thousands and millions are either omitted or replaced by a period: 3,560 = **3 560** or **3.560.** To express percentages, the French use a comma: 3.3 = **3,3** (**trois virgule trois**).

Grammar: When followed by a noun, **un million** is treated as an expression of quantity and therefore requires **de: un million de téléspectateurs, six millions de francs.**

M.   Des statistiques. Read the following statistics for various French cities.

	Habitants	*Cinémas*	*Théâtres*	*Musées*
PARIS	2 176 243	515	61	85
LYON	413 095	128	33	21
MARSEILLE	874 436	185	37	24
LILLE	168 424	120	9	7
BORDEAUX	208 159	163	14	9
TOULOUSE	347 995	167	17	13

Modèle: *Paris a 2 176 243 habitants, 515 cinémas, 61 théâtres et 85 musées.*

N. Faisons des calculs! *(Let's do some math!)* Do the following math problems.

Modèles: $200 + 300 =$
    Deux cents et trois cents font cinq cents.

    $200 \div 50 =$
    Deux cents divisé par cinquante fait quatre.

    $25 \times 3 =$
    Vingt-cinq multiplié par trois fait soixante-quinze.

    $30 - 15 =$
    Trente moins quinze font quinze.

1. $5\,000 - 3\,000 =$
2. $225 \times 4 =$
3. $90 + 60 =$
4. $600 \div 3 =$
5. $608 - 16 =$
6. $155 \times 6 =$
7. $450 \div 5 =$
8. $950 + 250 =$
9. $1\,000 \div 20 =$

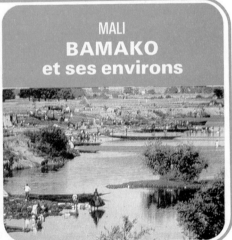

MALI
BAMAKO
et ses environs

O. Le Mali. Mali is a French-speaking country in northwestern Africa. Its capital city is Bamako. Read aloud the following facts about Mali.

1. La superficie *(area)* du Mali est 1 240 km.
2. La population du Mali est 8 730 000 habitants.
3. La distance entre la capitale Bamako et les villes suivantes est:

BAMAKO	→	ALGER	2 878 km
BAMAKO	→	ROME	3 793 km
BAMAKO	→	GENÈVE	3 971 km
BAMAKO	→	PARIS	4 169 km
BAMAKO	→	LONDRES	4 378 km
BAMAKO	→	FRANCFORT	4 430 km
BAMAKO	→	STOCKHOLM	5 653 km
BAMAKO	→	NEW YORK	7 065 km

Débrouillons-nous!

▲ ▲ ▲ ▲ ▲ ▲ ▲ ▲ ▲ ▲ ▲ ▲ ▲ ▲ ▲ ▲ ▲ ▲ ▲

Petite révision de l'étape

P. Un pique-nique. You and your friends are planning a picnic. You have to decide what you want to buy, and you don't always agree. For each suggestion one of you makes, a second person agrees but a third person disagrees.

Modèle: jambon
—*Est-ce que nous allons acheter du jambon?*
—*Ah oui. J'adore le jambon.*
—*Non, je ne veux pas de jambon. Je déteste le jambon.*

1. pâté
2. saucisson
3. eau minérale
4. salade de concombres
5. Coca
6. croissants
7. saucisses
8. poulet
9. tartelettes au citron
10. pâtisseries
11. bananes
12. salade de thon

Q. Au supermarché. Three of your friends are about to spend the weekend at your house. Since they are *your* guests, your family expects you to do the food shopping for everyone. Make your shopping list and then go to various stores to make your purchases. Your classmates will play the roles of the shopkeepers.

À faire chez vous: CAHIER, Chapitre 6 / 2e étape

La charcuterie en libre-service

Les fruits et légumes

JAMBON SEC D'AOSTE VIEILLE RÉSERVE
Avec couenne, le kg ___ **79**F**,90**

JAMBON SUPÉRIEUR MADRANGE RUBAN BLEU
Découenné, dégraissé, le kg ___ **49**F**,90**

TOMATES
Cat. 1. Orig. France
Cal. 47 et +, le kg ___ **4**F**,90**

POMMES DE TERRE
Espagne ou Maroc, cal. 35, le filet de 2,5 kg ___ soit le kg 3,96 F **9**F**,90**

MARCHÉ RICHELIEU

TROISIÈME ÉTAPE

Point de départ

▼▼▼▼▼▼▼▼▼▼▼▼▼▼▼▼▼

Au centre commercial

attracts
brings together
toys
department stores
meeting place

Le centre commercial **attire** des gens de tous les âges et de tous les intérêts. Il **réunit** une grande variété de magasins et de boutiques: des magasins de vêtements, des magasins de **jouets,** des magasins de sport et même des **grands magasins.** En France, comme aux États-Unis, le centre commercial est devenu le **lieu de rencontre** pour les adolescents aussi bien que pour les adultes.

À Paris

what
latest

Mireille Loiseau et sa cousine, Claire Maurant, se trouvent à la Fnac. **De quoi** parlent-elles? Des **derniers** vidéoclips, bien sûr!

FORUM DES HALLES
1 à 7, rue Pierre Lescot
75001 Paris - 40.26.81.18
MONTPARNASSE
136, rue de Rennes
75006 Paris - 45.44.39.12
ETOILE
26, avenue de Wagram
75008 Paris - 47.66.52.50

song
Of course! / saw / fantastic

—Est-ce que tu as entendu la dernière **chanson** de Madonna?
—**Bien entendu!** Et j'ai aussi **vu** son vidéoclip. Il est **extra!**

—**Je pense que** je vais acheter le disque compact. Et je vais aussi **louer** une
vidéo.

I think that / to rent

—Moi, j'ai besoin de cassettes **vierges.**

blank

—Après, on va chez moi regarder la vidéo.

—D'accord.

À Bordeaux

Madame Thibaudet et son amie se trouvent au magasin de jouets. Elles ne vont
pas souvent au centre commercial, mais Madame Thibaudet cherche un cadeau
pour sa petite fille.

—Regarde tous ces jouets! Tu vas acheter quelque chose pour ta petite fille?

—Je ne sais pas. Elle est **tellement gâtée…** Et puis il vaut peut-être mieux **lui**
acheter un **vêtement.**

so spoiled / for her
article of clothing

—Oh, écoute. C'est son anniversaire et elle a assez de vêtements. Regarde cette
poupée. Et ce **camion.** Pourquoi pas un robot ou un **ballon**?

doll / truck / ball

—Non. Elle a déjà tout ça. Tiens… je vais lui acheter un **jeu vidéo.**

video game

À Marseille

Véronique Béziers et son frère sont au magasin de sport. Ils sont **tous les deux**
très sportifs et ils adorent regarder tous les appareils modernes pour la
gymnastique.

both

workout machine

—Je voudrais bien acheter un vélo ou un **appareil de gymnastique.** Mais c'est trop cher.

—Écoute... l'hiver dernier tu t'es déjà acheté des skis. Pourquoi pas prendre une raquette de tennis et des balles?

—T'as raison. C'est beaucoup moins cher et j'aime bien jouer au tennis. Ah, zut!

cash

Ils n'acceptent pas les chèques. Il faut payer **en espèces** ou par carte de crédit.

automatic teller machine

—Pas de problème! Il y a un **distributeur automatique de billets** tout près.

À VOUS! (Exercices de vocabulaire)

Reminder, Ex. A: Be sure to include some of the vocabulary for objects from earlier chapters, particularly from Chapter 2, where you talked about things in a room.

A. Qu'est-ce qu'on peut y acheter? Explain what one can buy in each store.

Modèle: Fnac
—*Qu'est-ce qu'on peut acheter à la Fnac?*
—*On peut y acheter des disques, etc.*

1. Fnac
2. magasin de sport
3. magasin de jouets
4. grand magasin

B. Des cadeaux d'anniversaire. *(Birthday gifts.)* Say what you'll buy for each member of your family and for three of your best friends. Be sure to tell in what kind of store you'll make each purchase.

   Modèle: *Je vais aller au magasin de sport acheter un ballon de foot pour mon père.*

C. Est-ce que vous acceptez les chèques? You go to a variety of stores (small and large) to make purchases. Select one method of payment and ask the cashier if you can use it. The cashier responds in the negative and gives the alternative methods of payment. You may have to go to an automatic teller machine if you don't have cash.

R·E·P·R·I·S·E

Deuxième étape

D. Mon petit déjeuner. Ask one of your classmates what he/she eats for breakfast. Follow the model.

   Modèle: —*Est-ce que tu prends du café?*
                —*Non, je ne prends pas de café. Je préfère le thé.* or *Oui, je prends du café.*

Le petit déjeuner		
le pain	le café	les œufs *(eggs)*
le pain au chocolat	le thé	le bacon
le croissant	le lait	le jambon
la confiture	le jus d'orange	les saucisses
le beurre		
le toast (le pain grillé)		
les céréales		

E. En quelle année? Read the year of each event.

   1. 1776   la Révolution américaine
   2. 1789   la Révolution française
   3. 1492   Christophe Colomb en Amérique
   4. 1945   la fin de la Seconde Guerre mondiale
   5. 1815   la fin de l'empire de Napoléon
   6. 1963   l'assassinat du président Kennedy
   7. 1988   les élections présidentielles en France
   8. 1889   la construction de la tour Eiffel

Grammar: Note that dates can be stated in one of two ways: 1993 = **mille neuf cent quatre-vingt-treize** or **dix-neuf cent quatre-vingt-treize.**

S·T·R·U·C·T·U·R·E

Le présent et le passé composé du verbe irrégulier **devoir**

Tu dois 20 francs à ta sœur.	*You owe* your sister 20 francs.
Nous devons rentrer ce soir.	*We have to* go home tonight.
Ils ont dû aller en ville.	*They had to* go into town.
Je dois retrouver Jean au café.	*I'm supposed to* meet Jean at the café.
Il n'est pas là? **Il doit** être malade ou **il a dû** oublier.	He isn't there? *He must* be sick or *he must have* forgotten.

The verb **devoir** is irregular in the present tense and has an irregular past participle:

devoir	
je **dois**	nous **devons**
tu **dois**	vous **devez**
il, elle, on **doit**	ils, elles **doivent**
PAST PARTICIPLE: **dû** (avoir)	

The present and **passé composé** of **devoir** have several meanings, depending on the context of the sentence.

The verb **devoir** in the present tense may have two meanings:

1. owing (money or objects);
2. obligation *(I am supposed to . . . , I have to . . .).*

The verb **devoir** in the **passé composé** may also have two meanings:

1. obligation or necessity *(I had to* call my family);
2. probability or speculation *(I must have* left the keys in the car).

▲   ▲   ▲

APPLICATION

F. Remplacez les sujets en italique et faites les changements nécessaires.

1. *Elle* doit beaucoup d'argent. (tu / Jacques / je / nous / vous / ils)
2. *Il* a dû aller en ville. (Marcelle / tu / ils / vous / je / nous)
3. *Nous* devons rentrer demain. (elles / ma sœur / Jules / je / tu)

G. D'abord... Each time someone is going to do something, you say that something else has to be done first. Use the present tense of **devoir** and the cues in parentheses.

> *Modèle:*   Je vais aller au cinéma. (faire tes devoirs)
> *D'abord tu dois faire tes devoirs.*

1. Ils vont regarder la télévision. (aller à l'épicerie)
2. Simone va aller au centre commercial. (manger quelque chose)
3. Je vais aller au café. (aller à la charcuterie)
4. Nous allons faire une promenade. (faire vos devoirs)
5. Jacques va faire du ski. (parler à son père)
6. Je vais écouter mes disques. (aller chercher ton frère)

H. Mes obligations. Explain to one of your classmates what you had to do last week and what you have to do next week. Use the **passé composé** of **devoir** to express the past and the present tense of **devoir** to express the future. SUGGESTED THINGS TO DO: **faire mes devoirs, travailler, téléphoner à, aller, parler à, acheter, apprendre, faire les courses.**

> *Modèle:*   *La semaine dernière j'ai dû aller chez le dentiste.*
> *La semaine prochaine je dois travailler au supermarché.*

PRONONCIATION *La voyelle e*

The letter **e** without a written accent may represent three different sounds in French:

[e]   the sound also represented by **é** (acute accent)
[ɛ]   the sound also represented by **è** (grave accent)
[ə]   the sound in the word **le**

At the end of a word, the letter **e** is pronounced [e] when it is followed by a silent consonant (**chanter, les**) except when this consonant is the letter **t** (**poulet**). The letter **e** is then pronounced [ɛ]. It is also pronounced [ɛ] when it is followed by a consonant in the same syllable (**elle, personne**). The letter **e** is pronounced [ə] at the end of a syllable in the middle of a word (**petit, cerise**). It is also pronounced [ə] in certain two-letter words (**le, ne, me**). Remember that **e** without an accent is usually silent at the end of a word.

I. Read each word aloud, being careful to distinguish among the three sounds of **e**.

[e]   des / mes / aller / il est / assez / manger / avez
[ɛ]   poulet / jouet / baguette / verre / appelle / hôtel / asperges / express
[ə]   de / le petit / demain / pamplemousse / retour / demande

Student Tape:
Chapitre 6
Segment 1

Reminder, Pronunciation: As a rule, French syllables end in a vowel: **vé-lo, bou-che-rie.** Two consonants next to each other in the middle of a word usually split into different syllables: **char-cu-te-rie.**

Le savez-vous?
▲▲▲▲▲▲▲▲▲▲▲▲▲▲▲▲

Mammouth **is a**
a. **fast-food chain specializing in meats**
b. **wholesale food outlet**
c. **supermarket chain**
d. **stationery store**

Réponse ▲▲▲

J. Read the following words aloud. Each contains at least two different pronunciations of the letter **e.**

regarder / mercredi / chercher / elle est / se promener / traversez / demander / papeterie / de jouets / bracelet / quatre-vingt-sept

S·T·R·U·C·T·U·R·E

L'adjectif interrogatif *quel*

—**Quelles** pâtisseries est-ce que tu vas acheter?

—Des éclairs et des religieuses.

What (which) pastries are you going to buy?

The adjectives **quel, quelle, quels, quelles** *(which, what)* are used to ask someone to identify something (**Quel livre? Le livre de français.** *Which book? The French book.*). Because **quel** is an adjective, it must agree in gender and number with the noun it modifies. All forms are pronounced the same, regardless of their spelling.

    Quel may be used with both things and people, and it usually occurs in two types of questions:

1. Immediately before a noun (**quel** + noun):

Quelle pâtisserie?
Quel livre est-ce que tu cherches?
Quels sports est-ce que tu aimes?
Quelles jeunes filles est-ce que tu as invitées?

What (which) pastry?
What (which) book are you looking for?
What (which) sports do you like?

What (which) girls did you invite?

2. Separated from the noun by the verb **être** (**quel** + **être** + noun):

Quelle est votre adresse?
Quels sont tes disques préférés?

What's your address?
What are your favorite records?

▲ ▲ ▲

Grammar: When **quel** and the noun are followed by the **passé composé,** the past participle must agree in gender and number with the noun: **Quels disques as-tu achetés?**

APPLICATION

▲▲▲ C

K. Use **quel** to form a question with each noun. Then spell the form of **quel** that you used. Remember that each written form must agree in gender and number with the noun it modifies.

Modèle: livre   *Quel livre? (Q-U-E-L)*

1. chien
2. magasin
3. appartement
4. portefeuilles
5. voiture

6. chambre
7. peintures
8. langue
9. vélo
10. filles

11. cahiers
12. chaîne stéréo
13. musique
14. appareil-photo
15. garçons

L.   Qu'est-ce que tu cherches? Your friend has misplaced a lot of things. For each lost item, ask a question with **quel** to get more information.

Modèle: Je cherche mon stylo.
            Quel stylo?

1. Je cherche ma clé.
2. Je cherche mon cahier.
3. Je cherche mes livres.
4. Je cherche les cassettes.

5. Je cherche mon disque.
6. Je cherche une adresse.
7. Je cherche les posters.
8. Je cherche les plantes.

M.   Des renseignements. Ask one of your classmates questions with **quel** to get the required information. Use either **quel** + noun or **quel** + **être** + noun.

Modèles: son nom
             Quel est ton nom?

             les sports qu'il/elle préfère
             Quels sports est-ce que tu préfères?

1. son nom
2. sa saison préférée
3. son adresse
4. son numéro de téléphone

5. les cours qu'il/elle prend
6. la musique qu'il/elle préfère
7. les devoirs pour demain
8. son professeur préféré

Reminder, Ex. N: Remember to use verbs like **aimer, aimer mieux,** and **préférer** in your questions.

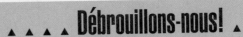

▲▲▲▲▲▲▲▲▲ Débrouillons-nous! ▲▲▲▲▲▲▲▲

Petite révision de l'étape

N. Échange. Posez les questions à un(e) autre étudiant(e), qui va vous répondre.

1. which music he/she likes
2. what his/her address is
3. what his/her telephone number is
4. what drink **(une boisson)** he/she prefers
5. what day of the week he/she likes best
6. what season he/she prefers
7. which class **(un cours)** he/she likes best
8. which professor he/she likes best

O. Au centre commercial. You and your friends are going to the mall. When everyone gets there, each person tells what he/she is going to do. Then decide to meet again at a certain time so you can all go for a pizza.

Reminder, Ex. O: Remember to use store name as you explain what you are going to do.

À faire chez vous:
CAHIER, Chapitre 6 / 3ᵉ étape

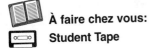

À faire chez vous:
Student Tape

Now that you've completed the first three **étapes** of **Chapitre 6,** do Segment 2 of the STUDENT TAPE. See **CAHIER, Chapitre 6,** *Écoutons!,* for exercises that accompany this segment.

Les Centres Commerciaux :
– Le Forum des Halles 1-7, rue Pierre-Lescot - 1ᵉʳ – Ⓜ Les Halles – R.E.R. Châtelet-Les Halles.
– Le Centre Maine-Montparnasse 17, rue de l'Arrivée - 15ᵉ – Ⓜ Montparnasse.
– Les Boutiques de Paris du Palais des Congrès - Porte Maillot - 17ᵉ – Ⓜ Porte Maillot.
– Les Galeries marchandes des Champs-Elysées : Lido, Passage des Champs, Berri, Claridge, Rond-Point des Champs-Elysées - 8ᵉ – Ⓜ George V et Franklin-Roosevelt.
– Les 4 Temps - Parvis de la Défense - Hauts-de-Seine – Ⓜ R.E.R. La Défense.

Forum des Halles, Paris

QUATRIÈME ÉTAPE

L·E·C·T·U·R·E

Des produits alimentaires

When faced with reading a long list, as in the advertising brochures here and on p. 244, we often scan the text to focus on particular items. This means that we do not read every word, but rather look for key words. Some food lists use photos to catch our interest and help us identify the items. Whether illustrated or not, such lists are only partially read by potential customers, who focus exclusively on the items that meet their specific tastes and needs. Scan the two brochures and then do the comprehension exercises on p. 245.

DU 28 MAI AU 7 JUIN

maxicoop

HYGIENE ENTRETIEN

EAU DE COLOGNE ST-MICHEL
Ambrée ou Fraîche
Le flacon
de 500 ml **29,90F**
59,80 F

SHAMPOOING ULTRA DOUX
Ortie blanche ou tilleul
ou camomille
le lot de 2 flacons
de 250 ml **15,50F**
Le litre ...... 31,00 F

INSECTICIDE CATCH
La bombe de 750 ml **13,95F**
18,60 F

40 PAMPERS
Maxi Plus
10/18 kilos **82,80F**

MR PROPRE
(1 flacon de 1 250 ml + 1 flacon de crème
750 ml)
Le lot
de 2 flacons **21,50F**
10,75 F

VANIA POCKET
Normale ultra mince
Le lot de 2 paquets de 20 ...... **21,50F**

PAPIER TOILETTE OUATY
Le lot de 12 rouleaux **14,50F**

EPICERIE

ALIMENT ENERGIE ROYAL CHIEN
Le sac
de 5 kilos **47,60F**
Le kilo ...... 9,52 F

COOKIES BELIN
Raisin ou chocolat ou orange
Le paquet de 250 g **8,25F**
33,00 F

CHOCOLAT AU LAIT CÔTE-D'OR
Le lot
de 3 tablettes
de 100 g **11,80F**
Le kilo ...... 39,33 F

PAIN GRILLÉ NORMAL PELLETIER
Le paquet de 500 g **7,90F**
15,80 F

NESQUICK
La boîte
de 900 g **17,95F**
Le kilo ...... 19,94 F

MAYONNAISE BÉNÉDICTA
Le bocal
de 50 cl **9,90F**
(soit 470g) ...... 21,06 F

BOISSONS

CHAMPAGNE JEAN GEREAUCOURT
Brut
La bouteille de 75 cl **47,50F**
63,33 F

BORDEAUX ROUGE A.C.
Le lot
de 2 bouteilles
de 75 cl **19,95F**
Le litre ...... 13,30 F

KRONENBOURG EXPORT
Cluster
Pack de 10 x 25 cl **16,95F**
Le litre ...... 6,78 F

COCA-COLA
La bouteille
de 1,5 litre **6,70F**
Le litre ...... 4,47 F

PUNCH PLANTEUR DUQUESNE
16 % volume
La bouteille
de 70 cl **24,50F**
Le litre ...... 35,00 F

ORANGINA
Cluster
Pack de 8 x 20 cl **13,90F**
Le litre ...... 8,68 F

CREMERIE

16 Yaourts aromatisés
offre spéciale
Les Frutos
16 Yaourts aromatisés
Yoplait

YAOURTS AROMATISÉS FRUTOS
Le lot
de 16 x 125 g **14,90F**
Le kilo ...... 7,45 F

LAIT U.H.T.
1/2 écrémé St-Cyr **2,40F**

BEURRE LAITIER
Doux ou 1/2 sel
La plaque de 250 g **5,70F**
Le kilo ...... 22,80 F

CHÈVRE
Bûche cendrée
Le kilo **39,90F**

CRÈME FRAÎCHE YOPLAIT
Le pot de 50 cl **6,40F**
Le litre ...... 12,80 F

ŒUFS FRAIS
Calibre 50/55
La boîte de 30 ...... **15,00F**

SURGELES GLACES

POMMES FRITES
Le sachet
de 2,5 kilos **9,90F**
Le kilo ...... 3,96 F

3 PIZZAS PAÉSA
Jambon/fromage
La boîte de 1,050 kilo **21,50F**
20,48 F

10 CÔNES PILPA
Vanille ou chocolat/noisette
La boîte
de 1 300 ml **19,90F**
Le litre ...... 15,31 F

BOUCHERIE CHARCUTERIE

SAUCISSE SÈCHE PUR PORC
Bâton de Berger
La pièce
de 250 g **18,50F**
Le kilo ...... 74,00 F

DEMI-JAMBON
Sec sans os
Le kilo **49,80F**

DEMI AGNEAU DE PAYS
Découpe
Le kilo **37,80F**

POULET FERMIER DES LANDES
P.A.C.
Le kilo **28,50F**

SAUCISSON SEC PUR PORC MAJORAL
La pièce
de 200 g **11,50F**
57,50 F

RUMSTEACK
Caissette de 2 kilos environ
Le kilo **48,50F**

Bretagne - Normandie - Pays de Loire

1 - Assortiment biscuits bretons pur beurre "AÉR".
Le coffret métal 350 g **17,90 F.** Le kg 51,14 F

2 - *CHOUCHENN MELMOR hydromel.
La bouteille 75 cl **26,00 F.** Le litre 34,67 F

3 - *Liqueur de fraise de PLOUGASTEL 22% vol.
La bouteille 70 cl **43,80 F.** Le litre 62,58 F

4 - Bâton sucre de pomme de ROUEN
100 g **10,90 F.** Le kg 109 F
Le lot de 3 bâtons (150 g) **19,90 F.** Le kg 132,67 F

5 - Biscuits galettes de PLEYBEN pur beurre.
Le lot 2 paquets de 130 g **9,90 F.** Le kg 38,08 F

6 - Biscuits bretons pur beurre "GUEL ATAO" ou
GALETTES AÉR.
Le lot 2 paquets de 200 g **9,95 F.** Le kg 24,87 F

7 - Gâteau de Bretagne pur beurre fourré pruneau
ou framboise "AÉR". 350 g **11,80 F.** Le kg 33,72 F

8 - Crêpes dentelle enrobées chocolat au lait
ou chocolat noir/menthe "SOUPÇONS" LOC
MARIA. La boîte 300 g **29,95 F.** Le kg 99,84 F

9 - Crêpes dentelle "LES GAVOTTES" LOC MARIA.
Le coffret métal 250 g **27,90 F.** Le kg 116,60 F

10 - Crêpes pur beurre "AÉR". Le sachet 300 g **7,40 F.**
Le kg 24,67 F

11 - *Calvados du DUC D'AIGUILLON hors d'âge 40%
vol. La bouteille 70 cl **109,00 F.** Le litre 155,72 F

12 - *Whisky "W.B. BRETON" 40% vol.
La bouteille 70 cl **69,50 F.** Le litre 99,29 F

13 - *Eau de vie de cidre "FINE BRETAGNE" 40% vol.
La bouteille 70 cl **79,50 F.** Le litre 113,58 F

14 - *Cidre normand brut ou doux "DUCHE DE
LONGUEVILLE".
Le Pack de 4 boîtes 33 cl **13,50 F.** Le litre 10,23 F

15 - *Cidre bouché normand PAYS D'AUGE "LA CIDRAIE".
La bouteille 75 cl **9,50 F.** Le litre 12,67 F

16 - *Cidre bouché breton traditionnel "LOIC RAISON".
La bouteille 75 cl **9,00 F.** Le litre 12,00 F

17 - *SANCERRE blanc A.O.C. "CÔTES DE CHAVIGNOL"
1988. La bouteille 75 cl **49,00 F**

18 - *MUSCADET SUR LIE A.O.C. "DOMAINE DE LA
CROIX" 1989. La bouteille 75 cl **24,80 F**

19 - *TOURAINE MESLAND rouge A.O.C. "LES PETITS
FOUASONS" 1988. La bouteille 75 cl **16,50 F**

20 - *SAUMUR CHAMPIGNY rouge A.O.C. "CLOS DE
L'ÉGLISE" 1988. La bouteille 75 cl **29,50 F**

21 - *CHINON A.O.C. "DOMAINE LES MILLIARGES"
1988. La bouteille 75 cl **21,00 F**

22 - Grand-Pont 45% M.G. GRAINDORGE.
Le kg **59,80 F**

23 - Fromage du Pays Nantais dit "DU CURÉ"
40% M.G. La boîte 180 g **9,95 F.** Le kg 55,28 F

24 - Livarot 40% M.G. A.O.C. GRAINDORGE.
La boîte 500 g **27,80 F.** Le kg 55,60 F

25 - Camembert 45% M.G. A.O.C. LEPETIT.
La boîte 250 g **10,90 F.** Le kg 43,60 F

26 - Tripes bretonnes au beurre. Le kg **39,80 F**

27 - Rillettes du MANS. Le kg **36,90 F**

28 - Rillettes du MANS MIRBELL. Le pot 220 g **7,50 F**
Le kg 34,09 F

29 - Pâté breton CREIS KER. Le kg **29,80 F**

30 - Andouille de GUEMENE. Le kg **98,00 F**

31 - Petits Pois à l'étuvée extra-fins RÖDEL.
La 1/2 boîte (280 g) **9,50 F.** Le kg 33,91 F

32 - Thon blanc à l'huile d'arachide RÖDEL.
La boîte 1/5 (166 g) **26,50 F.** Le kg 159,64 F

33 - Sardines à l'huile d'olive RÖDEL
La boîte 1/6 (115 g) **13,90 F.** Le kg 120,87 F

*A consommer avec modération

À VOUS! (Exercices de compréhension)

A. Au Maxicoop. Look at the advertisement on p. 243, and decide in which part of the supermarket you're going to find the following items.

Modèle: shampooing ultra doux
Au rayon hygiène entretien.

1. Bordeaux rouge A.C.
2. papier toilette Ouaty
3. pain grillé normal Pelletier
4. pommes frites
5. beurre laitier
6. pizzas Paésa
7. cônes Pilpa
8. demi-jambon
9. Pampers
10. Orangina
11. mayonnaise Bénédicta
12. insecticide Catch
13. œufs frais
14. M. Propre

B. Ça coûte combien? You're interested in the following items from the list of foods and drinks in the catalogue **Saveurs de nos Régions** on p. 244. Use the number to find the item in the picture. Say what it is. Then, indicate the cost. Work with a classmate to have these short conversations.

Reminder, Ex. B: Remember to use the partitive when you identify a food item (**C'est du pâté.**).

Modèle: 6
—*Qu'est-ce que c'est?*
—*Ce sont des biscuits bretons.*
—*Ça coûte combien?*
—*C'est 9F95 pour deux paquets.*

a. item 1
b. item 10
c. item 22
d. item 31
e. item 3
f. item 12
g. item 25
h. item 32
i. item 7
j. item 20
k. item 29
l. item 33

R·E·P·R·I·S·E

Troisième étape

C. Au centre commercial. Find out what your friends bought at the mall. Use the forms of **quel** in your questions.

Modèle: disque / Madonna
—*Qu'est-ce que tu as acheté?*
—*J'ai acheté un disque.*
—*Quel disque?*
—*Le dernier disque de Madonna.*

1. vidéo / Billy Idol
2. cassette / U2
3. disque / Europe
4. poster / Sinead O'Connor
5. disque compact / Téléphone
6. cassette / Michel Polnareff
7. vidéo / Paula Abdul
8. disque / Les Avions

D. Échange. Posez les questions à un(e) autre étudiant(e), qui va vous répondre.

1. Qu'est-ce que tu dois faire ce soir?
2. Quelles sont tes responsabilités à la maison? Qu'est-ce que tu dois faire?
3. Est-ce que tu dois beaucoup étudier pour ce cours?
4. Est-ce que tu dois de l'argent à quelqu'un? À qui? Pourquoi?
5. Qu'est-ce que tu as dû faire le week-end dernier?
6. Qu'est-ce que tu as dû faire pour réussir *(pass)* au dernier examen de français?

À faire chez vous:
Student Tape

CAHIER, Chapitre 6:
Rédigeons! / Travail de fin de chapitre (including STUDENT TAPE, Chapitre 6, Segment 3)

Point d'arrivée

Activités orales

Exprimons-nous!

When you're in a store in a French-speaking country, it's very important to know how to ask for what you need or want and to find out how much something costs.

Pour indiquer ce que vous désirez dans un magasin

Donnez-moi deux biftecks, s'il vous plaît.
Il me faut une livre de beurre et un litre de lait.
Est-ce que vous avez (avez-vous) des cassettes de Paula Abdul?
Je voudrais dix tranches de jambon.
J'ai besoin de rosbif. Assez pour quatre personnes.
Je prends un kilo de pommes de terre et deux concombres.

Pour demander le prix de quelque chose

C'est combien?
Ça coûte combien?
Ça fait combien?
Je vous dois combien? (Combien est-ce que je vous dois?)
Il (elle, ils, elles) vaut (valent) combien, ce (cet, cette, ces)...?

E.   Faisons un pique-nique. You're going on a picnic and one of your friends is going to do the shopping for it. Explain to him or her where to go and what to buy.

> *Modèle:*   *D'abord tu vas à la boulangerie. Tu vas acheter une baguette et un pain de campagne. Ensuite tu vas aller...*

Reminder, Ex. E: Use the expressions **d'abord** or **premièrement** *(first)*, **puis** or **ensuite** *(then)*, and **enfin** or **finalement** when you enumerate the tasks.

F.   Bien sûr, Mme Thibaudet. Mme Thibaudet is feeling a bit under the weather and you have agreed to do the weekly shopping for her. Using the list below, go the appropriate stores and make your purchases. She has given you 200 francs. Is it enough?

rôti de bœuf (pour 4 personnes)	Vittel (2 bouteilles)
pommes de terre (1 kilo)	poulet (1)
salade de concombres (1 livre)	éclairs (2)
tomates (1 livre)	brie (250 grammes)
baguettes (2)	saucisson (16 tranches)
tarte (ou gâteau) (1)	jambon (4 tranches)

G.   Est-ce que vous avez oublié...? When you come back from your shopping trip in Exercise F, Mme Thibaudet questions you about what you bought and what you forgot. You may have to explain that you didn't have enough money for everything.

H.   À l'épicerie. You're in an **épicerie,** buying food for a dinner you're making for your friends. Using a variety of expressions, explain what you need and want. Also ask how much the various items cost and how much you owe for everything. Be sure to use polite expressions of greeting, thanking, and leave-taking.

I.   À la Fnac. You're at the Fnac in Toulouse, buying a birthday present for your best friend. Explain what your friend likes to do in his/her leisure time and what his interests are. Ask about the latest records and music videos. Finally, make a selection, find out if you can pay for the item by check, thank the salesperson, and say good-bye.

PORTRAIT

Madame Thibaudet, Bordeaux (Gironde), France

Je suis née à Bordeaux et j'y ai toujours habité. J'adore ma ville et j'ai un grand nombre d'amis de mon âge. Maintenant que je suis à la retraite, j'ai beaucoup de temps à passer avec mes enfants et mes deux petites filles. Mon mari travaille encore, alors il n'est pas souvent à la maison. Nous menons une vie assez modeste, mais nous adorons manger des bonnes choses. C'est pour ça que je passe pas mal de temps dans la cuisine à préparer des bons repas. Je fais les courses une fois par semaine chez les petits commerçants dans le quartier. Bien sûr, j'achète mon pain frais tous les matins chez le boulanger. Je suis très contente de ma vie.

Profil

Bordeaux

SITUATION: dans le sud-ouest de la France, sur la Gironde (estuaire de la Garonne)

DÉPARTEMENT: Gironde (33)

PROVINCE: Aquitaine

POPULATION: 254 122 habitants (5e ville de France par sa population)

AGGLOMÉRATION: 640 012 habitants

IMPORTANCE: un des grands ports de France

INDUSTRIE: métallurgie, mécanique, alimentation, aéronautique

AGRICULTURE: vin (4e rang national pour la production), blé, tabac, lait

LIEUX D'INTÉRÊT: le Grand Théâtre, le port, la place de la Bourse, la cathédrale St-André, la tour St-Michel

HISTOIRE: domination des Romains qui introduisent la vigne dite «le claret», domination des ducs d'Aquitaine, Éléonor d'Aquitaine (personnage important au 12e siècle), occupation anglaise pendant la guerre de Cent ans (1337–1453)

> **À discuter:** Which state is the major wine producer in the United States? What do you know about it? What other U.S. states are known for their wine production?

La campagne près de Bordeaux

L·E·X·I·Q·U·E

Pour se débrouiller

Pour indiquer ce que vous désirez dans un magasin
  Donnez-moi...
  Est-ce que vous avez...? (Avez-vous...?)
  Il me faut...
  Je voudrais...
  J'ai besoin de...
  Je prends... (Je vais prendre...)

Pour demander le prix de quelque chose
  Ça coûte combien?
  Ça fait combien?
  C'est combien?
  Je vous dois combien? (Combien est-ce que je vous dois?)
  Il (elle, ils, elles) vaut (valent) combien, ce (cet, cette, ces)...?

Pour indiquer la quantité

assez de (pas assez de)	un demi-kilo de	un morceau de
beaucoup de	une douzaine de	une tasse de
une boîte de	____ grammes de	une tranche de
une botte de	un kilo de	trop de
un bout de	un litre de	
une bouteille de	une livre de	

Thèmes et contextes

Les magasins et les petits commerçants
- une boulangerie—un(e) boulanger(-ère)
- une boucherie—un(e) boucher(-ère)
- une charcuterie—un(e) charcutier(-ère)
- un centre commercial
- une épicerie—un(e) épicier(-ère)
- un grand magasin
- un magasin de jouets
- un magasin de sport
- un marché en plein air
- une pâtisserie—un(e) pâtissier(-ère)
- un supermarché

L'argent (m.)
- une caisse
- une carte de crédit
- un chèque
- un distributeur automatique de billets
- en espèces

La musique
- une cassette vierge
- une chanson
- un disque
- une radio-cassette
- une vidéo
- un vidéoclip

Un magasin de jouets
- un ballon
- un camion
- un jeu vidéo
- un jouet
- une poupée
- un robot

Un magasin de sport
- un appareil de gymnastique
- un ballon (de foot)
- une raquette (une balle) de tennis
- un vélo

La boulangerie-pâtisserie
- une baguette
- un croissant
- un éclair
- un gâteau (au chocolat)
- un millefeuille
- un pain de mie
- un pain au chocolat
- un pain de campagne
- une pâtisserie
- un petit pain
- une religieuse
- une tarte (aux pommes, aux fraises, aux abricots)
- une tartelette (au citron)

La charcuterie
- le jambon
- le pâté
- un rôti de porc cuit
- une salade (de tomates, de concombres, de thon)
- une saucisse
- un saucisson

La boucherie
- un bifteck
- le bœuf
- le canard
- le gigot
- le mouton
- le porc
- le poulet
- un rôti (de porc, de bœuf)
- la viande

Le petit déjeuner
  le bacon
  les céréales *(f.pl.)*
  la confiture
  le jus d'orange
  le lait
  les œufs *(m.pl.)*
  le toast (le pain grillé)

Les légumes (m.pl.)
  une asperge
  une carotte
  un champignon
  un chou
  la choucroute
  un concombre
  une courgette
  un haricot vert
  un oignon
  un petit pois
  une pomme de terre
  un radis
  une salade
  une tomate

Les fruits (m.pl.)
  un abricot
  une banane
  une cerise
  un citron
  une fraise
  une framboise
  un melon
  une orange
  une pêche
  une poire
  une pomme

Les produits laitiers (m.pl.)
  le beurre
  la crème
  le fromage (le brie,
    le camembert, le gruyère)
  le yaourt

Les produits surgelés (m.pl.)
  la glace
  la pizza
  le poisson
  les pommes frites *(f.pl.)*

Autres produits alimentaires
  la farine
  l'huile *(f.)*
  le ketchup
  la mayonnaise
  la moutarde
  les pâtes *(f.pl.)*
  le poivre
  le riz
  le sel
  le sucre

Vocabulaire général

Verbes
  accepter
  acheter
  chercher
  devoir
  faire les (des) courses
  louer
  penser
  rêver

ALLONS-Y!
Video Program

ACTE 6

VOCABULAIRE

SCÈNE 1: LES COURSES
les courgettes   *zucchini*
une laitue   *lettuce*
les champignons
   mushrooms

SCÈNE 2: AU CENTRE COM-
   MERCIAL
mes courses d'alimenta-
   tion   *my food shop-
   ping*
des cadeaux   *gifts*
des fringues = des vête-
   ments *(familier)*
(la) consommation
   consumer goods
des lunettes   *glasses*
un magasin de bijoux
   jewelry store
la nourriture   *food*
sert (servir)   *to serve*
l'entretien   *the upkeep*

Jean Hébert
Lyon (Rhône-Alpes),
France

—Tu vas faire des études ici?
—Oui, je suis aux États-Unis pour toute l'année.

Parlons des études!

OBJECTIVES

In this chapter, you will learn:

- to talk about your university and your studies;
- to describe objects;
- to describe people;
- to react positively and negatively to what is said;
- to understand conversations about academic life;
- to read texts and documents about French education.

CHAPTER SUPPORT MATERIALS

Cahier: pp. 165–186

 Student Tape: Chapitre 7 Segments 1, 2, 3

ALLONS-Y!
Video Program

ACTE 7

SCÈNE 1: LES ÉTUDES
SCÈNE 2: LA VIE DES ÉTUDIANTS

▶ **Première étape** L'université
▶ **Deuxième étape** Les profs et les étudiants
▶ **Troisième étape** Les cours
▶ **Quatrième étape** Lecture: Demain la faculté

P R E M I È R E   É T A P E

Point de départ

L'université

Jean Hébert arrive de Lyon pour faire des études dans une université aux États-Unis. En parlant avec deux étudiantes, Barbara et Susan, il est surpris d'apprendre qu'il y a des différences importantes **parmi** les universités américaines. Barbara et Susan comparent les campus où elles font leurs études. Barbara est étudiante dans une grande université **d'état,** son amie Susan étudie dans une petite université dans la même région.

among

state

ALLONS-Y!
Video Program

ACTE 7: SCÈNE 1
LES ÉTUDES

QUESTIONS DE FOND
1. Nommez quatre spécialités des étudiants français à la Sorbonne.
2. Comparez-les à celles de votre propre université.

Barbara

Moi, je suis étudiante dans une université d'état.

Mon université est situated au centre d'une grande ville. Beaucoup d'étudiants habitent en ville—chez eux ou dans des appartements.

Sur le campus il y a un centre d'étudiants, un stade, deux grandes piscines, une grande librairie, un musée d'art, une salle de concert et un nombre limité de résidences. Mon campus est comme une petite ville où il y a même un hôtel.

Susan

Et moi, je fais mes études dans une petite université privée.

Mon université se trouve dans un petit village pas trop loin d'une grande ville. **La plupart des** étudiants habitent sur le campus dans des **résidences universitaires.**

Mon campus a beaucoup d'espaces verts, une bibliothèque, une piscine et quelques résidences universitaires.

Most of the

residence halls (dorms)

Mon université **comprend** la **faculté** de sciences et de lettres, la faculté de **droit,** l'école des études commerciales, la faculté de médecine et l'école des sciences agricoles, **chacune** avec ses propres bâtiments. Chez nous, on peut préparer un diplôme «undergraduate» ou un diplôme avancé (la **maîtrise** ou le doctorat).

À mon université **il n'y a que** la faculté de sciences et de lettres. Toutes les salles de classe et tous les **bureaux** des profs se trouvent dans deux bâtiments au centre du campus. Tous les étudiants préparent un **diplôme** «undergraduate» qui se fait en quatre ans.

includes / there is only
school
law
offices

each one

degree

master's degree

Nos classes sont très grandes. D'habitude le professeur fait une **conférence,** ensuite nous nous divisons en petits groupes pour discuter avec ses assistants. Il y a un grand nombre d'étudiants qui **sèchent** leurs cours. Mais nos classes de langue et d'anglais sont petites et il faut toujours être là.

Nos classes sont généralement petites. Nous avons l'occasion de poser des questions au professeur. La plupart des étudiants **assistent à** leurs cours.

lecture

attend

cut (a class)

Notre année scolaire est divisée en trimestres. Nous **rentrons début** septembre. Nous passons des examens **au milieu** et à la fin de chaque trimestre. L'année se termine début juin.

Notre année est divisée en semestres. La **rentrée** est au début du mois de septembre. Nous passons des examens au milieu et à la fin de chaque semestre (en décembre et en mai). L'année se termine fin mai ou début juin.

go back to school / first day of classes
at the beginning of
in the middle

Note culturelle

There are some notable differences between the French and the American university systems. In France, education is nationalized, and therefore all schools, including universities, are controlled by the government **(ministère de l'éducation nationale).** French universities do not charge tuition and admission is open to anyone who has passed the **baccalauréat** exam (competitive national exam) at the end of secondary school **(lycée).** Although university admission is open, an exam at the end of the first year determines who may continue into the second year. About 60 percent of French university students do not pass this exam and must repeat their first year. Those who complete the first two years of college in a maximum of three years may then continue at their leisure. Because education is free, there are more "professional" students in France than there are in the United States.

Questions: In your opinion, what are the advantages and disadvantages of a tuition-free university system? (Think about such things as student rights and privileges, etc.) If you didn't have to pay tuition, do you think you would take longer to complete your degree?

À VOUS! (Exercices de vocabulaire)

A.   Mon université. Complete the sentences with information about your personal educational situation.

1.   Je fais mes études à ____ .
2.   C'est une ____ université ____ .
3.   Elle est située ____ .
4.   La plupart des étudiants habitent ____ .
5.   L'université comprend ____ faculté(s): ____ .

6. Sur mon campus, il y a ____ .
7. Moi, je prépare un diplôme de ____ .
8. Un jour je voudrais préparer ____ de ____ . *Ou:* Je n'ai pas l'intention de ____ .
9. En général, les classes sont ____ .
10. L'année scolaire est divisée en ____ .
11. La rentrée des classes est ____ .
12. Nous passons des examens ____ .
13. L'année se termine ____ .
14. Dans ma région il y a ____ grande(s) université(s) et ____ petite(s) université(s) privée(s).

B. Une autre université. Redo Exercise A by giving information about a friend who is in a university that is very different from yours.

Modèle: *Mon ami(e) ____ fait ses études à ____ . C'est une université ____ .*

S·T·R·U·C·T·U·R·E

L'accord des adjectifs

You've already learned some adjectives of nationality and profession, and you've seen a number of adjectives in your readings. Adjectives provide information about the nouns they modify. For example, they help to distinguish between two similar objects:

Ce bâtiment est grand.   Ce bâtiment est petit.
Ce bâtiment est **laid.**   Ce bâtiment est **beau (joli).**   ugly / beautiful (pretty)
Ce bâtiment est moderne.   Ce bâtiment est **vieux.**   old

Cette conférence est intéressante.
Cette conférence est **facile.**
Cette conférence est **bonne.**

easy
good

Vocabulary: Note that **conférence** is a false cognate that means *lecture,* not *conference.*

boring

bad

Cette conférence est **ennuyeuse.**
Cette conférence est difficile.
Cette conférence est **mauvaise.**

Quelles sont les couleurs de votre université?

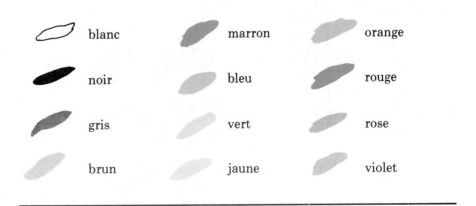

blanc   marron   orange

noir   bleu   rouge

gris   vert   rose

brun   jaune   violet

~~~~~~~~~~~ **Adjective agreement** ~~~~~~~~~~~

In French, adjectives must agree in gender with the nouns they modify. Therefore, if the noun is feminine, the adjective is also feminine. And if the noun is masculine, the adjective is also masculine.

~~~~~~~~~~~ **Feminine forms of adjectives** ~~~~~~~~~~~

1. The feminine form of most adjectives is created by adding **-e** to the masculine form. Note that when this happens, the last consonant is pronounced:

    Le musée est **grand.**   La bibliothèque est **grande.**

2. If the masculine form of an adjective ends in **-e,** the feminine form stays the same:

    Le cours est **difficile.**   La leçon est **difficile.**

3. Some adjectives undergo special changes:

-er	changes to	**-ère**	**cher → chère**
-x	changes to	**-se**	**ennuyeux → ennuyeuse**
-et	changes to	**-ette**	**violet → violette**
-et	changes to	**-ète**	**secret → secrète**
-n	changes to	**-nne**	**bon → bonne**
-el	changes to	**-elle**	**sensationnel → sensationnelle**
-f	changes to	**-ve**	**sportif → sportive**

4. Adjectives of color that come from names of objects usually don't change in the feminine:

    Voilà un sac **marron.**   Voici une table **marron.**
    Voilà un livre **orange.**   Voici une auto **orange.**

5. Certain adjective forms are irregular and must be learned separately:

    Le campus est **beau.**   La ville est **belle.**
    Le quartier est **vieux.**   La maison est **vieille.**
    Le bâtiment est **blanc.**   La salle de classe est **blanche.**

▲   ▲   ▲

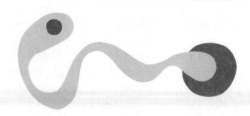

APPLICATION

C. First give the feminine form of each adjective.

Modèle: gris   *grise*

1. facile	7. délicieux	13. mauvais
2. suisse	8. dernier	14. intellectuel
3. français	9. blanc	15. ennuyeux
4. petit	10. ambitieux	16. discret
5. vert	11. vieux	17. actif
6. premier	12. italien	18. grand

Now give the masculine form of each adjective.

Modèle: verte   *vert*

19. intéressante	26. vieille
20. française	27. italienne
21. blanche	28. délicieuse
22. première	29. légère *(light)*
23. mauvaise	30. bonne
24. ennuyeuse	31. naïve
25. belle	32. violette

D. **Comparaisons.** You and your friend are comparing where you live and what you own. For each statement, respond with another statement that uses the same adjective and the cue in parentheses. Remember to make the adjectives agree with the nouns.

Modèle: Mon appartement est petit. (maison)
            Ma maison est petite.

Vocabulary, Ex. D, No. 1: Use the adjective **neuf (neuve)** when *new* means *brand new.* Use the adjective **nouveau** when *new* means *changed, no longer the same.*

1. Ma maison est neuve. (appartement)
2. Mon vélo est vieux. (voiture)
3. Ma vidéo est intéressante. (livre)
4. Ma chaîne stéréo est chère. (ordinateur)
5. Mon sac à dos est marron. (valise *[suitcase]*)
6. Mon vélomoteur est japonais. (voiture)
7. Mon appartement est grand. (chambre)
8. Mon appartement est blanc. (maison)

E. **De quelle couleur est...?** Choose the color that best describes each object.

1. De quelle couleur est le ciel?
2. De quelle couleur sont les pommes?
3. De quelle couleur sont les abricots?
4. De quelle couleur sont les bananes?
5. De quelle couleur sont les petits pois?
6. De quelle couleur sont les pommes de terre?

7. De quelle couleur est la neige?
8. De quelle couleur sont les nuages?
9. De quelle couleur sont les arbres *(trees)* en automne?
10. De quelle couleur sont les murs *(walls)* de votre chambre?

F. Comment est...? Which adjectives in the list best describe each drawing?

grand / beau / difficile / moderne / ennuyeux / intéressant / facile /
laid / bon / mauvais / joli / petit / vieux / sensationnel / compliqué /
français / extraordinaire / fantastique / amusant / chouette / long

1. Comment est ce tableau?   2. Comment est cette ville?

3. Comment est ce cours?

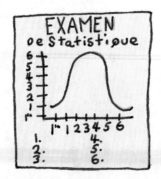

4. Comment est ce livre?   5. Comment est cet examen?   6. Comment est cette voiture?

Note grammaticale

Le pluriel des adjectifs

In addition to agreeing in gender, adjectives must agree in number with the nouns they modify. That means that if a noun is singular, the adjective must be singular. And if the noun is plural, the adjective must be plural.

1. The plural form of most adjectives is created by adding **-s** to the singular form. Note that there is no pronunciation change from singular to plural:

   Le stylo est **bleu.**   Les stylos sont **bleus.**
   La classe est **ennuyeuse.**   Les classes sont **ennuyeuses.**

2. If the masculine singular form of an adjective ends in **-s** or **-x,** the masculine plural form remains the same. Again, there is no change in pronunciation:

   Ce film est **mauvais.**   Ces films sont **mauvais.**
   Ce livre est **vieux.**   Ces livres sont **vieux.**

3. If the singular form of an adjective ends in **-eau,** the plural form adds **-x.** Again, there is no change in pronunciation:

   Ce livre est **beau.**   Ces livres sont **beaux.**

Grammar: Marron and **orange** don't change form in the plural: **des cheveux marron, des crayons orange.**

G. Give the plural form of each adjective and tell whether you added an **-s**, an **-x**, or nothing.

1. petit	6. gris	11. bon
2. laide	7. vieille	12. blanche
3. ennuyeuse	8. brun	13. vieux
4. dernier	9. intéressant	14. mauvais
5. noir	10. beau	15. orange

H. Ma maison est... Use an adjective to make a statement about each object. Then ask another student a question. Follow the model.

Ex. H: ⇄

> *Modèle:* ma maison
> —*Ma maison est grande. Et ta maison?*
> —*Ma maison est grande aussi.* or *Ma maison n'est pas grande. Elle est petite.*
>
> mon livre
> —*Mon livre est intéressant. Et ton livre?*
> —*Mon livre est intéressant aussi.* or *Mon livre n'est pas intéressant. Il est ennuyeux.*

1. ma maison (mon appartement) 2. ma chambre 3. mes livres 4. mon vélo 5. mon auto 6. mes vidéos (mes disques) 7. ma ville 8. mon cours d'anglais (de mathématiques, de littérature, de français, etc.)

PRONONCIATION *La voyelle o*

Student Tape:
Chapitre 7
Segment 1

The letter **o** represents two different sounds in French: [ɔ], which is similar to the vowel sound in the English word *lost,* and [o], which is similar to the vowel sound in the English word *go* (without a diphthong). The sound [o] is used when **o** is the last sound of a word (**métro, gigot**), before **s** plus a vowel (**rose**), and when the letter **o** has a circumflex (**hôtel**). In other cases, the letter **o** is pronounced [ɔ].

I. Read each word aloud, being careful to clearly pronounce the [ɔ] of the first word and avoid making a diphthong with [o] in the second.

notre, nos / votre, vos / téléphoner, métro / sport, hôte / orage, chose / octobre, prose / soleil, exposé

J. Read each word aloud, being careful to distinguish between [ɔ] and [o].

pomme / rôti / promenade / chocolat / kilo / trop / roquefort / gigot / Sorbonne / haricots / photo / monotone / chose / bonne

S·T·R·U·C·T·U·R·E

La place des adjectifs

J'ai acheté un vélomoteur **neuf.**
C'est un film **japonais.**
J'ai trouvé des livres **intéressants** à la bibliothèque.

In French, unlike in English, an adjective is usually placed *after* the noun it modifies. However, the following adjectives are exceptions, because they are normally placed *before* the noun they modify: **grand, petit, vieux, jeune, bon, mauvais, nouveau, long, beau, joli, autre:**

Elle habite dans un **petit** appartement.
Nous avons eu une **mauvaise** journée.
J'ai rencontré des **jeunes** filles du Maroc.

When two adjectives modify the same noun, each adjective occupies its normal position, either before or after the noun:

J'ai acheté une **jolie petite** maison.
Nous avons visité une **belle** cathédrale **gothique.**
C'est une voiture **beige** et **marron.**

▲ ▲ ▲

▲▲▲ C

APPLICATION

K. Nous ne sommes jamais d'accord. *(We never agree.)* No matter what you and your friends talk about, you never seem to agree. Contradict each statement by using an adjective with the opposite meaning.

Modèle: C'est un petit appartement.
              Au contraire! C'est un grand appartement.

1. C'est une voiture neuve.
2. C'est un grand musée.
3. C'est un exercice difficile.
4. C'est une belle maison.
5. Ce sont des livres intéressants.
6. Ce sont des vieilles églises.
7. Ce sont des mauvaises idées.
8. C'est un voyage ennuyeux.
9. C'est un bon restaurant.
10. Ce sont des bons ordinateurs.
11. C'est un beau tableau.

L.   Quelle sorte de ___ avez-vous? *(What kind of ___ do you have?)* Choose
one or two adjectives from the list to answer each question.

allemand / américain / anglais / beau / blanc / chinois / difficile /
facile / français / grand / gris / italien / japonais / jaune / joli / laid /
long / moderne / nouveau / petit / rouge / vert / vieux

> *Modèle:*   Quelle sorte de maison avez-vous?
> *Nous avons une petite maison blanche.*

1.   Quelle sorte de maison avez-vous?
2.   Quelle sorte d'auto avez-vous (voulez-vous avoir)?
3.   Quelle sorte de restaurant préférez-vous?
4.   Quelles sortes d'ami(e)s est-ce que vous avez?
5.   Quelles sortes de devoirs faites-vous pour le cours de français?
6.   Quelle sorte de voyage avez-vous fait?
7.   Quelle sorte de vélo avez-vous?
8.   Quelles sortes d'examens avez-vous dans le cours de français?

M.   J'ai vu un film. *(I saw a film.)* Pick a film you've seen recently and tell
your classmate about it. Use as many adjectives as you can to describe the
film and give your opinion about it. Your classmate will ask you questions.

SUGGESTED ADJECTIVES: **bon, mauvais, beau, laid, intéressant, sensationnel, fantastique, long, historique, émouvant** *(moving),* **chouette,
ennuyeux, amusant, triste** *(sad).*

> *Modèle:*   *Hier soir j'ai vu un très beau film. Il s'appelle* Napoléon. *C'est
> un film historique. Il est très émouvant mais un peu triste.
> C'est aussi un film très long. J'ai beaucoup appris. C'est un
> film intéressant.*

Débrouillons-nous!

Petite révision de l'étape

N. **Échange.** Posez les questions à un(e) autre étudiant(e), qui va vous répondre.

1. Est-ce que ta famille habite dans une maison? De quelle couleur est la maison? C'est une grande maison? (Est-ce que ta famille habite dans un appartement? Est-ce que l'appartement est grand? C'est un joli appartement?)
2. Est-ce que tu as une auto? De quelle couleur est ton auto? C'est une auto neuve? C'est une auto américaine? (Est-ce que tu as un vélo? De quelle couleur est ton vélo? C'est un vélo neuf? C'est un vélo américain?)
3. Est-ce qu'il y a des restaurants près du campus? Comment sont-ils?
4. Depuis combien de temps fais-tu des études dans cette université?
5. Pourquoi est-ce que tu as choisi *(did you choose)* cette université?
6. Comment sont tes cours?
7. D'habitude, est-ce que tu assistes à tes cours?
8. Combien de fois as-tu séché ton cours de français?

O. **Mon université.** You're talking to some French friends of your parents. They're planning to send their son (daughter) to college in the United States for a couple of years. Describe your university in the most positive terms to persuade them that it's an excellent place to pursue one's studies.

Suggestion, Ex. O: Besides talking about the campus itself, you may talk about the surrounding area and things to do in your town. Remember to use some expressions of quantity, such as **assez de, beaucoup de, pas trop de,** etc.

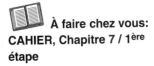 À faire chez vous: CAHIER, Chapitre 7 / 1ère étape

Jean Hébert et deux amis.

DEUXIÈME ÉTAPE

Point de départ

▼▼▼▼▼▼▼▼▼▼▼▼

Les profs et les étudiants

Dans ses discussions avec les profs et les étudiants, Jean Hébert découvre que les universités américaines se composent de gens qui ont des personnalités et des goûts très variés.

Portraits de deux profs

Le professeur Santerre

Le professeur Merlot

ALLONS-Y!
Vidéo Program

ACTE 7: SCÈNE 2
LA VIE DES ÉTUDIANTS

QUESTION DE FOND
Nommez deux avantages et deux inconvénients de la vie d'un(e) étudiant(e) à la Sorbonne.

Voici le professeur Santerre.
Il est **d'un certain âge.**
Il a une moustache et une barbe. Il a les cheveux courts et gris et les yeux bleus. Il est **costaud,** mais il n'est pas **gros.**

Le professeur Santerre est très énergique. Il adore **enseigner** et il est très à l'aise avec ses étudiants. Il fait des recherches pour ses cours, mais il **publie** très rarement. Pour lui, l'important c'est les étudiants **débutants** de **niveau** «undergraduate».

Voici le professeur Merlot.
Elle est assez jeune.
Elle porte des **lunettes,** elle a les cheveux longs, les yeux bruns et elle est grande et **mince.**

Le professeur Merlot est intellectuel et un peu timide. Elle préfère la **recherche** à l'**enseignement.** Elle adore passer son temps à la bibliothèque ou à la maison devant son ordinateur. Elle a déjà publié **plusieurs** articles et un livre. Pour elle, l'important, c'est la recherche et son travail avec les étudiants de niveau maîtrise ou doctorat.

middle-aged
glasses

heavyset / thin (slender)
fat

to teach
research
teaching
publishes

beginning
level / several

rather

M. Santerre est idéaliste.
Il est patient.
Il est généreux.
Il est actif.
Il est indépendant.
Il est jovial.
Il est marié.
Il est heureux.

looks (seems)
single

Mlle Merlot est **plutôt** réaliste.
Elle est impatiente.
Elle est généreuse aussi.
Elle est ambitieuse.
Elle est indépendante aussi.
Elle **a l'air** un peu triste.
Elle est **célibataire.**
Elle est satisfaite de ce qu'elle a accompli.

Portrait de deux étudiants

Serge Cazenave

Marie Orlan

Serge est jeune. Il n'a que 18 ans.
Il est grand et costaud. Il a les
cheveux blonds et les yeux verts. Il
est très **bronzé.**

tanned

Marie est un peu plus âgée. Elle
est petite et svelte. Elle a les
cheveux noirs et les yeux bruns.
Elle est un peu pâle.

Serge est optimiste.
Il est un peu **paresseux.**
Il est honnête.
Il est un peu naïf.
Il est **parfois** indiscret.
Il n'est pas marié.
Il est presque toujours **de bonne humeur.**

lazy
dishonest

sometimes

in a good mood

Marie est quelquefois pessimiste.
Elle est très active.
Elle n'est pas **malhonnête.**
Elle est très réaliste.
Elle est toujours discrète.
Elle est divorcée et mère de deux
enfants.
Elle est un peu nerveuse et
quelquefois elle est de mauvaise
humeur.

Serge est un très bon étudiant,
mais il n'est pas toujours très
sérieux.

Marie est contente de continuer
ses études. C'est une excellente
étudiante.

Note culturelle

In 1971, France passed a law that created a system of continuing education for adults who, for whatever reason, were not able to complete their education when they were younger. This system is called **la formation permanente** and is designed to diminish the educational inequalities that exist in France. Since 1971, millions of French people have taken advantage of continuing education programs to advance in their jobs. Just as important, those who don't complete the **bac** know that they can continue their education at a later time and that they always have a second chance to improve their work situation.

Questions: Have you ever taken a continuing education course? Which one(s)? Are you a returning adult student? Do you know someone who is a returning adult student?

À VOUS! (Exercices de vocabulaire)

A.   Mme Rimadier et Marc Oursin. Answer the questions based on what you see in the drawings.

Voici Madame Rimadier.

1. Comment est-elle? Est-elle petite? Est-ce qu'elle a les cheveux courts? Est-elle mince? Est-ce qu'elle est âgée ou plutôt jeune?
2. Combien d'enfants a-t-elle? Est-ce qu'ils sont jeunes? Quel âge ont-ils probablement?
3. Que fait Mme Rimadier dans sa vie professionnelle? Est-ce un bon ou un mauvais professeur? Est-ce qu'elle est enthousiaste ou ennuyeuse? Est-ce qu'elle aime enseigner?
4. Est-ce qu'elle fait aussi des recherches? Où est-ce qu'elle va pour faire ses recherches? Est-ce qu'elle est intellectuelle? Est-elle paresseuse?
5. Qu'est-ce qu'elle fait pour s'amuser? Est-ce qu'elle est sportive?
6. Est-ce qu'elle travaille beaucoup? Est-ce que vous pensez qu'elle est ambitieuse? Est-ce qu'elle a l'air satisfaite de sa vie? Est-ce qu'elle est optimiste ou pessimiste?

Voici Marc Oursin.

7. Comment est-il? Faites sa description physique.
8. Est-ce qu'il s'amuse beaucoup avec ses amis? Est-ce qu'il est paresseux? Est-ce qu'il est sportif? Qu'est-ce qu'il aime faire?
9. Est-ce qu'il est travailleur? Est-il studieux? Est-ce qu'il est intellectuel?
10. Est-il optimiste ou pessimiste? Est-ce qu'il est ambitieux?
11. En général, est-ce qu'il a l'air content?

Vocabulary, Ex. B: Note that **belle** and **jolie** are used to say that a woman is beautiful (pretty) and **beau** is used to say that a man is handsome.

B. Deux portraits. Describe the two people indicated below. Give a physical description first. Then describe their personality traits. Your classmate will respond by asking you two more questions about these people.

1. a professor   2. a student

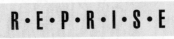

R·E·P·R·I·S·E

Première étape

C. Visitons le palais et le jardin du Luxembourg! You're guiding your friends around the Luxembourg Palace and Gardens in Paris. Using the notes below, describe what you see. You may add to the description or change it, as long as you keep the main idea.

Modèle: parc / immense
        C'est un parc immense. or *C'est un très grand parc.* or *Nous sommes ici dans un parc immense.*

Le jardin du Luxembourg
1. parc / intéressant
2. touristes *(m.)* / américain
3. théâtre de marionnettes / joli / petit
4. allées *(paths [f.])* / serpentin
5. statue *(f.)* de Delacroix / beau

Le palais du Luxembourg
6. porte / monumental
7. terrasse *(f.)* / beau
8. bibliothèque / vieux
9. peintures de Rubens / beau
10. deux patios *(m.)* / élégant

D. Des monuments. Use two adjectives to describe each of the following Parisian monuments.

SUGGESTIONS: **petit, grand, moderne, vieux, intéressant, laid, beau, joli, affreux, sensationnel, fantastique**

Modèle: la Conciergerie
Elle est vieille et très grande.

1.   la tour Eiffel

2.   l'arc de Triomphe

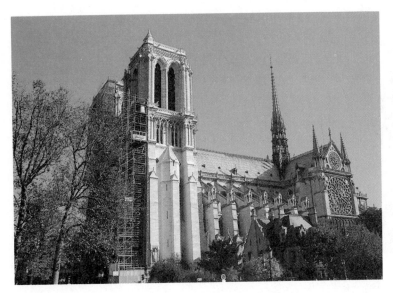

3.   Notre-Dame de Paris

4.   la tour Montparnasse

5.   le musée du Louvre

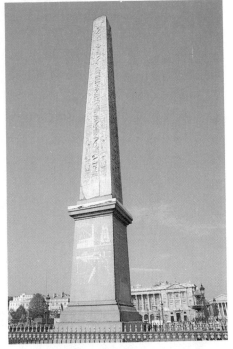

6.   l'obélisque de Louksor

S·T·R·U·C·T·U·R·E

Les adjectifs (suite)

Irregularities occur in two situations involving descriptive adjectives.

1. **Beau, nouveau, vieux**

   J'adore cet appartement. Il est très **beau.**
   Oui, tu as raison. C'est un **bel** appartement.

When the adjectives **beau, nouveau,** and **vieux** are used before a masculine singular noun beginning with a vowel or a vowel sound, each has a special form that allows liaison with the noun:

   un **bel** hôtel   un **nouvel** ami   un **vieil** appartement

Summary of adjective forms: beau, nouveau, vieux			
MASCULINE SINGULAR	beau	nouveau	vieux
MASCULINE SINGULAR before a vowel sound	bel	nouvel	vieil
MASCULINE PLURAL	beaux	nouveaux	vieux
FEMININE SINGULAR	belle	nouvelle	vieille
FEMININE PLURAL	belles	nouvelles	vieilles

2. **Adjectives used with parts of the body**

   —Les yeux de ma mère **sont bleus.**
   —Comment?
   —Ma mère **a les** yeux **bleus** et **les** cheveux **blonds.**

In Chapter 2, you learned to use the verb **être** with adjectives to describe parts of the body. An even more common construction is to use the verb **avoir** with the definite article preceding the part of the body and the descriptive adjective.

▲   ▲   ▲

Le savez-vous?

▲▲▲▲▲▲▲▲▲▲▲▲▲▲

Les grandes écoles **is a term used to designate**

a. **the French university system as a whole**
b. **the five largest French universities**
c. **several prestigious professional schools**
d. **high schools as opposed to elementary schools**

Réponse ▲▲▲

APPLICATION

E. Ajoutez les adjectifs et faites tous les changements nécessaires.

> *Modèles:*   C'est une maison. (beau)
> *C'est une belle maison.*
>
> Ce sont des arbres. (beau)
> *Ce sont des beaux arbres.*

1. C'est un livre. (beau)
2. Ce sont des maisons. (beau)
3. C'est un arbre. (beau)
4. C'est une église. (beau)
5. C'est un ami. (nouveau)
6. C'est une amie. (nouveau)
7. Ce sont des livres. (nouveau)
8. C'est un musée. (vieux)
9. C'est un hôtel. (vieux)
10. C'est une maison. (vieux)
11. Ce sont des églises. (vieux)
12. C'est un appareil-photo. (vieux)

F. **Deux portraits.** Describe François and Yvette, using the elements provided. Use the verb **avoir** and the definite article in your sentences.

François
1. cheveux bruns
2. yeux bruns
3. cheveux très courts

Yvette
4. cheveux blonds
5. yeux bleus
6. cheveux longs

G. **Ma famille et mes amis.** Tell one of your classmates about the people below. Give each person's age (if appropriate), physical description, and personality description. Select from the adjectives provided.

actif / ambitieux / beau / costaud / courageux / cruel / discret / dynamique / égoïste / énergique / frivole / généreux / grand / heureux / honnête / idéaliste / impatient / indépendant / indiscret / intelligent / jeune / joli / malhonnête / mince / naïf / optimiste / paresseux / patient / pessimiste / petit / réaliste / sérieux / sincère / sportif / svelte / triste / vieux

1. votre frère ou votre père
2. votre sœur ou votre mère
3. votre ami(e)
4. votre professeur (il ou elle)

Supplementary vocabulary: agressif, amusant, compétent, consciencieux, conservateur (-trice), curieux, drôle, gentil, imprudent, impulsif, libéral, nerveux, obstiné, prudent, réservé, sage, spontané, superstitieux, travailleur(-se)

Student Tape: Chapitre 7 Segment 1

▲▲▲ C

PRONONCIATION   *La combinaison ou*

The combination **ou** in French is usually pronounced [u], as in the English word *boot* (without a diphthong): **nous, tourner.** However, when the **ou** combination is followed by a vowel sound, it is pronounced [w], as in the English word *will:* **oui.**

H. Read each word aloud, being careful to distinguish between [u] and [w].

rouge / beaucoup / oui / poulet / couvert / ouest / jouer / tour / cousin / silhouette / Louvre / août / souvent / pirouette / moutarde

S·T·R·U·C·T·U·R·E

Le comparatif

In English, comparisons are made either by using a comparison word *(more, less, as)* or by adding the suffix *-er* to an adjective. In French, you must always use a comparison word.

~~~~~~~~~ **Comparison of adjectives and adverbs** ~~~~~~~~~

Elle est **plus grande que** son frère.	She's *taller than* her brother.
Il est **aussi sérieux que** sa sœur.	He's *as serious as* his sister.
Ils travaillent **moins rapidement que** leurs amis.	They work *less rapidly than* their friends.

The expressions **plus** *(more)*, **aussi** *(as)*, and **moins** *(less)* are used to compare adjectives and adverbs. They are followed by **que** *(than, as)*.

Reminder: In French, most adverbs are formed by adding the suffix **-ment** to the feminine form of an adjective: *lente → lentement, sérieuse → sérieusement.*

~~~~~~~~~ **Comparison of nouns** ~~~~~~~~~

Nous avons **plus d'argent que** Paul.	We have *more money than* Paul.
J'ai **autant d'énergie que** lui.	I have *as much energy as* he (does).
Elle a **moins de tact que** moi.	She has *less tact than* I (do).

The expressions **plus de** *(more)*, **autant de** *(as much)*, and **moins de** *(less)* are used to compare nouns and are also followed by **que**. If you want to use a pronoun rather than a noun in your comparison, use the stress pronouns **moi, toi, lui, elle, nous, vous, eux** *(they,* masculine), **elles**.

▲ ▲ ▲

APPLICATION

I. Ajoutez les mots entre parenthèses et faites tous les changements nécessaires.

> *Modèle:*   Philippe est jeune. (plus, son frère)
> *Philippe est plus jeune que son frère.*

1. Francine est intelligente. (plus, sa sœur / aussi, son père / moins, son amie)
2. Henri parle rapidement. (aussi, toi / moins, Jeanne / plus, moi)
3. Nous avons beaucoup de disques. (plus, Philippe / autant, eux / moins, vous)
4. Elles font beaucoup de progrès. (autant, Marie / plus, moi / moins, toi)

Deuxième partie

J. Les élèves du lycée Voltaire. Make the comparisons indicated.

Nom de l'élève	Examen de classement	Heures de préparation
Sylvie	1ère	20
Louis	5^e	15
Yves	19^e	30
Simone	35^e	15
Gilbert	60^e	10

Modèle: (intelligent) Yves et Simone
Yves est plus intelligent que Simone.

1. (intelligent) Sylvie et Yves / Louis et Simone / Gilbert et Louis / Simone et Sylvie / Gilbert et Sylvie

Modèle: (faire des devoirs) Yves et Gilbert
Yves fait plus de devoirs que Gilbert.

2. (faire des devoirs) Yves et Simone / Louis et Simone / Gilbert et Sylvie / Louis et Gilbert / Gilbert et Yves

K. Géographie humaine: Les régions. Compare the following regions in terms of their geographical size and population.

Régions	Superficie (km^2)	Population (millions)	Densité (hab./km^2)
Afrique	30 388 000	587	18,1
Amérique	42 081 000	803	15,9
Asie	27 580 000	3 036	102,6
Europe	4 937 000	492	99,7
Océanie	8 510 000	28	2,8
U.R.S.S.	22 402 000	278	12,4

Modèles: (grand) l'Europe et l'Asie
L'Europe est moins grande que l'Asie.

(habitants) l'U.R.S.S. et l'Océanie
L'U.R.S.S a plus d'habitants que l'Océanie.

(habitants par km^2) l'U.R.S.S. et l'Océanie
L'U.R.S.S. a plus d'habitants par kilomètre carré que l'Océanie.

1. (grand) l'Amérique et l'Océanie / l'U.R.S.S. et l'Afrique / l'Asie et l'Europe / l'Asie et l'Amérique / l'Océanie et l'Europe

2. (habitants) l'Asie et l'U.R.S.S. / l'Europe et l'Amérique / l'Afrique et l'Amérique / l'Europe et l'Océanie
3. (habitants par km^2) l'Europe et l'Asie / l'Amérique et l'Afrique / l'Océanie et l'U.R.S.S. / l'Amérique et l'U.R.S.S.

Note grammaticale

*Les comparatifs **meilleur** et **mieux***

Mes notes sont **meilleures que** les notes de mon frère.

Il parle **mieux que** moi.

My grades are *better than* my brother's grades.

He speaks *better than* I (do).

The adjective **bon** and the adverb **bien** have irregular comparative forms: **bon(ne)(s)** → **meilleur(e)(s), bien** → **mieux.** The English equivalent of **meilleur** and **mieux** is *better.* Be sure to distinguish between the adjective **meilleur,** which modifies a noun and agrees with it in gender and number, and the adverb **mieux,** which modifies a verb and is invariable. Notice that the comparative forms of **bon** and **bien** are regular when you want to indicate equality or inferiority:

Elle chante **aussi bien que** sa sœur.
Ces oranges-ci sont **moins bonnes que** ces oranges-là.

L. Add the words in parentheses and make all necessary changes.

1. Mes notes sont bonnes. (moins, tes notes / meilleur, les notes de Pierre / aussi, les notes de Micheline)
2. Marguerite chante bien. (mieux, moi / moins, Félicité / aussi, toi)

M. Bon et bien. Answer the questions according to the models. Be sure to distinguish between **bon** and **bien, meilleur** and **mieux.**

Modèles: Quelle sorte d'étudiant est Georges? Comparez-le à Claire.
Georges est un bon étudiant. C'est un meilleur étudiant que Claire.

Comment Gérard chante-t-il? Comparez-le à Philippe.
Gérard chante bien. Il chante mieux que Philippe.

1. Quelle sorte d'étudiante est Valérie? Comparez-la à Denis.
2. Comment Annick chante-t-elle? Comparez-la à Mireille.
3. Comment Vincent parle-t-il? Comparez-le à Jean-Yves.
4. Quelle sorte d'assistante est Christiane? Comparez-la à Luce.
5. Quelle sorte de professeur est Antoine? Comparez-le à Robert.
6. Comment marche la Renault Clio? Comparez-la à la Peugeot.

Culture, Ex. N: On course exams and papers in France, grades are based on a maximum of 20 points, with 10 being the passing score. Approximate equivalents are 8/20 = D, 12/20 = C, 15/20 = B, 18/20 = A. Note, however, that it is almost impossible to receive a grade of 18 in the French educational system.

N. Les élèves du lycée Voltaire. Make the indicated comparisons using **meilleur** and **mieux.**

Nom de l'élève	Note en maths	Note en littérature
Sylvie	14/20	16/20
Louis	16/20	10/20
Yves	12/20	12/20
Simone	8/20	11/20
Gilbert	8/20	6/20

Modèle: (bon en littérature) Sylvie et Louis
Sylvie est meilleure en littérature que Louis.

1. (bon en littérature) Simone et Gilbert / Louis et Yves / Simone et Louis / Gilbert et Sylvie
2. (bon en maths) Simone et Gilbert / Louis et Sylvie / Yves et Sylvie / Sylvie et Simone
3. (travailler bien en littérature) Yves et Gilbert / Simone et Sylvie / Simone et Louis / Sylvie et Yves
4. (travailler bien en maths) Gilbert et Simone / Yves et Gilbert / Louis et Sylvie / Yves et Sylvie / Sylvie et Gilbert

▲ ▲ ▲ ▲ ▲ ▲ ▲ ▲ Débrouillons-nous! ▲ ▲ ▲ ▲ ▲ ▲ ▲ ▲

Petite révision de l'étape

O. Vous et... Compare yourself to your brother, sister, mother, father, friend, etc., using the following descriptive elements. Remember that the adjectives in the description must agree in gender and number with the nouns or pronouns they modify.

1. être âgé(e)
2. être intelligent(e)
3. avoir des ami(e)s
4. avoir du temps libre
5. travailler sérieusement
6. bien jouer au tennis
7. bien chanter
8. être optimiste
9. être un(e) bon(ne) étudiant(e)
10. être ambitieux(-se)
11. dépenser de l'argent
12. avoir de l'imagination

P. Deux professeurs. You and your classmate are discussing your professors. Each of you compares two professors you have had for a course. Compare physical and personality traits as well as teaching (**enseigner** = *to teach*).

À faire chez vous:
CAHIER, Chapitre 7 / 2ᵉ étape

TROISIÈME ÉTAPE

Point de départ

▼▼▼▼▼▼▼▼▼▼▼▼▼

Les cours

Jean Hébert retrouve Susan et Barbara au centre d'étudiants et il leur pose des questions à propos de leurs cours.

JEAN:	Quelle est votre spécialisation?
BARBARA:	Moi, je suis étudiante en lettres; j'étudie la philosophie et les langues modernes.
SUSAN:	Et moi, je suis en sciences naturelles. J'espère faire ma médecine l'année prochaine.
JEAN:	Tu as un **emploi du temps** très **chargé,** non?
SUSAN:	Ah, oui! J'ai cinq cours.
JEAN:	Cinq cours! C'est beaucoup, mais tu n'as pas ces cours tous les jours?
SUSAN:	Non, non. Le lundi, le mercredi et le vendredi j'ai trois heures de cours le matin et deux heures de **travaux pratiques** l'après-midi. Le mardi et le jeudi j'ai seulement deux heures de cours.
BARBARA:	Moi, j'ai moins d'heures de cours. J'ai un cours d'espagnol, deux cours de philosophie et un cours de littérature française. Mais il y a beaucoup de devoirs et d'examens.
JEAN:	Est-ce qu'il y a beaucoup d'étudiants qui **ratent** leurs examens?
BARBARA:	Non, pas beaucoup. Il n'est pas difficile de réussir, mais il faut travailler dur pour avoir des bonnes notes.

schedule / busy

lab

fail

Les disciplines et les matières

Les sciences humaines (f.pl.)
l'anthropologie *(f.)*
l'histoire *(f.)*
la linguistique
la psychologie
les sciences économiques *(f.pl.)*
les sciences politiques
la sociologie

Les sciences naturelles
la biologie
la botanique
la géologie

Les sciences exactes
l'astronomie *(f.)*
la chimie
l'informatique *(f.)*
les mathématiques *(f.pl.)*
la physique

La gymnastique (la gym)

Les études professionnelles (f.pl.)
le commerce
la comptabilité
le droit
la gestion
le journalisme
le marketing
la médecine

Les beaux-arts (m.pl.)
l'art dramatique *(m.)*
le dessin
la musique
la peinture
la sculpture

Les lettres (f.pl.)
les langues modernes *(f.pl.)*
les langues mortes
la littérature
la philosophie

accounting

management

drawing

computer science

physics

Note culturelle

L'enseignement supérieur en France

Higher education in France is organized somewhat differently from that in the United States. Before students enter college at 18 or 19 years old, they have passed the **baccalauréat (bac)** exam, which is considered roughly equivalent to the first two years of general education in an American university. French students therefore take only the first two years (or three, if they failed the exam after the first year) to obtain their general university diploma (**diplôme d'études universitaires générales**). In the following two years they may obtain a **licence** (roughly equivalent to the first year of a master's degree in the United States) and a **maîtrise** (equivalent to an American master's degree). If they continue, they spend three years or more getting one of two kinds of doctorate degrees (**doctorat du troisième cycle, nouveau doctorat**).

French students may also select to study in one of the prestigious professional schools (**École nationale d'administration, École polytechnique, École des mines,** etc.) called **les grandes écoles.** Admission to these schools usually requires three to four years of preparation and an additional two to four years of study.

Finally, French students have the option of getting a technology degree (**diplôme universitaire de technologie**) from a technology institute.

Question: What advantages and disadvantages do you see in the French educational system as compared to the American one?

Le savez-vous?

▲▲▲▲▲▲▲▲▲▲▲▲▲▲▲

French students visiting the United States will probably be surprised by all *but one* of the following:

a. intercollegiate athletics
b. residence halls
c. fraternities and sororities
d. small private colleges located in small towns

Réponse ▲▲▲

À VOUS! (Exercices de vocabulaire)

A. **Il est étudiant? En quoi?** Based on the courses they're taking, tell what majors the students are in.

Modèle: Mathieu / sociologie, sciences économiques, psychologie
Mathieu? Il est en sciences humaines.

1. Jeannette / physique, chimie, maths
2. Hervé / philosophie, allemand, littérature anglaise
3. Mireille / sculpture, peinture, dessin
4. Jean-Jacques / anatomie, physiologie, psychologie
5. Hélène / anthropologie, sciences politiques, sciences économiques
6. Alain / biologie, génétique, botanique
7. Anne-Marie / comptabilité, gestion
8. Marc / informatique, mathématiques

Vocabulary: To state your major, use the verb **faire** or the expressions **être en…, faire des études de…: Je fais du français. Je suis en sciences politiques. Je fais des études de droit.**

B. **Qu'est-ce que vous étudiez?** Answer the questions according to your own academic situation.

1. Vous êtes étudiant(e) en quoi?
2. Combien de cours avez-vous ce semestre (trimestre)?
3. Est-ce que votre emploi du temps est très chargé?
4. À quelle heure avez-vous votre cours de français?
5. Combien de fois par semaine avez-vous votre cours de français?
6. Quels jours avez-vous votre cours de français?
7. Avez-vous des travaux pratiques pour le cours de français?
8. Quels autres cours avez-vous?
9. Est-ce que vous avez réussi à votre dernier examen de français ou est-ce que vous l'avez raté?
10. Est-ce que vous avez eu une bonne note? Une assez bonne note? Une note moyenne *(average)?* Une mauvaise note?

▲▲▲   b

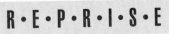

R·E·P·R·I·S·E

Deuxième étape

C. **Les ouvriers de l'atelier Michelin.** Make the indicated comparisons among the workers at the Michelin plant.

Nom de l'ouvrier	Âge	Minutes pour faire le travail	Qualité du travail	Salaire (par mois)
Jean-Loup	22	15 min.	excellent	10 000F
Mireille	21	18 min.	bien	7 500F
Albert	40	18 min.	bien	12 500F
Thierry	55	20 min.	assez bien	10 000F
Jacqueline	18	25 min.	assez bien	6 500 F

Modèle: (être âgé) Jacqueline et Albert
Jacqueline est moins âgée qu'Albert.

1. (être âgé) Jean-Loup et Mireille / Albert et Thierry / Mireille et Jacqueline
2. (travailler rapidement) Jean-Loup et Thierry / Jacqueline et Thierry / Mireille et Albert
3. (le travail / être bon) Jean-Loup et Albert / Thierry et Mireille / Albert et Jacqueline
4. (travailler bien) Mireille et Albert / Thierry et Jean-Loup / Mireille et Thierry
5. (gagner de l'argent) Albert et Jacqueline / Thierry et Jean-Loup / Mireille et Thierry

D. Des comparaisons. Compare your university to another university you know something about. Talk about the differences and similarities between the two campuses, the profs, the students, and other things.

S·T·R·U·C·T·U·R·E

Les verbes réguliers en *-ir*

—**Je réussis** toujours à mes examens. Et toi?

—Moi aussi. **J'ai réussi** à mon examen de français hier.

—*I* always *pass* my exams. What about you?

—Me too. *I passed* my French exam yesterday.

Vocabulary: Réussir à *(to succeed)* in the context of exams means *to pass:* **J'ai réussi à l'examen.** The equivalent of *to take an exam* is **passer un examen.**

Here is the way to form the present tense of regular **-ir** verbs:

finir *(to finish)*	
je fin**is**	nous fin**issons**
tu fin**is**	vous fin**issez**
il, elle, on fin**it**	ils, elles fin**issent**

PAST PARTICIPLE: **fini** (avoir)

Some other **-ir** verbs that follow this pattern are:

choisir	to choose
grossir	to gain weight
maigrir	to lose weight
obéir (à + noun)	to obey (someone or something)
réfléchir (à + noun)	to think, to reflect (about something)
réussir (à un examen)	to succeed (to pass an exam)

▲ ▲ ▲

APPLICATION

E. Remplacez le sujet en italique et faites les changements nécessaires.

1. *Elle* ne réfléchit pas assez. (je / elles / tu / ils / nous / il / vous)
2. *Tu* grossis. (vous / elle / je / nous / ils / elles)
3. *Ils* finissent toujours leurs devoirs. (tu / nous / elle / vous / je)
4. *J'*ai réussi à l'examen. (nous / vous / il / elles / tu)
5. Est-ce que *tu* as fini l'exercice? (vous / elles / il / elle / ils)

F. **Questions.** Use each cue to ask four questions (**tu, vous, il** or **elle, ils** or **elles**) of the other students in your group.

1. réussir au dernier examen
2. finir les devoirs
3. réfléchir assez

4. obéir toujours à ___ parents
5. maigrir
6. obéir au professeur

G. **Les deux dernières années.** You've just met a friend you haven't seen in two years. After saying hello, tell each other what you did during those two years. Use some of the **-ir** verbs you've just learned (such as **réussir, finir, maigrir, grossir, choisir**) along with other verbs you know.

Modèle: —*Tiens! Bonjour, comment ça va?*
—*Ça va bien, et toi?*
—*Ça va. Dis-moi, qu'est-ce que tu as fait pendant les deux der-*
nières années?
—*Je suis allé(e) en Californie avec mes parents.*
—*Moi, j'ai réussi à mes examens et je commence à l'université*
en septembre. Etc.

Student Tape:
Chapitre 7
Segment 1

PRONONCIATION   *La combinaison oi*

The combination **oi** in French is pronounced [wa], as in the English word *watt:* **moi, boîte.** The one exception is the word **oignon,** in which **oi** is pronounced [ɔ], like **o** in the French word **octobre.**

H. Read each word aloud, pronouncing the combination **oi** carefully.

toi / avoir / mois / trois / oignon / froid / étoile / Antoine / noir / poires / loi / droit / froid / Blois / roi / obligatoire / choisir

S·T·R·U·C·T·U·R·E

L'interrogation—l'inversion

Quel temps **fait-il**?   *What's* the weather like?
Va-t-il pleuvoir?   *Is it going* to rain?
Voulez-vous aller au parc?   *Do you want* to go to the park?

In addition to using the question forms you've already learned (intonation, **est-ce que, n'est-ce pas**), it is possible to ask a question by inverting the subject and the verb. Note that very often we do the same thing in English (*They are* going out tonight. *Are they* going out tonight?).

In French, inversion is most commonly seen in writing. It is therefore most important for you to recognize it when you read. In everyday conversation, either intonation or **est-ce que** are the preferred interrogative forms.

When you write an inverted verb and subject, connect the two words with a hyphen:

voulez-vous?   **vas-tu?**   **ont-ils?**

When a conjugated verb ends in a vowel and you want to invert it with **il, elle,** or **on,** place a **-t-** between the two words. This makes pronunciation easier:

Que cherche-**t**-elle?   *But:* Que cherchent-elles?
Où va-**t**-il?   *But:* Où vont-ils?

In the **passé composé,** inversion takes place with the auxiliary verb (**avoir** or **être**) and the subject:

As-tu fini tes devoirs?   **Es-tu allé** au cinéma?

When the conjugated verb is followed by an infinitive, the inversion involves only the conjugated verb and the subject:

Aimes-tu aller au cinéma?   **Veut-il** aller avec nous?

▲   ▲   ▲

Grammar, Inversion: Avoid inversion with the pronoun **je.** Use **est-ce que** or intonation instead: **Est-ce que j'ai assez de temps? J'ai assez de temps?**

APPLICATION

I.   Comment? *(What did you say?)* Each time you ask your friends a question, they ask you to repeat it. You ask the question again, using **est-ce que.**

Modèle: —*As-tu un Walkman?*
              —*Comment?*
              —*Est-ce que tu as un Walkman?*

1.   As-tu une chaîne stéréo?
2.   Prenez-vous souvent le métro?
3.   Avez-vous acheté un gâteau?
4.   As-tu pris l'autobus?
5.   Est-elle française?

6.   Où habites-tu?
7.   Pourquoi vont-ils en ville?
8.   Quel temps fait-il?
9.   Ont-elles réussi à l'examen?

J.   Questionnaire. Use inversion to ask another student the following questions. The other student will answer according to his/her personal experience.

Modèle: Demandez à un(e) autre étudiant(e) s'il (si elle) est américain(e).
              Es-tu américain(e)?

Demandez à un(e) autre étudiant(e)...

1.   s'il (si elle) parle espagnol.
2.   s'il (si elle) a une télévision dans sa chambre.
3.   s'il (si elle) aime faire du ski.
4.   s'il (si elle) a fait un voyage l'année dernière.
5.   où il (elle) est allé(e).
6.   s'ils (ses parents) ont beaucoup d'amis.
7.   quand ils (ses parents) vont visiter Paris.
8.   s'ils (ses parents) aiment jouer au tennis.

Note grammaticale

L'inversion (suite)

Although inversion is less frequently used in spoken French than are the other interrogative forms, some questions are routinely asked with inversion (fixed expressions) and some verbs (particularly short ones) are commonly inverted when they appear in a question.

~~~~~~~~~~~~~~~ **Fixed expressions** ~~~~~~~~~~~~~~~

Comment allez-vous? Comment vas-tu?
Comment vous appelez-vous? Comment t'appelles-tu?
Quel temps fait-il?
Quel jour sommes-nous?
Quelle date sommes-nous?
Quelle heure est-il?

~~~~~~~~~~~~~ **Verbs often used with inversion** ~~~~~~~~~~~~~

avoir	As-tu une voiture?
être	Est-elle française?
aller	Vont-ils en France cet été?
vouloir	Veux-tu aller au cinéma?

K.   Et toi? For each statement, use the cue in parentheses to ask a question with inversion.

Modèle: Je m'appelle Barbara. (s'appeler)
Et toi, comment t'appelles-tu?

1. Moi, j'ai la voiture ce soir. (vouloir aller en ville)
2. Je vais aller à la plage ce week-end. (aller rester à la maison)
3. Je m'appelle Georges. (s'appeler)
4. Je vais très bien. (aller)
5. Je suis française. (être américain)
6. J'ai beaucoup de disques. (avoir des vidéos)
7. Je vais aller au centre commercial. (vouloir m'accompagner)
8. Je vais à Madrid cet été. (où / aller cet été)
9. C'est le 22 septembre. (être quelle date)
10. Il est 3h. (être quelle heure)

▲ ▲ ▲ ▲ ▲ ▲ ▲ ▲ ▲ ▲ **Débrouillons-nous!** ▲ ▲ ▲ ▲ ▲ ▲ ▲ ▲ ▲

Petite révision de l'étape

L.   Échange. Ask one of your classmates questions using the following elements. He/she will then ask the same information of you. Use inversion when appropriate.

Demandez...

1.   le nombre de cours qu'il (elle) a.
2.   le cours qu'il (elle) préfère.
3.   combien de jours par semaine a lieu le cours de ___ .
4.   sa spécialisation.
5.   comment il (elle) a choisi ses cours.
6.   s'il (si elle) a plus de devoirs que ses amis.
7.   s'il (si elle) est un(e) meilleur(e) étudiant(e) que ses amis.
8.   s'il (si elle) lit plus rapidement que ses amis.
9.   s'il (si elle) comprend mieux le français que ses amis.
10. s'il (si elle) obéit toujours à ses professeurs.

M.   Mon emploi du temps. A French person of college age is visiting your family. He/she asks you about your school week. After you explain about your major, your courses, and your schedule, your French visitor will ask you to compare your courses: Is history more interesting, more difficult than math? Is your English literature professor better, more serious than your chemistry professor? Etc.

Reminder, Ex. M: The person asking the questions should remember to use inversion if it is appropriate.

À faire chez vous: CAHIER, Chapitre 7 / 3ᵉ étape

À faire chez vous: Student Tape

Now that you've completed the first three **étapes** of **Chapitre 7,** do Segment 2 of the STUDENT TAPE. See **CAHIER, Chapitre 7,** *Écoutons!,* for exercises that accompany this segment.

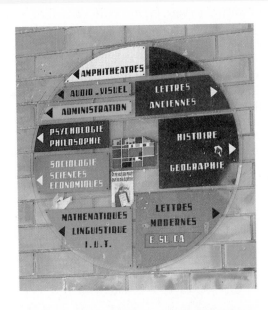

Q U A T R I È M E   É T A P E

▼▼▼▼▼▼▼▼▼▼▼▼

L·E·C·T·U·R·E

Demain la faculté

*The following text is taken from the magazine **Phosphore,** which is intended primarily for secondary-school students. In this article, secondary-school students talk about what they imagine college life to be and college students talk about what their experience is. As you read the text, pay particular attention to the differences in attitude between the **lycée** and the university students.*

Vous l'avez décroché,[1] ce bac qui tournait à l'idée fixe. Les études supérieures s'ouvrent[2] à vous, une nouvelle vie commence. Troquer[3] le statut d'élève contre celui d'étudiant, c'est autre chose que de passer de l'école au collège[4] ou du collège au lycée. Vous allez quitter (un peu) l'adolescence pour entrer (un peu) dans l'âge adulte. Certains changeront de ville, beaucoup s'éloigneront[5] du toit familial. Ce sera le début de l'indépendance. Elle fait rêver[6] cette première année de fac, vous l'attendez depuis si longtemps! Tiendra-t-elle toutes ses promesses? C'est une autre affaire. Écoutez ce que racontent les lycéens et les étudiants et jugez vous-même.

LES LYCÉENS RÊVENT

«Il n'y aura plus de contraintes.[7] Plus d'appel,[8] plus de profs autoritaires, plus d'emploi du temps imposé. C'est cette liberté qui me motive. Liberté de choisir ses matières, d'aller et venir quand on veut. Moi qui n'aime pas être forcée, je serai comblée.»[9] (Sabine A.)

«À la fac, on cumule les avantages du lycée et de la vie active. D'un côté on est autonome, responsable de soi-même, plus libre qu'au lycée. De l'autre, on garde ses copains et on ne se préoccupe pas encore de payer des impôts[10] et autres problèmes de ce genre.» (Denis D.)

«Je suis pressée de me spécialiser, de concentrer mes efforts sur ce que j'aime.» (Nathalie A.)

«Je crois que ce sera plus sympa. Mais il faudra être plus actif. Au lycée, on est toujours dans la même classe, les liens[11] se nouent[12] tout naturellement en deux ou trois semaines. À la fac, si je n'aborde[13] pas les autres étudiants, je resterai seule toute l'année. Je n'ai pas envie d'être une étudiante anonyme dans un amphi.»[14] (Sylvie B.)

«Les profs ont des centaines d'étudiants sous les yeux. Ils ne peuvent pas s'occuper de tout le monde. C'est ça qui m'inquiète. J'ai besoin de la pression du prof pour travailler...» (Patrice C.)

LES ÉTUDIANTS EN PARLENT

«Ma première année de médecine, je suis allée deux fois au cinéma et une fois en boîte,[15] c'est tout. Heureusement, les choses s'arrangent par la suite. En deuxième année, tu travailles encore beaucoup, mais c'est plus relax. Et en troisième année, tu as un peu de temps pour toi.» (Nathalie, médecine)

«Je suis arrivé dans un hall immense. Pas un seul plan des lieux.[16] Où trouver l'amphi BR02? Dans la tour de vingt étages? Dans une des quatre ailes[17] de bâtiment? Un vrai rébus!...»[18] (Julien, DEUG sciences-éco)

«Je ne m'y habitue pas. On perd[19] un temps fou. En première année, on commence par un «semestre d'orientation». Ça signifie qu'on a des cours dans tous les sens[20] et qu'on ne fait à peu près rien. L'année commence effectivement en février, et se termine en mai. Ça ne fait pas lourd.» (Cécile, 2e année de DEUG lettres)

«La première semaine, on se sent toujours un peu seul,[21] mais ça vient vite. À la fac, c'est plus cool, donc les langues[22] se délient[23] plus vite.» (Bertrand, DEUG lettres modernes)

«Je suis arrivée dans un amphi de 600 places. Dès le deuxième jour, j'ai compris que pour un cours qui commençait à 8h30, il me fallait arriver à 7h30 si je voulais trouver de la place. Il y avait des gens assis[24] partout, même dans les escaliers.[25] Cette année-là, je n'ai connu personne à la fac. Il y a un concours[26] à la fin de l'année, et tout le monde voit dans son voisin un concurrent[27] possible... » (Florence, 2e année de médecine)

«Les DEUG première année ne sont jamais très bien vus.[28] Les enseignants[29] ne commencent vraiment à s'intéresser aux étudiants qu'à partir de la licence. Nous n'avons jamais de professeurs, ce sont les assistants qui doivent se faire[30] les «première année». Les rapports sont plutôt distants.» (Véronique, DEUG sciences-éco)

«D'un côté, le prof sur son estrade.[31] De l'autre, les étudiants massés dans les gradins.[32] La structure d'un amphi, ça explique tout. Au milieu, c'est le ravin.»[33] (Nicolas, DEUG droit)

1. got   2. open up   3. to exchange   4. intermediate school between elementary and secondary school   5. will go away   6. dream   7. constraints   8. roll-taking   9. have everything I wish for 10. taxes   11. ties   12. *here:* form   13. approach   14. short for **amphithéâtre,** a lecture hall 15. nightclub   16. building map   17. wings   18. puzzle   19. wastes   20. in every kind of subject 21. alone   22. tongues   23. loosen   24. sitting   25. stairs   26. competitive exam   27. competitor 28. seen   29. teachers   30. take on   31. rostrum   32. stepped rows of seats   33. ravine

À VOUS! (Exercices de compréhension)

A. Que disent les élèves et les étudiants? Answer the questions, using the information contained in the reading.

1. What are some of the major advantages that secondary-school students mention about going to college?
2. What do the college students say about being in college?
3. In general, what is the difference in attitude between the statements made by the secondary school students and the college students?
4. Do some of the college students' complaints sound familiar? What are some of the similarities and differences that you see between the French college experience and your own experience?
5. What was your attitude about college before you started your first year? What is your attitude about college now?

UNIVERSITE
DE TOULOUSE
LE MIRAIL

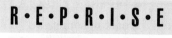

R · E · P · R · I · S · E

Troisième étape

B. Parlons des cours! Talk to one of your classmates about your classes. Tell him/her which classes you're taking now, which ones you've taken in previous terms, which ones you want to take, and which ones you are never going to take. As you talk, your classmate will ask you questions for clarification. When you're done, get the same information from your classmate.

C. Quand? Explain to your classmate why or when you do the following things.

Modèle: Quand est-ce que tu maigris?
             Je maigris quand je suis au régime. ou Je maigris quand j'ai mes examens de fin de semestre.

1. Quand est-ce que tu réussis à tes examens?
2. Quand est-ce que tu grossis?
3. Quand est-ce que tu maigris?
4. Quand est-ce que tu ne réussis pas à un examen?

D. Comment? Je ne t'ai pas entendu. *(What did you say? I didn't hear you.)*
Each time you ask something, the other person doesn't hear you. Repeat
your question, using inversion.

Modèle: Où est-ce que tu vas?
                —*Comment? Je ne t'ai pas entendu.*
                —*Où vas-tu?*

1. Quel temps est-ce qu'il fait?
2. Comment est-ce que tu t'appelles?
3. Est-ce que tu veux aller à la piscine?
4. Est-ce que tu as acheté ce disque?
5. Est-ce qu'ils ont pris le métro?
6. Est-ce qu'elle va avec nous?
7. Où est-ce que vous allez?
8. Est-ce que tu as un magnétoscope?

À faire chez vous:
Student Tape

CAHIER, Chapitre 7:
Rédigeons! / Travail de
fin de chapitre (including
STUDENT TAPE, Chapitre
7, Segment 3)

Point d'arrivée

Activités orales

Exprimons-nous!

When you're asked to react to something, it's very important
to respond appropriately. Use the following expressions to
show your enthusiasm for or negative reaction to something.

Pour montrer son enthousiasme

Formidable!	Fantastic!
Sensationnel! (C'est sensass!)	
C'est épatant!	That's great!
C'est vachement bien!	That's great!
Quelle bonne nouvelle!	Good news!
C'est chouette!	
C'est super!	

Pour réagir de façon négative

C'est affreux!	That's terrible!
C'est barbant!	It's boring! (It's a drag!)
C'est rasant!	It's boring! (It's a drag!)

Ça, c'est malheureux!	That's unfortunate! (That's too bad!)
C'est pas marrant, ça!	That's not fun! *(ironic)*
C'est dommage!	That's too bad!

E. Mon université. You've been asked to make a short presentation about your university to a French-speaking audience. Prepare the description of your school and university life.

F. L'université en France. Prepare a series of questions you would like to ask a student from France about French universities and university life.

G. Visitons le campus! You and another student are to take some visiting French students on a tour of your campus. Discuss what you're going to show them, where you're going to take them, etc. Then take this imaginary walking tour of your campus; two other students will play the roles of the French visitors.

H. Mon frère (ma sœur) et moi. Make a comparison between yourself and your brother (your sister, a friend, your mother, your father, your wife, or your husband). Use as many of the adjectives you've learned as possible. Your comparison should include both physical and personality traits.

I. Un(e) nouvel (nouvelle) ami(e). You've just met a new person at your university. Tell your classmate about this person, including physical and personality traits.

J. Un album de famille. Bring some photographs of family members to class. Tell your group about each person's physical and personality traits. Your classmates will ask you questions.

K. Une interview. Pretend that you work at your university newspaper and that you're interviewing a visiting professor from France. Your classmate will play the role of the professor. Find out as much as you can about the person, about what he/she does, about university life in France, about students in France, etc. Don't forget to ask some of your questions with inversion, if appropriate.

L. Des cadeaux d'anniversaire. Describe some things you've bought for people for their birthdays. Be as precise as you can by using a variety of descriptive adjectives. Your classmate will ask you questions for clarification. When you're done, get the same type of information from your classmate.

PORTRAIT

Jean Hébert, Lyon (Rhône-Alpes), France

Je suis en deuxième année de DEUG lettres à l'université de Lyon. Mes cours sont assez difficiles, mais la vie est beaucoup plus facile qu'elle ne l'était en première année. Parce que j'ai raté mon examen de première année, j'ai dû redoubler. J'étais toujours très nerveux, je ne suis presque jamais sorti et je n'ai pas rencontré beaucoup de gens. Maintenant, je suis plus relax, je suis habitué à la vie universitaire et je suis beaucoup plus discipliné. J'ai l'intention de continuer mes études et de faire un doctorat de littérature américaine. Maintenant que j'ai visité les États-Unis, je comprends un peu mieux la culture et je parle beaucoup mieux l'anglais. Ça m'aide beaucoup avec mes cours. Je sais que les professeurs ne gagnent pas beaucoup d'argent, mais c'est la profession que j'ai choisie. Pour moi, la satisfaction du job compte beaucoup plus que l'argent.

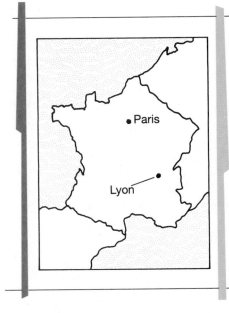

Profil

Lyon

SITUATION: dans le sud-est de la France, au confluent du Rhône et de la Saône

DÉPARTEMENT: Rhône (69)

POPULATION: 462 840 habitants (3e ville de France par sa population)

AGGLOMÉRATION: 1 220 844 habitants

IMPORTANCE: carrefour *(crossroads)* et centre commercial, centre de recherche sur le cancer

INDUSTRIE: construction mécanique, textile, mécanique de précision, chimie, alimentation, matériaux de construction

AGRICULTURE: blé, maïs, vin, lait, foire internationale

LIEUX D'INTÉRÊT: Vieux-Lyon avec le théâtre romain de Fourvière (le plus ancien théâtre de la Gaule), basilique Notre-Dame de Fourvière, musée des tissus

GASTRONOMIE: La région lyonnaise compte le plus grand nombre de cuisiniers (plusieurs centaines) de toutes les régions françaises. Il y a trois catégories de restaurants: «les grands restaurants» tenus par des chefs célèbres comme Paul Bocuse, «les restaurants classiques» qui servent des plats traditionnels et «les bouchons» qui offrent des spécialités régionales.

HISTOIRE: capitale de la Gaule romaine et chrétienne

À discuter: Lyon is considered by many to be the gastronomic capital of France. Why do you think this is probably the case? Is there one city or region in the United States that might be considered its gastronomic capital? Why or why not?

L·E·X·I·Q·U·E

Pour se débrouiller

Pour donner les traits physiques d'une personne
Il (elle) a les yeux bleus, verts, bruns.
Il (elle) a les cheveux blonds, roux, bruns, gris, noirs, blancs.
Il (elle) a les cheveux longs, courts, frisés.
Il (elle) est grand(e), petit(e), mince, svelte.
Il est beau.
Elle est belle, jolie.
Il a une barbe, une moustache.

Pour faire des comparaisons
aussi . . . que
autant de . . . que
meilleur(e)(s) . . . que
mieux . . . que
moins (de) . . . que
plus (de) . . . que

Pour parler des programmes
avoir une spécialisation en
être étudiant(e) en
faire des études de
    (les) beaux-arts *(m.pl.)*
    (le) droit
    (les) lettres *(f.pl.)*
    (la) médecine
    (les) sciences exactes *(f.pl.)*
    (les) sciences humaines *(f.pl.)*
    (les) sciences naturelles *(f.pl.)*
préparer un diplôme
    une licence
    une maîtrise
    un doctorat

Pour parler des cours
s'inscrire à un cours
prendre un cours
assister à un cours
sécher un cours
un emploi du temps
une faculté
la rentrée (des classes)
une conférence

Pour parler des examens
un examen de classement
passer un examen
réussir à un examen
rater un examen
échouer à un examen
une note

Pour montrer son enthousiasme
Formidable!
Quelle bonne nouvelle!
Sensationnel!
C'est sensass!
C'est super!
C'est épatant!
C'est chouette!
C'est vachement bien!

Pour réagir de façon négative
C'est affreux!
C'est barbant!
C'est rasant!
Ça, c'est malheureux!
C'est pas marrant, ça!
C'est dommage!

Thèmes et contextes

Les cours (m.pl) *(les matières* [f.pl.]*)*

l'anthropologie *(f.)*
l'art dramatique *(m.)*
l'astronomie *(f.)*
la biologie
la botanique
la chimie
la comptabilité
le dessin
la géologie
la gestion
l'histoire *(f.)*
l'informatique *(f.)*
le journalisme
les langues modernes *(f.pl.)*

les langues mortes *(f.pl.)*
la linguistique
la littérature
le marketing
les mathématiques *(f.pl.)*
la musique
la peinture
la philosophie
la physique
la psychologie
les sciences économiques *(f.pl.)*
les sciences politiques
la sculpture
la sociologie

Vocabulaire général

Verbes

choisir
finir
grossir

maigrir
marcher
obéir (à)

publier
réfléchir (à)
réussir (à)

Adjectifs

actif(-ve)
ambitieux(-se)
beau, bel, belle
blanc(he)
bleu(e)
blond(e)
bon(ne)
brun(e)
célibataire
chargé(e)
chouette
content(e)
court(e)
cruel(le)
délicieux(-se)
difficile
discret(-ète)
ennuyeux(-se)
facile
frivole
généreux(-se)
grand(e)
gris(e)
gros(se)

heureux(-se)
honnête
idéaliste
impatient(e)
indépendant(e)
indiscret(-ète)
intellectuel(le)
intéressant(e)
jaune
jeune
joli(e)
laid(e)
long(ue)
malhonnête
marié(e)
marron
mauvais(e)
mince
moche
moderne
naïf(-ve)
neuf(-ve)
noir(e)
nouveau, nouvel,
   nouvelle

occupé(e)
optimiste
orange
paresseux(-se)
pessimiste
petit(e)
premier(-ère)
privé(e)
réaliste
rose
rouge
roux, rousse
scolaire
secret(-ète)
sensationnel(le)
sérieux(-se)
sportif(-ve)
timide
triste
universitaire
vert(e)
vieux, vieil, vieille
violet(te)

ALLONS-Y! Video Program

ACTE 7

VOCABULAIRE

Scène 1: LES ÉTUDES
le cursus   *the curriculum, course of study, program*
le Moyen Âge   *the Middle Ages*

Scène 2: LA VIE DES ÉTUDIANTS
en revanche   *however*
les loisirs   *leisure time, spare time activities*

M. Ahmed Abdiba
Fès, Maroc

—Vous prenez deux cachets, trois fois par jour, avec de l'eau.

Soignons-nous!

OBJECTIVES

In this chapter, you will learn:

• to talk about your own and other people's health and physical fitness;

• to refer to habitual actions in the past;

• to tell what you can and cannot do;

• to tell what you do and do not know how to do;

• to understand conversations about health and physical fitness;

• to read documents and texts dealing with health and physical fitness.

CHAPTER SUPPORT MATERIALS

Cahier: pp. 187–214

 Student Tape: Chapitre 8 Segments 1, 2, 3

ALLONS-Y!
Video Program

ACTE 8
UNE VISITE DU MÉDECIN

▶ **Première étape** Ça va? Ça ne va pas?
▶ **Deuxième étape** À la pharmacie
▶ **Troisième étape** Santé passe richesse
▶ **Quatrième étape** Lecture: Une consultation gratuite

PREMIÈRE ÉTAPE

Point de départ

▼▼▼▼▼▼▼▼▼▼▼▼▼▼▼▼

Ça va? Ça ne va pas?

ALLONS-Y!
Video Program

ACTE 8
UNE VISITE DU MÉDECIN

QUESTIONS DE FOND
1. Où est-ce que Ludgi a mal?
2. Est-ce qu'elle de la fièvre?
3. Qu'est-ce que le médecin prescrit pour Ludgi?

Deux amies de Véronique Baudoux décident de **jouer un petit tour à** leur copine.

FRANÇOISE:	Salut, Véronique. Ça va?
VÉRONIQUE:	Oh, oui. Ça va bien.
GISÈLE:	C'est vrai? **Mais dis donc. Tu n'as pas bonne mine** aujourd'hui.
VÉRONIQUE:	Ah, non? Mais **je me sens assez bien.**
GISÈLE:	Écoute. Tes yeux sont tout rouges. **Tu n'as pas mal à la tête?**
VÉRONIQUE:	Non, mais j'ai un peu mal à la gorge.
FRANÇOISE:	Et ton **visage** est très pâle.
VÉRONIQUE:	Oui, en effet, je commence à avoir mal au cœur.
GISÈLE:	Ma pauvre Véronique. Tu devrais rentrer.
VÉRONIQUE:	Vous **avez** peut-être **raison.** Je ne me sens pas bien du tout. Je vais rentrer me coucher. Au revoir. Et merci!

Margin glosses:

to play a trick on

Say! You don't look very good

I feel all right
Don't you have a headache?

face

are right

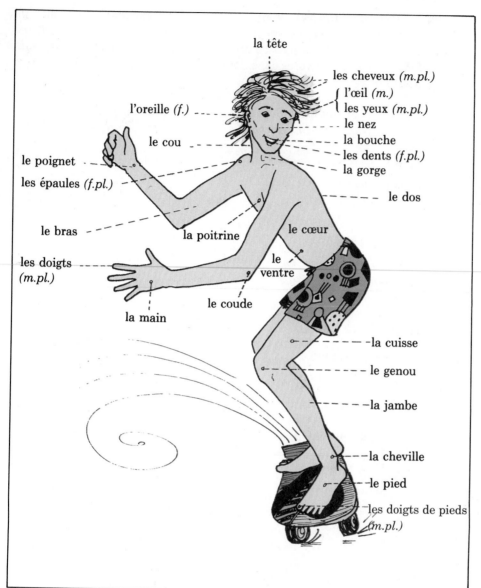

les cheveux *(m.pl.)*

la tête

l'œil *(m.)*

les yeux *(m.pl.)*

l'oreille *(f.)*

le nez

le cou

la bouche

les dents *(f.pl.)*

la gorge

le poignet

les épaules *(f.pl.)*

le dos

le bras

le cœur

la poitrine

les doigts *(m.pl.)*

le ventre

la main

le coude

la cuisse

le genou

la jambe

la cheville

le pied

les doigts de pieds *(m.pl.)*

Le savez-vous?

▲▲▲▲▲▲▲▲▲▲▲▲▲▲▲

Children have their own language to describe things that are important to them. Which of the following expressions do French children use when talking about minor hurts and injuries?

a. **faire dodo**

b. **avoir un bobo**

c. **vouloir un bisou**

d. **none of the above**

Réponse ▲▲▲

À VOUS! (Exercices de vocabulaire)

A.   **J'ai mal partout.** *(I hurt everywhere.)* Utilisez les éléments suggérés pour indiquer où vous avez mal.

> *Modèle:*   la tête   *J'ai mal à la tête.*

Vocabulary: The expression **avoir mal au cœur** *(to feel nauseated)* refers to the stomach, not to the heart.

1. la jambe   2. le bras   3. le dos   4. le ventre   5. les pieds   6. le cou
7. le genou   8. l'épaule   9. la cheville   10. les oreilles   11. le poignet
12. le cœur   13. les dents   14. la gorge

B. Des blessures. *(Injuries.)* On utilise souvent l'expression **se blesser à** *(to injure)* et les verbes **se casser** *(to break)*, **se fouler** *(to sprain)*, **se faire mal à** *(to hurt)* avec les parties du corps pour décrire les résultats d'un accident. Utilisez les expressions données pour indiquer ce qui est arrivé aux personnes suivantes.

> *Modèle:*   Nadia et Mme Bernard se sont blessées (à)... le bras
> *Nadia et Mme Bernard se sont blessées au bras.*

1. Elles se sont blessées (à)...

    a. la jambe
    b. la tête
    c. le dos

2. Je me suis cassé...

    a. le bras
    b. la jambe
    c. le pied
    d. le nez
    e. une dent

3. Ma sœur s'est foulée...

    a. la cheville
    b. le pied
    c. le poignet

4. Je me suis fait mal (à)...

    a. le genou
    b. le dos
    c. l'épaule
    d. la main
    e. la poitrine
    f. le doigt
    g. le cou

C. Dis donc! Tu n'as pas bonne mine aujourd'hui! Parlez à un(e) camarade de classe au sujet de sa santé *(health)*. Suivez les modèles en variant les expressions que vous utilisez.

> *Modèles:*   —*Ça va?*
> —*Non, ça ne va pas. Je ne me sens pas très bien.*
> —*Qu'est-ce qui ne va pas? (Qu'est-ce qu'il y a?)*
> —*J'ai mal (à la tête, au ventre, etc.).*
>
> —*Dis donc! Tu n'as pas bonne mine aujourd'hui.*
> —*C'est vrai. J'ai un peu mal (au dos, aux dents, etc.).*
>
> —*Mon (ma) pauvre. Tu devrais rentrer.*
> —*Tu as peut-être raison. Je vais rentrer tout de suite.*

▲▲▲ b

S·T·R·U·C·T·U·R·E

L'imparfait

Comment est-ce que **tu t'amusais** quand **tu étais** petite?	What *did you do for fun* when *you were* little?
Je jouais avec mes copains.	*I played* with my buddies.
Nous avions un petit lapin et **nous** le **promenions** dans le quartier.	*We had* a little rabbit and *we used to walk* him around the neighborhood.

You have already learned to express actions in the past using the **passé composé.** Now you will learn a second past tense, the imperfect **(l'imparfait),** which will allow you to describe what you *used to do.*

To form the imperfect, begin with the **nous** form of the present tense, drop the **-ons** ending, and add the endings **-ais, -ais, -ait, -ions, -iez, -aient.** This rule applies to all French verbs except **être,** which has the irregular stem **ét-** (the endings remain the same, however):

L'imparfait				
Infinitive	**parler**	**finir**	**faire**	**être**
Stem	nous **parlóns**	nous **finissóns**	nous **faisóns**	**ét-**
je	parl**ais**	finiss**ais**	fais**ais**	ét**ais**
tu	parl**ais**	finiss**ais**	fais**ais**	ét**ais**
il, elle, on	parl**ait**	finiss**ait**	fais**ait**	ét**ait**
nous	parl**ions**	finiss**ions**	fais**ions**	ét**ions**
vous	parl**iez**	finiss**iez**	fais**iez**	ét**iez**
ils, elles	parl**aient**	finiss**aient**	fais**aient**	ét**aient**

▲ ▲ ▲

APPLICATION

D. Remplacez les sujets en italique et faites les changements nécessaires.

1. *Elle* aimait danser. (nous / tu / vous / ils / je)
2. *Je* ne faisais pas attention en classe. (nous / tu / elles / vous / il)
3. *Ils* se promenaient à pied. (elle / nous / tu / je / vous / on)
4. Est-ce que *tu* avais de l'argent? (vous / elle / ils / on)
5. *Il* était très fatigué. (je / nous / elles / vous / on / tu)

Note grammaticale

L'imparfait et les actions habituelles

Tous les étés **nous allions** au
  bord de la mer.
Je restais quelquefois au lit
  jusqu'à midi, mais **mon
  père se levait** toujours
  avant 7h.

Every summer *we used to go
  (would go)* to the seashore.
Sometimes *I stayed (would
  stay)* in bed until noon, but
  my father always *got up*
  before 7 o'clock.

The imperfect tense is used to describe what happened over and over
again in the past. Certain adverbs and expressions often accompany the
imperfect tense. They reinforce the idea of habitual actions, of things
that *used to be done* or *would be done* repeatedly. Among these adverbs
and expressions are:

autrefois	in the past
d'habitude	usually
fréquemment	frequently
quelquefois	sometimes
souvent	often
toujours	always
tous les jours	every day
une fois par jour	once a day
une fois par semaine	once a week
le lundi, le mardi...	Mondays, Tuesdays,...
le matin, l'après-midi, le soir	mornings, afternoons, evenings

E. **Pendant que nos parents étaient en Italie...** L'année dernière les parents de Jean Hébert ont passé deux mois en Italie. Utilisez les suggestions
et l'imparfait pour décrire la vie de Jean et de sa sœur pendant l'absence
de leurs parents.

Modèle: en général / ma sœur et moi / s'occuper de tout *(to take care
        of everything)*
        En général, ma sœur et moi, nous nous occupions de tout.

1. tous les matins / nous / se réveiller *(to wake up)* de bonne heure
2. quelquefois / elle / rester au lit pendant une heure ou deux
3. d'habitude / je / se lever tout de suite
4. je / prendre une douche / toujours
5. le matin / je / ranger *(to put in order)* la maison
6. ma sœur / faire les courses
7. nous / déjeuner ensemble / fréquemment

8. l'après-midi / nous / se séparer
9. elle / retrouver ses amies / au stade
10. je / aller en ville
11. le vendredi soir / ma sœur et ses amies / dîner en ville
12. le samedi soir / je / sortir avec mes copains

F. Quand tu avais sept ans... Utilisez les expressions suggérées pour demander à un(e) camarade de classe ce qu'il (elle) faisait quand il (elle) avait sept ans.

Modèle: aimer aller à l'école
—*Est-ce que tu aimais aller à l'école?*
—*Oui, j'aimais aller à l'école.* ou *Non, je préférais jouer avec mes amis.*

1. habiter ici
2. se disputer avec ses frères et ses sœurs
3. aller à l'école
4. aimer aller à l'école
5. être paresseux(-se)
6. jouer souvent avec ses copains
7. se lever de bonne heure
8. se coucher tard
9. manger beaucoup

PRONONCIATION   *La consonne l*

Student Tape:
Chapitre 8
Segment 1

The letter **l** in French represents either the consonant sound [l], as in the English word *lake,* or the semiconsonant sound [j], as in the English word *you.* In general, a single **l** is pronounced [l]—**la, Italie, hôtel.** At the end of a word, the combination **il** is pronounced [il] when preceded by a consonant—**avril**— and [j] when preceded by a vowel—**travail.**

Pronunciation: In a few words, the **l** in the **il** combination is silent: **gentil, fils.**

G. Read each word aloud, being careful to pronounce the **l** in the first list [l], and the **il** in the second list [j].

[l]: les, librairie, quel, ciel, joli, parle, avril
[j]: travail, ail, détail, vieil, appareil, réveil

35^F00
Réveil à quartz avec lumière, 3 aiguilles
Sonnerie progressive et à répétition.
Pile non fournie, coloris assortis

S·T·R·U·C·T·U·R·E

*Le verbe irrégulier **pouvoir***

—Est-ce que **tu peux** m'aider?
—Non, **je ne peux pas.**
—Tu ne m'as pas aidé mardi non plus.
—Non, **je ne pouvais pas.** Je n'avais pas la voiture.

—*Can you* help me?
—No, *I can't.*
—You didn't help me Tuesday either.
—No, *I couldn't.* I didn't have the car.

pouvoir *(to be able to; may)*	
je **peux**	nous **pouvons**
tu **peux**	vous **pouvez**
il, elle, on **peut**	ils, elles **peuvent**
PAST PARTICIPLE: **pu** (avoir)	IMPERFECT STEM: **pouv-**

The verb **pouvoir** is usually followed by an infinitive. It is the equivalent of both *can (to be able to)* and *may (to have permission to),* depending on the context.

J'ai du temps libre ce soir; **je peux** faire la cuisine.

I have some free time tonight; *I can (am able to)* do the cooking.

Ma mère dit que **mon frère peut** aller au cinéma.

My mother says that *my brother may (has permission to)* go to the movies.

▲   ▲   ▲

Grammar: In the **passé composé,** the verb **pouvoir** is the equivalent of *to succeed in.* It is often used in the negative to explain why you were unable to do something: **Après avoir téléphoné plusieurs fois, j'ai pu parler au directeur.** *After telephoning several times, I succeeded in talking to the director.* **Ils n'ont pas pu aller au cinéma avec nous; leur fils était malade.** *They weren't able to go to the movies with us; their son was ill.*

APPLICATION

H. Remplacez les sujets en italique et faites les changements nécessaires.

1. *Nous* pouvons jouer au tennis demain? (je / elles / tu / il / vous)
2. *Je* ne peux pas rester. (nous / elle / tu / vous / ils)
3. *Elle* voulait les accompagner, mais elle ne pouvait pas. (je / ils / nous / on / vous)

I. **Qui va m'aider?** Vous avez besoin d'aide, mais chaque fois que vous trouvez quelqu'un, vous apprenez qu'il (elle) ne peut pas vous aider. Utilisez le verbe **pouvoir** et les expressions suggérées pour faire des petites conversations.

Modèle: tu / avoir trop de devoirs
—*Est-ce que tu peux m'aider?*
—*Non, je ne peux pas.*
—*Tu ne peux pas? Pourquoi pas?*
—*J'ai trop de devoirs.*

1. tu / aller au ciné-club ce soir
2. tes parents / sortir ce soir
3. ta sœur / avoir mal au dos
4. ton cousin / vouloir se coucher de bonne heure
5. vous / ne pas avoir le temps

J. **Des explications.** Quelqu'un vous rappelle *(reminds)* que vous et vos amis n'avez pas fait certaines choses. Utilisez le passé composé de **pouvoir** et les expressions suggérées pour expliquer pourquoi vous ne les avez pas faites.

Modèle: Tu n'as pas téléphoné à Jacques. (trouver son numéro de téléphone)
C'est que je n'ai pas pu trouver son numéro de téléphone.

1. Tu n'as pas aidé Michèle hier après-midi. (finir mon travail)
2. Alain n'a pas réussi à l'examen de chimie. (finir la dernière partie)
3. Chantal et toi, vous n'êtes pas allés à la soirée chez Dominique? (trouver son appartement)
4. Éric et son cousin ne sont pas allés au concert samedi soir. (avoir des billets)
5. Tu n'as pas acheté de cadeau pour ton petit frère. (aller au magasin de jouets)

K. **Des excuses.** Il y a un(e) étudiant(e) dans votre université que vous essayez d'éviter *(to avoid)*. Mais il (elle) vous demande constamment de faire quelque chose avec lui (elle). Utilisez le verbe **pouvoir** et des expressions de votre choix pour inventer vos excuses.

Modèle: Allons au théâtre.
Je ne peux pas (aller au théâtre). Je n'ai pas d'argent. ou *Je ne peux pas sortir ce soir. J'ai mal à la tête.*

1. Faisons du jogging.
2. Allons au cinéma ce soir.
3. Voici les crêpes que j'ai préparées; tu vas les goûter.
4. Regardons quelque chose à la télé.
5. Allons en ville faire du lèche-vitrines.
6. Allons au centre commercial.

Débrouillons-nous!

Petite révision de l'étape

L. **Quand tu avais dix ans...** Posez des questions à un(e) camarade de classe pour vous renseigner au sujet de ce qu'il (elle) faisait quand il (elle) avait dix ans. Ne vous limitez pas aux expressions suggérées.

Modèle: où / habiter
—*Où est-ce que tu habitais quand tu avais dix ans?*
—*J'habitais à Grand Forks.*
—*Ta famille avait une grande maison?*
—*Non, à cette époque-là* (at that time) *nous habitions dans un appartement.*

1. où / habiter   2. avec qui / jouer   3. qu'est-ce que / aimer manger   4. à quelle heure / se lever / se coucher   5. tes parents / travailler   6. aller à l'école   7. tes grands-parents / être vivants   8. être heureux(-se)

M. **Qu'est-ce qui ne va pas?** Two friends meet in the street. One is sick, the other has recently had an accident. Inquire about each other's health, tell about your problems, and show concern for the other person.

À faire chez vous: CAHIER, Chapitre 8 / 1ère étape

DEUXIÈME ÉTAPE
Point de départ

À la pharmacie

Mme Thibaudet parle avec sa petite fille Cécile.

MME THIBAUDET: Mais dis donc, ma petite Cécile. Qu'est-ce qu'il y a? Tu as le nez tout rouge.
CÉCILE: J'sais pas. J'ai le nez **qui coule** et j'ai mal à la gorge.
MME THIBAUDET: Tu as sans doute un **rhume.**

runny
cold

CÉCILE: Non, non. Je ne suis pas enrhumée. J'ai peut-être une
                   allergie.

MME THIBAUDET: Ah! Dans ce cas-là, tu devrais aller à la pharmacie.

Végétosérum
à la Codéthyline

sirop **adultes**

Affections
des voies respiratoires
Trachéites
Bronchites

LABORATOIRES PHOSMA S.A.
59, Rue Bourbon · 33300 BORDEAUX

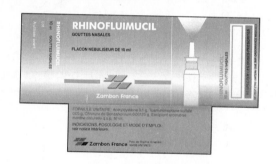

Culture: When you buy
medicine in France, the
pharmacist will often ask if
you would like it in the
form of a pill **(un cachet** or
un comprimé), a capsule
(une gélule), and in some
instances a suppository
(un suppositoire).

Cécile va à la pharmacie.

LA PHARMACIENNE: Bonjour, Mademoiselle. Vous voulez?

CÉCILE: J'ai besoin de quelque chose, mais je ne sais pas de **quoi.**   what
                   J'ai le nez qui coule et j'ai un peu mal à la gorge. Mais je
                   ne tousse pas et je n'ai pas de fièvre.

LA PHARMACIENNE: Ah, vous avez les yeux tout rouges. Vous avez peut-être
                   une allergie? Vous êtes comme ça **depuis longtemps?**   for a long time

CÉCILE: Depuis huit jours.

LA PHARMACIENNE: Ben, voilà. Vous avez sans doute **le rhume des foins.** Je   hay fever
                   vais vous donner des antihistaminiques. Si la gorge vous
                   fait mal, vous pouvez prendre ces **pastilles.**   lozenges

CÉCILE: Très bien. Merci, Madame. Au revoir.

Note culturelle

The French often consult their local pharmacist when they are not feeling well. If the pharmacist considers the illness to be serious, he or she will advise the customer to see a doctor. In case of a cold, flu, or minor accident, the pharmacist will recommend over-the-counter medicine and will do some first aid. Every city and town in France has at least one pharmacy that remains open all night. All other pharmacies have signs on their doors indicating which pharmacy has long hours.

When you go to a pharmacy, you may ask for something to heal a particular part of the body, for example:

J'ai besoin de quelque chose **pour la gorge (pour le nez, pour les yeux, pour l'estomac).**

Or you may ask for a remedy for a particular problem:

J'ai besoin de quelque chose **contre** *(against)* **la toux (contre le rhume des foins, contre la migraine, contre la grippe, contre le mal de mer ou le mal de l'air).**

Or you may ask for a certain type of medicine:

J'ai besoin d'**un tube d'aspirines (de gouttes** [*drops*] **pour le nez ou pour les yeux, de pastilles** [*lozenges*] **pour la gorge, d'antihistaminiques).**

Question: In what ways (if any) do French pharmacies differ from the pharmacies you know?

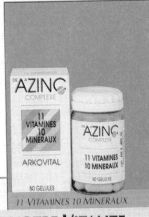

48 . problèmes de vue

Laboratoire Conseil Oberlin

46. le mal au ventre

Laboratoire Conseil Oberlin

Le savez-vous?

▲▲▲▲▲▲▲▲▲▲▲▲▲▲▲

In Paris there are several places called Le Drug Store. **Which of the following items would you expect to find there?**
a. toys
b. records
c. medicine
d. all of the above

Réponse ▲▲▲

Rendez-vous au DRUGSTORE

À VOUS! (Exercices de vocabulaire)

A.   Qu'est-ce que vous avez? Voici des expressions qu'on emploie pour parler des maux *(ailments)* physiques normaux. Choisissez les symptômes qui correspondent à chaque situation.

SYMPTÔMES: **J'ai mal à la tête (à la gorge, aux yeux, au dos, à l'estomac, au cœur). Je tousse. J'éternue. J'ai le nez qui coule. J'ai le nez bouché. Je n'ai pas d'appétit. J'ai le vertige** *(I'm dizzy).* **J'ai pris un coup de soleil** *(I got sunburned).* **J'ai du mal à dormir** *(I can't sleep).*

1.   Vous avez un rhume.
2.   Vous avez trop mangé.
3.   Vous avez la grippe.
4.   Vous êtes en vacances au bord de la mer.
5.   Vous avez un examen très important et vous êtes nerveux(-se).

B. À la pharmacie. Expliquez au (à la) pharmacien(ne) que vous avez les symptômes qui accompagnent normalement les problèmes médicaux suivants. Il (elle) vous recommandera les médicaments donnés entre parenthèses.

Modèle: une indigestion (pastilles pour l'estomac)
—*Bonjour, Monsieur (Madame). Je peux vous aider?*
—*Oui. Je ne me sens pas très bien. J'ai mal à l'estomac et un peu mal au cœur.*
—*Ah. Vous avez peut-être une petite indigestion. Je vais vous donner des pastilles pour l'estomac.*
—*Merci, Monsieur (Madame).*

1. un rhume (gouttes pour le nez, sirop contre la toux)
2. une grippe (aspirine, pastilles pour la gorge)
3. le rhume des foins (antihistaminiques, gouttes pour les yeux)

R·E·P·R·I·S·E

Première étape

C. Il va avoir... Vos amis ont tendance à exagérer un peu—c'est-à-dire qu'ils ne se limitent pas. Indiquez où ils vont avoir mal à cause de leur manque *(lack)* de prudence.

Modèle: Michel parle sans arrêt *(nonstop).*
Il va avoir mal à la gorge.

1. Éric mange beaucoup de bonbons.
2. Anne-Marie regarde la télé pendant des heures et des heures.
3. Sylvie ne porte jamais de chaussures *(shoes).*
4. Alain et son frère écoutent leur Walkman seize heures par jour.
5. Je me brosse les dents très rarement.
6. Jean-Pierre veut soulever *(lift)* trois grosses boîtes.
7. Mes amis et moi, nous faisons du jogging dans la rue.
8. Jacqueline joue de la guitare pendant des heures sans arrêt.

D. L'enfance de M. Kerguézec. Le père de Michel Kerguézec se rappelle sa vie quand il était garçon. Reproduisez ses phrases en mettant les verbes à l'imparfait.

Modèle: Nous habitons à Nantes.
Nous habitions à Nantes.

1. Mon père travaille dans la réfrigération.
2. Ma mère s'occupe de la maison.
3. Nous sommes trois enfants.

4. Ma sœur a dix-huit ans.
5. Elle fait des études à l'université.
6. Mon frère et moi, nous allons au lycée.
7. Nous passons l'été à Noirmoutier.
8. Mes parents louent *(rent)* une maison tout près de la mer.
9. Ma sœur aime nager.
10. Moi, je joue au volley sur la plage.
11. Mon père et mon frère pêchent des crabes.
12. Nous nous amusons bien l'été à Noirmoutiers et l'hiver à Nantes.

E. André ne peut pas... Chaque fois que votre camarade de classe mentionne ce qu'il(elle) espère faire ce week-end, vous expliquez pourquoi c'est impossible. Utilisez le verbe **pouvoir** et inspirez-vous des images.

Modèle:
jouer au football avec André
—*Ce week-end j'espère (je vais) jouer au football avec André.*
—*Mais il ne peut pas (jouer au football); il s'est fait mal au genou.*

1. jouer au tennis avec Micheline

2. faire du jogging avec Thierry

3. jouer au golf avec Lucien et sa sœur

4. faire une promenade avec Anne-Marie

5. aller nager avec Henri

S·T·R·U·C·T·U·R·E

L'imparfait (suite)

Pendant que **nous parlions, elle regardait** le journal.
While *we were talking, she was looking at* the newspaper.

Elle avait les yeux bleus.
She had blue eyes. (Her eyes *were* blue.)

Je la **trouvais** jolie.
I found her (*thought* she was) pretty.

In addition to expressing habitual past actions, the imperfect tense is used to tell about several other situations in the past:

1. To indicate that actions *were going on:*

    Pendant que **nous parlions, elle regardait** la télé.
    While *we were talking, she was watching* TV.

2. To describe physical attributes:

    Il avait les cheveux blonds.
    He had blond hair.

3. To express attitudes and beliefs:

    Je les **trouvais** très gentils.
    I found them very nice.

4. To express age:

    Elle avait cinquante ans.
    She was fifty years old.

5. To describe states of health:

    Je ne me sentais pas très bien.
    I didn't feel very well.

6. To set the background or context for a story:

    Il était neuf heures. **J'étais** en visite à Berlin. **C'était** la fin de l'hiver et **il faisait** toujours très froid. **Nous étions** trois dans un petit restaurant.
    It was 9 o'clock. *I was* visiting Berlin. *It was* the end of winter and *it was* still very cold. *There were* three of us in a small restaurant.

Grammar: The story itself will be told mainly in the **passé composé: Soudain une vieille femme a ouvert la porte et a crié...** *(Suddenly an old lady opened the door and shouted . . .).*

▲ ▲ ▲

APPLICATION

F.   La soirée de Claire. Claire Maurant et ses amies ont organisé une soirée. Tous les invités, à l'exception d'André, sont arrivés chez Claire vers 9h. Utilisez l'imparfait et les expressions suggérées pour décrire ce que faisaient les invités quand Alain est finalement arrivé.

> *Modèle:*   Cécile / chanter   *Cécile chantait.*

1.   Sacha / écouter la stéréo
2.   Michèle / parler avec Yvette
3.   Georges et Véronique / danser
4.   Claire / chercher des boissons
5.   Jacques et Henri / manger
6.   Jérôme / regarder la télé
7.   M. Matignon / prendre des photos
8.   tout le monde / s'amuser bien

G.   Quand ils étaient jeunes... Pensez à des photos qui montrent quelques membres de votre famille quand ils (elles) étaient jeunes, puis décrivez-les à un(e) camarade de classe.

> *Modèle:*   votre père
> *Quand mon père était jeune, il avait les cheveux blonds et il ne portait pas de lunettes. Il était très beau. Il aimait jouer au base-ball et au football américain.*

1.   votre père (votre oncle)
2.   votre mère (votre tante)
3.   votre grand-père (votre grand-mère)

H.   Hier soir à 8h... Vous vous préparez à raconter une histoire au sujet de quelque chose qui vous est arrivé *(that happened to you)* ou que vous avez fait. Établissez le contexte en expliquant où vous étiez et ce que vous faisiez au moment où l'incident s'est produit *(occurred)*. Pour la première situation, on vous propose quelques questions pour vous guider. Pour les autres situations, c'est à vous d'imaginer les détails.

1.   Hier soir à 8h—Où étiez-vous? Que faisiez-vous? Quel temps faisait-il? Vous vous sentiez bien? Est-ce que vous étiez seul(e) *(alone)* ou avec d'autres personnes? Que faisaient-elles?
2.   Ce matin à ___
3.   Samedi dernier à 10h (du matin ou du soir)
4.   Le jour où la fusée Challenger a explosé
5.   Choisissez un moment important de votre vie.

Student Tape:
Chapitre 8
Segment 1

PRONONCIATION *La combinaison ll*

When preceded by a vowel other than **i,** the combination **ll** is pronounced [l]: **elle, football, folle.** When the combination **ill** is at the beginning of a word, the **ll** is also pronounced [l]: **illusion.** However, when the combination **ill** follows a consonant, it may be pronounced either [l] or [j]. In the words **mille, ville, tranquille,** and their derivatives, the **ll** is pronounced [l]. In all other words, the **ll** of **ill** following a consonant is pronounced [j]: **fille, famille.**

I. Read each word aloud, being careful to distinguish between the [l] sound and the [j] sound.

elle / mille / fille / ville / famille / Deauville / tranquille / Bastille / intellectuelle / village / illustration / grille / Chantilly / vallée / million / illégitime / tranquillité / guillotine / millionnaire / folle / tranquillement / cédille

S·T·R·U·C·T·U·R·E

*Le verbe irrégulier **devoir** (suite)*

Ils devaient beaucoup d'argent à leurs parents.

They owed their parents a lot of money.

Elle devait me retrouver à 7h. J'ai attendu jusqu'à 7h30, mais elle n'est pas venue.

She was supposed to meet me at 7 o'clock. I waited until 7:30, but she didn't come.

You have already learned that the verb **devoir** has several meanings, depending on the context of the sentence. In the *present,* it may express:

1. the idea of owing something (money or objects);
2. the notion of obligation *(supposed to . . .);*
3. the idea of probability *(must be . . .).*

In the **passé composé,** it may indicate:

1. the notion of necessity *(had to . . .);*
2. the idea of probability *(must have . . .).*

The *imperfect* expresses meanings similar to two of those of the present:

1. the idea of owing (money or something);
2. the notion of obligation *(was supposed to . . .).*

The exercises that follow will include all three tenses of **devoir.**

▲ ▲ ▲

APPLICATION

J. Remplacez les sujets en italique et faites les changements nécessaires.

1. *Il* a dû aller en ville pour voir quelqu'un. (tu / les autres / Jacqueline / je / nous / vous)
2. *Chantal* n'est pas là? *Elle* a dû oublier. (Henri / vos parents / Marcelle / les Raymond)
3. *Ils* devaient partir lundi. (je / vous / les autres / on / tu / nous)
4. *Elle* doit être malade. (tu / les autres / Jacques / je / vous / nous)

K. Une soirée au théâtre. Faites des phrases en utilisant le passé composé ou l'imparfait de **devoir** et les expressions données.

1. Vos amis ont organisé une soirée au théâtre, mais plusieurs personnes n'y sont pas allées parce qu'elles avaient d'autres *obligations*. Les personnes suivantes n'ont pas pu participer à la soirée.

Modèle: Paul / travailler   *Paul a dû travailler.*

a. Anne-Marie / aider sa mère
b. Hervé et sa sœur / aller à Bordeaux
c. je / soigner mon rhume
d. Michel / s'occuper de ses petits frères

2. D'autres personnes n'ont pas donné d'explications. Par conséquent, les organisateurs ont proposé des explications *probables*.

Modèle: Catherine / oublier   *Catherine a dû oublier.*

a. Jean / être occupé
b. la cousine de Victor / manquer *(to miss)* son train
c. Édouard et son frère / avoir un accident

3. Enfin, l'absence de certaines personnes était très gênante *(bothersome)* parce qu'elles avaient accepté certaines *responsabilités*.

Modèle: Édouard / organiser une réception après le spectacle
            Édouard devait organiser une réception après le spectacle.

a. Marie-Claude / apporter des boissons pour la réception
b. Jean et Claire / amener *(to bring)* les gens qui n'avaient pas de voiture
c. et toi, tu / remercier *(to thank)* les acteurs

L. Traduisons! Donnez l'équivalent en français.

1. She has to go home. She is supposed to go home. She was supposed to go home.
2. They have to go to the library. They are probably going to the library. They probably went to the library.
3. He had to leave. He must have left. He was supposed to leave.
4. We have to stay here. We are supposed to stay here. We had to stay here.

Débrouillons-nous!

Petite révision de l'étape

M. Échange. Posez les questions à un(e) autre étudiant(e), qui va vous répondre.

1. À quelle heure est-ce que tu t'es levé(e) ce matin pour aller à ton premier cours? Est-ce que tu dois te lever à ___ heures tous les matins?
2. Qu'est-ce que nous devions faire pour le cours de français aujourd'hui?
3. Combien de temps as-tu dû étudier pour faire ces devoirs?
4. Pourquoi ___ n'est-il (elle) pas en classe aujourd'hui? Pourquoi est-ce que ___ n'était pas en classe la dernière fois?
5. Comment est-ce que tu devais aider tes parents quand tu étais petit(e)? Est-ce que tu devais faire ton lit? Ranger ta chambre? Aider ta mère à préparer les repas? Faire la vaisselle *(do the dishes)*? Est-ce que tu le faisais toujours?

N. À la pharmacie. What would you say to a pharmacist in the following situations? A classmate will take the role of the pharmacist.

1. You spent six hours on the beach yesterday and can hardly move today.
2. You've been invited to go out on a sailboat, but you think you're going to be seasick.
3. You feel like you're getting sick; your throat is sore and your head hurts.
4. You were out partying very late last night and your stomach feels terrible.
5. You walked all over Paris last night and now your feet hurt.
6. You think that your traveling companion has got the flu.

À faire chez vous:
CAHIER, Chapitre 8 / 2e
étape

TROISIÈME ÉTAPE

Point de départ

▼▼▼▼▼▼▼▼▼▼▼▼▼▼

Santé passe richesse

Michel Kerguézec regarde, avec ses parents, des photos de ses cousins.

M. KERGUÉZEC:	Qui est-ce? Je ne le **reconnais** pas.	recognize
MICHEL:	C'est Jean-François. **Qu'est-ce qu'il est fort et musclé!** Il doit **faire de la musculation.**	Boy, is he strong and muscular! to work out with weights
M. KERGUÉZEC:	Et ça, c'est bien Mathilde? Elle a **tellement** grossi! Elle doit être **enceinte.**	so much pregnant
MME KERGUÉZEC:	Ah, oui. **Par contre,** voilà son mari qui a beaucoup maigri.	On the other hand
M. KERGUÉZEC:	Oui, **il est au régime depuis quelques mois.** Michel, regarde ta cousine Annette. Elle a vraiment grandi.	he has been on a diet for several months
MICHEL:	Oui, elle doit **faire un mètre soixante-dix.** C'est parce qu'elle mange bien et qu'elle **fait de la gym.**	to be 1m70 tall (about 5′8″) does (gymnastic-type) exercises (not competitive)
MME KERGUÉZEC:	Oui. Mais ton oncle Michel et ta tante Élise, ils n'ont pas changé.	
M. KERGUÉZEC:	C'est vrai. Ils ne sont pas riches, mon amour, mais ils **gardent leur ligne.**	keep their figures

L'
ENTRAI-
NEMENT
COMMENCE A
TABLE

CESSPF
VOTRE PHARMACIEN
VOUS CONSEILLE

Note culturelle

The French express height and weight in terms of meters and kilograms. **Un mètre** is the equivalent of 3.281 feet. Conversely, one foot equals 0.305 meters, and one inch equals 2.539 centimeters. **Un kilo** equals 2.2 pounds. Thus, to describe a person who is 5′10″ and weighs 160 pounds, a French person would say, **Il (elle) fait un mètre soixante-quinze et pèse** (*weighs*) **soixante-treize kilos.** The following chart shows some approximate equivalents:

Heights		Weights	
5′0″	1,50 m	100 lbs.	45 kilos
5′5″	1,63 m	120 lbs.	55 kilos
5′10″	1,75 m	140 lbs.	64 kilos
6′0″	1,80 m	160 lbs.	73 kilos
6′2″	1,83 m	180 lbs.	82 kilos
6′6″	1,95 m	200 lbs.	93 kilos

Americans often think of French people as being quite small. It is true that, on the average, French men and women are shorter and weigh less than American men and women, with the average French male measuring 1,72 meters and 75 kilos and the average French female measuring 1,60 meters and 60 kilos. Nevertheless, do not be surprised to find people of all sizes in France.

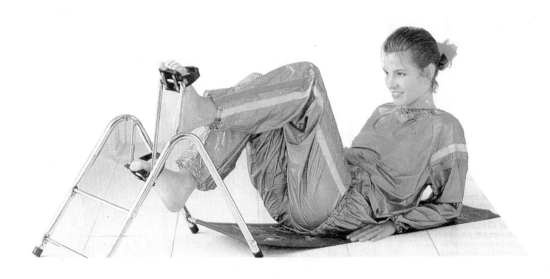

À VOUS! (Exercices de vocabulaire)

A.   Pourquoi? L'apparence et la taille *(size)* physique peuvent changer pour plusieurs raisons. En utilisant les expressions suggérées et en vous inspirant des dessins, indiquez pourquoi les personnes indiquées sont comme elles sont.

EXPRESSIONS: **grandir, grossir, rester petit, garder sa ligne, maigrir, manger trop, ne pas manger assez, faire de la gym, être malade, faire de la musculation, faire de l'aérobic, être enceinte**

Modèle: *Françoise maigrit parce qu'elle est malade. Peut-être qu'elle ne mange pas assez.*

Françoise

1.   Nicolas

2.   Suzanne

3.   Mme Rinaldi

4.   M. Lécuyer

5.   Jeanne

6.   Nicole

B. Vous et votre famille. Faites une description des membres de votre famille. Insistez sur leur taille physique, leurs activités et les changements qui se sont produits.

Modèle: *Mon frère Michel est très grand et très fort. Il mange bien et il fait du sport. Il a beaucoup grandi récemment. Maintenant il fait un mètre quatre-vingt-dix et il pèse quatre-vingt-huit kilos.*

C. Vous mangez bien? Ce qu'on mange a beaucoup d'importance pour la santé et pour l'état physique. En suivant le tableau d'aliments, analysez ce que vous avez mangé hier. Vos camarades de classe indiqueront ensuite si vous avez bien mangé ou pas.

▲▲▲ b

Modèle: *Dans le premier groupe, j'ai mangé du fromage pour le petit déjeuner et j'ai pris du lait avec le dîner. Dans le deuxième groupe,...*

LES CINQ GROUPES D'ALIMENTS (Source: I. S. Avril 1986) ÉLÉMENTS CONSTITUTIFS

1	Lait et produits laitiers	Calcium, Protéines, Matières grasses, Vitamines B, Vitamine A
2	Viandes, Poissons, Œufs	Protéines, Matières grasses, Fer, Vitamine A, Vitamines B
3	Légumes et fruits	Vitamine C, Fibres, Glucides, Sels minéraux
4	Pain, Céréales, Pommes de terre, Légumes secs	Amidon, Protéines, Vitamines B
5	Matières grasses	Lipides, Vitamine A dans beurre et crème

R·E·P·R·I·S·E

Deuxième étape

D. Des plaintes. *(Complaints.)* Vous jouez le rôle du (de la) pharmacien(ne). En utilisant **prendre, aller** ou le verbe donné ainsi que les expressions entre parenthèses, faites des recommandations à vos clients.

Modèle: J'ai mal à la tête. (cachets d'aspirine)
Prenez deux cachets d'aspirine.

1. J'ai le nez bouché. (antihistaminiques)
2. J'ai une grippe. (cachets d'aspirine)
3. Je tousse. (sirop)
4. J'ai mal à la gorge. (pastilles)
5. Je suis toujours fatigué. (se reposer)
6. J'ai de la fièvre. (cachets d'aspirine)
7. J'ai mal au ventre. (thé)
8. J'ai mal partout. (chez le médecin)

E. Des reproches... des excuses... Quand on vous fait un reproche, vous pouvez vous défendre en expliquant que vous étiez obligé(e) de faire autre chose. Imitez le modèle en utilisant le temps convenable de **devoir** et les expressions données.

Modèle: écrire à tes grands-parents / faire mes devoirs
—*Tu devais écrire à tes grands-parents.*
—*Oui, je sais* (I know), *mais j'ai dû faire mes devoirs.*

1. préparer le dîner / parler avec mon professeur
2. faire ton lit / partir de bonne heure ce matin
3. téléphoner à ton ami(e) / aider ma sœur
4. te coucher de bonne heure hier soir / préparer un examen

Quand on fait un reproche à une autre personne, vous pouvez défendre cette personne en donnant une explication probable de ses actions.

Modèle: Jacqueline / être là avant 7h / avoir un accident
—*Jacqueline devait être là avant 7h.*
—*Oui, je le sais, elle a dû avoir un accident.*

5. Marc / arriver avant nous / prendre l'autobus
6. ton père / retrouver ta mère au restaurant / travailler tard
7. les autres / aller au cinéma avec nous / changer de projets
8. Françoise / se lever avant 6h / se coucher très tard

S·T·R·U·C·T·U·R·E

Le verbe irrégulier savoir

—**Savez-vous** où habite
  Isabelle?
—Non, **je ne sais pas.**
—**Henri sait** son adresse, mais
  il n'est pas là ce matin.

—*Do you know* where Isabelle
  lives?
—No, *I don't know.*
—*Henri knows* her address, but
  he's not here this morning.

savoir *(to know)*	
je **sais**	nous **savons**
tu **sais**	vous **savez**
il, elle, on **sait**	ils, elles **savent**
PAST PARTICIPLE: **su** (avoir)	IMPERFECT STEM: **sav-**

The verb **savoir** is used to express the following ideas:

1. **Savoir** + infinitive = *to know how (to do something):*

   Il sait jouer du piano.   *He knows how to play* the piano.

2. **Savoir que** + clause (subject and verb) = *to know that . . . :*

   Nous savons qu'ils habitent   *We know that they live* in
     à Lyon.   Lyon.

3. **Savoir** + language = *to know (how to speak) a language:*

   Ils savent l'espagnol.   *They know Spanish.*

4. **Savoir** + factual information = *to know (something):*

   Vous savez la réponse à la   *Do you know the answer to the*
     première question?   *first question?*

Note that **savoir** is also used as a filler in conversation:

Oh, **vous savez (tu sais),** ce   Oh, *you know,* it isn't very
  n'est pas grave.   serious.

Grammar: In the **passé
composé, savoir** has a
special meaning, *to find
out:* **J'ai su les résultats
de l'examen hier.** *I found
out the exam results
yesterday.*

▲   ▲   ▲

APPLICATION

F. Remplacez les sujets en italique et faites les changements nécessaires.

1. *Nous* savons bien jouer au tennis. (je / vous / elles / il / tu)
2. *Vous* savez leur numéro de téléphone? (tu / elle / ils / il / nous)
3. *On* ne sait pas pourquoi il est en retard. (nous / je / elle / elles / tu)
4. *Elle* ne savait pas que le musée était fermé. (il / nous / on / je / ils)

G. **Qui sait?** Demandez à plusieurs camarades de classe s'ils savent les renseignements suivants.

> *Modèle:*   où le professeur habite
> —*Peter, tu sais où le professeur habite?*
> —*Oui, je sais où elle habite. Elle a un appartement près du campus.* ou *Non, je ne sais pas.*
> (—*Tu ne sais pas. Je vais demander à Jack.*)

1. où le président de l'université habite
2. pourquoi ____ n'est pas là aujourd'hui
3. le titre du nouveau disque compact de ____
4. la date de l'anniversaire de ____
5. le film qui passe au cinéma ____ ce week-end
6. le numéro de téléphone de ____

H. **On ne peut pas parce qu'on ne sait pas...** En utilisant les verbes **pouvoir** et **savoir** et les suggestions entre parenthèses, expliquez pourquoi il est impossible de faire ce que proposent vos amis. D'abord, ils veulent parler à une amie qui a déménagé *(moved)*.

> *Modèle:*   Téléphonons à Christina. (son nouveau numéro de téléphone)
> *Nous ne pouvons pas téléphoner à Christina. Nous ne savons pas son nouveau numéro de téléphone.*

1. Eh bien, demande à son père. Il habite ici. (son prénom)
2. Mais c'est facile. Demandons à sa cousine, Marisela. (son nom de famille)
3. Alors, tu dois téléphoner à ses grands-parents à Madrid. J'ai leur numéro. Le voici. (l'espagnol)

Vos amis et vous renoncez donc à l'idée de parler à Christina. Maintenant vous voulez avoir des billets pour une pièce de théâtre qui a beaucoup de succès.

4. Réservons des billets. (les dates)
5. Pas de problème. Tu téléphones pour demander. (le nom du théâtre)
6. Regardons dans le journal. (le titre de la pièce)
7. Michèle doit le savoir. Demande-lui de nous réserver des places. (le prix des billets)

I.   **Tu sais jouer au golf?** Demandez à un(e) camarade de classe s'il (si elle) sait faire les choses suivantes. Posez-lui la même question au sujet des membres de sa famille.

> *Modèle:*   jouer au golf
> —*Hélène, tu sais jouer au golf?*
> —*Non, je ne sais pas jouer au golf.*
> —*Et ta sœur?* Etc.

1. jouer au tennis   2. nager   3. faire de la planche à voile   4. faire du patinage   5. jouer au bridge   6. parler une langue étrangère

Student Tape:
Chapitre 8
Segment 1

PRONONCIATION   *La combinaison **ill** après une voyelle*

When the combination **ill** follows a vowel sound, it is always pronounced [j]. The **i** does *not* represent a separate sound. To pronounce the combination **aille,** produce only two sounds, [a] + [j]. The same is true for **ouille** [uj] and **eille** [ej].

J.   Read each word aloud. Limit the vowel + **ill** combination to two sounds.

travailler / bataille / Versailles / braille / Marseille / bouteille / vieille / mouiller / fouiller / brouillard

le palais de Versailles

S·T·R·U·C·T·U·R·E

Les expressions **depuis quand, depuis combien de temps** *et* **depuis**

—**Depuis quand** est-ce que tu fais du jogging?

—*How long (since when, since what point in time) have you been going jogging?*

—Je fais du jogging **depuis** l'âge de 25 ans.

—*I've been jogging since I was 25 years old.*

—**Depuis combien de temps** est-ce que tu fais du yoga?

—*How long (for how much time) have you been doing yoga?*

—Je fais du yoga **depuis** deux ans.

—*I've been doing yoga for two years.*

Depuis quand and **depuis combien de temps** are used to ask questions about something that started in the past and *is continuing in the present:*

Question	*Answer*
depuis quand?	**depuis** *(since)* + a specific point in time
depuis combien de temps?	**depuis** *(for)* + a length of time

Note that any form of **depuis** is usually accompanied by the *present tense,* since the activity is still going on. The verb is the equivalent of the English *has (have) been (do)ing.* However, in the negative, since the activity stopped some time ago, you may use the **passé composé** to explain that you have *not* done something *since* a specific time or *for* a certain amount of time:

Je n'ai pas parlé à Jacques **depuis** le début de mars.

I haven't spoken to Jacques since the beginning of March.

Je n'ai pas fait de jogging **depuis** trois jours.

I haven't been jogging for three days.

▲ ▲ ▲

APPLICATION

K. Mme Beaune chez le médecin. La tante de Mireille Loiseau, Mme Beaune, est malade depuis quelques jours. Elle va donc chez le docteur Lahbabi. Son infirmière *(nurse)* pose quelques questions à Mme Beaune. Utilisez les suggestions entre parenthèses pour reproduire ses réponses.

Modèle: Depuis quand habitez-vous à Paris? (1982)
              J'habite à Paris depuis 1982.

1. Ah, bon. Vous habitez donc à Paris depuis neuf ans? (non / ___ ans)
2. Depuis combien de temps travaillez-vous chez Peugeot? (dix ans)
3. Depuis quand consultez-vous le docteur Lahbabi? (1989)
4. Depuis combien de temps est-ce que vous n'êtes pas allée chez le médecin? (six mois)
5. Depuis combien de temps êtes-vous enrhumée? (trois ou quatre jours)
6. Et vous avez de la fièvre? Oui? Depuis quand? (hier)
7. Qu'est-ce que vous prenez? Des antihistaminiques? Depuis combien de temps? (deux jours)
8. Vous dormez bien? Non? Depuis combien de temps est-ce que vous avez du mal à vous endormir? (deux jours)
9. Vous avez de l'appétit? Non? Depuis quand est-ce que vous n'avez pas mangé? (avant-hier [*the day before yesterday*])

L. Un(e) camarade malade. Quand votre camarade de classe indique qu'il(elle) ne se sent pas très bien, vous essayez de vous renseigner sur son état physique. Utilisez les suggestions entre parenthèses pour lui poser des questions.

Modèle: Oh là là. Ça ne va pas du tout. (depuis combien de temps / se sentir mal)
              Depuis combien de temps est-ce que tu te sens mal?

1. Depuis plusieurs jours. Oh, la tête! (depuis quand / avoir mal à la tête)
2. Depuis lundi. Et la gorge! (depuis combien de temps / avoir mal à la gorge)
3. Depuis deux jours. C'est peut-être que je suis fatigué(e). (depuis combien de temps / dormir mal)
4. Depuis trois semaines. Mais j'ai commencé à me coucher de bonne heure. (depuis quand / se coucher avant minuit)
5. Depuis hier soir. Oh! J'ai envie de vomir. (depuis combien de temps / avoir mal au cœur)
6. Depuis quelques heures. J'ai faim, mais je ne peux pas manger. (depuis quand / ne pas manger)
7. Depuis hier. Je vais peut-être aller chez le médecin. (Bonne idée!)

M. Traduisons! Donnez l'équivalent français des phrases suivantes.

1. I have been feeling poorly for several weeks. I've had a temperature since last Monday.

2. My friend has had a cold for a month. She has been coughing for days.
3. My parents have had sore throats since the beginning (**le début**) of the week.
4. How long has your stomach been hurting?
5. Since when have you been feeling nauseous?
6. I haven't eaten well for a month.

Débrouillons-nous!

▲ ▲ ▲ ▲ ▲ ▲ ▲ ▲ ▲ ▲ ▲ ▲ ▲ ▲ ▲ ▲ ▲ ▲ ▲

Petite révision de l'étape

N. Échange. Posez les questions à un(e) autre étudiant(e), qui va vous répondre.

1. Où est-ce que ta famille habite? Depuis combien de temps?
2. Où est-ce que ton père (ta mère) travaille? Depuis quand?
3. Depuis quand est-ce que tu étudies le français? Depuis combien de temps es-tu à l'université?
4. As-tu un rhume? Depuis combien de temps es-tu enrhumé(e) (n'as-tu pas eu de rhume)?
5. Sais-tu nager? Quel âge avais-tu quand tu as appris à nager?
6. Sais-tu jouer du piano? D'un autre instrument de musique?
7. Sais-tu une langue étrangère autre que le français?
8. Est-ce que tu sais la date du prochain examen dans ce cours?

O. Est-ce qu'on est en bonne santé? Survey some of your classmates about the eating habits and physical condition of their friends and/or family members. Then, without naming names, report to the class your general conclusions about the health of the people you know.

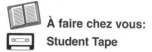 À faire chez vous:
CAHIER, Chapitre 8 / 3e étape

À faire chez vous:
Student Tape

Now that you've completed the first three **étapes** of **Chapitre 8,** do Segment 2 of the STUDENT TAPE. See **CAHIER, Chapitre 8,** *Écoutons!,* for exercises that accompany this segment.

QUATRIÈME ÉTAPE

L·E·C·T·U·R·E

Une consultation gratuite

*This text, from the play **Knock** by Jules Romain, is longer than the other readings you have done. Don't try to translate every word; work on capturing the general tone and movement of this scene from a famous French comedy of the early twentieth century.*

Le docteur Knock est nouvellement arrivé à la commune (le petit village) de Saint-Maurice. Son prédécesseur était vieux et n'avait pas beaucoup de travail. Le docteur Knock est beaucoup plus ambitieux. Il commence par annoncer des consultations gratuites.[1]

KNOCK:	C'est vous qui êtes la première, Madame? *(Il fait entrer la dame en noir et referme la porte.)* Vous êtes bien du canton?[2]
LA DAME EN NOIR:	Je suis de la commune.
KNOCK:	De Saint-Maurice même?
LA DAME:	J'habite la grande ferme[3] qui est sur la route de Luchère.
KNOCK:	Elle vous appartient?[4]
LA DAME:	Oui, à mon mari et à moi.

KNOCK:	Si vous l'exploitez vous-même, vous devez avoir beaucoup de travail?
LA DAME:	Pensez, Monsieur! Dix-huit vaches,[5] deux bœufs, deux taureaux,[6] six chèvres,[7] une bonne douzaine de cochons,[8] sans compter la basse-cour.[9]
KNOCK:	Je vous plains.[10] Il ne doit guère vous rester de temps pour vous soigner.
LA DAME:	Oh! non.
KNOCK:	Et pourtant vous souffrez.
LA DAME:	Ce n'est pas le mot. J'ai plutôt de la fatigue.
KNOCK:	Oui, vous appelez ça de la fatigue. *(Il s'approche d'elle.)* Tirez la langue.[11] Vous ne devez pas avoir beaucoup d'appétit.
LA DAME:	Non.
KNOCK:	Vous êtes constipée.
LA DAME:	Oui, assez.
KNOCK:	*(Il l'ausculte.[12])* Baissez la tête. Respirez.[13] Toussez. Vous n'êtes jamais tombée d'une échelle,[14] étant petite?
LA DAME:	Je ne me souviens pas.[15]
KNOCK:	*(Il lui palpe[16] le dos, lui presse brusquement les reins.[17])* Vous n'avez jamais mal ici le soir en vous couchant?
LA DAME:	Oui, des fois.
KNOCK:	Essayez de vous rappeler. Ça devait être une grande échelle.
LA DAME:	Ça se peut bien.[18]
KNOCK:	C'était une échelle d'environ trois mètres cinquante, posée contre un mur. Vous êtes tombée à la renverse. C'est la fesse[19] gauche, heureusement. Vous vous rendez compte de votre état?[20]
LA DAME:	Non.
KNOCK:	Tant mieux.[21] Vous avez envie de guérir,[22] ou vous n'avez pas envie?
LA DAME:	J'ai envie.
KNOCK:	Ce sera long et très coûteux. On ne guérit pas en cinq minutes un mal qui traîne[23] depuis quarante ans.
LA DAME:	Depuis quarante ans?
KNOCK:	Oui, depuis que vous êtes tombée de votre échelle.
LA DAME:	Et combien que ça me coûterait?
KNOCK:	Qu'est-ce que valent les veaux actuellement?[24]
LA DAME:	Ça dépend... quatre ou cinq cents francs.
KNOCK:	Et les cochons gras?[25]
LA DAME:	Plus de mille francs.
KNOCK:	Ça vous coûtera à peu près deux cochons et deux veaux... Mais ce que je puis vous proposer, c'est de vous mettre en observation. Ça ne vous coûtera presque rien. Au bout de quelques jours vous vous rendrez compte[26] par vous-même de votre état, et vous vous déciderez... Bien. Vous allez rentrer chez vous. Vous êtes venue en voiture?[27]
LA DAME:	Non, à pied.

KNOCK: Il faut trouver une voiture. Vous vous coucherez en arrivant. Une chambre où vous serez[28] seule, autant que[29] possible. Faites fermer les volets et les rideaux.[30] Aucune[31] alimentation solide pendant une semaine. Un verre d'eau de Vichy toutes les deux heures et, à la rigueur,[32] une moitié de biscuit. À la fin de la semaine, si vos forces et votre gaieté sont revenues,[33] c'est que le mal est moins sérieux qu'on ne pouvait croire. Si, au contraire, vous éprouvez une faiblesse[34] générale, nous commencerons le traitement. C'est convenu?[35]

LA DAME: *(soupirant[36])* Comme vous voudrez.[37]

Jules Romains, *Knock*

1. free 2. district 3. farm 4. belongs 5. cows 6. bulls 7. goats 8. pigs 9. not counting the poultry yard 10. I feel sorry for you. 11. Stick out your tongue. 12. listens to her heart and lungs 13. Breathe. 14. ladder 15. I don't remember. 16. feels 17. kidneys 18. That's possible. 19. buttock 20. Are you aware of your condition? 21. So much the better. 22. Do you really want to be cured? 23. has been dragging on 24. How much are calves worth these days? 25. fat 26. will realize 27. Did you come by car? 28. will be 29. as much as 30. Have the shutters and blinds closed. 31. no 32. if worst comes to worst 33. have come back 34. feel a weakness 35. Agreed? 36. sighing 37. As you wish.

APPRÉCIATION

A. Discuss the following questions with your classmates.

1. What is Knock's objective in this consultation? What is his strategy for attaining his goal?
2. How does the woman react to the doctor? In your opinion, which of her symptoms are real and which are imagined?
3. What do you think of Knock's "prescription" for the woman? What do you imagine the result will be?

R·E·P·R·I·S·E

Troisième étape

B. **Est-ce qu'ils ont beaucoup changé?** En regardant les photos, indiquez si les personnes ont changé au cours des ans *(over the years),* puis suggérez une explication pour les changements ou pour l'absence de changement.

EXPRESSIONS: **grandir, maigrir, grossir, vieillir, ne pas changer, garder sa ligne, manger beaucoup (très peu, trop, moins), se nourrir bien (mal), être au régime, être malade, être enceinte, faire du sport, s'entraîner à**

Mme Brieuc

Modèle: Mme Brieuc
Mme Brieuc n'a pas changé, elle n'a pas vieilli. Elle se nourrit bien et elle fait de l'aérobic (de la gym, du jogging, etc.).

1.   Roger Gaillard

2.   Chantal Ferréol

3. M. Audouard

4. Mme Durand

5. M. Coulon

C. On se retrouve. Vince Cosimini n'a pas vu sa famille française depuis quelques années. Quand sa sœur française lui rend visite aux États-Unis, ils parlent de ce qu'il y a de neuf dans sa vie. Vous allez jouer avec un(e) camarade de classe les rôles de Vince et de sa sœur française. Utilisez les expressions **depuis combien de temps, depuis quand** et **depuis.**

Modèle: Nous habitons maintenant à Nogent. / Nous nous sommes installés à Nogent en 1989.
—*Nous habitons maintenant à Nogent.*
—*Depuis combien de temps est-ce que vous habitez à Nogent?*
—*Nous nous sommes installés à Nogent en 1989.*
—*Ah, vous habitez à Nogent depuis (trois) ans.*

1. Je suis à l'université. / J'ai commencé mes études en 1991.
2. Je fais de l'aérobic. / J'ai commencé il y a quatre ans.
3. Je parle espagnol. / J'ai commencé à étudier l'espagnol en 1988.
4. Nous avons un chien. / Nous l'avons acheté l'année dernière.
5. Mon père travaille pour Peugeot maintenant. / Il a commencé en 1989.
6. J'ai un petit ami. / J'ai fait sa connaissance en septembre.

▲ ▲

Point d'arrivée

À faire chez vous:
Student Tape

CAHIER, Chapitre 8:
Rédigeons! / Travail de fin de chapitre (including STUDENT TAPE, Chapitre 8, Segment 3)

Activités orales

Exprimons-nous!

To inquire about someone's health in French (in addition to using expressions with **aller**), you may ask:

Comment vous sentez-vous? (Comment est-ce que tu te sens)?	How do you feel?

To say that you are well, use expressions such as:

Je me sens (très) bien.	I feel (very) well.
Je suis en forme.	I'm feeling great.

To say that you are not well, use expressions such as:

Je ne me sens pas bien.	I'm not feeling well.
Je suis souffrant.	I'm feeling poorly.

When someone says that he or she is not feeling well, you may seek clarification by asking:

Qu'est-ce qui ne va pas?	What's wrong?
Qu'est-ce qu'il y a?	What's the matter?
Qu'est-ce que vous avez (tu as)?	What's the matter with you?

D.   J'ai eu un accident. Think of a time when you accidentally got hurt. Imagine that it occurred just recently. When a classmate calls you on the phone, tell him/her about your injury and

explain, as well as you can, the circumstances of the accident. (When did it happen? Where? What were you doing? With whom? What happened to you?)

E.   Un(e) ami(e) vous aide. Feeling sick, you call a friend, describe your symptoms, and ask him or her to go to the pharmacy. Your friend does so and describes your symptoms to the pharmacist, who makes a recommendation. Your friend returns and explains the medicine and the pharmacist's recommendation(s).

F.   Je ne suis pas en forme. All the members of your group compete to see who is in the worst physical condition. Group members gather their information in a series of one-on-one discussions—that is, two students meet and talk about their health. When they have finished their conversation, each chats with another student, and so on.

G.   Ça va? Ça ne va pas? Your class is divided into two types of people—those who are never sick and those who always think they are sick. If you meet a person from the first group, try to persuade him/her that something is really wrong (that is, that he/she doesn't look well, etc.). If you meet a member of the second group, try to persuade him/her that nothing is wrong (that is, that he/she looks great. etc.).

PORTRAIT
M. Ahmed Abdiba, Fès, Maroc

Je suis né au Maroc, à Fès qui est un centre touristique et religieux à l'ouest de Rabat (la capitale). Nous parlions arabe à la maison, mais j'ai appris le français au lycée. À l'âge de 19 ans, je suis venu en France pour faire des études à la Faculté de Pharmacie de Châtenay-Malabry. Depuis plus de 10 ans, je travaille dans une pharmacie à Nantes. Je suis assez heureux, mais j'ai envie de retourner un jour au Maroc pour y établir ma propre pharmacie.

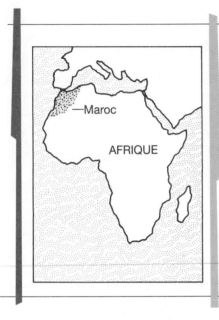

Profil

Le Maroc

SITUATION: à l'extrémité nord-ouest de l'Afrique sur l'Atlantique et la Méditerranée

SUPERFICIE: 710 850 km^2

POPULATION: 24 600 000 habitants

NOM DES HABITANTS: Marocains

CAPITALE: Rabat

VILLES IMPORTANTES: Casablanca, Marrakech, Safi, Agadir, Tanger, Fès

LANGUE OFFICIELLE: arabe

AUTRES LANGUES: berbère, français, hassania, espagnol

RELIGION: musulmans (95,95%)

CLIMAT: sec du côté méditerranéen, étés tempérés et hivers doux du côté atlantique, très sec dans les régions présaharienne et saharienne

ÉCONOMIE: agriculture, tourisme, artisanat

HISTOIRE: d'abord sous l'influence des Espagnols et des Portugais, ensuite colonie française; proclame son indépendance en 1956

GOUVERNEMENT: monarchie constitutionnelle

À discuter: Quelles images avez-vous du Maroc? Des Marocains? Sur quoi ces images sont-elles fondées?

L·E·X·I·Q·U·E

Pour se débrouiller

Pour parler de sa santé

Tu (n')as (pas) bonne mine aujourd'hui!

Qu'est-ce que tu as (vous avez)?

Qu'est-ce qu'il y a?

avoir mal à

avoir un accident

se blesser à

se casser

être blessé(e) à

être en bonne santé

être enceinte

être en forme

être malade

se faire mal à

se fouler

se sentir bien (mal)

Pour décrire ses symptômes (m.pl.)
    avoir des allergies *(f.pl.)*
    avoir du mal à dormir
    avoir le mal de l'air
        le mal de mer
    avoir le rhume des foins
    avoir le vertige
    avoir une grippe
      avoir des courbatures *(f.pl.)*
      avoir de la fièvre
      avoir mal à
    avoir un rhume, être enrhumé(e)
      avoir le nez qui coule
      avoir le nez bouché
      éternuer
      tousser
    digérer mal
    ne pas avoir d'appétit
    prendre un coup de soleil

Pour se procurer des médicaments
    J'ai besoin de...
    J'ai besoin de quelque chose pour *(partie du corps)*.
    J'ai besoin de quelque chose contre *(maladie, symptôme)*.

Pour faire des excuses
    devoir
    ne pas pouvoir

Pour parler de sa taille
    être au régime
    faire un mètre ___
    garder sa ligne
    grandir
    grossir
    maigrir
    peser ___ kilos

Pour parler de la durée
    depuis
    depuis combien de temps?
    depuis quand?

Thèmes et contextes

Les activités (f.pl.) *physiques*
    faire de la gym
    faire de la musculation

Le corps
la bouche	le genou
le bras	la gorge
les cheveux *(m.pl.)*	la jambe
la cheville	la main
le cœur	le nez
le cou	l'oreille *(f.)*
le coude	le pied
les dents *(f.pl.)*	le poignet
les doigts *(m.pl.)*	la poitrine
les doigts de pied	la tête
le dos	le ventre
les épaules *(f.pl.)*	le visage
l'estomac *(m.)*	les yeux *(m.pl.)*, l'œil *(m.)*

Les médicaments (m.pl.)
    les antihistaminiques *(f.pl.)*
    l'aspirine *(f.)*
    un cachet
    un comprimé
    une gélule
    des gouttes *(f.pl.)* pour le nez
               pour les yeux
    des pastilles *(f.pl.)* pour la gorge
    un suppositoire

Les aliments (m.pl.)
    les céréales *(f.pl.)*
    les matières grasses *(f.pl.)*
    les poissons *(m.pl.)*
    les produits laitiers *(m.pl.)*
    les protéines *(f.pl.)*
    les vitamines *(f.pl.)*

Vocabulaire général

Verbes
améliorer	manquer	reconnaître
amener	s'occuper de	remercier
faire la vaisselle	pouvoir	savoir
jouer un tour à	ranger	

ALLONS-Y!
Video Program

ACTE 8
UNE VISITE DU MÉDECIN

VOCABULAIRE
tirer la langue *to stick out one's tongue*
des taches rouges *red spots*
le ventre *stomach*
le foie *the liver*

Troisième Partie

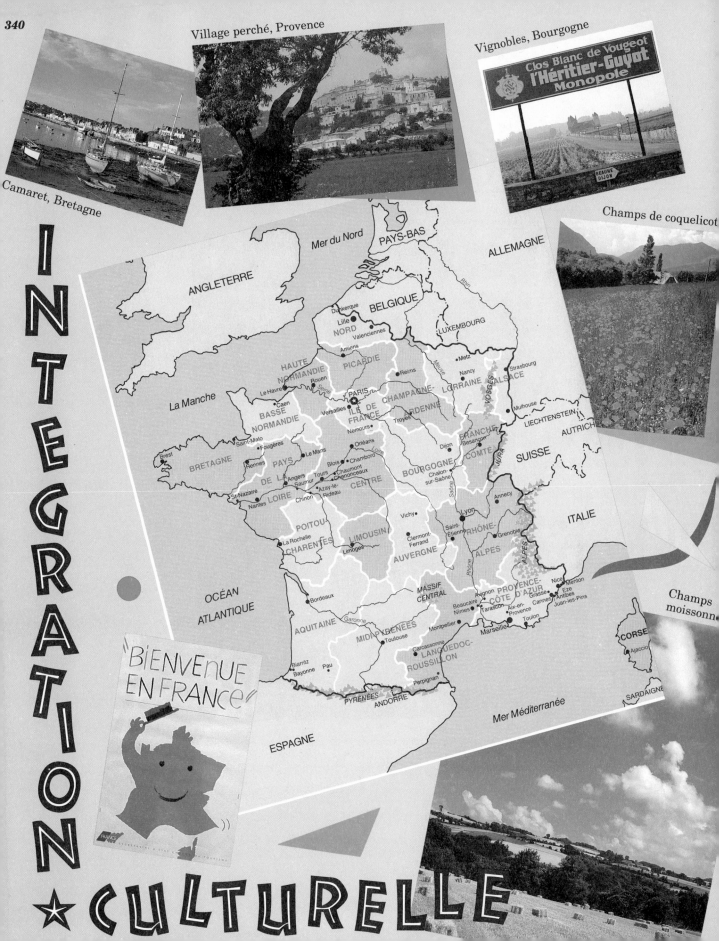

340

Camaret, Bretagne

Village perché, Provence

Vignobles, Bourgogne

Clos Blanc de Vougeot
l'Héritier-Guyot
Monopole

BEAUNE
DIJON

Champs de coquelicot

INTÉGRATION

"BiENVEnUE
EN FRANcE"

FRANCE

CULTURELLE

Champs
moissonn

Carte de France

Mer du Nord · PAYS-BAS · ALLEMAGNE

ANGLETERRE

BELGIQUE

LUXEMBOURG

Dunkerque
Lille
NORD
Valenciennes
Amiens

HAUTE
NORMANDIE · PICARDIE

Rouen
Le Havre
Caen
BASSE
NORMANDIE

Reims
Metz
Nancy
Strasbourg
VOSGES
ALSACE
Mulhouse
LIECHTENSTEIN
AUTRICH

La Manche

Versailles
PARIS
ÎLE DE
FRANCE
Nemours

CHAMPAGNE-
ARDENNE
Troyes

LORRAINE

Saint-Malo
Fougères
Brest
BRETAGNE
Rennes
PAYS
DE LA
Le Mans
Angers
Saumur Tours
St-Nazaire LOIRE
Nantes
Chinon
Azay-le-
Rideau

Orléans
Blois
Chambord
Chaumont
Chenonceaux
CENTRE

Dijon
Besançon
BOURGOGNE
FRANCHE-
COMTÉ
Chalon-
sur-Saône

JURA
SUISSE

POITOU-
CHARENTES
La Rochelle

LIMOUSIN
Limoges

Vichy

Clermont-
Ferrand
AUVERGNE

Lyon
Annecy

RHÔNE-
Saint-
Étienne
ALPES
Grenoble

ITALIE

ALPES

OCÉAN
ATLANTIQUE

Bordeaux

MASSIF
CENTRAL

AQUITAINE
Garonne

MIDI-PYRÉNÉES
Toulouse

Montpellier
LANGUEDOC-
ROUSSILLON

Avignon
Beaucaire
Nîmes
Tarascon
Aix-en-
Provence
PROVENCE-
CÔTE D'AZUR
Grasse
Cannes
Toulon
Marseille

Nice
Menton
Èze
Antibes
Juan-les-Pins

Biarritz
Bayonne
Pau

Carcassonne

Perpignan

CORSE
Ajaccio

PYRÉNÉES
ANDORRE

SARDAIGNE

ESPAGNE

Mer Méditerranée

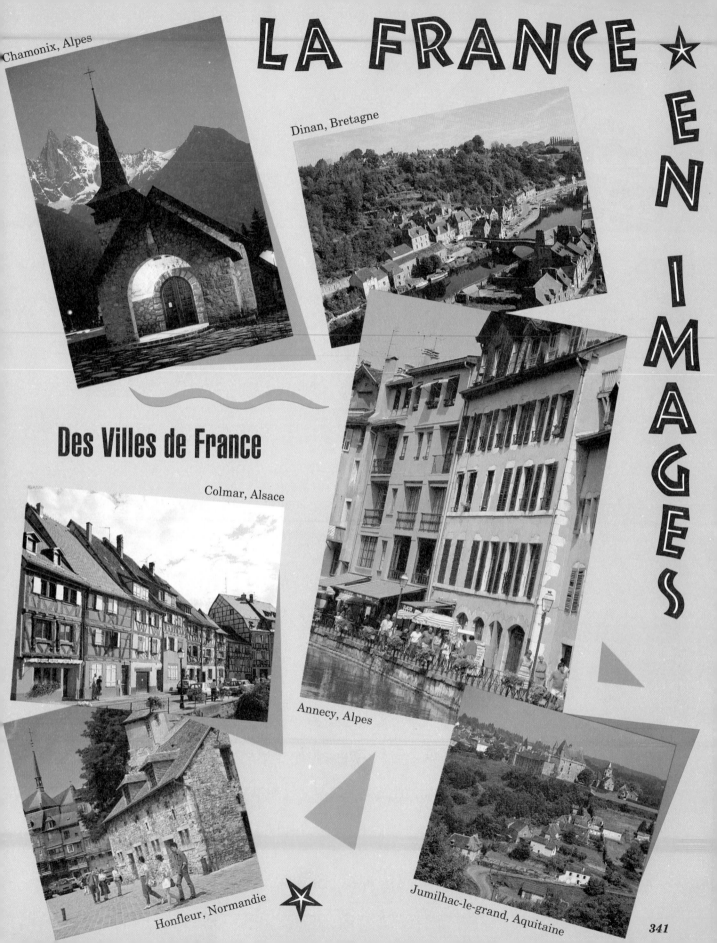

LA FRANCE ★ EN IMAGES

Chamonix, Alpes

Dinan, Bretagne

Des Villes de France

Colmar, Alsace

Annecy, Alpes

Honfleur, Normandie

Jumilhac-le-grand, Aquitaine

341

RIVIERA
CÔTE D'AZUR
L'INFINI PAYS D'AZUR

Èze

Cannes

Avignon

Provence

Abbaye de Senanque

Chambord

Cheverny

LES GRANDS CHÂTEAUX
DE LA LOIRE

BLOIS Spectacle "Son et Lumière"

Laval · le Mans · Vandôme · Châteaudun · Beaugency · Orléans · Gien

Sarthe · Loir · le Lude · BLOIS · CHAMBORD

ANGERS · Langeais · Chaumont · Amboise · Tours · Cheverny

Loire · Ussé · Villandry · Chenonceau · St-Aignan · Sauldre

Saumur · AZAY-LE-RIDEAU · Chinon · Cher · Valençay · Cher · Bourges

Vienne · Loches

Châteaux de la Loire

Chinon

Chenonceaux

Peter Robidoux
Baton Rouge,
Louisiane

—Vous arrivez des États-Unis?
—Oui, je vais passer l'année à faire des études ici en France.

Faisons des études à l'étranger!

OBJECTIVES

In this chapter, you will learn:

- to get and pay for a hotel room;
- to describe the layout of a house;
- to tell time using the 24-hour clock;
- to narrate in past time;
- to thank someone for something and to respond to a thank you;
- to read documents and texts dealing with study abroad and lodging;
- to understand conversations about study abroad and lodging.

**CHAPTER SUPPORT
MATERIALS (STUDENT)**

Cahier: pp. 215–242

 Student Tape:
Chapitre 9
Segments 1, 2, 3

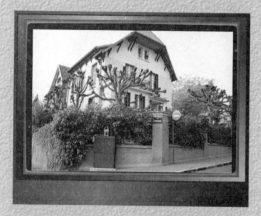

ALLONS-Y!
Video Program
ACTE 9
UNE MAISON

▶ **Première étape**   Un programme d'échange
▶ **Deuxième étape**   Quelques jours à l'hôtel
▶ **Troisième étape**   Chez les Baptizet
▶ **Quatrième étape**   Lecture: **Le Québec: Pour votre français**

PREMIÈRE ÉTAPE

Point de départ

▼▼▼▼▼▼▼▼▼▼▼▼▼▼▼▼▼▼

Un programme d'échange

L'INSTITUT DE TOURAINE

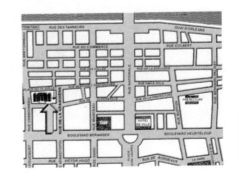

TRADITION ET MODERNITÉ

Depuis 1912, l'Institut de Touraine propose un vaste choix de cours où chacun, durant toute l'année, quel que soit son niveau initial de connaissance de la langue française, peut progresser et se perfectionner.

L'Institut de Touraine offre également des formations spécialisées sous forme d'options, des cours spéciaux ouverts à certaines périodes de l'année. Il peut, de plus, organiser des stages à tout moment.

L'Institut de Touraine accueille ses étudiants dans un cadre agréable, au cœur d'une ville et d'une région riches de monuments et de nombreux souvenirs historiques et littéraires.

ORGANISATION DES ENSEIGNEMENTS ET METHODES PEDAGOGIQUES

Dans chaque cours, l'enseignement est coordonné par un professeur principal qui assure la progression de l'ensemble de la classe. Il est assisté d'un professeur chargé plus spécialement de l'enseignement de la langue orale qui travaille avec des demi-groupes en laboratoire et en classe de conversation.

Pour les cours intermédiaires et avancés, l'équipe pédagogique s'élargit et comprend des professeurs chargés d'enseignements plus diversifiés sous forme **d'options gratuites** : civilisation française, littérature, histoire, traductions).

L'équipe pédagogique est formée de professeurs de langue maternelle française, spécialisés dans l'enseignement du français langue étrangère. Par leur motivation et leur effort de réflexion constant sur les méthodes nouvelles, ils ont le souci d'adapter leur enseignement aux besoins des étudiants et de leur permettre de passer les examens avec succes.

À VOUS! (Exercices de vocabulaire)

A. L'Institut de Touraine. According to what you see and read in the brochure, give as many reasons as possible why a foreign student might be attracted to study at the **Institut de Touraine.** For example, talk about location, the programs (in general terms), the teaching staff, the environment, etc.

Ex. B: On a separate piece of paper, write the information your classmate provides. When you're done, your classmate should ask you the same questions.

B. Le bulletin d'inscription. Vous travaillez à l'Institut de Touraine et vous interviewez un(e) étudiant(e) des États-Unis (votre camarade de classe) qui veut s'inscrire dans votre programme. Posez des questions qui vous permettront de remplir *(fill out)* une grande partie du bulletin d'inscription.

Modèle: —*Quel est votre nom de famille?*
—*Bonner.*
—*Quel est votre prénom?*
—*Sylvia.*
—*Quand est-ce que vous êtes née?*
—*Je suis née le 14 janvier, 1972.* Etc.

BULLETIN D'INSCRIPTION

A REMPLIR RECTO VERSO ET A RETOURNER À :
INSTITUT DE TOURAINE
1, Rue de la Grandière - Boîte Postale 2047
37020 Tours Cedex - France
Tél. (33) 47.05.76.83 - Fax : (33) 47.20.48.98

Joindre
2 photos
d'identité

ETAT-CIVIL

Mme ☐   Mlle ☐   Mr ☐

Nom ....

Prénom ....

Date de naissance .... j └┴┘ m └┴┘ a └┴┘
Lieu de naissance ....
Nationalité ....
Adresse ....

Pays ....
Préciser si nécessaire l'adresse où doit être adressé le courrier :

Tél ....   Fax ....
Personne à contacter d'urgence ....
Adresse ....

Tél ....

COURS CHOISI

AVEZ-VOUS DÉJÀ SUIVI DES COURS À L'INSTITUT DE TOURAINE ?
Oui ☐   Non ☐   Si oui quelle année ....
Individuellement .... ☐
En groupe (préciser) .... ☐
QUEL COURS CHOISISSEZ-VOUS ?
DATES : Début des cours : ....
Fin des cours : ....
• COURS NORMAL (débutant à avancé) .... ☐
• COURS DE SPÉCIALITÉ : .... ☐
Préciser :
Automne (Octobre) ☐
Hiver (Janvier) ☐
Printemps (Avril) ☐
Stage pour professeurs étrangers
Janvier ☐ Juillet ☐ Août ☐
Français des Affaires ...... Juillet ☐ Août ☐ Sept ☐
Français du Secrétariat ...... Juillet ☐ Août ☐ Sept ☐
Français du Tourisme ...... Juillet ☐ Août ☐ Sept ☐
Cours d'Etudes Supérieures Juillet ☐ Août ☐ Sept ☐
▪ AUTRES COURS : .... ☐
Option ☐ Laquelle ? ....
Perfectionnement ☐ Période ? ....

ADMINISTRATION

ETES-VOUS TITULAIRE D'UNE BOURSE ?
De votre pays .... ☐ 1
Du gouvernement français .... ☐ 2

COMMENT AVEZ-VOUS CONNU L'INSTITUT ?
Ancien étudiant - Nom : .... ☐ 1
Professeur - Nom : .... ☐ 2
Votre Ambassade .... ☐ 3
Ambassade de France .... ☐ 4
Université (préciser) .... ☐ 5

Agence (préciser) .... ☐ 6
Publicité presse (préciser) .... ☐ 7

Brochure groupement SOUFFLE .... ☐ 8
Salon (préciser) .... ☐ 9
Autre (préciser) .... ☐ 10
La brochure a-t-elle influencée votre choix ? Oui ☐ Non ☐

HÉBERGEMENT

DEVONS-NOUS VOUS RÉSERVER UN HÉBERGEMENT ? .... Oui ☐   Non ☐
Si non précisez l'adresse de votre hébergement
SÉJOUR EN FAMILLE : ☐   HÉBERGEMENT INDÉPENDANT ☐
• Petite famille (4 étudiants étrangers maximum)
- Chambre avec petit déjeuner .... ☐   PRÉCISER
- Demi-pension .... ☐   • Résidence-service Hameau St Michel .... ☐
- Pension complète .... ☐   • Chambre indépendante .... ☐
                                               • Studio .... ☐
• Grande famille (plus de 4 étudiants étrangers)   • Appartement (nbre de pièces : ......) ... ☐
- Chambre avec petit déjeuner .... ☐   • Cité universitaire .... ☐
- Demi-pension .... ☐   • Cité Internationale .... ☐
- Pension complète .... ☐

PRÉCISEZ SI VOUS SOUHAITEZ :
• Chambre individuelle .... ☐
• Chambre à partager .... ☐

AUREZ-VOUS À TOURS UN MOYEN DE LOCOMOTION ? Oui ☐ Non ☐   ALLERGIES (PRÉCISER) ....
Si oui lequel ? ....
                                                          AUTRES REMARQUES ....
ETES -VOUS FUMEUR ? .... Oui ☐ Non ☐

RENSEIGNEMENTS PÉDAGOGIQUES

ENSEIGNEMENT SUIVI :
SECONDAIRE .... ☐
Diplôme obtenu .... Oui ☐   Non ☐
POST-SECONDAIRE (universités, écoles supérieures...) ☐
Diplôme obtenu .... Oui ☐   Non ☐

PROFESSION :
Adresse entreprise ....

.... Tél. travail ....

NOMBRE D'ANNÉES D'ÉTUDE DE FRANÇAIS : ....

VOTRE NIVEAU ACTUEL :
Débutant .... ☐ 1
Faux débutant .... ☐ 2
Intermédiaire .... ☐ 3
Avancé .... ☐ 4

POUR LES ETUDIANTS MEMBRE D'UN GROUPE (Université ou organisme)

Nom de l'université ou de l'agence : ....
Adresse ....

Tél ....   Fax ....
Personne à contacter ....

Note culturelle

Des programmes à l'étranger

INSTITUT D'ÉTUDES FRANÇAISES DE TOURAINE

1) **Cours d'été: 3 sessions de 4 se
maines, aux mois de juillet; août
et septembre.**

2) **Cours spécialisé de recyclage
pour professeurs de français
langue étrangère. Aux mois de
juillet et août.**

3) **Cours de français commercial et
secrétarial.**

4) **Châteaux de la Loire. Ambiance
internationale: des étudiants de
70 nationalités!**

**1, Rue de la Grandière; B. P. 2047
37020 TOURS CEDEX, FRANCE
Tél: (33) 47.05.76.83 — Fax: (33) 47.20.48.98**

There are many programs in French-speaking countries that enable
foreign students to study French, to learn about special fields of interest
(business, engineering, art, music, media, etc.), and to gain a better
understanding of the culture of the country.

Most American colleges and universities have education abroad
programs, and it is usually recommended that every student study
abroad while still in college. Students may also take advantage of the
many schools and institutes that are independent of American institu-
tions, such as the **Institut de Touraine,** which offer programs during
the year as well as in the summer.

To find out more about study in French-speaking countries, visit
the appropriate office at your university, consult the annual issue of the
Journal français d'Amérique that lists many of the programs (ask your
instructor), or talk to the faculty in your French department.

Universities in French-speaking countries have created a variety
of programs that accommodate students at all levels of language proficiency. Whether you're a beginning, intermediate, or advanced language student, whatever your field, you'll find a program of interest to
you.

Le savez-vous?
▲▲▲▲▲▲▲▲▲▲▲▲▲▲▲▲
**What percentage of
French people between
the ages of 15 and 34
have thought about
working or studying in
another country?**
a. 38%
b. 49%
c. 55%
d. 76%

Réponse ▲▲▲

S·T·R·U·C·T·U·R·E

Le superlatif

Thérèse est **l'étudiante la plus avancée de** la classe.	Thérèse is *the most advanced student in* the class.
Elle a **les meilleures notes de** tous les étudiants.	She has *the best grades of* all the students.
Elle travaille **le plus sérieusement de** tous les étudiants.	She works *the most seriously of* all the students.
Mais elle a **le plus de temps libre de** tous ses amis.	But she has *the most free time of* all her friends.
C'est elle qui parle **le mieux** le français.	She's the one who speaks French *the best.*

In French, the superlative forms are the same as the comparative forms **plus, moins, meilleur,** and **mieux,** except that the definite article **le, la,** or **les** is added.

In the case of adjectives, the article agrees with the noun: **l'étudiante la plus avancée.** In the case of nouns, the superlative form acts like an expression of quantity **(le plus de temps libre).** Notice that the French equivalent of *in* or *of* after a superlative is **de.**

If an adjective follows the noun it qualifies, the superlative form repeats the definite article: **la maison la plus solide, le livre le plus ennuyeux, les étudiants les moins travailleurs.** If an adjective comes before the noun, only one definite article is required: **la plus jolie maison, le plus gros livre, les moins bons étudiants.** Reminder: The following adjectives are placed before the noun: **grand, vieux, bon, long, beau, autre, petit, nouveau, mauvais, joli, jeune.**

▲ ▲ ▲

APPLICATION

C. Remplacez les mots en italique et faites les changements nécessaires.

1. *Georges* est l'étudiant le plus sérieux de la classe. (Suzanne / Alain et Robert / Martine et Christiane)
2. Hervé est l'étudiant le *plus optimiste* de la classe. (plus sportif / moins sérieux / plus jeune / meilleur / moins honnête)
3. Voilà la *plus belle* maison de la ville. (plus jolie / plus grande / plus chère / moins intéressante / plus petite)
4. Nathalie *parle le plus rapidement* de tous les étudiants. (étudie le plus sérieusement / chante le mieux / travaille le plus / joue le mieux)

▲▲▲ b

D. Les élèves du lycée Voltaire. En utilisant les expressions données, faites les comparaisons indiquées.

Nom de l'élève	Examen de classement	Heures de préparation	Note en maths	Note en littérature
Sylvie	1ère	20	14/20	16/20
Louis	5^e	15	16/20	10/20
Yves	19^e	30	12/20	12/20
Simone	35^e	15	8/20	11/20
Gilbert	60^e	10	8/20	6/20

Modèle: Sylvie / intelligent
              Sylvie est l'élève la plus intelligente.

1. Gilbert / intelligent
2. Gilbert / étudier sérieusement
3. Sylvie / bon en littérature
4. Yves / étudier sérieusement
5. Louis / bon en mathématiques

E. Les ouvriers de l'atelier Michelin. En utilisant les expressions données, faites les comparaisons indiquées.

Nom de l'ouvrier	Âge	Minutes pour faire le travail	Qualité du travail	Salaire (par mois)
Jean-Loup	22	15 minutes	excellent	10 000F
Mireille	21	18 minutes	bien	7 500F
Albert	40	18 minutes	bien	12 500F
Thierry	55	20 minutes	assez bien	10 000F
Jacqueline	18	25 minutes	assez bien	6 500F

Modèle: Thierry / âgé
              Thierry est l'ouvrier le plus âgé.

1. Jacqueline / âgé
2. Jean-Loup / travailler rapidement
3. le travail de Jean-Loup / bon
4. Jacqueline / gagner de l'argent
5. Jacqueline / jeune
6. Jacqueline / travailler rapidement
7. Albert / gagner de l'argent

Culture, Ex. D: In France, secondary schools tend to be named after famous people rather than after the town in which they're located (as is often true in the United States). Voltaire (1694–1778) was a French philosopher of the Enlightenment who is best known for *Zadig, Micromégas,* and *Candide,* and his philosophical essays and poems. He was particularly well received by the anti-clerical bourgeoisie, who used some of his ideas to inspire the French Revolution.

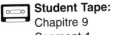

Student Tape:
Chapitre 9
Segment 1

Reminder, Pronunciation: To determine when the mute **e** should be dropped, be sure to count consonant *sounds*—not their written symbols. Thus, **ch** is one sound and the **e** in **acheter** should be dropped.

PRONONCIATION *L'e caduc et la loi des trois consonnes*

In Chapter 6 you saw that the French vowel **e** (without a written accent) may represent three different sounds:

[e]	l**e**s, parl**e**r	**e** + silent consonant at the end of a word
[ɛ]	**e**lle, p**e**rsonne	**e** + pronounced consonant in the same syllable
[ə]	l**e**, p**e**tit	**e** in two-letter words and at end of a syllable

An unaccented **e** that occurs at the end of a syllable in the middle of a word (**petit**) has a special feature. The vowel is called **l'e caduc** (the *falling* or *dropped* **e**) or **l'e instable** (the *unstable* **e**) because there are certain cases when it is not pronounced at all.

As a general rule, the **e** is not pronounced so long as dropping it does not result in three consecutive consonant sound. Thus, in **samedi,** dropping the **e** leaves only two consonants together: **md.** However, if the second **e** of **vendredi** were dropped, the combination **drd** would remain, which is difficult to pronounce. This general rule is called **la loi des trois consonnes** (*the three-consonant rule*).

F. Read each word aloud, dropping the **e** when indicated and retaining it when it is underlined.

samedi / mercredi / omelette / médecin / acheter / appartement / boucherie / tartelette / boulangerie / entreprise / sérieusement

Relais

L'arrivée en France

En route pour Paris dans un avion Air France, Peter Robidoux fait la connaissance de deux Français—M. et Mme Maurel. Peter **a un peu peur** parce que c'est son premier voyage en France... et aussi son premier **vol en avion.** Mais les Maurel lui expliquent ce qu'il faut faire à l'aéroport: aller au **contrôle des passeports,** récupérer à la **livraison des bagages les valises** qu'on a **enregistrées,** passer à **la douane.** Enfin, Peter et ses deux compagnons quittent l'avion.

is a little afraid

plane trip

passport checkpoint / baggage claim / suitcases

checked / customs

M. MAUREL:	Bon. Voilà le contrôle des passeports. Vous allez par ici. Nous, on a des passeports français. Nous devons passer par là. Alors, on va vous dire au revoir. Bon séjour en France!
PETER:	**Merci mille fois.** Vous avez été très gentils.
MME MAUREL:	**Il n'y a pas de quoi.** Au revoir, Monsieur.
PETER:	Oh, **zut alors!**
MME MAUREL:	Qu'est-ce qu'il y a?
PETER:	J'ai laissé mon sac de voyage dans l'avion. Qu'est-ce que je vais faire?

Thanks a million.

You're welcome.

darn

M. MAUREL:	**Ne vous inquiétez pas,** Monsieur. Voilà un agent d'Air France. Vous pouvez lui expliquer ce qui s'est passé.	Don't worry
PETER:	Pardon, Monsieur. **J'ai oublié** mon sac de voyage dans l'avion.	forgot
L'EMPLOYÉ:	Dans quel avion, Monsieur? Quel est le numéro du vol?	
PETER:	Le vol 060. En provenance de New York.	
L'EMPLOYÉ:	Et votre sac, comment est-il?	
PETER:	C'est un petit sac, en tissu. Il est bleu et rouge. Il y a une **étiquette** avec mon nom marqué **dessus**—Peter Robidoux. Robidoux: R-O-B-I-D-O-U-X.	luggage tag / on it
L'EMPLOYÉ:	**Attendez** ici. Je vais le chercher.	wait
PETER:	Merci bien, Monsieur.	

À VOUS!

G.   L'arrivée à l'aéroport. Vous expliquez à un(e) ami(e) ce qu'il faut faire quand on arrive à l'aéroport Charles-de-Gaulle. Utilisez les expressions suivantes, mais rétablissez l'ordre convenable. Employez aussi les expressions **d'abord, ensuite, puis** et **enfin.**

Modèle: *D'abord, tu vas quitter l'avion, puis tu...*

passer par la douane / montrer ton passeport et ton visa / quitter l'avion / prendre le bus Air France pour aller à Paris / aller à la porte 36 / aller à la livraison des bagages / aller au contrôle des passeports / récupérer les valises enregistrées

Ex. G: Before beginning your explanation, put all the items into chronological order. When you're done, your classmate will also give an explanation.

H.   Vous avez perdu quelque chose? Expliquez à l'employé(e) que vous avez perdu les bagages illustrés dans les dessins. Puis répondez aux questions de l'employé(e) au sujet de ces bagages. Votre camarade de classe va jouer le rôle de l'employé(e) en s'inspirant des questions suggérées cidessous.

Vocabulary, Ex. H: To tell what the bag is made of, use any of the following: **en cuir** *(out of leather),* **en tissu** *(out of cloth),* **en plastique** *(out of plastic).*

Questions de l'employé(e): Qu'est-ce que vous avez perdu? Dans quel avion? (Sur quel vol?) De quelle couleur est-il (elle)? En quelle matière est-il (elle)? Est-ce qu'il (elle) a des signes distinctifs? Qu'est-ce qu'il (elle) contient?

1.   2.   3.   4.   5.

L'heure officielle

La pièce commence à **21h.**   The play begins at *9:00 P.M.*
Nous sommes arrivés à **20h45.**   We arrived at *8:45 P.M.*

You have already learned the conversational method of telling time **(l'heure en langage courant)** in French. But in airports and railroad stations, on radio and TV, and at concerts and movies, the French use official time **(l'heure officielle),** which is based on the 24-hour clock. Note that military time in English is also expressed in official time. The basic differences between conversational and official times in French are:

Conversational time	*Official time*
Is based on a 12-hour clock	Is based on a 24-hour clock (0 = midnight; 12 = noon)
Divides the hour into two 30-minute segments (after and before the hour)	Treats the hour as a 60-minute whole (that is, only moves forward)
Uses **et quart, et demi(e), moins le quart, minuit, midi**	Uses cardinal numbers only **(quinze, trente, quarante-cinq, zéro heure, douze heures)**

The easiest way to switch from official time to conversational time is to subtract twelve from the hour of official time (unless the hour is already less than twelve):

Conversational time		*Official time*
9h45	dix heures moins le quart (du matin)	neuf heures quarante-cinq
12h30	midi et demi	douze heures trente
14h50	trois heures moins dix de l'après-midi	quatorze heures cinquante
23h15	onze heures et quart du soir	vingt-trois heures quinze
0h05	minuit cinq	zéro heure cinq

▲ ▲ ▲

APPLICATION

I. Changez de l'heure officielle à l'heure en langage courant.

Modèle: 15h
            trois heures de l'après-midi

1. 13h
2. 9h
3. 22h
4. 12h
5. 3h15
6. 15h30
7. 20h45
8. 18h06

Exs. I, J, K: All of these exercises require you to convert from official time to conversational time. Americans tend to think in conversational time and need to practice such conversions for quick comprehension.

J. Horaires. *(Timetables.)* Niamey est la capitale du Niger, en Afrique. Chaque semaine, l'U.T.A. **(Union des Transports Aériens)** et Air Afrique ont quatre vols de Paris à Niamey et quatre vols de Niamey à Paris. Regardez les horaires et indiquez d'abord l'heure officielle du départ et de l'arrivée de chaque vol, et ensuite indiquez l'heure en langage courant.

Paris-Niamey—départ de Charles-de-Gaulle			
	Vols	**Départs**	**Arrivées**
Mardi	U.T.A. 831	08h15	14h50
Jeudi	Air Afrique 29	20h30	03h10
Samedi	Air Afrique 37	10h45	17h20
Dimanche	U.T.A. 867	21h15	03h25
Niamey-Paris—arrivée à Charles-de-Gaulle			
Lundi	U.T.A. 868	13h25	19h55
Mercredi	U.T.A. 832	00h10	06h55
Vendredi	Air Afrique 30	12h40	19h10
Dimanche	Air Afrique 38	00h15	06h20

K. Utilisez l'heure en langage courant pour expliquer vos réponses aux questions suivantes.

1. Il faut deux heures pour voyager de Paris à Nice en avion. Vous désirez arriver à Nice à 9h du soir. Est-ce que vous allez prendre l'avion de 15h, de 17h, de 19h ou de 21h?

2. Vous désirez aller au cinéma, mais il faut rentrer avant 6h du soir. Les séances *(the showings)* commencent à 13h, à 16h, à 19h ou à 22h. À quelle heure commence votre séance?

3. À la télévision il y a souvent un film à 22h30. D'habitude vous dormez *(sleep)* de 10h du soir jusqu'à 6h du matin. Est-ce que vous pouvez regarder le film?

4. Vous allez à la gare chercher vos parents. Leur train arrive de Genève à 17h30. Vous arrivez à la gare à 4h30 de l'après-midi. Êtes-vous à l'heure?

5. Vous avez invité un(e) ami(e) à aller au concert. Le concert commence à 21h. Il faut une demi-heure pour aller de son appartement au concert. À quelle heure allez-vous chercher votre ami(e)?

Débrouillons-nous!

Petite révision de l'étape

L. Échange. Posez les questions à votre camarade de classe qui va, à son tour, vous poser les mêmes questions.

1. Comment est ton (ta) meilleur(e) ami(e)? Décris-le (la).
2. À ton avis, qui est le (la) meilleur(e) chanteur(-euse) aujourd'hui?
3. Quel(le) chanteur(-euse) est-ce que tu aimes le moins?
4. Avec qui est-ce que tu sors le plus souvent?
5. À ton avis, quel(le) étudiant(e) travaille le plus dans cette classe?
6. Quelles parties de nos leçons de français est-ce que tu aimes le plus?

M. Un bulletin d'inscription. Vous allez remplir un bulletin d'inscription pour un programme au Québec. Dans ce bulletin, on vous demande d'écrire un paragraphe sur vous-même: qui vous êtes, pourquoi vous voulez participer au programme, etc. Faites votre description pour votre camarade de classe. Il (elle) va vous poser des questions pour obtenir des renseignements supplémentaires.

 À faire chez vous: CAHIER, Chapitre 9 / 1ère étape

Reminder, Point de départ: The functions and vocabulary for getting a hotel room in France are generally the same for any French-speaking country. The *Guide Michelin* is published for a variety of countries.

classifies

DEUXIÈME ÉTAPE

Point de départ

Quelques jours à l'hôtel
LE GUIDE MICHELIN

Le gouvernement français **classe** les hôtels en cinq catégories:

CATÉGORIES

⛪	Grand luxe et tradition	✕✕✕✕✕
⛪	Grand confort	✕✕✕✕
⛪	Très confortable	✕✕✕
⛪	De bon confort	✕✕
⛪	Assez confortable	✕
☂	Simple mais convenable	
M	Dans sa catégorie, hôtel d'équipement moderne	
sans rest.	L'hôtel n'a pas de restaurant	
	Le restaurant possède des chambres	avec ch.

30 ch	Nombre de chambres
🛗	Ascenseur
▤	Air conditionné
TV	Télévision dans la chambre
⚞✕	Établissement en partie réservé aux non-fumeurs
☎	Téléphone dans la chambre relié par standard
☎	Téléphone dans la chambre, direct avec l'extérieur
♿	Chambres accessibles aux handicapés physiques
☗	Repas servis au jardin ou en terrasse
⚕	Salle de remise en forme
☆ ▨	Piscine : de plein air ou couverte
⛱	Plage aménagée – Jardin de repos
✕	Tennis à l'hôtel
⚒ 25 à 150	Salles de conférences : capacité des salles
⛟	Garage dans l'hôtel (généralement payant)
Ⓟ	Parking réservé à la clientèle
✕	Accès interdit aux chiens (dans tout ou partie de l'établissement)
Fax	Transmission de documents par télécopie
mai-oct.	Période d'ouverture, communiquée par l'hôtelier
sais.	Ouverture probable en saison mais dates non précisées. En l'absence de mention, l'établissement est ouvert toute l'année.

Hotel listings here and on pages 358–359, 370 are from the Michelin Red Guide FRANCE 1995, Pneu Michelin, Services de Tourisme.

© Michelin *Guide Rouge France* (1995). Permission No. 95-433.

- **Hôtels de grand luxe**—des **salles de bains** et des **W.-C.** dans toutes les **chambres**   *bathrooms / toilets (bed)rooms*
- **Hôtels **** (quatre étoiles)**—hôtels de première classe; **la plupart des** chambres avec salle de bains et W.-C. **privés**   *most / private*
- **Hôtels *** (trois étoiles)**—très confortables; un grand nombre de chambres ont une salle de bains; **ascenseur,** téléphone   *elevator*
- **Hôtels ** (deux étoiles)**—confortables; 30 pour cent des chambres avec salle de bains
- **Hôtels * (une étoile)**—bonne qualité, confort **moyen; au moins** dix chambres avec **lavabo; cabine téléphonique**   *average / at least sink / phone booth*

Troisième partie

Si vous voyagez en France, il est très utile d'avoir un *Guide Michelin* rouge (guide des hôtels et des restaurants). Ce guide utilise un système un peu différent du classement officiel français. Voici ce que **dit** le *Guide Michelin* pour l'hôtel Belloy St-Germain à Paris:

says

🏛 **Belloy St-Germain** Ⓜ sans rest, **2** r. Racine (6ᵉ) 🕭 46 34 26 50, Télex 206234, Fax 46 34 66 18 – 🛗 📺 ☎ Æ ☷ ᴊᴄ🅱 K 14
🛏 45 – **50 ch** 690/910.

L'hôtel Belloy St-Germain est un hôtel confortable. Il n'y a pas de restaurant. Il est situé dans la rue Racine dans le sixième arrondissement. Le numéro de téléphone est le 46 34 26 50. Il y a un ascenseur. Il y a un téléphone dans la chambre, direct avec l'extérieur. Le petit déjeuner coûte 45 F. Il y a 50 chambres. Une chambre coûte entre 690F et 910F.

open

Note culturelle

In addition to the hotels classified in the *Guide Michelin,* France has many small inns (**des auberges, des pensions**) that resemble bed-and-breakfast establishments in the United States. These inns are frequently less expensive and tend to have a great deal of charm. The service is not as extensive as in larger hotels, but it is often more personalized.

If you arrive in a French city without a hotel reservation, you may make use of the welcome service (**Accueil de France**). An office of the **Accueil de France** is usually located in major train stations and airports.

When you are staying in a hotel that has several floors, it is useful to know that floors are counted differently in France than in the United States. In French, the word **étage** is used for floors above the ground level. The term for *ground floor* is **le rez-de-chaussée** (literally, *the level of the pavement*). Consequently, each **étage** is one floor higher than its designation would suggest in English:

American hotel	*French hotel*
4th floor	3ᵉ **étage**
3rd floor	2ᵉ **étage**
2nd floor	1ᵉʳ **étage**
1st floor	**le rez-de-chaussée**

To say that a room is on a certain floor, use **au: au deuxième étage.**

À VOUS! (Exercices de vocabulaire)

A. Quelle sorte d'hôtel? According to each symbol, tell what kind of hotel is referred to or what kind of convenience is offered.

Modèle: **

It's a two-star hotel. It's comfortable and some of the rooms have their own bathrooms.

1.   2.   3.   4.   5.

6. ★★★★   7.   8.   9.   10. ★

B. Les hôtels de Besançon. Some friends of yours are planning to visit Besançon, a city in the eastern part of France. Because they don't speak French, they ask your help in finding a hotel. Read the following excerpt from the *Guide Michelin*. Then answer their questions.

🏨 **Altéa Parc Micaud,** 3 av. E. Droz 🖉 81 80 14 44, Télex 360268, Fax 81 53 29 83 – 🛗 ⇔ ch, 🖵 rest 📺 ☎ 🅿 – 🔬 200. 🆎 ⓪ 🅶🅱   BY **d**
Le Vesontio : Repas 90/120 🐟, enf. 45 – ⌐ 50 – **94 ch** 370/440.

🏨 **Novotel** Ⓜ ⟩, 22 bis r. Trey 🖉 81 50 14 66, Fax 81 53 51 57, 🍽, 🏊, 🎾 – 🛗 ⇔ ch 🖵 📺 ☎ 🅰 🅿 – 🔬 120. 🆎 ⓪ 🅶🅱   BX **e**
Repas 85 et carte environ 180, enf. 50 – ⌐ 48 – **107 ch** 450.

🏨 **Relais Castan** Ⓜ ⟩ sans rest, 6 square Castan 🖉 81 65 02 00, Fax 81 83 01 02, « Hôtel particulier des 17e et 18e siècles » – 📺 ☎. 🆎 🅶🅱   BZ **t**
fermé 1er au 21 août. et 24 déc. au 3 janv. – ⌐ 50 – **7 ch** 550/980.

🏨 **Mercure,** 4 av. Carnot 🖉 81 80 33 11, Télex 361276, Fax 81 88 11 14, 🍽 – 🛗 ⇔ ch 📺 ☎ 🅰 🅿 – 🔬 40 à 60. 🆎 ⓪ 🅶🅱   BY **a**
Repas 90 🐟, enf. 50 – ⌐ 45 – **67 ch** 340/410.

🏨 **Siatel** Ⓜ, 3 chemin des Founottes par N 57 : 3 km 🖉 81 80 41 41, Fax 81 80 41 41 – ⇔ ch 📺 ☎ 🅰 🅿 – 🔬 40. 🅶🅱   AX **q**
Repas 69/118 🐟, enf. 39 – ⌐ 35 – **36 ch** 265 – ½ P 195.

🏨 **Nord** sans rest, 8 r. Moncey 🖉 81 81 34 56, Fax 81 81 85 96 – 🛗 📺 ☎ 🚗. 🆎 ⓪ 🅶🅱 🅹🅲🅱   BY **r**
⌐ 32 – **44 ch** 185/289.

🏨 **Ibis** Ⓜ, 5 av. Foch (face gare) 🖉 81 88 27 26, Fax 81 80 07 65 – 🛗 ⇔ ch 📺 ☎ 🅰. 🆎 🅶🅱   BX **b**
Repas -brasserie- carte 120 à 220, enf. 40 – ⌐ 35 – **95 ch** 275.

1. Which is the largest hotel in Besançon?
2. Which is the most expensive? What justifies the high prices?
3. Can you get a nonsmoking room at the Hôtel Altéa Parc Micaud? At the Hôtel Ibis?
4. Which hotels have elevators?
5. Which hotels have restaurants?
6. Which hotel is the least expensive?
7. Which hotels have access for the handicapped?
8. How much extra does breakfast cost at the Hôtel Mercure?

R·E·P·R·I·S·E

Première étape

C. Ma famille et mes amis. Utilisez des expressions comparatives et superlatives pour parler des membres de votre famille.

Modèle: *Ma grand-mère est plus âgée que mon grand-père. Elle a 80 ans. Ma grand-mère est la personne la plus âgée de la famille. Mon frère Paul joue le mieux au tennis. Il joue beaucoup mieux que moi. Un jour, je veux jouer aussi bien que lui. Etc.*

Quelques suggestions de comparaison: âge (âgé, jeune, vieux), jouer bien, parler bien le français, aller souvent au cinéma, être bon en maths, être bon en science, être bon en histoire, taille (grand, petit), travailler sérieusement, manger, être intelligent, être sportif, aimer bien, etc.

D. À quelle heure est-ce qu'on passe les films? Vous êtes au Québec avec des amis. Ils veulent regarder la télé, mais ils ont des difficultés à comprendre les renseignements dans *Télé Presse*. Répondez à leurs questions en utilisant l'heure de conversation.

Modèle: —*À quelle heure est-ce qu'on passe* Le Maître des îles?
—*À dix heures du matin.*

À quelle heure est-ce qu'on passe...

▲▲▲ b

1. *Scorpio?*
2. *Mort sur le Nil?*
3. *The Dirty Dozen: Next Mission?*
4. *Le Roi de la montagne?*
5. *Caught?*
6. *Witness to Murder?*
7. *Death Wish II?*
8. *Feux croisés?*

TÉLÉ-CINÉMA JEUDI

(1) chef d'oeuvre   (2) remarquable   (3) très bon   (4) bon   (5) moyen   (6) pauvre   (7) minable   ■□ film en noir et blanc

10h00 ◢◤ ◢◤ ◢◤t **LE MAÎTRE DES ÎLES**
(2e partie) (2h.) Voir détail, mercredi 10h00

13h15 ◢◤ ◢◤ **LE ROI DE LA MONTAGNE**
(6) (King of the Mountain), É.-U. 1981. Drame de moeurs de N. Nosseck avec Harry Hamlin, Joseph Bottoms et Deborah Van Valkenburgh. — Un jeune musicien se livre avec des amis à de folles randonnées en automobiles sur une route sinueuse en montagne. (2h.)

14h00 ◢◤ **AVOIR UN ENFANT**
(4) (Having Babies), É.-U. 1976. Film à sketches de R. Day avec Desi Arnaz jr, Karen Valentine et Jessica Walter. — Quatre couples expérimentent une nouvelle méthode d'accouchement. Film tourné pour la télévision. (2h.)

14h15 ◢◤ ◢◤ ◢◤ ◢◤ ◢◤ **FEUX CROISÉS**
(3) (Crossfire), É.-U. 1947. Drame policier de E. Dmytryk avec Robert Young, Robert Ryan et Robert Mit-

chum. — Pour disculper un camarade, un sergent recherche l'assassin d'un soldat de race juive.

19h30 ◢◤ ◢◤ ◢◤t **DES MEURTRES SANS IMPORTANCE**
(4) (A Small Killing), É.-U. 1982. Drame policier de S. H. Stern avec Edward Asner, Jean Simmons et Sylvia Sidney. — Un policier se déguise en clochard pour enquêter sur un trafic de drogue. Film tourné pour la télévision. (2h.)

10 ◢◤ **LES ÉVADÉS DU TRIANGLE D'OR**
(5) (Comeback), É.-U. 1982. Aventures de H. Bartlett avec Michael Landon, Jurgen Prochnow et Moira Chen (Laura Gemser). — Un journaliste entraîne une Laotienne à fuir son pays en traversant les eaux d'un fleuve limitrophe. (2h.)

◢◤ **MORT SUR LE NIL**
(4) G.-B. 1978. Drame policier de J. Guillermin avec Peter Ustinov, David Niven et Mia Farrow. — Le détective Hercule Poirot enquête sur

l'assassinat d'une riche et jeune héritière au cours d'une croisière sur le Nil. Adaptation d'un roman d'Agatha Christie. (3h.) VERSION INTÉGRALE.

23h00 ◢◤ **CAUGHT**
(4) É.-U. 1949. Drame psychologique de M. Ophuls avec Barbara Bel Geddes, James Mason et Robert Ryan. — Une jeune ambitieuse épouse un industriel puis s'éprend d'un médecin de quartier. (1h.30)

23h20 ◢◤ ◢◤ ◢◤ **SCORPIO**
(4) É.-U. 1972. Drame d'espionnage de M. Winner avec Burt Lancaster, Alain Delon et Paul Scofield. — Un Français au service de la C.I.A. reçoit l'ordre de tuer son supérieur soupçonné d'être un agent double. (2h.25)

23h21 ◢◤ ◢◤ **ELLE COURT, ELLE COURT LA BANLIEUE**
(4) Fr. 1972. Comédie de moeurs de G. Pirès avec Marthe Keller, Jacques Higelin et Nathalie Courval. — Le bonheur d'un couple de banlieu-

sards est menacé par les difficultés quotidiennes. (2h.25)

00h00 ◢◤ ◢◤ **ENDLESS LOVE**
(4) É.-U. 1981. Drame psychologique de F. Zeffirelli avec Martin Hewitt, Brooke Shields et Shirley Knight. — L'amour interdit de deux adolescents connaît une issue tragique. (2h.)

◢◤ ◢◤ **I AM A FUGITIVE FROM CHAIN GANG**
(3) É.-U. 1932. Drame social de M. Le Roy avec Paul Muni, Glenda Farrell et Edward Ellis. — Mêlé involontairement à un vol, un homme est condamné à une vie de bagnard. (1h.58)

◢◤ ◢◤ **WITNESS TO MURDER**
(4) É.-U. 1954. Drame policier de R. Rowland avec Barbara Stanwyck, George Sanders et Gary Merrill. — Témoin d'un meurtre, une femme avertit la police et est poursuivie par le criminel. (1h.53)

10 ◢◤ **DILLINGER**
(4) É.-U. 1973. Drame policier de J. Milius avec Warren Oates, Ben Johnson et Michele Phillips. — En 1933, un agent du F.B.I. décide d'avoir la peau d'un des plus dangereux voleurs de banque de l'époque. (2h.15)

01h00 ◢◤ **THE DIRTY DOZEN: NEXT MISSION**
(5) É.-U. 1985. Drame de guerre de A. V. McLaglen avec Lee Marvin, Ken Wahl et Ernest Borgnine. — Des soldats condamnés pour actes criminels sont réunis dans un commando chargé d'une mission derrière les lignes ennemies. Film tourné pour la télévision. (2h.)

03h00 ◢◤ **DEATH WISH II**
(6) É.-U. 1982. Drame policier de M. Winner avec Charles Bronson, Jill Ireland et Vincent Gardenia. — Pour venger la mort de sa fille victime de voyous, un architecte se transforme en justicier. (2h.)

S·T·R·U·C·T·U·R·E

Les nombres ordinaux

le premier, la première	**le (la) onzième**
le (la) deuxième	**le (la) douzième**
le (la) troisième	**le (la) treizième**
le (la) quatrième	**le (la) quatorzième**
le (la) cinquième	**le (la) quinzième**
le (la) sixième	**le (la) seizième**
le (la) septième	**le (la) dix-septième**
le (la) huitième	**le (la) dix-huitième**
le (la) neuvième	**le (la) dix-neuvième**
le (la) dixième	**le (la) vingtième**

Ordinal numbers (such as *first, second, third*) are used to order or rank items in a series. Notice the following special cases:

1. For *the first* use **le premier** or **la première,** and for *the last* use **le dernier** or **la dernière.** All other ordinal numbers are formed by adding **-ième** to the cardinal number (**six + ième = sixième**).
2. When the cardinal number ends in **e,** drop the **e** before adding **-ième:** **quatre → quatr → quatrième.**
3. Add **u** to **cinq** before adding the ordinal ending: **cinquième.**
4. Change the **f** of **neuf** to **v** before adding the ordinal ending: **neuvième.**

The abbreviated forms of the ordinal numbers are:

1er	**premier**	**2e**	**deuxième**	**21e**	**vingt et unième**
1ère	**première**	**3e**	**troisième**	**45e**	**quarante-cinquième**
		etc.			

▲ ▲ ▲

APPLICATION

E.   Lisez à haute voix.

1. le 1er avril
2. le 19e siècle
3. la 5e avenue
4. le 20e siècle
5. la 1ère fois *(time)*

6. la 2e année
7. le 17e siècle
8. la 42e rue
9. le 8e jour
10. le 3e hôtel

Reminder, Ordinal numbers: In spoken English, ordinal numbers are also used in dates *(December 6th)* and for kings *(Henry the Fourth).* In spoken French, with the exception of **premier (le premier janvier, François Premier),** cardinal numbers are used both for dates **(le six décembre)** and for royalty **(Élisabeth II).**

F. C'est à quel étage? Vous êtes dans un hôtel à Bruxelles avec un groupe d'étudiants. C'est à vous de distribuer la clé de la chambre à chaque étudiant et de lui indiquer à quel étage se trouve sa chambre. Regardez les clés pour savoir à quels étages se trouvent les chambres.

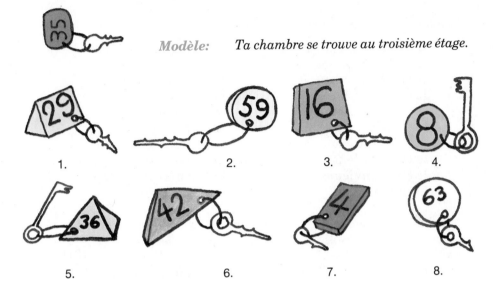

Modèle: *Ta chambre se trouve au troisième étage.*

1. 2. 3. 4.

5. 6. 7. 8.

Reminder, Ex. G, No. 2: In France, the first day of the week is Monday, rather than Sunday.

G. Répondez aux questions suivantes.

1. Quel est le premier mois de l'année? Le troisième? Le huitième? Le dernier?
2. Quel est le premier jour de la semaine? Le quatrième? Le dernier?
3. À quelle heure est votre premier cours? Votre deuxième cours? Votre troisième cours?

PRONONCIATION *L'e caduc et les groupes figés*

The **loi des trois consonnes** is a descriptive guideline, not a hard and fast rule. There are many special cases involving the deletion or retention of the **e caduc.** Among these are the following, which you may have already noticed:

est-cé que qu'est-cé que parcé que je né je mé pas dé

Each of these word combinations represents a **groupe figé** *(fixed group)* that is always pronounced in the same manner no matter what sound follows.

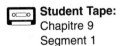

Student Tape: Chapitre 9 Segment 1

H. Read each group of words aloud, taking care not to pronounce the **e** when indicated.

je mé couché
je mé dépêché
je né vais pas
où est-cé qu'il va
parcé que je né travaillé pas

qu'est-cé que vous voulez
pas dé pain
pas dé léguméś
pas dé problèmé
je né suis pas

Relais

Vous avez réservé?

Peter Robidoux et son ami Mike arrivent à l'hôtel Balzac à Tours. Ils vont à la **réception.** C'est Peter qui parle avec l'employé.

front desk

PETER:	Bonjour, Monsieur. Vous avez une chambre pour deux personnes?
L'EMPLOYÉ:	Vous avez réservé?
PETER:	Oui, oui. Nous avons téléphoné. Sous le nom de Robidoux.
L'EMPLOYÉ:	Ah, oui. J'ai une chambre pour deux personnes sans salle de bains.
PETER:	C'est une chambre à 110F, n'est-ce pas?
L'EMPLOYÉ:	C'est exact.
PETER:	Est-ce que le petit déjeuner est **compris?**
L'EMPLOYÉ:	Non, Monsieur. Vous payez un supplément de 33F par personne.
PETER:	D'accord.
L'EMPLOYÉ:	Voilà votre clé. Vous êtes dans la chambre 38. C'est au troisième étage. L'ascenseur est derrière vous, à gauche.
PETER:	**Je vous remercie,** Monsieur.
L'EMPLOYÉ:	**De rien,** Monsieur.

included

Thank you

You're welcome

À VOUS!

I.   Vous désirez une chambre? Utilisez les renseignements donnés pour dire quelle sorte de chambre vous voulez.

Ex. I: You and your classmate should change roles in the middle of the exercise.

> *Modèle:*   deux personnes / 120F–160F (140F sans salle de bains)
> —*Bonjour, Monsieur (Madame). Vous avez une chambre pour deux personnes, entre 120 et 160 francs?*
> —*J'ai une chambre sans salle de bains pour 140 francs.*
> —*Très bien.* ou *Nous préférons une chambre avec salle de bains.*

1.   deux personnes / 100F–150F (120F sans salle de bains)
2.   trois personnes / 190F–220F (220F avec salle de bains)
3.   une personne / 100F–120F (110F avec salle de bains)
4.   une personne / 80F–110F (95F sans salle de bains)

S·T·R·U·C·T·U·R·E

Les verbes irréguliers *sortir* et *partir*

—**Mon frère sort** avec
Françoise.
—Quand est-ce qu'**ils sont
sortis** ensemble la
première fois?

—*My brother goes out* with
Françoise.
—When did *they go out* together for
the first time?

—**Vous partez** en vacances
aujourd'hui?
—Oui, **Maman et Papa
sont partis** hier.
—**Jean et moi, nous allons
partir** cet après-midi.

—*Are you leaving* on vacation
today?
—Yes, *Mom and Dad left* yesterday.
—*John and I are going to leave* this
afternoon.

The verbs **sortir** *(to go out, to leave)* and **partir** *(to leave)* are irregular:

sortir	partir
je **sors**	je **pars**
tu **sors**	tu **pars**
il, elle, on **sort**	il, elle, on **part**
nous **sortons**	nous **partons**
vous **sortez**	vous **partez**
ils, elles **sortent**	ils, elles **partent**
PAST PARTICIPLE: **sorti** (être)	PAST PARTICIPLE: **parti** (être)

Note that **partir pour** means *to leave for* a place and **partir de** means *to leave from* a place:

Je **vais partir pour** Paris.
Elle **est partie de** New York
pour aller à Paris.

I'm *going to leave for* Paris.
She *left from* New York to go to
Paris.

▲ ▲ ▲

APPLICATION

J. Remplacez les mots en italique et faites tous les changements nécessaires.

1. *Françoise* sort avec ses amis. (Henri / je / nous / M. et Mme Carle /
vous / Gilbert / tu)

2. *Roger* n'est pas sorti hier soir. (Valentine / tu / mes frères / nous /
Jean-Pierre / vous / je)

3. *Martine* part pour Madrid. (Éric / mes amis / tu / nous / je /
vous / Jacqueline)

4. *Alfred* est parti il y a quinze minutes. (Chantal / nous / les autres / je / Thierry)

K. Répondez aux questions.

1. Est-ce que vos amis et vous, vous sortez souvent le soir?
2. Est-ce que les membres de votre famille sortent souvent le samedi soir?
3. Est-ce que vous êtes sorti(e) avec vos amis hier soir?
4. Est-ce que votre ami(e) est sorti(e) hier soir?
5. À quelle heure est-ce que vous partez au cours le matin?
6. De quelles villes américaines part-on d'habitude pour aller à Paris?
7. Quand est-ce que vous et vos amis allez partir en vacances?

Note grammaticale

Les verbes qui signifient «to leave»

French has three different verbs that mean *to leave:* **sortir, partir,** and **quitter.**

1. The verb **quitter** (conjugated with **avoir** in the **passé composé**) always has a direct object—that is, you must specify the place or person you're leaving:

   Elle **quitte l'hôtel.**   J'ai **quitté mes amis** à 10h.

2. The verbs **sortir** and **partir** (both conjugated with **être** in the **passé composé**) are used either alone or with a preposition:

   Je **sors.**   Nous **partons.**
   Elle **est sortie du** restaurant.   Ils **sont partis pour**
                                        Paris.

3. The meanings of **sortir** and **partir** can be easily remembered by associating them with their opposites. **Entrer dans** is the opposite of **sortir de:**

   Elle **est entrée dans** l'ascenseur.   Elle **est sortie de**
                                               l'ascenseur.

   Arriver de is the opposite of **partir pour:**

   Nous **arrivons de** Paris.   Nous **partons pour** Paris.

4. The verb **sortir,** sometimes accompanied by the preposition **avec,** is used to express the idea of *to go out socially (on a date, with friends):*

   Elle **va sortir** ce soir.   Nous **sortons** souvent **avec** Élise
                                        et Joseph.

L. **À quelle heure?** Utilisez les renseignements donnés pour poser des questions à votre camarade de classe. Il (elle) va inventer des réponses. Attention au temps des verbes.

> *Modèle:* vous / partir pour Chicago
> —*À quelle heure est-ce que vous partez pour Chicago?*
> —*Nous partons pour Chicago à midi.*

1. tu / quitter la maison le matin
2. elles / sortir hier soir
3. vous / partir pour Miami
4. tes parents / sortir le samedi soir
5. tu / quitter le restaurant hier
6. ils / partir de New York demain
7. elle / sortir de sa classe
8. vous / quitter la bibliothèque

M. **Des questions.** Posez quatre questions aux étudiants de votre groupe en utilisant **tu, vous, il/elle** et **ils/elles.**

1. sortir souvent le vendredi soir
2. sortir hier soir
3. à quelle heure / partir pour le premier cours
4. à quelle heure / quitter la maison ce matin
5. quand / partir en vacances

▲▲▲▲▲▲▲▲▲▲▲ Débrouillons-nous! ▲▲▲▲▲▲▲▲▲▲▲

Petite révision de l'étape

N. Où se trouve...? Vous êtes à Paris avec un(e) ami(e). Quand votre ami(e) vous demande dans quel **arrondissement** *(neighborhood)* se trouvent les endroits indiqués, vous utilisez le nombre ordinal donné.

> *Modèle:*   la Villette (19)
> —*Où se trouve la Villette?*
> —*La Villette se trouve dans le dix-neuvième arrondissement.*

1. Montmartre (18)
2. le Panthéon (5)
3. l'arc de Triomphe (8)
4. le Quartier latin (5)
5. le boulevard Masséna (13)
6. les Invalides (7)
7. l'avenue Émile-Zola (15)
8. la gare de l'Est (10)

O. Échange. Posez les questions à un(e) camarade de classe. Il (elle) va répondre et ensuite vous poser les mêmes questions.

1. Quand tu voyages avec ta famille, est-ce que vous descendez à l'hôtel ou est-ce que vous restez chez des amis?
2. Est-ce que ta famille préfère payer en espèces ou avec une carte de crédit?
3. Est-ce que tu es sorti(e) hier soir? Où es-tu allé(e)?
4. Quand est-ce que tu vas partir en vacances? Où vas-tu aller?
5. À quelle heure pars-tu pour tes cours le matin?

P. Oui, j'ai réservé. You arrive at a hotel where you've made a reservation. Go to the front desk and talk to the employee.

1. Find out if he/she has a room for two people.
2. Say that you reserved a room and give your name.
3. Confirm that the room costs 289 francs.
4. Ask if breakfast is included.
5. Thank the employee.

 **À faire chez vous: CAHIER, Chapitre 9 / 2ᵉ étape**

TROISIÈME ÉTAPE

Point de départ

Pronunciation: The **p** in the last name **Baptizet** is not pronounced.

Chez les Baptizet

Peter Robidoux avec sa famille française

has just arrived
is lucky

Peter Robidoux **vient d'arriver à** Tours pour commencer ses études. Il **a de la chance** parce qu'il va passer l'année chez les Baptizet, une famille française qui accueille régulièrement des étudiants étrangers.

kitchen / dining room / living room / bedroom

bathroom

basement / wine storage room / washing machine / clothes dryer

La maison des Baptizet est très confortable. Au rez-de-chaussée, il y a une grande **cuisine,** une **salle à manger,** une **salle de séjour** très spacieuse, une **chambre à coucher** (la chambre de M. et de Mme Baptizet) et un **cabinet de toilette.** Au premier étage, il y a une salle de bains et trois chambres. Ce sont les chambres des enfants et de Peter. Il y a aussi un **sous-sol** avec une **cave** à vin. Dans le sous-sol, les Baptizet ont mis une **machine à laver** et le **séchoir.**

le premier étage

la chambre à coucher

la chambre à coucher

la salle de bains

la chambre à coucher

le rez-de-chaussée

la cuisine

la salle à manger

la salle de séjour

le cabinet de toilette

la chambre à coucher

le sous-sol

la cave

la machine à laver

le séchoir

À VOUS! (Exercices de vocabulaire)

A. **Comment est la maison des Baptizet?** Faites une description de la maison des Baptizet. Quelles pièces *(rooms)* est-ce qu'il y a? À quel étage est-ce qu'elles sont? Où se trouvent les chambres des enfants et la chambre des parents? Qu'est-ce qu'il y a dans la cave?

B. **Comment est votre maison (votre appartement)?** Maintenant, décrivez votre maison ou appartement ou, si vous voulez, la maison de vos parents ou de vos amis. Combien de pièces et d'étages est-ce qu'il y a? Quelles pièces est-ce qu'il y a? Etc.

R·E·P·R·I·S·E

Deuxième étape

C. **Dans quel hôtel est-ce que nous allons descendre?** Regardez les hôtels du *Guide Michelin* pour la ville de Tours. Choisissez un des hôtels et créez la conversation à la réception. Un(e) camarade de classe va jouer le rôle de l'employé(e) de l'hôtel.

⁂⁂ **Jean Bardet** Ⓜ ⌇ , 57 r. Groison ⊠ 37100 ✆ 47 41 41 11, Télex 752463, Fax 47 51 68 72, ≼, « Grand parc fleuri, beau potager », ⌇ – ▤ 📺 ☎ Ⓟ 🄰🄴 ⓞ 🄶🄱 JCB   U **k**
Repas *(fermé lundi sauf le soir d'avril à oct. et dim. soir de nov. à mars)* 270/720 et carte 480 à 600, enf. 150 – ⌲ 110 – **16 ch** 650/950, 5 appart
Spéc. Terrine de haricots-grains au foie gras de canard. Civet de homard breton aux petits crustacés et vieux Vouvray. Pigeon au caramel d'épices. **Vins** Vouvray, Bourgueil.

⁂ **Harmonie** Ⓜ ⌇ sans rest, 15 r. F. Joliot-Curie ✆ 47 66 01 48, Télex 752587, Fax 47 61 66 38 – 🛗 cuisinette 📺 ☎ ⌖ ↝ – 🔼 40. 🄰🄴 ⓞ 🄶🄱 JCB   DZ **b**
fermé 20 déc. au 10 janv. – ⌲ 55 – **48 ch** 450/750, 6 appart.

⁂ **Le Manoir** sans rest, 2 r. Traversière ✆ 47 05 37 37 – 🛗 📺 ☎ Ⓟ. 🄰🄴 ⓞ 🄶🄱   CZ **h**
⌲ 30 – **20 ch** 240/320.

⁑ **Balzac** sans rest, 47 r. Scellerie ✆ 47 05 40 87, Fax 47 20 82 30 – 📺 ☎. 🄰🄴 ⓞ 🄶🄱   CY **v**
⌲ 35 – **18 ch** 185/300.

D. **C'est de quel siècle?** Regardez les dates pour les monuments parisiens et indiquez à quel siècle chaque monument a été construit.

Modèle: la tour Eiffel / 1889
La tour Eiffel date du dix-neuvième siècle.

1. la Sainte-Chapelle / 1248
2. Notre-Dame de Paris / 1245
3. le Centre Beaubourg / 1976
4. le Palais-Royal / 1633
5. le Sacré-Cœur / 1910
6. le Panthéon / 1812
7. l'arc de Triomphe / 1836
8. l'église Saint-Germain-des-Prés / 1163

❝ Vous êtes à Paris pour plusieurs jours

En achetant un **carnet de tickets de visites** conférences **(11 tickets pour le prix de 10)** valable pour vous et les personnes qui vous accompagnent, vous vous faciliterez la visite et bénéficierez d'une réduction de 10%. ❞

Carnets en vente dans les monuments suivants:
l'Hôtel de Sully
la Conciergerie
la Crypte archéologique du parvis de Notre-Dame
le Panthéon
l'arc de Triomphe
la Basilique Saint-Denis
le musée des Monuments Français

Modèle: —Il *entre dans* la banque?
—*Non, il sort de la banque.*

1.   Elle *arrive de* Rome?

2.   Il *sort de* la bibliothèque?

3.   Ils *rentrent à* deux heures?

4.   Il *part de* Tokyo?

5.   Il *entre dans* l'école?

6.   Elles *arrivent à* Paris?

7.   Elle *sort de* l'épicerie?

8.   Il *arrive de* Montréal?

S·T·R·U·C·T·U·R·E

L'imparfait et le passé composé

Autrefois, **j'allais** en France tous
les ans.

In the past, *I used to go* to
France every year.

Mais l'année dernière **je suis allé**
au Japon et en Chine.

But last year *I went* to Japan
and China.

In previous chapters you learned two past tenses, the **passé composé** and
the imperfect. Each is used in different situations.

Both verbs describe actions in the past, but there are key distinctions:

1. If a past action is habitual, repeated an unspecified number of times, or
    performed in an indefinite time period, the verb will be in the imperfect.
2. If the action occurs only once, is repeated a specific number of times, or
    is performed in a definite time period with its beginning and end indi-
    cated, the verb will be in the **passé composé.**

Imperfect	*Passé composé*
Quand **j'étais** jeune, **j'allais** chez mon grand-père tous les week-ends. *(habitual occurrence)*	La semaine dernière, **je suis allé** chez mon grand-père. *(single occurrence)*
Nous allions au cinéma ensemble. *(unspecified number of repetitions)*	Samedi et dimanche **nous sommes allés** au cinéma ensemble. *(specified number of repetitions)*
Mon grand-père parlait souvent de son enfance. *(indefinite time period)*	**Mon grand-père a parlé** de son enfance. *(definite time period)*

▲ ▲ ▲

APPLICATION

▲▲▲ a

F. Remplacez les mots en italique et faites tous les changements nécessaires.

1. Qu'est-ce que *vous* avez fait hier? (tu / elle / ils / nous / elles)
2. *Je* faisais du ski tous les jours. (elle / nous / ils / tu / elles)
3. Est-ce qu'*elle* est allée en France? (vous / elles / tu / il)
4. *Nous* travaillions à Boston. (elle / je / tu / ils / vous / il)

G. Tu l'as fait? *(Did you do it?)* Chaque fois que votre ami(e) vous demande si vous avez fait quelque chose, vous répondez «Non, pas encore». Ensuite indiquez ce que vous faisiez pour donner votre excuse.

Modèle: —Tu as fait la vaisselle? (être au téléphone)
             —*Non, pas encore. Je n'ai pas fait la vaisselle parce que j'étais au téléphone.*

1. Tu as fait tes devoirs? (ne pas vouloir les faire)
2. Tu as parlé à ton père? (être chez des amis)
3. Tu as mangé? (ne pas avoir le temps)
4. Tu as rangé *(picked up)* la salle de séjour? (être au téléphone)
5. Tu as fait les courses? (faire la vaisselle)
6. Tu as accompagné Florence au centre commercial? (ne pas vouloir y aller)
7. Tu as acheté du pain? (faire mes devoirs)

Note grammaticale

L'imparfait et le passé composé—des actions interrompues

Il travaillait en France quand **son fils est né.**	*He was working* in France when *his son was born.*
Il était au bureau quand **sa femme a téléphoné.**	*He was* in the office when *his wife called.*
Il parlait avec ses collègues quand **il a eu** la nouvelle.	*He was talking* with his colleagues when *he got* the news.

Each model sentence contains one verb in the imperfect and another in the **passé composé.** The imperfect describes what was going on when something else happened. The **passé composé** is used to interrupt an action already in progress. Note that the imperfect in French often corresponds to the progressive *was doing* or *were doing* in English:

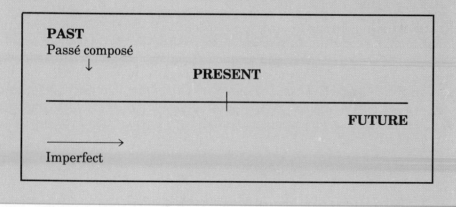

H. Des interruptions. Les personnes suivantes n'ont rien accompli parce qu'il y a toujours eu des interruptions. Décrivez les événements en mettant chaque phrase au passé.

Modèle: Je fais mes devoirs quand le téléphone sonne.
              Je faisais mes devoirs quand le téléphone a sonné.

1. Ma mère prend le petit déjeuner quand elle tombe malade.
2. Nous nous promenons en voiture quand nous avons un accident.
3. Je débarrasse *(clear)* la table quand Jean arrive.
4. Pauline et Marc jouent au volley-ball quand il commence à pleuvoir.
5. Serge prépare le dîner quand Paul téléphone.
6. Nous regardons la télévision quand ils arrivent.
7. Je fais les courses quand je rencontre des amis.
8. Mes parents sont au théâtre quand ils apprennent la nouvelle.

I. Nos vacances. Utilisez les éléments donnés pour parler de ce que vous avez fait pendant vos vacances. Faites attention à l'emploi de l'imparfait et du passé composé.

Modèle: autrefois / nous / passer nos vacances en Bretagne
              Autrefois nous passions nos vacances en Bretagne.

1. nous / s'amuser beaucoup
2. moi, je / aller à la plage / tous les jours
3. mes frères / jouer dans les champs *(fields)*
4. mais une année / mon père / décider d'aller à Cannes
5. mon père / réserver des chambres d'hôtel
6. le 5 juillet / nous / arriver à l'hôtel
7. nous / passer quinze jours à Cannes
8. je / faire des promenades / tous les jours
9. mes frères / aller souvent à la plage
10. un jour / mes parents / aller au Festival de Cannes
11. le matin / je / se lever / très tard
12. nous / s'amuser beaucoup / pendant ces quinze jours

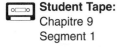
Student Tape:
Chapitre 9
Segment 1

PRONONCIATION   *L'e caduc (suite)*

At this stage in learning French, you should not be overly concerned with the problem of the **e caduc**. Awareness of the tendency to drop the unaccented **e** whenever possible will help you to understand spoken French. In your own speaking, you need only try to drop the **e** in frequently used expressions. The following exercise reviews some examples of the **e caduc** that you have learned.

J. Repeat the following sentences carefully, dropping the **e caduc** when necessary.

1. Tu désires quelque chose?
2. Moi, je voudrais un citron pressé.
3. Est-ce qu'il y a un bureau de tabac près d'ici?

4. Le bureau de poste est en face de l'hôtel Univers.
5. Mais je ne sais pas où il se trouve.
6. Est-ce que tu veux aller en ville?

Relais

Voilà votre chambre!

Après son arrivée chez les Baptizet, Peter Robidoux monte au premier étage où Mme Baptizet lui montre sa chambre.

MME BAPTIZET:	Voilà votre chambre, Peter.
PETER:	Merci bien, Madame. Elle est très belle.
MME BAPTIZET:	Oui, elle est confortable. Vous avez un grand lit, un **fauteuil,** ce petit **bureau** avec une lampe et des **étagères** pour vos livres.
PETER:	Où est-ce que je peux **mettre** mes **affaires?**
MME BAPTIZET:	Vous avez une **armoire** ici à gauche et voilà une **commode** avec quatre **tiroirs.**
PETER:	Et où sont les toilettes et la salle de bains?
MME BAPTIZET:	Il y a un cabinet de toilette au rez-de-chaussée et la salle de bains est ici, à droite, dans le **couloir.** Il y a des **serviettes,** des **gants de toilette** et du **savon.** Vous pouvez aussi y laisser votre **linge sale.** Je **fais la lessive** le samedi.
PETER:	Merci bien, Madame. Si vous voulez, je peux faire la lessive aussi.
MME BAPTIZET:	Merci, mais **ce n'est pas la peine.** Ça ne me prend pas beaucoup de temps.

Glosses: armchair / desk / bookcases (shelves) / put / things / closet / dresser / drawers / hallway / towels / washcloths / soap / dirty laundry / do the laundry / don't bother

À VOUS!

K.   Qu'est-ce qu'il y a dans la chambre de Peter? Décrivez la chambre de Peter selon ce que vous voyez dans le dessin.

L. **Voilà ta chambre.** Un(e) ami(e) vient passer la semaine chez vous. Montrez-lui sa chambre et décrivez ce qu'il y a. N'oubliez pas d'indiquer où se trouve la salle de bains. Votre camarade de classe va jouer le rôle de l'ami(e) et va vous poser des questions supplémentaires. Commencez par la phrase «Voilà ta chambre».

S·T·R·U·C·T·U·R·E

L'imparfait et le passé composé—des descriptions

*Hier, **j'ai fait** un tour en ville. **J'ai rencontré** Jacques et **nous sommes allés** au café de la Gare. **Nous avons passé** trois heures à parler ensemble. **Nous étions** contents d'être ensemble. **Je portais** une robe (dress) légère et des sandales et **Jacques portait** une très belle chemise (shirt). **Nous étions** tous les deux très chic.*

Note that the preceding paragraph contains verbs in both the **passé composé** and the imperfect. The first four verbs are in the **passé composé** because they express actions that occurred at a very specific time in the past (yesterday). The remaining verbs are in the imperfect because they describe conditions in the past.

The imperfect is generally used in four types of descriptions:

1.	Physical	**Il avait** les cheveux blonds. **Je portais** un T-shirt.
2.	Feelings	**Nous étions** contents. **Elle était** triste.
3.	Attitudes and beliefs	**Je pensais** qu'**il avait raison.**
4.	State of health	**J'avais mal à la tête.**

The weather may be described using either the imperfect or the **passé composé.** If the description covers an indefinite period of time, use the imperfect:

Quand j'allais chez mon grand-père, **il faisait toujours très beau.**

If the description covers a definite period of time, use the **passé composé:**

Hier il a fait très beau.

APPLICATION

M. Des témoins. *(Witnesses.)* Vous et vos camarades de classe êtes témoins d'un crime. Maintenant on vous demande de décrire ce que vous avez vu. Changez les phrases à l'imparfait.

> *Modèle:*   Il y a deux hommes et une femme.
> *Il y avait deux hommes et une femme.*

1. Un des hommes est très grand; il a les cheveux noirs; il a une barbe; il porte une chemise verte; il est mince; il parle fort; il a l'air content; il a un pistolet.
2. Le deuxième homme est assez grand; il est gros; il a une moustache; il porte un T-shirt; il ne parle pas; il a les cheveux roux; il a un sac à dos; il marche très vite.
3. La femme est grande; elle est mince; elle a les cheveux blonds; elle a le visage ovale; elle porte un blue-jean et un T-shirt; elle porte aussi des sandales; elle a un sac blanc; elle est le chauffeur de la voiture.
4. La voiture est une Citroën; elle est grise; elle est assez neuve.
5. Nous sommes très nerveux; nous avons peur.
6. Les employés de la banque sont très courageux; ils sont calmes.

N. Une fête. Le dessin ci-dessous montre une fête vue par quelqu'un qui ne connaît personne. Utilisez l'imparfait pour décrire les personnes qui étaient à la fête.

> *Modèle:*   *Le garçon avait les cheveux bruns, il était mince et il portait un T-shirt.*

L'imparfait et le passé composé—résumé

The following table summarizes the uses of the **passé composé** and the imperfect. As you study it, keep in mind the following basic principles:

1. Both the **passé composé** and the imperfect are past tenses.
2. Most French verbs may be put into either tense, depending on the context in which they appear.
3. As a general rule, the **passé composé** moves a story's action forward in time:

> **Je me suis levée, j'ai pris une tasse de café et j'ai quitté la maison.**

4. As a general rule, the imperfect tends to be more descriptive and static:

> **Il faisait beau, les enfants jouaient dans le parc pendant que je faisais tranquillement du tricot sur un banc.**

Imperfect	*Passé composé*
Description **Elle était** très fatiguée.	
Habitual action **Ils parlaient** français tous les jours.	*Single occurrence* Ce matin **je me suis préparé** un bon petit déjeuner.
Indefinite period of time Quand **j'étais** jeune, **j'avais** un chien. **Il faisait** très beau.	*Definite period of time* En 1990, **j'ai passé** deux mois au Portugal. Hier, **il a fait** très beau.
Action repeated an unspecified number of times **Nous allions** souvent au parc.	*Action repeated a specified number of times* **Nous sommes allés** au parc trois fois le mois dernier.

O.   Une mauvaise journée. Utilisez les dessins et les indications données pour décrire la journée de Catherine. Choisissez l'imparfait ou le passé composé selon le contexte.

se réveiller
rester au lit

Modèle: se réveiller
          Catherine s'est réveillée à 7h . . .

se lever
être fatiguée
s'habiller
ne pas aller bien ensemble

quitter la maison
pleuvoir
se dépêcher pour
aller en classe

attendre
monter dans
ne pas y avoir de place

entrer dans
être en retard
attendre
recevoir une mauvaise note
être malheureuse

retourner chez elle
se coucher

P. Hier... Maintenant parlez de votre journée d'hier. Choisissez des verbes de la liste et d'autres verbes que vous avez appris. Utilisez l'imparfait ou le passé composé selon le contexte.

se réveiller	être content(e)	être en retard
se lever	être malheureux(-se)	être fatigué(e)
avoir faim	se disputer	avoir beaucoup de travail
préparer	sortir	manger
arriver	rencontrer	faire du sport
aller	avoir soif	se coucher
faire beau, etc.	être en avance	parler avec
s'habiller	être à l'heure	se promener

Débrouillons-nous!

Petite révision de l'étape

Q. Un voyage. Racontez à vos camarades un voyage que vous avez fait. Où est-ce que vous êtes allé(e)? Combien de temps est-ce que vous avez passé dans cet endroit? Qu'est-ce que vous avez vu? Qu'est-ce que vous avez fait? Qu'est-ce que vous avez acheté? Quel temps a-t-il fait? Utilisez le passé composé ou l'imparfait selon le contexte.

R. Ma chambre (ma maison, mon appartement). Votre camarade de classe veut avoir quelques détails sur votre logement. Faites une description de votre chambre (maison, appartement). Votre camarade peut vous poser des questions supplémentaires.

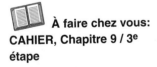 **À faire chez vous:** CAHIER, Chapitre 9 / 3ᵉ étape

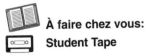 **À faire chez vous: Student Tape**

Now that you've completed the first three **étapes** of **Chapitre 9,** do Segment 2 of the STUDENT TAPE. See **CAHIER, Chapitre 9,** *Écoutons!,* for exercises that accompany this segment.

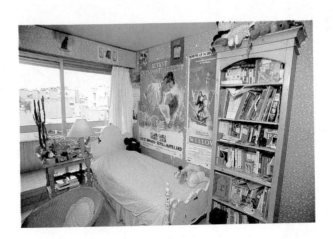

QUATRIÈME ÉTAPE

L·E·C·T·U·R·E

Le Québec: Pour votre français

Reminder, Lecture: It's not important for you to recognize every word in this brochure. Simply try to understand as many of the details as you can by guessing unknown words from context.

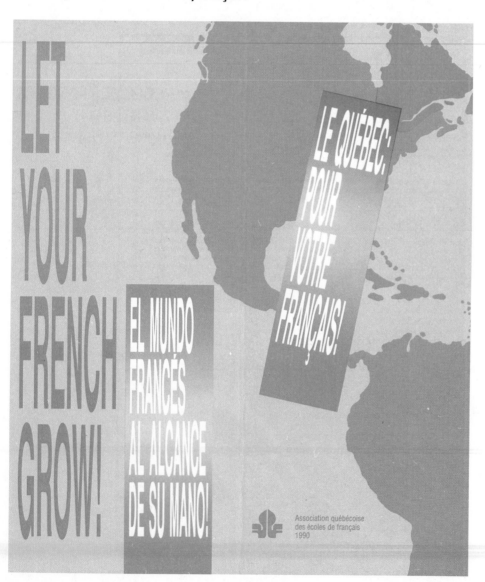

LE QUÉBEC : POUR VOTRE FRANÇAIS !

L'Association québécoise des écoles de français vous invite à choisir le Québec pour améliorer votre français.

Le Québec, là où la vie se déroule tout en français dans un cadre, un environnement et une culture à saveur nord-américaine.

L'Association présente ici ses membres et leurs programmes en français langue seconde.

COLLÈGE DE TROIS-RIVIÈRES

Adresse : 3500. rue de Courval. Trois-Rivières (Québec) Canada G9A 5E6
Téléphone: (819) 378-4911
Télécopieur: (819) 376-1026

Le collège d'enseignement général et professionnel de Trois-Rivières. fondé en 1968. offre des programmes variés permettant à l'étudiant d'accéder soit à des études universitaires, soit au marché du travail.

Niveaux : débutant. intermédiaire et avancé
Clientèle : 16 ans et plus
Sessions : été
Durée : 6 semaines
Approche : communicative
Logement : résidences sur le campus
Installations / services : centre sportif. bibliothèque, cafétéria, laboratoire de langues
Observations / particularités : cours non crédités

COLLÈGE SAINT-CHARLES-GARNIER

Adresse: 1150. boulevard St-Cyrille Ouest. Quebec (Quebec) Canada G1S 1V7
Telephone: (418) 681-0107

Le Collège Saint-Charles-Garnier. situé à Québec. offre depuis presque 20 ans des programmes d'été d'immersion en français à des groupes de jeunes de 15 à 18 ans. Pendant l'année scolaire. des sessions de français semestrielles sont offertes aux personnes âgées de 18 ans et plus.

Niveaux : elementaire. intermédiaire. avance
Clientele : ete : jeunes de 11 à l8 ans année : 18 ans et plus
Sessions : été : 3. 4 et 6 semaines automne et hiver: 15 semaines
Durée : 3. 4 et 6 semaines
Approche : méthodes modernes élaborées tenant compte de l'approche communicative: emphase sur la compréhension auditive et l'expression orale
Logement : été: résidences et familles année: familles
Installations / services : résidence. gymnase. piscine
Observations / particularités : situé au centreville de Québec: le plus ancien collège français d'Amérique fondé par les jésuites. en 1635

ÉCOLE DE FRANÇAIS / UNIVERSITÉ DE MONTRÉAL

Adresse : C.P. 6128, succursale A, Montréal (Québec) Canada H3C 3J7
Téléphone: (514) 343-6990
Télécopieur: (514) 343-2275

L'Université de Montréal, fondée en 1878, est la plus grande université française en Amérique du Nord. Depuis plus de 40 ans, l'École de français offre des cours de français à une clientèle internationale intéressée au Québec par ses caractéristiques socio-culturelles.

Niveaux : débutant (I et II) intermédiaire (III et IV) avancé (V et VI)
Clientèle : programme ouvert à tous, âge minimum 18 ans
Sessions : hiver, printemps, été et automne
Durée : 3, 6 ou 14 semaines
Approche : communicative
Logement : résidences universitaires disponibles (été seulement), hors campus (appartements ou familles francophones)
Installations / services : centre sportif. cafétéria, résidences, logements hors campus, bibliothèques, laboratoire de langues
Observations / particularités: test de classement, cours crédités, relevé de notes officiel

ÉCOLE DES LANGUES VIVANTES / UNIVERSITÉ LAVAL

Adresse: Pavillon Charles de Koninck (3272). Cité universitaire, Ste-Foy (Québec) Canada G1K 7P4
Téléphone: (418) 656-2321
Télécopieur: (418) 656-2019

L'Université Laval est l'université d'expression française la plus ancienne en Amérique. Située dans une ville à caractère essentiellement français. elle s'est donné comme mission de diffuser en Amérique les richesses de son héritage culturel.

Niveaux : débutant, intermédiaire, avancé
Clientèle : programme ouvert à tous âge minimum: 18 ans
Sessions : automne, hiver, été
Durée : automne et hiver : 15 semaines été : 6 semaines
Approche : communicative; accent mis sur l'aspect oral
Logement : résidences (été seulement), logement hors campus (avec des francophones ou appartement)
Installations / services : bibliothèques, laboratoires de langues, cafétéria, centre sportif
Observations / particularités : cours crédités

À VOUS! (Exercices de compréhension)

A. Quels renseignements? You've just seen the brochure on places to study French in Québec and are telling your classmate about it. Without going into specific details, tell him/her about the kinds of information provided in the brochure. For example, in general, what does the brochure say about the kinds of lodging that are available?

B. Les détails. You've now brought the brochure to class and are giving details about each program mentioned. What do the descriptions say about geographic location, level of students, age of students, length of programs, teaching methodologies, facilities, and unusual features of the schools or programs?

Modèle: At the Université de Laval, they have programs for beginning-, intermediate-, and advanced-level speakers of French. You have to be at least 18 years old to participate. Etc.

R·E·P·R·I·S·E

Troisième étape

C. Échange. Posez des questions à votre camarade de classe à propos de sa maison ou de son appartement. S'il (si elle) habite dans une chambre à la résidence universitaire, il (elle) peut décrire la maison ou l'appartement d'un(e) ami(e) ou d'un membre de sa famille.

1. location
2. how to get there
3. number of bedrooms
4. number of bathrooms
5. size of kitchen (large or small)
6. yard (yes or no)
7. garage (yes or no)
8. basement (yes or no)
9. other rooms in the house
10. what there is in the bedrooms

D. Le week-end dernier. Décrivez vos activités du week-end passé pour vos camarades de classe. Expliquez ce que vous avez fait, quel temps il faisait, comment vous vous sentiez. Utilisez l'imparfait ou le passé composé selon le contexte. Ils vont vous poser des questions et ils vont aussi parler de leur week-end.

Modèle: Le week-end dernier je n'ai pas fait grand-chose. J'étais assez fatigué(e) et je suis resté(e) au lit jusqu'à dix heures samedi matin. Ensuite...

À faire chez vous:

Student Tape

CAHIER, Chapitre 9:
*Rédigeons! / Travail de
fin de chapitre* (including
STUDENT TAPE, Chapitre
9, Segment 3)

Point d'arrivée

Activités orales

Exprimons-nous!

One of the most important things to learn in a language is to
say thank you and to respond appropriately when other
people say thank you. The following expressions allow you to
show your appreciation and to say that you were happy to
have done something for someone else. Caution: In France,
people do not use an expression of thanks when someone pays
them a compliment. Rather, they tend to downplay what they
have or what they did ("That's a very nice dress!" "This old
thing? I've had it for years!" "It was very nice of you to help
him out." "It was nothing"). Younger people sometimes
acknowledge a compliment that relates to appearance.

Pour remercier quelqu'un

> **Merci bien (beaucoup), Monsieur (Madame,
>   Mademoiselle, Philippe).**
> **Je te (vous) remercie beaucoup.**
> **Oh, merci! Tu es (vous êtes) très gentil(le)!**
> **Merci mille fois.**
> **Merci infiniment.**
> **Je ne sais comment vous remercier.** *(I don't know
>   how to thank you.)*

Pour répondre à un remerciement (How to say you're
welcome)

> **De rien.**
> **Il n'y a pas de quoi.**
> **Ce n'est rien.**
> **C'est tout à fait normal.**
> **Je vous en prie.**

E. Trouvons un hôtel! A friend has given you the name of a hotel
in Paris. Go to the hotel and make reservations. Get as much
information as possible about cost, breakfast, etc.

1. You're traveling alone. You're in Paris for two nights. You
don't have a lot of money.

2. You're traveling with a friend. You'll be in Paris for a week. You want a room with bath.

3. You're staying with friends in Paris. However, your family (mother, father, two sisters) is coming to visit and you need two rooms for them. They plan to spend four days in Paris.

F. Au revoir... À bientôt. You've been staying with some French friends and are about to return home. Thank your friends for everything they did for you, ask them to visit you in the United States, tell them that you intend to return to Paris next summer, and say good-bye.

G. Visitons le campus! You and two friends are visiting Paris. Each of you has done something different for the day and you now meet at a café to talk about your activities. Tell each other what you did, how you felt, what happened, etc., using the imperfect and the **passé composé.**

H. Une aventure. Tell the others in your group about an interesting, strange, funny, or terrible experience you had in the past.

I. Parlons de notre jeunesse. Tell the others in your group what you used to do when you were a child. Then find experiences that you all have in common and report them to the rest of the class.

PORTRAIT

Peter Robidoux, Baton Rouge, Louisiane

Je suis né à la Nouvelle-Orléans, en Louisiane. Quand j'avais neuf ans, ma famille a déménagé à Baton Rouge où nous habitons encore. Je me suis toujours beaucoup intéressé à la langue et à la culture françaises. En Louisiane, l'influence de la France se voit partout: dans le nom des villes et des rues, dans les prénoms et les noms de famille, dans les traditions. En fait, le français est la deuxième langue dans notre partie des États-Unis. Il y a aussi beaucoup de gens qui parlent créole, un mélange de français et d'anglais. Je comprends un peu le créole parce que j'avais des amis à l'école primaire et secondaire qui le parlaient ensemble. C'est en partie ce contact avec des familles créoles qui m'a décidé à poursuivre des études de français. Un jour j'espère faire des recherches sur la culture créole en Louisiane. Il est important que nous gardions les traditions et les langues qui ont fait de la Louisiane un véritable état francophone.

Profil: Look at a map of Louisiana to see how many French place names you can identify.

Profil

La Louisiane

ORIGINE DU NOM: tire son nom du roi Louis XIV
POPULATION: 4 462 000 habitants
SUPERFICIE: 123 677 km^2
CAPITALE: Baton Rouge
VILLES IMPORTANTES: la Nouvelle-Orléans, Shreveport, Lafayette, Lake Charles, Houma, New Iberia
NOM DES HABITANTS: Louisianais
LANGUE OFFICIELLE: anglais
AUTRES LANGUES: français, créole
DATES IMPORTANTES: 1682—Cavalier de La Salle prend possession de la Louisiane pour la France; 1803—Napoléon Bonaparte vend la Louisiane aux États-Unis

CLIMAT: En hiver il fait doux, mais en été il fait généralement très chaud et humide.

À discuter: The United States is made up of a variety of peoples and cultures. Besides Louisiana, what other parts of the country have been strongly influenced by other cultures?

L·E·X·I·Q·U·E

Pour se débrouiller

Pour demander une chambre d'hôtel
Est-ce que vous avez une chambre pour
   deux personnes, avec...?
Je voudrais une chambre...
Je cherche une chambre...
J'ai réservé une chambre...
Il me faut une chambre...
Une chambre pour deux personnes, avec...

Pour demander le prix d'une chambre
C'est combien, la chambre?
Quel est le prix de la chambre?

Pour remercier quelqu'un
Merci bien (beaucoup), Monsieur (Madame,
   Mademoiselle, Philippe).
Je te (vous) remercie beaucoup.
Oh, merci! Tu es (vous êtes) vraiment
   gentil(le)!
Merci mille fois.
Merci infiniment.
Je ne sais comment vous remercier.

Pour répondre à un remerciement
De rien.
Il n'y a pas de quoi.
Ce n'est rien.
C'est tout à fait normal.
Je vous en prie.

Pour exprimer le superlatif
le (la, les) moins . . . de
le (la, les) plus . . . de
le mieux de
le (la, les) meilleur(e)(s) . . . de

Thèmes et contextes

L'hôtel
   un ascenseur
   une cabine téléphonique
   une chambre
   compris
   un étage
   un lavabo
   privé
   la réception
   le rez-de-chaussée
   une salle de bains
   le service
   un supplément
   des W.-C. *(m.pl.)*

Les pièces de la maison
   un cabinet de toilette
   une cave
   une chambre à coucher
   un couloir
   une cuisine
   une salle à manger
   une salle de bains
   une salle de séjour
   le sous-sol

Les meubles (m.pl.)
   une armoire
   un bureau
   une commode
   une étagère
   un fauteuil
   une lampe
   un lit
   un tiroir

Vocabulaire général

Verbes
   partir
   quitter
   sortir

ALLONS-Y!
Video Program

ACTE 9
UNE MAISON

VOCABULAIRE
convenir   *to fit*
Chantilly   *commu-
   nauté près de Paris*
Quelle est sa surface
   habitable?   *What's
   the living surface?*
côté rue   *on the street
   side*
côté jardin   *on the
   garden side*
beaucoup d'atouts
   many pluses
une cave   *a basement,
   cellar*
le propriétaire   *the
   landlord*
cher à chauffer
   expensive to heat
du premier coup d'œil
   at first glance

Anne et Yves Coron
Caen (Normandie),
France

—Vous aimez notre nouvel appartement?
Nous venons de nous installer.

Installons-nous!

OBJECTIVES

In this chapter, you will learn:

- to describe a house or apartment;
- to talk about organizing a party;
- to talk about finding and moving into a house or apartment;
- to get others to do something;
- to get information about people and things;
- to express actions in the recent past;
- to read classified ads and brochures about lodging;
- to understand conversations about lodging.

CHAPTER SUPPORT MATERIALS

Cahier: pp. 243–266

 Student Tape:
Chapitre 10
Segments 1, 2, 3

ALLONS-Y!
Video Program

ACTE 10
UNE MAISON OU UN APPARTEMENT?

▶ **Première étape**   On cherche un appartement
▶ **Deuxième étape**   On s'installe
▶ **Troisième étape**   On prend la crémaillère
▶ **Quatrième étape** Lecture: Maison à vendre

PREMIÈRE ÉTAPE

Point de départ

On cherche un appartement

offres locations non meublées

1.
AV. DE VERDUN, dans très bel imm. ancien, 7ᵉ ét., asc. 3 P., tt cft. Parfait état. 4 000 F + ch.
Tél. le matin, 60-54-33-12

2.
RÉGION PARISIENNE, dans une très agréable rés., à prox. gare, eft moderne, 3 P., 4ᵉ ét., asc., **interphone,** balc., gar. sous-sol. 3 500 F + ch.
Tél. 59-28-76-14

3.
LUXEMBOURG, Studio tt cft, 2ᵉ ét., asc., imm. pierre, salle dche, kitchenette, cab. toil., **cave,** piscine, park. 2 900 F + ch.
Tél. 67-89-15-75

4.
7ᵉ ARRDT, 2 P., séj. + chbre, cuis. équip., RdC., petite rés., ch. comp. 2 100 F.
Tél. 65-31-74-49

5.
BANLIEUE PARISIENNE, 4 P. dans rés. calme, près tts **commodités,** clair, ensoleillé, **comprenant:** entrée, gde cuis., séjour av. balc., 3 chbres, w.-c., s. de bns, nombreux **placards,** park, jard., sous-sol. 5 500 F.
Tél. 22-46-81-39

conveniences (stores)
cellar (wine) / including

closets

intercom

LEXIQUE DES ABRÉVIATIONS

arrdt arrondissement	gar. garage	
asc. ascenseur	gd(e) grand(e)	
appt appartement	imm. immeuble	
balc. balcon	jard. jardin	
banl. **banlieue**	park. parking	suburbs
cab. toil. cabinet de toilette	P. **pièce**	room
cft confort	RdC. rez-de-chaussée	
chbre chambre	rés. résidence	
ch. comp. **charges comprises**	s. de bns salle de bains	utilities included
ch. **chauffage**	s. à manger salle à manger	heating
cuis. cuisine	séj. salle de séjour	
dche douche	tél. téléphone	
équip. équipé(e)	tt(e) **tout(e)**	completely
ét. étage		

À VOUS! (Exercices de vocabulaire)

A.   Je ne comprends pas! Vous aidez quelques amis qui viennent de déménager à Paris. Comme ils ne comprennent pas très bien le français, ils ne savent pas lire les abréviations dans les petites annonces. Décrivez les appartements à louer.

Modèle: banl. / 3 P. / tt cft / séj. av. balc.
   C'est un appartement en banlieue. Il y a trois pièces, tout confort et une salle de séjour avec balcon.

1.   16ᵉ arrdt / 5 P. / gde cuis. / jard. / interphone
2.   banl. / 2 P. / coin cuis. / séj. av. balc. / tt cft
3.   centre-ville / 4 P. / 6ᵉ ét. / asc. / 3 chbres / gd séj.
4.   6ᵉ arrdt / 3 P. / 1 chbre / séj. / s. à manger / rés. moderne
5.   banl. / 2 P. / RdC. / cab. toil. / s. de bns / jard.

B.   Quel appartement louer? *(Which apartment should we rent?)* Vos amis ne savent pas quel appartement louer. Selon ce qu'ils disent, décidez quel appartement dans les petites annonces du **Point de départ** leur convient.

Reminder, Ex. B: You may expand on your answer by adding expressions like **Bon, alors . . . , Euh . . . , Voyons . . . , Eh, bien . . . .**

Modèle: Je veux plus de quatre pièces et une salle de séjour avec balcon.
   L'appartement numéro 5.

1.   Je n'aime pas le centre-ville, mais je veux être près d'une gare.
2.   Tout ce que je veux, c'est quelque chose de très petit qui ne coûte pas trop cher. J'aime bien être au rez-de-chaussée et je ne veux pas être dans un grand immeuble.
3.   Je voudrais habiter dans une résidence moderne, je préfère être au 4ᵉ ou au 5ᵉ étage et il me faut absolument un interphone.
4.   Je cherche quelque chose de très modeste, pas trop grand, mais il me faut absolument une piscine. J'adore nager.
5.   Personnellement, je préfère les vieux immeubles. Ils ont beaucoup de charme et les appartements sont en général très confortables. S'il y a un ascenseur, je veux bien habiter à l'étage.

Note culturelle

In France, it's much more common to buy rather than rent an apartment. Most apartments are unfurnished **(non meublés),** although small studios and individual rooms may come furnished. University students often rent a room with a family, or they find a small studio apartment. They also live in university dorms **(les résidences).** Because there are often serious housing shortages in urban areas, it is not always easy to find rooms and apartments for rent. Students may therefore also live in boarding houses **(pensions),** where one or two meals are sometimes included in the price of the room.

Question: What are the main differences between student lodging in France and student lodging in the United States?

S·T·R·U·C·T·U·R·E

Le verbe irrégulier **connaître**

—**Tu connais** le frère de Marie?
—Non, mais **je connais** sa sœur.

—**Vous vous connaissez** bien?
—Pas vraiment. **Je l'ai connue** il y a huit jours à Amiens.

—**Tu connais** Amiens?

—Oui, c'est une très jolie ville.

—*Do you know* Marie's brother?
—No, but *I know* her sister.

—*Do you know each other* well?
—Not really. *I met* her a week ago in Amiens.

—*Are you familiar with* Amiens?
—Yes, it's a lovely city.

Structure: Note that **connaître** is used as a reflexive verb in the example **Vous vous connaissez bien?** Also note that **connaître** in the **passé composé** means *to meet:* **J'ai connu Jean à Paris.** *I met John in Paris.*

Structure: Note that the present tense of the verb **connaître** only has two basic forms: the forms without the [s] sound (**je, tu, il, elle, on**) and the forms with the [s] sound (**nous, vous, ils, elles**).

In French, there are two equivalents of the English verb *to know.* As you have already learned, **savoir** is used when talking about facts or information and when saying that one knows how to do something. The verb **connaître** is used when referring to people or places. It has the following forms:

connaître *(to know)*	
je **connais**	nous **connaissons**
tu **connais**	vous **connaissez**
il, elle, on **connaît**	ils, elles **connaissent**

PAST PARTICIPLE: **connu** (avoir)
IMPERFECT STEM: **connaiss-**

APPLICATION

C. Remplacez les mots en italique et faites les changements nécessaires.

1. *Je* connais très bien New York. (elle / tu / ils / vous / nous)
2. *Elle* ne connaît pas Marianne. (je / il / elles / nous / on)
3. *Nous* nous connaissons bien. (vous / elles / on)
4. *Il* connaissait ce quartier? (vous / elles / tu / ils)

D. **Non, mais...** Vous demandez à un(e) camarade de classe si les personnes indiquées connaissent certaines personnes ou certains endroits. Votre camarade répond que non et substitue la personne ou l'endroit entre parenthèses.

> *Modèle:*   Est-ce que ton père connaît Berlin? (Munich)
> *Non, mais il connaît très bien Munich.*

1. Est-ce que tu connais Madrid? (Barcelone)
2. Est-ce que tes parents connaissent Stockholm? (Oslo)
3. Est-ce que vous connaissez Caen? (Rennes)
4. Est-ce que tu connais Yves Coron? (sa femme)
5. Est-ce que ta mère connaît Madame Thibaudet? (son mari)
6. Est-ce que ton père connaît Michel et sa sœur Sophie? (leurs parents)

E. **Vous vous connaissez?** Votre professeur va donner à chaque étudiant un badge avec une nouvelle identité. Circulez dans la classe avec un(e) partenaire. Demandez aux autres étudiants s'ils connaissent votre partenaire. S'ils ne se connaissent pas, faites les présentations.

> *Modèle:*   —*Jacques! Mireille! Vous vous connaissez?*
> —*Non, nous ne nous connaissons pas.*
> —*Eh bien, Mireille Seurat, Jacques Dalbert.*
> —*Bonjour, Mireille.*
> —*Enchantée, Jacques.*

Reminder, Ex. E: You may use other expressions to react to the introductions, such as **Heureux(-se) de faire ta connaissance** and **Salut.**

PRONONCIATION   *Le groupement des mots*

In English, there tends to be a slight pause between words. As a result, native English speakers can readily distinguish, for example, between *ice cream* and *I scream*. The French, however, do not often pause between words. Consequently, the word **élégant** and the phrase **et les gants** sound exactly the same. The absence of clear-cut breaks between words means that the basic element of spoken French is the phrase, or group of related words.

You have probably already noticed the numerous phrases and clauses you have been asked to learn: for example, **au revoir, n'est-ce pas, un sandwich au fromage, quelle heure est-il,** etc. Usually the word groups are logically organized according to the grammatical structure. Here are some frequent word groupings:

1. SUBJECT AND VERB: **je parle, nous sommes, elles ont**
2. SUBJECT, VERB, AND MODIFIERS OR PRONOUNS: **je ne travaille pas, il se couche, je les connais**
3. ARTICLE, NOUN, AND ADJECTIVE (or ARTICLE, ADJECTIVE, and NOUN): **un restaurant français, des livres intéressants, un grand homme, une petite ville**
4. A PREPOSITION AND ITS COMPLEMENT: **au cinéma, dans la chambre, avec mes amis**

It's important, both when listening and when speaking, to focus on word groups rather than on individual words.

F.   Lisez les groupes de mots à haute voix. Évitez de faire des pauses entre les mots.

je ne vais pas / nous avons fait / ils n'ont pas peur / un grand repas / un match épatant / ne vous disputez pas / au café / c'est dommage / pas du tout / j'ai mal au cœur / ma petite amie / je le sais / vous et moi / en face du cinéma / elle les veut

Relais

Nous cherchons un appartement

Anne et Yves Coron regardent les petites annonces pour trouver un appartement. Ils cherchent un plus grand logement parce qu'Anne est **enceinte** et qu'ils vont avoir besoin d'une deuxième chambre à coucher pour le bébé.

pregnant

ANNE:	Voilà! J'ai trouvé! Un appartement avec trois pièces et une cuisine équipée.
YVES:	Et il se trouve où, cet appartement?
ANNE:	Près de mon bureau, rue St-Pierre.
YVES:	Oui, mais qu'est-ce que ça veut dire exactement, «trois pièces»?

ANNE:	Il y a une salle de séjour et deux chambres. C'est au rez-de-chaussée et le **loyer** de 3 100 francs est raisonnable.
YVES:	Oui, ça a l'air bien. Tu veux aller le **voir?**
ANNE:	Oui, pourquoi pas? Je vais téléphoner à l'**agence immobilière.**

rent

see

real estate agency

À VOUS!

G. Cherchons un appartement. Votre camarade de classe et vous venez d'arriver à Grenoble où vous allez faire des études. Vous cherchez un appartement et vous regardez les petites annonces dans le journal. Lisez les annonces et faites les choses suivantes: (1) décrivez l'appartement selon les abréviations, (2) décidez quels appartements sont trop chers et (3) décidez quel appartement vous allez louer. Consultez le *Lexique des abréviations* à la page 391 si vous en avez besoin.

---

appartements meublés

1. CENTRE-VILLE, studio dans très bel imm. 3e ét., tt cft, kitchenette, ch. comp. 1 800 F. Tél. 76 62 44 67

2. BANL., Studio tt cft, 6e ét., asc. salle dche, coin cuis., cab. toil. **2 200** + ch. Tél. 76 91 24 56

3. CÔTÉ UNIVERSITÉ, 2 p., séj. av. balc., chbre, cuis. équip., RdC., petite rés., ch. comp. 2 100 F. Tél. 76 94 37 62

4. BANL., 3 P. dans rés. calme, gd séj., gde cuis. tte équip., 2 chbres, s. de bns, jard., gar. 3 400 F. Tél. 76 79 12 46

S·T·R·U·C·T·U·R·E

Structure: Note that the present tense of the verb **mettre** has only two basic forms: the one without the [t] sound **(je, tu, il, elle, on)** and the one with the [t] sound **(nous, vous, ils, elles).**

Le verbe irrégulier **mettre**

Enfin, nous sommes dans notre nouvel appartement.

Mets le canapé ici dans la salle de séjour.	*Put* the couch here in the living room.
Elle met l'ordinateur dans la chambre?	*Is she putting* the computer in the bedroom?
Où est-ce que **nous mettons** ce tableau?	Where *are we putting* this painting?
J'ai mis la table.	*I set* the table.

The irregular verb **mettre** has several meanings. It may mean *to put* or *place something somewhere*. It may also be used with clothing to mean *to put on* (**Mets ton pull-over**). In the idiomatic expressions **mettre la table** and **mettre le couvert,** it means *to set the table:*

mettre *(to put, to place; to put on)*	
je **mets**	nous **mettons**
tu **mets**	vous **mettez**
il, elle, on **met**	ils, elles **mettent**

PAST PARTICIPLE: **mis** (avoir)
IMPERFECT STEM: **mett-**

▲ ▲ ▲

APPLICATION

H. Remplacez les mots en italique et faites les changements nécessaires.

1. *Je* mets la table? (nous / elle / ils / tu / vous / elles / il)
2. *Il* a mis un pull-over. (nous / elle / ils / je / elles)
3. Où est-ce que *tu* mets la lampe? (elle / ils / je / nous / vous / elles)
4. *Elle* a mis la chaise dans le couloir. (je / nous / elles / il)

▲▲▲ d

I. **Il met 50 francs à la banque.** Indiquez combien d'argent chaque personne met à la banque.

Modèle: Jean / 100F
Il met cent francs à la banque.

1. ma mère / 2 000F
2. mes cousines / 1 500F
3. je / 350F
4. mon père / 1 600F

5. mes amis / 75F
6. ma tante / 10 000F
7. mon frère / 540F
8. mes sœurs / 600F

J.   La météo. Selon les indications météorologiques données, dites aux personnes les vêtements qu'il faut porter. Choisissez parmi les vêtements suivants: **un T-shirt, un short, un pull-over, un manteau** *(coat),* **des gants** *(gloves),* **un anorak** *(ski jacket).*

Modèle: Qu'est-ce que je mets aujourd'hui? (Il fait très froid.)
Tu mets un manteau et des gants.

1. Qu'est-ce que tu mets aujourd'hui? (Il fait frais.)
2. Et les enfants, qu'est-ce qu'ils mettent? (Il fait chaud.)
3. Qu'est-ce qu'elle va mettre? (Il neige.)
4. Qu'est-ce que vous avez mis? (Il fait chaud.)
5. Qu'est-ce que nous mettons? (Il fait froid.)
6. Qu'est-ce que je mets? (Il fait très froid.)

▲▲▲▲▲▲▲▲▲ Débrouillons-nous! ▲▲▲▲▲▲▲▲▲▲

Petite révision de l'étape

K.   Échange. Posez les questions suivantes à un(e) camarade de classe. Quand vous aurez terminé, votre camarade va vous demander les mêmes renseignements.

1. Est-ce que tu connais une personne célèbre? Qui?
2. Quand et où est-ce que tu as connu ton (ta) meilleur(e) ami(e)?
3. Quelles villes des États-Unis est-ce que tu connais bien?
4. Quels vêtements est-ce que tu mets quand tu vas au centre commercial?
5. Qui met la table chez toi?
6. Qu'est-ce que tu mets dans ton sac (à dos) pour aller en classe?

Reminder, Ex. K: Depending on your partner's answers, you may want to ask follow-up questions to get clarification or more information.

L.   Ma maison (mon appartement, ma chambre). Describe your house (apartment, room) to one of your classmates. Where is it located? How do you get there from the university? How many rooms does it have? Name the rooms. How big are the rooms? On what floors are the rooms located? Is there a yard? Do you have a garage? Is there an elevator? Your classmate will ask you questions to get more information.

À faire chez vous:
CAHIER, Chapitre 10 /
1ère étape

DEUXIÈME ÉTAPE

Point de départ

▼ ▼ ▼ ▼ ▼ ▼ ▼ ▼ ▼ ▼ ▼ ▼ ▼ ▼ ▼

On s'installe

LA SALLE DE SÉJOUR

un fauteuil • des rideaux • une peinture • le canapé (le sofa) • un tapis

LA CUISINE

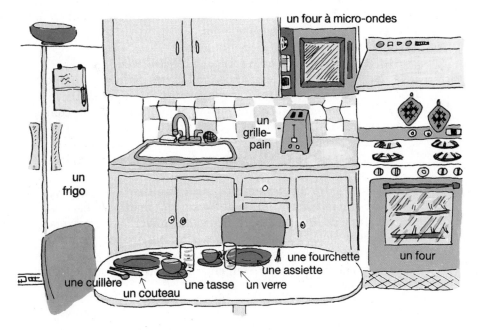

un four à micro-ondes • un grille-pain • un frigo • une fourchette • une assiette • une cuillère • un couteau • une tasse • un verre • un four

Culture: In most French homes, the kitchen is the main room of the house; French kitchens therefore tend to be somewhat larger than American ones. In some newer apartments, a **coin-cuisine,** or kitchenette, may replace the traditionally large kitchen. Besides the main bathroom, most French homes have a half bath that includes only a toilet and sink.

LA SALLE DE BAINS

une douche · une serviette · un gant de toilette · une baignoire · un lavabo · une toilette · un bidet · le shampooing · le dentifrice · un peigne · le savon · la brosse à dents · le papier hygiénique · une brosse à cheveux

À VOUS! (Exercices de vocabulaire)

A.   Un nouvel appartement. Vous allez vous installer dans un nouvel appartement. Imaginez comment vous allez arranger vos meubles et vos affaires en utilisant le verbe **mettre.**

Modèle: la chambre à coucher
               Dans la chambre à coucher, je vais mettre un lit, une télévision,
               une lampe, etc.

1. la cuisine   2. la chambre à coucher   3. la salle de bains   4. le bureau
5. la salle de séjour

B.   Là où j'habite. Expliquez ce qu'il y a dans chaque pièce de la maison ou de l'appartement où vous habitez. Si vous voulez, vous pouvez décrire la maison de quelqu'un que vous connaissez.

Supplementary vocabulary, Ex. B: une piscine, un court de tennis, un gazon *(lawn)*, **un arbre** *(tree)*, **un buisson** *(bush)*, **le chauffage central, la climatisation** *(air conditioning)*.

R·E·P·R·I·S·E

Première étape

C.   La maison de mes rêves. *(The house of my dreams.)* Décrivez la maison de vos rêves à vos camarades de classe. Indiquez où se trouve cette maison, comment elle est, combien de pièces elle a, les meubles, etc. Utilisez des phrases comme **Ma maison se trouve..., Ma maison a dix pièces...** et **Dans ma maison, il y a...**

D. Ils connaissent bien les États-Unis. Véronique Béziers et sa famille ont fait plusieurs voyages aux États-Unis. Utilisez les éléments donnés et le verbe **connaître** pour indiquer quelles parties du pays la famille de Véronique connaît particulièrement bien et donnez aussi la raison.

Modèle: nous / l'Est / faire plusieurs voyages à New York et à Boston
             Nous connaissons bien l'Est. Nous avons fait plusieurs voyages
                 à New York et à Boston.

1. mon oncle Didier / le Middle West / visiter plusieurs fois Chicago
2. mes parents / l'Ouest / passer trois semaines à San Francisco
3. ma sœur Danielle / le Texas / faire deux voyages à Dallas
4. je / le Sud / visiter Atlanta et Miami
5. nous / la capitale / passer quinze jours à Washington

S·T·R·U·C·T·U·R·E

Les pronoms interrogatifs (personnes)

—**Qui** a téléphoné?   —*Who* called?
—Georges et Marianne.   —Georges and Marianne.

—**Qui** cherchez-vous?   —*Who* are you looking for?
—Nous cherchons M. Rance.   —We're looking for Mr. Rance.

—**À qui** parlais-tu?   —*To whom* were you speaking?
                                             (*Who* were you speaking to?)
—À Jean-Jacques.   —(To) Jean-Jacques.

To ask a question about the identity of a person, French uses a form of the pronoun **qui.** The exact form of **qui** depends on how it is used in the sentence:

1. **Question word = subject of the sentence** (that is, the question word is followed by a verb without a specified subject):

   Qui est à la porte?
   Qui est-ce qui est à la porte?

2. **Question word = object of a verb** (that is, the question word is followed by both a subject and a verb):

   Qui cherche-t-elle? *(inversion)*
   Qui est-ce qu'elle cherche?

3. **Question word = object of a preposition** (that is, the question word is followed by a subject and a verb that requires a preposition. Note that the preposition is placed before the question word.):

   À qui a-t-elle téléphoné? *(inversion)*
   À qui est-ce qu'elle a téléphoné?

▲ ▲ ▲

APPLICATION

E. **À la gare.** Voici des questions qu'on pourrait entendre à la gare. Complétez-les en utilisant les mots suggérés.

Modèle: Vous cherchez quelqu'un? (qui)
               Qui cherchez-vous?

1. Vous cherchez quelqu'un? (qui est-ce que)
2. Quelqu'un va prendre le train de 12h15? (qui)
3. Vous voulez téléphoner à quelqu'un avant de partir? (à qui est-ce que)
4. Tu voyages avec quelqu'un? (avec qui)
5. Quelqu'un a fait les réservations? (qui)
6. Tu regardes quelqu'un? (qui est-ce que)
7. Ce monsieur regarde quelqu'un? (qui est-ce que)
8. Quelqu'un va composter *(validate)* les billets? (qui)
9. Tu vas donner ta place à quelqu'un? (à qui est-ce que)
10. Tu vas aider quelqu'un à monter dans le train? (qui est-ce que)

F. **Au Foyer international.** Vos amis et vous visitez la France pendant les vacances de Pâques. On vous héberge *(lodge)* dans une résidence pour étrangers *(foreigners)* à Paris. Voici des phrases ou des questions que vous entendez au Foyer. Utilisez les mots donnés pour prolonger la conversation en posant une question. Employez une forme appropriée de **qui**.

Modèle: La porte de la salle de bains est fermée à clé. (être dans la salle
               de bains)
               Qui est dans la salle de bains?

1. Je voudrais prendre une douche, mais il n'y a pas de savon. (prendre le savon)
2. Bonjour, Madame. Oui, c'est ici le Foyer international. (vous / chercher)
3. Allô. Allô. Ici le Foyer international. (vous / vouloir parler à)
4. Ah, Marilyn n'est pas là. (elle / sortir avec)
5. Nous allons passer huit jours dans le Midi. (nous / descendre chez)
6. Je n'ai pas d'argent! (je / pouvoir demander de l'argent à)
7. Tu as deux billets pour le concert? (tu / aller inviter)
8. Moi, j'ai deux billets pour le théâtre. (vouloir y aller avec moi)

Le savez-vous

▲▲▲▲▲▲▲▲▲▲▲▲▲▲▲
The bidet, **usually found
in French bathrooms, is
where you**
a. **wash your private
    parts**
b. **wash out your socks
    and underwear**
c. **cool bottles of wine**
d. **wash your feet**

Réponse ▲▲▲

G. Pour te connaître un peu mieux. Vous voulez connaître un peu mieux un(e) de vos camarades de classe. Vous lui posez des questions en utilisant les expressions suivantes et une forme appropriée de **qui**.

Modèles: faire la vaisselle *(dishes)*
—*Qui fait la vaisselle chez toi?*
—*Ma mère fait (mes frères font) la vaisselle.*

admirer beaucoup
—*Qui est-ce que tu admires beaucoup?*
—*J'admire beaucoup mes parents (mon prof, etc.).*

1. habiter avec
2. préparer les repas
3. faire la lessive *(laundry)*
4. faire la vaisselle
5. aimer parler à
6. sortir le plus souvent avec
7. aimer le plus
8. aimer le moins
9. se disputer avec
10. s'amuser avec

Student Tape:
Chapitre 10
Segment 1

PRONONCIATION   *L'accent*

Stress (**l'accent**) makes a word or syllable stand out from the sounds or words surrounding it. In English, a stressed syllable is louder and more intense than an unstressed one. Moreover, the stress may fall at the beginning (UNder), in the middle (inTERpret), or at the end (acCEPT) of an English word. In a sentence, there may be one or more stressed syllables in a variety of places: You WEREn't supPOSed to KNOW that; DON'T do that aGAIN.

In French, stress is indicated by length; a stressed syllable has a longer vowel than the syllables surrounding it. The accent, or stress, always falls in the same place—at the end of a word or phrase. In a single word, the accent falls on the final syllable (bonJOUR). In a phrase consisting of several words, there is only one accent, which falls on the final syllable of the group (à la maiSON; je me suis couCHÉ).

H. Lisez chaque mot et phrase à haute voix. Mettez l'accent sur la syllabe appropriée.

1. Au revoir. Au revoir, Madame. Au revoir, Madame Dupont.
2. Françoise! Françoise, veux-tu sortir? Françoise, veux-tu sortir avec moi?
3. Je suis allé chez moi. Je suis allé chez moi et j'ai mangé. Je suis allé chez moi, j'ai mangé et je me suis couché.

▲▲▲   a

Relais

Installons-nous!

Anne et Yves Coron sont en train de s'installer dans leur nouvel appartement. Ils décident où ils vont mettre leurs meubles.

ANNE:	**Tu veux bien** mettre cette lampe dans la salle de séjour?	Would you
YVES:	Oui. Et toi, **tu pourrais** arranger un peu la chambre du bébé. Voilà le carton avec les jouets que ta mère a achetés.	you could
ANNE:	C'est pas très important, ça. Je peux le faire plus tard. Je préfère arranger notre chambre. **Si tu as le temps,** tu peux mettre la commode contre le mur à droite.	If you have time
YVES:	Bon. Et ensuite je vais arranger la cuisine. J'ai faim, moi. Qu'est-ce qu'on va faire pour le déjeuner?	
ANNE:	On peut faire une petite omelette avec une salade. Toi, tu vas à l'épicerie chercher les œufs; moi, je commence la salade.	
YVES:	D'accord. Mais d'abord je vais arranger les meubles dans la salle de séjour.	

À VOUS!

I.   Installons-nous! Create a floor plan for the new apartment you've just moved into. With several classmates, decide how you're going to arrange your furniture. Use the present tense of the verb **mettre** to tell where you're going to place the furniture (**Je mets deux lits dans la chambre de gauche...**). When you're done, describe to the rest of the class what you did (**Nous avons mis deux lits dans la chambre de gauche...**).

S·T·R·U·C·T·U·R·E

Le verbe irrégulier *venir*

—Pourquoi **tu** ne **viens** pas chez moi ce week-end?

—Je ne peux pas. Je reste à la maison avec mon petit frère. Pourquoi **tu** ne **viens** pas chez moi?

—Why *are*n't *you coming* to my house this weekend?

—I can't. I'm staying home with my little brother. Why don't *you come* to my house?

The irregular verb **venir** means *to come*. Its forms are as follows:

venir *(to come)*	
je **viens**	nous **venons**
tu **viens**	vous **venez**
il, elle, on **vient**	ils, elles **viennent**
PAST PARTICIPLE: **venu** (être)	
IMPERFECT STEM: **ven-**	

The verbs **devenir** *(to become),* **revenir** *(to come back, to return),* and **se souvenir de** *(to remember)* are conjugated like **venir.**

▲   ▲   ▲

APPLICATION

J. Remplacez les mots en italique et faites les changements nécessaires.

1. *Tu* viens quand? (vous / elles / il / ils / nous)
2. *Il* revient demain. (je / nous / elles / on / tu / vous)
3. *Je* me souviens de Rennes. (elle / nous / tu / ils / on)
4. *Elle* est devenue architecte? (tu / vous / ils / il)
5. *Tu* reviens à la maison? (elle / ils / vous / nous)
6. *Vous* vous souvenez de mon frère? (ils / elle / tu / il)

K. D'où venez-vous? Utilisez le verbe **venir** et les éléments entre parenthèses pour répondre aux questions.

Modèle: Elle est française? (Paris)
            Oui, elle vient de Paris.

1. Ils sont canadiens? (Montréal)
2. Vous êtes suisses? (Zurich)
3. Elle est belge? (Bruxelles)
4. Tu es sénégalais? (Dakar)
5. Elles sont marocaines? (Rabat)
6. Vous êtes français? (Caen)

L. Une réunion de famille. Quand votre famille se réunit, vos parents *(relatives)* veulent toujours savoir ce que tout le monde fait. Utilisez les éléments donnés pour poser des questions et donner des réponses. Un(e) de vos camarades de classe va jouer le rôle de la personne qui pose des questions.

Modèle: tu / revenir à la maison avant minuit
            —*Est-ce que tu reviens à la maison avant minuit?*
            —*Oui, je reviens toujours avant minuit.*

1. vous / se souvenir de votre cousin
2. qu'est-ce que / tu / vouloir devenir un jour
3. il / venir chez nous à Noël
4. quand / elles / revenir de France
5. elle / se souvenir de cet accident
6. vous / devenir moins paresseux
7. ils / devenir plus indépendants

Débrouillons-nous!

▲ ▲ ▲ ▲ ▲ ▲ ▲ ▲ ▲ ▲ ▲ **Débrouillons-nous!** ▲ ▲ ▲ ▲ ▲ ▲ ▲ ▲ ▲ ▲

Petite révision de l'étape

M. Échange. Posez des questions à votre camarade sur les sujets suivants. Votre but *(goal)* est de découvrir quelles sont les personnes qui font partie de la vie de votre camarade. Utilisez des pronoms interrogatifs pour poser vos questions (**qui, qui est-ce que, avec [pour, à, chez, etc.] qui,** etc.).

> *Modèle:*   travailler
> —*Pour qui est-ce que tu travailles?*
> —*Avec qui est-ce que tu travailles?*
> —*Qui travaille avec toi?* Etc.

1. étudier
2. faire du sport
3. voyager
4. habiter
5. travailler
6. passer le week-end

N. Il déménage. You've just arrived at a party, but your friend was unable to come with you. Explain to your friends that . . .

1. your friend and his family are moving.
2. they are unpacking (**déballer**) their things (**affaires**).
3. they have to buy a lot of furniture: beds, tables, chairs, and a dresser.
4. they moved into a nice house with five bedrooms, a large living room with a balcony, and a big kitchen.
5. they're going to have a party when they're settled (**installés**).

À faire chez vous: CAHIER, Chapitre 10 / 2ᵉ étape

TROISIÈME ÉTAPE
Point de départ

▼▼▼▼▼▼▼▼▼▼▼▼▼▼▼▼▼

On pend la crémaillère
  They're having a house-
  warming party

On pend la crémaillère

> Nous vous invitons à pendre la
> crémaillère dans notre nouvel
> appartement,
>
>   vendredi 15 mai
>   à 19h
>
> Anne et Yves Coron   22, rue des Noyers
> Tél. 78 36. 79 04   69110 Francheville

À VOUS! (Exercice de vocabulaire)

A. Les quatre invitations. Answer the following questions about the four
invitations on pages 406 and 407.

1. Which invitation is the most formal? The least formal?
2. What is the occasion for each invitation?

3. Except when writing to a close friend, the French tend to use formalized expressions in making invitations. In Mme Joyal's note, find the French equivalents of the following expressions:
   a. Dear Miss Leclerc
   b. for Jean-Jacques' birthday
   c. RSVP
   d. Very truly yours
4. In what situations might Americans send invitations similar to each of the invitations reprinted on pages 406–407?

Chère amie,

Mireille et Chantal partent pour les États-Unis dans quinze jours.

Pour leur dire au revoir et bon voyage, j'organise une petite soirée chez moi... le vendredi 4 septembre à 20 h. 30.

Je compte sur toi. Réponds-moi vite. Et surtout... ne dis rien à nos invitées d'honneur. Ce sera une surprise pour elles.

Amitiés

Nicole

Chère Mademoiselle,

À l'occasion du 21e anniversaire de notre fils Jean-Jacques, ma famille organise un dîner chez nous, 12 quai d'Anjou, le samedi 17 juillet à 21 h.

Nous serions tous très heureux si vous et votre frère Michel pouviez être des nôtres.

Auriez-vous la gentillesse de donner réponse aussitôt que possible.

Veuillez agréer, chère Mademoiselle, l'expression de mes sentiments les meilleurs.

Simone Joyal

Monsieur et Madame Maurice Verdier

prient **Mlle Antoinette Ferré**

de leur faire le plaisir d'assister à la soirée dansante qu'ils donneront chez eux le **samedi 17 février** à **20** heures pour fêter **l'anniversaire de leur fille Madeleine**.

R.S.V.P.
Tél. 45.67.89.21

23, rue de Tivoli

R·E·P·R·I·S·E

Deuxième étape

B. Nos meubles. Une famille vient de s'installer dans l'appartement que vous voyez ci-dessous. Expliquez comment ils ont arrangé leurs meubles. Utilisez le verbe **mettre** et une variété de pronoms (**je, tu, il, elle, nous, vous, ils, elles**) dans votre description.

C. Qui a téléphoné? Pendant que vous étiez en ville, une amie a téléphoné. Quelqu'un chez vous lui a parlé et veut vous donner son message, mais il y a trop de bruit dans la maison et vous avez des difficultés à l'entendre. Faites répéter la personne en utilisant une forme convenable de **qui.** Un(e) camarade de classe va jouer le rôle de la personne.

Modèle: —*Juliette a téléphoné.*
—*Qui a téléphoné?*
—*Juliette.*

1. Elle a rencontré Jean-Jacques ce matin.
2. Son cousin Georges va venir la semaine prochaine.
3. Il veut aller au théâtre avec Juliette et toi.
4. Il a aussi envie de voir ton amie Martine.

5. Georges et Jean-Jacques ont des billets pour un concert.
6. Ils vous invitent, Juliette et toi.
7. Ils n'ont pas de billet pour Martine.
8. Tu peux téléphoner à Juliette chez son oncle.

D. **Vous connaissez?** Répondez à chacune des questions avec deux phrases. Dans la première phrase, utilisez **se souvenir de;** dans la seconde, utilisez **devenir** avec l'élément entre parenthèses.

Modèle: Vous connaissez Jean? (architecte)
                —*Oui, je me souviens de Jean. Il est devenu architecte.*

1. Vous connaissez Yvonne Boucher? (médecin)
2. Tu connais mon frère? (professeur)
3. Elle connaît Robert? (ingénieur)
4. Ils connaissent Annie? (secrétaire)
5. Vous connaissez ma tante? (dentiste)
6. Tu connais Philippe? (pharmacien)

S·T·R·U·C·T·U·R·E

Les pronoms interrogatifs (choses)

—**Qu'est-ce qui** se passe?
—Éric et Marie se plaignent.
—**Que** veulent-ils?
—Éric veut sortir ce soir.
—Et Marie, **de quoi** a-t-elle besoin?
—Elle a besoin d'une voiture.

—*What* is going on?
—Éric and Marie are complaining.
—*What* do they want?
—Éric wants to go out tonight.
—And Marie, *what* does she need?

—She needs a car.

Structure: The interrogative adjective **quel (quelle, quels, quelles)** also means *what?*

To ask a question whose answer identifies a thing, French uses three different pronouns—**qu'est-ce qui?, que?,** and **quoi?** All three are equivalent to the English word *what.* The exact form of the pronoun depends on how it is used in the sentence:

1. **Question word = subject** (that is, the question word is followed by a verb without a specified subject):

   Qu'est-ce qui fait ce bruit?

2. **Question word = object of a verb** (that is, the question word is followed by both a subject and a verb):

   Que cherche-t-il? *(inversion)*
   Qu'est-ce que Mme Rainier a trouvé?

3. **Question word = object of a preposition** (that is, the question word is followed by a subject and a verb that requires a preposition. The preposition is placed before the question word):

À quoi s'intéresse-t-elle? *(inversion)*
De quoi est-ce que tes amis ont besoin?

▲ ▲ ▲

APPLICATION

E. Remplacez les mots en italique.

1. Qu'est-ce qui *se passe?* (est sur la table / t'intéresse / ne va pas / fait ce bruit / s'est passé)
2. Que *cherches-tu?* (veut-il / regardes-tu / font-ils / voulez-vous)
3. Qu'est-ce que *tu penses?* (vous voulez / Marc aime faire / tu as acheté / vos parents vont regarder / tu cherches)
4. *De* quoi *avez-vous besoin?* (avec ... écrivez-vous / à ... vous intéressez-vous / de ... ont-ils peur / de ... a-t-elle envie)
5. *Sur* quoi est-ce qu'*on met la bouteille?* (de ... vous avez besoin / à ... ils s'intéressent / de ... tu as peur / avec ... vous allez travailler)

F. **À la gare.** Voici quelques questions qu'on pourrait entendre à la gare. Utilisez les mots suggérés pour les compléter.

Modèle: Vous désirez quelque chose? (qu'est-ce que)
          Qu'est-ce que vous désirez?

1. Vous voulez quelque chose? (qu'est-ce que)
2. Il y a quelque chose qui ne va pas? (qu'est-ce qui)
3. On vous a donné quelque chose? (qu'est-ce que)
4. Vous avez besoin de quelque chose? (de quoi)
5. Il y a quelque chose sur notre siège *(seat)?* (qu'est-ce que)
6. Quelque chose indique le numéro de la voiture? (qu'est-ce qui)
7. Il faut signer quelque chose? (qu'est-ce que)
8. Vous avez laissé votre valise sur quelque chose? (sur quoi est-ce que)

G. **À l'aéroport.** Vous êtes à l'aéroport et vous attendez l'arrivée de quelques amis. En attendant *(while waiting),* vous entendez des phrases et des questions. Imaginez la suite *(continuation)* des conversations en utilisant les éléments donnés et un pronom interrogatif approprié—**qu'est-ce qui, que, qu'est-ce que, ... quoi, ... quoi est-ce que.**

Modèle: Vous avez soif? (vous / vouloir boire)
          Qu'est-ce que vous voulez boire?

1. Ah, vous allez à Rome? (vous / faire)
2. Il vous faut quelque chose? (vous / avoir besoin de)
3. Tiens! Il y a beaucoup de monde *(people)* à l'aéroport ce matin. (se passer)
4. Ce pauvre garçon-là est tout pâle et il tremble. (il / avoir peur de)
5. Tu vas à la boutique hors-taxe *(duty-free shop)*? (tu / aller acheter)
6. Elle n'a pas bonne mine, ta tante. (ne pas aller)
7. Tu as faim? (tu / vouloir manger)
8. Je m'excuse, Madame. Je n'ai pas bien compris. (vous / chercher)

H. **Pour te connaître un peu mieux (suite).** Vous continuez à poser des questions à un(e) camarade de classe. Cette fois vous utilisez les expressions suggérées et la forme convenable d'un pronom interrogatif qui exige une réponse contenant une chose (**que, qu'est-ce qui, . . . quoi**).

Modèles: prendre pour le petit déjeuner
   —*Que prends-tu pour le petit déjeuner?* ou *Qu'est-ce que tu prends pour le petit déjeuner?*
   —*Je prends du jus de fruit et des céréales.*

   avoir besoin de / pour aller en classe
   —*De quoi as-tu besoin pour aller en classe?* ou *De quoi est-ce que tu as besoin pour aller en classe?*
   —*J'ai besoin de mes livres et de mes cahiers.*

1. manger au déjeuner d'habitude
2. mettre tes livres dans / pour aller en classe
3. aimer comme films
4. se passer chez toi le dimanche soir
5. porter pour aller en ville
6. avoir besoin de / pour faire tes devoirs
7. t'intéresser davantage *(more)*—la musique ou les sports
8. acheter récemment
9. avoir peur de
10. regarder le plus souvent à la télé

PRONONCIATION   *L'intonation*

Student Tape:
Chapitre 10
Segment 1

Intonation refers to pitch, the rising and falling of the voice. French intonation patterns are determined both by word groups and by the type of utterance. In some cases, intonation is the key to meaning (it may indicate a question, for example). The basic intonation patterns are:

1. **Yes/no questions—rising intonation:**

   Tu comprends?   Est-ce qu'elle va sortir?

2. **Information questions—falling intonation:**

   Quelle heure est-il?   Où est-ce que tu habites?

3. **Commands—falling intonation:**

Tournez à gauche!   Lève-toi!

4. **Short declarative phrases and sentences—falling intonation:**

Merci beaucoup.   Bonjour, Madame.   Je ne sais pas.

5. **Longer declarative sentences—a combination of rising and falling intonation.** Rising intonation at the end of a word group indicates that the sentence will continue. Falling intonation marks the end of the sentence:

Je me lève, je m'habille et je prends le petit déjeuner.

Helpful hint: When reading French aloud, remember that a comma usually marks rising intonation and that a period marks falling intonation.

I.   Lisez chaque phrase à haute voix en faisant attention à l'intonation.

▲▲▲ C

1. Qu'est-ce qui ne va pas?
2. Est-il toujours malade?
3. Quand je suis enrhumé, je rentre chez moi, je prends du thé et je me couche.
4. Tiens, voilà le médecin.
5. Ne mangez pas trop!
6. Où est la pharmacie? Je ne sais pas.
7. Est-ce que tu préfères le thé ou le jus de fruit?
8. Moi, j'aime le thé, mais j'aime mieux le jus de fruit.
9. Prenez des aspirines et restez au lit.
10. En hiver, j'ai souvent mal à la gorge et je tousse beaucoup.

Relais

Les préparatifs

Anne et Yves font les préparatifs pour leur petite soirée. Ils sont en train de discuter de ce qu'il faut faire avant l'arrivée de leurs invités.

YVES:	Bon! Il faut s'organiser. Qui va faire quoi?
ANNE:	Moi, je veux bien aller à la charcuterie acheter des **amuse-gueule** si tu vas à la boulangerie et à l'épicerie.
YVES:	D'accord. Qu'est-ce que j'achète? Le pain et le fromage, c'est évident. Quoi d'autre?

snacks

ANNE:	Il faut aussi du vin, de l'eau minérale et peut-être du Coca. Si tu veux, tu peux aussi acheter quelques pâtisseries.
YVES:	Bon. Et toi, **n'oublie pas** de prendre toutes sortes de char-cuteries: du saucisson, du pâté, du jambon... et peut-être quelques petites salades.
ANNE:	J'ai l'impression que tu as faim, toi! Pourquoi pas aller ensemble au café à côté prendre un sandwich? Ensuite on se sépare pour faire les achats.
YVES:	Bonne idée!

don't forget

À VOUS!

J. **Une fête.** Vous êtes en train de faire les préparatifs pour une petite fête avec vos camarades. Décidez qui va faire quoi, ce que vous allez acheter, qui va apporter des cassettes, etc.

S·T·R·U·C·T·U·R·E

L'expression **venir de**

—Pourquoi est-ce que tu as l'air si fatigué?

—**Je viens de me réveiller.**

—Why do you look so tired?

—*I just woke up.*

Venir de followed by an infinitive is used to express the recent past—something that happened only a short time ago. When used in the present tense, **venir de** means *to have just* done something.

    Venir de may also be used in the imperfect tense to indicate that something *had just happened* before another action took place. In that case, the second action will be expressed in the **passé composé:**

Vous veniez de partir quand Simone est arrivée.

You had just left when Simone arrived.

▲ ▲ ▲

APPLICATION

K. Remplacez les mots en italique et faites les changements nécessaires.

1. *Je* viens de vous téléphoner. (elle / nous / ils / on)
2. *Ils* viennent de manger. (je / nous / elle / vous / tu / on / elles)
3. *Elle* vient de rentrer? (tu / vous / ils)
4. *Vous* veniez de sortir quand Marie est arrivée. (ils / tu / je / on)
5. *Je* venais d'acheter les billets quand les prix ont changé. (nous / elle / tu / vous / ils / on)

L. Utilisez l'expression **venir de** pour exprimer les rapports suivants. Suivez le modèle.

> *Modèle:*   Il est maintenant 7h. Je me suis levé à 6h45.
> *Je viens de me lever.*

1. Il est maintenant 17h30. La banque a fermé à 17h.
2. Il est maintenant 9h. Je me suis levé à 8h55.
3. Il est maintenant midi. Il a commencé à pleuvoir il y a dix minutes.
4. Il est maintenant 10h du soir. Ils sont partis à 9h45.
5. Il est maintenant 11h du soir. Je me suis lavé la tête à 10h30.

> *Modèle:*   René s'est couché à 10h30. Marceline a téléphoné à 10h40.
> *René venait de se coucher quand Marceline a téléphoné.*

6. Le train pour Marseille est parti à 23h05. Nous sommes arrivés à la gare à 23h10.
7. Claire a terminé ses études fin juin. Elle a trouvé un job le 2 juillet.
8. Je me suis levée à 6h. Le taxi est arrivé à 6h10.
9. Nous sommes arrivés à Dakar le 9 mai. Le 10 nous avons trouvé un appartement.
10. Je me suis couché à 11h. Le téléphone a sonné à 11h05.

▲ ▲ ▲ ▲ ▲ ▲ ▲ ▲ ▲ Débrouillons-nous! ▲ ▲ ▲ ▲ ▲ ▲ ▲ ▲ ▲

Petite révision de l'étape

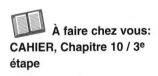

À faire chez vous: CAHIER, Chapitre 10 / 3ᵉ étape

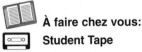

À faire chez vous: Student Tape

Now that you've completed the first three **étapes** of **Chapitre 10**, do Segment 2 of the STUDENT TAPE. See **CAHIER, Chapitre 10, *Écoutons!,*** for exercises that accompany this segment.

M. Qu'est-ce que vous avez fait? You're back in your French class after a vacation and you have lots of questions for your classmates. Use the interrogative pronouns you've learned and other question words to get information from the members of your group. Find out, for example, where they went, with whom, what they did, what they bought, what happened, etc.

N. Organisons une soirée! You and a friend decide to organize a party. Decide when and where you will have it. Then talk about the preparations. Share the responsibilities as follows:

You	*Your friend*
■ invite the guests (talk about how many and who)	■ take care of the food (three things to eat and two things to drink)
■ arrange the location	■ provide activities

QUATRIÈME ÉTAPE

L·E·C·T·U·R·E

Maison à vendre

LES MAISONS QUÉBÉCOISES

Modèle L1721

Type: Maison d'inspiration anglaise.
Programme: Rez-de-chaussée: cuisine/dînette,
salle à manger, vivoir, buanderie, toilette.
Étage: 3 chambres, salle de bains. Sous-sol
aménageable.
Plan: Semi-ouvert.
Surface habitable: 148,32 m² (1648 pi²)
Revêtements extérieurs: Brique, revêtement à
la verticale (à l'arrière), bardeau d'asphalte.
Éléments utilitaires: Balcon à l'avant abritant
la porte d'entrée principale. Foyer avec possibilité d'une sortie au sous-sol ou à l'étage.
Lucarne en chiensis à l'arrière pour plus
d'espace.
Particularités: Portes françaises à l'arrière
donnant dans le vaste vivoir. Buanderie indépendante avec porte de service. Construction
intéressante reflétant bien son époque.

Rez-de-chaussée 74,88 m² (832 pi²)   Étage 73,44 m² (816 pi²)

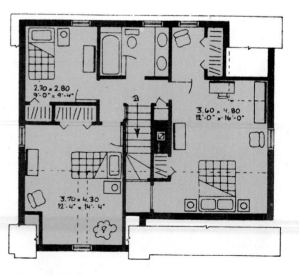

À VOUS! (Exercices de compréhension)

A. Les maisons québécoises. Lisez la publicité de la maison Modèle L1721 et répondez aux questions suivantes.

1. Quel est le style de la maison?
2. Quel est le mot français pour «vivoir»?
3. Qu'est-ce qu'il y a au rez-de-chaussée?
4. Combien de chambres à coucher est-ce qu'il y a?
5. Combien de salles de bains est-ce qu'il y a?
6. Est-ce qu'on peut entrer dans le vivoir de l'extérieur de la maison?
7. Combien d'étages est-ce qu'il y a?
8. Selon la publicité, quels sont les aspects pratiques de la maison?

B. Le modèle L1721. Vous avez décidé de faire construire votre maison selon le plan du Modèle L1721. La maison est maintenant finie et vous allez bientôt emménager *(move in)*. Décidez comment vous allez aménager *(fix up)* la maison: Quels meubles vous faut-il pour chaque pièce? Comment est-ce que vous allez les arranger? Lisez la description de l'intérieur et regardez bien le plan de chaque étage.

Modèle: *Nous avons un sous-sol aménageable. Nous allons y mettre un canapé, un fauteuil, une petite table et une télévision. Il faut aussi un tapis et des lampes. Mettons le canapé contre le mur, avec la télévision en face.* Etc.

R·E·P·R·I·S·E

Troisième étape

C. Un pique-nique. Organisez un pique-nique avec les membres de votre groupe. Avant de décider ce qu'il faut acheter, chaque personne va dire ce qu'il (elle) aime ou n'aime pas manger et boire. Ensuite, décidez dans quels magasins il faut aller et qui va faire quoi.

D. Au dîner. Vous dînez avec la famille française chez qui vous passez l'année scolaire. En utilisant les expressions données, formez les questions que posent les différents membres de la famille.

Modèle: Le téléphone sonne. Mme Cathelat va répondre. Un peu plus tard elle revient pour annoncer que c'était sa mère. (M. Cathelat: ta mère / vouloir)
              Qu'est-ce que ta mère voulait? ou: *Qu'est-ce qu'elle voulait, ta mère?*

1. Mme Cathelat dit que son frère a eu un accident. (Jacques: se passer)
2. M. Cathelat dit qu'il a reçu une lettre de sa sœur. (Mme Cathelat: ta sœur / avoir besoin de)
3. Jacques dit qu'il va sortir ce soir. (M. Cathelat: tu / faire)
4. Chantal dit qu'elle va passer les vacances au Maroc. (Jacques: on / pouvoir voir au Maroc)
5. Jacques dit qu'il va coucher à la plage samedi soir avec ses copains. (Mme Cathelat: vous / dormir sur)
6. Mme Cathelat dit qu'elle a dépensé beaucoup d'argent au centre commercial. (Chantal: tu / acheter)
7. M. Cathelat dit qu'il n'est pas content de son travail. (Mme Cathelat: ne pas aller)
8. Chantal dit qu'elle n'aime pas les langues, qu'elle n'aime pas les sciences, qu'elle n'aime pas les beaux-arts. (Jacques: tu / s'intéresser à)

E. **À table.** Au dîner chez vous, chaque fois qu'on annonce une nouvelle, il y a toujours plusieurs personnes qui posent des questions. Utilisez les éléments donnés pour poser ces questions. Distinguez entre les questions qui vont avoir pour réponse **une personne** et les questions qui vont avoir pour réponse **une chose.**

Modèle: Je suis allé au grand magasin. (t'accompagner / acheter)
Qui t'a accompagné?
Qu'est-ce que tu as acheté?

1. Pépé et Mémé ont téléphoné. (parler / vouloir)
2. Je vais aller en ville demain. (avoir besoin / faire)
3. Je vais organiser une boum. (inviter / servir comme boisson)
4. Il y a eu un accident. (se passer / être dans la voiture)
5. Nous avons dîné dans un restaurant algérien. (aller / manger)
6. Nous sommes invités à passer le week-end à la campagne. (il faut apporter / dormir chez)
7. Jeanne veut aller en Afrique. (l'accompagner / voir)
8. Cécile est allée en ville ce matin. (faire / rencontrer)

À faire chez vous:
Student Tape

CAHIER, Chapitre 10:
*Rédigeons! / Travail de
fin de chapitre* (including
STUDENT TAPE, Chapitre
10, Segment 3)

Point d'arrivée

Activités orales

Exprimons-nous!

When you're trying to get someone to do something, you may use a variety of expressions. Some are more formal and polite, others are more direct and should be reserved for people you know very well.

Pour faire agir les autres

> **Tu veux bien...? (Vous voulez bien...?)**
> **Tu pourrais...? (Vous pourriez...?)**
> **Tu as le temps de...? (Vous avez le temps de...?)**
> **Si tu veux, tu... (Si vous voulez, vous...)**
> **N'oublie pas de... (N'oubliez pas de...)**
> **Pourquoi pas...?**

With people you know well, use the imperative with **s'il te plaît:**

> **S'il te plaît, va** à l'épicerie pour moi.

F. Je cherche un appartement. You're in an apartment-rental office. Explain to the person that....

1. you want to rent an apartment with two bedrooms and a living room.
2. you would also like a small dining room.
3. you need a kitchen that is fully equipped with a stove, refrigerator, etc.
4. you want to live in a building that has an elevator.
5. you prefer to live in the suburbs.

G. Trouvons un appartement. You and your friend are looking for an apartment. Decide together what kind of apartment you want; then consult the ads at the beginning of this chapter. Decide which apartment best fits what you had in mind.

H. Une interview. You're going to sublet your apartment and are very particular about who is going to live in it. Interview several

of your classmates to find the most acceptable person. Ask the candidates about their activities, how many rooms they'll need, what kind of apartment they're looking for, what furniture they have, etc. When you're done with the interviews, tell the interviewees who is going to get the apartment and why.

I. Quand j'étais jeune.... You and your classmate are talking about the house (apartment) you lived in when you were children. As you describe the house (apartment) in detail, your partner will ask questions for clarification and additional information.

J. Est-ce que vous pouvez m'aider? You've just moved into a new apartment and need some help to get settled. Ask the people in your group to help you with various things. You may ask them to help you arrange the furniture, unpack boxes **(déballer les cartons),** go to the store to buy food, etc.

PORTRAIT

Anne et Yves Coron, Caen (Normandie), France

—Eh bien, vous savez, nous sommes très contents d'avoir déménagé. Avec le nouveau bébé, cet appartement est bien plus confortable et plus spacieux. Quand est-ce que le bébé arrive? Dans trois mois. Est-ce que je continue à travailler? Bien sûr! Nous avons besoin d'argent et de toute façon, je n'aime pas rester à la maison à ne rien faire. J'adore mon travail d'architecte. C'est intéressant et ça fait passer le temps.

—Moi, qu'est-ce que je fais? Je travaille dans une banque. Est-ce que je préfère avoir un garçon ou une fille? Ça m'est égal, mais je pense qu'Anne préfère une fille, n'est-ce pas, chérie?

—Oh, je ne sais pas. L'important, c'est qu'il soit en bonne santé. La chambre du bébé? Elle est déjà prête. Ma mère nous a donné toutes sortes de choses et nous avons acheté un petit lit d'enfant qui est vraiment mignon. Ce bébé, il est déjà gâté *(spoiled)!* Un nom? Nous ne sommes pas sûrs. Élodie ou Gabrielle, si c'est une fille. Francis ou Alexandre, si c'est un garçon.

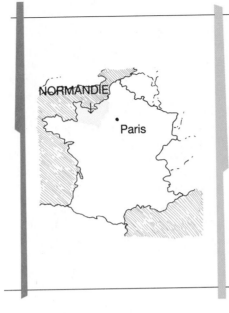

Profil
La Normandie

SITUATION: au nord-ouest de la France, sur la Manche *(English Channel);* une province divisée en deux parties: la Haute-Normandie et la Basse-Normandie

POPULATION: 2 900 000 habitants

CHEF-LIEU DE LA HAUTE-NORMANDIE: Rouen (389 000 habitants)

CHEF-LIEU DE LA BASSE-NORMANDIE: Caen (180 000 habitants)

IMPORTANCE: grand port au Havre, port à Rouen, centre touristique (le Mont-Saint-Michel, St-Malo, Rouen, Cherbourg, Bayeux, plages)

INDUSTRIE: métallurgie, mécanique, chimie, textile, papier, alimentation, automobile, construction électrique, construction navale

AGRICULTURE: blé, lait, viande, légumes, fruits, pêche

GASTRONOMIE: cuisine savoureuse caractérisée par les sauces faites avec la crème normande, les fromages, le cidre et le calvados, les fruits de mer et les pâtisseries

HISTOIRE: juin 1944: débarquement des Alliés sur les plages de Normandie; début de la fin de la Deuxième Guerre mondiale; les sites de la bataille de Normandie attirent encore beaucoup de touristes

À discuter: The province of Normandy attracts many tourists for the role it played during the Second World War. If you wanted French tourists to know about a particular period or event in American history, what places would you suggest they visit? In your opinion, why is the history of a country important in the way its peoples define themselves?

Le cimetière américain en Normandie.

L·E·X·I·Q·U·E

Pour se débrouiller

Pour louer un appartement
J'ai besoin d'un appartement qui...
Je cherche un appartement qui...
Il me faut un appartement qui...

Pour parler des actions récentes
Je viens de louer un appartement.
Je viens juste de parler à ma mère.
Il est sorti il y a cinq minutes.

Pour faire agir les autres
Tu veux bien...? (Vous voulez bien...?)
Tu pourrais...? (Vous pourriez...?)
Tu as le temps de...? (Vous avez le temps de...?)
Si tu veux, tu... (Si vous voulez, vous...)
N'oublie pas de... (N'oubliez pas de...)
Pourquoi pas...?
S'il te (vous) plaît,...

Thèmes et contextes

La maison ou l'appartement
un ascenseur
un balcon
la banlieue
un cabinet de toilette
une cave
le centre-ville
une chambre à coucher
le chauffage
un coin-cuisine
une cuisine
un garage
un immeuble
un jardin
un parking
une pension
une pièce
une résidence
une salle à manger
une salle de bains
une salle de séjour

Les meubles de la salle de séjour
un canapé
un fauteuil
une lampe
un rideau
un sofa
un tapis

La cuisine
une assiette
un couteau
une cuillère
un four
un four à micro-ondes
une fourchette
un frigo
un grille-pain
une tasse
la vaisselle
un verre

La salle de bains
une baignoire
un bidet
une brosse
une brosse à dents
le dentifrice
une douche
un gant de toilette
un lavabo
le papier hygiénique
un peigne
le savon
une serviette
le shampooing
une toilette (des W.-C.,
    un cabinet de toilette)

Vocabulaire général

Verbes
connaître
déballer
déménager
devenir
s'installer
louer

mettre
mettre la table (le couvert)
revenir
se souvenir de
venir (de)

ACTE 10
UNE MAISON OU
UN APPARTEMENT

VOCABULAIRE
une petite cour   *a*
    small courtyard
la place   *space, room*
en dehors de Paris
    outside Paris
j'ai tendance à préférer
    I tend to prefer

Marie-Claude Étienne
Pointe-à-Pitre,
Guadeloupe

—Et voici Marie-Claude qui porte un chapeau de paille, un T-shirt en soie rouge, un short à rayures, des chaussettes et des chaussures jaunes.

▼▼▼▼▼▼▼▼▼

Habillons-nous!

OBJECTIVES

In this chapter, you will learn:

- to name and describe articles of clothing;
- to make purchases in clothing and shoe stores;
- to ask for and give information about clothing;
- to ask for and give a reaction to an opinion;
- to express necessity;
- to talk about French attitudes toward clothing;
- to understand conversations about clothes;
- to read documents and texts about clothes and the French clothing industry.

CHAPTER SUPPORT MATERIALS

Cahier: pp. 267–292

 Student Tape:
Chapitre 11
Segments 1, 2, 3

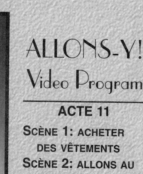

ALLONS-Y!
Video Program

ACTE 11

SCÈNE 1: ACHETER DES VÊTEMENTS
SCÈNE 2: ALLONS AU MARCHÉ DES VÊTEMENTS

▶ Première étape La mode de printemps et d'été
▶ Deuxième étape La mode d'automne et d'hiver
▶ Troisième étape Au rayon des chaussures
▶ Quatrième étape Lecture: Que nous disent les vêtements?

Depuis le 18e siècle, la France joue un rôle de première importance dans le monde de la mode. Parmi les plus grands noms de la haute couture se trouvent Courrèges, Carven, Chanel, Dior, Ungaro, Givenchy, Lanvin, Ricci, Balmain, Cardin, Yves Saint Laurent et, plus récemment, Christopher Morgenstern, Angel Estrada, Karl Lagerfeld, Azzedine Alaia et beaucoup d'autres.

On peut dire que, depuis 1900, Paris est le centre de la mode et que les maisons «couture-création» françaises continuent à influencer le style des vêtements dans le monde entier.

Suggestion, Test: Answer the questions on the test and read the comments that apply to your results.

La mode et vous

Ouverture culturelle

L' industrie de la mode

Les Francais peuvent acheter leurs vêtements dans une grande variété de magasins. Les grands magasins comme Prisunic et Monoprix sont des chaînes françaises qui offrent des articles bon marché pour ceux qui cherchent à faire des économies.

Question, L'industrie de la mode: In which of these stores would you and your friends buy your clothes?

Monoprix

Galeries Lafayette

Les grands magasins comme les Galeries Lafayette et le Printemps tendent à présenter la dernière mode et offrent des articles plus luxueux. Bien sûr, on paie beaucoup plus si on fait ses achats dans ces magasins.

CAREL

LONGCHAMP
CASSEGRAIN·PARIS

JACQUES ESTEREL
JE

RENÉ W.
may ®
PARIS

VICTOIRE
PLACE DES VICTOIRES

pierre balmain
PARIS

LACOSTE

EMMANUELLE
KHANH

Passage Vivienne

35,00 F
TEE-SHIRT UNI
+ badge « fraise »
100 % coton
du 2 au 5 ans

44,00 F
JUPE A
VOLANTS
imprimé
100 % coton
du 2 au 5 ans

du 22 au 27
49,90 F
TENNIS STYLE
« VAN'S »
dessus coton,
première viscose
imprimée, doublure
coton, semelle
élastomère, coloris

JEAN PATOU

Boutique Jean Patou

Christian Dior

Christian Lacroix

À Paris, du côté des Champs-Élysées et de l'avenue Montaigne, on trouve les petites boutiques de la haute couture qui attirent plutôt une clientèle privilégiée qui n'hésite pas à payer des prix souvent exorbitants pour les griffes de Dior, Yves Saint Laurent, Cardin ou Courrèges.

Enfin, toutes les villes de France ont des petits magasins de vêtements où les prix varient selon la qualité des produits. Mais comme aux États-Unis, les grands centres commerciaux deviennent très populaires et se multiplient.

Magasins de quartier

Étalage d'articles bon marché

Forum des Halles (vue d'ensemble)

Dans le Forum des Halles

Magasins chics

Magasin de chaussures

PREMIÈRE ÉTAPE

Point de départ

La mode de printemps et d'été

un foulard

un débardeur

des lunettes
(f.pl.) de soleil

un chemisier

un bustier

une jupe

une marinière

une robe

un short

un bikini

un pantalon

une salopette

un bermuda

un gilet

ALLONS-Y!
Video Program

ACTE 11: SCÈNE 1
ACHETER DES VÊTEMENTS

QUESTION DE FOND
Donnez deux adjectifs
qui indiquent l'approba-
tion enthousiaste d'un(e)
jeune Français(e) pour
quelque chose.

Les tissus (fabrics)

en laine *(wool)*	Il a acheté un pantalon **en laine.**
en maille jersey	C'est un chemisier **en maille jersey.**
en coton	Je vais mettre une robe **en coton.**
en acrylique	Elle n'aime pas les vêtements **en acrylique.**
en polyester	Les pantalons **en polyester** se lavent bien.
en soie *(silk)*	Je viens d'acheter une robe **en soie.**
en toile *(canvas, sailcloth)*	Est-ce que tu as une veste **en toile?**
à rayures, rayé *(striped)*	J'aime les chemises **à rayures (rayées).**
imprimé *(print)*	Il veut un bermuda **imprimé.**
à fond *(background)*	Elle a acheté une robe **à fond** blanc et **à pois** bleus.
à pois *(polka dots)*	
uni *(solid colored)*	Elle préfère les vêtements **unis.**

À VOUS! (Exercices de vocabulaire)

A.   **Que portent-ils au printemps et en été?** Identifiez les vêtements que portent les personnes dans les dessins.

Modèle: Mireille porte...
                   Mireille porte un short et un chemisier.

1.   Michel porte...   2.   Monique porte...   3.   Massyla porte...

4.   Véronique porte...   5.   M. Maillet porte...   6.   Madame
                                                                    Thibaudet porte...

B.   **J'ai... Je préfère...** Regardez les dessins du **Point de départ** et expliquez quels vêtements vous avez et quels vêtements vous préférez porter au printemps et en été.

Modèle: *J'ai des jupes, mais je préfère les jeans. Je n'ai pas de mari-*
                   nière. Etc.

C. Des descriptions. Décrivez les vêtements que portent les personnes dans l'Exercice A. Si vous n'êtes pas sûr(e) du tissu, inventez une réponse.

Modèle: *Mireille porte un short uni et un chemisier imprimé.*

S·T·R·U·C·T·U·R·E

L'emploi du subjonctif pour exprimer la nécessité

—**Il faut que j'aille** au centre commercial.	—*I have to go* to the mall.
—Tu as raison. **Il est nécessaire que tu achètes** une robe.	—You're right. *You have to buy* a dress.

In French, to express necessity (something that has to be done), use any of the following expressions followed by a verb in the subjunctive: **il faut que** *(to have to),* **il est nécessaire que** *(it's necessary to),* **il vaut mieux que** *(it would be better to),* **il est préférable que** *(it's preferable to),* **il est important que** *(it's important to),* **il est essentiel que** *(it's essential to).*

The subjunctive mood is used in sentences that express necessity and contain more than one clause. For instance, the first sample sentence contains two clauses—**il faut que** and **j'aille au centre commercial.** Note that the two clauses are connected by **que** and that the subjunctive is used only in the second clause—that is, after **que.**

The following endings are used with all verbs in the subjunctive except **avoir** and **être: -e, -es, -e, -ions, -iez, -ent.** Before you can use these endings, you must first find out the correct verb stem.

~~~~~~~~ **The present subjunctive of *-er* and *-ir* verbs** ~~~~~~~~

The simplest way to find the subjunctive stem of an **-er** or **-ir** verb is to drop the **-ons** ending from the present-tense **nous** form.

Le subjonctif

INFINITIVE STEM	**parler** nous **parlóns**	**réussir** nous **réussissóns**
(que)	je parle	je réussisse
	tu parl**es**	tu réussiss**es**
	il, elle, on parle	il, elle, on réussisse
	nous parl**ions**	nous réussiss**ions**
	vous parl**iez**	vous réussiss**iez**
	ils, elles parl**ent**	ils, elles réussiss**ent**

▲ ▲ ▲

APPLICATION

D. Remplacez les mots en italique par les mots entre parenthèses et faites les changements nécessaires.

1. Il faut que *j'*étudie mon français. (vous / elle / tu / nous / ils)
2. Il est nécessaire que *tu* finisses les devoirs. (je / nous / il / vous / elles)
3. Il est essentiel que *nous* mangions des légumes. (tu / elle / vous / ils / je)
4. Il vaut mieux qu'*elle* achète un chemisier. (je / vous / tu / elles / nous)
5. Il est important qu'*ils* téléphonent à leur grand-mère. (je / tu / nous / elles / vous / il)
6. Il est préférable que *je* cherche un appartement. (nous / ils / vous / elle / tu)

Grammar: Note the addition of an **accent grave** in the present indicative and subjunctive conjugation of the verb **acheter: j'achète, tu achètes, il/elle/on achète, nous achetions, vous achetiez, ils/elles achètent.**

E. **Des objections.** Réagissez, selon le modèle, en donnant le contraire des phrases suivantes. Utilisez une variété d'expressions de nécessité.

> *Modèle:*   Il ne s'occupe pas des enfants.
> *Mais il faut qu'il s'occupe des enfants!*

1. Il n'étudie pas le japonais.
2. Il ne réussit pas à ses examens.
3. Elles ne mangent pas leurs légumes.
4. Nous ne visitons pas les châteaux de la Loire.
5. Ils ne passent pas par Genève.
6. Je ne finis pas cet exercice.
7. Nous ne louons pas de vélos.
8. Elle n'achète pas de souvenirs.

Vocabulary, Ex. F: Instead of saying **Pardon?** *(Excuse me?),* you may also say **Comment?** *(What?).*

F. **Pardon?** Vous allez faire un voyage en train avec un groupe de camarades. L'organisateur (l'organisatrice) du voyage vous explique ce qu'il faut faire, mais vos camarades et vous ne faites pas très attention. Suivez le modèle.

> *Modèle:*   il est préférable / voyager en groupe
>
> L'ORGANISATEUR: *Il est préférable que vous voyagiez en groupe.*
> ÉTUDIANT A: *Pardon?*
> ÉTUDIANT B: *Il est préférable que nous voyagions en groupe.*

1. il est préférable / réserver des places
2. il est essentiel / arriver à la gare avant 7h
3. il faut / quitter la maison à 6h30
4. il vaut mieux / acheter les billets à l'avance
5. il est important / manger quelque chose avant de partir
6. il est nécessaire / apporter des vêtements chauds

Note grammaticale

Les verbes irréguliers au présent du subjonctif

The present subjunctive forms of **avoir** and **être** are irregular:

	avoir	être
(que)	j'**aie**	je **sois**
	tu **aies**	tu **sois**
	il, elle, on **ait**	il, elle, on **soit**
	nous **ayons**	nous **soyons**
	vous **ayez**	vous **soyez**
	ils, elles **aient**	ils, elles **soient**

Both **aller** and **prendre** have a second stem for the first- and second-person plural forms (**nous** and **vous**):

	aller	prendre
(que)	j'**aille**	je **prenne**
	tu **ailles**	tu **prennes**
	il, elle, on **aille**	il, elle, on **prenne**
	nous **allions**	nous **prenions**
	vous **alliez**	vous **preniez**
	ils, elles **aillent**	ils, elles **prennent**

The following are the present subjunctive stems for the verbs **faire, pouvoir,** and **savoir:**

faire	**fass-**	Il faut que **tu fasses** tes devoirs.
pouvoir	**puiss-**	Il faut qu'**il puisse** donner son avis.
savoir	**sach-**	Il faut que **nous sachions** la vérité.

G. Remplacez les mots en italique par les mots donnés entre parenthèses et faites les changements nécessaires.

1. Il est important qu'*elle* fasse attention. (je / vous / il / nous / tu)
2. Il faut que *j'*aille à la banque aujourd'hui. (tu / nous / elles / vous / il)
3. Il est essentiel que *tu* aies de la patience. (nous / elle / vous / ils / on)

4. Il est nécessaire qu'*ils* soient à l'heure. (vous / tu / je / nous / elles / on)
5. Il est préférable qu'*elle* prenne le métro. (ils / tu / nous / on / vous / je)
6. Il est essentiel qu'*ils* puissent aller à la pharmacie. (je / vous / tu / elle / nous)
7. Il faut que *vous* sachiez la réponse. (tu / elles / nous / il / je / on)

H. D'abord... Vous voulez aller au centre commercial pour acheter des vêtements, mais votre mère veut que vous fassiez d'abord autre chose. Jouez le
rôle de la mère. Utilisez une variété d'expressions de nécessité.

Modèle: m'aider avec la vaisselle
              —*Je veux aller au centre commercial.*
              —*D'abord il faut que tu m'aides avec la vaisselle.*
              —*D'accord. Je vais faire la vaisselle.*

1. ranger ta chambre   5. aider ton frère avec son français
2. aller à la boulangerie   6. manger quelque chose
3. aller trouver ta sœur   7. prendre une douche
4. parler à ton père   8. finir tes devoirs de français

Vocabulary, Ex. I: For variety, replace the expression
à mon avis . . . *(in my
opinion . . .)* with any of
the following. Expressions
that mean *I think that . . . .*:
**je pense que . . . , je
trouve que . . . , je crois
que . . . .**

I. À mon avis... Utilisez une des expressions que vous venez d'apprendre
pour encourager les actions de vos amis.

Modèle: Je ne veux pas aller en ville, je vais regarder la télévision.
              À mon avis, il vaut mieux que tu ailles en ville.

1. Je ne veux pas étudier, je vais jouer au football.
2. Nous n'allons pas prendre le métro, nous allons prendre un taxi.
3. Nous ne voulons pas apprendre une langue, nous allons étudier l'informatique.
4. Je ne vais pas téléphoner à mes parents, je vais téléphoner à un ami.
5. Je ne veux pas manger des fruits, je vais manger un gâteau.
6. Nous ne sommes jamais à l'heure, nous sommes toujours en retard.
7. Je ne veux pas parler français, je vais parler anglais.
8. Je ne vais pas aller à la bibliothèque, je vais aller au cinéma.

J. J'ai des ennuis. *(I have problems.)* Vos amis ont besoin de conseils *(advice)*
parce qu'ils ont des petits problèmes. Employez des expressions de nécessité et le subjonctif pour les aider.

Modèle: ne pas réussir aux examens de français
              —*Je ne réussis pas aux examens de français.*
              —*Il faut que tu étudies.* ou *Il est important que tu parles au
                 professeur.*
              —*Bon, d'accord. Je vais étudier (parler au prof).*

▲▲▲ b

1. aller à une soirée et ne pas avoir de vêtements
2. avoir des difficultés au cours de maths

3.   ne pas avoir assez d'argent pour acheter une voiture
4.   ne pas être en bonne santé et maigrir
5.   aller à Vail et ne pas savoir skier

PRONONCIATION   *Les liaisons obligatoires*

Student Tape:
Chapitre 11
Segment 1

In Chapter 1, you learned to make **liaisons**—for example, **nous habitons.** Liaison is the linking of sounds that occurs when a final consonant that is normally silent is pronounced before a word beginning with a vowel or a vowel sound. In French, liaison is accomplished by "adding" this final consonant to the following word. Thus, **vous avez** is not pronounced [vuz ave] but rather [vu zave].

French speakers tend to use liaison more in formal speech than in informal conversation. However, certain liaisons are required (**obligatoires**) in all situations. The following liaisons are mandatory:

1.   An article + a noun beginning with a vowel sound:

     un ami, les enfants, des hôtels, ces arbres

2.   A subject + a verb beginning with a vowel sound:

     vous êtes, nous arrivons, ils habitent, elles aiment

3.   An adjective + a noun beginning with a vowel sound:

     un petit hôtel, des grands arbres, vos amis

4.   A one-syllable preposition + a word beginning with a vowel sound:

     dans un musée, chez elle, en hiver

5.   After **est:**

     elle est absente, c'est une bonne idée, il est à Paris

K.   Lisez les phrases à haute voix. Faites attention aux liaisons.

1.   Les étudiants sont allés chez elle.
2.   Les asperges sont excellentes cet été.
3.   Mes amis vont aller en Égypte en hiver.
4.   Nous nous occupons des enfants d'un ami.
5.   Elles ont l'air très heureuses.
6.   Ils espèrent passer trois ans en Espagne.

Relais

Aux Galeries Lafayette

young people   Un groupe de **jeunes gens** va passer samedi à faire des courses. C'est la saison de Noël et il y a beaucoup de monde dans tous les grands magasins. Pascale, Albert, Francine et Serge décident où ils vont faire leurs courses.

PASCALE:	Moi, je pense qu'il faut aller dans un centre commercial. Il y a beaucoup de boutiques.
ALBERT:	C'est vrai, mais aujourd'hui il y a des soldes aux Galeries Lafayette. Je n'ai pas énormément d'argent et je voudrais aussi acheter quelques vêtements.
FRANCINE:	Tu as raison. Je préfère les Galeries Lafayette. Il y a toujours une très grande sélection.
SERGE:	D'accord. On y va. Ce n'est pas très loin d'ici et nous pouvons y aller à pied.
PASCALE:	Bon... d'accord. Pourquoi pas?

Les quatre amis sont aux Galeries Lafayette. Ils se séparent pour faire leurs achats. Plus tard ils vont se retrouver pour aller au café.

ALBERT:	Pardon, Monsieur. Où se trouvent les vêtements pour hommes?
MONSIEUR:	Vous montez au premier étage. Voilà l'escalier roulant.
ALBERT:	Merci bien, Monsieur.
PASCALE:	Je viens avec toi. Je vais acheter une chemise pour mon père.
FRANCINE:	Et moi, je monte au deuxième étage pour regarder les robes.
SERGE:	Moi, je reste ici. Je cherche un parfum pour ma mère.
ALBERT:	D'accord. On se retrouve ici dans deux heures pour aller au café.

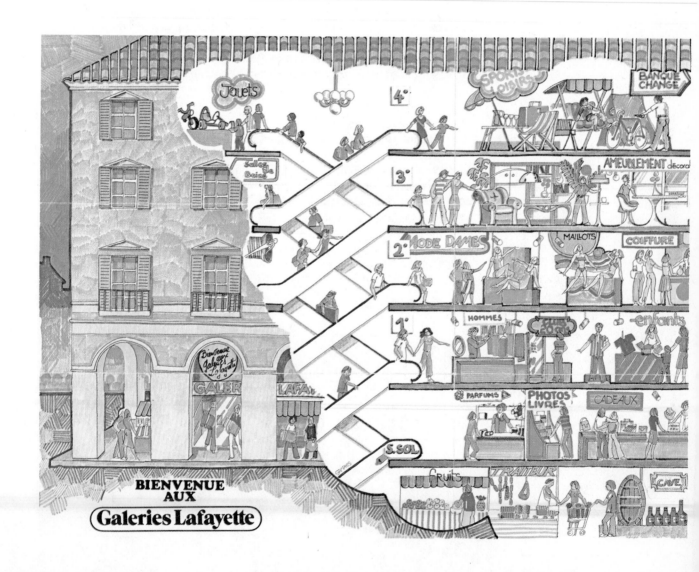

À VOUS!

L.   Qu'est-ce qu'ils vont faire? Répondez aux questions suivantes selon ce que vous avez appris dans la conversation.

1.   Pourquoi est-ce que les quatre amis décident d'aller aux Galeries Lafayette?
2.   Quel moyen de transport est-ce qu'ils vont utiliser pour y aller?
3.   Qu'est-ce que Pascale va acheter pour son père?
4.   Pourquoi Francine monte-t-elle au deuxième étage?
5.   Qu'est-ce que Serge va acheter pour sa mère?
6.   Dans combien de temps est-ce que les quatre amis vont se retrouver?
7.   Où vont-ils aller après avoir fait leurs achats?

M.   Alors, il faut que... Vous êtes aux Galeries Lafayette avec des amis. Vous avez le plan du magasin (voir à la page 437) et vous pouvez donc dire à vos amis à quel étage ils peuvent trouver les choses qu'ils cherchent.

Modèle: Je vais acheter du vin. Où est-ce que je vais?
Alors, il faut que tu descendes au sous-sol. La cave se trouve à droite de la charcuterie.

1.   Nous cherchons les bicyclettes.
2.   Et moi, je voudrais une lampe pour ma chambre.
3.   Où est-ce que je vais pour acheter un maillot de bain?
4.   Nous avons besoin de vêtements pour la petite Janine.
5.   Je cherche des cadeaux pour mes amis.
6.   Et moi, je vais me faire couper les cheveux.
7.   Nous cherchons des jouets.
8.   Je veux aller aux toilettes.
9.   Paul veut acheter un tricycle pour sa fille.
10. Elle a besoin d'un sac à dos.

LE SAC À DOS ET SA POCHETTE

Sac à dos 100% polyamide, fermeture par clip. Poche supplémentaire avec fermeture à glissière. Ecusson Jo le Chrono. Hauteur : 37 cm env. Largeur : 36 cm env. Pochette portefeuille en polyamide. Deux poches, fermetures à glissière et autoagrippante. Dim. fermée : 16 x 10 cm. Dim ouverte : 24 x 10 cm.
Réf. 521.9671 Prix 45 F

S·T·R·U·C·T·U·R·E

L'emploi de l'infinitif pour exprimer la nécessité

Qu'est-ce que nous devons faire avant de partir?

D'abord, **il faut acheter** les billets.	First, *we have to buy* the tickets.
Ensuite, **il est important de réserver** les chambres d'hôtel.	Then *it's important to reserve* the hotel rooms.
Enfin, **il est essentiel de faire les valises.**	Finally, *it's essential to pack.*

The expressions of necessity you learned earlier can be used with an infinitive if there is no confusion about who is going to carry out the action. In the preceding series of examples, the question **Qu'est-ce que nous devons faire avant de partir?** establishes that *we* is the subject of all of the things that have to be done.

To use an infinitive with an expression of necessity, drop the **que** and, in some cases, add the preposition **de,** as follows:

il faut + infinitive	**il est préférable de** + infinitive
il vaut mieux + infinitive	**il est important de** + infinitive
il est nécessaire de + infinitive	**il est essentiel de** + infinitive

If you want to say that something should not be done, put **ne pas** in front of the infinitive:

Il vaut mieux **ne pas parler** en classe.	It's better *not to talk* in class.
Il est préférable de **ne pas sortir** ce soir.	It's preferable *not to go out* tonight.

The negative of the expression **il faut** is an exception to this rule and is formed by placing **ne** before **faut** and **pas** directly after it:

Il ne faut pas parler anglais en classe.	*You must not speak* English in class.

▲ ▲ ▲

APPLICATION

N. Remplacez les mots en italique par les mots entre parenthèses et faites les changements nécessaires.

1. *Il est important d*'écouter le professeur. (il faut / il est nécessaire de / il est essentiel de)
2. *Il faut* être à la mode. (il est important de / il est préférable de / il vaut mieux)
3. *Il est nécessaire de* mettre un blouson. (il faut / il vaut mieux / il est préférable de / il est important de)
4. *Il est important de* ne pas trop manger. (il est préférable de / il faut)

O. **Qu'est-ce qu'il faut faire?** Vous et vos amis, vous voulez préparer un bon dîner pour vos parents. Utilisez les éléments donnés pour expliquer ce qu'il faut faire pour vous préparer.

Modèle: faire les courses
               Il faut faire les courses.

1. acheter de la viande et des légumes
2. choisir les boissons
3. nettoyer *(to clean)* la maison
4. faire la cuisine
5. mettre la table
6. se changer *(to change clothes)*

P. **Qu'est-ce qu'il faut mettre?** Employez les éléments donnés pour expliquer quels vêtements il faut mettre et quels vêtements il vaut mieux ne pas mettre dans certaines situations.

Modèle: à une soirée élégante
               Il faut mettre une robe. Il faut mettre un pantalon et une chemise. Il vaut mieux ne pas mettre un jean et un sweat.

1. à un pique-nique   2. au théâtre   3. à l'église ou à la synagogue   4. à la plage

Q. **Des préparatifs.** Décidez de ce qu'il faut faire pour vous préparer pour chacune des activités suivantes. Utilisez les expressions de nécessité avec un infinitif.

Modèle: un voyage
               Il faut acheter les billets. Il est nécessaire de réserver les chambres d'hôtel. Il faut faire les valises. Il est important de faire nos adieux à nos amis. Etc.

1. un voyage   2. un dîner important   3. un week-end à la plage   4. une soirée   5. un examen   6. l'anniversaire d'un(e) ami(e)

Débrouillons-nous!

Petite révision de l'étape

R. Il faut que tu portes... An exchange student from Niger has just arrived on your campus. She doesn't know what clothes to wear for various occasions. Use the expressions you've learned and the subjunctive of either **mettre** or **porter** to tell her what women wear (1) to an informal party, (2) to a dance, (3) to class, (4) to a football game, (5) to a movie, and (6) to a restaurant with a date.

Modèle: —*Qu'est-ce que je mets pour aller à une soirée?*
              —*Pour aller à une soirée, il faut que tu mettes une robe ou une jupe avec un chemisier.*

S. Faisons du shopping! Vous allez acheter des vêtements avec vos amis. Décidez dans quels magasins vous voulez aller et quels vêtements vous allez acheter.

AUX TROIS QUARTIERS
Le grand magasin de la Madeleine

BOULEVARD DE LA MADELEINE & RUE DUPHOT
OPEN - OUVERT DE 9 H 45 A 18 H 30

À faire chez vous:
CAHIER, Chapitre 11 /
1ère étape

DEUXIÈME ÉTAPE

Point de départ

La mode d'automne et d'hiver

ALLONS-Y!
Vidéo Program

ACTE 11: SCÈNE 2
ALLONS AU MARCHÉ
DES VÊTEMENTS

QUESTIONS DE FOND
1. Pour qui est-ce que ces femmes achètent un cadeau?
2. Qu'est-ce qu'elles finissent par acheter?
3. Quel est son prix?

À VOUS! (Exercices de vocabulaire)

A. Que portent-ils en automne et en hiver? Identifiez les vêtements que portent les personnes dans les dessins suivants.

François

Modèle: *François porte un pantalon et un anorak.*

1.   2.   3.   4.   5.
Mireille   M. Bergerac   Hervé   Martine   Annick

B.   Comment est-ce qu'ils s'habillent? Donnez les traits caractéristiques
d'un homme et d'une femme que vous connaissez. Ensuite expliquez comment chacun s'habille.

Modèle: *Mon frère John est très sportif. Il adore jouer au football, il fait
du jogging et il joue au basket et au base-ball. Il n'est pas très
à la mode. Il porte toujours la même chose. À la maison il
porte un jogging ou un jean avec un sweat. Pour aller en
classe il porte un jean et un polo. Quelquefois il met un pantalon, une chemise et un blouson en laine. Mais c'est rare!*

R·E·P·R·I·S·E

Première étape

C.   La mode. Décrivez les vêtements présentés ci-dessous.

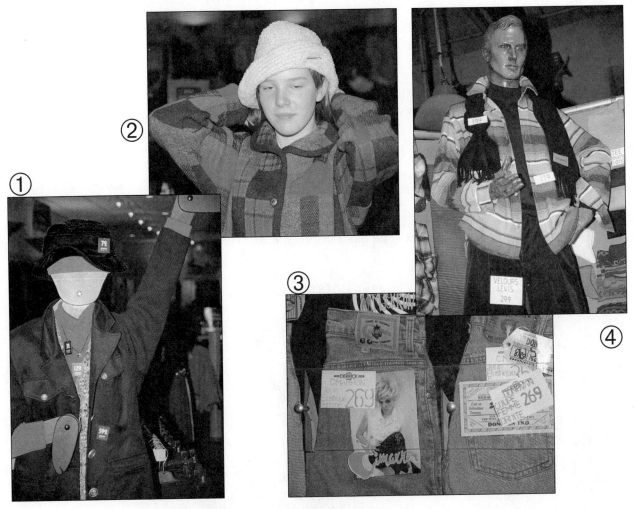

D.   Qu'est-ce qu'il faut que je fasse? Parce que vous êtes connu(e) pour votre bon sens *(common sense),* vos amis vous demandent toujours des conseils. Pour chaque problème posé, proposez des solutions. Employez les expressions de nécessité avec le subjonctif dans vos réponses.

Suggestion, Ex. D: Once your group has finished the three items, invent your own problems. Your classmates will then give you advice.

Modèle: Chaque fois que je demande à Francine de sortir avec moi, elle trouve une raison de refuser. Je ne comprends pas pourquoi elle ne veut pas sortir avec moi.
À mon avis, il faut que tu parles avec elle. Il est essentiel que tu sois honnête avec elle.

1. Je dépense *(spend)* mon argent trop rapidement. Quand j'ai un peu d'argent à la banque, j'achète toujours quelque chose. Je sors souvent avec mes amis et je mange au fast-food trois fois par semaine. J'adore les vêtements. Mes amis pensent que je suis matérialiste. Qu'est-ce que je peux faire?

2. J'ai beaucoup de difficultés au cours de statistique. Mon professeur pense que je ne travaille pas assez. Je suis sûr(e) que je ne suis pas doué(e) pour *(talented in)* la statistique. Je ne comprends pas les explications en classe et je ne comprends pas le manuel. Tous mes amis ont une calculatrice. Est-ce que c'est la solution à mon problème?

3. Je suis très paresseux(-se). Quand je suis à la maison je ne veux pas faire mes devoirs. Le week-end je reste au lit jusqu'à midi. Je sors rarement avec mes amis. Je ne sais pas ce que je veux faire dans la vie. J'aime l'argent, mais je ne veux pas travailler trop dur *(hard)*. Qu'est-ce que je dois faire?

E. Des projets pour le week-end. Vous faites vos projets pour le week-end avec votre ami(e). Chaque fois que votre ami(e) offre deux possibilités, vous indiquez votre préférence. Utilisez les expressions de nécessité et l'infinitif du verbe principal.

> *Modèle:*   aller au centre commercial / aller à la Fnac
> —*On va au centre commercial ou à la Fnac?*
> —*Il vaut mieux (il faut) aller à la Fnac.*

1. aller au cinéma / aller au théâtre
2. manger au Quick / manger au Macdo
3. faire un pique-nique / aller à la plage
4. sortir avec des amis / rester à la maison
5. regarder le match de football / regarder le match de tennis
6. faire du vélo / jouer au base-ball
7. prendre le métro / aller à pied
8. faire nos devoirs / écouter de la musique

S·T·R·U·C·T·U·R·E

Les pronoms d'objet direct et indirect **me, te, nous, vous**

—Tu **me** comprends?	—Do you understand *me?*
—Non, je ne **te** comprends pas.	—No, I don't understand *you.*
—Ils **vous** parlez de leur voyage?	—Are they talking *to you* about their trip?
—Oui, ils **nous** parlent de leur voyage.	—Yes, they're talking *to us* about their trip.

Me, te, nous, and **vous** are the first- and second-person object pronouns. They replace *both* direct- and indirect-object nouns *(me, to me; you, to you; us, to us)*. All the rules for direct-object pronouns that you learned earlier apply to **me, te, nous,** and **vous.** Remember that in the present tense, object pronouns come *before* the verb.

Helpful hint: In spoken French, certain patterns help you determine the appropriate subject and object pronouns to use. This is particularly true in question-answer situations. Two of the most common patterns are shown in the following table. If you become accustomed to these patterns, your response will be more natural and automatic when someone addresses you directly:

Question	Answer
1. **vous / me (m')** **Vous me** cherchez?	**je / vous** Oui, **je vous** cherche.
2. **tu / me (m')** **Tu m'**invites?	**je / te (t')** Oui, **je t'**invite.

▲ ▲ ▲

APPLICATION

F.   Entre amis. Utilisez les éléments donnés pour répondre aux questions de vos amis. D'abord, c'est votre ami Marcel qui vous pose des questions.

Modèle: Tu me téléphones? (oui / dans une heure)
              Oui, je te téléphone dans une heure.

1.   Tu me cherches depuis longtemps? (oui / une demi-heure)
2.   Tu m'aimes bien? (oui)

3. Tu m'écoutes? (oui / toujours)
4. Tu me comprends? (non)
5. Tu m'invites? (oui / pour demain soir)
6. Tu m'accompagnes? (non)

Maintenant ce sont vos amis Claire et Henri qui vous adressent la parole.

Modèle: Tu nous cherches depuis longtemps? (oui / des heures)
Oui, je vous cherche depuis des heures.

7. Tu nous invites? (oui / pour samedi soir)
8. Tu nous comprends? (non)
9. Tu nous téléphones? (oui / demain)
10. Tu nous accompagnes? (oui / jusqu'à la boulangerie)
11. Tu nous aimes bien? (oui)
12. Tu nous cherches? (non)

Note grammaticale

Les pronoms d'objet utilisés avec le passé composé et le futur immédiat

—Elle **t'**a raconté une histoire?
—Oui, elle **m'**a raconté une histoire très drôle.

—Did she tell *you* a story?
—Yes, she told *me* a very funny story.

—Ils **vous** ont accompagnés?
—Non, ils ne **nous** ont pas accompagnés.

—Did they go with *you?*
—No, they didn't go with *us.*

When using the pronouns **me, te, nous,** and **vous** with the **passé composé,** it's important to remember the following:

1. The pronoun goes before the helping verb.
2. If the pronoun replaces a direct object, the past participle of the verb must agree in gender and number with the pronoun.

—Tu vas **me** téléphoner?
—Oui, je vais **te** téléphoner.

—Are you going to call *me?*
—Yes, I'm going to call *you.*

—Ils vont **nous** accompagner?

—Are they going to go with *us?*

—*Non,* ils ne vont pas **vous** accompagner.

—No, they're not going to go with *you.*

When **me, te, nous,** and **vous** are used with the immediate future, they are placed before the main verb.

Le savez-vous?
▲▲▲▲▲▲▲▲▲▲▲▲▲▲▲▲
The word *denim* (jean material) stems from
a. a fabric from the city of Nîmes (de Nîmes)
b. a fabric from the mountains of Nimba in West Africa (de Nimba)
c. an abbreviation of the expression de n'importe quoi, **meaning** *made of anything*
d. none of the above

Réponse ▲▲▲

G. Encore des questions! Vos amis continuent à vous poser des questions. Répondez en utilisant les éléments donnés, le pronom convenable et le passé composé.

Modèle: Tu m'as vu(e)? *(Did you see me?)* (oui / au centre commercial)
            Oui, je t'ai vu(e) au centre commercial.

1. Tu m'as cherché(e)? (non)
2. Tu m'as téléphoné? (non)
3. Tu m'as donné la clé? (oui / hier)
4. Tu m'as préparé un bon dîner? (oui)
5. Tu m'as acheté quelque chose? (oui / une belle chemise)
6. Tu m'as compris(e)? (oui)
7. Tu m'as vu(e)? (oui / à la station de métro)

Modèle: Tu nous a cherchés? (oui / pendant une demi-heure)
            Oui, je vous ai cherchés pendant une demi-heure.

8. Tu nous as acheté quelque chose? (oui / un livre sur la Guadeloupe)
9. Tu nous as vus? (oui / devant la bibliothèque)
10. Tu nous as compris? (non)
11. Tu nous as laissé les valises? (oui / dans la chambre)
12. Tu nous as fait un sandwich? (oui / un sandwich au jambon)
13. Tu nous as apporté du pain? (oui / un pain de campagne)
14. Tu nous as parlé de ça? (non)

H. Qu'est-ce que vous allez faire? Utilisez les éléments donnés pour indiquer ce que vous allez faire.

Modèle: je / te / accompagner
            Je vais t'accompagner.

1. ils / vous / téléphoner
2. nous / te / acheter un cadeau
3. elle / vous / apporter des bonbons
4. je / vous / amener au parc
5. elles / te / parler
6. nous / vous / aider
7. il / te / écouter

Note grammaticale

Les pronoms d'objet utilisés avec l'impératif

Donne-**moi** ton adresse!   Give *me* your address!
Ne **nous** parlez pas!   Don't talk *to us!*

When **me, te, nous,** and **vous** are used in commands, they are placed after the verb in the affirmative (connected with a hyphen) and before the verb in the negative. Note that in an affirmative command **me** becomes **moi.**

I. **On change d'avis.** *(We change our minds.)* Vos amis vous annoncent qu'ils vont faire quelque chose pour vous. D'abord vous acceptez, ensuite vous changez d'avis.

Modèle: Je vais te téléphoner.
Oui, téléphone-moi! Non, ne me téléphone pas!

1. Je vais t'acheter un cadeau.
2. Je vais t'aider.
3. Je vais t'accompagner à la gare.
4. Je vais te prêter la voiture.
5. Je vais te faire un gâteau d'anniversaire.

Modèle: Je vais vous acheter un pull-over.
Oui, achète-nous un pull-over. Non, ne nous achète pas de pull-over.

6. Je vais vous apporter du chocolat.
7. Je vais vous téléphoner.
8. Je vais vous aider.
9. Je vais vous donner les clés.
10. Je vais vous accompagner.

PRONONCIATION   *Les liaisons interdites*

Student Tape:
Chapitre 11
Segment 1

While some liaisons are required (see **Première étape**), other liaisons are forbidden (**interdites**). Liaison never occurs in the following situations:

1. A proper name + a word beginning with a vowel sound

   Jean / est là   Robert / a faim   Georges / et Marie

2. A plural noun + a verb beginning with a vowel sound:

   Les garçons / ont vu le film.
   Les autres / habitent à Londres.
   Mes parents / aiment danser.

3. **Et** + a word beginning with a vowel sound:

   Paul et / Annick   un thé et / un café

4. **On, ils, elles** (inversion) + a past participle or an infinitive beginning with a vowel sound:

   A-t-on / entendu?
   Sont-ils / arrivés?
   Vont-elles / avoir le temps?

J. Lisez chaque phrase et faites attention d'éviter les liaisons.

1. Le médecin a prescrit un médicament et un arrêt de travail.
2. Ont-ils envie de sortir?
3. Vont-elles à la pharmacie?
4. Richard a soif et il a faim aussi.
5. Marie et Yves habitent à Paris.

Note culturelle

Si vous achetez des vêtements en France, vous allez voir que les tailles *(sizes)* ne sont pas déterminées de la même façon qu'aux États-Unis.

Pour les enfants et les adolescents jusqu'à l'âge de 16 ans, les tailles sont calculées en centimètres *(1 inch = 2.54 cm)*. N'oubliez pas qu'il y a 100 centimètres dans un mètre. Pour trouver votre taille, il faut mesurer **le tour de poitrine** *(chest size),* **le tour de taille** *(waist size)* et **le tour de hanches (bassin)** *(hip size)*. Pour les pantalons, il faut mesurer **l'entrejambes** *(inseam)*.

FILLES.

Stature en cm	105 à 116	117 à 128	129 à 140	141 à 152	153 à 158	159 à 164
Tour de poitrine en cm	60	64	70	78	82	88
Tour de taille en cm	54	56	58	60	61	62
Tour de bassin en cm	66	70	76	84	88	92
Taille à commander	114	126	138	150	156	162
Age moyen	5/6 ans	7/8 ans	9/10 ans	11/12 ans	13/14 ans	15/16 ans

GARÇONS.

Stature en cm	105 à 116	117 à 128	129 à 140	141 à 152	153 à 164	165 à 176
Tour de poitrine en cm	60	64	68	75	82	88
Tour de taille en cm	54	56	59	63	66	71
Tour de bassin en cm	62	66	71	78	84	92
Taille à commander	114	126	138	150	162	174
Age moyen	5/6 ans	7/8 ans	9/10 ans	11/12 ans	13/14 ans	15/16 ans

À partir de l'âge de 17 ans, les tailles ne sont plus calculées en centimètres. Voici les équivalents américains des tailles françaises:

Tailles pour femmes et hommes

Dames: Robes, tailleurs (suits) *et manteaux* (coats)

Tailles américaines	5/6	7/8	9/10	11/12	13/14	15/16
Tailles françaises	36	38	40	42	44	46

Dames: Vêtements en laine et chemisiers

Tailles américaines	30	32	34	36	38	40	42
Tailles françaises	36	38	40	42	44	46	48

Messieurs: Complets (suits) *et pardessus* (overcoats)

Tailles américaines	34	36	38	40	42	44	46
Tailles françaises	44	46	48	51	54	56	59

Messieurs: Chemises

Tailles américaines	14.5	15	15.5	16	16.5
Tailles françaises	37	38	39	40	41

Messieurs: Vêtements en laine (pull-overs, chandails, vestes)

Tailles américaines	34	36	38	40	42	44	46
Tailles françaises	44	46	48	51	54	56	59

T-shirts:

Tailles américaines	XS	S	M	L	XL
Tailles françaises	1	2	3	4	5

Questions: Est-ce que vous utilisez parfois le système métrique? Dans quelles circonstances est-ce qu'on emploie le système métrique aux États-Unis?

Relais

Il me faut...

Dans les deux petites conversations, Albert et Élisabeth sont au magasin pour s'acheter des vêtements. Albert a besoin d'une chemise et Élisabeth cherche une robe.

LE VENDEUR:	Bonjour, Monsieur. Qu'est-ce que je peux faire pour vous?
ALBERT:	Voyons... il me faut une chemise... euh... quelque chose en bleu.
LE VENDEUR:	Quelle est votre taille?
ALBERT:	Euh... Un 38, je pense.
LE VENDEUR:	Manches longues ou courtes?
ALBERT:	Manches longues.
LE VENDEUR:	Voilà ce que vous cherchez. Une chemise bleu clair à manches longues.
ALBERT:	C'est exactement ce qu'il me faut.
LE VENDEUR:	Autre chose?
ALBERT:	Euh... non, je pense que c'est tout.

Grammar: Note that colors don't agree with the noun when they are followed by either **foncé** *(dark)* or **clair** *(light)*.

ÉLISABETH:	Est-ce que je peux essayer cette robe, Madame?
LA VENDEUSE:	Oui, bien sûr, Mademoiselle. Vous avez bien choisi; elle est très jolie. C'est par là, Mademoiselle.

Après quelques minutes dans le salon d'essayage...

ÉLISABETH: Vous trouvez qu'elle me va bien? Elle n'est pas trop petite? C'est un 38; euh... il me faut peut-être un 40.

LA VENDEUSE: Pas du tout. Elle vous va à merveille. Vous avez de la chance, vous savez; cette robe est en solde aujourd'hui.

ÉLISABETH: Tant mieux. Bon alors... je la prends. Avec l'argent qui me reste je vais acheter une paire de chaussures.

À VOUS!

K.   Vous avez compris? Répondez aux questions selon ce que vous avez compris dans les conversations.

    1.   Comment est la chemise qu'Albert a achetée?
    2.   Et Élisabeth, qu'est-ce qu'elle a acheté?
    3.   Qu'est-ce qu'elle va faire avec l'argent qui lui reste?

L.   Des vêtements pour la rentrée. *(Clothes for the beginning of classes.)* Vous allez au magasin pour acheter les vêtements indiqués. Pour chacun de ces vêtements, imaginez la conversation avec la vendeuse ou le vendeur. Parlez des couleurs, de la taille, du tissu et du prix.

Modèle: un anorak / 480F
           —J'ai besoin d'un anorak. (Il me faut un anorak.)
           —De quelle couleur?
           —Bleu marine.
           —Quelle est votre taille?
           —Un 46, je pense.
           —En toile, en coton?
           —En toile.
           —Voilà ce que vous cherchez.
           —Oui, c'est très bien. C'est combien?
           —480 francs, Monsieur.
           —Bon, je le prends.

Vêtements pour femmes

    1.   une jupe / 255F
    2.   un pantalon / 180F
    3.   une robe / 378F
    4.   un manteau / 852F
    5.   une marinière / 84F

Vêtements pour hommes

    6.   une chemise / 99F
    7.   un pantalon / 289F
    8.   un gilet / 165F
    9.   un blouson / 178F
   10.   une chemisette / 79F

B depuis
169F
la chemisette

M.   Est-ce que je peux essayer...? Vous êtes dans un magasin de vêtements avec un(e) ami(e). Vous choisissez dans la liste suivante ce que vous voulez essayer et votre ami(e) vous donne son opinion (**c'est trop grand, c'est trop étroit, c'est trop long, ça te va très bien, ça te va à merveille**) avec des expressions d'hésitation (**euh..., voyons..., ben...**).

Modèle: robe
        —*Mademoiselle, est-ce que je peux essayer cette robe?*
        —*Bien sûr, Mademoiselle. Le salon d'essayage est par là.*

        Quelques minutes après...
        —*Qu'est-ce que tu en penses?*
        —*Euh... voyons... c'est un peu trop grand.*

un jean	un maillot de bain	un jogging
un sweat	un pull-over	un anorak
une robe	un blouson	un gilet
un manteau	une veste	une jupe
un short	un chemisier	un pantalon

S·T·R·U·C·T·U·R·E

Structure: Because of their meanings, **-re** verbs tend to be used more frequently in past and future tenses: **J'ai perdu mes clés. Je vais rendre visite à mes grands-parents. J'ai entendu dire que tu étais malade.** The present tense is more commonly used for general statements: **En été je rends toujours visite à mes grands-parents. Il ne répond jamais aux questions du prof.**

Les verbes réguliers en *-re*

—Tu sais ce que **j'ai entendu dire?**

—Non. Quoi?

—**Paul vend** sa voiture!

—Je sais. Sa famille déménage au Sénégal. **Ils vendent** toutes leurs affaires.

—**Nous perdons** un très bon ami.

—Oui, il va nous manquer.

—Do you know what *I heard?*

—No. What?

—*Paul is selling* his car!

—I know. His family is moving to Senegal. *They're selling* all their things.

—*We're losing* a very good friend.

—Yes, we'll miss him.

The third group of regular verbs in French end in **-re.** To conjugate these verbs in the present tense, drop the **-re** from the infinitive and add the endings **-s, -s, —, -ons, -ez, -ent:**

vendre *(to sell)*	
je **vends**	nous **vendons**
tu **vends**	vous **vendez**
il, elle, on **vend**	ils, elles **vendent**

PAST PARTICIPLE:	**vendu** (avoir)
IMPERFECT STEM:	**vend-**
SUBJUNCTIVE STEM:	**vend-**

Some other regular **-re** verbs are:

attendre   to wait for
descendre (être)   to go down (downstairs); to stay (at a hotel); to get off at (bus or metro station)
entendre   to hear
entendre dire   to hear secondhand
entendre parler de   to hear about
perdre   to lose
rendre   to return (something)
rendre visite à   to visit (a person)
répondre à   to answer

▲ ▲ ▲

APPLICATION

N. Remplacez les mots en italique par les mots entre parenthèses et faites les changements nécessaires.

1. *Elle* vend sa maison. (nous / tu / ils / je / elles / vous)
2. *J'*entends de la musique. (tu / elle / nous / vous / ils)
3. *Nous* attendons le bus. (je / elle / ils / vous / il)
4. *Ils* ont perdu les billets? (vous / elle / tu / elles / on)
5. Il faut que *tu* vendes ton auto. (elle / nous / ils / vous / je)
6. Autrefois, *il* descendait toujours au Sheraton. (nous / je / elles / on)

O. **Des conseils.** Complétez les phrases avec les verbes entre parenthèses pour donner des conseils à vos camarades de classe. Attention! Il faut employer le présent du subjonctif.

1. (descendre) Pour aller au centre commercial? Il faut que tu ＿＿ à la station Montparnasse.
2. (attendre) D'accord, à 13h alors. Mais il faut que vous ＿＿ quelques minutes. Jean doit arriver à 13h15.
3. (répondre) Ton professeur n'est pas content de toi? Il est essentiel que tu ＿＿ toujours à ses questions.
4. (rendre) Vos parents sont fâchés? Il vaut mieux que vous ＿＿ l'argent que vous avez emprunté.
5. (attendre) Jean-Michel veut une voiture? Il vaut mieux qu'il ＿＿ encore un an.
6. (descendre) Suzanne et Simone vont au musée? Il faut qu'elles ＿＿ de l'autobus au Quartier latin.
7. (rendre visite) Tu es libre samedi? Il faut que tu ＿＿ à ton grand-père.

P. **Questions.** Posez quatre questions **(tu, vous, il/elle, ils/elles)** aux autres membres du groupe.

1. pourquoi / vendre—passé composé (voiture, livres, etc.)
2. qu'est-ce que / perdre—passé composé
3. qu'est-ce que / entendre dire de—passé composé (film, etc.)
4. est-ce que / entendre parler de—passé composé (livre, film, vidéo, etc.)
5. qu'est-ce que / répondre à—futur immédiat (parents, prof, amis, etc.)

Débrouillons-nous! ▲ ▲ ▲ ▲ ▲ ▲ ▲

Petite révision de l'étape

Q. Échange. Posez les questions à un(e) camarade de classe, qui va vous répondre.

1. Est-ce que tu m'écoutes?
2. Qu'est-ce qui te fait peur?
3. Qu'est-ce que tes amis te donnent pour ton anniversaire?
4. Qu'est-ce que tu me donnes pour mon anniversaire?
5. Qu'est-ce que ta famille t'achète au début de l'année scolaire?
6. Est-ce que quelqu'un t'aide avec tes devoirs de français?
7. Qu'est-ce que le prof te dit quand tu arrives en retard?
8. Qu'est-ce que le médecin te demande quand tu as une grippe?

R. Au rayon des vêtements. You're in a department store buying clothes. Tell the salesperson what clothes you want, give your size and preferred color, ask how much the items cost, and make your selection. Remember to greet the salesperson and say good-bye.

Galeries Lafayette, Paris

📖 **À faire chez vous:**
CAHIER, Chapitre 11 / 2ᵉ
étape

TROISIÈME ÉTAPE

Point de départ

▼▼▼▼▼▼▼▼▼▼▼▼▼▼

Au rayon des chaussures

LES SANDALES—*originales ces sandales qui font le pied joli. Elles ont mérité le certificat «Valeur Sûre» décerné par nos laboratoires. Dessus cuir vachette. Bride tressée sur le dessus. Talon: 2 cm.*

LES MOCASSINS EN CUIR—*dessus doublé peau, première de propreté en peau. Patte fantaisie sur l'empeigne à plateau surpiqué. Elastique d'aisance sur le coup de pied, semelle cuir avec patin d'usure en caoutchouc. Talon enrobé de cuir: 3.5 cm.*

LES BOTTES BIEN CHAUDES—*elles vous protegeront efficacement contre le froid et l'humidité! Fermées par zip sur le côté. En croûte de cuir, doublées. Talon: 6 cm. Semelle crêpe.*

LES MOCASSINS-BATEAU—*garnis d'une patte mexicaine. Dessus cuir vachette grainé. Demi-première intérieure synthétique. Empeigne et côtés garnis œillets et lacets.*

LES BASKETS EN CUIR SOUPLE—*Elues «chaussures de l'été» pour leur look super-sympa, maintenant elles sortent: aussi en ville. «Valeur Sûre», elles sont en cuir pleine fleur. Entièrement doublées d'éponge. Tour de cheville matelassé.*

talon 6 cm

talon 5 cm

LES ESPADRILLES *sortent en ville! En cuir, elles sont de toutes les tenues d'été. Dessus cuir vachette. Semelle jute avec patin élastomère.*

LES ADIDAS: TENNIS NASTASE—*tige en toile tergale aérisée très confortable. Renfort avant en croûte de cuir. Haut de tige matelassé. Languette P.V.C. Semelle intérieure, non tissée sur mousse. Voûte plantaire. Laçage par œillets. Idéale pour terrains durs.*

LES ESCARPINS—*très féminins, à prix intéressant, à choisir dans la couleur et la hauteur de talon qui vous conviennent.*

Note culturelle

Pour acheter des chaussures en France, on donne sa **pointure** *(shoe size)*. Les pointures françaises diffèrent des pointures américaines. Regardez la table des comparaisons pour trouver votre pointure.

POINTURES DES CHAUSSURES

Femmes

Pointures américaines	4.5	5	5.5	6	6.5	7	7.5	8	9	10
Pointures françaises	36	36.5	37	37.5	38	38.5	39	39.5	40	40.5

Hommes

Pointures américaines	6	7	7.5	8.5	9	10	11	12
Pointures françaises	39	40	41	42	43	44	45	46

Question: En France, quelle est votre pointure?

À VOUS! (Exercices de vocabulaire)

A.   Quelles chaussures avez-vous? Demandez au vendeur (à la vendeuse) s'il (si elle) a les chaussures dans les dessins.

> *Modèle:*   —*Est-ce que vous avez des sandales?*
> —*Oui, nous avons des sandales.*

1.   2.   3.

4.   5.   6.

B. Quelles chaussures? Décidez quelles chaussures vous allez mettre dans les situations suivantes.

Modèle: Vous allez à la plage.
                Je vais mettre des sandales.

1. Il fait très froid et il neige.
2. Vous allez à une soirée élégante.
3. Vous allez en classe et vous portez un jean.
4. Vous faites une longue promenade dans Paris.
5. Vous êtes à la maison et vous voulez vous mettre à l'aise *(be comfortable).*
6. Il fait chaud et vous portez un short.
7. Vous allez jouer au basket.
8. Vous faites du jogging.

C. Quelle est votre pointure? Choisissez les chaussures que vous allez acheter et imitez le modèle.

Modèle: mocassins
                —*Je voudrais essayer des mocassins.*
                —*Quelle est votre pointure?*
                —*Je chausse du 43.*
                —*Et la couleur?*
                —*Marron, je pense.*
                —*Voici des mocassins marron.*
                —*Ils me vont très bien (parfaitement).* ou *Ils sont trop étroits (trop grands, trop petits).*

des tennis / des sandales / des espadrilles / des escarpins / des bottes / des baskets / des mocassins / des mocassins bateau

**VACANCES D'ÉTÉ:
VOTRE PIED-A-TERRE EST ARRIVÉ.**

R·E·P·R·I·S·E

Deuxième étape

D. Ils étaient beaux? Vos amis viennent de passer les vacances d'hiver dans une station de ski. Vous étiez malade et n'avez pas pu les accompagner. À son retour, un(e) de vos ami(e)s vous fait une description des vêtements que tout le monde a portés. Votre camarade de classe joue le rôle de l'ami(e) et invente des réponses.

> *Modèle:*   Marie / pour sortir
> —*Et Marie, qu'est-ce qu'elle portait pour sortir?*
> —*Elle portait un pantalon de ski avec un très joli pull-over et un anorak.*

1. Paul / le soir
2. Janine et Robert / pour aller en ville
3. toi / pour faire de l'aérobic
4. Hervé / aux fêtes
5. Suzanne / pour sortir avec Mich

E. Des petites conversations. Utilisez les éléments donnés pour créer des phrases logiques. Utilisez les pronoms **me, te, nous,** et **vous.**

> *Modèle:*   je / connaître / rencontrer à la soirée chez les Lascaux / montrer une photo de votre maison en Corse
> *Je vous connais, n'est-ce pas? Je vous ai rencontré(e) à la soirée chez les Lascaux? Vous m'avez montré une photo de votre maison en Corse.*

1. je / connaître / voir chez les Gillot / parler de vos vacances en Égypte
2. je / voir pour la première fois au mois de novembre / inviter à sortir trois semaines après / demander de m'épouser
3. elle / téléphoner ce soir / voir demain matin / quitter à midi
4. je / reconnaître / voir à l'université / être dans ma classe de chimie
5. nous / chercher depuis trois jours / vouloir inviter à une surprise-partie / espérer voir samedi soir

F. Échange. Posez les questions à un(e) camarade de classe, qui va vous répondre.

1. Est-ce que tu attends souvent tes amis quand tu as rendez-vous avec eux? C'est-à-dire, est-ce que tes amis sont souvent en retard?
2. Est-ce que tu prends l'autobus quelquefois? Où est-ce que tu descends?
3. Est-ce que tu as tendance à perdre tes affaires? Est-ce que tu as perdu quelque chose récemment?
4. Quand tes amis empruntent *(borrow)* des choses, est-ce qu'ils les rendent tout de suite?

S·T·R·U·C·T·U·R·E

*Les pronoms d'objet direct **le, la, l', les***

—Elle veut **mon stylo?**
—Oui, elle **le** veut.

—Où est **la librairie?**
—**La** voilà, en face du bureau
de poste.

—Tu aimes **la musique
moderne?**
—Non, je ne **l'**aime pas beaucoup.

—Il comprend **les explications?**
—Oui, il **les** comprend.

A direct object is the person or thing directly affected by the verb; it tells *who* or *what* is acted upon. Thus, in the first sentence of each pair, the noun phrases **mon stylo, la librairie, la musique moderne,** and **les explications** are all used as direct objects. Whenever possible, speakers try to avoid repeating nouns (in general) and direct objects (in particular) by using pronouns. In English, you say *him, her,* or *them* to refer to people and *it* or *them* to refer to things. In French, no distinction is made between people and things. Here are the French direct-object pronouns:

MASCULINE SINGULAR	**le**	Elle veut **mon cahier.** → Elle **le** veut.
FEMININE SINGULAR	**la**	Voilà **ma tante.** → **La** voilà.
MASCULINE OR FEMININE SINGULAR BEFORE A VOWEL OR A VOWEL SOUND	**l'**	J'aime bien **ton frère.** → Je **l'**aime bien.
MASCULINE OR FEMININE PLURAL	**les**	Il a **les billets.** → Il **les** a.

In the present tense, the direct-object pronoun always precedes the verb:

AFFIRMATIVE STATEMENT:	Oui, je **l'**aime.
NEGATIVE STATEMENT:	Non, nous ne **les** avons pas.
QUESTION:	Est-ce que tu **la** veux?
SPECIAL EXPRESSIONS:	**Le** voilà. **Les** voici.

▲ ▲ ▲

APPLICATION

G. La voilà. Vous êtes le guide de vos amis dans le petit village de Saint-Jean-de-Luz, près de Biarritz. Utilisez des pronoms d'objet direct pour répondre à leurs questions.

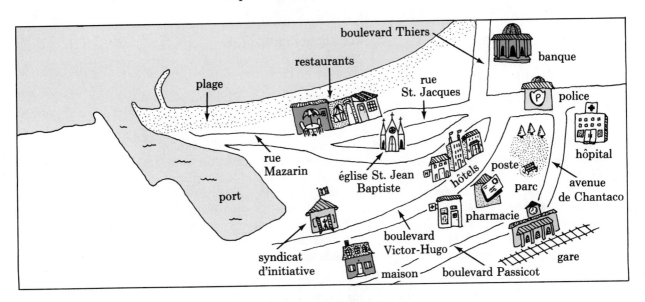

Modèle: Où est le bureau de poste?
Le voilà, à côté de la pharmacie. ou *Le voilà, sur le boulevard Victor-Hugo.*

1. Où est la banque?
2. Où est le commissariat de police?
3. Où sont les hôtels?
4. Où est ta maison?
5. Où est la gare?
6. Où est l'hôtel?
7. Où sont les restaurants?
8. Où est l'église Saint Jean Baptiste?

H. Tu aimes les haricots verts? Vous avez invité un(e) ami(e) à dîner chez vous. Vous lui expliquez ce que vous préparez à manger et vous lui demandez s'il (si elle) aime ce genre de nourriture. Votre ami(e) répond selon ses préférences. Suivez le modèle.

▲▲▲ C

Modèle: des haricots verts
—*On va servir des haricots verts. Tu aimes les haricots verts?*
—*Oui, je les aime beaucoup.* ou *Non, je ne les aime pas.*

1. de la salade
2. du jambon
3. des carottes
4. du poisson
5. de la charcuterie
6. des tomates
7. du porc
8. des épinards

Note grammaticale

Les pronoms d'objet direct utilisés avec le futur immédiat et le passé composé

When used with the immediate future, the direct-object pronoun precedes the infinitive. This pattern occurs whenever there is a conjugated verb followed by an infinitive:

—Nous allons acheter **cette
  voiture?**
—Oui, nous allons **l'**acheter.

—Tu veux voir **ce film?**
—Non, je ne veux pas **le** voir.

In the **passé composé,** the direct-object pronoun is placed immediately in front of the auxiliary verb (**avoir** or **être**). The past participle agrees in number and gender with the preceding direct object:

—Tu as mangé **le pamplemousse?**
—Non, je ne **l'**ai pas mangé.

—On a trouvé **la clé?**
—Oui, on **l'**a trouvé**e** sous la table.

—Vous avez acheté **les pommes?**
—Oui, nous **les** avons acheté**es.**

I.   **Je l'ai déjà fait!** Quand un membre de votre famille vous dit de faire quelque chose, vous répondez que vous l'avez déjà fait. Suivez le modèle.

Modèle: Fais la lessive!
               Je l'ai déjà faite!

1. Achète le pain!
2. Prépare le déjeuner!
3. Mange tes légumes!
4. Débarrasse la table!

5. Fais la vaisselle!
6. Termine tes devoirs!
7. Écoute ce disque!
8. Cherche mes clés!

J. Je ne veux pas... je ne vais pas... Vous êtes de mauvaise humeur. Quand quelqu'un vous demande si vous allez faire quelque chose, vous répondez que vous ne voulez pas le faire et que vous n'allez pas le faire. Suivez le modèle.

Modèle: préparer le dîner
—*Est-ce que tu vas préparer le dîner ce soir?*
—*Non, je ne veux pas le préparer ce soir.*
—*Mais tu vas le préparer quand même* (anyway), *non?*
—*Je ne veux pas le préparer et je ne vais pas le préparer.*

1. faire la lessive
2. aider ton frère
3. débarrasser la table

4. faire la vaisselle
5. terminer tes devoirs
6. nettoyer la maison

Student Tape:
Chapitre 11
Segment 1

PRONONCIATION   *La liaison et la consonne* **h**

Even though the letter **h** is never pronounced in French, it behaves in two different ways with regard to liaison. In most words that begin with **h**, the **h** is mute. In the singular, words with mute **h** take the definite article **l': l'hôtel.** In the plural, liaison is obligatory: **les‿hôtels.** Other words, however, begin with what is called an aspirate **h (h aspiré).** Such words are treated as if the **h** were pronounced (although it is actually silent). As a result, in the singular, the definite article **le** or **la** is used: **le hall, la Hollandaise.** In the plural, liaison is forbidden: **les / halls, les / Hollandaises.** Dictionaries usually indicate an aspirate **h** with a special symbol (an asterisk or an apostrophe).

Vocabulary, Ex. K: **sans haine** = *without hate;* **un hasard** = *chance;* **en haut** = *upstairs, above.*

K. Lisez chaque groupe de mots à haute voix, avec ou sans liaison.

cet‿hôpital
un‿hôtel
je suis‿heureux
je me suis‿habillé
des‿histoires

il est dix‿heures
en‿hiver
un grand‿homme
elles‿habitent
des‿habitudes

sans / haine
un / hasard
des / hors-d'œuvre
dans / huit jours
en / haut

Relais

Je voudrais échanger ces chaussures

Samedi dernier Jean-Paul a acheté une paire de mocassins. Quand il est rentré à la maison, il a trouvé qu'ils étaient trop étroits. Le lendemain il est donc retourné au magasin pour échanger ses chaussures.

LA VENDEUSE: Bonjour, Monsieur. Vous désirez?
JEAN-PAUL: Eh bien... hier j'ai acheté ces mocassins et je trouve qu'ils sont trop étroits. Est-ce que je peux les échanger?

LA VENDEUSE:	Bien sûr, Monsieur. Vous voulez des mocassins ou un autre style?
JEAN-PAUL:	Voyons... je ne suis pas sûr.
LA VENDEUSE:	Bon. Commençons avec des mocassins. Quelle est votre pointure?
JEAN-PAUL:	Euh... normalement je chausse du 42, mais il me faut peut-être un 43.
LA VENDEUSE:	Ça dépend du style. Quelle couleur préférez-vous?
JEAN-PAUL:	Marron, mais je voudrais aussi essayer les noirs.

Jean-Paul essaie les mocassins.

JEAN-PAUL:	Ah oui, ils me vont parfaitement. Ils sont très confortables. Je les prends. Est-ce que je paie un supplément?
LA VENDEUSE:	Oui, ces mocassins coûtent 25 francs de plus.
JEAN-PAUL:	Bon... ça va.

À VOUS!

L. Est-ce que vous avez compris? Répondez aux questions selon ce que vous avez compris dans la conversation.

1. Pourquoi est-ce que Jean-Paul va échanger ses mocassins?
2. Quelle est sa pointure?
3. Quelle couleur est-ce qu'il préfère?
4. Quelle autre couleur est-ce qu'il va essayer?
5. Est-ce qu'il doit payer un supplément? Combien?

M. Je voudrais échanger ces chaussures. Vous voulez échanger les chaussures que vous avez achetées. Choisissez des chaussures de la liste et suivez le modèle.

Modèle: des sandales
> —Pardon, Monsieur. Je voudrais échanger ces sandales.
> —D'accord. Qu'est-ce qui ne va pas?
> —Elles sont trop étroites (petites, grandes).
> —Vous voulez essayer une autre paire?
> —Oui. Je chausse du 39.

des tennis / des sandales / des espadrilles / des escarpins / des bottes / des baskets / des mocassins / des mocassins bateau

S·T·R·U·C·T·U·R·E

Le verbe irrégulier **voir**

—**Tu vas voir** Mireille
aujourd'hui?

—Non, pas aujourd'hui. **Je l'ai
vue** hier.

—Bon. Mais si **tu** la **vois,** dis-lui
que je la cherche.

—D'accord. Dis, tu vas chez
Paul ce soir?

—Je ne sais pas. **On verra.**

—*Are you going to see* Mireille
today?

—No, not today. *I saw* her
yesterday.

—OK. But if *you see* her, tell her
that I'm looking for her.

—OK. Say, are you going to
Paul's house tonight?

—I don't know. *We'll see.*

The irregular verb **voir** is conjugated in the following way:

voir *(to see)*	
je **vois**	nous **voyons**
tu **vois**	vous **voyez**
il, elle, on **voit**	ils, elles **voient**
PAST PARTICIPLE:	**vu** (avoir)
IMPERFECT STEM:	**voy-**
SUBJUNCTIVE STEMS:	**voi-, voy-**

Remember that **voir** means *to see,* while **regarder** means *to look at, to watch.* Also note that saying **On verra** is a good way to avoid giving a definite answer if someone asks you to do something. **Voyons . . .** is useful when you're trying to give yourself time to think about what to say next:

—Vous désirez, Madame?

—**Voyons...** Je vais prendre un
Perrier et un sandwich.

—What would you like?

—*Let's see* . . . I'll have a Perrier
and a sandwich.

▲ ▲ ▲

APPLICATION

N. Remplacez les mots en italique par les mots entre parenthèses et faites les changements nécessaires.

1. Qu'est-ce que *tu* vois? (vous / il / elles / elle / nous)
2. *J*'ai vu Monique au cinéma. (nous / elle / ils / on / vous / tu)
3. Autrefois, *je* les voyais souvent. (elle / nous / ils / on / tu)

4. *On* le voit demain? (nous / tu / elle / ils / vous / je)
5. Il faut que *tu* voies ce film! (vous / elles / il / on / nous)

O. Paris. Utilisez les dessins pour expliquer ce que les personnes ont vu.

Modèle: hier / nous
             Hier, nous avons vu l'obélisque
                 de Louksor.

Hier...

1. je   2. elles   3. il

Maintenant nous sommes à la tour Eiffel...

4. nous   5. vous   6. on

Demain...

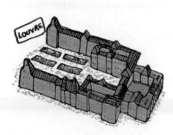

7. nous   8. je   9. ils

P.   Questionnaire. In French, find out the following information from a class-mate. Write down his/her answers and then tell the whole class what you discovered. Ask . . .

1.   if he/she has seen a film recently. Which film?
2.   if he/she often sees his/her grandparents. When?
3.   if he/she often sees his/her friends. When?
4.   if he/she took a trip recently. What did he/she see?

▲ ▲ ▲ ▲ ▲ ▲ ▲ ▲ ▲ **Débrouillons-nous!** ▲ ▲ ▲ ▲ ▲ ▲ ▲ ▲

Petite révision de l'étape

Q.   Échange. Posez les questions suivantes à un(e) camarade de classe, qui va vous répondre. Utilisez les pronoms d'objet direct **le, la, l', les** dans vos réponses, si possible.

1.   Qui prépare le dîner chez toi?
2.   À quelle heure est-ce qu'on mange d'habitude?
3.   Qui débarrasse la table? Qui fait la vaisselle?
4.   Est-ce que tu fais tes devoirs avant ou après le dîner?
5.   À quelle heure est-ce que tu termines tes devoirs d'habitude?
6.   Est-ce que tu regardes la télévision quelquefois? Qu'est-ce que tu regardes?

R.   J'ai besoin de chaussures. You're looking for a pair of shoes and are very particular about what you want.

1.   Greet the salesperson.
2.   Explain what kinds of shoes you need.
3.   Give your size.
4.   When you try on the first pair, you find that they are too tight and that you don't like the style. You also want a different color.
5.   The second pair is too conservative **(trop traditionnelles).** The third pair is too big. The fourth pair is too expensive.
6.   Finally explain that you're not going to buy any shoes.
7.   Thank the salesperson and say good-bye.

QUATRIÈME ÉTAPE

▼▼▼▼▼▼▼▼▼▼▼▼▼▼▼▼▼

L·E·C·T·U·R·E

Que nous disent les vêtements?

La «Loden»

Chapeau cloche en tweed

Boucles d'oreilles en perles de culture (jamais d'oreilles percées)

Cheveux mi-longs, plutôt raides

Écharpe de soie Hermès ou imitation

Manteau loden bleu marine

Gants marron clair en veau

Sac en peau de porc

Kilt écossais (parfois jupe-culotte)

Pratiquant l'équitation depuis l'enfance, les jeunes filles ont parfois les chevilles lourdes

Mocassins bordeaux

La «Baba»

Cheveux longs, souvent sales, colorés au henné

Visage pâle, regard ambigu

Badge antinucléaire («Nucléaire, non merci»)

Safi (foulard indien)

Sac acheté dans un surplus américain et orné de graffiti dessinés au marker

Parka pseudo-militaire (souvenir des manifestations)

Longue écharpe mauve de laine tricotée

Gros pull-over en laine (souvenir d'un stage artisanal)

Jean râpé, légèrement évasé au bas

Chaussures Clarks usagées

Marie-Christine a été envoyée à la faculté d'Assas par ses parents afin d'y trouver un mari. Elle y restera le temps de rater deux fois sa première année de droit. Elle se mettra à la recherche d'un emploi : hôtesse au salon du cheval ou animatrice d'une radio libre d'opposition.

Abandonnant le lycée pour «faire de la musique», Dominique aime la vie bohème. Elle est heureuse de ne rien faire, malgré la précarité de son moyen de subsistance.

«L'Intellectuel de gauche triste»

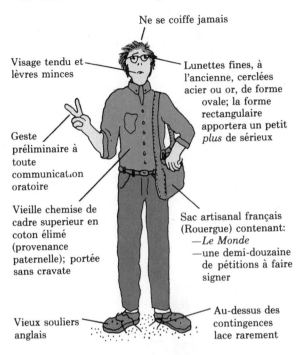

Ne se coiffe jamais

Visage tendu et lèvres minces

Lunettes fines, à l'ancienne, cerclées acier ou or, de forme ovale; la forme rectangulaire apportera un petit *plus* de sérieux

Geste préliminaire à toute communication oratoire

Vieille chemise de cadre superieur en coton élimé (provenance paternelle); portée sans cravate

Sac artisanal français (Rouergue) contenant:
—*Le Monde*
—une demi-douzaine de pétitions à faire signer

Vieux souliers anglais

Au-dessus des contingences lace rarement

Révolutionnaire marxiste (tendance althussérienne); fils de bonne famille (protestante); universitaire de haut niveau (recherche en sociologie); père dans les affaires («vieux con reac»); peu porté sur les arts (bourgeois). Laurent déteste le rock.

Le «Majorité-Silencieuse»

Coupe bol

Foulard mince

Anorak de ski contenant:
—une pièce de dix francs (de secours) cousue dans la poche
—son nom brodé sur une étiquette au revers du col
—une calculatrice électronique avec 50 pas de mémoire
—un étui de plastique transparent réunissant soigneusement la garantie de sa calculatrice, une carte orange 3 zones et un abonnement d'un an à la piscine Molitor
—un harmonica porte-clés

Pantalon de coton

Baskets montantes

Ne connaissant rien à l'habillement ni à la mode, Roger réalise sans le savoir l'idéal théorique : n'appartenir à aucune mode. Introverti mais passionné par ses études ou son métier, il ignore à peu près tout du monde qui l'entoure, tant sur le plan esthétique que politique.

À VOUS! (Exercices de compréhension)

A. Quels vêtements est-ce qu'ils portent? Regardez les portraits ci-dessus et donnez une brève description des vêtements que porte chaque personne.

Modèle: la «Baba»
longue écharpe, foulard indien, gros pull, etc.

1. la «Baba»
2. la «Loden»
3. «l'Intellectuel de gauche triste»
4. le «Majorité-Silencieuse»

B. Est-ce que les vêtements reflètent nos attitudes et nos traits de caractère? Les portraits ci-dessus représentent quatre personnes qui ont des traits de caractère très différents. Regardez les portraits et décrivez ensuite le caractère de chaque personne. Utilisez des noms, des adjectifs ou des groupes de mots.

Modèle: la «Baba»
            les cheveux longs, pâle, très indépendante, etc.

1. la «Baba»
2. la «Loden»

3. «l'Intellectuel de gauche triste»
4. le «Majorité-Silencieuse»

R·E·P·R·I·S·E

Troisième étape

C. Échange. Posez les questions à un(e) camarade de classe, qui va vous répondre. Utilisez les pronoms d'objet direct **le, la, l', les** dans vos réponses, si possible.

1. Quand est-ce que tu vois tes parents *(relatives)?*
2. Tu connais le (la) président(e) de l'université? Est-ce que tu vois souvent le (la) président(e)?
3. Tu connais la famille de (nommez un[e] camarade de classe)? Est-ce que tu vois sa famille de temps en temps?
4. Est-ce que tu as vu le film *Dances with Wolves?* Est-ce que tu as aimé ce film?
5. Est-ce que tu as regardé les nouvelles à la télévision hier soir? Est-ce qu'il y avait quelque chose d'intéressant?
6. Est-ce que tu vois souvent tes amis? Quand est-ce que tu vois tes amis?

D. Ce que nous voyons. Utilisez les pronoms **je** et **nous** avec le présent et le passé composé pour décrire ce que vous voyez et ce que vous avez vu dans les situations suivantes.

Modèle: de la fenêtre de notre salle de classe
            Nous voyons des arbres, un bâtiment et un parking. Hier, j'ai vu un homme qui promenait son chien.

Vocabulary, Ex. C, Item 1: Note that the word **parents** may mean either *parents* or *relatives.* Only the context will suggest which meaning is appropriate.

Vocabulary, Ex. C, Item 5: Remember some terms for TV shows: **les nouvelles (les actualités)** = *the news;* **un documentaire; un film historique (comique, d'horreur, policier, romantique); un drame; une pièce** = *play;* **un feuilleton** = *soap opera;* **une série** = *series;* **un dessin animé** = *cartoon;* **un téléfilm** = *film made for TV;* **la météo** = *weather;* **une émission en direct** = *live show;* **un jeu** = *game show;* **un commentaire** = *talk show.*

22h10

Documentaire. Réalisé par Ulf Von Mechow. (1995). Durée: 1h30.

Carnet de notes.
Trois passions : la musique. Un château dans le sud de l'Allemagne, un stade aux Pays-Bas, un festival de plein air en Grand-Bretagne : quels meilleurs endroits estivaux pour faire de la musique ! Classique, rasta ou pop, comment nos voisins européens vivent-ils ces musiques ? Véritable voyage musical à travers le vieux continent, «Carnet de notes» part à la recherche d'une réponse. Voyage au pays de l'harmonie...

À faire chez vous:

Student Tape

CAHIER, Chapitre 11:
Rédigeons! / Travail de fin de chapitre (including STUDENT TAPE, Chapitre 11, Segment 3)

Point d'arrivée

Activités orales

Exprimons-nous!

In French, as in English, a number of expressions are used to ask someone else's opinion and to state your own opinion. These expressions are important because they signal that a point of view is being expressed rather than a fact.

Pour demander l'avis des autres

> **Qu'est-ce que tu penses (vous pensez) de...?**
> **Qu'est-ce que tu en penses (vous en pensez)?**
> **À ton (votre) avis,...?**
> **Es-tu (êtes-vous) d'accord avec...?**

Pour donner son avis

> **À mon avis,...**
> **Il me semble que...**   *It seems to me that...*
> **Je pense que...**
> **Je trouve que...**   ⎫ *I think that...*
> **Je crois que...**
> **J'ai l'impression que...**

Most of these expressions can also be used in the negative.

E.   Au grand magasin. Go to a department store, choose an outfit for a particular occasion, and discuss size, color, and price with the salesperson. Your outfit should include shoes.

F.   Une soirée spéciale. You and your friend have been invited to a fancy party. Decide what clothes and shoes you're going to wear. Give each other advice about what looks good together. Agree or disagree with each other's opinions.

G.   Des conseils. Think of a problem you're going to present to your group (for example, you didn't do well on a test, you don't have

any money, you had an argument with someone). Your friends will give you advice on what to do. Use expressions of necessity and the subjunctive to give the advice.

H. Aux enchères. *(At an auction.)* Make an inventory (in French) of some of the clothes worn by your classmates. Then hold an auction and try to sell the clothes to someone else. Before proposing a starting price, give a detailed description of the article of clothing.

Modèle: —*Marie porte une jolie jupe bleue imprimée. La jupe est en coton. Elle est longue. Qui va lui donner 200F pour la jupe?*
—*Je lui donne 60F.*
—*60F n'est pas assez. C'est une jupe Dior.*
—*Je lui donne 85F.*
—*100F.*
—*125F.*
—*125F, une fois, deux fois, trois fois, adjugé (vendu)!*

I. Obsession. Each student in the group chooses one of the following obsessions. When one person begins to talk about his/her obsession, the others interrupt to talk about their own. Obsessions: **les vêtements, la nourriture, les vacances, le travail, l'argent, la famille,** etc.

Modèle: —*J'adore acheter des vêtements. Je passe beaucoup de temps dans les magasins, même si je n'ai pas d'argent...*
—*Justement, les vêtements sont très chers. C'est pour ça que je n'aime pas aller dans les magasins, moi. J'essaie de faire des économies et je préfère mettre mon argent à la banque. Je ne dépense même pas beaucoup pour la nourriture...*
—*Ah, la nourriture... Moi, j'adore faire la cuisine, et j'aime surtout manger. Hier soir, j'ai fait un gâteau...*

J. Une dispute. You're in the clothing department of a store to buy a blue ski jacket. There is only one jacket left in your size, but when you reach for it, you find that another person also wants it. Both of you give the salesperson reasons why he/she should sell the jacket to you and not to the other customer.

PORTRAIT

*Marie-Claude Étienne,
Pointe-à-Pitre, Guadeloupe*

J'adore la vie de mannequin. J'ai toujours aimé les beaux vêtements, même quand j'étais encore très jeune. Quand j'étais à l'école secondaire, ma mère m'a appris à coudre *(to sew)* et j'ai commencé à me fabriquer des vêtements de tous les tissus que je pouvais acheter. Quand j'ai eu mon bac, je suis allée à Paris pour faire des études à l'Institut des Beaux-Arts. À mon avis, c'était très important de continuer mes études parce que j'ai l'intention, un jour, de devenir couturière.

Pour le moment, je continue à travailler comme mannequin. Ça me donne l'occasion de voyager partout dans le monde et de porter les vêtements que j'aime. Je rentre assez souvent à la Guadeloupe. Mes parents sont très fiers de moi, ils aiment voir ma photo dans les magazines et ma mère voyage avec moi de temps en temps.

Quels vêtements est-ce que je préfère? Eh bien... je trouve que les lignes classiques et les styles simples sont les plus beaux. J'adore les tissus légers et les couleurs vivantes. Je suis sans doute influencée par les vêtements qu'on porte à la Guadeloupe. Quand je serai couturière, je vais surtout créer des vêtements confortables et chics qui reflètent les cultures des îles.

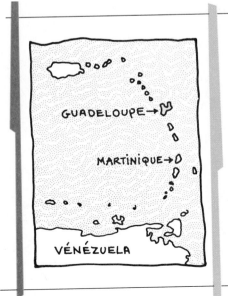

Profil

La Guadeloupe

SITUATION: département français des Antilles, situé dans la mer des Caraïbes, à 6 800 km de la France et à 600 km du continent américain

SUPERFICIE: 1 709 km^2

POPULATION: 330 000 habitants (avec les îles Marie-Galante, la Désirade, les Saintes, Saint-Barthélemy et la partie française de Saint-Martin)

CAPITALE: Basse-Terre

VILLES IMPORTANTES: Moule, Basse-Terre, Trois-Rivières, Sainte-Rose

DÉPENDANCES: les Saintes, Marie-Galante, la Désirade, St-Barthélemy, St-Martin

NOM DES HABITANTS: Guadeloupéens

LANGUE OFFICIELLE: français

AUTRE LANGUE: créole

RELIGIONS: catholiques, quelques sectes protestantes

CLIMAT: tropical adouci par les alizés *(trade winds)* (température moyenne 24° C), plus frais sur les hauteurs; pluies abondantes et cyclones entre juillet et octobre

HISTOIRE: L'île a été découverte par Christophe Colomb en 1493. Entre 1635 et 1816, la Guadeloupe est occupée soit par les Français soit par les Anglais. L'île devient française en 1816 et un D.O.M. (Département d'outre-mer) en 1946.

LIEUX TOURISTIQUES: plages extraordinaires de la Riviera Sud, excellents hôtels, stations balnéaires, la montagne (à éviter pendant la saison des pluies entre mai et novembre), plage de Deshaies (Club Méditerranée)

GASTRONOMIE: fruits de mer, soupes de poissons, soupes aux herbes, légumes, fruits, cuisine créole et française

À discuter: À votre avis, qu'est-ce qui attire les touristes à la Guadeloupe? Comment est-ce que les touristes y passent leur temps?

L·E·X·I·Q·U·E

Pour se débrouiller

Pour exprimer la nécessité
il est essentiel de (que)
il est important de (que)
il est nécessaire de (que)
il est préférable de (que)
il faut (que)
il vaut mieux (que)

Pour demander l'avis des autres
Qu'est-ce que tu penses (vous pensez) de...?
Qu'est-ce que tu en penses (vous en pensez)?
À ton (votre) avis,...?
Es-tu (êtes-vous) d'accord avec...?

Pour donner son avis
À mon avis,...
Il me semble que...
Je pense que...
Je trouve que...
Je crois que...
J'ai l'impression que...

Pour demander et donner la taille des vêtements
Quelle est votre taille?
Vous faites quelle taille?
Votre taille?

Il me faut un 40.
J'ai besoin d'un 40.

Pour demander et donner la pointure des chaussures
Quelle est votre pointure?
Vous faites quelle pointure?
Votre pointure?

Je chausse du 38.
Je prends un 38.

Thèmes et contextes

Les tissus (m.pl.)

en acrylique   à pois
en coton   à rayures
en laine   clair
en maille jersey   foncé
en polyester   imprimé(e)
en soie   rayé(e)
en toile   uni(e)
à fond *(+ color)*

Les vêtements

un anorak   un jean (un blue-jean)
un béret   un jogging
un bermuda   une jupe
un bikini   des lunettes (de soleil) *(f.pl.)*
un blouson   un maillot de surf (de bain)
un bonnet   une manche
un bustier   un manteau
une ceinture   une marinière
une chaussette   un pantalon
une chemisette   un pardessus
un chemisier   un pull-over
une cravate   une robe
un débardeur   un short
une écharpe   un sweat(shirt)
un foulard   un tailleur
des gants *(m.pl.)*   un T-shirt
un gilet   une veste

Les chaussures (f.pl.)

des baskets *(m.pl.)*   des mocassins *(m.pl.)*
des bottes *(f.pl.)*   des mocassins bateau *(m.pl.)*
des escarpins *(m.pl.)*   des sandales *(f.pl.)*
des espadrilles *(f.pl.)*   des tennis *(m.pl.)*

Vocabulaire général

Verbes

attendre   rendre
descendre   rendre visite à
entendre   répondre
entendre dire   vendre
entendre parler de   voir
perdre

ALLONS-Y!
Video Program

ACTE 6

VOCABULAIRE

SCÈNE 1: ACHETER DES VÊTEMENTS

l'ensemble   *the outfit*
génial   *great, super*
par contre   *however*
la veste   *the jacket*
le pantalon   *the pair of pants*
écru blanc   *off-white*
la matière   *the fabric*
la soie   *silk*
Ça te dit? = Tu l'aimes?

SCÈNE 2: ALLONS AU MARCHÉ DES VÊTEMENTS

les couleurs vives   *bright colors*
elle fait plus grande   *she looks bigger*
décolleté   *low cut (for a woman's blouse or dress)*
ça fait habillé   *that looks dressy*
la carte bleue   *name of a French credit card*

Quatrième Partie

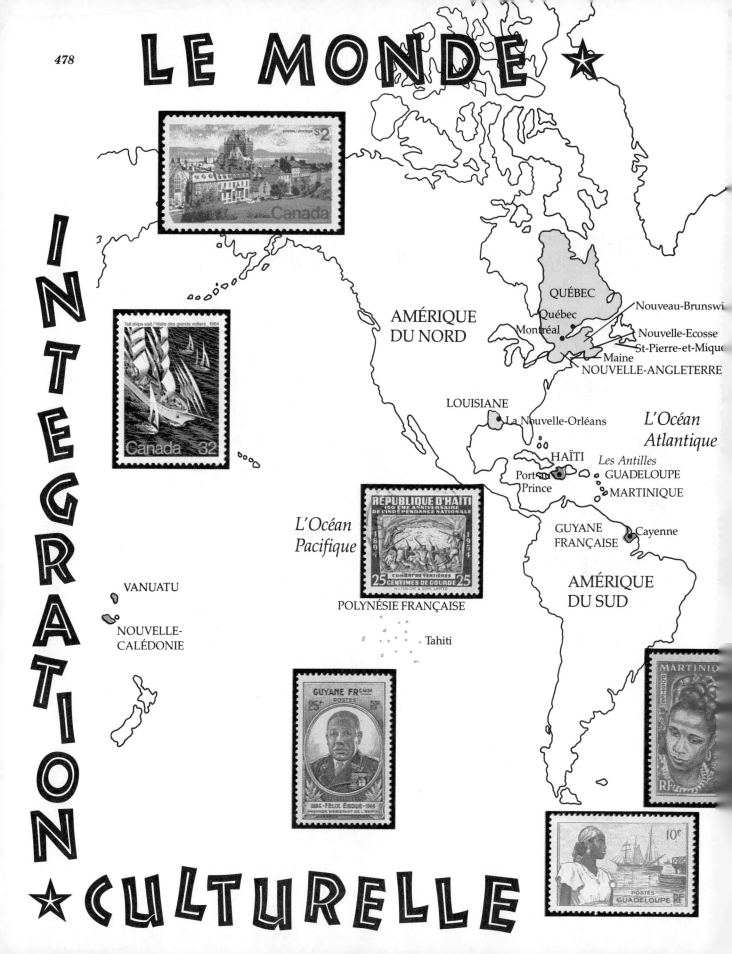

LE MONDE ★

INTEGRATION

$2

Canada

Tall ships visit / Visite des grands voiliers 1984

Canada 32

AMÉRIQUE
DU NORD

QUÉBEC

Québec

Montréal

Nouveau-Brunswi

Nouvelle-Ecosse

St-Pierre-et-Mique

Maine
NOUVELLE-ANGLETERRE

LOUISIANE

La Nouvelle-Orléans

L'Océan
Atlantique

HAÏTI

Les Antilles
GUADELOUPE

Port-au-
Prince

MARTINIQUE

L'Océan
Pacifique

RÉPUBLIQUE D'HAITI
150 ÈME ANNIVERSAIRE
DE L'INDÉPENDANCE NATIONALE
1804 1954
COMBAT DE VERTIÈRES
25 CENTIMES DE GOURDE 25
WATERLOW & SONS LIMITED

GUYANE
FRANÇAISE

Cayenne

AMÉRIQUE
DU SUD

VANUATU

NOUVELLE-
CALÉDONIE

POLYNÉSIE FRANÇAISE

Tahiti

GUYANE FRAÇAISE
95F POSTES RF
1884-FÉLIX ÉBOUÉ-1944
PREMIER RÉSISTANT DE L'EMPIRE

MARTINIQ
POSTES
RF

POSTES
GUADELOUPE
10c

CULTURELLE

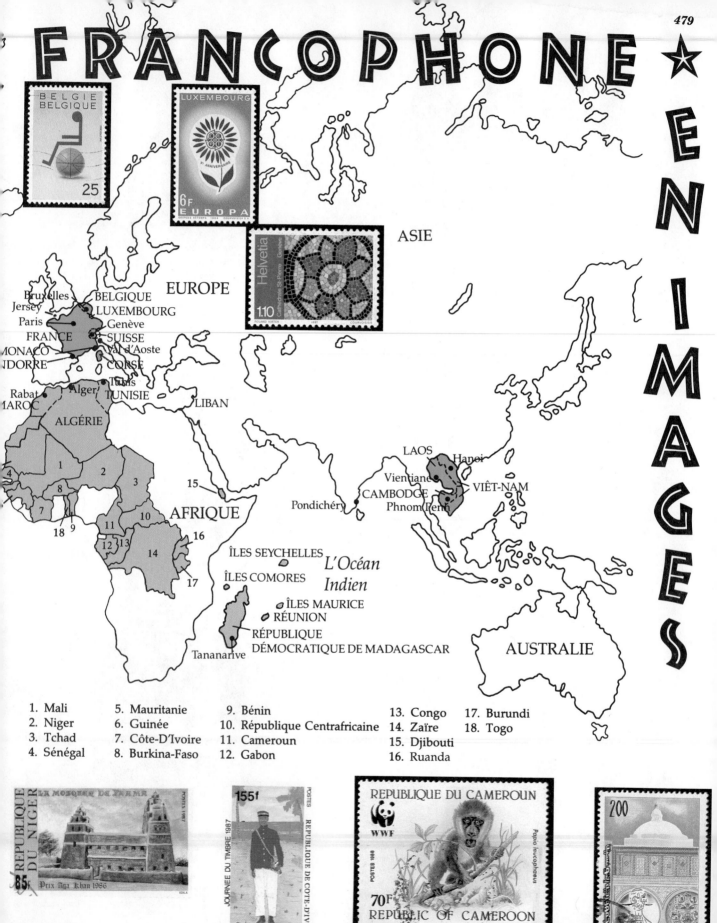

FRANCOPHONE ★

ENIMAGES

BELGIE BELGIQUE 25

LUXEMBOURG 6F EUROPA

Helvetia 1.10

ASIE

EUROPE

Bruxelles
Jersey
Paris
FRANCE
MONACO
ANDORRE
BELGIQUE
LUXEMBOURG
Genève
SUISSE
Val d'Aoste
CORSE
Tunis
TUNISIE
Rabat
MAROC
Alger
ALGÉRIE

LIBAN

LAOS
Hanoi
Vientiane
CAMBODGE
Phnom Penh
VIÊT-NAM
Pondichéry

AFRIQUE

15

1
2
3
4
8
7
18 9
11
12 13
14
10
16
17

ÎLES SEYCHELLES
ÎLES COMORES

L'Océan Indien

ÎLES MAURICE
RÉUNION
RÉPUBLIQUE
DÉMOCRATIQUE DE MADAGASCAR
Tananarive

AUSTRALIE

1. Mali	5. Mauritanie	9. Bénin	13. Congo	17. Burundi
2. Niger	6. Guinée	10. République Centrafricaine	14. Zaïre	18. Togo
3. Tchad	7. Côte-D'Ivoire	11. Cameroun	15. Djibouti	
4. Sénégal	8. Burkina-Faso	12. Gabon	16. Ruanda	

RÉPUBLIQUE DU NIGER
LA MOSQUÉE DE YAMMA
POSTES 1987
85F
Prix Aga Khan 1986

155f POSTES
RÉPUBLIQUE DE CÔTE-D'IVOIRE
JOURNÉE DU TIMBRE 1987
FACTEUR EN 1918

RÉPUBLIQUE DU CAMEROUN
WWF
Papio leucophaeus
70F
REPUBLIC OF CAMEROON

200
RÉPUBLIQUE TUNISIENNE

Cameroun

Élevage de bétail, Cameroun

Salle de réunion, Cameroun

Tetouan, Maroc

Marché près d'Adrar, Algérie

Le Souk de Marrakech, Maroc

L'AFRIQUE ★ FRANCOPHONE

Jeune Sénégalais

Enfants, Côte d'Ivoire

Zaïre

Palais «La Pyramide»,
Abidjan, Côte d'Ivoire

Bateaux de pêche, Sénégal

481

Le Haut Atlas, Maroc

Rue Bourbon, la Nouvelle Orléans

Quartier français,
la Nouvelle Orléans

Cafés, Montréal

Canoë parmi les glaçons, Québec

bonjour QUÉBEC

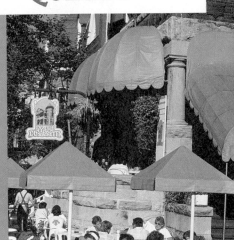

Cafés, Québec Ville

Château Frontenac, Québec Ville

AMERIQUE ☆ DU NORD

Martinique

Costume national,
Martinique

LES ★ ANTILLES

Triage du café, Haïti

Pointe-à-Pitre,
Guadeloupe

Guadeloupe

Marché, Fort-de-France, Martinique

Haïti

Côte est, Martinique

Palais Sans-Souci, Haïti

François Maillet
Toulouse (Midi-Pyrénées),
France

—Il faut absolument que je trouve
un autre poste!
—Pour commencer, il faut regarder
les offres d'emploi!

▼▼▼▼▼▼▼▼

Cherchons du travail!

OBJECTIVES

In this chapter, you will learn:

- to talk about employment opportunities;
- to express emotions and wishes;
- to express negative ideas;
- to express enthusiasm and disappointment;
- to participate in a job interview;
- to understand conversations about work;
- to read documents and texts about the business world.

CHAPTER SUPPORT MATERIALS

Cahier: pp. 293–316

 Student Tape:
Chapitre 12
Segments 1, 2

ALLONS-Y!
Video Program

ACTE 12
SCÈNE 1: CHERCHER
UN TRAVAIL
SCÈNE 2: UNE INTERVIEW

▶ **Première étape**   Les petites annonces
▶ **Deuxième étape**   Une lettre de candidature
▶ **Troisième étape**   Une interview
▶ **Quatrième étape**   Lecture: **Bonnes manières: le guide du parfait Européen**
▶

ACTIVITÉ: 43 % d'actifs ◆ Nombre des travailleurs étrangers stable ◆ Développement du travail précaire ◆ Moins de travailleurs intérimaires ◆ 14 % des actifs à temps partiel (une femme sur quatre) ◆ 1,4 million de personnes en situation d'exclusion, 12 millions socialement vulnérables ◆ Une femme sur deux active (75 % entre 25 et 49 ans) ◆ Inégalité encore sensible entre les sexes

43 % des français sont actifs. [...] Le taux d'activité est remonté depuis la fin des années 60, à cause de la diminution de la fécondité, de l'arrivée sur le marché du travail des générations nombreuses du baby-boom, des départs en retraite des générations creuses de la guerre de 1914–1918 et des flux d'immigration importants jusqu'en 1974, en provenance principalement des pays du Maghreb.

Mais c'est le redémarrage de l'activité féminine, particulièrement sensible depuis 1968, qui explique le mieux cet accroissement de l'activité. Aujourd'hui, 46 % des femmes de 15 ans et plus sont actives (un taux qui reste cependant inférieur au maximum de 52 % observé en 1921).

43 % d'actifs

Evolution du nombre d'actifs (chômeurs inclus) et pourcentage d'actifs dans la population totale :

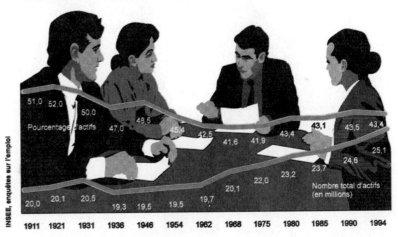

INSEE, enquêtes sur l'emploi

Pourcentage d'actifs: 51,0 52,0 50,0 47,0 48,5 45,4 42,5 41,6 41,9 43,4 **43,1** 43,5 43,4

Nombre total d'actifs (en millions): 20,0 20,1 20,5 19,3 19,5 19,5 19,7 20,1 22,0 23,2 23,7 24,6 25,1

1911 1921 1931 1936 1946 1954 1962 1968 1975 1980 1985 1990 1994

Le nombre des travailleurs étrangers est à peu près stable depuis 1975: 1,5 million.
Beaucoup d'étrangers sont arrivés en France pendant les années 60, période de prospérité économique, pour occuper des postes généralement délaissés par les Français. Leur nombre a continué d'augmenter sous l'effet des nouvelles vagues d'immigration. Il s'est stabilisé depuis quelques années à environ 1,5 million, soit 6 % de la population active totale, un niveau comparable à celui du début des années 30.

Les plus nombreux sont les Portugais: 25 % en 1993. 15 % sont algériens, 12 % marocains, 6 % originaires d'Afrique noire, 6 % italiens, 5 % espagnols, 5 % turcs, 5 % tunisiens.

Les étrangers occupent les postes les moins qualifiés et les moins bien rémunérés: 51 % sont ouvriers, 23 % employés. [...]

Ouverture, Vocabulary: Don't be concerned if you do not recognize every word in the texts. The most important thing is to understand the gist and some of the details.

Les femmes au travail:

Je veux gagner avec lui.

CRÉDIT AGRICOLE

Les femmes de plus en plus actives

Le partage du travail

Evolution du taux d'activité des hommes et des femmes (en % de la population totale de chaque sexe) :

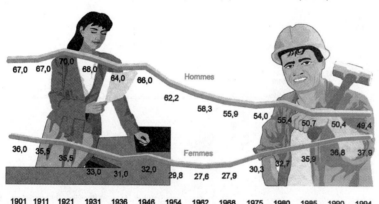

Hommes: 67,0 67,0 70,0 68,0 64,0 66,0 62,2 58,3 55,9 54,0 55,4 50,7 50,4 49,4

Femmes: 36,0 35,5 35,5 33,0 31,0 32,0 29,8 27,6 27,9 30,3 32,7 35,9 36,8 37,9

INSEE

1901 1911 1921 1931 1936 1946 1954 1962 1968 1975 1980 1985 1990 1994

La vie professionnelle:

L'ère tertiaire

Evolution de la structure de la population active occupée (en %) :

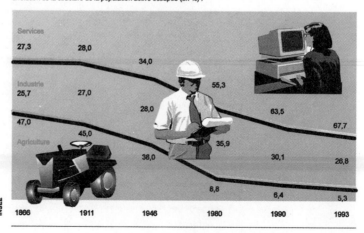

Services: 27,3 28,0 34,0 55,3 63,5 67,7

Industrie: 25,7 27,0 28,0 35,9 30,1 28,8

Agriculture: 47,0 45,0 38,0 8,8 6,4 5,3

INSEE

1866 1911 1946 1980 1990 1993

La vie professionnelle, (suite):

Le nouveau paysage professionnel

Répartition de la population active occupée et des femmes, selon la catégorie socioprofessionnelle (en %) :

	1993		1968	
	Total	**femmes**	**Total**	**femmes**
• Agriculteurs exploitants	4,2	3,6	11,5	12,8
• Artisans, commerçants et chefs d'entreprise	7,5	5,7	10,7	11,5
• Cadres et professions intellectuelles supérieures	12,3	9,0	5,1	2,5
• Professions intermédiaires	21,0	21,5	10,4	11,4
• Employés	27,6	48,4	21,2	38,8
• Ouvriers	26,4	11,7	39,3	22,5
• Autres catégories	1,0	0,1	1,8	0,5
Total	100,0	100,0	100,0	100,0
Effectifs (en milliers)	**22 197**	**9 642**	**19 916**	**7 208**

INSEE

Toujours moins

Evolution de la durée de travail hebdomadaire « offerte » * (en heures) :

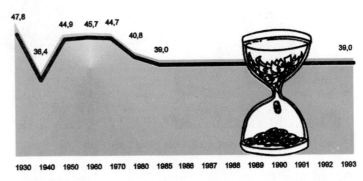

47,8   36,4   44,9   45,7   44,7   40,8   39,0   39,0

1930 1940 1950 1960 1970 1980 1985 1986 1987 1988 1989 1990 1991 1992 1993

INSEE

Proposée aux salariés à plein temps, hors grèves, absentéisme et heures supplémentaires.

Ouverture, Question: From your reading of these texts, what general ideas did you form about employment in France?

Fonctions et métiers d'avenir

Six *fonctions* de l'entreprise devraient se développer particulièrement au cours des prochaines années :
• Gestion-finances : audit ; responsable de crédit ; contrôleur de gestion ; analyste financier ; expert-comptable.
• Commerce-marketing : ingénieur technico-commercial ; acheteur industriel ; chef de rayon de supermarché ; chargé d'études marketing ; merchandiser ; chef de produit.
• Maintenance-qualité : logisticien ; responsable de maintenance ; qualiticien.
• Informatique : cogniticien ; administrateur de base de données ; spécialiste de maintenance informatique ; architecte de réseau ; chef de projet analyste ; ingénieur système.
• Recherche-développement : chercheur industriel.
• Formation : responsable de formation.

Le secteur tertiaire devrait poursuivre sa croissance, en particulier dans cinq *secteurs d'activité* :
• Professions juridiques : juriste d'entreprise ; avocat.
• Banques-assurances : spécialiste immobilier ; exploitant ; analyste de crédit.
• Santé : manipulateur en électroradiologie ; conseiller en économie sociale et familiale.
• Enseignement : instituteur ; professeur de mathématiques.
• Publicité-communication : chef de publicité d'agence ; responsable de la communication.

Enfin, cinq *branches industrielles* devraient se développer :
• Electronique-télécommunications : automaticien ; électrotechnicien ; concepteur de circuit intégré.
• Bâtiment-travaux publics : ingénieur d'étude de prix ; ingénieur méthodes du bâtiment.
• Froid-thermique : frigoriste ; thermicien.
• Industries des plastiques : plasturgiste.
• Aéronautique-espace : spécialiste télédétection.

Onisep

MÉTIERS: 5 % d'agriculteurs parmi les actifs ◆ 68 % des emplois dans les services ◆ Moins d'ouvriers, de commerçants et d'artisans ◆ 86 % de salariés ◆ Un actif sur quatre dépend de l'Etat ◆ Changement de statut social des cadres, des professions libérales, des enseignants ◆ Nouvelle hiérarchie professionnelle

Ouvrier à la chaîne

Chef d'entreprise

Fonctionnaire postal

Garçon de café

Avocate

Dentiste

PREMIÈRE ÉTAPE

Point de départ

Reminder, Point de départ: You will not necessarily understand every word in these job ads. Try to get the gist and some details by relying on French words that you already know and on French-English cognates.

Les petites annonces

CAEN   DIJON   NANCY   ROUEN   TRAPPES   MARNE LA VALLEE

JEUNES COMMERCIAUX

CADILLAC PLASTIC
Semi produits plastiques

SENS DU CONTACT ET GOUT POUR LA TECHNIQUE

Nous sommes parmi les leaders de la distribution de semi-produits plastiques. Mi-négoce, mi-importation, nos clients sont répartis sur deux marchés distincts, soit le second-œuvre du Bâtiment (miroitiers,...) et la Communication "Externe" (Enseignistes Décorateurs,...).

Discours technique ou du "Mode", quoi qu'il en soit nos réussites sont le fruit d'une démarche construite et constante tant en termes de prospection que de contacts. Cette démarche, pour peu que vous correspondiez à notre culture, nous nous proposons de vous y former et de faire de vous les gens autonomes et responsables sur lesquels asseoir notre croissance.

Diplômés du commercial ou du technique (en ce cas plutôt chimie) niveau BTS ou équivalent, vous cherchez à intégrer une équipe et un challenge. Nos postes sont en province et les entretiens auront lieu sur place.

Merci d'écrire (lettre, C.V., photo, prét.) sous réf. 9103-EX suivie de la ville choisie à notre Conseil :

SERVIR
Recherche de Cadres
70, rue Anatole France, 92300 Levallois-Perret

Pharmaciens

h/f

Amiens - Marseille - Pau - Rouen

Implantés sur toute la France, nous sommes l'un des 1er groupes français de grands magasins.
Notre politique de diversification nous a amenés à créer dès 1988 des espaces de dermo-cosmétologie.
Basé sur le conseil et le service, cet espace privilégié est géré et animé par un pharmacien.

Jeune diplômé(e), vous êtes motivé(e), prêt(e) à prendre des initiatives et possédez le sens du commerce ainsi que des qualités relationnelles certaines.
Après une formation pointue, vous gérerez et animerez votre Boutique avec l'ambition de répondre aux préoccupations de soin et de beauté de votre clientèle.

Merci d'adresser votre candidature sous référence 6760/EX à **LBW**.
30 bis rue Spontini, 75116 Paris, qui transmettra.

Soft Side Story

ILFORD FP4   0 8 3 6   ILFORD 4

1   1A   2   2A   3   3A   4   4A

Scènes de la vie quotidienne chez Microsoft

MICROSOFT, c'est l'histoire d'un étudiant génial qui fonda son entreprise à 20 ans et, en a fait, avec les fameux MS-DOS, Word, Windows, Excel... le numéro 1 mondial du logiciel pour micro-ordinateurs. Apporter toujours plus de satisfaction aux clients ; tel est le rôle des

Techniciens Support client

Leur mission : répondre à toutes les questions que se posent utilisateurs, revendeurs, distributeurs et constructeurs. Quelle que soit votre formation et votre spécialité, diplômé ou non, c'est votre personnalité qui fera la différence. En assurant l'assistance téléphonique et télématique de nos logiciels d'application PC et Macintosh, vous deviendrez bientôt un véritable génie de la micro-informatique. Merci d'adresser votre dossier de candidature sous réf. 43 à MICROSOFT France – Direction des Ressources Humaines – 12, avenue du Québec – 91957 Les Ulis Cedex.

Microsoft®
Nous civilisons la micro-informatique.

Advertisement image reprinted with permission from Microsoft Corporation.

À VOUS! (Exercices de vocabulaire)

A.   Les petites annonces. Based on what you read in the job ads, answer the questions.

   1.   **Cadillac Plastic**

      a.   What does this company do?
      b.   What job are they offering? How do you know?
      c.   What kinds of qualifications do they prefer?
      d.   For which parts of France are these job offers?

   2.   **Pharmaciens**

      a.   In what kinds of establishments are the pharmacies located?
      b.   What will this pharmacist do?
      c.   What kinds of personal traits are they looking for?

   3.   **Microsoft**

      a.   Whose story is told in this ad?
      b.   What job are they offering?
      c.   What will this person do?
      d.   Is a diploma required for this job?
      e.   What is the one qualification they're looking for?

Lorsque le marketing est une question de goût

Filiale du groupe Saint Louis, WILLIAM SAURIN occupe une place de choix sur le marché français des plats cuisinés.
Notre offre-produit, complète et inventive (gamme Savoir-Faire, Carte Brasserie, Cuisine Saveur, les Gratins Dorés...) fait de notre marque un symbole de qualité et de générosité.

ASSISTANT CHEF DE PRODUIT

Débutant ou avec une première expérience, vous êtes convaincu que le marketing de biens de grande consommation est ouvert sur l'avenir.
Vous pourrez vous appuyer sur nos méthodes et notre savoir-faire pour développer, optimiser et animer nos gammes de produits.
Diplômé d'une grande école de commerce, vous avez le sens du business et de la créativité à revendre. La pratique courante de l'anglais est un must, la connaissance d'une autre langue européenne serait un plus.

Merci d'adresser votre dossier de candidature (lettre, CV et photo) à
WILLIAM SAURIN - Jean Paul GIRAUD - BP 138 - 77401 LAGNY SUR MARNE.

William **S**AURIN

E N S E M B L E ,   V E R S   L E   M E I L L E U R

Organisation et Publicité

   4.   **William Saurin**
      a.   What product does this company sell?
      b.   What job are they offering?
      c.   What qualifications are job candidates expected to have?

Une carrière rafraîchissante aux extraits naturels de réussite.

SCHWEPPES FRANCE, filiale du groupe international CADBURY SCHWEPPES, aujourd'hui N°2 sur le marché des soft drinks en France, commercialise les marques INDIAN TONIC, OASIS, GINI, DRY, SEVEN UP, CANADA DRY ... ■ Nous développons notre activité **Distributeurs Automatiques de Boissons** en recrutant des :

COMMERCIAUX

Paris · Lyon · Lille

Vous serez responsable de la prospection et de la négociation pour la mise en dépôt gratuite de distributeurs automatiques de boissons fraîches en boîtes auprès d'une clientèle variée : collectivités, entreprises etc... ■ Âgé de 25/30 ans, et doté d'une formation commerciale (BTS/DUT), vous avez obligatoirement une première expérience significative de la vente sur le terrain. ■ Autonome et "battant", vous recherchez un travail en équipe et vous êtes motivé par le développement d'une activité nouvelle en très forte expansion.

Merci d'adresser CV, photo et prétentions sous la réf. VN 96/137 AJ à : **AXOR** - 39, rue Taitbout 75009 PARIS - Les entretiens auront lieu à Paris, Lyon et Lille.

De la vente... au management d'une équipe de vente

CHEFS DE VENTE REGIONAUX

Secteurs : • NORD (Lille) • BOURGOGNE-FRANCHE-COMTE (Dijon-Mâcon...)

A 27/28 ans, après une formation Ecole de Commerce, vous avez une première expérience réussie de la vente de produits grande consommation, dans la grande distribution.

Nous vous proposons un nouvel enjeu : manager une force de vente sur le terrain (5/6 vendeurs), négocier avec des clients régionaux, optimiser la gestion de vos budgets pour assurer le développement de votre région. **Réf. 4080**

Merci d'adresser votre dossier complet (CV + lettre + photo) pour les postes de Responsable de secteur (réf. 4079) et de Chef de vente (réf. 4080) à notre Conseil, HAY MANAGERS 50, Bd du Général de Gaulle 59100 ROUBAIX ou taper 3615 MEDIA P.A. (Réf.M128 et M130).

3615 MEDIA PA

PEAUDOUCE
Groupe Molnlycke

5. **Schweppes**

   a. What position is being offered in this ad?
   b. Specifically, in which sector of soft-drink distribution will this person work?
   c. How does the title of this ad connect Schweppes with the position that is being advertised?

6. **Peaudouce**

   a. What do you think this company sells? Is it possible to know for sure just by reading the ad?
   b. What job is being offered and in what part of France?
   c. What qualifications are required?
   d. What responsibilities does the job entail?

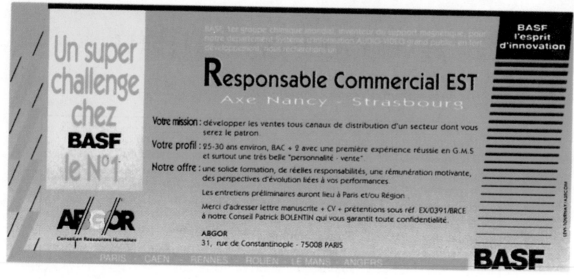

7. **BASF**

   a. What does this company sell?
   b. What kind of position are they offering?
   c. In what part of France will the person be located?
   d. What does the company promise to its employees?

B. Je cherche un poste. Complétez le dialogue avec des mots logiques que vous trouvez dans les offres d'emploi des petites annonces.

—Je cherche un ____ comme ____ .
—Est-ce que tu as jamais travaillé dans ____ ?
—Oui, pendant trois ans j'étais ____ .
—Est-ce que tu as déjà envoyé ton ____ à quelqu'un?
—Oui, et j'ai une ____ demain à 13 heures.
—Quelles ____ sont nécessaires pour ce poste?
—Il faut parler couramment ____ et surtout il est indispensable de ____ .

Note culturelle

En France, on peut trouver des offres d'emploi dans les petites annonces des magazines comme *L'Express* et *Le Point*. Ces deux magazines sont les équivalents de *Time* et *Newsweek* aux États-Unis. Si l'on cherche un poste on peut également consulter les journaux de grande distribution comme *Le Monde*, *Le Figaro* et *France-Soir*. Les dernières nouvelles financières et commerciales sont présentées dans le journal *Les Échos* et le magazine *L'Expansion*.

Question: Quand on cherche un poste aux États-Unis, comment est-ce qu'on s'y prend? C'est-à-dire, où est-ce que l'on trouve les offres d'emploi?

Explanation, Expansion grammaticale: Beginning with this chapter, grammatical points are presented through dialogues followed by highly structured exercises. Only after you've worked with the new structures in context will the applicable rules be explained. Then you will do a series of exercises to reinforce your learning of the new information.

no longer

no longer

▴EXPANSION▴GRAMMATICALE▴

Comment exprimer les idées négatives

François Maillet est chef des ventes d'une société pharmaceutique à Toulouse. Sa femme, Delphine, est prof d'anglais au lycée de Toulouse. Un jour, François rentre à la maison pour annoncer à Delphine qu'il en a marre de son travail, qu'il est déçu des conditions de travail et de ses collègues et qu'il pense démissionner *(to resign)*.

DELPHINE: Tu n'as jamais aimé ce travail!

FRANÇOIS: C'est pas vrai! Au début, je le trouvais bien, mais maintenant je **ne** l'aime **plus**.

DELPHINE: Mais qu'est-ce qui ne va pas?

FRANÇOIS: Je **ne** peux **plus** supporter le stress.

À VOUS DE LE DIRE!

Répondez aux questions en utilisant **ne . . . plus.**

1. Est-ce que François aime toujours son travail?
2. Est-ce qu'il supporte toujours le stress?
3. Est-ce qu'il veut continuer à faire ce travail?
4. Est-ce qu'il veut continuer à travailler pour la société pharmaceutique?
5. Est-ce qu'il a envie de retourner à son travail?

DELPHINE:	Est-ce que tu as parlé de ton problème à quelqu'un?
FRANÇOIS:	Non, je **n'**en ai parlé **à personne.**
DELPHINE:	Tu es vraiment énervé! Quelqu'un t'a vu dans cet état?
FRANÇOIS:	Non, **personne ne** m'a vu.
DELPHINE:	**Personne?** T'es sûr? Mais tu as des collègues que tu aimes bien, non?
FRANÇOIS:	À vrai dire, je **n'**aime **personne** là-bas.

not . . . to anyone

no one
No one?

don't . . . anyone

À VOUS DE LE DIRE!

Répondez aux questions en utilisant **ne . . . personne.**

6. Est-ce qu'il y a des collègues que François aime bien?
7. Est-ce qu'il y a des collègues qu'il admire?
8. Est-ce qu'il y a des collègues qu'il respecte?
9. Qui est-ce qu'il a vu aujourd'hui?

Répondez aux questions en utilisant **personne . . . ne** ou **ne . . . à personne.**

10. Qui a vu François?
11. Qui a encouragé François à rester?
12. À qui est-ce qu'il a expliqué sa situation?
13. À qui est-ce qu'il a parlé aujourd'hui?
14. À qui est-ce qu'il a téléphoné aujourd'hui?

DELPHINE: Qu'est-ce que je peux dire pour te faire changer d'avis?

FRANÇOIS: Tu **ne** peux **rien** dire.

DELPHINE: **Rien?** Absolument **rien?** Mais qu'est-ce qui est arrivé aujourd'hui?

FRANÇOIS: **Rien d'**exceptionnel. Je **n'**ai **rien** fait de différent. J'en ai tout simplement marre.

DELPHINE: Alors. **Rien ne** peut te faire changer d'avis?

FRANÇOIS: Non.

À VOUS DE LE DIRE!

Répondez aux questions en utilisant **ne . . . rien.**

15. Qu'est-ce que Delphine peut dire?
16. Qu'est-ce qu'elle peut faire?
17. Qu'est-ce que François a fait d'exceptionnel aujourd'hui?
18. Qu'est-ce qu'il a changé?

▲▲▲ b

Répondez aux questions en utilisant **rien** ou **rien . . . ne.**

19. Qu'est-ce qui est arrivé?
20. Qu'est-ce qui a changé?
21. Qu'est-ce qui peut le faire changer d'avis?

DELPHINE:	Est-ce que tu as déjà démissionné?
FRANÇOIS:	**Pas encore.** Je **n'**ai **pas encore** envoyé ma lettre de démission.

Not yet

À VOUS DE LE DIRE!

Répondez aux questions en utilisant **pas encore** ou **ne . . . pas encore.**

22. Est-ce que François a déjà démissionné?
23. Est-ce qu'il a déjà envoyé sa lettre de démission?
24. Est-ce qu'il a déjà parlé à son patron *(boss)?*

Note grammaticale

Les expressions négatives ne . . . rien, ne . . . personne, ne . . . plus, ne . . . pas encore, ne . . . jamais

You've already learned to use the negative expressions **ne . . . pas**, **ne . . . jamais** *(never)*. In general, all other negative expressions in French follow the same pattern.

Ne . . . rien *(nothing)*
and **ne . . . personne** *(nobody, no one)*

There are a few special rules to remember about **ne . . . rien** and **ne . . . personne:**

1. In the **passé composé, ne . . . rien** surrounds the helping verb:

   Je **n'**ai **rien** trouvé.

   However, **personne** follows the past participle:

   Je **n'**ai vu **personne.**

2. Regardless of the tense, if the verb is followed by a preposition, **rien** and **personne** come after this preposition:

   Je **n'**ai besoin **de rien.**
   Nous **n'**avons parlé **à personne.**

3. **Ne . . . personne** and **ne . . . rien** may also be used as subjects of a sentence. In this case, the word order is reversed and both parts of the negative come before the verb:

   Rien ne m'intéresse.
   Personne n'a téléphoné.

4. **Rien** and **personne** may be used without verbs as answers to questions. In such cases, **ne** is dropped:

   —Qui est là?   —Qu'est-ce que tu fais?
   —**Personne.**   —**Rien.**

   Ne . . . plus *(no longer),*
   ne . . . pas encore *(not yet),* **ne . . . jamais**

All of these expressions are used in the same way as **ne . . . pas** in that **ne** is placed before the conjugated verb and the rest of the expression is placed after the conjugated verb:

Elle **n'**est **plus** ici.
Nous **n'**avons **pas encore** fini nos devoirs.
Tu **ne** vas **jamais** comprendre cette situation!

The expressions **pas encore** and **jamais** may also be used alone as answers to questions:

—Ils sont partis?   —Vous buvez du Coca?
—**Pas encore.**   —**Jamais.**

APPLICATION

C. Il a le cafard. *(He's very depressed.)* Vous avez un ami qui a le cafard. Sa famille s'inquiète et vous pose des questions. Vous dites la vérité, c'est-à-dire que vous répondez toujours négativement. Utilisez les expressions négatives que vous avez apprises.

Modèle: Avec qui est-ce qu'il sort?
              Il ne sort avec personne.

1. Mais il voit toujours sa petite amie Nicole, n'est-ce pas?
2. Mais il va souvent au cinéma, n'est-ce pas?
3. Alors, qu'est-ce qu'il fait le week-end?
4. À qui est-ce qu'il parle?
5. À quoi est-ce qu'il s'intéresse?
6. Qui lui téléphone?
7. À qui est-ce qu'il téléphone?
8. Mais il fait toujours ses devoirs, non?
9. Il a déjà parlé à son professeur?

D. Au bureau de poste. La scène: un bureau de poste en province. Les personnages: le postier, une dame bien habillée. La situation: la femme est assise sur un banc à l'intérieur du bureau de poste depuis trois heures. Le postier commence à soupçonner *(to suspect)* quelque chose. Jouez le rôle de la dame en répondant négativement à toutes les questions du postier.

Modèle: Pardon, Madame. Vous désirez quelque chose?
              Non, Monsieur. Je ne désire rien.

1. Vous attendez quelqu'un?
2. Vous avez besoin de quelque chose?
3. Vous voulez acheter quelque chose?
4. Vous avez déjà acheté des timbres *(stamps)*?
5. Vous voulez téléphoner à quelqu'un?
6. Quelqu'un va vous téléphoner?
7. Vous avez quelque chose à envoyer?
8. On vous a envoyé quelque chose?
9. Vous passez souvent l'après-midi dans les bureaux de poste?

E. **Une semaine désastreuse.** Vous avez eu une semaine particulièrement mauvaise et vous n'êtes pas de bonne humeur. Quand vos amis vous interrogent, vous répondez toujours négativement. Utilisez les expressions négatives que vous avez apprises.

Modèle: Est-ce que tu as déjà fini tes devoirs de français?
                Non, je n'ai pas encore fini mes devoirs de français!

1. Est-ce que quelqu'un t'a téléphoné?
2. Est-ce que le mécanicien a déjà réparé ta voiture?
3. Est-ce que tes enfants sont sortis cette semaine?
4. Est-ce que tu es toujours premier(-ère) en cours de français?
5. Est-ce que tu as fait beaucoup de choses cette semaine?
6. Est-ce que tu as vu tes amis?
7. Est-ce que tu as parlé à ton professeur?
8. Est-ce que tu vas faire quelque chose ce week-end?
9. Est-ce que quelque chose t'intéresse?
10. Est-ce que tu as parlé à ta mère?

Relais

Je cherche du travail

Delphine et François Maillet consultent les petites annonces. Ils parlent des perspectives d'emploi pour François.

depressing   FRANÇOIS: C'est **déprimant!** Je cherche un poste depuis un mois et je n'ai toujours rien.

DELPHINE:	Ne te laisse pas décourager. Tu as une bonne **formation** et pas mal d'expérience. Quelqu'un **reconnaîtra** tes talents.	education will recognize
FRANÇOIS:	Oui, mais **entre temps** je n'ai pas de **salaire** et je n'ai pas d'interviews. Avec l'**incertitude** économique, la direction des entreprises hésite à augmenter ses **effectifs.**	in the meantime / salary uncertainty personnel
DELPHINE:	T'as raison. Mais ne t'inquiète pas. **Ça ira.** Il faut avoir de la patience. Regarde ça. Un job en marketing. Ça a l'air intéressant!	It'll be OK.
FRANÇOIS:	Oui, et Toshiba, c'est une firme multinationale. Tiens, je vais **essayer.**	to try

Vocabulary, Exprimons-nous!: Refer to this list of frequently used, nonspecialized business terminology as you do the exercises throughout this chapter.

Exprimons-nous!

Voici des mots qui vous seront utiles quand vous parlez du travail.

les achats *(m.pl.)*	purchasing
le cadre	executive
le cadre supérieur	high-level executive
le chômage (être en chômage)	unemployment (to be unemployed)
le commerce	trade, commerce
le commercial	traveling salesperson
les conditions *(f.pl.)* **de travail**	work conditions
le congé (le congé payé)	time off (paid vacation)
les effectifs *(m.pl.),* **le personnel**	personnel
l'entreprise *(f.)*	company, business
la fabrication	manufacture
la filiale	subsidiary
le (la) fonctionnaire	civil servant
le (la) gérant(e)	manager
gérer	to manage
la gestion	management
l'industrie *(f.)*	industry
le métier	profession, trade, occupation
l'offre *(f.)* **d'emploi**	job offer
le (la) patron(ne)	boss
le poste, le job	job
rentable	profitable
les responsabilités *(f.pl.)*	responsibilities
le salaire	salary
le (la) salarié(e)	salaried employee
les services *(m.pl.)*	service industry
la société	company
la succursale	branch office
le travail à mi-temps	part-time work
le travail à plein temps	full-time work
les ventes *(f.pl.)*	sales

À VOUS!

F. Le travail qui m'intéresse. Regardez les offres d'emploi dans cette étape et discutez avec votre partenaire du genre de travail qui vous intéresse. Utilisez le vocabulaire de la page 502 pour parler de vos intérêts.

Modèle: —*Moi, je m'intéresse surtout aux ventes. J'aimerais bien travailler pour une société de technologie.*
—*Alors, regarde cette annonce de Toshiba. Ça a l'air intéressant. Ils cherchent... Etc.*
—*Moi, je voudrais être gérant d'une boutique ou d'un petit magasin. Etc.*

Suggestion, Ex. F: Before beginning your conversation with your classmate, select the type of work you would prefer to do and jot down some reasons for your selection.

FRANCE-SOIR PETITES ANNONCES

CARRIÈRES COMMERCIALES

▲ Débrouillons-nous! ▲

Petite révision de l'étape

G. Un sondage. Interview one of your classmates about his/her travels and activities. As he/she answers with **ne ... jamais, ne ... pas encore, ne ... plus,** or **ne ... personne,** take notes. Then report your findings to the class. Find out ...

1. if he/she has ever visited Guadeloupe.
2. if he/she has already gone to California (California students, pick another state).
3. if he/she still likes to go to the beach.
4. if anyone in the family has been to Africa.
5. if he/she sometimes goes skiing.
6. if his/her friends still go to the movies together.
7. if he/she still likes his/her science class.
8. if anyone he/she knows is studying sociology.

H. Qu'est-ce qu'ils offrent? Regardez les quatre offres d'emploi ci-dessous et discutez-en avec votre camarade de classe. Mentionnez les qualifications nécessaires, les responsabilités du job, ce que la société offre à ses employés et d'autres renseignements indiqués dans les annonces.

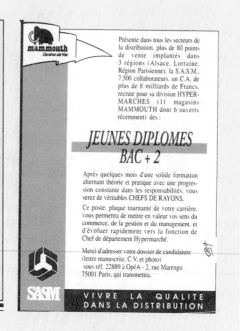
 **À faire chez vous:
CAHIER, Chapitre 12 /
1ère étape**

DEUXIÈME ÉTAPE

Point de départ

▼▼▼▼▼▼▼▼▼▼▼▼▼▼▼

Une lettre de candidature

Allons-y! ALLONS-Y!
Video Program

ACTE 12: SCÈNE 1
CHERCHER UN TRAVAIL

QUESTIONS DE FOND
1. Pourquoi Yannick
   est-il découragé au
   début de la scène?
2. Quelle sorte de
   boulot cherche-t-il
   actuellement?

Culture: In France, job applications (**lettres de candidature**) are usually handwritten rather than typed. Some companies use handwriting experts to analyze the writing in order to get more information about the applicants.

François Maillet
5, boulevard Raymond IV
31000 Toulouse

Kodak Pathé
Ressources Humaines
26, rue Villiot
75594 Paris

Madame,

Suite à votre annonce parue dans l'Express du 21 mars, je me permets de solliciter le poste d'ingénieur commercial actuellement vacant dans votre filiale de Toulouse.

J'ai 35 ans. Je suis marié et père de deux enfants. J'ai trois ans d'expérience dans les ventes. Je parle couramment l'anglais et l'allemand. Après l'obtention de ma licence, j'ai passé une année aux U.S.A. à Pennsylvania State University où j'ai suivi des cours de gestion, de comptabilité et de marketing. Avec mon diplôme en marketing, je crois avoir toutes les qualifications souhaitées.

Je serais à votre disposition sans délai après réception de votre lettre d'engagement. J'ai quitté mon dernier poste parce qu'il manquait de possibilités d'avancement et ne me donnait aucune occasion d'utiliser mon anglais ni de travailler à l'étranger. Les occasions de voyages offertes par la firme Kodak me paraissent très attrayantes.

Ci-joint vous trouverez mon curriculum vitae mentionnant les études que j'ai effectuées et les postes que j'ai occupés. Pour d'autres renseignements à mon sujet, je vous serais très obligé de bien vouloir vous adresser aux trois personnes dont j'ai donné les adresses dans mon curriculum vitae.

Dans l'espoir que ma candidature soit susceptible de retenir votre attention, je vous prie d'agréer, Madame la Directrice, l'expression de mes sentiments distingués.

François Maillet

P. J. 1 curriculum vitae.

Suite In response   *ni* nor   *paraissent* seem   *attrayantes* attractive

À VOUS! (Exercices de vocabulaire)

A. Find the French equivalents of the following formulas used in job application letters.

1. Dear Madam
2. I am applying for the job
3. I am 28 years old
4. I believe I have all the
   necessary qualifications
5. Enclosed you will find
6. I will be available
7. Sincerely yours
8. Enclosures

B. Une lettre de candidature. Écrivez une lettre de candidature en utilisant comme modèle la lettre de François. Choisissez un poste offert dans les petites annonces de la **Première étape.**

Suggestion, Ex. B: Before writing your letter, study the letter from the **Point de départ** and note the standard phrases and expressions that you will need.

R·E·P·R·I·S·E

Première étape

C. Choisissez une des offres d'emploi de la **Première étape** et expliquez à vos camarades pourquoi vous vous intéressez à ce poste.

D. Un crime. L'inspecteur de police interroge des personnes au sujet d'un crime. Chaque personne dit le contraire de ce que dit l'inspecteur. Utilisez des expressions négatives.

Modèle: Vous arrivez toujours de bonne heure?
            Non, je n'arrive jamais de bonne heure.

1. Vous avez vu quelqu'un à l'extérieur?
2. Vous avez entendu quelque chose?
3. On a pris de l'argent?
4. Quelqu'un est entré dans la boutique pendant que vous y étiez?
5. Vous avez parlé à quelqu'un?
6. Il y a encore du sang *(blood)* sur le plancher *(floor)*?
7. Vous avez quelque chose à ajouter?
8. Votre patron est déjà parti?

▲ EXPANSION▲GRAMMATICALE▲

Comment exprimer l'émotion et la volonté

Après avoir cherché un poste pendant des semaines, François Maillet a fini par poser sa candidature chez Kodak. Sa femme encourage sa décision.

DELPHINE: **Je suis très contente que** tu ne **sois** plus chez Ferrier.

FRANÇOIS: Moi aussi. Mais **je suis surpris qu**'il y **ait** si peu de postes ici à Toulouse.

DELPHINE: Oui. Pourtant, moi, **je suis heureuse de voir** les salaires qu'on propose!

À VOUS DE LE DIRE!

Réagissez en utilisant la phrase **Delphine est contente que...**

1. François n'est plus chez Ferrier.
2. François cherche un poste.
3. François a la possibilité de travailler chez Kodak.

Réagissez en utilisant la phrase **François est surpris que...**

4. Il y a très peu de postes à Toulouse.
5. Le travail est si difficile à trouver.
6. Delphine n'est pas inquiète.

Réagissez en utilisant la phrase **Delphine est heureuse de...**

7. Elle voit les salaires qu'on propose.
8. Elle aide son mari à chercher du travail.
9. Elle encourage son mari.

DELPHINE: Moi, **je veux sortir** ce soir.
FRANÇOIS: Moi, **je préfère que nous restions** à la maison. J'attends un coup de téléphone.

À VOUS DE LE DIRE!

Répondez en utilisant la phrase **Delphine veut...**

10. Sortons ce soir.
11. Allons au cinéma ce soir.
12. Faisons un tour en voiture.

Répondez en utilisant la phrase **François préfère qu'ils...**

13. Restons à la maison.
14. Regardons la télé.
15. Ne sortons pas.
16. Jouons aux cartes.

Reminder, Note grammaticale: Since you already know how to form the subjunctive, you now need only learn which expressions require the subjunctive. All the other rules for the subjunctive apply here.

Note grammaticale

L'emploi du subjonctif et de l'infinitif pour exprimer l'émotion et la volonté

You have already learned to use the subjunctive after expressions of necessity (Chapter 11). The subjunctive is also used after expressions of emotion and verbs of wishing or willing whenever there is a change of subject:

Il est content que tu sois là.
Elle veut que je fasse mes devoirs.

If the subject of the first clause is the same as the subject of the second, use **de** and an infinitive. To express negation, place **ne pas** directly in front of the infinitive:

Je suis contente de voir mes parents.
Elle regrette de ne pas pouvoir venir.

Common expressions of emotion

Regret	*Happiness*
être désolé(e) que (de)	**être content(e) que (de)**
il est dommage que (de)	**être heureux(-se) que (de)**
être navré(e) que (de)	**être ravi(e) que (de)**
regretter que (de)	
être triste que (de)	

Surprise	*Anger*
être étonné(e) que (de)	**être fâché(e) que (de)**
être surpris(e) que (de)	**être furieux(-se) que (de)**

Relief
être soulagé(e) que (de)

Common verbs of wishing or willing

aimer mieux (que)	**exiger (que)**	**préférer (que)**
désirer (que)	**insister pour (que)**	**vouloir (que)**

▲▲▲ d

APPLICATION

E. Les vacances de printemps. Michèle, Roger et Christiane parlent de leurs vacances. Refaites les phrases en exprimant les sentiments indiqués entre parenthèses. Utilisez le subjonctif.

D'abord, c'est Michèle qui parle.

> *Modèle:*   Nous allons à la montagne. (bonheur [happiness])
> *Je suis ravie (contente) que nous allions à la montagne.*

1.   Vous n'avez pas le temps d'aller avec nous. (regret)
2.   Roger ne fait pas de ski. (surprise)
3.   Nous sommes en vacances. (bonheur)
4.   Les prix sont si élevés *(high)*. (colère [anger])

Maintenant ce sont Roger et Christiane qui parlent (**nous**).

5.   Nos parents viennent à Rome avec nous. (bonheur)
6.   Vous ne pouvez pas nous accompagner. (regret)
7.   Il n'y a plus de couchettes dans le train. (colère)
8.   Vous n'allez pas à Chamonix. (surprise)
9.   Nous laissons les enfants à la maison. (soulagement [relief])

F.   Je suis Napoléon Bonaparte! Napoléon Ier, empereur des Français au 19e siècle, avait des manières tyranniques. Imaginez que vous soyez Napoléon. Complétez chaque phrase à l'aide d'une des expressions suivantes et faites les changements nécessaires: **je veux, je désire, je préfère, j'aime mieux, j'exige, j'insiste.**

> *Modèle:*   Vous obéissez.
> *Je veux que vous obéissiez.* ou *J'exige que vous obéissiez.*

1.   Nous allons en Russie.
2.   Tu descends en Espagne.
3.   Elle rencontre le général anglais.
4.   Vous servez un repas somptueux.

5.   Nous finissons la guerre.
6.   Tu punis les traîtres.
7.   Ils vont en Italie.
8.   Vous partez en Égypte.

G.   Réagissons! Chaque fois qu'on entend quelque chose, on réagit négativement ou positivement. Utilisez les expressions que vous avez apprises et employez le subjonctif ou l'infinitif selon le cas.

> *Modèles:*   C'est presque le week-end. (je)
> *Je suis très contente que ce soit presque le week-end.*
>
>   Nous n'allons pas sortir ce week-end. (nous)
> *Nous sommes désolés de ne pas sortir ce week-end.*

1.   Je vais aller au centre commercial. (ils)
2.   Mes amis vont jouer au football. (je)
3.   Ma mère et moi, nous allons devoir nettoyer la maison. (nous)
4.   Je ne vais pas sortir. (je)
5.   Mon frère va faire du ski. (il)
6.   Mon professeur va corriger nos devoirs. (nous)

7. Je vais faire tous mes devoirs de français. (mon prof)
8. Je vais ranger ma chambre. (ma mère)
9. Mes sœurs vont faire les courses. (elles)
10. Je vais me reposer. (je)

H. Des différends. *(Disagreements.)* Vous aimez bien les membres de votre famille, mais de temps en temps vous n'êtes pas d'accord les uns avec les autres. Utilisez les expressions données pour parler des différends entre les membres de votre famille.

Suggestion, Ex. H: If the family members mentioned in the exercise do not apply to you, substitute members of your own family (grandparents, stepfather, stepmother, etc.).

Modèle: J'aime ____ , mais ma mère préfère que ____ .
            J'aime porter des jupes courtes, mais ma mère préfère que je porte des jupes qui descendent jusqu'au genou.

1. J'aime ____ , mais mon père préfère que ____ .
2. Ma mère veut que ____ , mais j'aime mieux ____ .
3. Mon mari insiste pour que ____ .
4. Mes parents exigent que ____ .
5. Mon fils (ma fille) aime ____ , mais moi, je voudrais que ____ .
6. Mes enfants ne veulent pas que ____ .
7. Ma femme insiste pour que ____ .

Relais

Un coup de téléphone

François Maillet est au téléphone avec la directrice du personnel chez Kodak. C'est le moment qu'attendait François, car c'est l'appel qui l'invite à une interview.

FRANÇOIS:	Très bien, Madame. Alors, vendredi à 14h30.
DIRECTRICE:	Oui, Monsieur. Venez dans nos bureaux, 17, rue Garibaldi. C'est le bâtiment en face de la gare.
FRANÇOIS:	Entendu!
DIRECTRICE:	Quand vous arrivez au rez-de-chaussée, prenez l'ascenseur et montez au 5ᵉ étage, tournez à droite et nos bureaux sont là, tout de suite à votre gauche.
FRANÇOIS:	Oui, Madame. Aucun problème, je serai là.
DIRECTRICE:	J'attends notre interview avec plaisir.
FRANÇOIS:	Moi aussi, Madame. Je vous remercie.
DIRECTRICE:	À demain, donc. Au revoir, Monsieur.
FRANÇOIS:	Au revoir, Madame.

À VOUS!

I.   Exercice de compréhension. Répondez aux questions selon ce que vous avez compris du dialogue.

1.   Qui est la dame qui parle avec François?
2.   Pourquoi est-ce qu'elle est au téléphone avec lui?
3.   À quelle heure et quel jour est l'interview?
4.   Où se trouvent les bureaux de Kodak?
5.   Et François, qu'est-ce qu'il doit faire quand il arrive dans le bâtiment?
6.   Quel est le ton de la conversation (avec ou sans formalités, léger, aimable, hostile)?

J.   Prenons rendez-vous. Vous êtes le/la secrétaire dans une grande entreprise et vous êtes au téléphone avec un(e) candidat(e) pour un poste. (Votre camarade de classe va jouer le rôle du/de la candidat[e].) Expliquez à la personne que vous voulez fixer un rendez-vous pour une interview. Expliquez où se trouvent vos bureaux, comment y arriver, quel jour et à quelle heure aura lieu le rendez-vous. Le/la candidat(e) va vous poser des questions.

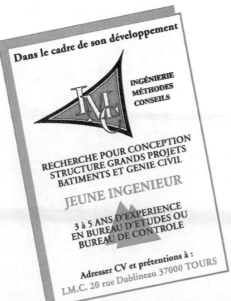

Dans le cadre de son développement

INGÉNIERIE
MÉTHODES
CONSEILS

RECHERCHE POUR CONCEPTION
STRUCTURE GRANDS PROJETS
BATIMENTS ET GENIE CIVIL

JEUNE INGENIEUR

3 à 5 ANS D'EXPERIENCE
EN BUREAU D'ETUDES OU
BUREAU DE CONTROLE

Adresser CV et prétentions à :
I.M.C. 20 rue Dublineau 37000 TOURS

Débrouillons-nous!

Petite révision de l'étape

K.   Échange. Répondez aux questions posées par votre camarade de classe. Ensuite, il/elle va réagir en utilisant une expression d'émotion et le subjonctif.

Modèle: —Est-ce que tu as mal à la tête aujourd'hui?
               —*Non, je n'ai pas mal à la tête.*
               —*Je suis content(e) que tu n'aies pas mal à la tête.*

1. Est-ce que tu es fatigué(e)?
2. Est-ce que tu as beaucoup d'amis?
3. Est-ce que le prochain examen de français va être difficile?
4. Est-ce que tu sais bien jouer au tennis?
5. Est-ce que tu vas sortir ce week-end?
6. Est-ce que tu as un magnétoscope à la maison?
7. Est-ce que tu as des vidéos intéressantes?
8. Est-ce que tu as beaucoup de devoirs ce soir?

L.   Mes qualifications. Dans cette discussion avec vos camarades de classe, vous allez tous parler de votre formation, de vos expériences (travail d'été?) et des qualités qui vous qualifient pour un poste de votre choix.

Modèle: *Moi, j'ai pris trois cours de marketing et plusieurs cours d'informatique. Je m'entends bien avec les gens, je suis très optimiste,... Etc.*

Suggestion, Ex. L: Give your classmates as much information as possible about yourself. Your classmates may ask questions for clarification.

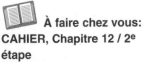
À faire chez vous: CAHIER, Chapitre 12 / 2e étape

FRANCE-SOIR VOUS SIMPLIFIE LA VIE

CARRIÈRES ET EMPLOIS

LES CLÉS DE LA RÉUSSITE

FRAPPER A LA BONNE PORTE   NE PAS NÉGLIGER L'ANGLAIS   ÉVOLUER VERS UNE CARRIÈRE PASSIONNANTE   SE FORMER DANS L'ENTREPRISE

TROISIÈME ÉTAPE

Point de départ

▼▼▼▼▼▼▼▼▼▼▼▼

Une interview

L'avenir est à l'image. Une image qui se développe chez Kodak dans un univers de haute technologie. Pour sa Division Systèmes d'Information des Entreprises qui commercialise des produits et systèmes destinés à l'archivage micrographique et électronique : films et consommables, caméras, systèmes de recherches informatiques et d'imagerie électronique, Kodak recherche des

Ingénieurs commerciaux

PARIS - TOULOUSE

Vous gérerez un territoire géographique ou vertical (organismes gouvernementaux et financiers, grands groupes industriels). Une **solide formation commerciale** et des facultés d'analyse vous permettront d'intervenir à toutes les étapes de la gestion d'un secteur de vente (prospection, analyse, diagnostic, plan d'action, développement des comptes existants). Une **expérience confirmée de la vente** sur des marchés industriels vous a apporté une bonne compréhension des organisations mettant en œuvre l'informatique et un goût prononcé pour les contacts de haut niveau dans l'entreprise. La connaissance de l'anglais est indispensable.

Pour que votre avenir soit à l'image de notre progression, adressez votre candidature (lettre, C.V., photo et prétentions) sous référence 491 Ex à KODAK PATHE - Gestion des Ressources Humaines - 26, rue Villiot - 75594 Paris Cedex 12.

L'avenir est à l'image

À VOUS! (Exercices de vocabulaire)

A. Identifions le vocabulaire. Il y a trois grandes catégories de vocabulaire dans l'offre d'emploi de Kodak. Cherchez les mots qui s'associent à chaque catégorie.

1. Les mots qui s'associent à Kodak
2. Les mots généraux qui s'associent au monde des affaires *(business world)*
3. Les mots qui s'associent au job qui est annoncé

B. Est-ce que vous avez compris? Answer the following questions about the Kodak job ad.

1. In what French cities will the employees be located?
2. Are they looking for engineers? If not, what is the actual job and how do you know? What will the employees do?
3. Why do you think they use the word **ingénieurs** in the ad? What is the effect of this word?
4. What qualifications are the employees supposed to have?
5. Why do you think that fluent English is an absolute requirement?
6. What kind of education are they looking for?
7. The word **bureau** means *office*. What do you think the invented word **bureautique** means?
8. How does the ad play on words that are associated with the products Kodak manufactures?

ALLONS-Y!
Video Program

ACTE 12: SCÈNE 2
UNE INTERVIEW

QUESTIONS DE FOND
1. Que vend la boîte de Monsieur le Carcela?
2. Comment se termine l'entretien entre Monsieur le Carcela et Yannick?
3. Comment cette interview diffère-t-elle d'une interview professionnelle dans votre région?

R·E·P·R·I·S·E

Deuxième étape

C. **Vous vous exprimez.** Vous avez la possibilité d'exprimer vos sentiments à propos des personnes indiquées et de votre propre vie. Complétez les phrases en utilisant le subjonctif ou l'infinitif.

À votre meilleur(e) ami(e)

1. Je suis heureux(-se) que tu...
2. Je suis surpris(e) que tu...
3. Je regrette que tu...
4. Je suis content(e) que tu...

Aux membres de votre famille

5. Je suis fâché(e) que vous...
6. Je suis étonné(e) que vous...
7. Je regrette beaucoup que nous...
8. Je suis content(e) que nous...
9. Je suis soulagé(e) que nous...

En parlant de vous

10. Je suis content(e) de...
11. Je suis fâché(e) de...
12. Je regrette de...
13. Je suis heureux(-se) de...

D. **À l'avenir.** Parlez de la façon dont vous et les gens que vous connaissez envisagent votre avenir. Inspirez-vous des expressions suggérées, mais n'hésitez pas à utiliser d'autres expressions.

Modèles: Je voudrais...
                  Moi, je voudrais trouver un poste comme programmeur.

                  Mes parents veulent... (Ma femme [mon mari] veut...)
                  Mais mes parents veulent que je sois professeur.

1. Je voudrais...
2. Mes parents veulent...
3. J'aimerais...
4. Mon mari (ma femme) exige...
5. Je veux...
6. Ma mère insiste...
7. Je préfère...
8. Ma famille veut...

▲EXPANSION▲GRAMMATICALE▲

Comment identifier les personnes

Quand Delphine rentre du travail, François **lui** dit qu'il vient de recevoir un coup de téléphone de quelqu'un chez Kodak. Delphine veut savoir ce qu'on **lui** a dit.

her

him

DELPHINE:	Raconte! Qu'est-ce qui se passe?
FRANÇOIS:	C'était Mme Sarcelles de chez Kodak. Je **lui** ai parlé pendant presqu'une demi-heure. Je dois être à son bureau vendredi après-midi pour rencontrer ses collègues.

to her

DELPHINE:	Alors, tu as une interview!
FRANÇOIS:	Oui. Je vais **leur** parler pendant une heure.

to them

À VOUS DE LE DIRE!

Répondez en utilisant **lui.**

1. Pendant combien de temps est-ce que François a parlé à Mme Sarcelles?
2. Est-ce qu'il a téléphoné à Mme Sarcelles?
3. Est-ce qu'il va parler à Mme Sarcelles vendredi?
4. Est-ce qu'il va apporter son CV *(résumé)* à Mme Sarcelles?

Répondez en utilisant **leur.**

5. Est-ce qu'il va parler aux collègues de Mme Sarcelles?
6. Est-ce qu'il va expliquer ses qualifications aux collègues?
7. Est-ce qu'il a déjà donné son CV aux collègues?
8. Est-ce qu'il a déjà expliqué sa situation aux collègues?

Le savez-vous

▲▲▲▲▲▲▲▲▲▲▲▲▲▲▲

The percentage of employees who use the familiar tu with their bosses is

a. **14%**
b. **87%**
c. **35%**
d. **56%**

Réponse ▲▲▲

Reminder, Note gram-maticale: Note that **lui** and **leur** take the same positions in sentences as the direct-object pronouns **le, la, l', les,** which you've already learned.

Note grammaticale

Les pronoms d'objet indirect lui et leur

Lui and **leur** are third-person, indirect-object pronouns that replace nouns used as indirect objects. In French, a noun used as an indirect object is introduced by the preposition **à** (or **pour** in the case of **acheter**). The indirect-object pronoun therefore replaces **à** + person.

   Lui replaces **à** + a feminine or masculine singular noun. Only the context makes it clear whether **lui** represents a male or a female.

   Leur replaces **à** + a masculine or feminine plural noun. Again, only the context tells whether **leur** represents males or females (it may also represent a group of both males and females).

   *Note that **lui** and **leur** are used only with people, not with things.* These pronouns take the following positions in sentences:

PRESENT TENSE: **lui** or **leur** + conjugated verb:

> Elle ne **lui** parle pas.
> Il **leur** raconte une histoire.

IMPERATIVE: affirmative command form + **lui** or **leur:**

> Donnez-**lui** cette cassette!
> Montre-**leur** les photos!

PASSÉ COMPOSÉ: **lui** or **leur** + helping verb:

> Je **lui** ai acheté un disque.
> Nous ne **leur** avons pas prêté la vidéo.

CONJUGATED VERB + INFINITIVE: **lui** or **leur** + infinitive:

> On va **lui** apporter des fleurs.
> Ils n'aiment pas **leur** prêter des livres.

These verbs take an indirect object (noun or pronoun):

acheter (pour)	**expliquer**	**prêter**
apporter	**montrer**	**raconter**
apprendre	**obéir**	**téléphoner**
donner	**parler**	

▲▲▲   a

APPLICATION

E. **Rarement, souvent ou jamais?** Répondez aux questions en indiquant si vous faites les choses suivantes **rarement, souvent, jamais, quelquefois** ou **de temps en temps.** Utilisez **lui** ou **leur** dans vos réponses.

Modèle: Est-ce que vous parlez à vos grands-parents?
Oui, je leur parle souvent (quelquefois, de temps en temps). ou
Non, je leur parle rarement. ou *Non, je ne leur parle jamais.*

1. Est-ce que vous téléphonez à vos amis?
2. Est-ce que vous obéissez à vos professeurs?
3. Est-ce que vous parlez à votre professeur de français?
4. Est-ce que vous racontez des histoires à votre ami?
5. Est-ce que vous prêtez de l'argent à vos amis?
6. Est-ce que vous achetez des cadeaux pour votre ami(e)?
7. Est-ce que vous montrez vos devoirs à vos camarades de classe?
8. Est-ce que vous apportez une pomme à votre professeur?

F. **Moi et ma famille.** Vous discutez avec votre camarade de classe des rapports que vous avez avec les membres de votre famille. Chacun(e) d'entre vous contribue au moins une phrase avec les éléments donnés. Utilisez **lui** ou **leur** dans les phrases.

Modèle: (parents) parler / problèmes
—*Moi, je leur parle souvent de mes problèmes.*
—*Ça dépend. Quelquefois je leur parle de mes problèmes.*

1. (parents) montrer / résultats des examens
2. (parents) montrer / notes
3. (mari ou femme) prêter / voiture
4. (frère ou sœur) donner / conseils
5. (professeur) obéir
6. (parents) obéir
7. (parents) présenter / amis
8. (parents) acheter / cadeaux d'anniversaire

G. **Histoire d'un crime.** Quelqu'un vient de cambrioler *(rob)* un magasin. Vous êtes le témoin *(witness)* et vous répondez aux questions de la police. Utilisez **lui** ou **leur** dans vos réponses.

Modèle: Est-ce que vous avez parlé aux cambrioleurs? (oui)
Oui, je leur ai parlé.

1. Qu'est-ce que vous avez dit aux cambrioleurs? (de sortir)
2. Qu'est-ce que vous avez dit aux cambrioleurs? (que nous n'avons pas beaucoup d'argent dans la caisse)
3. Qu'est-ce que vous avez donné au jeune homme? (tout notre argent)
4. Est-ce que vous avez obéi aux cambrioleurs? (oui, bien sûr)
5. Qu'est-ce que vous avez montré à la jeune femme? (les bijoux)

6.   Quand est-ce que vous avez téléphoné aux agents de police? (tout de suite après le crime)

7.   Qu'est-ce que vous avez raconté à l'agent de police? (toute l'histoire)

H. J'ai rangé ma maison. Vos possessions s'accumulent depuis des années dans votre maison. Vous avez décidé de donner ou de vendre certaines choses. Utilisez les éléments donnés et les pronoms **lui** et **leur** pour expliquer ce que vous avez déjà donné et ce que vous allez vendre.

Modèle: à Krista
                 Je lui ai donné des balles de tennis et je vais lui vendre ma raquette.

1.   à mes ami(e)s *(give two names)*
2.   à mon frère (à ma sœur)
3.   à ma cousine
4.   à mes cousins *(give their names)*

5.   à mon voisin
6.   à mon/ma camarade de classe
7.   à ma voisine

Relais

Une interview

François vient d'avoir des interviews avec Mme Sarcelles et ses collègues chez Kodak. Il a fait de son mieux pour impressionner tout le monde et il espère évidemment avoir une réponse favorable en ce qui concerne le poste. L'interview avec Mme Sarcelles a duré une heure et François se rappelle les extraits qui lui ont semblé les plus intéressants.

MME SARCELLES: Pourriez-vous préciser les raisons pour lesquelles vous vous intéressez à ce poste d'ingénieur commercial?

FRANÇOIS:	Eh bien, Madame, j'ai plusieurs raisons. Tout ce qui touche à la vente de produits m'intéresse, de la publicité à la **facturation** à la promotion. Ainsi, dans mes études, je me suis concentré en particulier sur le marketing, les conditions de vente, la psychologie et les besoins du consommateur.	billing
MME SARCELLES:	Oui, je vois que vous avez fait des études aux États-Unis et en Allemagne.	
FRANÇOIS:	C'est là que j'ai pu perfectionner mon anglais et mon allemand.	
MME SARCELLES:	Vous avez trouvé des grandes différences entre la France et les États-Unis?	
FRANÇOIS:	Oui et non. **À première vue,** les Américains semblent plus **décontractés,** moins formels que les Européens; mais **malgré** les apparences, ils ont le même **sens** de la hiérarchie que nous. Cette combinaison **prête parfois à confusion** si on **ne s'y connaît pas.**	At first glance relaxed in spite of / sense sometimes leads to confusion doesn't know about it
MME SARCELLES:	Je vois ce que vous voulez dire. Est-ce que vous vous sentez vraiment prêt à accepter les responsabilités de ce poste?	
FRANÇOIS:	Oui, **tout à fait.** Je sais que j'ai encore beaucoup à apprendre, mais mes voyages, mes études, les connaissances que j'ai faites dans la région toulousaine et mon expérience en ventes, tout m'a préparé à m'établir dans une situation de responsabilité.	absolutely
MME SARCELLES:	Il y a beaucoup de possibilités d'**avancement** dans notre entreprise. Nous demandons à nos cadres de faire preuve d'imagination, d'enthousiasme et d'une bonne dose d'ambition.	promotion

À VOUS!

I.   Vous êtes François. En vous basant sur les renseignements donnés dans l'interview, répondez comme François. Est-ce que vous vous intéressez aux sujets suivants?

> *Modèle:*   les finances
> *Je ne m'intéresse pas aux finances.*

1. les ventes
2. les achats
3. les langues étrangères
4. le monde des affaires
5. la comptabilité
6. le marketing
7. les besoins du consommateur
8. l'informatique
9. l'étude des marchés
10. la facturation
11. la promotion
12. la gestion
13. la publicité
14. les voyages

Reminder, Ex. I: Note that you are asked to respond as François would (that is, you're playing the role of François). Refer to the information he gives (or doesn't give) in his interview.

J. **Une interview.** Vous êtes le patron (la patronne) d'une des entreprises représentées dans les petites annonces de la **Première étape.** Interviewez un(e) de vos camarades de classe qui se présente comme candidat(e) au poste annoncé. Posez des questions qui portent sur les intérêts du (de la) candidat(e), sur sa formation, etc.

Débrouillons-nous! ▲ ▲ ▲ ▲ ▲ ▲ ▲ ▲ ▲

Petite révision de l'étape

K. **Une interview.** Vous cherchez un job dans une colonie de vacances. Votre camarade de classe est le directeur (la directrice) de cette colonie et vous pose des questions. Dans vos réponses, utilisez les pronoms d'objet indirect **lui** et **leur** quand c'est possible.

> *Modèle:*   Est-ce que vous avez parlé de ce job à vos amis?
> *Oui, je leur ai parlé de ce job.*

1. Est-ce que vous avez parlé de ce job à vos professeurs?
2. Est-ce que vous pouvez apprendre quelque chose aux enfants?
3. Est-ce que vous avez montré notre brochure à votre père?
4. Est-ce que vous avez expliqué les responsabilités du job à votre mère?
5. Est-ce que vous savez raconter des histoires aux enfants?
6. Est-ce que vous aimez parler aux enfants?
7. Est-ce que vous allez donner un prix à l'enfant qui est le gagnant aux jeux?
8. Est-ce que vous allez prêter vos affaires aux enfants?

L. **Qu'est-ce que vous faites dans la vie?** Vous allez écrire un article sur une personne dans votre cours de français. Avant d'écrire cet article, vous allez l'interviewer pour obtenir des renseignements à son sujet. Posez des questions pour apprendre ce que fait votre camarade maintenant et ce qu'il (elle) va faire à l'avenir.

Suggestion, Ex. L: Before beginning the interview, write some questions to ask your classmate. After you've interviewed him/her, reverse roles and answer the questions your classmate asks.

À faire chez vous:
CAHIER, Chapitre 12 / 3ᵉ étape

À faire chez vous:
Student Tape

Now that you've completed the first three **étapes** of **Chapitre 12,** do Segment 1 of the STUDENT TAPE. See **CAHIER, Chapitre 12,** *Écoutons!,* for exercises that accompany this segment.

Michel VERGNES

MANUFACTURE FRANÇAISE DES PNEUMATIQUES MICHELIN

AGENCE RÉGIONALE DE TOULOUSE

Z.I. de Thibaud - 30, bd de Thibaud
Tél. 61 41 11 54   B.P. Z.I. de Thibaud - 31084 TOULOUSE CEDEX

QUATRIÈME ÉTAPE

L·E·C·T·U·R·E

Bonnes manières: le guide du parfait Européen

Le concept de l'unification européenne reste assez abstrait vu depuis les Etats-Unis. Mais de temps à autre, un événement, un détail, un ouvrage, nous aident à avoir une vision plus concrète de cette réalité. Récemment, un guide a été édité établissant les règles de courtoisie communes à tout Européen — et même, on pourrait dire, à toute personne qui se réclame d'une culture européenne. Ce *Guide des bonnes manières et du protocole en Europe*, réalisé par Jacques Gandouin recense aussi les particularismes propres aux douze pays de la CEE, permettant ainsi à tous et chacun d'éviter les impairs en affaires, diplomatie, amours ou société.

On devient un interlocuteur plus avisé si l'on sait, par exemple, qu'un Français met les mains sur la table, alors qu'un Anglo-saxon les place sur les genoux, ou si on se souvient qu'en Allemagne on offre à son hôtesse des fleurs sans cellophane, alors qu'en France, on aurait l'air de les avoir volées de la salle à manger de son hôtel.

Le guide n'oublie pas qu'en Europe, toutes les têtes couronnées ne sont pas tombées à la suite de révolutions, et qu'il existe un protocole tout spécial dans les pays monarchiques. En Grande-Bretagne ou en Belgique, vous ne devez jamais poser de question à la reine Elizabeth II ou au roi Baudoin 1er, sauf s'ils vous y invitent. En Belgique aussi, nous dit l'auteur « la personne qui escorte le monarque se tient toujours à sa gauche, en vertu d'un usage médiéval qui voulait que le roi soit protégé, car en cas d'agression, il tirait l'épée de la main droite. » Autre survivance du Moyen-Age : se déganter lorsqu'on sert la main de quelqu'un. A cette époque, une pointe enduite de poison aurait pu se dissimuler dans les gants fort épais.

Après avoir passé en revue, avec humour et avec sérieux, les « usages communément admis dans la CEE », du « comportement général de l'homme civilisé », aux déjeuners et plans de table, en passant par « les hochets de vanité », les décorations, l'auteur présente, dans une seconde partie de son ouvrage, les diversités de chacun des Douze. Dans cette section, il laisse la parole à un intervenant de chaque pays qu'il charge d'expliquer les us et coutumes nationaux.

Manuel pratique pour les Européens à qui il est destiné. On souhaiterait, cependant, en voir paraître une traduction américaine à l'intention de ces Américains pour qui, même avant l'heure de l'unification européenne, le continent était une masse homogène sans la moindre distinction culturelle.

Reminder, Lecture: It's not important that you recognize every word in this reading. Simply try to understand the gist of the text. Remember to rely on cognates and guessing to get the main ideas.

This article was taken from the *Journal français d'Amérique,* 20 avril-3 mai 1990.

À VOUS! (Exercices de compréhension)

A.   Est-ce que vous avez compris? Choisissez les meilleures réponses d'après ce que vous avez lu dans l'article.

1.   Dans cet article, il s'agit

   a. de l'unification européenne
   b. du rapport économique entre les États-Unis et l'Europe
   c. de la diplomatie
   d. des règles de courtoisie des pays européens

2.   Pour les Américains, le concept de l'unification européenne est

   a. concret
   b. abstrait
   c. irréel
   d. négatif

3.   La CEE, c'est

   a. la Communauté évangélique européenne
   b. la Communauté ecclésiastique européenne
   c. la Communauté économique européenne
   d. la Communauté d'entreprises européennes

4.   Dans la CEE, il y a

   a. douze pays
   b. onze pays
   c. treize pays
   d. quatorze pays

5.   Dans son livre, Jacques Gandouin insiste

   a. qu'il y a seulement une culture en Europe
   b. qu'il y a un mélange entre coutumes généralement acceptées et coutumes particulières à chaque pays
   c. qu'il est facile de comprendre la culture européenne
   d. que la culture européenne est comme la culture américaine

6.   En France, lorsqu'on est à table, on met

   a. une main sur la table, l'autre main sur les genoux
   b. les deux mains sur les genoux
   c. les deux mains sur la table

7.   En France, on offre des fleurs

   a. qu'on a volées de la chambre d'hôtel
   b. avec cellophane
   c. sans cellophane
   d. pour la salle à manger

8. Ce manuel de Gandouin est utile parce qu'il

    a. permet d'éviter des faux pas culturels
    b. est amusant
    c. est très sérieux
    d. est traduit en anglais et en japonais

R·E·P·R·I·S·E

Troisième étape

B. Échange: Êtes-vous généreux(-se)? Posez les questions à un(e) camarade pour déterminer s'il (si elle) est généreux(-se) ou pas. Utilisez les pronoms **lui** et **leur** dans vos réponses.

1. Est-ce que vous prêtez souvent de l'argent à vos amis?
2. Est-ce que vous achetez des cadeaux d'anniversaire pour les membres de votre famille?
3. Quel cadeau est-ce que vous avez acheté pour votre mère (père, grand-mère, grand-père, sœur, frère, femme, mari, fils, fille) pour son dernier anniversaire?
4. Est-ce que vous donnez des conseils à votre meilleur(e) ami(e)?
5. Est-ce que vous donnez des jouets aux œuvres charitables à Noël?
6. Est-ce que vous téléphonez à vos amis quand ils sont malades?
7. Est-ce que vous montrez beaucoup d'affection aux membres de votre famille?
8. Est-ce que vous prenez le temps d'expliquer les règles de grammaire à un(e) camarade de classe qui ne les comprend pas?
9. Est-ce que vous prenez le temps de saluer votre professeur de français?
10. Est-ce que vous donnez de votre temps aux autres?

Si vous avez répondu *oui* à toutes ces questions, vous êtes vraiment une personne très généreuse. Si vous avez dit *non* à toutes les questions, il faut peut-être penser un peu plus aux autres. Si vous avez un mélange de réponses *oui* et *non,* vous êtes réaliste et vous agissez selon les circonstances.

À faire chez vous:

Student Tape

CAHIER, Chapitre 12:
Rédigeons! / Travail de fin de chapitre (including STUDENT TAPE, Chapitre 12, Segment 2)

Point d'arrivée

Activités orales

Exprimons-nous!

Here are some terms for responding to a comment with enthusiasm or disappointment.

Pour exprimer son enthousiasme

C'est vachement bien! *That's great!* (informal)
Quelle chance! *What luck!*
Chouette! *Great! Fantastic! Terrific!*
Super!
Cool!
Je suis heureux(-se) pour toi (vous)! *I'm happy for you!*
C'est formidable! *That's great!*
C'est (très) bien! *That's great!*

Pour exprimer la déception

Je suis vraiment déçu(e). *I'm really disappointed.*
J'ai été déçu(e).
Ça m'a beaucoup déçu(e).
C'est vraiment décevant.
C'est vraiment dommage.

C. **Cherchons un poste.** In this two-day project, you will consult the job ads in this chapter, write an application letter, and have an interview with a prospective employer.

1. Look at the job ads in this chapter or create an ad for a job you'd like.
2. As homework, write a letter of application for the job you've selected. Follow the model letter in the **Deuxième étape.**
3. Show your letter to a classmate, who will interview you for the job and decide if you will be hired.

D. **Des conseils.** One of your classmates explains that he/she has one of the following problems. First, express your disappoint-

ment. Then use expressions of necessity and the subjunctive to give some advice for solving the problems.

1. I can't find a job.
2. I'm bored. Every day I do the same things. My life isn't interesting.
3. I can't decide on what profession to choose. I like management, but I prefer French.
4. I'm always tired, but when I go to bed I can't fall asleep.

E. **Qu'est-ce qu'il faut mettre?** With your classmates, decide what's appropriate to wear to an interview for each of the following jobs. Discuss clothing for both men and women, using expressions of both agreement and disagreement.

1. babysitter
2. manager at Kodak
3. cashier at McDonald's
4. salesperson for Perrier

F. **Quelles questions est-ce que nous allons poser?** You and the members of your group are personnel recruiters who must hire someone for one of the following jobs. First, develop a list of interview questions. Then interview two job applicants. Finally, select and announce the more qualified candidate. The applicant who gets the job should express enthusiasm while the other candidate expresses disappointment.

LIST OF JOBS: **professeur de français, mannequin, secrétaire, gérant(e), commerçant(e), chef de rayon de supermarché, programmeur(-se), agent immobilier, chef de publicité, instituteur (institutrice) niveau école primaire, vendeur(-euse) de grand magasin, employé(e) de bureau de poste**

G. **Mon portrait.** Tell your classmate what kind of person you are (personality traits) and what kinds of activities you like. Your classmate will then suggest what kind of job would suit you and explain why. When you're done, reverse roles.

Christophe ARRIVÉ

REALISATEUR – PUBLICITAIRE – MAQUETTISTE

☎ 76.46.94.16

CARAY
CARAY

JEAN-CLAUDE HERMAN
CHEF DES VENTES

10 à 16, Av. de L'île de France
Z.I. des Béthunes
95310 Saint-Ouen-l'Aumône
B.P. : 401 Cergy Pontoise Cedex
Tél. : (3) 037.09.49 + . Télex : 695320 F
EXPO : 4, Av. de Friedland 75008 Paris

mobilier de collectivités
mobilier et agencement de bureaux

PORTRAIT

*François Maillet, Toulouse
(Midi-Pyrénées), France*

Ça fait un an maintenant que j'ai changé de travail. Je suis très content de ma nouvelle situation parce que j'ai déjà eu une promotion et je compte augmenter les effectifs de ma région dans les temps à venir. Être ingénieur commercial responsable d'une région comme Toulouse est intéressant et présente de nombreuses occasions. J'aime surtout le contact que j'ai avec les clients ici en France, aux États-Unis et en Allemagne. Mon plus grand avantage, c'est que je parle couramment l'anglais et l'allemand. C'est beaucoup plus facile de faire des affaires si on peut parler aux clients dans leur langue et quand on connaît un peu leur culture.

Ma femme Delphine continue à enseigner l'anglais au lycée de Toulouse. Mais en même temps elle prépare son doctorat pour changer de poste, elle aussi. Elle veut enseigner à l'université de Toulouse où elle donne déjà des cours d'anglais de temps en temps.

L'été dernier, nous avons fait un voyage aux États-Unis pour visiter la société-mère de Kodak. En même temps, nous avons eu l'occasion de traverser le pays et de visiter les différentes régions des États-Unis. C'était un voyage formidable qui nous a beaucoup plu. Et, bien sûr, nous avons appris beaucoup de choses sur les différentes cultures des États-Unis.

Bref, nous menons une vie très intéressante qui présente beaucoup de «challenges». «Challenges», c'est un mot qui n'a pas vraiment d'équivalent en français et qui couvre à la fois l'aventure et les défis *(challenges)* qui font partie de notre existence.

Profil

Toulouse

SITUATION: dans la région Midi-Pyrénées, dans le département de la
  Haute-Garonne; Toulouse est la capitale de la Haute-Garonne

POPULATION VILLE:
  383 176 habitants

POPULATION AGGLOMÉRATION:
  541 271 habitants

**POPULATION ACTIVE DE LA RÉGION
  MIDI- PYRÉNÉES:** 909 700 habitants

IMPORTANCE ÉCONOMIQUE: construction aéronautique (22 000 personnes),
  capteurs solaires pour les logements, raffinement de pétrole, produits chimiques, complexe aérospacial

ÉCOLES: université de Toulouse, Le Mirail: 2e centre français de recherche
  (45 000 étudiants) avec sept écoles nationales (aéronautique et espace,
  chimie, informatique, hydraulique, agronomie, agriculture, vétérinaire)

INTÉRÊT HISTORIQUE: Toulouse est la capitale historique de la région du Lan-
  guedoc. C'est un centre intellectuel, artistique et politique qui est un grand
  carrefour du sud de la France.

À discuter: Toulouse is well-known for its contribution to the French and
European space program (for example, the space shuttle Ariane was largely
constructed in Toulouse). What are some similar areas in the United States?
What kinds of jobs are likely to be available in such areas?

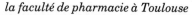

*Centre scientifique de Toulouse:
la «boule», site du microscope électronique*

la faculté de pharmacie à Toulouse

L·E·X·I·Q·U·E

Pour se débrouiller

Pour exprimer son enthousiasme
C'est vachement bien!
Quelle chance!
Chouette!

Je suis heureux(-se) pour toi (vous)!
C'est formidable!
C'est (très) bien!

Pour exprimer sa déception
Je suis vraiment déçu(e).
J'ai été déçu(e).
Ça m'a beaucoup déçu(e).

C'est (vraiment) décevant.
C'est (vraiment) dommage.

Pour exprimer des idées négatives
ne . . . jamais
ne . . . pas
ne . . . pas encore

ne . . . personne
ne . . . plus
ne . . . rien

Pour exprimer l'émotion et la volonté
Regret
être désolé(e) que (de)
il est dommage que (de)
être navré(e) que (de)
être triste que (de)
regretter que (de)
Bonheur
être content(e) que (de)
être heureux(-se) que (de)
être ravi(e) que (de)
Surprise
être étonné(e) que (de)
être surpris(e) que (de)

Colère
être fâché(e) que (de)
être furieux(-se) que (de)
Soulagement
être soulagé(e) que (de)
Volonté
aimer mieux (que)
désirer (que)
exiger (que)
insister pour (que)
préférer (que)
vouloir (que)

Thèmes et contextes

Le monde des affaires
les achats *(m.pl.)*
l'avancement *(m.)*
le cadre
le cadre supérieur
le (la) candidat(e)
le chômage (être en chômage)
le (la) commerçant(e)
le commerce

les conditions *(f.pl.)* de travail
le congé (le congé payé)
les effectifs *(m.pl.)*, le personnel
l'emploi *(m.)*
l'entreprise *(f.)*
la fabrication
la facturation
la filiale
le (la) fonctionnaire
la formation

le (la) gérant(e)
gérer
la gestion
l'industrie *(f.)*
la lettre de candidature
le métier
l'offre *(f.)* d'emploi
le (la) patron(ne)
le poste, le job
la publicité

rentable
les responsabilités *(f.pl.)*
le salaire
le (la) salarié(e)
les services *(m.pl.)*
la société
la succursale
le travail à mi-temps
le travail à plein temps
les ventes *(f.pl.)*

ALLONS-Y!
Video Program

ACTE 12

VOCABULAIRE

SCÈNE 1: CHERCHER UN TRAVAIL

une petite annonce
   a want ad
un stage   *an internship, training*
la boîte   *office* (familier)
licencié   *laid off*
Papy   *Grandpa*
les ventes   *sales*
la gestion   *management*
un entretien   *an interview*
de bouche à oreille
   word of mouth
C'est bien tourné.
   It's well put.

SCÈNE 2: UNE INTERVIEW
le mobilier   *the furniture*
la disponibilité   *the availability*

Isabelle et Martine Moix
Lausanne, Suisse

—Tu n'as rien oublié?
—Non, non. Mais dépêchons-nous!
Le taxi sera bientôt là.

Voyageons!

OBJECTIVES

In this chapter, you will learn:

- to organize a trip;
- to make arrangements to travel by train and by car;
- to talk about geographic location;
- to talk about the future;
- to express agreement and disagreement;
- to understand conversations about travel;
- to read documents and texts dealing with travel.

CHAPTER SUPPORT MATERIALS

Cahier: pp. 317–338

 Student Tape: Chapitre 13 Segments 1, 2

ALLONS-Y!
Video Program

ACTE 13
SCÈNE 1: UN VOYAGE
SCÈNE 2: ON PREND LE TRAIN

▷ Première étape   On fait un voyage
▷ Deuxième étape   On prend le train
▷ Troisième étape   Sur les routes et les autoroutes
▷ Quatrième étape Lecture: **Vacances à bicyclette**

Beaucoup de Français partent en vacances—56,5% en été, 27,5% en hiver et 26% aux deux periodes. Puisque la grande majorité des vacanciers restent en France (87%), il n'est pas surprenant que le principal moyen de transport soit la voiture (75%) contre le train (11%) et l'avion (seulement 6%).

La France a un réseau routier très important, plus de 1 500 000 km de routes et d'autoroutes. Néanmoins, à l'époque des vacances, on voit toujours de longues files de voitures.

Paris—avec ses deux aéroports, Orly et Charles de Gaulle–Roissy occupe la 9ᵉ place mondiale pour l'importance de son trafic aérien (37 millions de passagers par an).

Ouverture culturelle

Chaque année plus de 480 millions de passagers passent par les gares de Paris, telles que la gare de Lyon (ci-dessus).

L'échappée belle

SNCF et **selectour** VOYAGES

Des échappées en train avec Selectour Voyages

LES TRAINS DU SPORT

Les 24 heures du Mans
31 mai et 1er juin

LES TRAINS DU SPECTACLE

Festival d'Avignon
26 et 27 juillet

LES TRAINS DU TOURISME

• Une journée à Rouen et Honfleur
7 et 14 juin
• Kermesse de la bière à Maubeuge
5 juillet
• Lyon, les Dombes et Pérouges
15 août
• Une journée au Parc d'attraction de Bagatelle
7 septembre
• Un week-end en Alsace
27 et 28 septembre
• Le Jura gastronomique
6, 13, 20 et 27 octobre

Demandez la brochure d'information dans votre gare.

La SNCF (Société Nationale des Chemins de Fer Français) gère le système ferroviaire français. Son centre géographique et administratif est Paris. La capitale a six gares, chacune desservant une région délimitée du pays et de l'Europe. Par conséquent, quand vous voulez prendre le train à Paris, il faut savoir non seulement votre destination mais aussi la gare d'où partent les trains pour cette région.

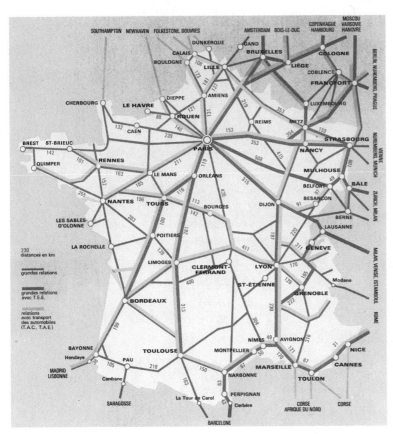

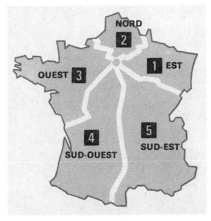

Gare du Nord: région nord (Lille, la Belgique, l'Angleterre; le TGV Nord Europe, l'Eurostar)

Gare de l'Est: région est (Strasbourg, la Suisse, l'Allemagne)

Gare de Lyon: région sud-est (Lyon, Grenoble, Marseille, la Côte d'Azur, l'Italie; le TGV Midi-Méditerranée)

Gare d'Austerlitz: région sud-ouest (Orléans, Tours, Toulouse, Bordeaux, l'Espagne)

Gare Saint-Lazare: région ouest (la Normandie—Rouen, le Havre)

Gare Montparnasse: région ouest (Nantes; la Bretagne—Saint-Malo, Rennes, Brest; le TGV Atlantique sud-ouest; le TGV Atlantique ouest)

Depuis 1981 la SNCF modernise le réseau. Elle a mis en service des lignes régulières de turbo-trains. Le TGV (Train à grande vitesse) offre l'un des services ferroviaires les plus rapides du monde.

GRANDES LIGNES

Guide TGV
Sud-Est
guide pratique, horaires, prix

SNCF
GRANDES LIGNES

À NOUS DE VOUS FAIRE PRÉFÉRER LE TRAIN.

Question:
Give the distance in miles and tell from which station you would depart to travel from Paris to (a) Nancy, (b) Nîmes, (c) Brest (via Rennes), (d) Toulouse, (e) Nice.

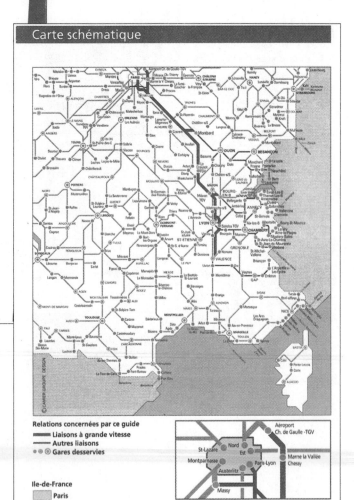

Carte schématique

Relations concernées par ce guide
▬▬▬ Liaisons à grande vitesse
──── Autres liaisons
•●◉ Gares desservies

Ile-de-France
Paris

PREMIÈRE ÉTAPE

Point de départ

▼▼▼▼▼▼▼▼▼▼▼▼▼▼▼▼▼▼▼▼

On fait un voyage

Le TGV a été inauguré en 1981 après dix ans de projets et de construction. En 1991, plus de 50 pour cent de la totalité du trafic ferroviaire national se fait par le TGV et ce **chiffre** augmente d'année en année. Le *Guide du voyageur TGV* fournit tous les renseignements nécessaires.

figure

ALLONS-Y!
Video Program

ACTE 13: SCÈNE 1
UN VOYAGE

QUESTIONS DE FOND
1. Quels sont deux avantages du TGV?
2. Le code de la route française, est-il différent du nôtre? Expliquez.

LA RESERVATION TGV : OBLIGATOIRE   LA RESERVATION TGV : OBLIGATOIRE   LA RESERVATION TGV : OBLIGATOIRE

Dans le TGV, pour votre plus grand confort,
tous les voyageurs sont assis.
Pour qu'il n'y ait pas plus de passagers que de places assises,
la réservation est **obligatoire**.

Deux solutions sont envisageables :

1. VOUS POUVEZ ORGANISER VOTRE DÉPART AVANT VOTRE ARRIVÉE À LA GARE

Achetez alors votre billet et ré-servez votre place à l'avance :
● Par correspondance : à partir de 6 mois avant la date de votre départ.
● Au guichet des 1500 gares et des agences de voyages agréées assu-rant la réservation : dans les 2 mois qui précèdent votre départ et jus-qu'à la limite du temps qui vous est nécessaire pour rejoindre la gare de départ.
● Par téléphone en gare : à partir de 2 mois avant votre départ. Un numéro de dossier vous est com-muniqué ainsi que la date limite de retrait de vos places.
Vous pouvez effectuer ce retrait dans le point de vente de votre choix (gare ou agence de voya-ges) équipé d'un terminal.
Il vous suffit de fournir au vendeur les trois éléments suivants :

– le numéro de dossier
– votre nom
– la date de départ.

En cas de non-retrait dans le délai fixé, les attributions de places seront annulées automatiquement par le système de réservation.

● Par MINITEL : à partir de 2 mois avant votre départ. Les places commandées par MINITEL sont retirées dans les mêmes condi-tions que celles réservées par téléphone.

Pour la restauration à la place en 1re classe, la réservation est nécessaire afin de vous assurer un service de qualité. Vous pouvez réserver votre repas (sauf par MINITEL) en même temps que votre place, jusqu'à une heure avant le départ du TGV de sa gare d'origine.

2. VOUS N'AVEZ PAS PU ORGANISER VOTRE DÉPART AVANT VOTRE ARRIVÉE À LA GARE

POUR DÉPART IMMÉDIAT
● Vous n'avez pas de billet
Au guichet de la gare de départ, un vendeur SNCF vous délivre en une seule fois et jusqu'au dernier moment (quelques minutes avant votre départ) :
– votre billet,
– votre réservation TGV et le sup-plément éventuel (cf. page 7).
Pour permettre à un plus grand nombre de voyageurs n'ayant pas leur billet d'emprunter le premier TGV offrant des places disponi-bles, une procédure de "réserva-tion rapide au guichet" a été mise en place. Elle consiste à attribuer une place dans ce premier TGV possible mais, comme la demande est tardive, elle ne permet pas automatiquement le choix entre "fumeurs", "non fumeurs", "coin-fenêtre", "coin-couloir".

● Vous avez déjà votre billet ou une carte d'abonnement
Un système de réservation rapide "libre-service" est à votre disposition.
Sur le quai ou sur le parcours d'accès au train, des distributeurs marqués "TGV réservation rapide" vous permettent d'obtenir des places dans le premier TGV ayant des places disponibles et partant

dans l'heure et demie qui suit la demande (1). Mais, comme votre demande est tardive, cette attribu-tion de places ne permet pas le choix entre "fumeurs", "non fumeurs", "coin-fenêtre", "coin-couloir" et "repas à la place".

Pour vous permettre de partir plus tôt, et si vous avez préalable-

(1) Certains TGV étant à supplément, le distributeur vous aura préalablement offert de rechercher votre place, soit dans tous les TGV, avec et sans supplément, partant dans l'heure et demie qui suit, soit dans les seuls TGV sans supplément.

5

À VOUS! (Exercices de compréhension)

A. La réservation TGV: obligatoire. Your parents and their friends are planning a trip to France. They would like the chance to travel on one of the world's fastest trains, the TGV. Their travel agent has sent them a bro-chure, but, unfortunately, they do not read French. Read the section from the brochure reproduced above. Then answer your parents' questions.

1. Do we need a reservation?
2. Can we make a reservation in advance? If yes, how? If no, why not?
3. Is it a problem if we decide at the last minute to take the TGV?
4. Would we have to reserve meals if we want to eat on the train?

PARIS ▷ GENÈVE ▷ ÉVIAN

Pour connaître le prix correspondant à la couleur de votre RESA TGV, consultez le tableau "Prix des Relations" p. 10 et 11.
TGV ne circulant pas ce jour-là.

N° du TGV		EC 921	EC 923	913	EC 925	EC 927	EC 929
Restauration		🍴	🍴	🍴		🍴	🍴
Paris-Gare de Lyon	D	7.35	10.36	10.36	14.32	17.40	19.13
Mâcon-TGV	A	9.15			16.13		
Bourg-en-Bresse	A				16.32		21.09
Culoz	A				17.21		
Bellegarde	A	10.37	13.34	13.34	17.45	20.41	22.15
Genève	A	11.08	14.05		18.15	21.11	22.45
Annemasse	A	a	a	14.16	a	a	a
Thonon-les-Bains	A	a	a	14.40	a	a	a
Évian-les-Bains	A	a	a	14.53	a	a	a

SEMAINES TYPES

du 2 juin au 5 juillet et du 2 au 28 septembre	Lundi	2	4		3	1	1
	Mardi	2	4		4	1	1
	Mercredi	2	4		4	1	1
	Jeudi	2	4		4	1	1
	Vendredi	2	1		1	4	3
	Samedi	1	1		3	1	1
	Dimanche	1	1		3	3	3
du 06 juillet au 1er septembre	Lundi	1	4		3	1	1
	Mardi	2	4		4	1	1
	Mercredi	2	4		4	1	1
	Jeudi	2	4		4	1	1
	Vendredi	1	1		1	4	3
	Samedi	1	1	1	1	1	1
	Dimanche	1	1	1	3	1	1

JOURS PARTICULIERS

JUIN	Vendredi 28	2	1		4	4	4
	Samedi 29	1	4	4	4	1	1
	Dimanche 30	1	1	1	3	3	3
JUILLET	Vendredi 5	2	1		4	4	4
	Samedi 6	1	4	4	4	1	1
	Dimanche 7	1	4	4	4	1	1
AOÛT	Vendredi 2	1	1		4	4	4
	Samedi 3	1	4	4	4	1	1
	Mercredi 14	2	4		4	4	4
	Jeudi 15	2	4	4	4	1	1

A Arrivée   D Départ   a Correspondance à Bellegarde.
Pour les gares de Mâcon-TGV, Bourg-en-Bresse et Culoz voir également le tableau page 36.
🍴 Service restauration à la place en 1re classe, en réservation.
EC EuroCity.

34

ÉVIAN ▷ GENÈVE ▷ PARIS

Pour connaître le prix correspondant à la couleur de votre RESA TGV, consultez le tableau "Prix des Relations" p. 10 et 11.
TGV ne circulant pas ce jour-là.

N° du TGV		EC 920	EC 922	EC 924	916	EC 926	EC 928
Restauration		🍴	🍴	🍴	🍴	🍴	🍴
Évian-les-Bains	D	a	a	a	15.57	a	a
Thonon-les-Bains	D	a	a	a	16.10	a	a
Annemasse	D	a	a	a	16.33	a	a
Genève	D	7.09	10.02	13.01		16.50	19.29
Bellegarde	D	7.35	10.29	13.28	17.19	17.19	19.56
Culoz	D						20.22
Bourg-en-Bresse	D				18.26	18.26	
Mâcon-TGV	D			14.54	18.47	18.47	
Paris-Gare de Lyon	A	10.39	13.34	16.38	20.31	20.31	23.09

SEMAINES TYPES

du 2 juin au 5 juillet et du 2 au 28 septembre	Lundi	4	1	3		4	1
	Mardi	1	1	4		4	1
	Mercredi	1	1	4		4	1
	Jeudi	1	1	4		4	1
	Vendredi	1	2	4		4	3
	Samedi	1	1	1		3	1
	Dimanche	1	1	3		4	3
du 06 juillet au 1er septembre	Lundi	3	1	3		4	1
	Mardi	1	1	4		4	1
	Mercredi	1	1	4		4	1
	Jeudi	1	1	4		4	1
	Vendredi	1	2	4		3	3
	Samedi	1	1	1	1	1	1
	Dimanche	1	1	3	4	4	3

JOURS PARTICULIERS

JUIN	Samedi 29	1	1	1	3	3	1
	Dimanche 30	1	1	3	4	4	3
JUILLET	Dimanche 28	1	1	3	4	4	4
	Lundi 29	4	1	3		4	1
AOÛT	Jeudi 15	1	1	4	4	4	4
	Dimanche 18	1	1	3	4	4	4
	Lundi 19	4	1	3		4	1
SEPTEMBRE	Dimanche 1er	1	1	3	4	4	4
	Lundi 2	4	1	3		4	1
	Dimanche 8	1	1	3	4	4	4
	Lundi 9	4	1	3		4	1

A Arrivée   D Départ   a Correspondance à Bellegarde.
Pour les gares de Culoz, Bourg-en-Bresse et Mâcon-TGV voir également le tableau page 37.
🍴 Service restauration à la place en 1re classe, en réservation.
EC EuroCity.

35

B. Consultons l'horaire. *(Let's look at the timetable.)* Votre amie Michèle, qui habite à Paris, veut prendre le TGV pour aller à Genève samedi, 6 juillet. Regardez l'horaire du *Guide des voyageurs TGV* reproduit ci-dessus et répondez aux questions suivantes.

1. Michèle veut partir le plus tôt possible samedi matin. Quel train peut-elle prendre? Est-ce qu'on sert des repas dans ce train? À quelle heure va-t-elle arriver à Genève?
2. Michèle veut rentrer le plus tard possible dimanche, 7 juillet. Quel train peut-elle prendre? Est-ce qu'on sert des repas dans ce train?
3. Au mois de juin, combien de trains TGV desservent Genève-Paris *tous les jours* de la semaine? Combien de trains TGV desservent Genève-Paris le week-end seulement (le samedi et le dimanche)?

▲EXPANSION▲GRAMMATICALE▲

Comment désigner les lieux géographiques

Isabelle Moix est professeur d'histoire à l'université de Lausanne, en Suisse. Sa sœur Martine est photographe. Les deux jeunes femmes sont en train de parler des nombreux voyages de Martine.

ISABELLE: Comment? Tu pars encore? Mais tu viens de rentrer **du** Canada, **des** États-Unis et **d'**Angleterre! Et le mois prochain tu vas **au** Portugal!

MARTINE: Oui, je le sais. Et avant d'être **à** Lisbonne, il faut que j'aille dans le Midi de la France, **à** Nîmes.

ISABELLE: Ah, tu vas **en** France? Moi, j'aimerais bien t'accompagner.

MARTINE: Ça serait chouette. Mais, attention! Je suis obligée d'aller **en** Espagne avant de rentrer **en** Suisse.

À VOUS DE LE DIRE!

Répondez aux questions en utilisant le verbe **aller** et la préposition **en.**

1. Est-ce que Martine va visiter la France? (Oui, elle va aller ____ .)
2. Est-ce qu'elle va aussi visiter l'Espagne?
3. Est-ce qu'elle va aussi visiter l'Angleterre?

Répondez aux questions en utilisant le verbe **aller** et les prépositions **au** ou **aux.**

4. Est-ce que Martine a visité le Canada? (Oui, elle est allée ____ .)
5. Est-ce qu'elle a visité les États-Unis?
6. Est-ce qu'elle a visité le Portugal?

Répondez aux questions en utilisant le verbe **rentrer** et les prépositions **de** ou **du** ou **des**.

7. Est-ce que Martine est toujours au Canada? (Non, elle est déjà rentrée _____ .)
8. Est-ce qu'elle est toujours aux États-Unis?
9. Est-ce qu'elle est toujours en Angleterre?

Grammar: Israël is an exception to the rule that names of countries are preceded by a definite article: **Israël se trouve au Proche-Orient.**

A few city names include a definite article—for example, **le Havre, le Caire, la Nouvelle-Orléans.** After the prepositions **à** and **de,** the article in a city name follows the basic rules for contractions: **Mes parents ont habité au Caire pendant cinq ans. Nous arrivons de la Nouvelle-Orléans.**

Note grammaticale

Les noms géographiques et les prépositions

You have already learned that most city names in French appear without an article. Most other geographical names are preceded by a definite article, including continents (**l'Europe**), countries (**la France**), provinces (**la Normandie**), rivers (**la Seine**), and mountains (**les Alpes**):

La France a une population de 55 millions de personnes.
J'adore **la Suisse.**
Elle connaît très bien **les États-Unis.**

However, when you wish to express the idea of being *in* or *at* a place or of going *to* or coming *from* somewhere, the definite article either disappears (**en France, d'Alsace**) or is combined with the preposition **à** or **de:** (**aux États-Unis, du Maroc**).

	Feminine country or masculine country beginning with vowel	*Masculine country beginning with consonant*	*Plural country*
to, in, at	**en**	**au**	**aux**
from	**de (d')**	**du**	**des**

1. The great majority of geographical names ending in **-e** are feminine: **la France, la Bretagne, la Chine, la Belgique.** Two exceptions are **le Mexique** and **le Zaïre.**
2. Geographical names ending in a letter other than **-e** are usually masculine: **le Canada, le Japon, le Danemark, Israël, les États-Unis.** Remember, however, that masculine names beginning with a vowel or a vowel sound use **en** and **de (d')** to allow for liaison and elision: **en Iran, d'Irak.**

APPLICATION

C. Où est-ce qu'on parle...? En employant les pays entre parenthèses, indiquez où on parle les langues suivantes. Utilisez la dernière lettre du nom
de ces pays pour deviner leur genre, mais attention aux exceptions!

> *Modèle:*   —Où est-ce qu'on parle allemand? (Allemagne / Suisse)
> —*On parle allemand en Allemagne et en Suisse.*

1. Où est-ce qu'on parle français? (France / Tunisie / Canada / Maroc)
2. Où est-ce qu'on parle anglais? (Angleterre / Australie)
3. Où est-ce qu'on parle chinois? (Chine)
4. Où est-ce qu'on parle espagnol? (Espagne / Pérou / Argentine / Mexique)
5. Où est-ce qu'on parle japonais? (Japon)
6. Où est-ce qu'on parle suédois? (Suède)
7. Où est-ce qu'on parle portugais? (Portugal / Brésil)
8. Où est-ce qu'on parle russe? (Russie)

LES PAYS DU MONDE

L'Europe (f.)

l'Allemagne *(f.)*
l'Angleterre *(f.)*
la Belgique*
le Danemark
l'Espagne *(f.)*
la France*
la Grèce
l'Italie *(f.)*
les Pays-Bas *(m.pl.)*
le Portugal
la Russie
la Suède
la Suisse*

L'Asie (f.)

la Chine
l'Inde *(f.)*
le Japon
le Viêt-nam

L'Amérique du Nord (f.)

le Canada*
les États-Unis *(m.pl.)*
le Mexique

L'Amérique du Sud

l'Argentine *(f.)*
le Brésil
la Colombie
le Pérou
le Vénézuela

**Supplementary vocabu-
lary:** Feminine countries:
**l'Arabie Saoudite,
l'Autriche** *(Austria),*
**la Bolivie, la Bulgarie,
la Finlande, la Hollande,
l'Indonésie, la Jordanie,
la Norvège, la Pologne,
la Roumanie, la Thaï-
lande, la Turquie.**
Masculine countries:
**le Chili, le Guatémala,
le Kenya, le Liban**
(Lebanon), **le Nicaragua,
le Nigéria, le Pakistan,
Panama, les Pays-Bays,
le Soudan.**

L'Afrique (f.)

l'Afrique du Sud
l'Algérie* *(f.)*
le Cameroun*
la Côte d'Ivoire* *(f.)*
la Libye
le Maroc*
le Sénégal*
la Tunisie*
le Zaïre*

Le Proche-Orient

l'Égypte *(f.)*
l'Irak *(m.)*
l'Iran *(m.)*
Israël *(m.)*
la Syrie

L'Océanie (f.)

l'Australie *(f.)*
la Nouvelle-Zélande
les Philippines *(f.pl.)*

* Pays francophone = où le français est une des langues parlées.

D. Où se trouve...? Indiquez dans quel pays se trouvent les villes suivantes.

Modèle: Paris   *Paris se trouve en France.*

1. Madrid   2. Montréal   3. Rome   4. Berlin   5. Tokyo   6. Londres
7. la Nouvelle-Orléans   8. Moscou   9. Lisbonne   10. Bruxelles
11. Mexico   12. Jérusalem   13. Beijing   14. Dakar   15. Copenhague
16. Buenos Aires   17. Manille   18. Calcutta   19. Genève   20. le Caire

E. Un congrès mondial. *(An international meeting.)* Voici la liste des délégués à un congrès international de jeunes. Précisez le nombre de délégués qui viennent des pays suivants.

Modèle: la France (12)   *Il y a douze délégués de France.*

1. l'Algérie (3)   2. l'Allemagne (10)   3. la Belgique (5)   4. le Canada (10)
5. le Cameroun (2)   6. la Côte d'Ivoire (6)   7. le Danemark (2)   8. les États-Unis (8)   9. l'Iran (4)   10. Israël (7)   11. l'Italie (6)   12. le Mexique (5)   13. la Suisse (7)   14. les Philippines (1)

F. Est-ce que tu as déjà visité...? Quand on vous demande si vous avez déjà visité les pays suivants, répondez selon votre situation personnelle.

Modèle: la Suisse
      —*Est-ce que tu as déjà visité la Suisse?*
      —*Oui, je suis allé(e) en Suisse avec ma famille (des amis, un groupe de ____). ou Non, je n'ai jamais visité la Suisse, mais je voudrais bien aller en Suisse un jour. ou Non, et je n'ai vraiment pas envie d'aller en Suisse.*

1. la France   2. l'Angleterre   3. le Japon   4. le Mexique   5. la Chine
6. Israël   7. la Côte d'Ivoire   8. le Canada   9. ???

G. D'où vient ta famille? Demandez à deux camarades de classe d'où viennent la famille de leur père et de leur mère. Ensuite, expliquez à un(e) autre étudiant(e) ce que vous avez appris.

Modèle: —*D'où vient ta famille?*
      —*La famille de mon père vient d'Angleterre et la famille de ma mère vient de Grèce.*
      —*Ah, Heather est d'origine anglaise et grecque.*

Relais

Notre itinéraire

Having decided

Ayant décidé d'accompagner sa sœur dans le Midi de la France, Isabelle Moix lui pose des questions sur leur itinéraire.

ISABELLE:	Alors, quand est-ce qu'on part?
MARTINE:	Le matin du 17.
ISABELLE:	On prend l'avion?
MARTINE:	Mais non. On prend le TGV jusqu'à Marseille. C'est très rapide et moins cher que l'avion.
ISABELLE:	Bon, d'accord. On couche à Marseille la première nuit?
MARTINE:	À mon avis, ce n'est pas nécessaire. Nous pouvons louer une voiture à Marseille. Nîmes n'est pas loin de Marseille. Puis on passe trois jours à Nîmes. Moi, je dois photographier les ruines, mais toi, tu peux visiter la région si tu veux.
ISABELLE:	**J'aimerais bien ça.** Et on repart le 21?
MARTINE:	Oui, c'est ça. On quitte Nîmes après le petit déjeuner, on **dépose** la voiture à Marseille et toi, tu reprends le train pour Genève.
ISABELLE:	Tu ne viens pas avec moi?
MARTINE:	Non, rappelle-toi, il faut que j'aille en Espagne. Je vais rentrer le 26 ou le 27.

I'd really like that.

drop off

Exprimons-nous!

Voici des verbes qu'on emploie en parlant d'un itinéraire:

partir	**On part** le matin du 4.
prendre	**On prend** le train jusqu'à Toulouse.
coucher	**On couche** la première nuit à Toulouse.
repartir	**On repart** le lendemain matin *(the next morning)*.
passer	**On passe** deux jours à Carcassonne.
reprendre	**On reprend** le train à Montpellier.
rentrer	**On rentre** à Paris le soir du 8.

Le savez-vous?
▲▲▲▲▲▲▲▲▲▲▲▲▲▲▲
When you buy a train ticket in France, you can also make all of the following arrangements *except*
a. rent a car
b. rent a bike
c. make airline reservations
d. make hotel reservations

Réponse ▲▲▲

À VOUS! (Exercices de vocabulaire)

H. Non. Moi, je voudrais... Vous organisez un voyage avec un(e) camarade. Chaque fois que vous proposez quelque chose, votre ami(e) a une autre idée. Vous n'êtes pas difficile; vous acceptez la suggestion de votre camarade.

Modèle: passer deux jours à Colmar / trois
—*On peut passer deux jours à Colmar.*
—*Non. Moi, je voudrais passer trois jours à Colmar.*
—*Bon, d'accord. On va passer trois jours à Colmar.*

1. partir le 5 juillet / le 3
2. prendre le train jusqu'à Nancy / jusqu'à Strasbourg
3. louer des vélos à la gare de Strasbourg / emporter *(to bring)* nos vélos dans le train
4. coucher la première nuit à Strasbourg / à Obernai
5. repartir le lendemain matin / le lendemain après-midi
6. passer deux jours au Haut-Koenigsbourg / un jour
7. visiter d'abord Colmar et ensuite Ribeauville / d'abord Ribeauville et ensuite Colmar
8. rester en France / aller en Suisse
9. reprendre le train à Mulhouse / à Bâle
10. rentrer le 10 juillet / le 11

I. Une semaine dans le sud-ouest de la France. Peter Robidoux et son «frère» français Alain parlent d'un voyage qu'ils vont faire. Consultez le plan, puis complétez leur dialogue.

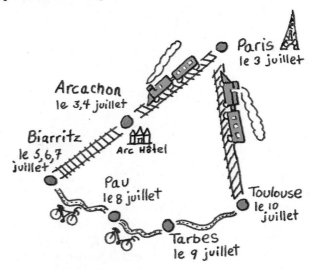

PETER:	Quel jour est-ce qu'on part?
ALAIN:	————
PETER:	Jusqu'où est-ce qu'on prend le train?
ALAIN:	————
PETER:	J'emporte mon vélo?
ALAIN:	————

▲▲▲ C

PETER: Où est-ce que nous couchons les deux premières nuits?
ALAIN: _____
PETER: D'accord. Et ensuite on va à Biarritz. On y va à vélo?
ALAIN: Non, c'est trop loin. On prend le train. Combien de jours
           est-ce que tu veux passer à Biarritz?
PETER: _____
ALAIN: Est-ce que tu as envie d'aller en Espagne?
PETER: Non, _____ . Ensuite une nuit à Pau et une nuit à Tarbes.
ALAIN: Quel jour est-ce qu'on rentre à Paris?
PETER: _____
ALAIN: Où est-ce qu'on reprend le train pour rentrer?
PETER: _____

▲ ▲ ▲ ▲ ▲ ▲ ▲ ▲ ▲ Débrouillons-nous! ▲ ▲ ▲ ▲ ▲ ▲ ▲ ▲

Petite révision de l'étape

J.   Échange scolaire. Des étudiants venus de pays différents se réunissent à Paris avant de partir dans un des pays étrangers. En lisant les étiquettes qu'ils portent, indiquez pour chaque personne: (a) de quel pays il/elle vient, (b) dans quelle ville il/elle va et (c) dans quel pays se trouve cette ville.

1.   Michèle Bosquet / Belgique / New York
2.   Najip Bouhassoun / Maroc / Londres
3.   Louise Hébert / Rouen / Madrid
4.   Keke Fleurissant / Haïti / Genève
5.   Monique Dupuy / Suisse / le Caire
6.   Renée Thibault / Québec / Dijon
7.   Angèle Kingué / Cameroun / Paris
8.   Paul Tauriac / Louisiane / Rome

K.   Organisons un voyage! You and two classmates are planning a short vacation trip starting in Paris. To begin, each of you proposes one of the places listed below. When someone objects to each suggestion, you agree on a fourth destination (also chosen from the list). Then decide when you will leave, which station your train will leave from (see the **Ouverture**), how long you will spend, and when you will return to Paris.

POSSIBLE DESTINATIONS: **Madrid / Rome / Munich / Nice / Zurich / Strasbourg / Londres / Lisbonne**

Note, Ex. K: Use expressions for suggesting (p. 161) and for agreeing and disagreeing (p. 577).

À faire chez vous: CAHIER, Chapitre 13 / 1ère étape

ALLONS-Y!
Video Program

ACTE 13: Scène 2
ON PREND LE TRAIN

QUESTIONS DE FOND
1. Donnez deux moyens d'acheter un billet de train en France.
2. Pourquoi faut-il composter votre billet?
3. Quelles sont deux différences entre les gares françaises et les gares américaines?

DEUXIÈME ÉTAPE

Point de départ

▼ ▼ ▼ ▼ ▼ ▼ ▼ ▼ ▼ ▼ ▼ ▼ ▼ ▼

On prend le train

François Maillet est obligé de voyager entre Toulouse et Paris deux ou trois fois par mois. Il prend quelquefois le TGV à partir de Bordeaux.

Michel Kerguézec et sa sœur Sophie prennent un omnibus de Locmariaquer à Nantes pour rendre visite à leur grand-mère.

Quand la famille de Claire Maurant part en vacances, elle prend un train avec des voitures spéciales aménagées pour enfants.

La SNCF publie un *Guide pratique du voyageur* pour aider les voyageurs à réussir leurs voyages. En voici un extrait:

METTEZ-VOUS EN TRAIN

1. VOUS AVEZ DÉCIDÉ DE PRENDRE LE TRAIN. CHOISISSEZ VOTRE HORAIRE EN PÉRIODE BLEUE OU BLANCHE, VOUS VOYAGEREZ PLUS CONFORTABLEMENT...

2. ...ET VOUS DISPOSEREZ DE RÉDUCTIONS PLUS NOMBREUSES.

3. LORSQUE VOUS ACHETEZ VOTRE BILLET PRENEZ UNE RÉSERVATION ! VOUS SEREZ SÛR D'ÊTRE ASSIS

4. VOUS PARTEZ ? ARRIVEZ QUELQUES MINUTES EN AVANCE POUR PRENDRE TRANQUILLEMENT VOTRE TRAIN.

5. LE TABLEAU GÉNÉRAL DES TRAINS AU DÉPART INDIQUE LE NUMÉRO DE VOTRE QUAI.

6. COMPOSTEZ VOTRE BILLET, POUR LE VALIDER.

7. VOUS RETROUVEREZ LE NUMÉRO DE VOTRE VOITURE (INDIQUÉ SUR LA RÉSERVATION) SUR LE TABLEAU DE COMPOSITION DES TRAINS OU A L'EXTÉRIEUR DES VOITURES.

8. ET VOTRE PLACE SERA INDIQUÉE A L'INTÉRIEUR DES COMPARTIMENTS SUR LE HAUT DES FAUTEUILS. BON VOYAGE !

À VOUS! (Exercices de compréhension)

A. Comment bien voyager. Your aunt and uncle are planning to travel through France by train next summer. From the pages of the *Guide pratique du voyageur* (above), select at least five things they should know about taking the train in France.

Note culturelle

La SNCF divise l'année en trois périodes: **les jours bleus, les jours blancs** et **les jours rouges.** On encourage les voyageurs à choisir, de préférence, **les jours bleus**: il y a moins de voyageurs et les billets coûtent moins cher. Les prix sont plus élevés pendant **les jours blancs** (au début et à la fin du week-end) et surtout pendant **les jours rouges** (à l'époque des vacances et des fêtes).

Juin 89	Juil. 89	Août 89	Sept. 89	Oct. 89	Nov. 89
Je. 1	Sa. 1	Ma. 1	Ve. 1	Di. 1	Me. 1
Ve. 2	Di. 2	Me. 2	Sa. 2	Lu. 2	Je. 2
Sa. 3	Lu. 3	Je. 3	Di. 3	Ma. 3	Ve. 3
Di. 4	Ma. 4	Ve. 4	Lu. 4	Me. 4	Sa. 4
Lu. 5	Me. 5	Sa. 5	Ma. 5	Je. 5	Di. 5
Ma. 6	Je. 6	Di. 6	Me. 6	Ve. 6	Lu. 6
Me. 7	Ve. 7	Lu. 7	Je. 7	Sa. 7	Ma. 7
Je. 8	Sa. 8	Ma. 8	Ve. 8	Di. 8	Me. 8
Ve. 9	Di. 9	Me. 9	Sa. 9	Lu. 9	Je. 9
Sa. 10	Lu. 10	Je. 10	Di. 10	Ma. 10	Ve. 10
Di. 11	Ma. 11	Ve. 11	Lu. 11	Me. 11	Sa. 11
Lu. 12	Me. 12	Sa. 12	Ma. 12	Je. 12	Di. 12
Ma. 13	Je. 13	Di. 13	Me. 13	Ve. 13	Lu. 13
Me. 14	Ve. 14	Lu. 14	Je. 14	Sa. 14	Ma. 14
Je. 15	Sa. 15	Ma. 15	Ve. 15	Di. 15	Me. 15
Ve. 16	Di. 16	Me. 16	Sa. 16	Lu. 16	Je. 16
Sa. 17	Lu. 17	Je. 17	Di. 17	Ma. 17	Ve. 17
Di. 18	Ma. 18	Ve. 18	Lu. 18	Me. 18	Sa. 18
Lu. 19	Me. 19	Sa. 19	Ma. 19	Je. 19	Di. 19
Ma. 20	Je. 20	Di. 20	Me. 20	Ve. 20	Lu. 20
Me. 21	Ve. 21	Lu. 21	Je. 21	Sa. 21	Ma. 21
Je. 22	Sa. 22	Ma. 22	Ve. 22	Di. 22	Me. 22
Ve. 23	Di. 23	Me. 23	Sa. 23	Lu. 23	Je. 23
Sa. 24	Lu. 24	Je. 24	Di. 24	Ma. 24	Ve. 24
Di. 25	Ma. 25	Ve. 25	Lu. 25	Me. 25	Sa. 25
Lu. 26	Me. 26	Sa. 26	Ma. 26	Je. 26	Di. 26
Ma. 27	Je. 27	Di. 27	Me. 27	Ve. 27	Lu. 27
Me. 28	Ve. 28	Lu. 28	Je. 28	Sa. 28	Ma. 28
Je. 29	Sa. 29	Ma. 29	Ve. 29	Di. 29	Me. 29
Ve. 30	Di. 30	Me. 30	Sa. 30	Lu. 30	Je. 30
	Lu. 31	Je. 31		Ma. 31	

Déc. 89	Jan. 90	Fév. 90	Mars 90	Avril 90	Mai 90
Ve. 1	Lu. 1	Je. 1	Je. 1	Di. 1	Ma. 1
Sa. 2	Ma. 2	Ve. 2	Ve. 2	Lu. 2	Me. 2
Di. 3	Me. 3	Sa. 3	Sa. 3	Ma. 3	Je. 3
Lu. 4	Je. 4	Di. 4	Di. 4	Me. 4	Ve. 4
Ma. 5	Ve. 5	Lu. 5	Lu. 5	Je. 5	Sa. 5
Me. 6	Sa. 6	Ma. 6	Ma. 6	Ve. 6	Di. 6
Je. 7	Di. 7	Me. 7	Me. 7	Sa. 7	Lu. 7
Ve. 8	Lu. 8	Je. 8	Je. 8	Di. 8	Ma. 8
Sa. 9	Ma. 9	Ve. 9	Ve. 9	Lu. 9	Me. 9
Di. 10	Me. 10	Sa. 10	Sa. 10	Ma. 10	Je. 10
Lu. 11	Je. 11	Di. 11	Di. 11	Me. 11	Ve. 11
Ma. 12	Ve. 12	Lu. 12	Lu. 12	Je. 12	Sa. 12
Me. 13	Sa. 13	Ma. 13	Ma. 13	Ve. 13	Di. 13
Je. 14	Di. 14	Me. 14	Me. 14	Sa. 14	Lu. 14
Ve. 15	Lu. 15	Je. 15	Je. 15	Di. 15	Ma. 15
Sa. 16	Ma. 16	Ve. 16	Ve. 16	Lu. 16	Me. 16
Di. 17	Me. 17	Sa. 17	Sa. 17	Ma. 17	Je. 17
Lu. 18	Je. 18	Di. 18	Di. 18	Me. 18	Ve. 18
Ma. 19	Ve. 19	Lu. 19	Lu. 19	Je. 19	Sa. 19
Me. 20	Sa. 20	Ma. 20	Ma. 20	Ve. 20	Di. 20
Je. 21	Di. 21	Me. 21	Me. 21	Sa. 21	Lu. 21
Ve. 22	Lu. 22	Je. 22	Je. 22	Di. 22	Ma. 22
Sa. 23	Ma. 23	Ve. 23	Ve. 23	Lu. 23	Me. 23
Di. 24	Me. 24	Sa. 24	Sa. 24	Ma. 24	Je. 24
Lu. 25	Je. 25	Di. 25	Di. 25	Me. 25	Ve. 25
Ma. 26	Ve. 26	Lu. 26	Lu. 26	Je. 26	Sa. 26
Me. 27	Sa. 27	Ma. 27	Ma. 27	Ve. 27	Di. 27
Je. 28	Di. 28	Me. 28	Me. 28	Sa. 28	Lu. 28
Ve. 29	Lu. 29		Je. 29	Di. 29	Ma. 29
Sa. 30	Ma. 30		Ve. 30	Lu. 30	Me. 30
Di. 31	Me. 31		Sa. 31		Je. 31

À discuter: Vous espérez visiter la France l'été prochain. Vous voudriez arriver à Paris et ensuite visiter d'autres régions du pays. Quels jours est-ce que vous *ne* voulez *pas* voyager par le train?

B. Mireille a pris le train. Mireille Loiseau est allée à Strasbourg rendre visite à sa cousine, Claire Maurant. Voici ce que Mireille a fait pour se préparer à voyager par le train. Utilisez les suggestions proposées par le *Guide pratique du voyageur* (page 549) pour rétablir la chronologie de ses activités.

a. Elle a regardé le tableau général des trains et elle a vu que son train allait partir de la voie G.
b. Elle a fait une réservation pour le 22 avril, en période bleue.
c. Elle a trouvé sa place (n° 66).
d. Elle a consulté un horaire.
e. Elle a composté son billet.
f. Elle est montée dans le train.
g. Elle a pris un taxi pour arriver à la gare une demi-heure avant le départ de son train.
h. Elle a acheté son billet.
i. Quand le train est entré en gare, elle a cherché la voiture 17.

R·E·P·R·I·S·E

Première étape

C. Un itinéraire.

Vous faites des projets pour visiter les châteaux de la Loire avec deux camarades. Vous allez passer une semaine dans le val de Loire.

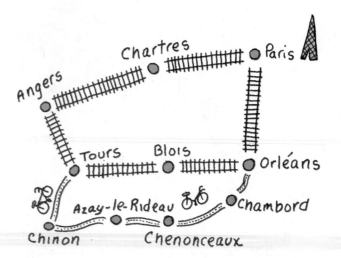

En vous inspirant de la carte de cette région, décidez...

1. le jour de votre départ de Paris.
2. votre première destination.
3. si vous allez emporter vos vélos ou si vous allez en louer.
4. les châteaux que vous voulez visiter et dans quel ordre.
5. les villes où vous allez coucher.
6. le jour de votre retour à Paris.

D. Les villes du monde. Pour chaque ville indiquée sur la carte ci-dessous, précisez le pays où elle se trouve et la langue qu'on y parle.

Modèle: Paris se trouve en France.
À Paris on parle français.

▲ E X P A N S I O N ▲ G R A M M A T I C A L E ▲

Comment parler de l'avenir

Deux jours avant leur départ pour la France, Martine et Isabelle parlent de leur arrivée à Nîmes.

MARTINE: Quand nous **arriverons** à Nîmes, nous **irons** directement à l'hôtel. Ensuite nous **chercherons** un restaurant, d'accord?

ISABELLE: Oui. Ensuite on **se couchera,** car toi, tu **voudras** te lever de bonne heure, j'en suis sûre.

MARTINE: Oui, je **me lèverai** vers 7h, mais toi, tu **pourras** rester au lit, si tu veux.

ISABELLE: D'accord! Je **dormirai** probablement jusqu'à 11h. Mais qu'est-ce que je **ferai** pendant que tu **travailleras**?

MARTINE: Je te **laisserai** la voiture. Tu **visiteras** la région.

À VOUS DE LE DIRE!

Répondez aux questions:

1. Quand Martine et Isabelle arriveront à Nîmes, où iront-elles d'abord?
2. Ensuite, qu'est-ce qu'elles chercheront?
3. À quelle heure est-ce que Martine se lèvera le lendemain matin?
4. Isabelle dormira jusqu'à quelle heure?
5. Est-ce que Martine prendra la voiture?
6. Qu'est-ce qu'Isabelle pourra faire pendant que Martine travaillera?

ISABELLE: Bon, **s'il fait** beau le premier jour, je **prendrai** la voiture et j'**irai** à Avignon.

MARTINE: Et **si** tu en **as** envie, tu **auras** le temps de voir le Pont du Gard.

ISABELLE: Et **s'il pleut,** tu **travailleras?**

MARTINE: Non, il me **faudra** du soleil. **Si** le temps **est** mauvais, j'**irai** à Arles avec toi.

À VOUS DE LE DIRE!

Répondez aux questions.

7. S'il fait beau, où ira Isabelle?
8. Quel site touristique aura-t-elle le temps de visiter?
9. S'il fait beau, est-ce que Martine pourra travailler?
10. Qu'est-ce qu'elle fera donc s'il pleut?

▲▲▲ a

Avignon

Note grammaticale

Le futur

The future tense in French is the equivalent of the English *will (shall)* + verb. To form the future tense, simply add the endings **-ai, -as, -a, -ons, -ez, -ont** to the infinitive form of the verb. Notice that the final **-e** of a verb ending in **-re** is dropped before the future-tense ending is added:

Grammar: The future forms of orthographically changing verbs such as **se lever** and **acheter** have a grave accent on all persons: **elle se lèvera, nous achèterons.**

Le futur

arriver **arriver-**	**partir** **partir-**	**attendre** **attendr-**
j'arriver**ai**	je partir**ai**	j'attendr**ai**
tu arriver**as**	tu partir**as**	tu attendr**as**
il, elle, on arriver**a**	il, elle, on partir**a**	il, elle, on attendr**a**
nous arriver**ons**	nous partir**ons**	nous attendr**ons**
vous arriver**ez**	vous partir**ez**	vous attendr**ez**
ils, elles arriver**ont**	ils, elles partir**ont**	ils, elles, attendr**ont**

Many of the irregular verbs that you have learned have irregular future stems. The endings, however, are the same as for regular verbs (**-ai, -as, -a, -ons, -ez, -ont**). The most common verbs that have irregular future stems are:

aller	**ir-**	j'**irai**	pouvoir	**pourr-**	nous **pourrons**
avoir	**aur-**	tu **auras**	recevoir	**recevr-**	vous **recevrez**
envoyer	**enverr-**	il **enverra**	savoir	**saur-**	elles **sauront**
être	**ser-**	elle **sera**	voir	**verr-**	ils **verront**
faire	**fer-**	on **fera**	vouloir	**voudr-**	elles **voudront**
falloir	**faudr-**	il **faudra**			

The future tense is used with a **si** clause and the present tense to indicate that an event will occur *if* a certain condition is true:

Si les routes sont bonnes, **nous prendrons** la voiture.
Je te **téléphonerai** demain soir **si j'ai** le temps.

APPLICATION

Grammar: The subjunctive has no future form. Consequently, **tu t'occupes** in Item 5 does not change.

E. **Projets de vacances.** Indiquez ce que feront les personnes suivantes pendant leurs vacances. Mettez les phrases au futur.

> *Modèle:* Maurice est à Paris. Il visite le Louvre. Il va à Beaubourg.
> *Maurice sera à Paris. Il visitera le Louvre. Il ira à Beaubourg.*

1. Janine a 18 ans. Elle va à la campagne avec ses parents. Ils font du camping.
2. Nous sommes à la plage. Nous pouvons nous faire bronzer. Nous voulons apprendre à faire de la planche à voile.
3. Georges et son cousin prennent le TGV pour aller à Marseille. Ils descendent chez leurs grands-parents. Ils mangent de la bouillabaisse.
4. Je vais en Angleterre. Je fais du tourisme. Je t'envoie une carte postale.
5. Tu es chez toi. Il faut que tu t'occupes de ton petit frère. Tu reçois des lettres de tes amis.
6. Pascale travaille pour son père. Elle a l'air triste. Elle ne sait pas quoi faire le soir.

F. **Bon, d'accord.** Dites ce que les personnes suivantes vont faire *demain*. Suivez le modèle.

> *Modèle:* Il faut que tu ailles à la banque.
> *Bon, d'accord. J'irai à la banque demain.*

1. Il faut que ta sœur parle à Jean.
2. Il est indispensable que vous étudiiez votre français.
3. Il est nécessaire que Chantal fasse un effort pour voir le professeur.
4. Il faut que nous téléphonions à nos amis.
5. Il est nécessaire que vous preniez le nouveau métro.
6. Il est important que tu ailles en ville.
7. Il faut qu'on soit à l'heure.
8. Il faut que ton frère voie ce film.
9. Il faut que vous envoyiez cette lettre.
10. Il est important que tu te couches de bonne heure.

G. **Échange.** Employez les éléments donnés pour poser des questions à un(e) camarade de classe, qui va vous répondre. Employez le futur ou bien un verbe ou une expression qui indiquent le futur.

> *Modèle:* faire / après le cours
> *—Qu'est-ce que tu feras (vas faire) après le cours?*
> *—J'irai (je vais aller, je pense aller) en ville.*

1. faire / après ce cours
2. faire / cet après-midi avant de rentrer chez toi
3. faire / ce soir
4. faire / s'il fait beau ce week-end
5. faire / s'il fait mauvais ce week-end

6.   voir / la prochaine fois que tu iras au cinéma
7.   acheter / la prochaine fois que tu iras au centre commercial
8.   manger / la prochaine fois que tu iras au restaurant
9.   aller / quand tu auras des vacances
10.   faire / l'année prochaine

Relais

Faisons nos réservations!

Martine Moix va à la gare de Lausanne pour acheter des billets de train et pour réserver des places.

MARTINE:	Deux billets, deuxième classe, pour Marseille, s'il vous plaît.
L'EMPLOYÉ:	Pour Marseille. **Aller simple** ou **aller retour?**
MARTINE:	Aller retour.
L'EMPLOYÉ:	Vous voulez réserver?
MARTINE:	Oui, départ le matin du 17 juin. **Non-fumeur.**
L'EMPLOYÉ:	Bon. Si vous quittez Lausanne à 7h15 pour Genève, vous pourrez prendre le TGV Genève-Mâcon-Marseille et vous arriverez à Marseille à 17h50. Ça vous va?
MARTINE:	Oui, parfaitement.
L'EMPLOYÉ:	Et le retour?
MARTINE:	Ça, c'est plus compliqué. Moi, je reviens le 27. Mais ma sœur devra revenir le 21.

One-way / round-trip

No-smoking

Culture: In many train stations, it is possible to buy your train ticket from a machine (**un distributeur automatique de billets**).

Exprimons-nous!

Voici des expressions pour faire une réservation:

> **(Je voudrais acheter) deux billets pour Lausanne.**
>   **aller simple / aller retour**
>   **première classe / deuxième classe**
> **Je voudrais réserver (j'ai besoin de) trois places pour Lille.**
>   **fumeur / non-fumeur**
> **Est-il possible d'avoir une place dans le train de 14h35?**

À NOUS DE VOUS FAIRE PRÉFÉRER LE TRAIN. ＳＮＣＦ

À VOUS! (Exercices de vocabulaire)

H. Au guichet. Achetez des billets de train en employant les renseignements donnés. Un(e) de vos camarades va jouer le rôle de l'employé(e).

Modèle: 4 / Genève / aller retour / 2ᵉ
—*Je voudrais (j'ai besoin de) quatre billets pour Genève.*
—*Aller simple ou aller retour?*
—*Aller retour.*
—*Première ou deuxième classe?*
—*Deuxième, s'il vous plaît.*

1. 1 / Rouen / simple / 1ᵉʳᵉ
2. 3 / Lille / aller retour / 2ᵉ
3. 2 / Bordeaux / aller retour / 2ᵉ
4. 4 / Cannes / simple / 2ᵉ

I. Réservons nos places! Vous voulez réserver des places. Faites des réservations en utilisant les renseignements donnés. Un(e) de vos camarades va jouer le rôle de l'employé(e).

Modèle: 3 / départ (18 sept., 13h25) / non-fumeur / retour (30 sept., 9h)
—*Je voudrais réserver trois places, s'il vous plaît.*
—*Quand est-ce que vous voulez partir?*
—*Le 18 septembre. Est-il possible d'avoir des places dans le train de 13h25?*
—*Voyons... oui. Fumeur ou non-fumeur?*
—*Non-fumeur.*
—*Et pour le retour?*
—*Retour le 30 septembre, le train de 9h, si c'est possible.*

1. 2 / départ (18 août, 8h45) / non-fumeur / retour (4 sept., 10h15)
2. 4 / départ (12 juin, 11h25) / non-fumeur / retour (19 juin, 15h30)
3. 1 / départ (3 juillet, 22h) / fumeur / retour (31 juillet, 21h)
4. 3 / départ (25 mai, 12h05) / non-fumeur / retour (10 juin, 18h30)

Vous pouvez réserver votre repas en même temps que votre place

Un service de restauration est assuré dans de nombreux trains. Pour votre commodité, pensez à réserver à l'avance votre repas en même temps que votre place.

SNCF

▲ ▲ ▲ ▲ ▲ ▲ ▲ ▲ ▲ **Débrouillons-nous!** ▲ ▲ ▲ ▲ ▲ ▲ ▲ ▲ ▲

Petite révision de l'étape

J. Quand tu seras riche... Votre camarade est très optimiste: il (elle) est certain(e) d'être riche un jour. Utilisez les éléments donnés pour poser des questions au sujet de ce qu'il (elle) fera quand il (elle) aura beaucoup d'argent. Mettez les verbes au futur.

> *Modèle:*   où / habiter
> —*Où est-ce que tu habiteras?*
> —*J'habiterai en Floride (à New York, en Europe, etc.).*

1. où / habiter   2. que / porter   3. qu'est-ce que / manger
4. avec qui / sortir   5. où / faire un voyage   6. quelle voiture / acheter   7. combien d'argent / avoir   8. comment / passer le temps (*réponse:* passer le temps à + infinitif)   9. qui / aider
10. être heureux(-se)

K. Faisons nos réservations! Imagine that you and several friends (or family members) wish to take the train from Paris to Bordeaux, Brest, Lille, Grenoble, Rome, Munich, Amsterdam, or London. Go to the appropriate Paris train station (see map p. 536). Buy tickets and make reservations for the trip. Another student will play the role of the employee.

📖 **À faire chez vous:**
CAHIER, Chapitre 13 / 2ᵉ étape

TROISIÈME ÉTAPE

Point de départ

▼▼▼▼▼▼▼▼▼▼▼▼

Sur les routes et les autoroutes

La société Michelin, qui fabrique des pneus, publie une série de cartes détaillées de chaque région de la France. Avec l'aide de la légende, étudiez le fragment de la carte représentant le triangle Nîmes-Arles-Avignon (dans le sud de la France).

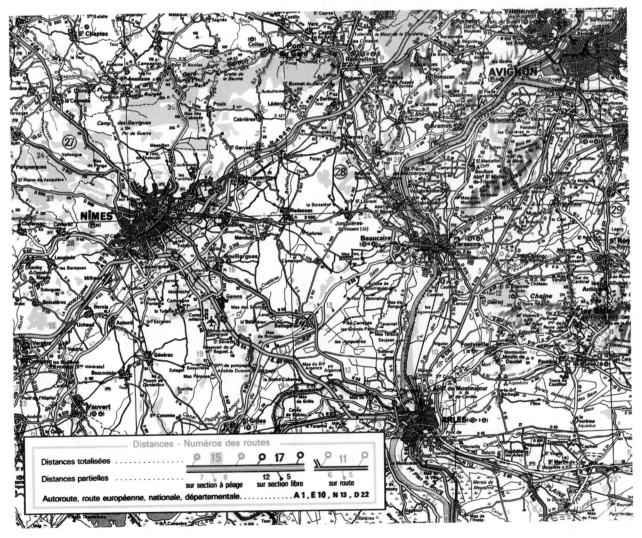

From the Michelin Map No. 245, Provence-Côte d'Azur, édition 1995
© Michelin. Permission No. 95-433

Note culturelle

La France possède le réseau routier *(road system)* le plus dense du monde. En particulier, plus de 700 000 km de chemins ruraux donnent accès à un nombre impressionnant de petits villages et de régions agricoles. Pourtant, ce n'est qu'à partir de 1958 que la France a commencé à faire construire des autoroutes qui facilitent les déplacements sur de grandes distances. Il y a actuellement environ 8 000 km d'**autoroutes à péage** *(four-lane, divided tollways)* dans le pays. On y trouve des **aires de repos** *(rest stops)* et des stations-service tous les 10 à 15 km. La vitesse y est limitée à 130 km *(80 miles)* à l'heure.

Puisque les autoroutes ne représentent qu'un pourcentage assez petit du réseau routier, on voyage la plupart du temps sur des **routes nationales** (dont un grand nombre sont à quatre voies *[four lanes]*) et sur des **routes départementales.** La vitesse maximale sur une route à quatre voies (non-autoroute) est de 110 km *(70 miles)* à l'heure. Sur les autres routes, la vitesse maximale est de 90 km *(55 miles)* à l'heure. Les Français ont tendance à conduire assez vite. Dans le but de réduire le nombre de fatalités dues aux accidents de la route, on a rendu obligatoire l'emploi d'une ceinture de sécurité aux sièges avant *(front seats)*. En plus, les enfants âgés de moins de dix ans doivent voyager dans les sièges arrière.

À discuter: Quelles sont les différences principales entre la conduite *(driving)* en France et aux États-Unis?

À VOUS! (Exercices de compréhension)

A. **Regardons la carte!** You are traveling with your family in southern France. You have picked up a rental car in **Nîmes** and are heading northeast on the A9 in the direction of **Avignon.** Because you speak and read French, you are the navigator. Based on the map in the **Point de départ,** answer your family's questions.

1. You are near the **Nîmes** interchange on the A9. Your father asks, "How far is it to **Avignon** on the **autoroute?**"
2. Your mother says, "I'd like to go to **Arles.** How far is it from here? How would we go?"
3. Your sister says, "We studied Roman ruins in school. I'd like to see the old aqueduct called the **Pont du Gard.** Is that anywhere around here? How could we get there?"
4. Your grandmother, who is reading a guidebook of the region, adds, "It says here that there is a wonderful medieval city, built on top a pile of rocks, and it's not too far from **Arles.** Can we get to **Les Baux** from here?"

5. You remember reading in Chapter 3 of ***Allons-y!*** about the festival at **Tarascon.** Tell your family where Tarascon is located in relation to Arles and Nîmes.

6. Finally, your mother says, "Whatever we do, we have to be in **Avignon** tonight in time for dinner. Which is the shorter way to get to Avignon from here—via Nîmes or via Arles?"

B. La signalisation routière. Some of the signs you see along French roads look like American road signs; others are quite different. First, try to find the signs that have the following meanings.

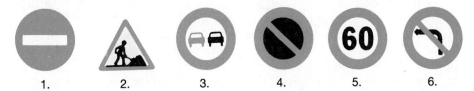

1.   2.   3.   4.   5.   6.

a. stationnement interdit
b. interdiction de tourner à gauche
c. sens interdit

d. interdiction de dépasser
e. limitation de vitesse
f. travaux

Now try to guess what each of the following signs indicates.

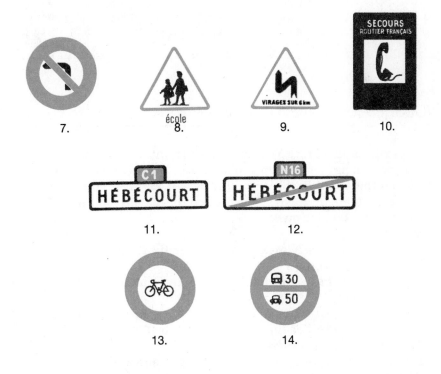

7.   8. *école*   9.   10.

11.   12.

13.   14.

R·E·P·R·I·S·E

Deuxième étape

C.   Ne t'inquiète pas! Utilisez les expressions données pour rassurer vos amis. Mettez les verbes au futur.

> *Modèle:*   Mon petit chien a disparu. (revenir)
> *Ne t'inquiète pas! Il reviendra.*

1.   J'ai perdu mon portefeuille. (trouver)
2.   On ne peut pas aller au cinéma ce soir. (voir le film une autre fois)
3.   Mes meilleurs amis sont partis pour le week-end sans moi. (être de retour la semaine prochaine)
4.   Qu'est-ce que je vais faire? Ma voiture ne marche pas. (prendre l'autobus)
5.   Ma sœur ne se sent pas bien du tout. Elle est vraiment malade. (aller mieux dans quelques jours)
6.   Le professeur est très occupé. Il ne peut pas me voir. (avoir plus de temps la semaine prochaine)
7.   Nous avons oublié l'anniversaire de Grand-mère. (lui envoyer un cadeau pour Noël)
8.   Je n'ai pas acheté le livre pour le cours d'histoire. (pouvoir l'acheter ce week-end)

D.   Prenons les billets! Jouez le rôle des personnes mentionnées ci-dessous. Allez à la gare, achetez les billets et faites les réservations. Votre camarade, qui joue le rôle de l'employé(e), peut consulter l'horaire des trains (p. 540) pour vous aider.

1.   François (frère de Martine et d'Isabelle Moix): Paris-Genève
départ: 10 juillet / retour: 17 juillet (avant 6h du soir)
2.   M. Moix (père d'Isabelle et de Martine): Genève-Paris
départ: 16 juin (arrivée le matin) / retour: 16 juin (fin de l'après-midi)
3.   Mme Moix (mère d'Isabelle et de Martine) Genève-Mâcon départ le 14 août (arrivée dans l'après-midi) / Mâcon-Paris le 18 août / retour Paris-Genève le 21 août pour arriver tard dans la soireé

Pour préparer votre voyage et/ou acheter votre billet,

☞	le Minitel:	**3615** ou **3616 code SNCF,**
☞	le téléphone:	**Ligne directe** (2,19 F la minute)
		36.35.35.35 (certaines régions)
		Paris: (1) 45.82.50.50,
☞	les gares:	**billeteries automatiques et guichets,**
☞	les agences de voyages.	

▲ EXPANSION ▲ GRAMMATICALE ▲

Comment représenter les choses

Isabelle et Martine ont fait le voyage de Genève à Marseille. Leur train a été à l'heure mais elles ont dû attendre longtemps à l'agence de location. Elles ont fini par avoir leur voiture et maintenant elles quittent Marseille en direction de Nîmes.

ISABELLE:	On sera à Nîmes à quelle heure?
MARTINE:	On **y** arrivera sûrement avant 8h.
ISABELLE:	Tant mieux! Je commence à avoir faim, moi.
MARTINE:	Il y a des biscuits dans le sac de voyage. Tu **en** veux?
ISABELLE:	Ah, merci.

Une vingtaine de minutes après...

ISABELLE:	Il y a encore des biscuits?
MARTINE:	Non, il n'**en** reste plus.
ISABELLE:	Tiens! Voilà une station-service. On peut **y** acheter des biscuits. On s'arrête?
MARTINE:	Non, non. Continuons. On sera à Nîmes dans moins d'une heure.

Quelques minutes plus tard...

ISABELLE:	Quand nous arriverons, nous irons d'abord à l'hôtel?
MARTINE:	Oui, on **y** déposera les valises. Puis nous pourrons chercher quelque chose à manger.
ISABELLE:	Il y a des bons restaurants à Nîmes?
MARTINE:	Oui. **J'en** connais deux ou trois. Ils sont tous excellents.

À VOUS DE LE DIRE!

Répondez aux questions en mettant le pronom **y** à la place des mots en italique:

1. À quelle heure arriveront-elles *à Nîmes?*
2. Est-ce qu'elles s'arrêtent *à la station-service?*
3. Est-ce quelles iront d'abord *à l'hôtel?*
4. Est-ce qu'elles dîneront *à Nîmes?*

Répondez aux questions en utilisant le pronom **en.**

5. Est-ce qu'Isabelle veut *des biscuits?*
6. Est-ce qu'il reste encore *des biscuits?*
7. Est-ce qu'il y a *des bons restaurants* à Nîmes?
8. Combien *de restaurants* est-ce que Martine connaît à Nîmes?

C'est la fin de leur première journée à Nîmes.

MARTINE:	Enfin, te voilà de retour! Qu'est-ce que tu as fait pendant la journée?
ISABELLE:	Je suis allée à Avignon. J'**y** ai passé l'après-midi.
MARTINE:	Tu as vu l'exposition que tu cherchais?
ISABELLE:	Non, elle n'**y** était plus. Mais pour me consoler je me suis acheté des nougats.
MARTINE:	Comment! Tu as trouvé des nougats? Tu **en** as gardé pour moi?
ISABELLE:	Bien sûr, je t'**en** ai acheté toute une boîte. Et toi, tu as pris des belles photos des arènes?
MARTINE:	Oui, j'**en** ai pris beaucoup.

À VOUS DE LE DIRE!

Répondez aux questions en mettant le pronom **y** à la place des mots en italique.

9. Est-ce qu'Isabelle est allée *à Avignon?*
10. Est-ce qu'elle a vu une exposition *à Avignon?*
11. Qu'est-ce qu'Isabelle a acheté *à Avignon?*

Répondez aux questions en mettant le pronom **en** à la place des mots en italique.

12. Est-ce qu'Isabelle a gardé *des nougats* pour Martine?
13. Est-ce qu'elle a acheté *des nougats* pour Martine?
14. Est-ce que Martine a pris *des photos des arènes?*

Note grammaticale

Les pronoms **y** et **en**

Like the other pronouns you have learned, **y** and **en** are used to avoid repeating a word or phrase already mentioned.

The object pronoun **y** refers only to things, not to people. It is most frequently used in the following situations:

1. To complete the verb **aller** (in this case, it often has no equivalent in English):

   Allons-**y**!   Let's go!
   Tu **y** vas à pied?   Are you going to walk?

2. To replace a prepositional phrase of location (in this case, the English equivalent is often *there*):

   —Mes gants de travail sont **sur la table?**   —Are my work gloves *on the table?*
   —Non, ils n'**y** sont pas, Maman.   —No, they aren't *there,* Mom.

   —Ta mère travaille **chez Peugeot?**   —Your mother works *for Peugeot?*
   —Oui, elle **y** travaille depuis des années.   —Yes, she's been working *there* for years.
   —Elle prend l'autobus pour aller **à son travail?**   —Does she take the bus to go *to work?*
   —Non, elle **y** va à vélomoteur.   —No, she goes *(there)* by motorbike.

▲▲▲   c

The object pronoun **en** replaces nouns introduced by the preposition **de**. It usually refers to things rather than people. This substitution occurs most frequently in the following situations:

1. To replace a noun preceded by a partitive (**du, de la, de l', des**). In this case, the English equivalent is *some* or *any:*

    —Qui veut **de la glace?**   —Who wants *some ice cream?*
    —Moi, j'**en** veux.   —I'll have *some.*

2. To replace a noun used with an expression of quantity (**beaucoup de, assez de, trop de,** etc.). In this case, it often has no equivalent in English:

    —Elle a **beaucoup d'argent?**   —Does she have *a lot of money?*
    —Non, elle n'**en** a pas beaucoup. —No, she doesn't have a lot.

3. To replace a noun used with a verbal expression that requires **de** (for example, **avoir peur de, parler de, s'occuper de, avoir besoin de, être content de**). In this case, the English equivalent is often *of it* or *of them:*

    —Qui va **s'occuper des chiens?**   —Who's going *to take
                                              care of the dogs?*

    —Gérard va s'**en** occuper.   —Gérard is going to
                                              take care *of them.*

4. To replace a noun preceded by a number. In this case, it often has no English equivalent:

    —Vous avez **des frères?**   —Do you have *(any) brothers?*
    —Moi, j'**en** ai **deux,** mais   —I have *two,* but he doesn't
      lui, il n'**en** a pas.   have *any.*

In a sentence, **y** and **en** take the same position as the direct- and indirect-object pronouns:

1. Before the verb in simple tenses, compound tenses, and negative commands:

    J'**y** vais tous les jours.   J'**en** ai besoin.
    Elle **y** est allée.   Nous **en** avons pris une douzaine.
    N'**y** allez pas!   N'**en** achetez pas!

2. Before the infinitive when used with a conjugated verb + infinitive:

    On peut **y** visiter la tour Magnen.   Nous pouvons **en** parler
                                                    si vous voulez.

3. After the verb in affirmative commands:

    Allons-**y!**   Achètes-**en!**

Grammar: In the affirmative imperative, the familiar forms of **-er** verbs (including **aller**) add an **s** before **y** and **en** for liaison: **Vas-y! Achètes-en!**

APPLICATION

E.   On y va? Quand un(e) camarade vous propose de faire quelque chose, répondez-lui en utilisant une des expressions suivantes: **Oui. Allons-y!** / **Non, je ne veux pas y aller.** / **Non, je ne peux pas y aller.**

Modèle: —J'ai très faim. On va au Quick?
               —*Oui. Allons-y!* ou *Non. Je ne veux (peux) pas y aller.*

1.   J'ai très soif. On va au café?
2.   Il est midi. On va manger quelque chose à la cafétéria?
3.   Moi, je voudrais aller voir un film. On va au cinéma ce soir?
4.   Je dois chercher un livre à la bibliothèque. Tu viens avec moi?
5.   Il fait très chaud. Je voudrais bien aller nager à la piscine.
6.   J'ai des courses à faire en ville. Tu veux m'accompagner?

F.   La famille de Véronique Béziers. Vous interrogez Véronique Béziers au sujet de sa famille. D'abord, vous voulez savoir si ça fait longtemps que les personnes dont *(about whom)* elle parle habitent, travaillent, sont ou vont à l'endroit *(place)* qu'elle mentionne.

Modèle: Mon oncle Didier habite à Grenoble. (dix ans)
               —*Il y habite depuis longtemps?*
               —*Ça fait dix ans qu'il y habite.*

1.   Mes grands-parents maternels habitent à Poitiers. (soixante ans)
2.   Ma sœur Danielle habite à Arles. (six mois)
3.   Mon père travaille dans une banque. (cinq ans)
4.   Ma mère travaille au château. (sept ans)
5.   Mon petit cousin est à l'école maternelle *(nursery school)*. (trois semaines)
6.   Mes cousines vont au lycée à Beaucaire. (trois ans)

Les membres de la famille de Véronique sont en vacances dans des endroits différents. Vous voulez savoir **comment ils y sont allés** et **combien de temps ils vont y passer.**

Modèle: Ma tante Hélène est à Nice. (en voiture / huit jours)
               —*Comment est-ce qu'elle y est allée?*
               —*Elle y est allée en voiture.*
               —*Combien de temps est-ce qu'elle va y passer?*
               —*Elle va y être pendant trois semaines.*

7.   Mes grands-parents sont en Italie. (en avion / quinze jours)
8.   Ma sœur Danielle est en Bretagne. (par le train / deux mois)
9.   Mon oncle Didier est en Espagne. (en voiture / trois semaines)
10. Mes parents sont en Grèce. (en bateau / un mois)

G. Echange. Posez les questions suivantes à un(e) camarade, qui va vous répondre en utilisant le pronom **en**.

1.   Combien de frères as-tu?
2.   Et de sœurs?
3.   As-tu des oncles et des tantes qui habitent dans la ville où vous habitez?
4.   Combien de films as-tu vu le mois dernier?
5.   Et de matchs sportifs?
6.   Est-ce que ta famille mange des œufs? Combien de douzaines par mois?
7.   Est-ce que tu manges du chocolat? Combien de fois par semaine?
8.   Est-ce que tu as des compacts disques? Combien?

H. En écoutant... *(While listening . . .)* Voici des conversations que vous avez entendues dans des contextes variés. Complétez-les en utilisant les expressions suggérées et le pronom **en** ou un pronom d'objet direct **(le, la, l', les)**.

À table

Modèle: —Tu veux de la salade? (non)
                      —*Non, merci. Je n'en veux pas.*
                      —Tu n'aimes pas la salade? (non / ne jamais manger)
                      —*Non, je n'en mange jamais.*

1.   Tu veux du fromage? (non) Tu n'aimes pas le fromage? (non / manger très peu)
2.   Tu veux des oignons? (non) Tu n'aimes pas les oignons? (non / ne jamais manger)
3.   Tu veux du pain? (oui) Ah, tu aimes le pain? (oui / manger à tous les repas)

À l'épicerie

Modèle: —Tu aimes les pommes? (beaucoup)
                      —*Oui, je les aime beaucoup.*
                      —Tu vas acheter des pommes? (un kilo)
                      —*Oui, je vais en acheter un kilo.*

4.   Tu aimes les poires? (oui / beaucoup) Combien de poires vas-tu acheter? (une livre)
5.   Tu as acheté du cidre? (trois bouteilles) Tu vas servir du cidre avant le dîner? (non / avec le dîner)
6.   Tu aimes les épinards? (non / détester) Tu ne veux pas acheter d'épinards? Ils sont très bons. (non, merci)

Au grand magasin

Modèle: —Moi, je cherche les jeans. (il y a / au 3ᵉ étage)
    —Oh, il y en a au troisième étage.
      Est-ce qu'ils sont en solde? (oui / acheter trois / hier)
    —Oui, j'en ai acheté trois hier.

7. Moi, je cherche des chaussures. (il y a / au sous-sol) Est-ce qu'elles sont en solde? (oui / acheter deux paires / la semaine dernière)
8. Tu devrais acheter des gants. (non / ne pas avoir besoin) Mais ils sont en solde. (avoir cinq paires / à la maison)
9. Je cherche des lunettes de soleil. (avoir besoin?) Où est-ce qu'on peut en acheter? (trouver / au rayon femmes / la dernière fois)

Relais

Une panne de voiture: A (car) breakdown
brings back

Une panne de voiture

Martine **ramène** sa sœur Isabelle à Marseille avant de repartir en Espagne. Elles parlent dans la voiture.

MARTINE:	Bon, je te déposerai à la gare St-Charles avant midi, puis je repartirai tout de suite pour l'Espagne.
ISABELLE:	Tu y vas en voiture! Mais c'est loin, non?
MARTINE:	Mais non. Barcelone, c'est pas loin.
ISABELLE:	On met combien de temps pour aller de Marseille à Barcelone en voiture?
MARTINE:	Oh, il faut compter cinq ou six heures, c'est tout.
ISABELLE:	*(soudain)* Martine! Qu'est-ce qu'il y a? Pourquoi est-ce qu'on s'arrête? Tu as oublié de mettre de l'**essence?**
MARTINE:	Mais non. **J'ai fait le plein** avant de partir. Ça doit être un **pneu.**
ISABELLE:	Comment? Nous avons un pneu **crevé?**
MARTINE:	Ne t'inquiète pas! Je vais m'en occuper.
ISABELLE:	Tu sais changer la **roue?** C'est dangereux, ça. Tu devrais appeler le **service de dépannage.**
MARTINE:	Non, non. **Je m'y connais.**
ISABELLE:	Bon. Mais dépêche-toi! Mon train part dans une heure.

gas
filled up the tank
tire
flat

tire (wheel)
road service
I know what I'm doing.

Exprimons-nous!

Voici des expressions pour parler du temps qu'il faut pour faire quelque chose:

—**Il faut combien de temps pour** (aller de ____ à ____)?
—**Il faut** (compter) (une demi-heure).

—**On met combien de temps à** faire Paris-Lille (en voiture)?
—**On met** deux heures et demie à faire le voyage (en voiture).

À VOUS! (Exercices de vocabulaire)

I. **Paris-Brest, c'est un long voyage?** Vous écoutez des amis français qui parlent des vacances. Ils vont tous partir en voiture. Vous ne connaissez pas très bien la géographie de la France et vous voulez savoir si leur voyage sera long.

Modèle: Paris-Nantes (400 km / 4, 4 1/2 heures)
              —*Paris-Nantes, c'est un long voyage?*
              —*Non, pas très long. Nantes est à 400 km de Paris.*
              —*Combien de temps faut-il pour aller de Paris à Nantes en voiture?* ou *Combien de temps met-on pour faire Paris-Nantes en voiture?*
              —*Oh, il faut compter quatre heures, quatre heures et demie.* ou *On met quatre heures, quatre heures et demie à faire le voyage en voiture.*

1. Paris-Marseille (780 km / 8 heures)
2. Paris-Strasbourg (460 km / 5 heures)
3. Lyon-Grenoble (310 km / 3 1/2, 4 heures)
4. Nantes-Bordeaux (330 km / 4, 4 1/2 heures)
5. Dunkerque-Montpellier (1100 km / 13 heures)
6. Marseille-Toulouse (410 km / 4 1/2, 5 heures)

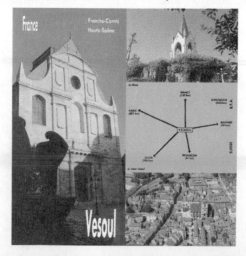

J. **Des voitures en panne.** Vous voyagez en voiture avec votre famille française. Chaque fois que la voiture croise un automobiliste en difficulté, quelqu'un fait une remarque. Indiquez l'image qui correspond à ce qu'on dit.

1.

2.

3.

4.

a. Tiens! Regarde! Ils ont une panne d'essence. Ils n'ont pas fait le plein avant de partir.
b. Oh là là. Une panne de moteur. Ils ont besoin d'un mécanicien.
c. Regarde ce pauvre monsieur! Il a un pneu crevé. Il faut qu'il change la roue.
d. Ces gens-là ne sont pas tombés en panne. Ils se sont trompés de route.

EN CAS DE PANNE

*Rangez-vous sur la bande d'arrêt d'urgence.
*Allumez vos feux de détresse ou placez votre triangle de pré-signalisation.

*Rendez-vous à la borne d'appel d'urgence la plus proche (vous en trouvez une tous les 2 km).
*Suivez attentivement les instructions données sur l'affichette jaune collée sur la borne. Elle vous indique tout ce que vous devez faire et vous donne les tarifs des dépanneurs agréés.

Débrouillons-nous!

▲ ▲ ▲ ▲ ▲ ▲ ▲ ▲ ▲ ▲ **Débrouillons-nous!** ▲ ▲ ▲ ▲ ▲ ▲ ▲ ▲ ▲

Petite révision de l'étape

K. **Oui, Maman... Non, Maman...** François(e) passe le mois de juillet chez ses grands-parents à la campagne. Toutes les semaines sa mère lui téléphone et elle lui pose toujours beaucoup de questions. Jouez le rôle de François(e) et répondez aux questions de sa mère en utilisant des pronoms d'objet direct **(le, la, l', les)** ou indirect **(lui, leur, y, en).**

Modèles: —Tu as reçu *(received)* ma lettre? (ce matin)
—*Oui, Maman. Je l'ai reçue ce matin.*

—Tu as parlé à ta sœur? (pas récemment)
—*Non, Maman. Je ne lui ai pas parlé récemment.*

—Tu prends tes vitamines? (deux / tous les matins)
—*Oui, Maman. J'en prends deux tous les matins.*

1. Tu as des shorts? (assez)
2. Tu as des chaussettes? (cinq ou six paires)
3. Tu as téléphoné à tes amis? (la semaine dernière)
4. Tu as reçu la lettre de Papa? (il y a trois jours)
5. Tu as mangé des légumes? (deux ou trois sortes à chaque repas)
6. Tu as envoyé quelque chose à ta sœur pour son anniversaire? (une carte)
7. Tu es allé(e) à l'église? (dimanche dernier)
8. Tu aides ta grand-mère? (tous les jours)
9. Tu fais tes exercices de maths? (tous les soirs)
10. Tu as des amis? (beaucoup)
11. Tu vas à la piscine? (presque tous les jours)
12. Tu as assez d'argent? (non)

L. **Tu veux y aller avec nous?** Invite a foreign student from France to make a car trip with you and your friends. A classmate will play the role of the exchange student and ask questions about where you are going, the distance, the time the trip takes, and the route. After hearing your answers, he/she will decide whether to accept your invitation.

À faire chez vous:
CAHIER, Chapitre 13 / 3ᵉ étape

À faire chez vous:
Student Tape

Now that you've completed the first three **étapes** of **Chapitre 13,** do Segment 1 of the STUDENT TAPE. See **CAHIER, Chapitre 13,** *Écoutons!,* for exercises that accompany this segment.

QUATRIÈME ÉTAPE

L·E·C·T·U·R·E

Vacances à bicyclette

Vous êtes en France avec un(e) ami(e). Vous voulez voyager un peu, mais vous n'avez pas envie de voyager seul(e)s. Vous pensez donc à un voyage organisé. Vous lisez cette brochure qui décrit un voyage à vélo à travers le département du Loiret.

BALADE A TRAVERS LE LOIRET

Référence C 45	7 nuits

Étang en Sologne   MOB - CRTL

Parti d'Orléans, ville qui fête chaque année et d'une façon grandiose la célèbre Jeanne d'Arc, ce circuit vous mènera dans le sud du département. Vous traverserez tout d'abord la forêt d'Orléans qui compte de nombreux petits châteaux, puis vous atteindrez la ville de Briare avec son canal-pont construit sur la Loire jusqu'à Sully-sur-Loire; puis de là, descendrez la Loire jusqu'à Gien, ville qui doit sa renommée aux faïences que l'on y fabrique. Vous passerez ensuite à l'extrême nord du département du Loir-et-Cher pour rejoindre ensuite Beaugency où vous retrouverez le fleuve si majestueux qu'est la Loire.

Durée : du samedi au samedi
et du vendredi au vendredi

Validité : du 24 avril au 4 octobre

Difficultés : ▲

Programme :

1er jour : Arrivée à Orléans vers 16 heures
2ème jour : Orléans—Combreux 40 kms
3ème jour : Combreux—Nogent-sur-Vernisson 43 kms
4ème jour : Nogent-sur-Vernisson—Briare 42 kms
5ème jour : Briare—Sully-sur-Loire via Gien 43 kms
6ème jour : Sully-sur-Loire—La Ferté St Aubin 40 kms
7ème jour : La Ferté St Aubin—Ligny le Ribault 41 kms
8ème jour : Ligny le Ribault—Orléans via Beaugency 43 kms

Accès : —par la route : Autoroute ou route nationale
—en train : gare SNCF d'Orléans

Prix par personne :
Base chambre double (2 personnes)   2350FF
Supplément chambre individuelle   395FF

CLASSEMENT DES CIRCUITS

Les circuits proposés sont accessibles à tous et ne présentent pas de difficultés majeures. Ils sont utilisables par toute personne en bonne santé même peu initiée à la pratique du vélo.
Cependant, pour faciliter votre choix, nous avons classé les circuits comme suit :
—Très facile, sans difficultés ▲
—Facile ▲▲
—circuit pouvant offrir au cours du parcours quelques difficultés ▲▲▲

HOTELS

La majorité des établissements utilisés pour ce type de vacances sont des hôtels deux étoiles et la plupart membres de la chaîne des «Logis et Auberges de France». Le logement est prévu en chambre double dont la quasi totalité possède le confort moderne, soit douche / WC.

VELOS

Pour les personnes utilisant leur propre bicyclette une réduction de 250 FF sera appliquée.

TARIFS

Les tarifs, objets de la présente brochure, s'entendent par personne.

Ils comprennent :
—l'hébergement en demi-pension (chambre, dîner et petit déjeuner)
—le transport des bagages d'hôtel en hôtel
—la location de la bicyclette
—les fiches descriptives journalières et cartes itinéraires
—la documentation touristique
—les frais de dossier

Ils ne comprennent pas :
—les boissons
—les visites
—les repas de midi (panier pique-nique sur demande aux hôteliers)
—la caution du vélo à régler sur place
—le parking du véhicule personnel durant le circuit.

A. **Votre itinéraire.** Suivez, sur la carte de la région, la route que les cyclistes vont suivre.

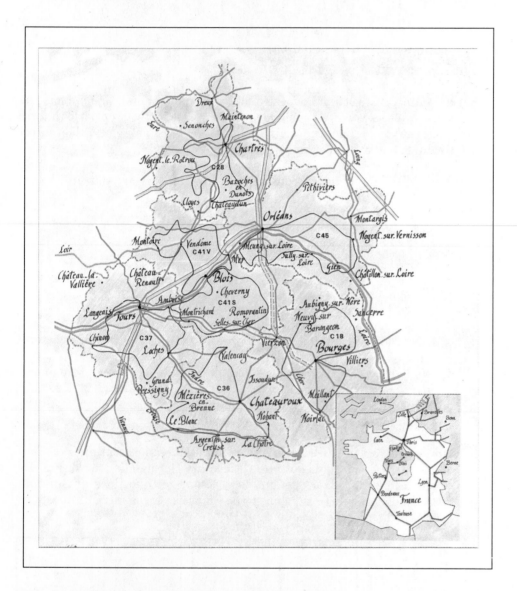

B. **Des renseignements.** Answer the questions that your friend, who doesn't speak much French, asks about the trip.

1. How long does the trip last? How much time would we actually spend on a bicycle? (Estimate on the basis of distance.)
2. What kind of hotels would we stay in?
3. How much does it cost (in dollars)? What is included?
4. What is not included?
5. What kinds of things would we see on this trip?
6. Where would we meet the group? How would we get to the meeting place?
7. Do you think we should sign up? Why (not)?

R·E·P·R·I·S·E

Troisième étape

C. En ville. Vous vous promenez en ville avec un(e) ami(e). Chaque fois que vous voyez quelqu'un ou quelque chose d'intéressant, vous en parlez à votre ami(e) et vous lui posez des questions. Utilisez des pronoms d'objet direct **(le, la, l', les)** ou d'objet indirect **(lui, leur, y, en).**

> *Modèle:*   Voilà mon cousin. (avoir / cinq / voir souvent / non, rarement)
> —*Voilà mon cousin. Tu as des cousins?*
> —*Oui, j'en ai cinq.*
> —*Tu les vois souvent?*
> —*Non, je les vois rarement.*

1. Voilà ma sœur. (avoir / une / parler souvent / oui)
2. Regarde ces chiens. (aimer / non / avoir peur de / oui)
3. Voilà une librairie. (voir / oui / aller souvent / de temps en temps)
4. Regarde ces chaussures. (avoir besoin de / oui / vouloir acheter / oui)
5. Voilà un restaurant. (dîner / oui, la semaine dernière / recommander / non)
6. Regarde ces vieux messieurs là-bas. (connaître / non / vouloir demander leur âge / non, pas vraiment)

D. Un voyage en voiture. Delphine et François Maillet sont allés de Toulouse (dans le sud de la France) à Caen (en Normandie) en voiture. De retour à Toulouse, leurs enfants leur posent des questions au sujet du voyage. Jouez le rôle de Delphine ou de François et répondez aux questions d'après le diagramme ci-dessous.

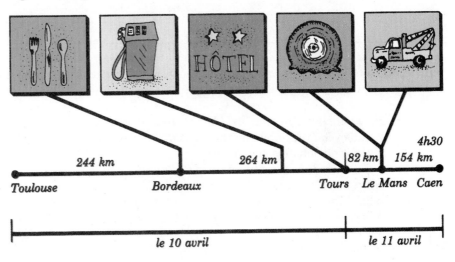

1. Caen est loin de Toulouse? (Donnez une réponse exacte.)
2. Combien de jours est-ce que vous avez mis à faire le voyage?
3. Combien de kilomètres avez-vous faits le premier jour?
4. Combien de fois est-ce que vous vous êtes arrêtés le premier jour? Pourquoi?
5. Où est-ce que vous avez couché?
6. Et le second jour, vous êtes tombés en panne, oui? Où?
7. Quel était le problème?
8. Qui a changé la roue?
9. À quelle heure est-ce que vous êtes enfin arrivés à Caen?

▲ ▲

Point d'arrivée

Activités orales

Exprimons-nous!

Voici quelques expressions pour exprimer l'accord ou le désaccord:

Accord	*Désaccord*
Bon, d'accord.	**Mais non.**
Vous avez (tu as) raison.	**Au contraire.**
	Pas du tout.
Je suis d'accord avec (toi).	**Je ne suis pas d'accord avec (toi).**

E. Projets de voyage. You and two friends want to visit some part of France. Plan a one- or two-week train trip that starts and ends in Paris. Decide what area you want to visit, how you want to travel, and what itinerary you will follow. Then go to the train station and buy your tickets.

F. Encore des projets de voyage. You and a friend have been studying in Lausanne. Between semesters you decide to travel in Europe. First, plan the trip: where you will go, how long you will stay in each place, how you will travel, what you will do, etc. Then, imagine that you actually carry out your plans. Recount to some friends the details of the trip you have taken.

À faire chez vous:

Student Tape

CAHIER, Chapitre 13:
Rédigeons! / Travail de fin de chapitre (including STUDENT TAPE, Chapitre 13, Segment 2)

Reminder, Exs. E, F, H: Consult the maps at the beginning and end of the book.

G. Un voyage inoubliable. *(An unforgettable trip.)* Tell your class about a car or train trip that you took. Give as many details as you can about the travel itself: how far, how long, any problems, etc.

H. Le voyage de vos rêves. You have just won a large sum of money in a lottery and have decided to spend some of it on travel. You may go anywhere you want in the world. Decide which countries you will visit and what you will do there. Then explain your itinerary to other students, who will ask you questions about your plans.

I. Découvrons les États-Unis! Tell the rest of the class about one or two states that you have visited and know fairly well. Give your reactions to this (these) state(s). As each student talks about a state, you should ask questions and share your ideas with others. Suggestion: Locate the state, tell when and how you visited it, mention some things you saw or did.

J. Leçon de géographie. Consult a map of the United States and find cities that have French names. Besides towns named after such famous French personalities as Lafayette, you will find geographical names that contain other words of French origin. For example, the town of Bellefonte in Pennsylvania contains the French word **belle.** Find other cases of French influence on American place names and share your findings with the rest of the class.

BIENVENUE À CHICAGO

Chicago, c'est la musique ! Jazz, gospel, blues, musique symphonique, opéra et folklore co-existent en paix "downtown" et "uptown", sur les bords du lac, dans les clubs et les salles de spectacle. Plus d'une centaine de compagnies théâtrales réaffirment constamment le slogan : "En première ! Le meilleur ! Voyez-le à Chicago !" Et si vous avez envie d'évasion, le lac vous offre ses 48 km de rivage ; de même, plus de 3500 hectares de parcs, deux jardins botaniques et un zoo intra-muros sont autant d'agréables retraites.

Chicago

Illinois

PORTRAIT

Martine et Isabelle Moix,
Lausanne, Suisse

MARTINE: Je suis déjà en train de faire des projets pour mon voyage au Portugal. Je partirai dans quinze jours pour Lisbonne. On m'a demandé de faire un photo-reportage sur le centre historique de la ville, qui a été endommagé par un incendie en 1988 et qu'on est en train de reconstruire. J'y passerai huit jours, au moins. J'espère que ma sœur m'accompagnera, car nous nous sommes amusées follement à Nîmes. Mais elle n'est pas sûre de pouvoir faire le voyage.

ISABELLE: C'est vrai. J'aimerais bien aller au Portugal avec Martine, car notre séjour en France s'est vraiment très bien passé. Hélas! J'ai beaucoup de travail à faire avant la rentrée des classes. Je fais des recherches sur le rôle des Français au 16ᵉ siècle dans l'extension de la Confédération helvétique. Par conséquent, il ne me sera pas possible d'aller à Lisbonne. C'est bien dommage.

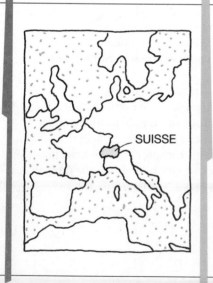

SUISSE

Profil

La Suisse

SITUATION: au cœur de l'Europe; entre l'Allemagne, la France et l'Italie
POPULATION: 6 480 000 habitants
CAPITALE: Berne
VILLES IMPORTANTES: Zurich, Genève, Bâle, Lausanne
LANGUES: allemand, français, italien, romanche
RELIGION: catholiques et protestants (presqu'à égalité)
GÉOGRAPHIE: pays montagneux; les Alpes occupent 60% du territoire
ÉCONOMIE: finances, énergie hydro-électrique, agro-alimentaire, mécanique de précision

HISTOIRE: La Suisse comprend 23 cantons indépendants (chacun a sa propre constitution) formant ensemble un état fédératif (la Confédération helvétique).

COMMENTAIRE: Petit pays très dense mais très prospère, la Suisse garde sa neutralité (en temps de guerre) et son indépendance (elle n'est membre ni de l'ONU [Organisation des Nations-Unies] ni de la CEE).

À discuter: Quelle image les films et les livres pour enfants donnent-ils de la Suisse? Dans quelle mesure cette image correspond-elle à la réalité?

L·E·X·I·Q·U·E

Pour se débrouiller

Pour proposer un voyage
J'ai une idée. Allons...!
Pourquoi (ne) pas aller...?
Si on allait...?

Pour accepter une suggestion
Allons-y!
Bonne idée!
D'accord.
Je veux bien.

Pour parler d'un voyage
arriver à (de)
partir pour (de)
passer par

Pour préparer un itinéraire
coucher à
emporter son vélo
louer un vélo
passer ____ jours à
prendre le train jusqu'à
rentrer (à)
repartir (pour)
reprendre le train à (pour)
visiter

Pour acheter un billet de train
un aller simple
un aller retour
les jours bleus (blancs, rouges)
première classe / deuxième classe

Pour faire une réservation
Est-il possible d'avoir une place ____ ?
fumeur / non-fumeur
J'ai besoin d'une place...
Je voudrais réserver une place...

Pour voyager en voiture
____ est à ____ kilomètres de ____ .
Il faut combien de temps pour
     aller de ____ à ____ ?
Il faut (compter) ____ heures pour...
On met combien de temps à faire ____ ?
On met ____ heures pour...

Thèmes et contextes

La gare
composter un billet
le contrôleur
le quai
le tableau général des trains
trouver sa place (voiture)
la voie

Les trains
un arrêt
le calendrier des trains
l'horaire *(m.)* des trains
le TGV
une voiture

Les voyages en voiture
l'autoroute *(f.)* à péage
la carte routière
changer la roue
faire le plein (d'essence)
une panne d'essence (de moteur)
un pneu (crevé)
le service de dépannage
une station-service
tomber en panne

ALLONS-Y!
Video Program

ACTE 13

VOCABULAIRE

SCÈNE 1: UN VOYAGE
le réseau routier   *road network*
le permis de conduire   *driver's license*
le port   *wearing*

SCÈNE 2: ON PREND LE TRAIN
en plein tarif   *full fare*
patienter = attendre
une couchette   *a bunk bed in a train*
valable   *valid*
le contrôleur   *the conductor*
une amende   *a fine*
le panneau   *the sign*

René Delavenne
Trois Rivières,
Québec

—Voici des escalopes à la crème.
Nous en avons mangé en France.
—Ça a l'air délicieux!

Chapitre 14

Dînons!

OBJECTIVES

In this chapter, you will learn:

- to order a meal in a restaurant;
- to use the telephone;
- to understand a recipe;
- to express doubt and certainty;
- to make hypothetical statements;
- to describe people and things;
- to understand conversations about food;
- to read a menu.

CHAPTER SUPPORT MATERIALS

Cahier: pp. 339–364

 Student Tape: Chapitre 14 Segments 1, 2

ALLONS-Y!
Video Program
ACTE 14
BON APPÉTIT!

▶ **Première étape** Allons au restaurant!

▶ **Deuxième étape** Allô! Allô! Vous pouvez venir dîner samedi soir?

▶ **Troisième étape** Une recette

▶ **Quatrième étape** Lecture: Il faut manger pour vivre, et non pas vivre pour manger

Êtes–vous gourmand ?

Est-ce que vous vivez pour manger ou est-ce que vous mangez pour vivre? Aimez-vous les sucreries? Avez-vous toujours un bon appetit? Faites ce petit test. Additionnez vos points puis lisez nos commentaires, page 585.

Take the quiz on your attitudes toward food and compare your results with those of your classmates.

1 On vous donne un billet de 50 francs.
(a) Vous vous précipitez dans la pâtisserie la plus proche. (3 points)
(b) Vous achetez un gâteau ou une glace et des magazines ou un disque. (2 points)
(c) Vous n'achetez rien à manger. Vous allez au cinéma. (1 point)

2 Vous avez faim. Le repas est prêt dans une heure.
(a) Vous attendez patiemment. Vous ne mangez jamais entre les repas. (1 point)
(b) Vous ne pouvez plus attendre. Vous mangez un sandwich et des biscuits en attendant. (3 points)
(c) Vous mangez une pomme ou vous buvez un verre de lait. (2 points)

3 Vous regardez un film à la télé. Sur la table à côté, il y a une boîte de chocolats/des biscuits/des chips...
(a) À la fin du film, il ne reste rien. (3 points)
(b) Vous ne mangez jamais en regardant la télé. (1 point)
(c) Vous avez mangé quelques chocolats/biscuits/chips mais il en reste beaucoup. (2 points)

4 C'est votre anniversaire. On vous offre une grande boîte de chocolats.
(a) Vous êtes content. Vous partagez vos chocolats avec votre famille/vos amis. (2 points)
(b) Une boîte de chocolats pour vous tout seul? Vous êtes très heureux! (3 points)
(c) Vous êtes déçu. Vous préférez un disque ou un magazine. (1 point)

5 On vous invite à une sortie. Vous avez le choix: un bon repas dans un grand restaurant, un film suivi d'un petit sandwich dans un café ou un concert de votre groupe préféré.
(a) Vous vous décidez tout de suite: le restaurant! (3 points)
(b) Vous choisissez le concert, sans hésiter! (1 point)
(c) Un spectacle suivi d'un petit snack, c'est très agréable. (2 points)

6 Est-ce que vous vous rappelez ce que vous avez mangé hier à midi?
(a) Hier à midi? Je n'ai pas eu le temps de manger. (1 point)
(b) Ah oui, je crois que j'ai pris un hamburger avec un dessert, je ne sais plus quoi... (2 points)
(c) Vous voulez parler du gros steak avec des frites, suivi du gâteau au chocolat et de la coupe de glaces à la vanille? (3 points)

7 Vous êtes dans un restaurant self-service à l'heure du déjeuner.
(a) Vous prenez l'assiette la plus pleine, avec un ou deux desserts avec beaucoup de crème. (3 points)
(b) Vous choisissez quelque chose de léger, un petit repas équilibré. (2 points)
(c) Vous n'avez jamais très faim. Un petit sandwich suffit. (1 point)

Ouverture culturelle

ÊTES-VOUS GOURMAND?

Commentaires

– *Vous avez plus de 17 points:* Attention, vous êtes un peu trop gourmand. Il faut manger moins et des choses plus saines.

– *Vous avez entre 11 et 17 points:* Vous aimez les bonnes choses mais sans excès. C'est bien.

– *Moins de 11 points:* Vous n'êtes pas gourmand du tout. En fait, mangez-vous assez? Attention, à votre âge, c'est important.

Ne prenez pas ce test trop au sérieux.

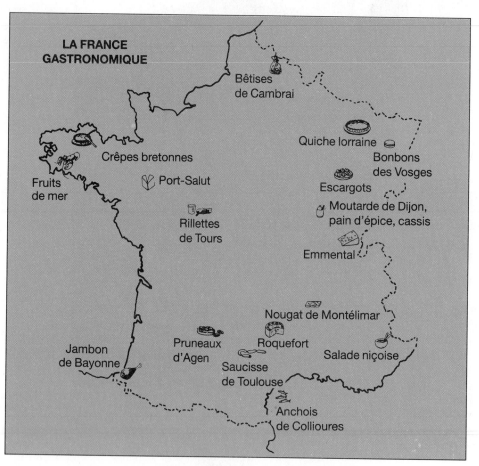

LA FRANCE GASTRONOMIQUE

Bêtises de Cambrai

Crêpes bretonnes

Fruits de mer

Port-Salut

Quiche lorraine

Bonbons des Vosges

Escargots

Moutarde de Dijon, pain d'épice, cassis

Rillettes de Tours

Emmental

Nougat de Montélimar

Jambon de Bayonne

Pruneaux d'Agen

Roquefort

Saucisse de Toulouse

Salade niçoise

Anchois de Collioures

Which of these specialty foods have you eaten? Which ones would you like to try?

PREMIÈRE ÉTAPE

Point de départ

▼▼▼▼▼▼▼▼▼▼▼▼▼▼▼

Allons au restaurant!

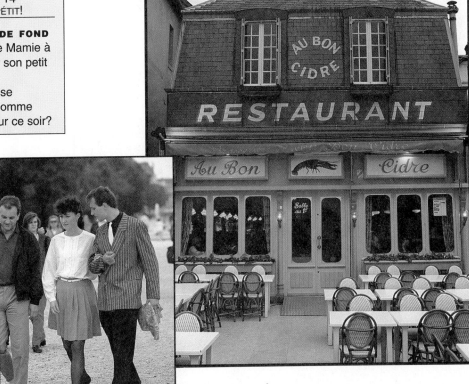

—Donc, on va manger Au Bon Cidre?
—Je veux bien, moi!
—Moi aussi. On y sert du homard et des langoustines.

AU BON CIDRE

Les hors-d'œuvre

Assiette de crudités
Asperges vinaigrette
Œufs mayonnaise
Jambon melon
Pâté maison
Terrine de crabe
Escargots de Bourgogne

Les potages

Bisque de homard
Soupe à l'oignon gratinée
Consommé au vermicelle

assiette de crudités: plate of raw vegetables / *bisque de homard:* creamy lobster soup

terrine: pâté
escargots: snails

Les poissons

Daurade provençale
Filet de sole meunière
Truite aux amandes
Langoustines mayonnaise
Moules marinières
Coquilles St-Jacques à la
   parisienne

Les viandes

Canard à l'orange
Escalope de veau au citron
Côte de porc grillée
Steak au poivre
Châteaubriand sauce béarnaise
Bœuf bourguignon
Poulet rôti normand

daurade: gilt-head (fish)

truite: trout
langoustines: prawns
moules: mussels

Les fromages

Camembert   Brie   Roquefort

Les desserts

Glace à la vanille
Sorbet
Tartelette aux fruits

Mousse au chocolat
Crème caramel
Fraises au sucre

sorbet: Italian ice

Vocabulary: The term **entrée** *(f.)* is often used instead of **hors-d'œuvre** for the first course. Notice that in English *entrée* refers to the main course; the French term for *main course* is **plat principal** *(m.).*

Note culturelle

À première vue, une carte de restaurant français peut sembler assez mystérieuse. Pourtant, il est possible d'apprendre à lire une carte si on se souvient de certaines conventions. Le nom d'un plat cuisiné est souvent divisé en deux parties:

1. Un type de plat + matière première:

    une tarte aux fraises

2. Une matière première + autre matière:

    canard à l'orange

3. Matière première + mode de préparation:

    poulet rôti

4. Matière première + région dont c'est une spécialité:

    tomates provençales

À discuter: Est-ce qu'il y a des restaurants dans votre ville qui servent de la cuisine française? Comment décrivent-ils leurs spécialités?

À VOUS! (Exercices de compréhension)

A. Qu'est-ce qu'on peut manger? Consultez la carte du restaurant *Au Bon Cidre* et répondez aux questions.

1. J'aime les légumes. Qu'est-ce que je peux manger comme hors-d'œuvre?
2. J'aime la viande. Qu'est-ce que je peux manger comme hors-d'œuvre?
3. J'adore les fruits de mer *(seafood)*. Qu'est-ce que je peux choisir pour commencer le repas? Et comme plat principal?
4. Je n'aime pas le poisson. Quels plats est-ce qu'il faut éviter *(avoid)?*
5. Quelles sortes de viande est-ce qu'on sert?

B. Qu'est-ce que vous recommandez? Faites votre choix d'après la carte du restaurant *Au Bon Cidre* et commandez un repas—hors-d'œuvre, plat principal, fromage ou dessert—pour chacune des personnes suivantes.

1. une personne qui aime beaucoup les poissons et les fruits de mer
2. une personne qui ne mange que *(only)* des légumes et des fruits
3. un gourmand (une personne qui mange beaucoup)
4. un gourmet (une personne qui mange bien)
5. une personne qui aime la cuisine américaine traditionnelle—du bœuf, des pommes de terre, etc.

▲EXPANSION▲GRAMMATICALE▲

Comment exprimer le doute et la certitude

L'avocat canadien René Delavenne est un grand amateur de cuisine. Il adore manger et faire la cuisine. Cette année, il fait avec sa femme, Jocelyne, un séjour gastronomique en France. Pendant dix jours ils visitent les villes les plus renommées pour leur cuisine. Aujourd'hui ils sont à Tours.

JOCELYNE:	Pour changer un peu, je voudrais manger de la cuisine marocaine.
RENÉ:	Oh, **je ne pense pas qu**'il y **ait** de restaurants marocains à Tours.
JOCELYNE:	Mais **je suis sûre qu**'il y en **a** un près de la gare. Il s'appelle Chez Rachid.
RENÉ:	Chez Rachid? **Il se peut que** ce **soit** tunisien, ou algérien.
JOCELYNE:	Non, **je pense bien que** c'est marocain. On m'a dit que le patron était de Marrakech.

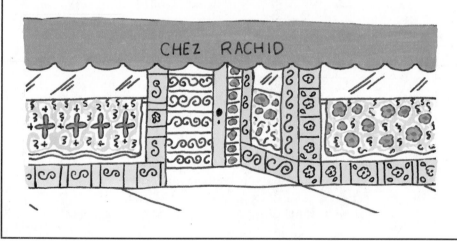

À VOUS DE LE DIRE!

Utilisez le subjonctif pour exprimer les réactions de René à l'idée suivante:
Il y a un restaurant marocain à Tours.

1. Il ne pense pas...
2. Il n'est pas sûr...
3. Il trouve qu'il est impossible...

Puis utilisez l'indicatif pour préciser les réactions de Jocelyne à la même idée:

4. Elle pense...
5. Elle est sûre...
6. Elle est absolument certaine...

Note grammaticale

L'emploi du subjonctif pour exprimer le doute et l'incertitude; l'emploi de l'indicatif pour indiquer la certitude

In Chapter 10, you learned that the subjunctive is used to express necessity. The French also use the subjunctive to indicate *uncertainty* or *doubt* about whether something is true or in fact will occur. The following expressions of possibility, impossibility, uncertainty, and doubt are usually followed by the subjunctive:

douter que	**il est possible que**
il est impossible que	**il n'est pas possible que**
il est peu probable que	**ne pas penser que**
il se peut que *(it is possible)*	

On the other hand, to suggest *certainty* or a *strong probability* that something is true or will occur, French uses the indicative. The following expressions of certainty or probability are followed by the indicative:

être certain(e) que	**il est probable que**
être sûr(e) que	**il est sûr que**
il est certain que	**il est vrai que**
il est clair (évident) que	**penser que**

When expressions of doubt (uncertainty, possibility) or certainty (probability) are used to refer to a sentence or an idea already mentioned, they may be used *without* **que.** In these cases, **il** becomes **ce** and the expressions **douter, être certain,** and **être sûr** are preceded by **en.** With the verb **penser,** you say either **je pense (je ne pense pas)** or **je pense que oui (non):**

Le train va être à l'heure? **C'est possible.**
Il va partir bientôt? **J'en suis sûr(e).**
Paul vient? Non, **je ne pense pas. (Je pense que non.)**

APPLICATION

C. Comment? Vous parlez avec vos amis de leurs activités et de leurs possessions. Quelqu'un pose une question; une personne y répond en utilisant une expression de doute ou d'incertitude. Une deuxième personne n'entend pas; la première personne répète en utilisant cette fois le subjonctif.

Ex. C: ⇄

Modèle: Anne-Marie n'est pas là. Elle est malade? (c'est possible)
              ÉTUDIANT(E) 1: *C'est possible.*
              ÉTUDIANT(E) 2: *Comment?*
              ÉTUDIANT(E) 1: *Il est possible qu'elle soit malade.*

1. Chantal va à la soirée avec Henri? (ce n'est pas possible)
2. Jean-Michel sort avec la camarade de chambre de Martine? (c'est impossible)
3. Marcelle va inviter ses parents? (c'est peu probable)
4. Philippe a une Jaguar? (j'en doute)
5. Éric va demander à Janine d'aller au cinéma? (c'est possible)
6. Nous pourrons nous retrouver chez Yvonne après le concert? (je ne pense pas)

Vous continuez à parler avec vos amis, mais cette fois la première personne répond en utilisant une expression de certitude ou de probabilité. Quand la deuxième personne lui demande de répéter, la première le fait en utilisant cette fois un verbe à l'indicatif.

Modèle: Georges va téléphoner à Caroline? (j'en suis sûr[e])
              ÉTUDIANT(E) 1: *J'en suis sûr(e).*
              ÉTUDIANT(E) 2: *Comment?*
              ÉTUDIANT(E) 1: *Je suis sûr(e) que Georges va lui téléphoner.*

7. Chantal va à la soirée avec Henri? (je pense que oui)
8. Jean-Michel sort avec la camarade de chambre de Martine? (c'est évident)
9. Marcelle va inviter ses parents? (c'est vrai)
10. Philippe a une Jaguar? (j'en suis certain[e])
11. Éric va demander à Janine d'aller au cinéma? (c'est probable)
12. Nous pourrons nous retrouver chez Yvonne après le concert? (j'en suis sûr[e])

Le savez-vous?
▲▲▲▲▲▲▲▲▲▲▲▲▲▲
Which of the following is *not* a place where you can eat a meal?
a. **une brasserie**
b. **une quincaillerie**
c. **un bistrot**
d. **une auberge**

Réponse ▲▲▲

D. Opinions contradictoires. Vos amis réagissent de façon très différente à ce que vous déclarez au sujet du dîner auquel on vous a invités. Utilisez les expressions entre parenthèses en faisant attention à l'emploi de l'indicatif ou du subjonctif.

> *Modèle:*   Henri fait bien la cuisine. (je pense / je ne pense pas)
> —*Oui, je pense qu'Henri fait bien la cuisine.*
> —*Mais non, je ne pense pas qu'il fasse bien la cuisine.*

1. Nous serons plus de quinze à table. (il est possible / il est probable)
2. Henri a une excellente cave *(wine cellar)*. (il est vrai / il n'est pas possible)
3. Anne-Marie sait déjà ce qu'Henri va préparer. (je suis sûr[e] / il est peu probable)
4. Henri va préparer un rôti. (il est possible / je ne pense pas)
5. Après le repas nous pourrons voir sa collection d'objets d'art oriental. (je pense / je doute)
6. Les hommes feront la vaisselle. (je suis certain[e] / je doute)
7. Le repas prendra au moins trois heures. (je pense / il est probable)
8. Mathilde partira la première. (je suis sûr[e] / je ne pense pas)

Reminder, Ex. E: Support your argument.

E. À mon avis... Voici une série d'idées. Donnez votre opinion en employant une expression de certitude ou d'incertitude, de possibilité ou de probabilité. Ensuite, un(e) de vos camarades de classe va indiquer s'il (si elle) partage *(shares)* votre opinion.

> *Modèle:*   La guerre est inévitable.
> —*Moi, je pense que la guerre est inévitable. (Les hommes aiment se disputer.)*
> —*Je suis d'accord avec toi. Il est évident que la guerre est inévitable. (La guerre est bonne pour l'économie.)* ou *Non, je ne suis pas d'accord avec vous deux. Il n'est pas vrai que la guerre soit inévitable. (À mon avis, beaucoup de personnes sont contre* (against) *la guerre).*

1. L'inflation est un grand problème économique.
2. Les émissions télévisées sont rarement de bonne qualité.
3. La communication entre parents et enfants est toujours difficile.
4. Le français est une langue assez facile à apprendre.
5. Les Américains sont généralement en bonne santé.
6. On peut réussir si on travaille beaucoup.
7. Le président ____ est un bon président.
8. Le meilleur acteur de cinéma est ____ .
9. La meilleure actrice de cinéma est ____ .

▲▲▲ b

Relais

Commandons!

LE LION D'OR

LE LION D'OR

Menu à 80F	Menu à 110F
Salade de tomates ou Consommé au vermicelle *****	Terrine du chef ou Melon au porto *****
Filet de bœuf au poivre vert ou Côte de veau forestière *****	Escalope de canard ou Filet de sole aux pistaches ou Entrecôte sauce béarnaise *****
Fromage ou Crème caramel ou Fruit de saison	Salade verte ou fromage *****
	Tarte aux pommes ou Pêche Melba

(Boisson non comprise)

Jocelyne a raison. Il y a bien un restaurant marocain à Tours. Les Delavenne y **dégustent** un excellent **couscous.** Puis **le lendemain** ils dînent dans un petit restaurant typiquement français, Le Lion d'Or. C'est la patronne qui les **accueille** et prend leur **commande.**

enjoy (food) / North African stew prepared with semolina, meat, and vegetables / next day
greets / order

LA PATRONNE:	Bonjour, M'sieur dame. Une table pour deux?
RENÉ:	Oui, s'il vous plaît.
LA PATRONNE:	Si vous voulez bien me suivre? Voilà. Alors, aujourd'hui nous avons des escargots et aussi du homard. Je vous donne un moment pour regarder la carte.

Quelques moments après...

Vocabulary: When ordering beef, the French distinguish between **bleu** *(rare—actually very rare),* **saignant** *(medium rare),* and **à point** *(medium).* They prefer their meat on the rare side and rarely eat it **bien cuit** *(well done).*

LA PATRONNE:	Alors, vous avez choisi?
RENÉ:	Oui, nous voudrions deux menus à 110F.
LA PATRONNE:	Très bien. Qu'est-ce que vous prenez pour commencer?
JOCELYNE:	Pour moi, la terrine.
RENÉ:	Moi, je voudrais le melon au porto.
LA PATRONNE:	D'accord. Et ensuite?
JOCELYNE:	Je voudrais le filet de sole aux pistaches.
RENÉ:	Et pour moi, une entrecôte sauce béarnaise... **saignante.**
LA PATRONNE:	Vous désirez une boisson?
RENÉ:	Oui, une **demi-carafe** de rouge et un **quart** d'eau minérale—du Perrier, s'il vous plaît.

medium rare

half-pitcher / small bottle (1/4 litre)

La patronne leur apporte la terrine, le melon et les boissons. Puis elle sert le plat principal.

LA PATRONNE: Voilà. Attention, les plats sont chauds. Bon appétit.
RENÉ ET JOCELYNE: Merci.

each (one)

Après avoir mangé le poisson et le bœuf, ils prennent **chacun** une salade. Plus tard, la patronne revient voir s'ils voudraient un dessert.

LA PATRONNE: Vous voulez autre chose? Une tarte? Une glace?
RENÉ: Oui, je prendrais volontiers une pêche Melba. Et toi, Jocelyne?
JOCELYNE: Non, pas de dessert pour moi.
LA PATRONNE: Bon, d'accord.

Après le dessert, la patronne leur sert deux petits cafés. Puis, les cafés terminés, les Delavenne se préparent à partir.

RENÉ: S'il vous plaît, Madame, l'addition?... Le service est compris, n'est-ce pas?
LA PATRONNE: Bien sûr, Monsieur... Merci beaucoup, M'sieur dame. Au revoir.
RENÉ ET JOCELYNE: Au revoir, Madame.

Note culturelle

En France, tous les restaurants affichent leur menu à l'extérieur. Les clients ont ainsi la possibilité de voir les plats et les prix avant de décider où ils vont déjeuner ou dîner.

En général, on peut choisir entre un ou deux **menus à prix fixe** (les choix sont limités, mais le prix inclut le repas entier) et des **repas à la carte** (les choix sont plus nombreux, mais on paie chaque plat séparément).

Un repas au restaurant comprend normalement un hors-d'œuvre ou une soupe (une entrée), un plat principal **garni** (c'est-à-dire servi avec des pommes de terre ou un légume), une salade, un fromage ou un dessert. Les boissons (vin, eau minérale, café, thé) ne sont généralement pas comprises, mais les 15 pour cent pour le service le sont. On peut donner aussi un petit pourboire *(tip)* supplémentaire, si on veut.

Exprimons-nous!

Pour demander une table dans un restaurant

> **Une table pour ___ personnes, s'il vous plaît.**

Pour demander ce qu'on veut manger

> **Qu'est-ce que vous (tu)** $\begin{cases} \textbf{voulez (veux)} \\ \textbf{prenez (prends) comme} \\ \textbf{désirez (désires)} \end{cases}$ $\begin{cases} \textbf{hors-d'œuvre?} \\ \textbf{plat principal?} \\ \textbf{dessert?} \\ \textbf{boisson?} \end{cases}$

Pour commander   *Pour demander l'addition*

> **Je voudrais...**   **L'addition, s'il vous plaît.**
> **Je vais prendre...**   **Est-ce que vous pourriez nous**
>   **apporter l'addition, s'il vous**
>   **plaît?**

À VOUS! (Exercices de vocabulaire)

F. S'il vous plaît, Monsieur (Madame). An older member of your family will be in France on a business trip. He/she would like to invite his/her French associate and spouse out to dinner. Answer your relative's questions about what to say in a restaurant.

1. How do I ask for a table?
2. If I choose the fixed-price meal, how do I ask if a beverage is included?
3. How do I ask my guests what they would like to start with?
4. How do I order a main course?
5. How do I ask my guests what they would like to drink with their meals?
6. When we have finished the main course, how do I find out if my guests would like something more to eat?
7. How do I get the check?

G. Commandons! Choisissez sur la carte du restaurant *Le Lion d'Or* le repas que vous voulez commander. Le professeur ou un(e) autre étudiant(e) jouera le rôle du garçon ou de la serveuse.

▲ ▲ ▲ ▲ ▲ ▲ ▲ ▲ ▲ **Débrouillons-nous!** ▲ ▲ ▲ ▲ ▲ ▲ ▲ ▲ ▲ ▲

Petite révision de l'étape

H. C'est possible? Ce n'est pas possible? Préparez une série de phrases au sujet de votre vie, de vos activités, de vos projets, etc. Quelques-unes des phrases peuvent être vraies; d'autres peuvent être des exagérations. Vos camarades de classe réagiront en utilisant des expressions telles que **il est possible que, je doute que, je suis certain(e) que,** etc.

> *Modèle:*   Ma famille adore les animaux. Nous avons sept chats et trois chiens.
> —*Moi, je suis sûr que vous n'avez pas sept chats et trois chiens.*
> —*Mais il est possible que sa famille ait sept chats et trois chiens, non?*
> —*C'est possible, mais peu probable.*

I. Au restaurant. You go to a restaurant with a friend. You get a table, discuss the menu, and order your meal. One of your classmates will play the role of the waiter.

À faire chez vous:
CAHIER, Chapitre 14 /
1ère étape

DEUXIÈME ÉTAPE

Point de départ

▼ ▼ ▼ ▼ ▼ ▼ ▼ ▼ ▼ ▼ ▼ ▼ ▼ ▼ ▼ ▼ ▼

Allô! Allô! Vous pouvez venir dîner samedi soir?

Pour donner un coup de fil

En France, si vous n'êtes pas à l'hôtel ou chez quelqu'un qui a un téléphone, vous pouvez toujours téléphoner d'une cabine. Il y en a dans les bureaux de poste, les aéroports, les gares et, bien entendu, dans la rue. Pour téléphoner, vous avez besoin de pièces de monnaie ou d'une **télécarte.** On peut acheter des télécartes dans les bureaux de poste, aux guichets SNCF ou dans les bureaux de tabac.

Comment composer un numéro

Un numéro de téléphone en France comprend huit chiffres. Les deux premiers chiffres représentent **l'indicatif** (par exemple: 90, Avignon; 56, Bordeaux; 80, Dijon; 76, Grenoble; 20, Lille). Par conséquent,

76 87 55 21 = un numéro de téléphone à Grenoble
20 55 09 35 = un numéro de téléphone à Lille

renseignements – réclamations

● pour connaître le numéro d'appel d'un abonné au téléphone étranger dont vous avez le nom et l'adresse
● pour être renseigné sur un indicatif de zone ne figurant pas dans l'annuaire, ou pour connaître les tarifs

décrochez ▸ tonalité ▸ **19** ▸ tonalité ▸ **33** ▸ indicatif du pays (voir p. 20) ▸ vous obtenez un agent des Télécommunications à qui vous formulez votre demande

Culture: The majority of French homes are linked to the **Minitel** system. With the help of a computer connected to your telephone, you can consult the phone directory **(l'annuaire),** pay bills, get all different types of information, and order goods and services.

Ce que vous devez savoir pour téléphoner :
À L'INTÉRIEUR DE LA FRANCE

POUR TELEPHONER DE PROVINCE EN PROVINCE.

Vous faites le numéro à 8 chiffres sans faire le 16.

Par exemple : 38 41 21 00

POUR TELEPHONER DE PROVINCE VERS PARIS/REGION PARISIENNE.

Vous faites le 16, puis le code (1) pour rentrer dans la région parisienne suivi du numéro à 8 chiffres.

Par exemple :
16 ~ (1) 45 64 22 22
16 ~ (1) 39 51 95 36
16 ~ (1) 60 63 39 72

POUR TELEPHONER DE PARIS/REGION PARISIENNE VERS LA PROVINCE.

Vous faites le 16, puis le numéro à 8 chiffres.

Par exemple : 16 ~ 38 41 21 00

POUR TELEPHONER A L'INTERIEUR DE PARIS/REGION PARISIENNE.

Vous faites le numéro à 8 chiffres.

Par exemple :
45 64 22 22
39 51 95 36
60 63 39 72

TELECOMMUNICATIONS

Indicatifs de quelques pays		*Indicatifs de quelques villes*	
Allemagne	49	Avignon	90
Belgique	32	Bordeaux	56
Canada	1	Dijon	80
Espagne	34	Grenoble	76
États-Unis	1	Lille	20
Italie	39	Lyon	78
Japon	81	Marseille	91
Maroc	212	Nice	93
Mexique	52	Paris	45
Royaume Uni	44	Rouen	35
Suisse	41	Strasbourg	88
		Toulouse	61

À VOUS! (Exercices de compréhension)

A. C'est où? Indiquez dans quelle ville se trouvent les numéros de téléphone suivants.

Modèle: 76 32 17 83
             Le soixante-seize, trente-deux, dix-sept, quatre-vingt-trois, c'est un numéro à Grenoble.

1. 45 74 39 76   3. 80 30 18 52   5. 56 48 03 74   7. 61 49 02 58
2. 90 82 62 31   4. 88 36 28 16   6. 91 78 25 06   8. 35 71 57 69

B. Il faut que nous téléphonions... Vous êtes en France avec vos parents. Chaque fois qu'ils veulent téléphoner, ils vous demandent de leur expliquer comment il faut composer le numéro.

Modèle: You are in Paris.
             YOUR PARENTS: Next week we would like to go to Nice. Here's a hotel that has been recommended. Can we call ahead to get a room? Hôtel Univers, 9 av. J.-Médecin, 93 87 88 81.
             YOU: *Dial 16, then the number.*

1. You are in Paris.
    YOUR PARENTS: Let's go eat at that restaurant in Versailles that the Kaplans recommended. Here it is: **La Boule d'or,** 39 50 13 21. We need to call and make a reservation.
    YOU: ———

2. You are now in Nice.
    YOUR MOTHER: I need to call some friends of Mike and Pat Johnson. They live in Lille and their number, I think, ends with 05 83 57.
    YOU: ———

3. You are still in Nice.
    YOUR PARENTS: Let's call Paris and see if the Davenports have gotten there yet. They're supposed to be staying at the Hôtel Washington, 43, rue Washington, 45 63 33 36.
    YOU: ———

4. You are back in Paris.
    YOUR FATHER: If we have time, I would love to go to Rouen. Let's call and see if we can rent a car. The number of a rental agency is 35 72 16 90.
    YOU: ———

5. You are still in Paris.
    YOUR PARENTS: Let's call our friends in England and let them know when we will be arriving. We have their name and address, but I don't know their number.
    YOU: ———

R·E·P·R·I·S·E

Première étape

C. Peut-être que oui, peut-être que non. *(Maybe yes, maybe no.)* Un de vos amis aime beaucoup parler des autres, mais il ne sait pas toujours ce qu'il dit. Utilisez les expressions entre parenthèses pour marquer votre réaction aux commentaires de votre ami. Distinguez entre les expressions suivies du subjonctif et les expressions suivies de l'indicatif.

Modèles: Jean va rester en ville pendant les vacances. (il est probable)
Il est probable qu'il va rester en ville.

Sa sœur va acheter une Mercédès. (il est impossible)
Il est impossible qu'elle achète une Mercédès.

1. Monique ira aux Antilles cet hiver. (il est possible)
2. Ses parents vont l'accompagner. (je doute)
3. Elle sait faire de la plongée sous-marine. (je ne pense pas)
4. Elle adore nager. (mais non / je pense / avoir peur de l'eau)
5. Philippe ne partira pas en vacances cette année. (mais si / je suis certain[e])
6. Il passera huit jours en Suisse. (mais non / il est probable / aller en Allemagne)
7. Il prendra la voiture de sa sœur. (il n'est pas possible)
8. Elle va lui prêter *(lend)* sa voiture. (il est peu probable)

*Pointe-à-Pitre,
Guadeloupe*

D. **Pourquoi pas dîner à *L'Omelette?*** Vous allez avec deux amis au restaurant *L'Omelette* à Québec. Trouvez une table, étudiez la carte et commandez votre repas. Un(e) camarade de classe jouera le rôle du garçon (de la serveuse).

HORS-D'OEUVRE
ENTRÉE

Fondue Parmesan
Cheese croquette

Quiche Lorraine
Quiche Lorraine

Escargots de bourgogne
Snails in garlic butter

Pâté maison
Home Pâté

SOUPES

Soupe du jour
Soup of the day

Soupe aux pois
Canadian pea soup

Soupe à l'oignon gratinée
Baked french onion soup

SANDWICHS

Sandwich au poulet
Chicken sandwich

Sandwich au jambon et fromage
Ham and cheese sandwich

Sandwich, bacon, tomate et laitue
Bacon, tomato and lettuce sandwich

Club Sandwich

SOUS-MARINS
CHAUDS OU FROIDS
HOT OR COLD SUBMARINES

Sous-marin maison garni
House submarine garnished

Sous-marin jambon et fromage garni
Cheese and ham submarine garnished

SALADES

Salade maison
House salad

Salade César
Ceasar salad

Salade jambon et fromage
Ham and cheese salade

Salade de Poulet
Chicken salad

SPÉCIAL
AVEC SOUPE ET CAFÉ
SPECIAL WITH SOUP AND COFFEE

Brochette de Poulet
Chicken shish kebab

Demi-poulet rôti au jus
Half roasted chicken

Foie de veau au bacon
Calf's liver with bacon

Filet de sole, Meunière ou Amandine
Sole meunière or with almonds

Crevettes Provençale
Shrimps with garlic and tomatoes

Crêpes de Fruits de Mer
Seafood crêpe

Gratin de Fruits de Mer
Baked sea food dish

Saumon grillé
Broiled salmon steak

Côtelettes de Porc aux pommes
Pork chops with apples

Escalope de veau, sauce aux champignons
Veal scaloppine with mushrooms sauce

Brochette de filet mignon
Tenderloin shish kebab

Toutes nos assiettes sont garnies
All our dishes are garnished

PÂTES

Spaghetti à la viande
Spaghetti with meat sauce

Spaghetti Napolitain
Spaghetti with tomato sauce

Lasagne au four
Baked lasagna

DIVERS

Hot chicken (sandwich)

Croque-monsieur
Grilled bread with ham and cheese

Hambourgeois garni deluxe
Hamburger deluxe garnished

Steak haché lyonnaise
Hamburger steak with onions

Fish'n chip

PIZZAS
8"

Napolitaine
Cheese and tomato sauce

Garnie
Mushrooms, cheese, green peppers, pepperoni and tomato sauce

OMELETTES

Omelette aux champignons et fromage
Omelette with mushrooms and cheese

Omelette Niçoise
tomates pelées et fond d'artichauds en dés
Omelette with tomatoes and artichoke hearts

Omelette Western
Jambon, pommes de terre et oignons
Omelette with ham, potatoes and onions

CRÊPES FRANÇAISES À LA POÊLE

Fraises et crème glacée
Strawberries and ice cream

Pêches et crème glacée
Peaches and ice cream

Bleuets et crème glacée
Blueberries and ice cream

DESSERTS

Tarte au sucre
Sugar pie

Tarte aux pommes
Apple pie

Mousse au chocolat
Chocolate mousse

Shortcake aux fraises
Strawberry shortcake

Gâteau Forêt noire
Black Forest cake

Gâteau au fromage
Cheese cake

Salade de fruits
Fruits salad

Fraises au vin
Strawberries with wine

Cassata Maison
House Italian ice cream

CAFÉS

Café, thé, lait	1,00	Café au lait
Espresso	1,50	Liqueurs douces
Cappuccino	1,75	

Tous nos Sandwichs et Omelettes sont servies avec frites / All our Sandwichs and Omelettes are served with french fries

VILLE DE québec

▲EXPANSION▲GRAMMATICALE▲

Comment former des hypothèses

De retour au Québec, les Delavenne ont l'idée d'inviter des amis à dîner.

RENÉ: Je **voudrais** inviter les Bistodaux à dîner.

JOCELYNE: Oui, j'**aimerais** bien leur raconter notre voyage en France.

RENÉ: Nous **pourrions** leur préparer un bon dîner à la française. Moi, je leur **ferais** ces escalopes à la crème que nous avons mangées à Paris.

JOCELYNE: Ça **serait** bien. Et moi, je **préparerais** du riz créole et des haricots verts.

À VOUS DE LE DIRE!

Répondez aux questions en jouant le rôle de René *ou* de Jocelyne.

1. Qui est-ce que tu voudrais inviter à dîner?
2. Qu'est-ce que tu aimerais leur raconter?
3. René, qu'est-ce que tu ferais à manger?
4. Jocelyne, qu'est-ce que tu pourrais préparer?

Maintenant répondez aux questions en utilisant **nous:**

5. Qui est-ce que vous voudriez inviter à dîner?
6. Qu'est-ce que vous aimeriez leur raconter?
7. Qu'est-ce que vous leur prépareriez?

JOCELYNE: **Si** tu **voulais** vraiment les impressionner, tu **ferais** un soufflé à l'orange comme dessert.

RENÉ: Et toi, tu **achèterais** des crevettes pour les hors-d'œuvre. Et avec le dessert nous **pourrions** servir du champagne.

JOCELYNE: Mais, dis donc, René, on n'est pas des milliardaires. Il vaut mieux servir des crudités, une tarte aux fruits et un bon vin de table.

À VOUS DE LE DIRE!

Répondez avec **je** ou **nous** en jouant le rôle de René *ou* de Jocelyne.

8. René, qu'est-ce que tu ferais si tu voulais les impressionner?
9. Jocelyne, et toi, qu'est-ce que tu achèterais si tu voulais les impressionner?
10. René et Jocelyne, qu'est-ce que vous pourriez servir si vous étiez milliardaires?

Note grammaticale

Le conditionnel

The conditional tense in French is the equivalent of the English structure *would* + verb. You have already learned to use the conditional in many polite expressions: **je voudrais, tu pourrais, j'aimerais.** To form the conditional tense, simply add the imperfect endings **(-ais, -ais, -ait, -ions, -iez, -aient)** to the infinitive of the verb. Notice that the final **-e** of a verb ending in **-re** is dropped before the conditional-tense ending is added:

Le conditionnel

arriver arriver-	partir partir-	attendre attendr-
j'arriver**ais** tu arriver**ais** il, elle, on arriver**ait** nous arriver**ions** vous arriver**iez** ils, elles arriver**aient**	je partir**ais** tu partir**ais** il, elle, on partir**ait** nous partir**ions** vous partir**iez** ils, elles partir**aient**	j'attendr**ais** tu attendr**ais** il, elle, on attendr**ait** nous attendr**ions** vous attendr**iez** ils, elles attendr**aient**

Many irregular verbs have irregular stems. You learned these stems when studying the future tense:

aller	**ir-**	**j'irais**
avoir	**aur-**	tu **aurais**
être	**ser-**	elle **serait**
faire	**fer-**	nous **ferions**
falloir	**faudr-**	il **faudrait**
pouvoir	**pourr-**	vous **pourriez**
savoir	**saur-**	ils **sauraient**
voir	**verr-**	tu **verrais**
vouloir	**voudr-**	nous **voudrions**

In addition to expressing politeness, the conditional is used:

1. To give advice:

     À ta place, **je trouverais** le temps d'y aller.
     À sa place, **je resterais** à la maison.

2. To indicate that a certain event may not occur:

     Si j'avais le temps, **je parlerais** à mes cousins.

     If I had the time, I would talk to my cousins (but I don't have the time).

     Si nous avions plus d'argent, **nous ferions un voyage.**

     If we had more money, we would take a trip [but we don't have more money].

APPLICATION

E. Soyez plus polis! Vos «parents» français vous corrigent quand vous utilisez des expressions qui ne conviennent pas à la situation. Ils vous indiquent une façon plus polie de vous exprimer en utilisant le conditionnel.

Modèle: Je veux vous parler.
  Il vaut mieux dire «Je voudrais vous parler». C'est plus poli.

1.   Je veux parler à M. Imbert.
2.   Pouvez-vous m'indiquer son adresse?
3.   Savez-vous où il est allé?
4.   Nous voulons vous demander un service.
5.   Avez-vous le temps de me parler?
6.   Je suis content(e) de lui téléphoner.
7.   Peux-tu dîner avec nous ce soir?
8.   Françoise et moi, nous voulons bien y aller avec vous.

▲▲▲ b

F. Quels conseils donneriez-vous? Vos amis vous parlent de leurs problèmes ou des problèmes des gens qu'ils connaissent. Employez les éléments entre parenthèses pour indiquer ce que vous feriez à leur place.

Modèles: Je suis toujours très fatigué. (se coucher plus tôt)
  À ta place, je me coucherais plus tôt.

  Mon frère s'ennuie à son travail. (chercher un autre travail)
  À sa place, je chercherais un autre travail.

1.   Depuis quelques semaines je grossis énormément. (ne pas prendre de frites)
2.   Mes parents n'aiment pas l'appartement où nous habitons. (acheter une maison)
3.   Je n'ai jamais assez d'argent. (ne pas aller dans les grands magasins)
4.   La femme d'Hervé Villot ne sait pas parler français. (apprendre le français)
5.   J'ai une grippe depuis cinq jours. (consulter un médecin)
6.   Nous n'avons pas envie de faire la cuisine ce soir. (dîner au restaurant)
7.   Mon frère a des difficultés en cours de chimie. (aller voir le prof)
8.   J'ai mal à la tête. (prendre des cachets d'aspirine)
9.   Nous ne savons pas qui inviter. (inviter mes meilleurs amis)
10.   Ma sœur a besoin d'argent encore une fois. (ne pas lui donner d'argent)

G. Si vous pouviez choisir... Indiquez le choix que vous feriez dans les situations suivantes.

Modèle: Si vous pouviez choisir, est-ce que vous dîneriez au Macdo ou dans un restaurant français?
  Bien sûr, je dînerais dans un restaurant français.

1. Si vous payiez le repas, est-ce que vous choisiriez le menu à 85F ou le menu à 120F?
2. Et si vos parents vous invitaient à dîner?
3. Si vous vouliez maigrir, qu'est-ce que vous prendriez comme hors-d'œuvre—l'assiette de crudités ou les œufs mayonnaise?
4. Si vous n'aimiez pas le poisson, est-ce que vous commanderiez le filet de sole ou l'entrecôte?
5. Si vous aviez très faim, est-ce que vous mangeriez une salade ou du rôti de bœuf?
6. Si vous vouliez grossir, qu'est-ce que vous choisiriez comme dessert—une glace ou un fruit?
7. Si vous aviez le choix, qu'est-ce que vous prendriez comme boisson?
8. Si le service n'était pas compris, combien est-ce que vous laisseriez de pourboire—10 pour cent ou 15 pour cent?

Relais

Une invitation à dîner

Jocelyne téléphone à ses amis, Linda et Michel Bistodaux, pour les inviter à dîner. C'est le fils des Bistodaux, Jean-Louis, qui répond au téléphone.

JEAN-LOUIS: Allô.

JOCELYNE: Allô. Jean-Louis? C'est Jocelyne Delavenne à l'appareil. Est-ce que je pourrais parler à ta mère?

JEAN-LOUIS: Ah, bonjour, Madame. Oui, bien sûr. Je vous la passe... Maman, Maman. Le téléphone, c'est pour toi. C'est Mme Delavenne.

LINDA: J'arrive... Ah, bonjour, Jocelyne. Comment ça va? Te voilà de retour. Tu as fait bon séjour en France?

JOCELYNE: Oh, oui. C'était formidable. Justement, René et moi, nous voulions vous inviter à dîner chez nous. Comme ça, on pourrait vous raconter notre voyage. Seriez-vous libre samedi soir?

LINDA: Mais oui. C'est très sympa.

JOCELYNE: Bon. On vous verra, Michel et toi, samedi soir, vers 7h30.

LINDA: D'accord. Et merci bien. À samedi soir.

JOCELYNE: Allez, au revoir. À samedi soir.

Exprimons-nous!

Pour téléphoner à un(e) ami(e)

Allô.
Qui est-ce?

Ici (nom).

Je te le (la) passe.

Pour téléphoner à quelqu'un que vous connaissez très peu

Allô.
C'est de la part de qui? *(May I say who's calling?)*
Ne quittez pas. *(Hold on, please.)*
Je vous le (la) passe.

Pour inviter un(e) ami(e) à dîner

Tu es libre...?
Tu veux dîner...?
Je t'invite à dîner...

Pour inviter quelqu'un que vous connaissez moins bien

Vous seriez libre...?
Vous pourriez dîner...?
Je voudrais vous inviter à dîner...

Pour accepter une invitation (familier)

Oui, je veux bien.
C'est sympa.
Chouette!
Pourquoi pas?

Pour accepter une invitation (moins familier)

Je voudrais bien.
Oh, c'est gentil. J'accepte.
Avec plaisir.

Pour refuser une invitation (familier)

Oh, je regrette. Je ne peux pas.
Je voudrais bien, mais je ne suis pas libre.
Merci, mais j'ai déjà fait des projets.

Pour refuser une invitation (moins familier)

C'est dommage, mais ce n'est pas possible.
Je suis désolé(e), mais je ne suis pas libre.

PORTE DE PANTIN

Le Lyonnais Gourmand
Plats et Vins de la Région Lyonnaise
Carte de **100 F** à **125 F**
206, Avenue Jean-Jaurés PARIS 19e
Tél. 42 02 12 40
Fermé Samedi midi et Dimanche · Cartes acceptées : C. B · A.E

À VOUS! (Exercices de vocabulaire)

H. Allô... Allô... Téléphonez aux personnes dont les noms sont entre parenthèses en imitant les modèles.

Modèle: Véronique Poupard (sa cousine)
—*Allô. Ici (nom). C'est toi, Véronique?*
—*Non, c'est sa cousine.*
—*Oh, je m'excuse. Est-ce que Véronique est là?*
—*Oui, je te la passe.*

1. Marcelle Flury (sa sœur) 2. Jean Mettetal (son cousin)

Modèle: Lucien Péras / 40 22 61 03
—*Allô, allô. C'est bien le 40 22 61 03?*
—*Oui, Monsieur (Madame, Mademoiselle).*
—*Je voudrais parler à Lucien Péras, s'il vous plaît.*
—*C'est de la part de qui?*
—*C'est (nom) à l'appareil.*
—*Ne quittez pas. Je vais voir s'il est là... Je suis désolé(e). Il est sorti.*
—*Voulez-vous bien lui dire que (nom) a téléphoné?*
—*Certainement, Monsieur (Madame, Mademoiselle).*
—*Merci, Monsieur (Madame, Mademoiselle). Au revoir.*

3. Michel Roux / 61 32 73 22 4. Anne Brisset / 47 42 65 39

I. Vous invitez des gens à dîner. Donnez un coup de téléphone pour passer les invitations indiquées. Un(e) camarade de classe jouera le rôle du (de la) correspondant(e).

1. Vous invitez un(e) ami(e) à dîner chez vous.
2. Vous invitez un(e) ami(e) à dîner au restaurant avec vous et votre famille.
3. Vous invitez deux ami(e)s à déjeuner chez vous.
4. Vous invitez vos parents français à aller au restaurant.
5. Vous invitez les parents de votre ami(e) à aller au restaurant avec vous, votre ami(e) et votre famille.
6. Vous invitez votre professeur à dîner chez vous.

▲ ▲ ▲ ▲ ▲ ▲ ▲ ▲ Débrouillons-nous! ▲ ▲ ▲ ▲ ▲ ▲ ▲ ▲

Petite révision de l'étape

J. **Si tu étais riche...** Utilisez les éléments donnés pour poser des questions à un(e) camarade de classe au sujet de ce qu'il (elle) ferait s'il (si elle) était riche. Mettez les verbes au conditionnel.

> *Modèle:*   où / habiter
> —*Où est-ce que tu habiterais si tu étais riche?*
> —*J'habiterais en Floride (à New York, en France, etc.)*

1. où / habiter
2. que / porter
3. qu'est-ce que / manger
4. avec qui / sortir
5. où / faire un voyage
6. quelle voiture / acheter
7. combien d'argent / avoir
8. comment / passer le temps (*réponse:* passer le temps à + infinitif)

K. **Un coup de fil.** *(A phone call.)* You and your family have just arrived in Paris. You call your French friend Mireille Loiseau. She is away on vacation for several days, but a family member answers the phone. Identify yourself as Mireille's American friend, find out when she will be back, and decide whether to call again (**rappeler**) or to leave a message (**laisser un message**). A classmate will play the role of the family member.

À faire chez vous: CAHIER, Chapitre 14 / 2ᵉ étape

Workbook: Ch. 14 /2ᵉ étape

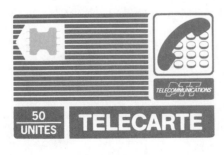

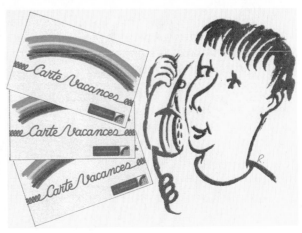

TROISIÈME ÉTAPE

Point de départ

Une recette

Vocabulary: The term **escalope** refers to a thin slice of meat. For this recipe, you could use veal, pork, or poultry.

Cuisson: Cooking time

Escalopes à la crème

Préparation : 30 mn	2 citrons
Cuisson : 40 mn	300 g de crème
Pour 6 personnes :	2 cuillerées à café
6 escalopes de 130 à 150 g	de concentré de tomate
350 g de champignons	60 g de beurre
de Paris	sel, poivre, farine

Lavez les champignons que vous aurez choisis petits, dans l'eau citronnée pour qu'ils restent bien blancs. S'ils sont gros, coupez-les en deux ou en quatre, ne les émincez pas. ◻ Faites-les cuire dans une casserole avec une belle noix de beurre, le jus d'un demi-citron, à feu modéré, salez, poivrez, couvrez. ◻ Lorsqu'ils baignent dans leur eau, enlevez le couvercle, faites bouillir à grand feu jusqu'à ce qu'il ne reste plus que le beurre. Mettez en attente. ◻ Farinez légèrement chaque escalope. Faites-les dorer à la poêle dans le beurre sans vous préoccuper de leur cuisson complète. ◻ Retirez-les au chaud lorsqu'elles sont bien blondes. Salez, poivrez légèrement. ◻ Versez la crème dans la poêle, faites-la chauffer en grattant tous les sucs attachés du dos de la fourchette, ajoutez le concentré de tomate, salez et poivrez prudemment, faites bouillir 3 minutes. ◻ Remettez les escalopes ainsi que les champignons et leur jus. Tenez au chaud sans bouillir pendant 10 minutes, le temps de finir de cuire la viande et de mélanger les arômes. Servez avec des légumes verts ou des pommes sautées, voire du riz créole.

LES FICHES-CUISINE DE ELLE PAR MADELEINE PETER

émincez: chop
cuire: to cook
noix de beurre: piece of butter the size of a nut / *salez:* salt / *couvercle:* cover / *bouillir:* to boil / *dorer:* to brown / *poêle:* frying pan
chauffer: to heat

mélanger: to mix

voire: or even

À VOUS! (Exercices de compréhension)

A.   D'abord... ensuite... Vous aidez quelqu'un à préparer les escalopes à la crème. Montrez-lui ce qu'il faut faire en suivant le bon ordre.

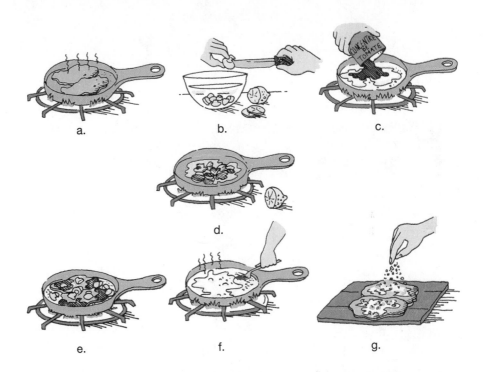

a.   b.   c.

d.

e.   f.   g.

B.   Combien? You decide to make **les escalopes à la crème** for your family. Figure out how much meat, cream, butter, and mushrooms you need to buy. (Hint: To convert grams to ounces, multiply by .035.)

R·E·P·R·I·S·E

Deuxième étape

C.   Un coup de fil. When you phone a friend to invite him/her to dinner at your house, his/her brother answers. Along with two other students, play out the conversations, using the following suggestions.

1.   You call and ask for your friend.
2.   Your friend's brother/sister answers, says that your friend is not at home, and explains where he/she is.
3.   You tell the brother/sister that you will call back (**rappeler**) later on.
4.   You call back. Again your friend's brother/sister answers; this time your friend is home.

5. Invite your friend for dinner.
6. Your friend may either accept and arrange the details or refuse and explain why.

D. **Que feriez-vous?** Indiquez ce que vous feriez dans les situations suivantes. Mettez les verbes au conditionnel.

1. Mathieu dîne dans un restaurant avec son amie Marie-Jo. Ils commandent tous les deux le menu à 90F. Puis Mathieu se rappelle qu'il n'a que 150F dans son portefeuille. Marie-Jo a laissé son sac à la maison. Que feriez-vous à la place de Mathieu?

   a. vous excuser, aller aux toilettes et vous sauver *(run away)*
   b. vous excuser, aller aux toilettes et téléphoner à un(e) ami(e)
   c. demander à Marie-Jo d'aller chercher son sac chez elle
   d. appeler le garçon et commander le menu à 60F

2. Demain Annick doit passer un examen de mathématiques, son cours le plus difficile. Son petit ami Roger, qu'elle n'a pas vu depuis deux mois, téléphone pour dire qu'il passera ce soir mais qu'il sera obligé de repartir le lendemain. Que feriez-vous à la place d'Annick?

   a. demander à un(e) ami(e) de passer la soirée avec Roger et étudier jusqu'à 10h
   b. demander à Roger de ne pas venir
   c. passer la soirée avec Roger et tenter votre chance *(to trust to luck)* à l'examen
   d. sortir avec Roger et inventer une excuse pour votre professeur

3. François a invité ses amis Martin et Chantal à dîner chez lui. Il n'a pas fait attention et il a fait brûler *(to burn)* la viande; elle est immangeable. Ses amis vont arriver dans quelques minutes. Que feriez-vous à sa place?

   a. quitter votre appartement et aller au cinéma
   b. attendre vos amis à l'extérieur et proposer qu'on dîne au restaurant
   c. leur servir des pizzas congelées *(frozen)*
   d. préparer une sauce à mettre sur la viande

4. Anne-Marie vient de se fiancer avec Hervé. Les parents d'Hervé, qui habitent en Afrique, lui rendent visite. Ils partent demain matin et ils veulent faire la connaissance de la fiancée de leur fils. Ils ont donc invité Anne-Marie à dîner au restaurant le plus élégant de la ville. Hélas, Anne-Marie tombe malade; elle a de la fièvre et des frissons. Que feriez-vous à sa place?

   a. prendre deux cachets d'aspirine et aller au restaurant
   b. aller au restaurant, mais ne rien manger
   c. téléphoner aux parents d'Hervé pour faire vos excuses
   d. aller chez le médecin et lui demander de vous faire une piqûre *(shot)*

E.   **Sur une île déserte...** Demandez à un(e) camarade ce qu'il (elle) ferait s'il (si elle) devait passer quelques mois sur une île déserte. Mettez les verbes au conditionnel.

Modèle: Combien de temps est-ce que tu voudrais y passer?
                Je voudrais y passer deux mois (six mois, un an).

1. Comment est-ce que tu ferais le voyage—en avion ou en bateau?
2. Qui est-ce que tu inviterais à t'accompagner?
3. Où serait l'île de ton choix?
4. Qu'est-ce qu'il y aurait sur cette île?
5. Quel animal est-ce que tu aimerais emmener avec toi?
6. Qu'est-ce que tu mettrais dans ta valise?
7. Qu'est-ce que tu apporterais à manger?
8. Comment ton (ta) camarade et toi, passeriez-vous votre temps sur cette île?
9. Qu'est-ce que vous apprendriez à faire sur cette île?
10. Est-ce que tu serais content(e) de rentrer chez toi?

▲ EXPANSION ▲ GRAMMATICALE ▲

Comment représenter les personnes et les choses (suite)

Samedi soir. Les Delavenne et leurs invités, les Bistodaux, sont à table.

MME BISTODAUX:	Les Garnier sont allés en France avec vous?
RENÉ:	Non, ce sont les Ferral **qui** ont fait le voyage avec nous.
JOCELYNE:	Les Garnier, eux, sont allés en Union soviétique.
M. BISTODAUX:	Ils ont emmené leurs deux filles?
JOCELYNE:	Non, il n'y a que Brigitte **qui** les a accompagnés.
RENÉ:	Mais non. C'est Françoise **qui** a fait le voyage avec eux; Brigitte est restée au Québec.

À VOUS DE LE DIRE!

Identifiez ce que les personnes suivantes ont fait en utilisant **c'est (ce sont)** et **qui.**

Modèle: les Bistodaux
Ce sont les Bistodaux qui ont dîné chez les Delavenne.

1. les Garnier   2. les Ferral   3. Brigitte   4. Françoise

La conversation à table se poursuit.

JOCELYNE:	Vous vous rappelez les gens **chez qui** nous avons tous dîné au mois de mars?
MME BISTODAUX:	Ah, oui. Vos amis, les Aquin. Ils sont très gentils. Vous les avez vus récemment?
RENÉ:	Non, mais ils ont des voisins **avec qui** nous sommes allés au cinéma samedi soir.
JOCELYNE:	La femme est très bien. Mais son mari est vraiment ennuyeux. Tu ne trouves pas, chéri?
RENÉ:	Oui. Le pauvre Henri. C'est un type **à qui** il faut tout expliquer. Il n'a rien compris au film.

Le savez-vous?
▲▲▲▲▲▲▲▲▲▲▲▲▲▲▲
The *Guide Michelin* gives its highest three-star rating to approximately how many restaurants in France each year?
a. 2 or 3
b. 5 to 10
c. 15 to 20
d. 25 to 30

Réponse ▲▲▲

À VOUS DE LE DIRE!

Complétez les phrases suivantes en utilisant une préposition + **qui.**

Modèle: Les Bistodaux sont les gens...
Les Bistodaux sont les gens à qui les Delavenne racontent l'histoire.

5.   Les Bistodaux et les Delavenne se rappellent les gens...
6.   Les Aquin ont des voisins...
7.   Ils parlent du pauvre Henri, un type...

Après le départ des Bistodaux, René et Jocelyne font la vaisselle.

JOCELYNE: Les escalopes **que** tu as préparées étaient excellentes.

RENÉ: Oui, elles étaient assez réussies. Mais je ne pense pas que Paul ait vraiment apprécié les légumes. Voici les haricots **qu'**il a laissés sur son assiette.

JOCELYNE: Tu as remarqué les boucles d'oreilles **que** portait Linda? Elles étaient affreuses!

RENÉ: Oui. Elles ressemblent à celles **que** ta mère t'a données pour Noël.

JOCELYNE: Écoute, René, la cravate **que** ta mère t'a envoyée n'est pas formidable non plus!

▲▲▲ C

À VOUS DE LE DIRE!

Complétez les phrases avec **que**.

8. Jocelyne aime beaucoup les escalopes...
9. René trouve les haricots...
10. Jocelyne critique les boucles d'oreilles...
11. René se moque des boucles d'oreilles...
12. Jocelyne se moque de la cravate...

Note grammaticale

Les pronoms relatifs **qui** *et* **que**

You have already learned to use adjectives to describe a person or a thing. You may also use clauses introduced by relative pronouns as a way of describing people and things. A relative pronoun connects two clauses (or a word and a clause) into a single statement. The relative pronoun introduces the second clause while referring to a word already mentioned:

Les gens **qui viennent d'arriver** s'appellent Brunet.	The people *who just arrived* are named Brunet.

The relative pronoun **qui** *(who, which, that)* may refer either to persons or to things and acts as the *subject* of the subordinate clause. In this case, it is followed by a verb without a subject.

The relative pronoun **qui** may also be the *object of a preposition* when it refers to a person. The most common prepositions used with **qui** are **à, chez, avec,** and **pour.** In this case, it is followed by a subject and a verb:

Les amis **chez qui ils descendent** sont des amis de M. Loiret.	The friends *with whom they are staying* are friends of M. Loiret.

The relative pronoun **que** *(whom, which, that)* is used as a *direct object* and may stand for either persons or things. It is always followed by a subject and a verb. **Que** become **qu'** before a vowel or a silent **h:**

Les fleurs **qu'ils ont apportées** sont très jolies.	The flowers *that they brought* are very pretty.

Grammar: In English, a relative pronoun used as a direct object may be omitted: *The people (whom) we met . . .* / *The books (that) we read . . . .* In French, the relative pronoun **que** must always be used: **Les gens que nous avons rencontrés... / Les livres que nous avons lus...** Notice that if the subordinate clause contains a verb in the **passé composé,** the past participle agrees in gender and number with the word to which **que** refers.

F.   Les gens que nous connaissons. Vous indiquez à votre camarade que vous connaissez des gens qui viennent de pays francophones; vous utilisez le pronom relatif **qui** et le premier pays indiqué. Votre camarade indique à son tour qu'il (elle) a rencontré des gens de pays francophones aussi. Il (elle) utilise le pronom relatif **que** et le second pays indiqué.

Modèle: connaître des gens / le Mali (rencontrer / la Côte d'Ivoire)
  —*Je connais des gens qui viennent du Mali.*
  —*Ah, oui? Les gens que j'ai rencontrés viennent de Côte d'Ivoire.*

1.   connaître des gens / le Zaïre (rencontrer / le Sénégal)
2.   avoir des amis / le Maroc (voir / la Tunisie)

3. connaître un professeur / la Suisse (aimer / la Belgique)
4. connaître des gens / le Niger (rencontrer / le Congo)
5. avoir une amie / le Canada (voir / le Cameroun)
6. connaître un poète / la Côte d'Ivoire (aimer / l'Algérie)

G. Donne-moi! Montre-moi! Employez les éléments donnés pour demander quelque chose à votre camarade. Suivez les modèles.

Modèle: le livre / sur la table
—*Donne-moi le livre!*
—*Quel livre?*
—*Le livre qui est sur la table.*

1. le disque / sous la chaise
2. la lampe de poche / dans le tiroir
3. les magazines / à côté de toi
4. la tasse / dans l'évier

Modèle: —*J'ai acheté un portefeuille au Cameroun.*
—*Montre-moi le portefeuille que tu as acheté au Cameroun.*

5. J'ai acheté des bijoux au Sénégal.
6. Mon frère a acheté une carte de l'Afrique francophone.
7. Janine a apporté un livre sur la Martinique.
8. Jean-Michel a envoyé des cartes postales du Québec.

H. Des renseignements. Répondez en utilisant l'expression **je ne sais pas le nom de,** le nom entre parenthèses et le pronom relatif **qui.**

Modèle: —À qui parle-t-elle? (monsieur)
—*Je ne sais pas le nom du monsieur à qui elle parle.*

1. À qui parle-t-elle? (garçon)
2. Chez qui habite-t-elle? (famille)
3. Pour qui travaillent-ils? (homme)
4. Avec qui sont-elles allées au cinéma? (amis)
5. Chez qui allez-vous passer la soirée? (gens)
6. À qui a-t-elle prêté sa calculatrice? (étudiant)
7. Avec qui sort-elle? (jeunes gens)
8. À qui a-t-il envoyé la lettre? (monsieur)

I. Précisons! Utilisez les pronoms relatifs **qui** et **que** et les mots entre parenthèses pour donner des précisions. Attention aux temps des verbes!

Modèles: —Quelle auto faut-il acheter? (ton père / recommander)
—*L'auto que ton père a recommandée.*
—Quel magazine veux-tu? (être sur le bureau)
—*Le magazine qui est sur le bureau.*

1. Quel train va-t-elle prendre? (arriver à Lyon à 17h)
2. Quelle vidéo va-t-on montrer? (Jean / apporter)
3. Quelles oranges faut-il acheter? (venir du Maroc)

4. À quelle station faut-il descendre? (être juste après Concorde)
5. Quelle jupe vas-tu acheter? (je / voir hier aux Galeries Lafayette)
6. Quelles places peut-on prendre? (être marquées non-réservées)
7. Quels pays vont-elles visiter? (nous / recommander)
8. Quelle lettre cherches-tu? (mes parents / envoyer)

Relais

Les préparatifs

Colette, la fille aînée des Delavenne, a invité quelques amis à dîner. Quelques heures avant le repas, son frère Jean-Michel la trouve dans la cuisine.

JEAN-MICHEL:	Qu'est-ce que tu fais là?
COLETTE:	Ben, je prépare le dîner. J'ai invité des amis.
JEAN-MICHEL:	Ah, bon. C'est ça, ton menu? Fais voir... soupe aux **poireaux** pommes de terre... poulet grillé à la diable... tomates à la provençale... haricots verts à la française... salade... mousse au chocolat. Oh là là! Ça a l'air délicieux. Je suis invité, moi?
COLETTE:	Non. Mais si tu voulais bien me donner un coup de main, je pourrais te garder de la mousse.
JEAN-MICHEL:	Que veux-tu que je fasse?
COLETTE:	Tu pourrais commencer par **éplucher** les pommes de terre. Et ensuite il y a les poireaux à laver, les haricots à couper, les...
JEAN-MICHEL:	Non, merci. Tu peux **garder** ta mousse. J'ai pas envie de faire le **gâte-sauce**!

leeks (aligné avec poireaux)
to peel (aligné avec éplucher)
to keep (aligné avec garder)
kitchen boy (aligné avec gâte-sauce)

Exprimons-nous!

Pour demander à quelqu'un de vous aider

Voudriez-vous (tu voudrais) m'aider?
Pourriez-vous (tu pourrais) me donner un coup de main?
Tu as le temps de (+ infinitif)?

Pour accepter d'aider quelqu'un	*Pour refuser d'aider quelqu'un*
Bien sûr.	**Je voudrais bien, mais il faut que...**
Pas de problème.	
D'accord.	**Je regrette (suis désolé[e]), mais je ne peux pas (ce n'est pas possible).**
Avec plaisir.	

À VOUS! (Exercice de vocabulaire)

J. Deux réponses. Vous demandez à deux camarades de classe de vous aider. La première personne refuse; la seconde accepte. Utilisez les suggestions données, mais ajoutez des précisions.

Modèle: Demandez à un(e) ami(e) de vous prêter un livre.
      —*Paul, tu pourrais me prêter ton livre de mathématiques?*
      —*Je voudrais bien, mais je ne peux pas. Je prépare l'examen.*
      —*Moi aussi. C'est pour ça que j'en ai besoin. Dis donc, Kelly,*
      tu veux bien me prêter ton livre de maths?
      —*Bien sûr, mais juste pour l'après-midi. J'en ai besoin ce soir.*

1. Demandez à un(e) ami(e) de vous prêter de l'argent.
2. Demandez à un(e) ami(e) de vous prêter un vêtement.
3. Demandez à un(e) passant(e) de vous aider à changer le pneu de votre voiture.
4. Demandez à un professeur de vous aider à porter un paquet très lourd.

▲ ▲ ▲ ▲ ▲ ▲ ▲ ▲ ▲ ▲ **Débrouillons-nous!** ▲ ▲ ▲ ▲ ▲ ▲ ▲ ▲ ▲

Petite révision de l'étape

K. Quand j'étais petit(e)... Comparez vos souvenirs d'enfance aux souvenirs d'enfance d'un(e) camarade de classe. Suivez le modèle.

Modèle: J'avais un ami qui...
      —*J'avais un ami qui n'aimait pas aller à l'école.*
      —*Moi, j'avais un ami qui refusait de faire ses devoirs.*

1. J'avais une amie qui...
2. Ma famille et moi, nous habitions dans une maison (un appartement) qui...
3. J'aimais jouer avec... que...
4. Je me souviens bien de..., chez qui...
5. Un jour j'ai perdu... que...
6. J'avais un ami qui...

L. Le repas de Colette. You decide to make the same meal that Colette Delavenne served to her friends. First, you try to get some of your classmates to help with the meal. You need someone to (1) do the shopping, (2) make the soup, (3) help you prepare the chicken, (4) be in charge of vegetables, (5) make dessert. Once you

have your helpers, they, in turn, try to get each other to help with various parts of their individual tasks (for example, going to a particular store or doing a particular step in the food-preparation process). For this second part of the exercise, consult the recipes below and on page 620.

SOUPE AUX POIREAUX POMMES DE TERRE   Pour 6 personnes: 3 verres de poireaux, 3 ou 4 verres de pommes de terre, 4 cuillères à soupe de beurre, 1 verre de lait, sel, poivre, persil.

Épluchez les pommes de terre, lavez-les, coupez-les en gros dés.
Épluchez et lavez les poireaux, retirez-en presque toute la partie verte et coupez le reste en morceaux de 2 centimètres de long.
Faites fondre le beurre dans une casserole. Lorsqu'il est chaud, mettez-y les poireaux à revenir quelques minutes à petit feu, sans les laisser prendre couleur.
Ajoutez deux litres d'eau, puis les pommes de terre, salez, poivrez et laissez cuire à bon feu une demi-heure.
Ajoutez le lait et servez bien chaud, saupoudré de persil haché.

fondre: to melt
revenir: to soften up

persil: parsley

POULET GRILLÉ AU DIABLE   Pour quatre personnes: un poulet, 3 cuillères à soupe de beurre, 1 cuillère à soupe d'huile, 3 cuillères à soupe de moutarde de Dijon, 2 cuillères à soupe d'echalotes, ½ cuillère à café de thym ou d'estragon, sel, poivre de cayenne, 2 verres de chapelure.

échalotes: shallots
chapelure: bread crumbs

Découpez le poulet en quatre morceaux, Enduisez-les de beurre fondu et d'huile et faites-les cuire à four assez chaud un quart d'heure. Arrosez-les toutes les cinq minutes de beurre et d'huile. Sortez-les du four.
Mélangez la moutarde, l'échalote, le thym ou l'estragon, le sel et le poivre dans un bol. Ajoutez-y, goutte à goutte, la moitié du beurre et de l'huile utilisés pour faire cuire le poulet. Remuez constamment pour en faire une mayonnaise.
Panez les morceaux de poulet cuit en les enduisant de la mayonnaise, puis de chapelure.
Remettez-les à griller à feu pas trop fort pendant vingt minutes. Retournez-les et arrosez-les du beurre et de l'huile qui restent toutes les cinq minutes. (Si vous voulez préparer ce plat à l'avance, faites griller les morceaux de poulet pané seulement cinq minutes de chaque côté. Sortez-les du four. Vous pouvez attendre plusieurs heures, puis les faire réchauffer au four à feu pas trop fort, vingt ou trente minutes.)
Servez avec des tomates grillées et des haricots verts à la crème.

enduisez: coat
fondu: melted
arrosez: baste

mélangez: mix
goutte: drop
remuez: stir

panez: bread

réchauffer: to reheat

ail: garlic
cerfeuil: chervil

TOMATES À LA PROVENÇALE

Pour 4 personnes: *8 tomates, 4 cuill. à soupe d'huile d'olive, 2 gousses d'ail, 1 cuill. à soupe de chapelure, persil, cerfeuil, basilic, sel, poivre.*

Lavez les tomates, coupez-les en deux et pressez légèrement les morceaux pour enlever les graines. Faites chauffer l'huile dans la poêle et mettez-y les tomates à cuire à petit feu, le côté coupé d'abord. Piquez les tomates de quelques petits coups de couteau. Au bout de dix à quinze minutes, retournez-les, laissez-les mijoter et légèrement rissoler. Quand elles sont cuites, mettez-les délicatement dans un plat allant au four, recouvrez-les d'un hachis d'ail, fines herbes et chapelure, salez, poivrez.
Versez sur le tout le jus qui reste dans la poêle et passez le plat à bon four cinq minutes. Servez très chaud.

mijoter: to simmer
rissoler: to brown

HARICOTS VERTS À LA CRÈME

Pour 4 personnes: *1 kg de haricots verts, 50 g de beurre, 2 cuill. à entremets de crème fraîche, sel, poivre.*

Épluchez les haricots verts en ayant soin de ne pas laisser de fils. Mettez-les cuire à l'eau bouillante salée à découvert de vingt à trente minutes. Égouttez soigneusement. Faites fondre le beurre dans la poêle. Lorsqu'il est blond, versez les haricots, faites chauffer à tout petit feu, ajoutez poivre et crème juste avant de servir. Remuez bien.

crème fraîche: heavy cream

fils: strings

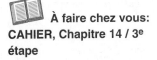

À faire chez vous: CAHIER, Chapitre 14 / 3e étape

À faire chez vous: Student Tape

Now that you've completed the first three **étapes** of **Chapitre 14,** do Segment 1 of the STUDENT TAPE. See **CAHIER, Chapitre 14,** *Écoutons!,* for exercises that accompany this segment.

soulevant la masse: folding in

MOUSSE DE VELOURS AU CHOCOLAT

Pour 4 personnes: *3 grosses barres de chocolat à cuire, 3 cuill. à soupe de sucre en poudre, 3 cuill. à soupe de crème fraîche, 3 œufs.*

Coupez le chocolat en très petits morceaux, faites-le fondre au bain-marie sans lui ajouter d'eau. Remuez à la cuiller de bois pour obtenir une pâte lisse. Quand il sera réduit en pommade, retirez la casserole du feu, ajoutez le sucre, la crème fraîche et les jaunes d'œufs battus en omelette. Remuez bien le tout. Battez les blancs d'œufs en neige très ferme et ajoutez-les au mélange en soulevant la masse. Réfrigérez quelques heures.

QUATRIÈME ÉTAPE

L·E·C·T·U·R·E

Il faut manger pour vivre, et non pas vivre pour manger

Voici une scène de la célèbre pièce de Molière, L'Avare. *Harpagon, riche bourgeois avare, est obsédé par son argent. Valère, qui est amoureux de la fille d'Harpagon, s'est introduit dans la maison en obtenant l'emploi d'intendant (personne chargée d'administrer la maison et les affaires d'une riche personne). Maître Jacques est le serviteur principal de la maison d'Harpagon.*

HARPAGON:	Maître Jacques, approchez-vous; je vous ai gardé pour le dernier.
MAÎTRE JACQUES:	Est-ce à votre cocher,[1] monsieur, ou bien à votre cuisinier que vous voulez parler? Car je suis l'un et l'autre.
HARPAGON:	C'est à tous les deux.
MAÎTRE JACQUES:	Mais à qui des deux le premier?
HARPAGON:	Au cuisinier.
MAÎTRE JACQUES:	Attendez donc, s'il vous plaît. *(Il enlève sa casaque[2] de cocher et paraît vêtu en cuisinier.)*
HARPAGON:	Quelle diantre de cérémonie[3] est-ce là?
MAÎTRE JACQUES:	Vous n'avez qu'à parler.
HARPAGON:	Je me suis engagé, maître Jacques, à donner ce soir à souper.[4]
MAÎTRE JACQUES:	Grande merveille!
HARPAGON:	Dis-moi un peu, nous feras-tu bonne chère?[5]
MAÎTRE JACQUES:	Oui, si vous me donnez bien de l'argent.
HARPAGON:	Que diable! Toujours de l'argent! Il semble qu'ils n'aient autre chose à dire: de l'argent, de l'argent, de l'argent! Ah, ils n'ont que ce mot à la bouche, de l'argent! Toujours parler de l'argent!
VALÈRE:	Je n'ai jamais vu de réponse plus impertinente que celle-là.[6] Voilà une belle merveille que de faire bonne chère avec bien de l'argent! C'est une chose la plus aisée[7] du monde, et il n'y a pauvre esprit qui n'en fît bien autant;[8] mais, pour agir en habile homme,[9] il faut parler de faire bonne chère avec peu d'argent.
MAÎTRE JACQUES:	Bonne chère avec peu d'argent?
VALÈRE:	Oui.
MAÎTRE JACQUES:	Par ma foi, monsieur l'intendant, vous nous obligerez de nous faire voir ce secret, et de prendre mon office de cuisinier.

HARPAGON:	Taisez-vous![10] Qu'est-ce qu'il nous faudra?
MAÎTRE JACQUES:	Voilà monsieur votre intendant qui vous fera bonne chère pour peu d'argent.
HARPAGON:	Haye! Je veux que tu me répondes.
MAÎTRE JACQUES:	Combien serez-vous de gens à table?
HARPAGON:	Nous serons huit ou dix: mais il ne faut prendre que huit. Quand il y a à manger pour huit, il y en a bien pour dix.
VALÈRE:	Cela s'entend.[11]
MAÎTRE JACQUES:	Eh bien, il faudra quatre grands potages et cinq assiettes.[12] Potages... Entrées...
HARPAGON:	Que diable! Voilà pour traiter[13] toute une ville entière!
MAÎTRE JACQUES:	Rôt...
HARPAGON:	*en lui mettant la main sur la bouche:* Ah, traître, tu manges tout mon bien.[14]
MAÎTRE JACQUES:	Entremets...[15]
HARPAGON:	Encore?
VALÈRE:	Est-ce que vous avez envie de faire crever[16] tout le monde? Et monsieur a-t-il invité des gens pour les assassiner à force de mangeaille?[17] Allez-vous-en lire un peu les préceptes de la santé et demander aux médecins s'il n'y a rien de plus préjudiciable[18] à l'homme que de manger avec excès.
HARPAGON:	Il a raison.
VALÈRE:	Apprenez, maître Jacques, vous et vos pareils, que pour bien se montrer ami de ceux que l'on invite, il faut que la frugalité règne dans les repas qu'on donne, et que, suivant le dire d'un ancien, *il faut manger pour vivre,*[19] *et non pas vivre pour manger.*
HARPAGON:	Ah! Que cela est bien dit! Approche, que je t'embrasse pour ce mot. Voilà la plus belle sentence[20] que j'aie entendue de ma vie. *Il faut vivre pour manger, et non pas manger pour vi...* Non, ce n'est pas cela. Comment est-ce que tu dis?
VALÈRE:	*Qu'il faut manger pour vivre, et non pas vivre pour manger.*
HARPAGON:	Souviens-toi de m'écrire ces mots. Je les veux faire graver[21] en lettres d'or sur la cheminée de ma salle.
VALÈRE:	Je n'y manquerai pas.[22] Et pour votre souper, vous n'avez qu'à me laisser faire. Je réglerai[23] tout cela comme il faut.
HARPAGON:	Fais donc.
MAÎTRE JACQUES:	Tant mieux, j'en aurai moins de peine.[24]
HARPAGON:	Il faudra de ces choses dont on ne mange guère,[25] et qui rassasient[26] d'abord: quelque bon haricot bien gras, [27] avec quelque pâté en pot bien garni de marrons.
VALÈRE:	Reposez-vous sur moi.

1. coachman   2. coat   3. what devilish formality   4. to have people to supper   5. put on a good meal   6. that one (by Maître Jacques)   7. easy (effortless)   8. any poor fool could do as much   9. act as a clever man   10. Be quiet!   11. That's understood.   12. main dishes   13. enough to feed (cater for)   14. wealth   15. sweet or vegetable course between main dishes   16. to make croak (die)   17. (over)feeding   18. harmful   19. to live   20. saying   21. have engraved   22. I won't fail (to do so).   23. I'll arrange   24. that will be less work for me   25. hardly (scarcely)   26. fill up   27. thick lamb stew with beans

COMPRÉHENSION

A. Harpagon et son souper. Answer the following questions about the scene you have just read.

1. Find as many examples as you can of Harpagon's miserliness.
2. What seems to be Valère's strategy to get Harpagon's permission to marry his daughter? Find examples of his use of this strategy.
3. Does Maître Jacques treat Harpagon as a servant is supposed to treat his master? Justify your answer.
4. *L'Avare* is a comedy. What are the comic aspects of this scene?

R·E·P·R·I·S·E

Troisième étape

B. Pour faire... Un(e) ami(e) francophone a beaucoup aimé un des plats de Colette Delavenne que vous avez préparés (voir p. 618, Exercice L). Il (elle) vous téléphone et vous demande de lui expliquer comment préparer ce plat. En consultant la recette, vous lui expliquez ce qu'il faut faire.

Modèle: *D'abord tu vas à la ___ et tu achètes ___ . Etc.*

C. Lequel? Répondez aux questions qu'on vous pose à propos des dessins en utilisant les pronoms relatifs **qui** ou **que**.

Modèle:

Mme Dufour a deux robes de soirée. L'une coûte 700F; elle a acheté l'autre en solde. Laquelle de ses robes aimez-vous mieux?
La robe qui coûte 700F. ou *La robe qu'elle a achetée en solde.*

| *Salle à manger* | *Chambre* |

1. Les Aubusson ont acheté deux tableaux. Ils ont mis un tableau dans leur chambre; l'autre dans la salle à manger. Lequel préférez-vous?
2. Monique a deux amies. L'une est élève en Californie; Monique va à l'école avec l'autre. Laquelle Monique voit-elle le plus souvent?

3. Robert a trois frères. Il dîne souvent chez le premier; il joue au rugby avec le deuxième; il voit rarement l'autre. Lequel de ses frères habite à Lyon? À Marseille? À Paris?
4. Il y a deux trains pour Genève. Le train de Marie-Claude part à 9h; le train de Louis part à 11h. Si vous vouliez être à Genève au début de l'après-midi, quel train prendriez-vous?

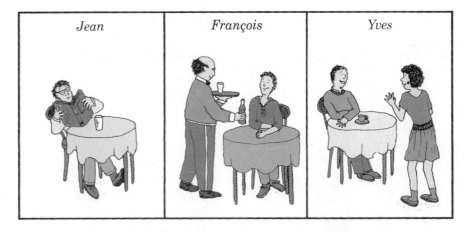

5. Il y a trois étudiants au café. L'un lit un roman; le garçon sert un Coca au deuxième; une amie appelle le troisième. Lequel de ces élèves s'appelle Yves? François? Jean?

▲ ▲

À faire chez vous:
Student Tape

CAHIER, Chapitre 14:
*Rédigeons! / Travail de
fin de chapitre* (including
STUDENT TAPE, Chapitre
14, Segment 2)

Point d'arrivée

Activités orales

Exprimons-nous!

Voici des expressions qu'on utilise:

Au moment de commencer un repas	*Au moment de commencer à boire*
Bon appétit!	**À votre (ta) santé!** **À la vôtre! (À la tienne!)**

D. **Au restaurant.** You and your friends go to a restaurant chosen
by your teacher. Ask for a table, discuss what you are going to
eat, order dinner, and pay the check.

E. **Un «potluck».** Organize a potluck dinner that will include three
of your classmates. Call them on the phone, invite them, and
arrange what each will contribute to the meal—appetizer, main
course, cheese and salad, and dessert.

F. **Un dîner de fête.** With a classmate, plan a special meal for
your instructor, your parents, a friend's birthday, etc. Decide
when and where you will serve this meal, whom you will invite,
and what you will prepare. Then invite the person(s) involved.

G. **Mes rêves.** Most of us have dreams and fantasies. Discuss with
a group of classmates what you would do if circumstances were
different. Use the following phrases as possible points of
departure: **Si j'avais le temps...** / **Si j'avais les moyens**
(*money***)...** / **Si j'étais plus (moins) âgé(e)...** / **Si j'étais un**
homme (une femme)... / **Si j'habitais...**, etc.

PORTRAIT

René Delavenne, Trois Rivières, Québec

Eh, oui, je suis un gourmet! Vous l'avez sans doute deviné. C'est pour ça que ma femme et moi, nous avons fait ce voyage gastronomique en France. Qu'est-ce que nous avons bien mangé! Oui, nous avons dépensé un argent fou au restaurant Lucas-Carton à Paris—plus de 500F par personne! Il est vrai que le canard rôti au miel qu'on nous a servi était superbe! Mais nous nous souvenons aussi des repas bien moins chers que nous avons mangés, dans des petits restaurants à Tours, à Grenoble, à Toulouse. La France, c'est vraiment le pays de la bonne cuisine. Malgré l'influence des fast-foods américains, pour les Français, il faut vivre et manger!

Mais je vous signale qu'on mange bien au Québec aussi. Si vous veniez nous y rendre visite, vous pourriez aller à Montréal, où il y a plus de 2 000 restaurants servant la cuisine de 30 pays différents. Puis je vous recommanderais les excellents restaurants de la ville de Québec. Et enfin ma femme et moi, nous serions heureux de vous accueillir chez nous, à Trois Rivières. Et si vous y étiez vers l'époque de Noël, on vous préparerait des cipâtes et des tourtières!

Vocabulaire: Cipâtes and **tourtières** are traditional meat pies, sometimes made with venison, that are served at family gatherings and holidays.

Profil

Le Québec

SITUATION: province au nord-est du Canada

POPULATION: 6 549 000 habitants

CAPITALE: Québec

VILLES PRINCIPALES: Montréal, Trois Rivières, Sherbrooke

SUPERFICIE: 1 667 926 km^2

GÉOGRAPHIE: au sud, le long du fleuve Saint-Laurent, terres basses propices à l'agriculture; au nord, forêts

CLIMAT: hivers rudes, de 12 à 23 semaines de neige par an par an; températures—basse moyenne en janvier −22° C, haute moyenne en juillet 16° C

NOM DES HABITANTS: Québécois

LANGUES: français (81,2%), anglais (12,0%)

ÉCONOMIE: agriculture, industries du bois (papier), métallurgie

HISTOIRE: La Grande-Bretagne crée la province de Québec en 1763; en 1791, le Bas-Canada francophone (avec Québec pour capitale) se sépare du Haut-Canada anglophone (Ontario); en 1840, les deux Canadas sont réunis en une même province avec l'anglais comme langue officielle; huit ans plus tard, le français est rétabli; depuis 1867, le Québec est une province fédérée du Canada.

COMMENTAIRE: La vie politique au Québec est marquée par la question de l'indépendance. Le parti québécois veut se séparer du gouvernement fédéral en créant un pays souverain à langue française.

À discuter: Y a-t-il des régions des États-Unis où la vie politique est influencée par des questions de langue?

L·E·X·I·Q·U·E

Pour se débrouiller

Pour demander une table au restaurant
Une table pour ＿＿ personne(s), s'il vous plaît.

Pour parler de ce qu'on veut manger
Qu'est-ce que vous (tu) désirez (désires)
               vous (tu) prenez (prends)
               vous (tu) voulez (veux)
   comme boisson?
   comme dessert?
   comme hors-d'œuvre (pour commencer)?
   comme plat principal?

Pour commander
Je voudrais...
Je vais prendre...

Pour demander l'addition (f.)
L'addition, s'il vous plaît.
Est-ce que vous pourriez nous apporter l'addition, s'il vous plaît?

Pour téléphoner
Allô.   Ne quittez pas.
Ici...   Je vous (te) le (la) passe.
Qui est-ce?   C'est de la part de qui?
Qui est à l'appareil?

ALLONS-Y!
Video Program

ACTE 14
BON APPÉTIT!

VOCABULAIRE
un chocolat = un chocolat chaud
un yaourt *yogurt*
Tu as fait de beaux rêves? *Did you have pleasant dreams?*
tu as eu du mal à te réveiller ce matin *you had trouble getting up this morning*
des crabes farcis *stuffed crabs*
Sois sage! *Be good (well-behaved)!*
la morue *cod*
du boudin *blood sausage*
les haricots rouges *kidney beans*

Pour inviter
   Est-ce que vous pourriez...?
   Je t'invite à...
   Je voudrais vous inviter à...
   Tu es libre...?
   Vous (tu) voudriez (veux)...?

Pour refuser une invitation
   C'est dommage (je suis désolé[e] /
      je regrette / je voudrais bien), mais
      je ne peux pas (je ne suis pas libre /
      ce n'est pas possible).

Pour demander à quelqu'un de vous aider
   Voudriez-vous...? (Pourriez-vous...?)
   Tu voudrais (tu pourrais / tu veux /
      tu as le temps de) m'aider?
      me donner un coup de main?
      (infinitif)?

Pour accepter une invitation
   Avec plaisir.
   Chouette.
   Oui, je voudrais (veux) bien.
   Pourquoi pas?

Pour accepter ou refuser de rendre un service
   Bien sûr.
   D'accord.
   Pas de problème.
   Je regrette (je suis désolé[e] / je voudrais bien),
      mais ce n'est pas possible (je ne peux pas /
      il faut que...).

Thèmes et contextes

Les plats (m.pl.)
   les hors-d'œuvre *(m.pl.)*
      les crudités *(f.pl.)*
      les escargots *(m.pl.)*
      une terrine
   les soupes *(f.pl.)*
      une bisque
      un consommé
      un potage

les poissons *(m.pl.)*
   les coquilles St-Jacques *(f.pl.)*
   les crevettes *(f.pl.)*
   la daurade
   le homard
   les langoustines *(f.pl.)*
   les moules *(f.pl.)*
   la sole
   la truite

les viandes *(f.pl.)*
   un châteaubriand
   un coq au vin
   une entrecôte
   la sauce béarnaise
les desserts *(m.pl.)*
   une glace
   une mousse
   un sorbet

Le restaurant
   la carte
   le menu
   le (la) patron(ne)
   la serveuse

La cuisine
   une casserole
   une cuillerée à café
   une cuillerée à soupe
   une poêle
   une recette

Vocabulaire général

Verbes
   ajouter
   composer
   découper
   décrocher
   donner un coup de fil

éplucher
faire cuire
faire fondre
laver
mélanger

poivrer
raccrocher
réchauffer
saler
verser

APPENDICE

Conjugaison des verbes réguliers et irréguliers

		INDICATIF		
PRÉSENT	PASSÉ COMPOSÉ	IMPARFAIT	PLUS-QUE-PARFAIT	FUTUR

REGULAR VERBS in -er, -ir, -re

donner

je donne	j´ai donné	je donnais	j'avais donné	je donnerai
tu donnes	tu as donné	tu donnais	tu avais donné	tu donneras
il donne	il a donné	il donnait	il avait donné	il donnera
nous donnons	nous avons donné	nous donnions	nous avions donné	nous donnerons
vous donnez	vous avez donné	vous donniez	vous aviez donné	vous donnerez
ils donnent	ils ont donné	ils donnaient	ils avaient donné	ils donneront

finir

je finis	j'ai fini	je finissais	j'avais fini	je finirai
tu finis	tu as fini	tu finissais	tu avais fini	tu finiras
il finit	il a fini	il finissait	il avait fini	il finira
nous finissons	nous avons fini	nous finissions	nous avions fini	nous finirons
vous finissez	vous avez fini	vous finissiez	vous aviez fini	vous finirez
ils finissent	ils ont fini	ils finissaient	ils avaient fini	ils finiront

attendre

j'attends	j'ai attendu	j'attendais	j'avais attendu	j'attendrai
tu attends	tu as attendu	tu attendais	tu avais attendu	tu attendras
il attend	il a attendu	il attendait	il avait attendu	il attendra
nous attendons	nous avons attendu	nous attendions	nous avions attendu	nous attendrons
vous attendez	vous avez attendu	vous attendiez	vous aviez attendu	vous attendrez
ils attendent	ils ont attendu	ils attendaient	ils avaient attendu	ils attendront

IRREGULAR VERBS avoir and être (helping verbs)

avoir

j'ai	j'ai eu	j'avais	j'avais eu	j'aurai
tu as	tu as eu	tu avais	tu avais eu	tu auras
il a	il a eu	il avait	il avait eu	il aura
nous avons	nous avons eu	nous avions	nous avions eu	nous aurons
vous avez	vous avez eu	vous aviez	vous aviez eu	vous aurez
ils ont	ils ont eu	ils avaient	ils avaient eu	ils auront

être

je suis	j'ai été	j'étais	j'avais été	je serai
tu es	tu as été	tu étais	tu avais été	tu seras
il est	il a été	il était	il avait été	il sera
nous sommes	nous avons été	nous étions	nous avions été	nous serons
vous êtes	vous avez été	vous étiez	vous aviez été	vous serez
ils sont	ils ont été	ils étaient	ils avaient été	ils seront

IRREGULAR VERBS in -er

aller

je vais	je suis allé(e)	j'allais	j'étais allé(e)	j'irai
tu vas	tu es allé(e)	tu allais	tu étais allé(e)	tu iras
il va	il est allé	il allait	il était allé	il ira
nous allons	nous sommes allé(e)s	nous allions	nous étions allé(e)s	nous irons
vous allez	vous êtes allé(e)(s)	vous alliez	vous étiez allés(e)(s)	vous irez
ils vont	ils sont allés	ils allaient	ils étaient allés	ils iront

| CONDITIONNEL | | IMPÉRATIF | PARTICIPE | SUBJONCTIF | |
PRÉSENT	PASSÉ		PRÉSENT	PRÉSENT	PASSÉ
je donnerais	j'aurais donné		donnant	que je donne	que j'aie donné
tu donnerais	tu aurais donné	donne		que tu donnes	que tu aies donné
il donnerait	il aurait donné			qu'il donne	qu'il ait donné
nous donnerions	nous aurions donné	donnons		que nous donnions	que nous ayons donné
vous donneriez	vous auriez donné	donnez		que vous donniez	que vous ayez donné
ils donneraient	ils auraient donné			qu'ils donnent	qu'ils aient donné
je finirais	j'aurais fini		finissant	que je finisse	que j'aie fini
tu finirais	tu aurais fini	finis		que tu finisses	que tu aies fini
il finirait	il aurait fini			qu'il finisse	qu'il ait fini
nous finirions	nous aurions fini	finissons		que nous finissions	que nous ayons fini
vous finiriez	vous auriez fini	finissez		que vous finissiez	que vous ayez fini
ils finiraient	ils auraient fini			qu'ils finissent	qu'ils aient fini
j'attendrais	j'aurais attendu		attendant	que j'attende	que j'aie attendu
tu attendrais	tu aurais attendu	attends		que tu attendes	que tu aies attendu
il attendrait	il aurait attendu			qu'il attende	qu'il ait attendu
nous attendrions	nous aurions attendu	attendons		que nous attendions	que nous ayons attendu
vous attendriez	vous auriez attendu	attendez		que vous attendiez	que vous ayez attendu
ils attendraient	ils auraient attendu			qu'ils attendent	qu'ils aient attendu
j'aurais	j'aurais eu		ayant	que j'aie	que j'aie eu
tu aurais	tu aurais eu	aie		que tu aies	que tu aies eu
il aurait	il aurait eu			qu'il ait	qu'il ait eu
nous aurions	nous aurions eu	ayons		que nous ayons	que nous ayons eu
vous auriez	vous auriez eu	ayez		que vous ayez	que vous ayez eu
ils auraient	ils auraient eu			qu'ils aient	qu'ils aient eu
je serais	j'aurais été		étant	que je sois	que j'aie été
tu serais	tu aurais été	sois		que tu sois	que tu aies été
il serait	il aurait été			qu'il soit	qu'il ait été
nous serions	nous aurions été	soyons		que nous soyons	que nous ayons été
vous seriez	vous auriez été	soyez		que vous soyez	que vous ayez été
ils seraient	ils auraient été			qu'ils soient	qu'ils aient été
j'irais	je serais allé(e)		allant	que j'aille	que je sois allé(e)
tu irais	tu serais allé(e)	va		que tu ailles	que tu sois allé(e)
il irait	il serait allé			qu'il aille	qu'il soit allé
nous irions	nous serions allé(e)s	allons		que nous allions	que nous soyons allé(e)s
vous iriez	vous seriez allé(e)(s)	allez		que vous alliez	que vous soyez allé(e)(s)
ils iraient	ils seraient allés			qu'ils aillent	qu'ils soient allés

INDICATIF				
PRÉSENT	PASSÉ COMPOSÉ	IMPARFAIT	PLUS-QUE-PARFAIT	FUTUR

envoyer

j'envoie	j'ai envoyé	j'envoyais	j'avais envoyé	j'enverrai
tu envoies	tu as envoyé	tu envoyais	tu avais envoyé	tu enverras
il envoie	il a envoyé	il envoyait	il avait envoyé	il enverra
nous envoyons	nous avons envoyé	nous envoyions	nous avions envoyé	nous enverrons
vous envoyez	vous avez envoyé	vous envoyiez	vous aviez envoyé	vous enverrez
ils envoient	ils ont envoyé	ils envoyaient	ils avaient envoyé	ils enverront

IRREGULAR VERBS in -ir

dormir

je dors	j'ai dormi	je dormais	j'avais dormi	je dormirai
tu dors	tu as dormi	tu dormais	tu avais dormi	tu dormiras
il dort	il a dormi	il dormait	il avait dormi	il dormira
nous dormons	nous avons dormi	nous dormions	nous avions dormi	nous dormirons
vous dormez	vous avez dormi	vous dormiez	vous aviez dormi	vous dormirez
ils dorment	ils ont dormi	ils dormaient	ils avaient dormi	ils dormiront

Also: **endormir, s'endormir, partir, servir, sentir, sortir**

ouvrir

j'ouvre	j'ai ouvert	j'ouvrais	j'avais ouvert	j'ouvrirai
tu ouvres	tu as ouvert	tu ouvrais	tu avais ouvert	tu ouvriras
il ouvre	il a ouvert	il ouvrait	il avait ouvert	il ouvrira
nous ouvrons	nous avons ouvert	nous ouvrions	nous avions ouvert	nous ouvrirons
vous ouvrez	vous avez ouvert	vous ouvriez	vous aviez ouvert	vous ouvrirez
ils ouvrent	ils ont ouvert	ils ouvraient	ils avaient ouvert	ils ouvriront

Also: **couvrir, offrir, souffrir**

venir

je viens	je suis venu(e)	je venais	j'étais venu(e)	je viendrai
tu viens	tu es venu(e)	tu venais	tu étais venu(e)	tu viendras
il vient	il est venu	il venait	il était venu	il viendra
nous venons	nous sommes venu(e)s	nous venions	nous étions venu(e)s	nous viendrons
vous venez	vous êtes venu(e)(s)	vous veniez	vous étiez venu(e)(s)	vous viendrez
ils viennent	ils sont venus	ils venaient	ils étaient venus	ils viendront

Also: **devenir, revenir, tenir, obtenir, retenir**

IRREGULAR VERBS in -re

boire

je bois	j'ai bu	je buvais	j'avais bu	je boirai
tu bois	tu as bu	tu buvais	tu avais bu	tu boiras
il boit	il a bu	il buvait	il avait bu	il boira
nous buvons	nous avons bu	nous buvions	nous avions bu	nous boirons
vous buvez	vous avez bu	vous buviez	vous aviez bu	vous boirez
ils boivent	ils ont bu	ils buvaient	ils avaient bu	ils boiront

connaître

je connais	j'ai connu	je connaissais	j'avais connu	je connaîtrai
tu connais	tu as connu	tu connaissais	tu avais connu	tu connaîtras
il connaît	il a connu	il connaissait	il avait connu	il connaîtra
nous connaissons	nous avons connu	nous connaissions	nous avions connu	nous connaîtrons
vous connaissez	vous avez connu	vous connaissiez	vous aviez connu	vous connaîtrez
ils connaissent	ils ont connu	ils connaissaient	ils avaient connu	ils connaîtront

| CONDITIONNEL | | IMPÉRATIF | PARTICIPE | SUBJONCTIF | |
PRÉSENT	PASSÉ		PRÉSENT	PRÉSENT	PASSÉ
j'enverrais	j'aurais envoyé		envoyant	que j'envoie	que j'aie envoyé
tu enverrais	tu aurais envoyé	envoie		que tu envoies	que tu aies envoyé
il enverrait	il aurait envoyé			qu'il envoie	qu'il ait envoyé
nous enverrions	nous aurions envoyé	envoyons		que nous envoyions	que nous ayons envoyé
vous enverriez	vous auriez envoyé	envoyez		que vous envoyiez	que vous ayez envoyé
ils enverraient	ils auraient envoyé			qu'ils envoient	qu'ils aient envoyé
je dormirais	j'aurais dormi	dors	dormant	que je dorme	que j'aie dormi
tu dormirais	tu aurais dormi			que tu dormes	que tu aies dormi
il dormirait	il aurait dormi	dormons		qu'il dorme	qu'il ait dormi
nous dormirions	nous aurions dormi	dormez		que nous dormions	que nous ayons dormi
vous dormiriez	vous auriez dormi			que vous dormiez	que vous ayez dormi
ils dormiraient	ils auraient dormi			qu'ils dorment	qu'ils aient dormi
j'ouvrirais	j'aurais ouvert	ouvre	ouvrant	que j'ouvre	que j'aie ouvert
tu ouvrirais	tu aurais ouvert			que tu ouvres	que tu aies ouvert
il ouvrirait	il aurait ouvert	ouvrons		qu'il ouvre	qu'il ait ouvert
nous ouvririons	nous aurions ouvert	ouvrez		que nous ouvrions	que nous ayons ouvert
vous ouvririez	vous auriez ouvert			que vous ouvriez	que vous ayez ouvert
ils ouvriraient	ils auraient ouvert			qu'ils ouvrent	qu'ils aient ouvert
je viendrais	je serais venu(e)	viens	venant	que je vienne	que je sois venu(e)
tu viendrais	tu serais venu(e)			que tu viennes	que tu sois venu(e)
il viendrait	il serait venu	venons		qu'il vienne	qu'il soit venu
nous viendrions	nous serions venu(e)s	venez		que nous venions	que nous soyons venu(e)s
vous viendriez	vous seriez venu(e)(s)			que vous veniez	que vous soyez venu(e)(s)
ils viendraient	ils seraient venus			qu'ils viennent	qu'ils soient venus
je boirais	j'aurais bu	bois	buvant	que je boive	que j'aie bu
tu boirais	tu aurais bu			que tu boives	que tu aies bu
il boirait	il aurait bu	buvons		qu'il boive	qu'il ait bu
nous boirions	nous aurions bu	buvez		que nous buvions	que nous ayons bu
vous boiriez	vous auriez bu			que vous buviez	que vous ayez bu
ils boiraient	ils auraient bu			qu'ils boivent	qu'ils aient bu
je connaîtrais	j'aurais connu	connais	connaissant	que je connaisse	que j'aie connu
tu connaîtrais	tu aurais connu			que tu connaisses	que tu aies connu
il connaîtrait	il aurait connu	connaissons		qu'il connaisse	qu'il ait connu
nous connaîtrions	nous aurions connu	connaissez		que nous connaissions	que nous ayons connu
vous connaîtriez	vous auriez connu			que vous connaissiez	que vous ayez connu
ils connaîtraient	ils auraient connu			qu'ils connaissent	qu'ils aient connu

		INDICATIF		
PRÉSENT	PASSÉ COMPOSÉ	IMPARFAIT	PLUS-QUE-PARFAIT	FUTUR

croire

je crois	j'ai cru	je croyais	j'avais cru	je croirai
tu crois	tu as cru	tu croyais	tu avais cru	tu croiras
il croit	il a cru	il croyait	il avait cru	il croira
nous croyons	nous avons cru	nous croyions	nous avions cru	nous croirons
vous croyez	vous avez cru	vous croyiez	vous aviez cru	vous croirez
ils croient	ils ont cru	ils croyaient	ils avaient cru	ils croiront

dire

je dis	j'ai dit	je disais	j'avais dit	je dirai
tu dis	tu as dit	tu disais	tu avais dit	tu diras
il dit	il a dit	il disait	il avait dit	il dira
nous disons	nous avons dit	nous disions	nous avions dit	nous dirons
vous dites	vous avez dit	vous disiez	vous aviez dit	vous direz
ils disent	ils ont dit	ils disaient	ils avaient dit	ils diront

écrire

j'écris	j'ai écrit	j'écrivais	j'avais écrit	j'écrirai
tu écris	tu as écrit	tu écrivais	tu avais écrit	tu écriras
il écrit	il a écrit	il écrivait	il avait écrit	il écrira
nous écrivons	nous avons écrit	nous écrivions	nous avions écrit	nous écrirons
vous écrivez	vous avez écrit	vous écriviez	vous aviez écrit	vous écrirez
ils écrivent	ils ont écrit	ils écrivaient	ils avaient écrit	ils écriront

Also: **décrire**

faire

je fais	j'ai fait	je faisais	j'avais fait	je ferai
tu fais	tu as fait	tu faisais	tu avais fait	tu feras
il fait	il a fait	il faisait	il avait fait	il fera
nous faisons	nous avons fait	nous faisions	nous avions fait	nous ferons
vous faites	vous avez fait	vous faisiez	vous aviez fait	vous ferez
ils font	ils ont fait	ils faisaient	ils avaient fait	ils feront

lire

je lis	j'ai lu	je lisais	j'avais lu	je lirai
tu lis	tu as lu	tu lisais	tu avais lu	tu liras
il lit	il a lu	il lisait	il avait lu	il lira
nous lisons	nous avons lu	nous lisions	nous avions lu	nous lirons
vous lisez	vous avez lu	vous lisiez	vous aviez lu	vous lirez
ils lisent	ils ont lu	ils lisaient	ils avaient lu	ils liront

mettre

je mets	j'ai mis	je mettais	j'avais mis	je mettrai
tu mets	tu as mis	tu mettais	tu avais mis	tu mettras
il met	il a mis	il mettait	il avait mis	il mettra
nous mettons	nous avons mis	nous mettions	nous avions mis	nous mettrons
vous mettez	vous avez mis	vous mettiez	vous aviez mis	vous mettrez
ils mettent	ils ont mis	ils mettaient	ils avaient mis	ils mettront

Also: **permettre, promettre**

| CONDITIONNEL | | IMPÉRATIF | PARTICIPE | SUBJONCTIF | |
PRÉSENT	PASSÉ		PRÉSENT	PRÉSENT	PASSÉ
je croirais	j'aurais cru		croyant	que je croie	que j'aie cru
tu croirais	tu aurais cru	crois		que tu croies	que tu aies cru
il croirait	il aurait cru			qu'il croie	qu'il ait cru
nous croirions	nous aurions cru	croyons		que nous croyions	que nous ayons cru
vous croiriez	vous auriez cru	croyez		que vous croyiez	que vous ayez cru
ils croiraient	ils auraient cru			qu'ils croient	qu'ils aient cru
je dirais	j'aurais dit		disant	que je dise	que j'aie dit
tu dirais	tu aurais dit	dis		que tu dises	que tu aies dit
il dirait	il aurait dit			qu'il dise	qu'il ait dit
nous dirions	nous aurions dit	disons		que nous disions	que nous ayons dit
vous diriez	vous auriez dit	dites		que vous disiez	que vous ayez dit
ils diraient	ils auraient dit			qu'ils disent	qu'ils aient dit
j'écrirais	j'aurais écrit		écrivant	que j'écrive	que j'aie écrit
tu écrirais	tu aurais écrit	écris		que tu écrives	que tu aies écrit
il écrirait	il aurait écrit			qu'il écrive	qu'il ait écrit
nous écririons	nous aurions écrit	écrivons		que nous écrivions	que nous ayons écrit
vous écririez	vous auriez écrit	écrivez		que vous écriviez	que vous ayez écrit
ils écriraient	ils auraient écrit			qu'ils écrivent	qu'ils aient écrit
je ferais	j'aurais fait		faisant	que je fasse	que j'aie fait
tu ferais	tu aurais fait	fais		que tu fasses	que tu aies fait
il ferait	il aurait fait			qu'il fasse	qu'il ait fait
nous ferions	nous aurions fait	faisons		que nous fassions	que nous ayons fait
vous feriez	vous auriez fait	faites		que vous fassiez	que vous ayez fait
ils feraient	ils auraient fait			qu'ils fassent	qu'ils aient fait
je lirais	j'aurais lu		lisant	que je lise	que j'aie lu
tu lirais	tu aurais lu	lis		que tu lises	que tu aies lu
il lirait	il aurait lu			qu'il lise	qu'il ait lu
nous lirions	nous aurions lu	lisons		que nous lisions	que nous ayons lu
vous liriez	vous auriez lu	lisez		que vous lisiez	que vous ayez lu
ils liraient	ils auraient lu			qu'ils lisent	qu'ils aient lu
je mettrais	j'aurais mis		mettant	que je mette	que j'aie mis
tu mettrais	tu aurais mis	mets		que tu mettes	que tu aies mis
il mettrait	il aurait mis			qu'il mette	qu'il ait mis
nous mettrions	nous aurions mis	mettons		que nous mettions	que nous ayons mis
vous mettriez	vous auriez mis	mettez		que vous mettiez	que vous ayez mis
ils mettraient	ils auraient mis			qu'ils mettent	qu'ils aient mis

		INDICATIF		
PRÉSENT	PASSÉ COMPOSÉ	IMPARFAIT	PLUS-QUE-PARFAIT	FUTUR

prendre

je prends	j'ai pris	je prenais	j'avais pris	je prendrai
tu prends	tu as pris	tu prenais	tu avais pris	tu prendras
il prend	il a pris	il prenait	il avait pris	il prendra
nous prenons	nous avons pris	nous prenions	nous avions pris	nous prendrons
vous prenez	vous avez pris	vous preniez	vous aviez pris	vous prendrez
ils prennent	ils ont pris	ils prenaient	ils avaient pris	ils prendront

Also: **apprendre, comprendre**

rire

je ris	j'ai ri	je riais	j'avais ri	je rirai
tu ris	tu as ri	tu riais	tu avais ri	tu riras
il rit	il a ri	il riait	il avait ri	il rira
nous rions	nous avons ri	nous riions	nous avions ri	nous rirons
vous riez	vous avez ri	vous riiez	vous aviez ri	vous rirez
ils rient	ils ont ri	ils riaient	ils avaient ri	ils riront

suivre

je suis	j'ai suivi	je suivais	j'avais suivi	je suivrai
tu suis	tu as suivi	tu suivais	tu avais suivi	tu suivras
il suit	il a suivi	il suivait	il avait suivi	il suivra
nous suivons	nous avons suivi	nous suivions	nous avions suivi	nous suivrons
vous suivez	vous avez suivi	vous suiviez	vous aviez suivi	vous suivrez
ils suivent	ils ont suivi	ils suivaient	ils avaient suivi	ils suivront

IRREGULAR VERBS in -oir

devoir

je dois	j'ai dû	je devais	j'avais dû	je devrai
tu dois	tu as dû	tu devais	tu avais dû	tu devras
il doit	il a dû	il devait	il avait dû	il devra
nous devons	nous avons dû	nous devions	nous avions dû	nous devrons
vous devez	vous avez dû	vous deviez	vous aviez dû	vous devrez
ils doivent	ils ont dû	ils devaient	ils avaient dû	ils devront

pleuvoir

il pleut	il a plu	il pleuvait	il avait plu	il pleuvra

pouvoir

je peux	j'ai pu	je pouvais	j'avais pu	je pourrai
tu peux	tu as pu	tu pouvais	tu avais pu	tu pourras
il peut	il a pu	il pouvait	il avait pu	il pourra
nous pouvons	nous avons pu	nous pouvions	nous avions pu	nous pourrons
vous pouvez	vous avez pu	vous pouviez	vous aviez pu	vous pourrez
ils peuvent	ils ont pu	ils pouvaient	ils avaient pu	ils pourront

| CONDITIONNEL | | IMPÉRATIF | PARTICIPE | SUBJONCTIF | |
PRÉSENT	PASSÉ		PRÉSENT	PRÉSENT	PASSÉ
je prendrais	j'aurais pris		prenant	que je prenne	que j'aie pris
tu prendrais	tu aurais pris	prends		que tu prennes	que tu aies pris
il prendrait	il aurait pris			qu'il prenne	qu'il ait pris
nous prendrions	nous aurions pris	prenons		que nous prenions	que nous ayons pris
vous prendriez	vous auriez pris	prenez		que vous preniez	que vous ayez pris
ils prendraient	ils auraient pris			qu'ils prennent	qu'ils aient pris
je rirais	j'aurais ri		riant	que je rie	que j'aie ri
tu rirais	tu aurais ri	ris		que tu ries	que tu aies ri
il rirait	il aurait ri			qu'il rie	qu'il ait ri
nous ririons	nous aurions ri	rions		que nous riions	que nous ayons ri
vous ririez	vous auriez ri	riez		que vous riiez	que vous ayez ri
ils riraient	ils auraient ri			qu'ils rient	qu'ils aient ri
je suivrais	j'aurais suivi		suivant	que je suive	que j'aie suivi
tu suivrais	tu aurais suivi	suis		que tu suives	que tu aies suivi
il suivrait	il aurait suivi			qu'il suive	qu'il ait suivi
nous suivrions	nous aurions suivi	suivons		que nous suivions	que nous ayons suivi
vous suivriez	vous auriez suivi	suivez		que vous suiviez	que vous ayez suivi
ils suivraient	ils auraient suivi			qu'ils suivent	qu'ils aient suivi
je devrais	j'aurais dû		devant	que je doive	que j'aie dû
tu devrais	tu aurais dû	dois		que tu doives	que tu aies dû
il devrait	il aurait dû			qu'il doive	qu'il ait dû
nous devrions	nous aurions dû	devons		que nous devions	que nous ayons dû
vous devriez	vous auriez dû	devez		que vous deviez	que vous ayez dû
ils devraient	ils auraient dû			qu'ils doivent	qu'ils aient dû
il pleuvrait	il aurait plu		pleuvant	qu'il pleuve	qu'il ait plu
je pourrais	j'aurais pu		pouvant	que je puisse	que j'aie pu
tu pourrais	tu aurais pu			que tu puisses	que tu aies pu
il pourrait	il aurait pu			qu'il puisse	qu'il ait pu
nous pourrions	nous aurions pu			que nous puissions	que nous ayons pu
vous pourriez	vous auriez pu			que vous puissiez	que vous ayez pu
ils pourraient	ils auraient pu			qu'ils puissent	qu'ils aient pu

		INDICATIF		
PRÉSENT	PASSÉ COMPOSÉ	IMPARFAIT	PLUS-QUE-PARFAIT	FUTUR

vouloir

je veux	j'ai voulu	je voulais	j'avais voulu	je voudrai
tu veux	tu as voulu	tu voulais	tu avais voulu	tu voudras
il veut	il a voulu	il voulait	il avait voulu	il voudra
nous voulons	nous avons voulu	nous voulions	nous avions voulu	nous voudrons
vous voulez	vous avez voulu	vous vouliez	vous aviez voulu	vous voudrez
ils veulent	ils ont voulu	ils voulaient	ils avaient voulu	ils voudront

recevoir

je reçois	j'ai reçu	je recevais	j'avais reçu	je recevrai
tu reçois	tu as reçu	tu recevais	tu avais reçu	tu recevras
il reçoit	il a reçu	il recevait	il avait reçu	il recevra
nous recevons	nous avons reçu	nous recevions	nous avions reçu	nous recevrons
vous recevez	vous avez reçu	vous receviez	vous aviez reçu	vous recevrez
ils reçoivent	ils ont reçu	ils recevaient	ils avaient reçu	ils recevront

savoir

je sais	j'ai su	je savais	j'avais su	je saurai
tu sais	tu as su	tu savais	tu avais su	tu sauras
il sait	il a su	il savait	il avait su	il saura
nous savons	nous avons su	nous savions	nous avions su	nous saurons
vous savez	vous avez su	vous saviez	vous aviez su	vous saurez
ils savent	ils ont su	ils savaient	ils avaient su	ils sauront

voir

je vois	j'ai vu	je voyais	j'avais vu	je verrai
tu vois	tu as vu	tu voyais	tu avais vu	tu verras
il voit	il a vu	il voyait	il avait vu	il verra
nous voyons	nous avons vu	nous voyions	nous avions vu	nous verrons
vous voyez	vous avez vu	vous voyiez	vous aviez vu	vous verrez
ils voient	ils ont vu	ils voyaient	ils avaient vu	ils verront

STEM-CHANGING VERBS

acheter

j'achète	j'ai acheté	j'achetais	j'avais acheté	j'achèterai
tu achètes	tu as acheté	tu achetais	tu avais acheté	tu achèteras
il achète	il a acheté	il achetait	il avait acheté	il achètera
nous achetons	nous avons acheté	nous achetions	nous avions acheté	nous achèterons
vous achetez	vous avez acheté	vous achetiez	vous aviez acheté	vous achèterez
ils achètent	ils ont acheté	ils achetaient	ils avaient acheté	ils achèteront

appeler

j'appelle	j' ai appelé	j'appelais	j'avais appelé	j'appellerai
tu appelles	tu as appelé	tu appelais	tu avais appelé	tu appelleras
il appelle	il a appelé	il appelait	il avait appelé	il appellera
nous appelons	nous avons appelé	nous appelions	nous avions appelé	nous appellerons
vous appelez	vous avez appelé	vous appeliez	vous aviez appelé	vous appellerez
ils appellent	ils ont appelé	ils appelaient	ils avaient appelé	ils appelleront

| CONDITIONNEL | | IMPÉRATIF | PARTICIPE | SUBJONCTIF | |
PRÉSENT	PASSÉ		PRÉSENT	PRÉSENT	PASSÉ
je voudrais	j'aurais voulu		voulant	que je veuille	que j'aie voulu
tu voudrais	tu aurais voulu	veuille		que tu veuilles	que tu aies voulu
il voudrait	il aurait voulu			qu'il veuille	qu'il ait voulu
nous voudrions	nous aurions voulu	voulons		que nous voulions	que nous ayons voulu
vous voudriez	vous auriez voulu	veuillez		que vous vouliez	que vous ayez voulu
ils voudraient	ils auraient voulu			qu'ils veuillent	qu'ils aient voulu
je recevrais	j'aurais reçu		recevant	que je reçoive	que j'aie reçu
tu recevrais	tu aurais reçu	reçois		que tu reçoives	que tu aies reçu
il recevrait	il aurait reçu			qu'il reçoive	qu'il ait reçu
nous recevrions	nous aurions reçu	recevons		que nous recevions	que nous ayons reçu
vous recevriez	vous auriez reçu	recevez		que vous receviez	que vous ayez reçu
ils recevraient	ils auraient reçu			qu'ils reçoivent	qu'ils aient reçu
je saurais	j'aurais su		sachant	que je sache	que j'aie su
tu saurais	tu aurais su	sache		que tu saches	que tu aies su
il saurait	il aurait su			qu'il sache	qu'il ait su
nous saurions	nous aurions su	sachons		que nous sachions	que nous ayons su
vous sauriez	vous auriez su	sachez		que vous sachiez	que vous ayez su
ils sauraient	ils auraient su			qu'ils sachent	qu'ils aient su
je verrais	j'aurais vu		voyant	que je voie	que j'aie vu
tu verrais	tu aurais vu	vois		que tu voies	que tu aies vu
il verrait	il aurait vu			qu'il voie	qu'il ait vu
nous verrions	nous aurions vu	voyons		que nous voyions	que nous ayons vu
vous verriez	vous auriez vu	voyez		que vous voyiez	que vous ayez vu
ils verraient	ils auraient vu			qu'ils voient	qu'ils aient vu
j'achèterais	j'aurais acheté		achetant	que j'achète	que j'ai acheté
tu achèterais	tu aurais acheté	achète		que tu achètes	que tu aies acheté
il achèterait	il aurait acheté			qu'il achète	qu'il ait acheté
nous achèterions	nous aurions acheté	achetons		que nous achetions	que nous ayons acheté
vous achèteriez	vous auriez acheté	achetez		que vous achetiez	que vous ayez acheté
ils achèteraient	ils auraient acheté			qu'ils achètent	qu'ils aient acheté
j'appellerais	j'avais appelé		appelant	que j'appelle	que j'aie appelé
tu appellerais	tu avais appelé	appelle		que tu appelles	que tu aies appelé
il appellerait	il avait appelé			qu'il appelle	qu'il ait appelé
nous appellerions	nous avions appelé	appelons		que nous appelions	que nous ayons appelé
vous appelleriez	vous aviez appelé	appelez		que vous appeliez	que vous ayez appelé
ils appelleraient	ils avaient appelé			qu'ils appellent	qu'ils aient appelé

		INDICATIF		
PRÉSENT	PASSÉ COMPOSÉ	IMPARFAIT	PLUS-QUE-PARFAIT	FUTUR
commencer				
je commence	j'ai commencé	je commençais	j'avais commencé	je commencerai
tu commences	tu as commencé	tu commençais	tu avais commencé	tu commenceras
il commence	il a commencé	il commençait	il avait commencé	il commencera
nous commençons	nous avons commencé	nous commencions	nous avions commencé	nous commencerons
vous commencez	vous avez commencé	vous commenciez	vous aviez commencé	vous commencerez
ils commencent	ils ont commencé	ils commençaient	ils avaient commencé	ils commenceront
espérer				
j'espère	j'ai espéré	j'espérais	j'avais espéré	j'espérerai
tu espères	tu as espéré	tu espérais	tu avais espéré	tu espéreras
il espère	il a espéré	il espérait	il avait espéré	il espérera
nous espérons	nous avons espéré	nous espérions	nous avions espéré	nous espérerons
vous espérez	vous avez espéré	vous espériez	vous aviez espéré	vous espérerez
ils espèrent	ils ont espéré	ils espéraient	ils avaient espéré	ils espéreront
essayer				
j'essaie	j'ai essayé	j'essayais	j'avais essayé	j'essaierai
tu essaies	tu as essayé	tu essayais	tu avais essayé	tu essaieras
il essaie	il a essayé	il essayait	il avait essayé	il essaiera
nous essayons	nous avons essayé	nous essayions	nous avions essayé	nous essaierons
vous essayez	vous avez essayé	vous essayiez	vous aviez essayé	vous essaierez
ils essaient	ils ont essayé	ils essayaient	ils avaient essayé	ils essaieront
jeter				
je jette	j'ai jeté	je jetais	j'avais jeté	je jetterai
tu jettes	tu as jeté	tu jetais	tu avais jeté	tu jetteras
il jette	il a jeté	il jetait	il avait jeté	il jettera
nous jetons	nous avons jeté	nous jetions	nous avions jeté	nous jetterons
vous jetez	vous avez jeté	vous jetiez	vous aviez jeté	vous jetterez
ils jettent	ils ont jeté	ils jetaient	ils avaient jeté	ils jetteront
lever				
je lève	j'ai levé	je levais	j'avais levé	je lèverai
tu lèves	tu as levé	tu levais	tu avais levé	tu lèveras
il lève	il a levé	il levait	il avait levé	il lèvera
nous levons	nous avons levé	nous levions	nous avions levé	nous lèverons
vous levez	vous avez levé	vous leviez	vous aviez levé	vous lèverez
ils lèvent	ils ont levé	ils levaient	ils avaient levé	ils lèveront
manger				
je mange	j'ai mangé	je mangeais	j'avais mangé	je mangerai
tu manges	tu as mangé	tu mangeais	tu avais mangé	tu mangeras
il mange	il a mangé	il mangeait	il avait mangé	il mangera
nous mangeons	nous avons mangé	nous mangions	nous avions mangé	nous mangerons
vous mangez	vous avez mangé	vous mangiez	vous aviez mangé	vous mangerez
ils mangent	ils ont mangé	ils mangeaient	ils avaient mangé	ils mangeront

| CONDITIONNEL | | IMPÉRATIF | PARTICIPE | SUBJONCTIF | |
PRÉSENT	PASSÉ		PRÉSENT	PRÉSENT	PASSÉ
je commencerais	j'aurais commencé		commençant	que je commence	que j'aie commencé
tu commencerais	tu aurais commencé	commence		que tu commences	que tu aies commencé
il commencerait	il aurait commencé			qu'il commence	qu'il ait commencé
ns commencerions	ns aurions commencé	commençons		que ns commencions	que ns ayons commencé
vs commenceriez	vs auriez commencé	commencez		que vs commenciez	que vs ayez commencé
ils commenceraient	ils auraient commencé			qu'ils commencent	qu'ils aient commencé
j'espérerais	j'aurais espéré		espérant	que j'espère	que j'aie espéré
tu espérerais	tu aurais espéré	espère		que tu espères	que tu aies espéré
il espérerait	il aurait espéré			qu'il espère	qu'il ait espéré
nous espérerions	nous aurions espéré	espérons		que nous espérions	que nous ayons espéré
vous espéreriez	vous auriez espéré	espérez		que vous espériez	que vous ayez espéré
ils espéreraient	ils auraient espéré			qu'ils espèrent	qu'ils aient espéré
j'essaierais	j'aurais essayé		essayant	que j'essaie	que j'aie essayé
tu essaierais	tu aurais essayé	essaie		que tu essaies	que tu aies essayé
il essaierait	il aurait essayé			qu'il essaie	qu'il ait essayé
nous essaierions	nous aurions essayé	essayons		que nous essayions	que nous ayons essayé
vous essaieriez	vous auriez essayé	essayez		que vous essayiez	que vous ayez essayé
ils essaieraient	ils auraient essayé			qu'ils essaient	qu'ils aient essayé
je jetterais	j'aurais jeté		jetant	que je jette	que j'aie jeté
tu jetterais	tu aurais jeté	jette		que tu jettes	que tu aies jeté
il jetterait	il aurait jeté			qu'il jette	qu'il ait jeté
nous jetterions	nous aurions jeté	jetons		que nous jetions	que nous ayons jeté
vous jetteriez	vous auriez jeté	jetez		que vous jetiez	que vous ayez jeté
ils jetteraient	ils auraient jeté			qu'ils jettent	qu'ils aient jeté
je lèverais	j'aurais levé		levant	que je lève	que j'aie levé
tu lèverais	tu aurais levé	lève		que tu lèves	que tu aies levé
il lèverait	il aurait levé			qu'il lève	qu'il ait levé
nous lèverions	nous aurions levé	levons		que nous levions	que nous ayons levé
vous lèveriez	vous auriez levé	levez		que vous leviez	que vous ayez levé
ils lèveraient	ils auraient levé			qu'ils lèvent	qu'ils aient levé
je mangerais	j'aurais mangé		mangeant	que je mange	que j'aie mangé
tu mangerais	tu aurais mangé	mange		que tu manges	que tu aies mangé
il mangerait	il aurait mangé			qu'il mange	qu'il ait mangé
nous mangerions	nous aurions mangé	mangeons		que nous mangions	que nous ayons mangé
vous mangeriez	vous auriez mangé	mangez		que vous mangiez	que vous ayez mangé
ils mangeraient	ils auraient mangé			qu'ils mangent	qu'ils aient mangé

LEXIQUES

LEXIQUE

Français-anglais

▼▼▼▼▼▼▼▼▼▼▼▼▼▼▼

A

à in; at; to; **— toi** yours; **— qui** to whom; **— la télévision** on television
abandonner to abandon
abbaye (f) abbey
abondant(e) abundant
abonnement (m) subscription; season ticket
aborder to approach (a person)
abréviation (f) abbreviation
abricot (m) apricot
abriter to shelter
absent(e) absent
absolument absolutely
abstrait(e) abstract
accent (m) accent; stress
accepter to accept
accès (m) access
accident (m) accident
accompagner to accompany
accomplir to accomplish
accomplissement (m) accomplishment
accord (m) agreement; **d'—** okay; **être d'—** to agree
accueillir to greet; to welcome
achat (m) purchase; **les —s** purchasing (department); **faire des —s** to shop; to go shopping
acheter to buy
acier (m) steel
acquérir (acquis) to acquire
acrylique (f) acrylic
acteur(-trice) (m, f) actor
actif(-ve) active; employed
actifs (m pl) workers
activité (f) activity
actuel(le) current
actuellement currently
addition (f) check (restaurant)
adieux: faire ses — to say goodbye
administrer: to manage; to run
adorer to adore; to love
adresse (f) address
adresser: s'— à to speak to

aéroport (m) airport
affaires (f pl) belongings; business; **homme (femme) d'—** businessman (-woman)
affiche (f) poster
afficher to post
affreux(-euse) horrible
afin de in order to
Afrique (f) Africa; **— du Sud** South Africa
âge (m) age; **Quel — as-tu?** How old are you?; **d'un certain —** middle-aged
âgé(e) old
agence (f) agency; **— de location** rental agency; **— immobilière** real estate agency
agent(e) (m, f) agent; employee
agir to act; **Dans cet article il s'agit de...** This article is about. . .
agréable pleasant
agricole agricultural
agriculteur(-trice) (m, f) farmer
aide (f) help
aider to help
ail (m) garlic
aile (f) wing
aimer to like; to love; **— le mieux** to like the best; **— mieux** to like better; to prefer
ainsi thus; **— que** as well as
air: avoir l'— to seem; to look
aire (f) **de repos** rest area
aise: se mettre à l'— to get comfortable
aîné(e) eldest
aisé(e) easy
ajouter to add
album (m) album
alcoolisé(e) alcoholic (beverages)
Algérie (f) Algeria
algérien(ne) Algerian
alimentaire pertaining to food
alimentation (f) food; **l'— générale** grocery store
aliments (m pl) foods
Allemagne (f) Germany

allemand(e) German
aller to go; **Allez, au revoir.** So long.; **Je vais bien.** I'm fine.; **Ça te va bien.** That looks good on you.; **Qu'est-ce qui ne va pas?** What's wrong?
aller: — -simple (-retour) (m) one-way (round-trip) ticket
allergie (f) allergy
allée (f) path
alliés (m pl) allies
allô hello (on the telephone)
allumer to light
alors so; then
amande (f) almond
amateur(-trice) de (m, f) lover of
ambassade (f) embassy
ambigu(-üe) ambiguous
ambitieux(-euse) ambitious
améliorer to improve
aménageable: sous-sol — basement that can be finished
aménager: — une maison to set up a house
aménagé(e) set-up; designed
amener to bring; to take
américain(e) American
Amérique (f) America
ameublement (m) furnishings; furniture
ami(e) (m, f) friend; **petit(e) —(e)** boy(girl)friend
amidon (m) starch
amour (m) love; **"mon —"** "my pet"
amoureux (m pl) lovers
amoureux(-euse) de in love with
amphi = amphithéâtre
amphithéâtre (m) amphitheater
amusant(e) fun; amusing
amuse-gueule (m) snack
amuser: s'— to have fun
an (m) year; **depuis 6 —s** for 6 years; **J'ai 19 —s.** I'm 19 (years old).; **le Nouvel —** New Year's
analyser to analyze
ancêtres (m pl) ancestors
ancien(ne) old; ancient; former

anglais(e) English
Angleterre *(f)* England
animateur(-trice) *(m, f)* **de radio**
radio talk show host
année *(f)* year; **d'— en —** from
year to year; **les —s 70** the 70s
anniversaire *(m)* birthday
annonce: les petites —s classified ads
annoncer to announce
annuaire *(m)* phone book
annuler to cancel
anonyme anonymous
anorak *(m)* ski jacket
anthropologie *(f)* anthropology
antihistaminique *(m)*
antihistamine
apéritif *(m)* before-dinner drink
appareil *(m)* apparatus; **— de
gymnastique** workout ma-
chine; **— -photo** camera; **C'est
qui à l'—?** Who's calling? (on
the telephone)
apparence *(f)* appearance
appartement *(m)* apartment
appartenir à to belong to
appel *(m)* call; roll call
appeler to call; **Je m'appelle...**
My name is. . .
appétit *(m)* appetite; **Bon — !**
Enjoy your meal!
apporter to bring
apprécier to appreciate; to like
apprendre *(appris)* to learn
approcher: s' — de to approach
approprié(e) appropriate
après after; afterwards; **— avoir
fini** after having finished
après-midi *(m)* afternoon
arabe *(m)* Arabic
arbre *(m)* tree
architecte *(m, f)* architect
architecture *(f)* architecture
arène *(f)* arena
argent *(m)* money
argentin(e) Argentinian
Argentine *(f)* Argentina
armoire *(f)* dresser
aromatisé(e) flavored
arranger to arrange; **s'—** to
work itself out
arrêt *(m)* stop; **sans —** non-stop;
— de bus bus stop; **— de travail** medical excuse for not
being able to work
arrêter: s'— to stop
arrière: à l'— in back
arriver to arrive; to happen
arrivée *(f)* arrival
arrondissement *(m)* administrative division of Paris

arroser to baste
art *(m)* art; **beaux —s** fine arts
artichaut *(m)* artichoke
artisanat *(m)* arts and crafts
ascenseur *(m)* elevator
Asie *(f)* Asia
asperges *(f pl)* asparagus
aspirine *(f)* aspirin
asseoir: s'— to sit; **Assieds-toi!
(Asseyez-vous!)** Sit down!
assez rather; **— de** enough
assiette *(f)* plate
assis(e) seated
assistant(e) *(m, f)* teaching
assistant
assister à to attend
associer: s'— à to be associated
with
astronaute *(m, f)* astronaut
astronomie *(f)* astronomy
atelier *(m)* studio; workshop; **l'—
Michelin** the Michelin plant
(factory)
atteindre *(atteint)* to reach
attendre to wait (for)
attention: faire — à to be careful
of; to pay attention to
attirer to attract
aube *(f)* dawn
auberge *(f)* inn
aucun(e) not a one; **ne... —**
none whatsoever
augmenter to increase
aujourd'hui today
auquel to which
aussi also; **—...que** as. . .as
Australie *(f)* Australia
australien(ne) Australian
autant que as much as; **—
de...que** as much. . .as; **pour —**
in as much as
auto *(f)* car
autobus *(m)* bus
automatiquement automatically
automne *(f)* autumn
autonome autonomous
autoroute *(f)* highway
autre other
autrefois in the past
autrichien(ne) Austrian
avaler to swallow
avance: à l'— in advance; **en —**
early
avancé(e) advanced
avancement *(m)* promotion
avant before; **— d'entrer** before
entering; **— Jésus-Christ** B.C.
avant-hier the day before
yesterday
avantage *(m)* advantage

avare *(m)* miser
avare miserly
avec with; **l'un — l'autre** with
each other
avenir *(m)* future; **à l'—** in the
future
aventure *(f)* adventure
averse *(f)* shower (rain)
avion *(m)* airplane
avis *(m)* opinion; **à mon —** in my
opinion; **changer d'—** to change
one's mind
avisé(e) informed
avocat(e) *(m, f)* lawyer
avoir *(eu)* to have; **Qu'est-ce que
tu as?** What's the matter (with
you)?
ayant: — décidé de having decided to

B

bac = baccalauréat
baccalauréat *(m)* exam taken at
the end of secondary school
studies
badge *(m)* badge
baguette *(f)* long loaf of French
bread
baie *(f)* bay
baigner: se — to go swimming
baignoire *(f)* bathtub
baisser to lower
bal *(m)* danse
balader: se — to take a stroll
baladeur *(m)* portable stereo
(Walkman)
balcon *(m)* balcony
balle *(f)* ball
ballon *(m)* ball; balloon
banane *(f)* banana
banc *(m)* bench
banlieue *(f)* suburbs
banque *(f)* bank
barbant: C'est —. It's boring.
barbe *(f)* beard
barrage *(m)* dam
bas *(m)* bottom
base *(f)* **de données** data bank
bas(se) low
base-ball *(m)* baseball
baser: en vous basant sur based
on
basket *(m)* basketball; **—s**
sneakers
basse-cour *(f)* barnyard animals
bataille *(f)* battle

bateau *(m)* boat; — **à voile** sailboat

bâtiment *(m)* building

batterie *(f)* drums

beau/bel (belle) beautiful; **Il fait beau.** It's beautiful weather.

beaucoup a lot

beau-frère *(m)* brother-in-law

beau-père *(m)* stepfather; father-in-law

bébé *(m)* baby

belge Belgian

Belgique *(f)* Belgium

belle-mère *(f)* stepmother; mother-in-law

belle-sœur *(f)* sister-in-law

ben = bien

béret *(m)* beret

bermuda *(m)* (pair of) shorts

besoin *(m)* need; **avoir — de** to need

beurre *(m)* butter

bibliothèque *(f)* library

bicyclette *(f)* bicycle

bidet *(m)* low sink used for personal hygiene

bien well; — **entendu** of course; **Ça a l'air —.** That seems nice (okay).

bientôt soon; **À —.** See you soon.

bienvenue à welcome to

bière *(f)* beer

bifteck *(m)* steak

bijou *(m)* (piece of) jewelry

bikini *(m)* bikini

billet *(m)* ticket; bill (money)

biographie *(f)* biography

biologie *(f)* biology

biscuit *(m)* cookie

bisque *(m)* **de homard** creamy lobster soup

blanc(he) white

blessé(e): être — à to be injured in

blessure *(f)* injury; wound

blé *(m)* wheat

bleu(e) blue

blond(e) blond

blouson *(m)* jacket

blue-jean *(m)* (a pair of) blue jeans

bœuf *(m)* beef; steer

bohème bohemian

boire *(bu)* to drink

boisson *(f)* drink; — **gazeuse** carbonated beverage

boîte *(f)* box; can

boîte: — de nuit nightclub

bol *(m)* bowl

bon *(m)* coupon

bon(ne) good; **Il fait bon.** The weather's nice.

bonbon *(m)* (piece of) candy

bonheur *(m)* happiness

bonjour hi

bonnet *(m)* cap, hat

bord *(m)* edge; **au — de** along; — **de la mer** seashore

bordeaux burgundy (color)

botanique *(f)* botany

bottes *(f pl)* boots

bouche *(f)* mouth; — **de métro** entrance to subway station

boucher(-ère) *(m, f)* butcher

boucles *(f pl)* **d'oreille** earrings

bouillabaisse *(f)* fish soup

bouillir to boil

boulanger(-ère) *(m, f)* baker

boulangerie *(f)* bakery

boum *(f)* young people's party

bourgeois(e) *(m, f)* middle-class person

bourse *(f)* scholarship

bout *(m)* end; piece

bouteille *(f)* bottle

boutique *(f)* shop (small)

branché(e) connected; "in"; "with it"

bras *(m)* arm

bref (brève) brief

Brésil *(m)* Brazil

brésilien(ne) Brazilian

Bretagne *(f)* Brittany

brie *(m)* type of French cheese

brique *(f)* brick

brochure *(f)* brochure

brodé(e) embroidered

bronzer: se faire — to get a suntan

brosse *(f)* brush; — **à dents** toothbrush

brosser: se — les dents to brush one's teeth

brouillard *(m)* fog; **Il fait du —.** It's foggy.

bruit *(m)* noise

brûler to burn

brûlure *(f)* burn

brume *(f)* mist

brun(e) brown; brunette

buanderie *(f)* laundry room

bulletin *(m)* **d'inscription** registration form

bureau *(m)* desk; office; — **de poste** post office; — **de tabac** tobacconist's shop

bustier *(m)* halter-type top

but *(m)* goal

C

ça that; — **va?** How's it going?; — **ira.** It will be okay.; — **va.** That's okay.; — **vous va?** Is that okay with you?; **C'est pour — que...** That's why...; **C'est —.** That's it.; — **fait un an que...** It has been a year since. . .

cabine *(f)* **téléphonique** phone booth

cabinet *(m)* **de toilette** half-bath

cachet *(m)* tablet; pill

cadeau *(m)* gift

cadran *(m)* dial

cadre *(m)* setting; executive; — **supérieur** high-level executive

cafard: avoir le — to be depressed

café *(m)* cafe; coffee; — **crème** coffee with cream; — **au lait** coffee with hot milk

cafétéria *(f)* cafeteria

cahier *(m)* notebook

Caire *(m)* Cairo

caisse *(f)* cash register

calculatrice *(f)* calculator

calculer to calculate

calendrier *(m)* calendar

calme calm

calmer: se — to calm down

calvados *(m)* brandy made from apples

camarade *(m, f)* **de classe** classmate; — **de chambre** roommate

cambrioler to rob

cambrioleur *(m)* robber

camembert *(m)* type of French cheese

caméra *(f)* movie camera; camcorder

Cameroun *(m)* Cameroon

camion *(m)* truck

campagne *(f)* country; **à la —** in the country

camping *(m)* camping

campus *(m)* campus

Canada *(m)* Canada

canadien(ne) Canadian

canapé *(m)* couch

canard *(m)* duck

candidat(e) *(m, f)* candidate

candidature: lettre de — application letter; **poser sa —** to apply for a job

canoë: faire du — to go canoeing

canton *(m)* canton; district

caoutchouc *(m)* rubber

capitale *(f)* capital

capteur *(m)* **solaire**   solar panel
capuche *(f)*   hood
capuchon *(m)*   hood on a coat
car *(m)*   bus
car   because
caractérisé(e)   characterized
carafe *(f)*   carafe
carnet *(m)*   note pad; book of tickets
carotte *(f)*   carrot
carrefour *(m)*   intersection; crossroads
carrière *(f)*   career
carte *(f)*   card; map; menu; **— de crédit**   credit card; **— de visite** business card; **— postale** postcard
carton *(m)*   box
cas *(m)*   case; **dans ce — -là**   in that case
casque *(m)*   hat
casquette *(f)*   cap
casser   to break; **Je me suis cassé le bras.**   I broke my arm.
casserole *(f)*   cooking pan
cassette *(f)*   cassette tape; **— vierge**   blank tape
catégorie *(f)*   category
cathédrale *(f)*   cathedral
caution *(f)*   deposit
cave *(m)*   wine cellar
ce/cet (cette)   this; that
ce que   what; that which
ceinture *(f)*   belt; **— de sécurité** seatbelt
cela   that
célébrer   to celebrate
célèbre   famous
célibataire   single (not married)
celui (celle)-là   that one
cendres *(f pl)*   ashes
cendrier *(m)*   ashtray
cent   hundred; **trente pour —** thirty percent
centaine: une — de   about a hundred
centime *(m)*   centime
centimètre *(m)*   centimeter
centre *(m)*   center; **— commercial** shopping mall; **le — -ville** downtown
céréales *(f pl)*   cereal
cerfeuil *(m)*   chervil
cerise *(f)*   cherry
certain(e)   certain
certainement   certainly
certitude *(f)*   certainty
ces   these; those
cesser   to stop doing
chacun(e)   each one

chaîne *(f)*   chain; assembly line; **— stéréo**   stereo
chaise *(f)*   chair
chaleur *(f)*   heat
chambre *(f)*   room; **— à coucher** bedroom
champ *(m)*   field
champagne *(m)*   champagne
champignon *(m)*   mushroom
chance: avoir de la —   to be lucky
chandail *(m)*   sweater
change: bureau de —   foreign currency exchange
changement *(m)*   change
changer (de)   to change
chanson *(f)*   song
chanter   to sing
chanteur(-euse) *(m, f)*   singer
chapeau *(m)*   hat
chapelure *(f)*   bread crumbs
chapitre *(m)*   chapter
chaque   each
charcuterie *(f)*   pork butcher's shop, delicatessen; cooked meat products that can be bought there
charcutier(-ère) *(m, f)*   pork butcher
charge: —s comprises   utilities included
chargé(e)   full; **— de**   in charge of
chariot *(m)*   shopping cart
charme *(m)*   charm
chat *(m)*   cat
château *(m)*   castle; **— -fort**   fortified castle
chaud(e)   hot; warm; **Il fait —.** It is warm (hot).
chauffage *(m)*   heat; heating
chauffer   to heat
chauffeur *(m)*   driver
chausser: Je chausse du 42.   I take a size 42 (shoe).
chaussette *(f)*   sock
chaussure *(f)*   shoe
chauve   bald
chef *(m)*   leader; **— d'entreprise** company president (CEO); **— d'œuvre**   masterpiece
chemin *(m)*   road
cheminée *(f)*   chimney
chemise *(f)*   shirt
chemisette *(f)*   short-sleeved shirt
chemisier *(m)*   blouse
chèque *(m)*   check
cher (chère)   dear; expensive
chercher   to look for; **— à**   to try to; **aller —**   to go and get
cheveux *(m pl)*   hair
cheville *(f)*   ankle
chèvre *(m)*   goat

chez   at the home (place) of; **— le dentiste**   (at, to) the dentist's office; **— vous**   at your house; in your area; **travailler — Kodak** to work for Kodak
chic   stylish
chien *(m)*   dog
chiffre *(m)*   number; digit
chimie *(f)*   chemistry
chimique   pertaining to chemicals
Chine *(f)*   China
chinois(e)   Chinese
chocolat *(m)*   chocolat; **un —**   hot chocolate
choisir   to choose
choix *(m)*   choice
chômage *(m)*   unemployment; **être au —**   to be unemployed
chose *(f)*   thing; **quelque —** something; **autre —**   something else; **quelque — à boire**   something to drink; **quelque — de petit**   something small
chou *(m)*   cabbage
choucroute *(f)*   sauerkraut
chouette   great; neat
choux-fleur *(m)*   cauliflower
chrétien(ne)   Christian
-ci: ce jambon —   this ham
cidre *(m)*   cider
ciel *(m)*   sky
cinéaste *(m, f)*   filmmaker
cinéma *(m)*   cinema; movie theater
ciné-club *(m)*   film club
circonstance *(f)*   circumstance
circuler   to circulate
cité *(f)***universitaire**   dormitory complex
citron *(m)*   lemon; **un — pressé** lemonade; **un diabolo —**   lemonade mixed with lemon-flavored syrup
clarinette *(f)*   clarinet
clair(e)   clear; **bleu —**   light blue
classe *(f)*   class; **première (deuxième) —**   first (second) class
classé: site —   historical site
classement *(m)*   ranking
classer   to rank
classique   classic; classical
clé *(f)*   key
client(e) *(m, f)*   customer
climat *(m)*   climate
clinique *(f)*   hospital
clip *(m)*   music video
Coca *(m)*   Coca-Cola
cocher *(m)*   coachman
cochon *(m)*   pig
cœur *(m)*   heart; **avoir mal au —** to feel nauseated

coiffer: se — to fix one's hair
coiffeur(-euse) *(m, f)* hairdresser
coiffure *(f)* hairstyle
coin *(m)* corner; **— cuisine** kitchenette
col *(m)* collar
colère *(f)* anger
collège *(m)* intermediate or middle school
collègue *(m, f)* colleague
Colombie *(f)* Colombia
colonie *(f)* colony; **— de vacances** children's camp
coloré(e) colored
combien (de) how much; how many
combinaison *(f)* combination
comédie *(f)* comedy
commande *(f)* order
commander to order
comme as
commencer to begin
comment how; **— allez-vous?** How are you?; **— ça va?** How're you doing?; **Comment?** What did you say?; **— est ton frère?** What does your brother look like?
commentaire *(m)* comment
commerçant(e) *(m, f)* small business owner
commerce *(m)* business
commercial *(m)* traveling salesperson
commercial(e) commercial
commissariat *(m)* **de police** police station
commode *(f)* dresser
commodité *(f)* convenience
commune *(f)* municipality
compagnon *(m)* companion
comparer to compare
complet *(m)* suit
compléter to complete
complètement completely; entirely
compliqué(e) complicated
comportement *(m)* behavior
composé(e) de made of
composer to dial
composter to validate (ticket)
comprendre *(compris)* to understand; to be comprised of
comprimé *(m)* capsule
compris(e) included
comptabilité *(f)* accounting
comptable *(m, f)* accountant
compte: se rendre — de to realize; **tenir — de** to take into account
compter to count
concentrer to concentrate; **se — sur** to concentrate on

concerner: en ce qui concerne regarding; concerning
concert *(m)* concert
concombre *(m)* cucumber
concours *(m)* competitive exam
concurrent(e) *(m, f)* competitor
condition *(f)* condition
conduire *(conduit)* to drive
conduite *(f)* driving
conférence *(f)* conference; lecture
confiture *(f)* jam
confluent *(m)* confluence
confort *(m)* comfort
confortable comfortable
congé *(m)* time off; **— payé** paid vacation; **prendre —** to say good-bye
congrès *(m)* convention
connaissance *(f)* acquaintance; **faire la — de** to meet
connaître *(connu)* to know; **Je l'ai connu à Paris.** I met him in Paris.; **Je m'y connais.** I know what I'm doing.
connu(e) known
conquis(e) conquered
conseil *(m)* (piece of) advice
conseiller to advise; to suggest
conserves *(f pl)* canned foods
conséquent: par — consequently
consister en to consist of
consommateur(-trice) *(m, f)* consumer
consommé *(m)* consommé
consonne *(f)* consonant
constamment constantly
constipé(e) constipated
construire *(construit)* to build
consulter to consult
contenir *(contenu)* to contain
content(e) happy; pleased
continuer to continue
contradictoire contradictory
contrainte *(f)* constraint
contraire *(m)* opposite
contre against; **par —** on the other hand
contribuer to contribute
contrôle *(m)* **des passeports** passport control desk
contrôleur *(m)* conductor
convenable appropriate
convenir à to suit; to be appropriate for
convenu: C'est — ? Agreed?
copain (copine) *(m, f)* friend
copieur *(m)* photocopier
coquilles *(f)* **St. Jacques** scallops
corps *(m)* body
correspondant(e) *(m, f)* person to whom one is speaking (writing)

correspondre à to correspond to
corriger to correct
costaud(e) strong; heavy-set
Côte d'Ivoire *(f)* Ivory Coast
côte *(f)* coast; rib
côté *(m)* side; **d'un —...d'un autre —** on the one hand. . . on the other hand; **à — de** next to; **le café à —** the cafe next door
coton *(m)* cotton
cou *(m)* neck
coude *(m)* elbow
coucher to sleep; **se —** to go to bed
couchette *(f)* sleeping berth
coudre *(cousu)* to sew
couleur *(f)* color; **De quelle — est (sont)...** What color is (are). . .; **téléviseur —** color television
couloir *(m)* hallway
coup: prendre un — de soleil to get sunburned; **— de téléphone (de fil)** phone call; **donner un — de main à quelqu'un** to give somebody a hand
coupe *(f)* haircut
couper to cut; **se faire — les cheveux** to get a haircut
courageux(-euse) courageous
couramment: parler — le français to speak French fluently
courbature: avoir des —s to be aching
courgette *(f)* zucchini
couronné(e) crowned
cours *(m)* course; class; **J'ai — dans 5 minutes.** I have class in 5 minutes.; **au — de** during
course *(f)* errand; **faire les —s** to do the shopping; to run errands
court(e) short
courtoisie *(f)* courtesy
cousin(e) *(m, f)* cousin
coussin *(m)* cushion
coût *(m)* cost
couteau *(m)* knife
coûter to cost; **— cher** to be expensive
coûteux(-euse) costly
coutume *(f)* custom; **les us et —s** habits and customs
couture: la haute — high fashion
couturière *(f)* seamstress
couvent *(m)* convent
couvercle *(m)* lid
couvert(e) covered; **Le ciel est —.** It's cloudy.
cravate *(f)* tie
crayon *(m)* pencil
créer to create

crème *(f)* cream
crêpe *(f)* crepe
crevé: pneu — flat tire
crever to die
crevette *(f)* shrimp
crime *(m)* crime
crise *(f)* crisis
critiquer to criticize
croire *(cru)* to believe; to think
croiser to cross; to pass
croissance *(f)* growth
croque-monsieur (madame) *(m)* open-faced grilled ham and cheese (with poached egg on top)
crudités *(f pl)* raw vegetables
cruel(le) cruel
cuillère *(f)* spoon
cuillerée *(f)* à café teaspoonful; **— à soupe** tablespoonful
cuire: faire — to cook
cuisine *(f)* kitchen; cuisine; **faire la —** to cook
cuisiner to cook
cuisiné: un plat — a prepared dish
cuisinier(-ère) *(m, f)* cook; chef
cuisson *(f)* cooking time
cuit(e) cooked
curriculum vitae (CV) *(m)* résumé
cycliste *(m, f)* cyclist
cyclone *(m)* hurricane

D

d'abord first
d'accord okay; **être — avec** to agree with
dame *(f)* woman
Danemark *(m)* Denmark
dangereux(-euse) dangerous
danois(e) Danish
dans in; **— la rue Balzac** on Balzac Street
danse *(f)* dance
danseur(-euse) *(m, f)* dancer
dater de to date from
daurade *(f)* gilt-head (fish)
davantage more
de from; of
déballer to unwrap; to unpack
débardeur *(m)* tank top
débarquement *(m)* landing
débarrasser: — la table to clear the table
débrouiller: se — to manage (to do something)
début *(m)* beginning; **le — de juin (— juin)** the beginning of June

débutant(e) beginner
décevant(e) disappointing
décider (de) to decide; **se —** to make up one's mind; **C'est décidé!** That's settled!
décision *(f)* decision; **prendre une —** to make a decision
déclarer to declare; to say
décontracté(e) relaxed
découper to cut
décourager to discourage; **se laisser —** to become discouraged
découvrir *(découvert)* to discover
décrire *(décrit)* to describe
décrocher to unhook; to pick up (phone)
déçu(e) disappointed
défendre to defend
défi *(m)* challenge
défilé *(m)* parade
degré *(m)* degree
dégustation *(f)* tasting
déguster to taste; to eat
dehors outside; **en — de** outside of
déjà already
déjeuner *(m)* lunch; **le petit —** breakfast
déjeuner to have lunch
délai *(m)* delay
délégué(e) *(m, f)* delegate
délicieux(-euse) delicious
délier: se — to become untied
délimité: une région —e a defined area
demain tomorrow
demander to ask (for)
déménager to move
demeurer to remain; to stay
demi *(m)* (a glass of) draft beer
demi(e) half; **onze heures et —e** 11:30; **un — -kilo** half a kilogram; **une — e-heure** a half hour
démission *(f)* resignation
demi-frère (sœur) stepbrother (sister)
démissionner to resign
dense dense
dent *(f)* tooth
dentifrice *(m)* toothpaste
dentiste *(m, f)* dentist
dépannage: service de — towing service
départ *(m)* departure
dépasser to pass
dépendre: Ça dépend de... That depends on. . .
dépenser to spend (money)
dépêcher: se — to hurry; **Dépêchez-vous!** Hurry up!

déplacement *(m)* movement; trip
déposer to drop off
déprimant(e) depressing
depuis since; for; **— quand** since when; **— combien de temps** for how long; **— des heures** for hours
dernier(-ère) last; latest; **le mois —** last month
dérouler: se — to take place
derrière behind
des some
dès from; **— que** as soon as
désastreux(-euse) disastrous
descendre to go down; to get off (train, bus, etc.); **— à un hôtel** to stay at a hotel
désert(e) deserted
désigner to designate
désir *(m)* desire; wish
désirer to want
désolé(e) sorry
dessert *(m)* dessert
desservir to serve (an area)
dessin *(m)* drawing; **— animé** cartoon
dessiner to draw
dessous: ci- — below
dessus: ci- — above
détail *(m)* detail
détaillé(e) detailed
détester to dislike
devant in front of
développement *(m)* development
devenir *(devenu)* to become
deviner to guess
devoir *(dû)* to have to; to owe; **Elle devait...** She was supposed to. . .; **Tu devrais acheter...** You should buy. . .
d'habitude normally; usually
diable *(m)* devil
dialogue *(m)* dialogue
différend *(m)* disagreement
différer de to differ from
difficile difficult
difficulté difficulty; **avoir des —s à faire** to have trouble doing; **en — ** in trouble
diminuer to diminish
dinde *(f)* turkey
dîner *(m)* dinner
dîner to have dinner
diplôme *(m)* diploma; degree
diplomatie *(f)* diplomacy
dire *(dit)* to say; **C'est-à- —...** That is. . . (That is to say. . .); **Ça veut —...** That means. . .; **Dis...** Say. . .

direct(e) direct
directement directly
directeur(-trice) *(m, f)* director
direction *(f)* direction; management
discipliné(e) disciplined
discothèque *(f)* discotheque
discret(-ète) discreet
discuter (de) to discuss
disponible available
disposer de to have at one's disposal
disputer: se — to have a fight (an argument)
disque *(m)* record;
distinctif(-ive) distinctive
distinguer to distinguish
distribuer to distribute
distributeur *(m)* **automatique de billets** automatic teller machine
divers miscellaneous
diviser to divide
divorcer to (get a) divorce
doctorat *(m)* doctoral degree
doigt *(m)* finger; **— de pied** toe
dommage: C'est —. It's a shame.; **Il est — que...** It is unfortunate that. . .
donc therefore; **Mais dis donc...** Look. . .
donner to give
dont about whom; of which; whose
dorer to brown
dormir to sleep
dos *(m)* back
dose *(f)* dose
douane *(f)* customs
double double
doublé(e) lined
douche *(f)* shower
doué(e) pour talented in
doute *(m)* doubt; **sans —** probably
douter to doubt
doux (douce) soft; mild (climate)
douzaine *(f)* dozen
dramatique dramatic
drame *(m)* drama; **— psychologique** psychological drama
droit *(m)* law
droit: tout — straight ahead
droite *(f)* right
drôle funny
dû (due) à due to
dur(e) hard
durant during
durée *(f)* length
durer to last
dynamique dynamic

E

eau *(f)* water; **— minérale** mineral water
échalote *(f)* shallot
échange *(f)* exchange
échanger to exchange
échappée *(f)* escape
écharpe *(f)* scarf
échecs *(m pl)* chess
échelle *(f)* ladder
échouer à to fail (a test)
éclair *(m)* eclair
école *(f)* school; **— maternelle** nursery school
économie *(f)* economy; **faire des —s** to save money
écossais(e) Scottish
écouter to listen (to)
écran *(m)* screen
écrire *(écrit)* to write
écrivain *(m)* writer
effectifs *(m pl)* personnel
effectivement actually
effectué(e) completed
effet *(m)* effect; **En —** True. . . (That's true. . .)
efficace efficient
égal: Ça m'est —. It doesn't matter to me.
également equally
église *(f)* church
égoïste selfish
Égypte *(f)* Egypt
égyptien(ne) Egyptian
électrique electric
élevé(e) high
élégant(e) elegant
élément *(m)* element
élève *(m, f)* high school student
éloigner to move away
embauche *(f)* hiring
embrasser to kiss
émincer to slice
émission *(f)* broadcast
émouvant(e) moving; touching
emploi *(m)* employment; job; use; **— du temps** schedule
employer to use
employé(e) *(m, f)* employee
emporter to take; to bring
emprunter to borrow
en in; at; to; **— écoutant** while (by) listening to; **si vous — avez besoin** if you need it (some); **voyager — groupe** to travel in a group; **— avion** by plane
enceinte pregnant
enchanté(e) delighted
enchères: vente aux — auction

encore still; **— de** more; **pas —** not yet; **— plus** to work even more; **— un an** another year; **— une fois** once again
encourager to encourage
endommagé(e) damaged
endroit *(m)* place
enduire to coat
énergique energetic
énerver: s'— to get upset
énervé(e) upset
enfance *(f)* childhood
enfant *(m)* child
enfin finally
engagement *(m)* hiring
engager: s' — à to take upon oneself (to do something)
enlever to take off; to remove
ennui *(m)* problem
ennuyer: s'— to be bored
ennuyeux(-euse) boring
énormément de a lot of
enquête *(f)* survey
enregistrer to register; to record
enrhumé(e): être — to have a cold
enrobé(e) coated
enseignement *(m)* teaching
enseigner to teach
ensemble together
ensoleillé(e) sunny
ensuite then; next
entendre *(entendu)* to hear; **J'ai entendu dire que...** I heard that. . .; **— parler de** to hear about; **s' — avec** to get along with; **Ça s'entend.** That's understood.
enthousiasme *(m)* enthusiasm
enthousiaste enthusiastic
entier(-ère) entire; whole
entourer to surround
entraînement *(m)* training
entraîner: s' — à la musculation to work out with weights
entre between
entrecôte *(f)* rib steak
entrée *(f)* entrance; first course (of a meal)
entre-jambes *(m)* inseam
entreprise *(f)* company; business
entrer (dans) to enter
entretemps in the meantime
entretien *(m)* interview
envie: avoir — de to want
environ about; around
environnement *(m)* environment
environs *(m pl)* surrounding area
envoyer to send
épater to impress
épatant(e) great

épaule *(f)* shoulder
épée *(f)* sword
épicerie *(f)* grocery store
épicier(-ère) *(m, f)* grocer
épinards *(m pl)* spinach
éplucher to peel
époque: à cette — -là at that time; **à l' — de** at the time of
épouser to marry
épouvante: un film d'— horror movie
éprouver to feel
équilibré(e) balanced
équipe *(f)* team
équipé(e) equipped
équitation *(f)* horseback riding
érotisme *(m)* eroticism
escalier *(m)* stairs; **— roulant** escalator
escalope *(f)* cutlet
escargot *(m)* snail
escarpins *(m pl)* pumps
espace *(m)* space; **— vert** green area
espadrilles *(f pl)* espadrilles
Espagne *(f)* Spain
espagnol(e) Spanish
espèce *(f)* kind; sort
espèces: payer en — to pay cash
espérer to hope
espionnage *(m)* espionnage
essayer to try; to try on (clothing)
essence *(f)* gasoline
essentiel: Il est — que... It is essential that. . .
essentiellement essentially
est *(m)* east
estomac *(m)* stomach
estrade *(f)* platform
et and
établir to establish
étage *(m)* floor; **habiter à l'—** to live upstairs; **le premier —** the second floor
étagères *(f pl)* shelves
étalage *(m)* display
étape *(f)* stage or leg of a journey
état *(m)* state; **les États-Unis** the United States
été *(m)* summer
éternuer to sneeze
étiquette *(f)* label; tag
étoffe *(f)* fabric
étoile *(f)* star
étonné(e) surprised
étranger: à l'— abroad
étranger(-ère) *(m, f)* foreigner
étranger(-ère) foreign

être *(été)* to be; **Comment sont-ils?** What are they like?; **Nous étions trois.** There were three of us.
étroit(e) narrow; tight (clothing)
étude *(f)* study
étudiant(e) *(m, f)* college student
étudier to study
étui *(m)* case; holder
euh... uh. . .
européen(ne) European
eux them
évasé(e) flared
événement *(m)* event
évident(e) obvious
évier *(m)* sink
éviter to avoid
évoluer to evolve
exact(e) right; true
exactement exactly
exagération *(f)* exaggeration
exagérer to exaggerate
examen *(m)* exam; **— de fin de semestre** final exam
exception: à l'— de with the exception of
exceptionnel(le) exceptional
exclusivement exclusively
excursion: faire une — to take a trip
excuse *(f)* excuse
excuser: Je m'excuse. I'm sorry.; Pardon me.; Excuse me.
exemple *(m)* example; **par —** for example
exercice *(m)* exercise
exigeant(e) demanding
exiger to demand
explication *(f)* explanation
expliquer to explain
exploiter to operate (a business)
exploser to explode
express *(m)* espresso
exprimer to express
extérieur *(m)* exterior; outside
extra: C'est —! That's great!
extrait *(m)* excerpt
extraordinaire extraordinary
extrême *(m)* extreme
extrémité *(f)* extremity

F

fabrication *(f)* manufacture
fabriquer to make; to manufacture
fac = faculté
face: en — de across from

fâché(e) angry
facile easy
facilement easily
faciliter to facilitate
façon: de toute — in any event; **de — différente** in a different way
facturation *(f)* billing
faculté *(f)* division of a French university
faible weak
faiblesse *(f)* weakness
faïence *(f)* earthenware
faillite *(f)* bankruptcy
faim *(f)* hunger; **avoir (grand-)—** to be (very) hungry
faire *(fait)* to do; to make; **— un mètre 70** to be 1m70 tall; **— construire** to have built
fait: en — in fact
familial(e) pertaining to the family
famille *(f)* family
fantastique fantastic; **film —** fantasy film
farine *(f)* flour
fascinant(e) fascinating
fast-food *(m)* fast food; **un —** a fast-food restaurant
fatigué(e) tired
faut: il me — I need; **Il — combien de temps pour aller...** How long will it take to go. . .; **Il — ...** It is necessary. . .
fauteuil *(m)* armchair
faux (fausse) false
faux-pas *(m)* foolish mistake
faux: chanter — to sing off-key
femme *(f)* woman; wife
fente *(f)* slot
fer *(m)* iron
ferme *(f)* farm
fermé(e): — à clé locked
fermer to close
ferroviaire pertaining to railroads
fesse *(f)* buttock
festival *(m)* festival
fête: jour de — holiday
fêter to celebrate
feux *(m pl)* **d'artifice** fireworks
fiancé(e) *(m, f)* fiancé
fiancer: se — (avec) to get engaged (to)
ficelle *(f)* string
fier (fière) proud
fièvre *(f)* fever
figé(e) fixed
figure *(f)* face

fil *(m)*   thread
file *(f)*   line
filet *(m)*   mesh bag for carrying groceries
filiale *(f)*   subsidiary
fille *(f)*   girl; daughter; **petite —** granddaughter
film *(m)*   movie
fils *(m)*   son; **petit —**
fin *(f)*   end
fin(e)   thin; fine
finalement   finally
financier(-ère)   financial
finir   to finish; **Elle a fini par avoir sa voiture.**   She finally got her car.
firme *(f)*   firm; company
fixer   to set (a date)
fleur *(f)*   flower
fleuve *(m)*   river
flipper *(m)*   pinball
flûte *(f)*   flute
foi *(f)*   faith
fois *(f)*   time; **une — par an**   once a year; **des —**   at times
foisonner   to abound
follement   madly, wildly
foncé: bleu —   dark blue
fonctionnaire *(m, f)*   civil servant
fond *(m)*   background
fondé(e)   founded
fondre: faire —   to melt
foot = football
football *(m)*   soccer; **— américain** football
force *(f)*   strength
forcé(e)   forced
forêt *(f)*   forest
formation *(f)*   education; **— permanente**   continuing education
forme: être en —   to be in shape; **sous — de**   in the form of
former   to form
formidable   great; tremendous
fort(e)   strong
fort: parler —   to talk loudly
fou/fol (folle)   crazy; **un argent —** a ridiculous amount of money
foulard *(m)*   scarf
fouler: se —   to sprain
four *(m)*   oven; **— à micro-ondes** microwave oven
fourchette *(f)*   fork
fournir   to furnish
foyer *(m)*   hearth; home
frais (fraîche)   fresh; **Il fait —.** It's cool.
fraise *(f)*   strawberry; **— à l'eau** water with strawberry-flavored syrup; **un diabolo —**   limonade mixed with strawberry-flavored syrup; **un lait —**   milk with strawberry syrup
framboise *(f)*   raspberry
franc *(m)*   franc
français(e)   French
francophone   French-speaking
frapper   to knock
fréquemment   frequently
frère *(m)*   brother
frigo *(m)*   refrigerator
frisé(e)   curly
frissons *(m pl)*   chills
frites *(f pl)*   French fries
frivole   frivolous
froid *(m)*   cold
froid(e)   cold; **Il fait —.**   It is cold.
fromage *(m)*   cheese
fruit *(m)*   fruit; **—s de mer** seafood
fumée *(f)*   smoke
fumer   to smoke
fumeur (non-fumeur)   smoking (non-smoking)
funk *(m)*   funk music
furieux(-euse)   furious
fusée *(f)*   rocket
futur *(m)*   future

G

gagner   to win; to earn
gamme *(f)*   line (of products); **haut de —**   top of the line
gant *(m)*   glove; **— de toilette** wash cloth
garage *(m)*   garage
garçon *(m)*   boy; waiter
garder   to keep; **— sa ligne**   to keep one's figure
gare *(f)*   train station
garni(e)   garnished
gastronomique   gastronomical
gâte-sauce *(m)*   kitchen boy
gâté(e)   spoiled
gâteau *(m)*   cake
gauche *(f)*   left
Gaule *(f)*   Gaul
géant(e)   giant
gélule *(f)*   capsule
gênant(e)   bothersome
général(e)   general; **en —**   in general
généralement   generally
généreux(-euse)   generous
génie *(m)*   genius
genou *(m)*   knee

genre *(m)*   kind; type; gender
gens *(m, f pl)*   people
gentil(le)   kind; nice
géologie *(f)*   geology
gérant(e) *(m, f)*   manager
gérer   to manage
geste *(m)*   gesture
gestion *(f)*   management
gigot *(m)* **d'agneau**   leg of lamb
gilet *(m)*   vest; sweater
glace *(f)*   ice cream; ice
golf *(m)*   golf
golfe *(m)*   gulf
gorge *(f)*   throat
gothique   Gothic
goût *(m)*   taste
goutte *(f)*   drop
gouvernement *(m)*   government
gradins *(m pl)*   tiered seats; bleachers
grammaire *(f)*   grammar
gramme *(m)*   gram
grand(e)   big; large; tall; great
grand'chose: pas —   not much
grand-mère *(f)*   grandmother
grand-père *(m)*   grandfather
Grande-Bretagne *(f)*   Great Britain
grandir   to grow
gras(se)   fat
gratiné(e)   with melted cheese
gratuit(e)   free
grave   serious
graver   to engrave
grec(que)   Greek
Grèce *(f)*   Greece
griffe *(f)*   label (clothes)
grillé(e)   grilled
grille-pain *(m)*   toaster
grippe *(f)*   flu
gris(e)   gray
gros(se)   big; fat
grossir   to gain weight
groupe *(m)*   group
groupement *(m)*   grouping
gruyère *(m)*   type of French cheese
guère: ne... —   hardly
guérir   to cure; to heal
guerre *(f)*   war; **la Seconde — mondiale**   World War II
guichet *(m)*   window (bank; train station; etc.)
guide *(m)*   guide
guitare *(f)*   guitar
gym: faire de la —   to work out; to exercise
gymnase *(m)*   gymnasium

H

habile clever
habillement *(m)* clothing
habiller: s'— to dress; to get dressed
habitant(e) *(m, f)* inhabitant
habiter to live
habité(e) inhabited
habituer: s'— à to get used to
haricot *(m)* bean
hausse: en — increasing
hébergement *(m)* lodging
héberger to lodge
hein? huh?
hélas alas
henné *(m)* henna
hésiter à to hesitate
heure *(f)* hour; **à 10 —s** at ten o'clock; **Quelle — est-il?** What time is it?; **À tout à l'—.** See you in a while.; **l'— du déjeuner** lunch time; **à quelle —...** (at) what time. . .; **de (très) bonne —** (very) early; **les —s de pointe** rush hour; **24 —s sur 24** 24 hours a day; **130 km à l'—** 130 km per hour; **à l'—** on time
heureusement fortunately
heureux(-euse) happy
hier yesterday
hiérarchie *(f)* hierarchy
histoire *(f)* history; story
historique historic
hiver *(m)* winter
homard *(m)* lobster
homme *(m)* man
honnête honest
honneur: invité d'— guest of honor
hôpital *(m)* hospital
horaire *(m)* timetable; schedule
horreur: avoir — de to hate; **film d'—** horror movie
hors-d'œuvre *(m)* appetizer
hors: — campus off-campus
hôtel *(m)* hotel; **— de ville** city hall
hôtelier(-ère) *(m, f)* hotel owner
hôtesse *(f)* hostess
huile *(f)* oil
humain(e) human
humeur: de bonne (mauvaise) — in a good (bad) mood
humoriste *(m, f)* humorist

I

ici here
idéaliste idealistic
idée *(f)* idea
identifier to identify
île *(f)* island
illustré(e) illustrated
image *(f)* image; picture
imaginaire imaginary
imaginer to imagine
imiter to imitate
immangeable inedible
immeuble *(m)* apartment building
impatient(e) impatient
importance *(f)* importance
important(e) important; **L'—, c'est que...** The important thing is that. . .
imposé(e) imposed
impôts *(m pl)* taxes
impression: avoir l'— to have the impression
impressionnant(e) impressive
impressionner to impress
imprimé(e) print (material)
inaugurer to inaugurate
incendie *(m)* fire
incertitude *(f)* uncertainty
inclure *(inclus)* to include
Inde *(f)* India
indépendance *(f)* independence
indépendant(e) independent
indicatif *(m)* area code; indicative
indien(ne) Indian
indigestion *(f)* indigestion
indiquer to indicate; to show; to point out
indiscret(-ète) indiscreet
indispensable essential
industrie *(f)* industry
inévitable inevitable
infiniment infinitely
infirmier(-ère) *(m, f)* nurse
influencer to influence
informatique *(f)* computer science
ingénieur *(m)* engineer
inondé(e) flooded
inoubliable unforgettable
inquiéter: s'— to worry
inscrire: s'— to enroll
insister (pour que) to insist (that)
inspirer: s'— de to get inspiration from
installer: s'— to move; to get settled
instant *(m)* moment
institut *(m)* institute
instituteur(-trice) *(m, f)* grade school teacher
intellectuel(le) intellectual
intelligent(e) bright

intention: avoir l'— de to intend
interdit(e) forbidden
intéressant(e) interesting
intéresser: s'— à to be interested in
intérêt *(m)* interest
intérieur: à l'— de inside
interphone *(m)* intercom
interroger to question
interrompu(e) interrupted
interview *(f)* interview
interviewer to interview
introduire: s'— dans to enter
introverti(e) introverted
inventer to invent
investissement *(m)* investment
invité(e) *(m, f)* guest
Irak *(m)* Iraq
Iran *(m)* Iran
iranien(ne) Iranian
Israël *(m)* Israel
israélien(ne) Israeli
italien(ne) Italian
itinéraire *(m)* itinerary

J

jamais ever; **ne... —** never
jambe *(f)* leg
jambon *(m)* ham
Japon *(m)* Japan
japonais(e) Japanese
jardin *(m)* garden
jaune yellow
jazz *(m)* jazz
jean = blue-jean
jeu *(m)* game; **— vidéo** video game
jeune young
jeunesse *(f)* youth; childhood
job *(m)* job
jogging *(m)* sweatsuit; jogging; **faire du —** to go jogging
joie *(f)* joy
joli(e) pretty
jouer to play; **— à** to play (a sport); **— de** to play (a musical instrument); **— un tour à** to play a trick on
jouet *(m)* toy
jour *(m)* day; **de nos —** nowadays; **Quel — sommes-nous?** What day is it?; **un —** some day; **huit —s** a week; **quinze —s** two weeks
journal *(m)* newspaper
journalisme *(m)* journalism
journaliste *(m, f)* journalist
journée *(f)* day

jovial(e) jovial; jolly
juger to judge
jupe *(f)* skirt
jus *(m)* juice; **— d'orange** orange juice
jusqu'à to; until
justement exactly; precisely

K

karaté *(m)* karate
ketchup *(m)* ketchup
kilo *(m)* kilo
kir *(m)* white wine with black currant liqueur

L

laboratoire *(m)* laboratory
lacer to tie (shoes)
laid(e) ugly
laine *(f)* wool
laisser to leave; **— un mot** to leave a message
lait *(m)* milk
laitier: produits —s dairy products
lampe *(f)* lamp
là there; **ce jour - —** that day; **— -bas** over there
langoustine *(f)* prawn
langue *(f)* language; tongue; **tirer la —** to stick out one's tongue
lapin *(m)* rabbit
large wide; **pantalon —** baggy pants
lavabo *(m)* sink (bathroom)
laver to wash
lèche-vitrines: faire du — to window-shop
leçon *(f)* lesson
lecture *(f)* reading
légende *(f)* legend
léger(-ère) light
légèrement lightly; slightly
légume *(m)* vegetable
lendemain *(m)* the following day; **le — matin** the next morning
lequel (laquelle) which one
lesquel(le)s which ones
lessive: faire la — to do the laundry
lettre *(f)* letter; **les —s** liberal arts
lever: se — to get up
lèvre *(f)* lip
libanais(e) Lebanese
liberté *(f)* freedom

librairie *(f)* bookstore
libre free
libre-service *(m)* self-service store
Libye *(f)* Libya
lien *(m)* bond; link
lieu *(m)* place; **— de rencontre** meeting place; **avoir —** to take place
ligne *(f)* line
limité(e) limited
limonade *(f)* lemon-flavored soft drink
linge *(m)* laundry
linguistique *(f)* linguistics
lire *(lu)* to read
liste *(f)* list
lit *(m)* bed; **au —** in bed
litre *(m)* liter
littérature *(f)* literature
livraison *(f)* **des bagages** baggage claim area
livre *(f)* pound
livre *(m)* book
location *(f)* rental
loden *(m)* a kind of coat fabric
logement *(m)* dwelling; housing
logiciel *(m)* software
loin de far from
lointain(e) faraway
long(ue) long; **le — de** along
longtemps a long time
lorsque when
louer to rent
lourd(e) heavy
loyer *(m)* rent
lucarne *(f)* dormer window; skylight
luge: faire de la — to go bobsledding
lunettes *(f pl)* eyeglasses; **— de soleil** sunglasses
luxe *(m)* luxury; **hôtel de —** luxury hotel
luxueux(-euse) luxurious
lycée *(m)* high school
lycéen(ne) *(m, f)* high school student

M

machine *(f)* machine; **— à laver** washing machine; **— à écrire** typewriter
Madame Ma'am; Mrs.
Mademoiselle Miss; young lady
magasin *(m)* store; **grand —** department store; **— de sport** sporting goods store

magazine *(m)* magazine
magnétoscope *(m)* videocassette recorder (VCR)
maigrir to lose weight
maille jersey *(f)* knitted fabric
maillot *(m):* **— de bain (de surf)** bathing suit; **— de corps** body suit; undershirt
main *(f)* hand
maintenant now
mais but
maïs *(m)* corn
maison *(f)* house; **à la —** at home
maître *(m)* master
maîtrise *(f)* master's degree
majestueux(-euse) majestic
majorité *(f)* majority
mal *(m)* illness; pain; **— de mer** seasickness; **— de l'air** airsickness; **avoir —** to hurt; to ache; **avoir — à la tête** to have a headache; **Elle s'est fait — à la jambe.** She hurt her leg.; **avoir du — à** to have trouble
mal poorly; **Pas —.** Not bad.; **pas — de** quite a bit (lot) of
malade sick; ill
malgré in spite of; despite
malheureux: C'est —. It's unfortunate.
malhonnête dishonest
manche *(f)* sleeve; **la Manche** the English Channel
manger to eat
manières *(f pl)* manners
manifestation *(f)* demonstration
mannequin *(m)* fashion model
manque *(m)* lack
manquer to miss; to be lacking; **Elle me manque.** I miss her; **Je n'y manquerai pas.** I won't forget.
manteau *(m)* coat
manuel *(m)* textbook
manuscrit(e) handwritten
marché *(m)* market; **— en plein air** open-air market; **— aux puces** flea market; **Marché Commun** Common Market
marché: bon — inexpensive
marcher to walk; to work
mari *(m)* husband
marié(e) married
marine: bleu — navy blue
marinière *(f)* striped top
marketing *(m)* marketing
Maroc *(m)* Morocco
marocain(e) Moroccan

marque *(f)* brand
marquer to show (one's reaction)
marqué(e) marked; **un nom —
    dessus** a name marked on it
marrant: C'est pas —. It's not
    funny.
marre: en avoir — de to be fed up
    with
marron brown
marron *(m)* chestnut
massé(e)s amassed
match *(m)* game
mathématiques *(f pl)* math
maths = mathématiques
matière *(f)* material; **—s** school
    subjects; **— première** main in-
    gredient; **— grasse** fat
matin *(m)* morning
mauvais(e) bad; **Il fait —.** The
    weather is bad.
mayonnaise *(f)* mayonnaise
mécanicien(ne) *(m, f)* mechanic
médecin *(m)* doctor
médecine *(f)* medicine; **faire sa
    —** to study medicine
médical(e) medical
médicament *(m)* medicine;
    medication
Méditerranée: Mer — Mediterra-
    nean Sea
meilleur(e) best; **— que** better
    than
mélange *(m)* mix
mélanger to mix
melon *(m)* melon
membre *(m)* member
même even; same; **lui- —** him-
    self; **quand —** anyway
mémé *(f)* grandmother
mener to lead
menthe *(f)* mint; **— à l'eau**
    water with mint-flavored syrup;
    un diabolo — limonade mixed
    with mint-flavored syrup
mentionner to mention
menu *(m)* menu; **— à prix fixe**
    set menu
mer *(f)* sea; **la — des Caraïbes**
    the Caribbean Sea
mère *(f)* mother
merci thank you
merveille *(f)* marvel
merveille: à — beautifully
message *(m)* message
mesure: dans quelle — in what
    way; to what extent
mesurer to measure
météo *(f)* weather forecast
métier *(m)* profession

mètre *(m)* meter
métrique metric
métro *(m)* subway
mettre *(mis)* to put; **— une heure
    pour aller** to take an hour to
    go; **— en service** to place into
    service; **— la table (le couvert)**
    to set the table
meublé(e) furnished
meubles *(m pl)* furniture
mexicain(e) Mexican
Mexique *(m)* Mexico
mi-: cheveux — -longs mid-
    length hair
midi *(m)* noon; **le Midi** the
    southern part of France
miel *(m)* honey
mieux better; **— que** better
    than; **faire de son — pour** to
    do one's best to; **Je vais —.** I'm
    feeling better.; **Tant —.** So
    much the better.
migraine *(f)* migraine headache
mijoter to simmer
milieu *(m)* middle; **au — de** in
    the middle of
milk-shake *(m)* milkshake
mille thousand
mille-feuille *(m)* napoleon
    (pastry)
milliard *(m)* billion
milliardaire *(m)* billionaire
millier: des —s de thousands of
million *(m)* million
minable pathetic
mince thin
mine: avoir bonne (mauvaise) —
    to look good (bad)
minuit *(m)* midnight
minute *(f)* minute
miroir *(m)* mirror
mis(e) à jour updated
mise *(f)* **en scène** staging; produc-
    tion (play or movie)
mocassins *(m pl)* loafers
moche ugly
mode *(f)* fashion; **à la —** in
    fashion
mode *(m)* method
modèle *(m)* model
moderne modern
moderniser to modernize
moindre least
moins (de) less; **— que** less
    than; **— de...que** less. . .than;
    neuf heures — le quart 8:45;
    au — at least; **le (la) —** the
    least

mois *(m)* month; **au — de juin**
    in June
moitié *(f)* half
moment *(m)* moment; **au — où**
    when; at the time when; **à tout —**
    at any time; **en ce —** now
monarchie *(f)* monarchy
monde *(m)* world; people; **tout le
    —** everybody
mondial(e) international
monnaie *(f)* change (money);
    pièce de — coin
monsieur *(m)* gentleman; Mr.;
    Merci, —. Thank you, Sir.
monstre *(m)* monster
montagne *(f)* mountain
montagneux(-euse) mountainous
montant: baskets —s high-top
    sneakers
monter to go up; **— dans le train**
    to get on the train
montrer to show
moquer: se — de to make fun of
morceau *(m)* piece
mort *(f)* death
mot *(m)* word
motiver to motivate
moto = motocyclette
motocyclette *(f)* motorcycle
moule *(f)* mussel
mourir *(mort)* to die
moustache *(f)* moustache
mousse *(f)* mousse
moutarde *(f)* mustard
mouton *(m)* sheep; mutton
moyen *(m)* means
moyen(ne) average
mur *(m)* wall
musclé(e) muscular
musculation *(f)* weightlifting
musée *(m)* museum
musical(e) musical
musicien(ne) *(m, f)* musician
musique *(f)* music; **— classique**
    classical music; **— populaire**
    popular music
musulman(e) Moslem
mystérieux(-euse) mysterious

N

nager to swim
naïf (naïve) naive
naissance *(f)* birth
naître *(né)* to be born
natal(e) of birth
nationalité *(f)* nationality
nature *(f)* nature

naturel(le) natural
navré(e) very sorry
né(e): Je suis — I was born
néanmoins nevertheless
nécessaire necessary
négliger to neglect
neige *(f)* snow
neiger: Il neige. It is snowing.
nerveux(-euse) nervous
nettoyer to clean
neuf (neuve) new
neutralité *(f)* neutrality
nez *(m)* nose; **avoir le — qui
coule** to have a runny nose;
avoir le — pris (bouché) to be
stuffed up
ni: ne...—...— neither. . .nor
niveau *(m)* level
Noël *(m)* Christmas
noir(e) black
noix *(f)* nut
nom *(m)* name; noun; **— de famille** last name
nombre *(m)* number; **le plus
grand — (de)** the most
nombreux(-euse) numerous; **une
famille —** a large family
nommer to name
nommé(e) called; **— d'après**
named after
non no
nord *(m)* north
normal(e) normal
normalement normally; usually
norvégien(ne) Norwegian
note *(f)* grade
nouer: des liens se nouent bonds
are formed
nourrir: se — bien to eat well
nourriture *(f)* food
nouveau/nouvel (nouvelle) new
nouvelle *(f)* (piece of) news; **les
—s** news
nouvellement newly
Nouvelle-Orléans, la *(f)* New
Orleans
Nouvelle Zélande *(f)* New
Zealand
nôtres: être des — to join us
nuage *(m)* cloud
nuageux(-euse) cloudy
numéro *(m)* number; **— de téléphone** telephone number

O

obéir à to obey
obélisque *(m)* obelisk

objet *(m)* object
obligatoire mandatory; obligatory
obligé(e) de obliged to
obliger to oblige
obsédé(e) par obsessed with
obtenir *(obtenu)* to get; to obtain
obtention *(f)* obtaining
occasion *(f)* chance; opportunity;
avoir l'— de to have the opportunity to; **d'—** used
occidental(e) western
occupé(e) busy
occuper to occupy; **s'— de** to
take care of
œil *(m) (pl: yeux)* eye
œuf *(m)* egg
officiel(le) official
offre *(f)* offer; **les — d'emploi**
want ads
offrir *(offert)* to offer; to give as a
gift
oignon *(m)* onion
omelette *(f)* omelet; **— aux fines
herbes** mixed herb omelet
omnibus *(m)* local train
on one; you; we; they; people
oncle *(m)* uncle
**ONU (Organisation des Nations
Unies)** *(f)* United Nations
opinion *(f)* opinion
optimiste optimistic
or *(m)* gold
orage *(m)* storm
orange orange
Orangina *(m)* carbonated orange-
flavored soft drink
ordinateur *(m)* computer
ordre *(m)* order
oreille *(f)* ear
organisateur(-trice) *(m, f)*
organizer
organiser to organize; **s'—** to
get organized
organisme *(m)* organization
orgue *(f)* organ
original(e) original
origine *(f)* origin
ou or
où where; **le jour —...** the day
when. . .
oublier to forget
ouest *(m)* west
oui yes
ours *(m)* bear
ouvert(e) open
ouvrage *(m)* work
ouvrier(-ère) *(m, f)* factory or
manual worker

P

P.J. (pièce jointe) Enclosure (in a
letter)
page *(f)* page; **à la — 3** on page 3
pain *(m)* bread; **un petit —** roll;
— de mie American type bread;
— grillé toast
paire *(f)* pair
palais *(m)* palace; **— de justice**
courthouse
pâle pale
palper to feel
pamplemousse *(m)* grapefruit
paner to bread
panier *(m)* basket
panne: avoir une — d'essence to
run out of gas; **tomber en —** to
break down; **— de voiture (de
moteur)** automobile breakdown
pansement *(m)* bandage
pantalon *(m)* (pair of) pants
Pâques *(f pl)* Easter
papeterie *(f)* stationery store
papier *(m)* paper; **—toilette (hygiénique)** toilet paper
paquet *(m)* package
par by; per; **— ici (là)** this (that)
way
paragraphe *(m)* paragraph
paraître *(paru)* to appear
parc *(m)* park
parce que because
pardessus *(m)* overcoat
pardon... excuse me. . .
pareil(le)s *(m, f pl)* peers; equal
parenthèses *(f pl)* parentheses
parents *(m pl)* parents; relatives
paresseux(-euse) lazy
parfait(e) perfect
parfaitement perfectly
parfois sometimes
parfum *(m)* perfume
parisien(ne) Parisian
parking *(m)* parking lot
parler to speak
parmi among
parole *(f)* word; **adresser la — à
quelqu'un** to speak to someone
part *(f)* piece; **C'est de la — de
qui?** Who's calling? (on the
phone); **nulle —** no where;
quelque — somewhere
partager to share
partenaire *(m, f)* partner
parti *(m)* political party
participer à to take part in
particulier: en — in particular

particulièrement particularly
partie *(f)* part; **en —** in part;
  faire une — de tennis to play a
  game of tennis; **faire — de** to be
  a part of
partir *(parti)* to leave; to go away;
  à — de beginning (with, in)
partout everywhere
paru(e) appeared
pas: ne... — not; **N'est-ce — ?**
  Right? Isn't that so?
passager(-ère) *(m, f)* passenger
passant(e) *(m, f)* passerby
passé *(m)* past
passé(e): le mois — last month
passeport *(m)* passport
passer to be playing (movie); to
  spend (time); to stop by; to go by
  (time); **se —** to happen; **— par**
  to go through; **— avant** to be
  more important than; **— un examen** to take a test
passionnant(e) exciting
pastille *(f)* lozenge
pâté *(m)* pâté (meat spread)
pâtes *(f pl)* pasta
pâtisserie *(f)* pastry shop; pastry
pâtissier(-ère) *(m, f)* pastry chef
patiemment patiently
patience *(f)* patience
patient(e) patient
patinage: faire du — to go
  skating
patron *(m)* pattern (sewing)
patron(ne) *(m, f)* boss
pauvre poor
pavé *(m)* rectangular piece of ice
  cream
payant(e) which must be paid for
payer to pay (for)
pays *(m)* country; **— voisins**
  neighboring countries
Pays-Bas *(m pl)* Netherlands
péage: autoroute à — toll road
peau *(f)* skin
pêche *(f)* peach
pêche: aller à la — to go fishing
pêcher to fish
peigne *(m)* comb
peine *(f)* trouble; **Ce n'est pas la
  —.** Don't bother.
peinture *(f)* painting
pendant during; **— une heure**
  for an hour; **— que** while
pendre *(pendu)* to hang; **— la crémaillère** to have a house-warm-
  ing party
pendulette *(f)* small clock

penser to think; **— à** to think
  about; **Qu'est-ce que tu en
  penses?** What do you think
  about it?
pension *(f)* boarding house; inn
pépé *(m)* grandfather
percé(e) pierced
perdre *(perdu)* to lose; **— du
  temps** to waste time
père *(m)* father
perfectionner to perfect
période *(f)* period
perle *(f)* pearl
permettre *(permis)* to permit
Pérou *(m)* Peru
Perrier *(m)* carbonated mineral
  water
persil *(m)* parsley
personnage *(m)* character
personnalité *(f)* personality
personne *(f)* person; **3 —s** 3 people; **ne...—** nobody
personnel *(m)* personnel
personnel(le) personal
personnellement personally
peser to weigh
pessimiste pessimistic
petit(e) small; short
peu: à — près nearly; **si — de**
  so little (few); **un —** a little
peur: avoir — (de) to be afraid
  (of); **faire —** to frighten
peut-être perhaps; **— que oui, —
  que non** maybe, maybe not
pharmaceutique pharmaceutical
pharmacie *(f)* drug store
pharmacien(ne) *(m, f)*
  pharmacist
Philippines *(f pl)* Philippines
philosophie *(f)* philosophy
photo *(f)* photograph
photographe *(m, f)* photographer
photographier to photograph
photo-reportage *(m)* photo essay
phrase *(f)* sentence
physique *(f)* physics
physique physical
piano *(f)* piano
pièce *(f)* room; **— de théâtre**
  play; **— de monnaie** coin
pied *(m)* foot; **à —** on (by) foot
pique-nique *(m)* picnic
piqûre *(f)* shot
piscine *(f)* swimming pool
pistolet *(m)* gun
pittoresque picturesque
pizza *(f)* pizza

placard *(m)* closet
place *(f)* seat; place; central
  square
plage *(f)* beach
plaie *(f)* wound
plaindre: se — to complain; **Je
  vous plains.** I feel sorry for you.
plainte *(f)* complaint
plaît: s'il vous (te) — please
plaisir *(m)* pleasure
plan *(m)* map; floor plan
planche: faire de la — à voile
  to windsurf
plancher *(m)* floor
plante *(f)* plant
plat *(m)* dish
plein: faire le — to get a full tank
  of gas
pleurer to cry
pleuvoir: Il pleut. It is raining.
**plongée sous-marine: faire de la
  —** to go skin-diving
pluie *(f)* rain
plupart: la — de most; the majority of
plus more; **— que** more than; **—
  de...que** more. . .than; **— tard**
  later; **non —** neither; **25 francs
  de —** 25 francs more; **de (en) —**
  in addition; **ne... —** no longer;
  not anymore
plusieurs several
plutôt rather
pneu *(m)* tire
poche *(f)* pocket
pochette *(f)* wallet
poêle *(f)* frying pan
poète *(m)* poet
poignet *(m)* wrist
pointure *(f)* shoe size
poire *(f)* pear
poireau *(m)* leek
pois *(m pl)* polka dots; **des petits
  —** peas
poisson *(m)* fish
poitrine *(f)* chest
poivre *(m)* pepper
poivrer to pepper
poli(e) polite
policier: un film — detective
  movie
politique *(f)* politics
politique political
polo jersey *(m)* polo shirt
polonais(e) Polish
polyester *(m)* polyester
pomme *(f)* apple; **— de terre**
  potato; **—s frites** French fries
pont *(m)* bridge

porc *(m)* pork
porte *(f)* door; gate (airport)
porté(e): être — sur les arts to be fond of the arts
porte-clés *(m)* keychain
portefeuille *(m)* wallet
porter to wear; **— sur** to be about
portugais(e) Portuguese
Portugal *(m)* Portugal
poser to place; to pose; **— une question** to ask a question
posséder to possess
possession *(f)* possession
poste *(m)* job
poster *(m)* poster
postier(-ère) *(m, f)* postal worker
potage *(m)* soup
poulet *(m)* chicken
poupée *(f)* doll
pour for; in order to
pourboire *(m)* tip
pourcentage *(m)* percentage
pourquoi why
poursuivre *(poursuivi)* to pursue; to undertake; **—** to continue
pourtant yet; nevertheless
pouvoir *(pu)* to be able; **Ça se peut bien.** That's possible.; **Il se peut que...** It is possible that. . .
pratique practical
précaire precarious
préciser to give details
prédécesseur *(m)* predecessor
préférable: Il est — que... It is preferable that. . .
préféré(e) favorite
préférence: de — preferably
préférer to prefer
premier(-ère) first
premièrement first of all
prendre *(pris)* to take; **— quelque chose** to have something to eat; to buy (a ticket); **— une correspondance** to change trains (subway); **s'y —** to go about (doing something)
prénom *(m)* first name
préoccuper: se — de to worry about
préparatifs: faire des — to make plans
préparer to prepare; **se — à** to get ready to; **se — pour** to get ready for; **— un examen** to study for a test
près de close to
prescrire *(prescrit)* to prescribe

présentation *(f)* introduction
présenter to present; to introduce
président(e) *(m, f)* president
presque almost
pressé(e) in a hurry
pression *(f)* pressure
prêt(e) ready
prêter to lend; **— à la confusion** to lead to confusion
prévenir *(prévenu)* to warn
prévoir *(prévu)* to predict
prier: Je vous (t') en prie. You're welcome.
primaire primary
principal(e) main
printemps *(m)* spring
privé(e) private
privilégié(e) privileged
prix *(m)* price; prize
probable: Il est peu — que... It is unlikely that. . .
probablement probably
problème *(m)* problem
prochain(e) next
proche close to; nearby
procurer: se — to get
produire: se — to occur
produit *(m)* product
prof = professeur
professeur *(m)* teacher
professionnel(le) professional
programme *(m)* program
programmeur(-euse) *(m, f)* computer programmer
progrès: faire des — to make progress
projets *(m pl)* plans
promenade: faire une — to take a walk (ride)
promener to walk; **se —** to go for a walk
promesse *(f)* promise
pronom *(m)* pronoun
propos: à — de about
proposer to propose
propre own
prospère prosperous
protéger to protect
protéine *(f)* protein
provenance: en — de coming from
province *(f)* province
prudence *(f)* prudence; care
psychiatrie *(f)* psychiatry
psychologie *(f)* psychology
public (publique) public
publicité *(f)* advertising; advertisement

publier to publish
puis then; next
pull-over *(m)* sweater
punir to punish

Q

quai *(m)* platform (train station)
qualifié(e) qualified
qualité *(f)* quality
quand when
quart *(m)* quarter-liter bottle
quart: midi et — 12:15; **midi moins le —** 11:45
quartier *(m)* neighborhood
que what; whom; which; that; **ne... —** only
quel(le) what; which; **— que soit le niveau** whatever the level
quelquefois sometimes
quelques a few
quelqu'un someone
quelques-un(e)s (de) some (of)
qu'est-ce que: — c'est? What is it?; **—'il est fort!** How strong he is!; **—'il y a?** What's the matter?
question *(f)* question
qui who; which; that; whom; **à —** to whom; **— est-ce?** Who is it?
quitter to leave; **Ne quittez pas.** Don't hang up. (telephone)
quoi what; **Il n'y a pas de —.** You're welcome.; **Quoi?** What'd you say?; **— d'autre?** What else?

R

raccrocher to hang up (phone)
raconter to tell (a story)
radio-cassette *(f)* radio/tape player
radioréveil *(m)* clock radio
radis *(m)* radish
raffinement *(m)* **de pétrole** oil refining
raide straight (hair)
raison *(f)* reason; **la — pour laquelle** the reason why; **avoir —** to be right
raisonnable reasonable
ramener to bring back
randonnée: faire une — to go for a hike
rang *(m)* rank
ranger to put in order; to clean up

râpé(e) grated; worn
rapidement quickly
rappeler to call again; to remind;
  se — to remember
rapport *(m)* relationship
raquette *(f)* racket
rarement rarely
rasant: C'est —. It's boring.
rassasier to satisfy
rassurer to reassure
rater to fail (a test)
ravi(e) delighted
ravin *(m)* ravine
rayé(e) striped
rayon *(m)* department (of a store)
rayure: à —s striped
réaction *(f)* reaction
réagir to react
réaliste realistic
réalité *(f)* reality
rébus *(m)* puzzle
récemment recently
recenser to make an inventory of
réception *(f)* reception; front desk
  (hotel)
recette *(f)* recipe
recevoir *(reçu)* to receive
réchauffer to heat
recherche *(f)* research; search;
  faire des —s to do research
recommander to recommend
reconnaître *(reconnu)* to
  recognize
reconstruire *(reconstruit)* to
  reconstruct
recruter to recruit
récupérer to recover
recyclage: cours de — refresher
  course
réduire *(réduit)* to reduce
redoubler: — un cours to take a
  course again
refaire *(refait)* to do (make) again
réfléchir à to think over; to reflect
  (about something)
refléter to reflect
refuser to refuse; to turn down
regard *(m)* look
regarder to watch; to look at
régime: être au — to be on a diet
règle *(f)* rule
régler to arrange; to pay
régner to reign
regret *(m)* regret
regretter to be sorry
régulièrement regularly
rein *(m)* kidney
rejoindre *(rejoint)* to join

réjouir: se — (de) to be delighted
  (about)
relax relaxed
relevé *(m)* **de notes** transcript
relevé(e) recorded
relier to connect
religieuse *(f)* creampuff
religieux(-euse) religious
remarque *(f)* remark
remarquer to notice
remerciement *(m)* thanks;
  acknowledgment
remercier to thank
remonter: — aux source to go
  back to the source
remplacer to replace
remplir to fill out (a form)
remuer to stir
rémunération *(f)* salary
rencontrer to meet
rendez-vous *(m)* meeting;
  appointment
rendre *(rendu)* to return (something); **— visite à** to visit (a person); **— facile** to make easy
renommée *(f)* renown
renoncer à to give up
renseignements *(m pl)*
  information
renseigner: se — (sur) to get information (about)
rentable profitable
rentrer to go home; to go back; to
  go back to school
rentrée *(f)* beginning of the school
  year
renverse: tomber à la — to fall
  over backwards
repartir to leave again
repas *(m)* meal
répéter to repeat
répondre à *(répondu)* to answer
réponse *(f)* answer
repos *(m)* rest
reposer: se — to rest
reprendre: — le train to get back
  on the train
représenter to represent
reproche: faire un — à quelqu'un
  to blame someone
reproduire *(reproduit)* to
  reproduce
réseau *(m)* network
réserver to reserve; to put aside
résidence *(f)* **universitaire**
  dormitory
respirer to breathe
responsabilité *(f)* responsibility

responsable responsible
ressortissant(e) *(m, f):* **— d'un
  pays** national
ressources *(f pl)* resources
restaurant *(m)* restaurant
rester to stay; **Il n'en reste plus.**
  There aren't anymore (left).; **l'argent qui me reste** the money I
  have left
résultats *(m pl)* results
résumé *(m)* summary
retard: être en — to be late
rétablir to reestablish
retour *(m)* return trip; **être de —**
  to be back; **Te voilà de —!**
  You're back!
retourner to go back
retrait *(m)* withdrawal
retraite *(f)* retirement; **être à la
  —** to be retired
retrouver to meet
réunir to bring together; **se —** to
  meet; to get together
**réussi(e): Les escalopes étaient
  — es.** The cutlets turned out
  well.
réussir à to succeed; to pass (a
  test); **— un voyage** to have a
  successful trip
réussite *(f)* success
réveil-matin *(m)* alarm clock
réveiller: se — to wake up
revenir *(revenu)* to come back;
  faire — to soften up
rêver to dream
revers *(m)* reverse side; **au — du
  col** inside the collar
révision *(f)* review
revoir: au — good-bye
revue *(f)* magazine
rez-de-chaussée *(m)* ground floor
rhume *(m)* cold; **— des foins**
  hay fever
riche rich
richesse *(f)* wealth
rideau *(m)* curtain
rien: ne — nothing: **Ça ne fait —.**
  It doesn't matter.; **De —.** You're
  welcome.
rigueur: à la — if need be
rissoler to brown
rive *(f)* bank (of a river)
riz *(m)* rice
robe *(f)* dress
robot *(m)* robot
rock *(m)* rock music
roi *(m)* king
rôle *(m)* role
roman *(m)* novel

roman(e) Romanesque
ronde *(f)* round
rosbif *(m)* roast beef
rose pink
rôti *(m)* roast
roue *(f)* wheel
rouge red
route *(f)* road; **en — pour** on the way to
routier(-ère) pertaining to roads
roux: avoir les cheveux — to have red hair
Royaume-Uni *(m)* United Kingdom
rude harsh
rue *(f)* street
ruines *(f pl)* ruins
rural(e) rural
russe Russian

S

sac *(m)* bag; **— à main** purse, handbag; **— à dos** backpack; **— de voyage** travel bag
sage: Sois —. Be good.
saignant(e) rare (meat)
saison *(f)* season
salade *(f)* salad; head of lettuce
salaire *(m)* salary
salarié(e) *(m, f)* salaried worker
sale dirty
saler to salt
salle *(f)* room; **— de bains** bathroom; **— de classe** classroom; **— à manger** dining room; **— de séjour** living room; **— de remise en forme** exercise room
salon *(m)* **d'essayage** fitting room; **— du cheval** horse show
salopette *(f)* overalls
saluer to greet
salut hello; good-bye
salutation *(f)* greeting
sandales *(f pl)* sandals
sandwich *(m)* sandwich
sang *(m)* blood
sans without; **— faire** without doing
santé *(f)* health; **en bonne —** in good health
satisfait(e) (de) satisfied (with)
sauce *(f)* sauce
saucisse *(f)* sausage
saucisson *(m)* salami
sauf except
sauver: se — to run away; to escape

saveur *(f)* flavor
savoir *(su)* to know
savon *(m)* soap
savoureux(-euse) savory; flavorful
saxophone *(m)* saxophone
scène *(f)* scene
science *(f)* science; **— politique** political science; **—s économiques** economics; **— fiction** science fiction
scolaire pertaining to school
sculpture *(f)* sculpture
séance *(f)* showing (of a film)
sec (sèche) dry
sécher: — un cours to skip a class
séchoir *(m)* dryer
second(e) second; **un billet de seconde** a second-class ticket
secondaire secondary
secours *(m)* help
secret(-ète) secret
secrétaire *(m, f)* secretary
séjour *(m)* stay
sel *(m)* salt
sélectionner to select
selon according to
semaine *(f)* week; **en —** during the week
sembler to seem
semelle *(f)* sole
Sénégal *(m)* Senegal
sénégalais(e) Senegalese
sens *(m)* direction; sense; **bon —** common sense
sensass = sensationnel
sensationnel(le) sensational
sensible noticeable
sentir: se — to feel; **se — bien (mal)** to feel well (poorly)
séparément separately
série *(f)* series
sérieusement seriously
sérieux(-euse) serious
serveur(-euse) *(m, f)* waiter (waitress)
service *(m)* service; **— compris** tip included; **— de table** dinner service; **demander un —** to ask for a favor; **les —s** service industry
serviette *(f)* towel; briefcase
servir *(servi)* to serve
serviteur *(m)* servant
seul(e) alone; **un — ticket** a single ticket
seulement only

shampooing *(m)* shampoo
shopping: faire du — to shop
short *(m)* (pair of) shorts
si if; **— grand** so big; **— longtemps** such a long time
siècle *(m)* century
siège *(m)* seat; **— avant (arrière)** front (back) seat
signaler to point out
signalisation *(f)* **routière** road signs
signe *(m)* sign; symbol
signer to sign
signifier to signify; to mean
silencieux(-euse) silent
simple: hamburger — single hamburger
simplement simply
sincère sincere
sirop *(m)* syrup
situation *(f)* situation; location
situé(e) located
ski: faire du — (de piste/de fond/ nautique) to go (downhill/cross-country/water) skiing
SNCF *(f)* French national railroad company
société *(f)* company
sociologie *(f)* sociology
sœur *(f)* sister
sofa *(m)* sofa
soi-même oneself
soie *(f)* silk
soif *(f)* thirst; **avoir —** to be thirsty
soigner to care for; **se —** to take care of oneself
soigneusement carefully
soir *(m)* evening
soirée *(f)* party
soit...soit either. . .or
solde: en — on sale
soldes *(f pl)* sale items
sole *(f)* sole (fish)
soleil *(m)* sun; **Il fait du —.** It is sunny.
solliciter to solicit; **Je me permets de — le poste.** I would like to apply for the job.
solution *(f)* solution
somptueux(-euse) sumptuous
sondage *(m)* survey
sonner to ring
sorbet *(m)* Italian ice
sorte *(f)* kind; type
sortie *(f)* exit; outing
sortir *(sorti)* to leave; to go out
soudain suddenly

souffrant(e): être — to be feeling poorly

souffrir *(souffert)* to suffer

souhaiter to wish; **— la bienvenue** to welcome

souhaité(e) desired

soulagement *(m)* relief

soulagé(e) relieved

soulever to lift

soulier *(m)* shoe

soupçonner to suspect

soupe *(f)* soup

souper *(m)* dinner; supper (evening meal)

souper to have supper (dinner)

soupirer to sigh

sous-sol *(m)* basement

sous under; **— la pluie** in the rain

soutenir to support

souvenir *(m)* souvenir; memory

souvenir: se — de to remember

souvent often

spacieux(-euse) spacious

spectacle *(m)* show; **— son et lumière** light and sound show

spécial(e) special

spécialisation *(f)* major (in college)

spécialiser: se — en français to major in French

spécialité *(f)* specialty

spiritueux *(m pl)* spirits

sport *(m)* sport; **faire du —** to participate in sports

sportif(-ive) sports-minded

stade *(m)* stadium

stage *(m)* practicum; internship

standard *(m)* switchboard

station *(f)* station; **— -service** service station; **— balnéaire** seaside resort; **— de métro** subway station; **— de ski** ski resort

stationnement *(m)* parking

stationner to park

statue *(f)* statue

statut *(m)* status

stress *(m)* stress

studieux(-euse) studious

style *(m)* style

stylo *(m)* pen

substituer to substitute

succès *(m)* success

succursale *(f)* branch office

sucre *(m)* sugar

sucreries *(f pl)* sweets

sud *(m)* south; **au — (de)** to the south (of)

suédois(e) Swedish

suffire to be enough

suggérer to suggest

Suisse *(f)* Switzerland

suisse Swiss

suite *(f)* continuation; **par la —** in the end

suivant(e) following

suivi(e) de followed by

suivre *(suivi)* to follow; **— un cours** to take a class

sujet *(m)* subject; **au — de** about

super: C'est —! That's great!

superficie *(f)* area

supérieur(e) superior; **l'enseignement —** higher education

supermarché *(m)* supermarket

supplément: payer un — to pay extra

supplémentaire extra

supporter to bear; to stand; to put up with

sur on; about; **un — trois** one out of three

sûr(e) sure; **bien —** of course

surgelé(e) frozen

surprenant(e) surprising

surpris(e) surprised

surprise-partie *(f)* party

surtout especially

svelte thin

sweat = sweatshirt

sweatshirt *(m)* sweatshirt

syllabe *(f)* syllable

sympa = sympathique

sympathique nice

symptôme *(m)* symptom

synagogue *(f)* synagogue

syndicat *(m)* **d'initiative** tourist bureau

Syrie *(f)* Syria

système *(m)* system

T

t'as = tu as

t'es = tu es

T-shirt *(m)* t-shirt

tabac *(m)* tobacco

tableau *(m)* chart; table; chalkboard; painting

taille *(f)* size

tailleur *(m)* suit

taire: se — *(tu)* to be quiet

talon *(m)* heel

tante *(f)* aunt

tant...que as much...as

taper to type

tapis *(m)* rug

tard late

tardif(-ve) late

tarte *(f)* pie

tartelette *(f)* tart

tasse *(f)* cup

taureau *(m)* bull

taux *(m)* rate

taxi *(m)* taxi

technologie *(f)* technology

tel(le) que such as

télécarte *(f)* debit card for making phone calls

télécopieur *(m)* fax machine

téléphone *(m)* telephone

téléphoner à to call

téléviseur *(m)* television; **— couleur** color television

télévisé(e) televised

télévision *(f)* television

tellement so; really; **— de** so much (so many)

témoin *(m)* witness

tempéré(e) temperate

temps *(m)* time; weather; tense (verb); **Quel — fait-il?** What's the weather like?; **avoir le — de** to have the time to; **de — en —** from time to time; **en même —** at the same time; **les — à venir** the future

tendance: avoir — à to tend to

tendre à to tend to

tendu(e) tense

tenir: — une promesse to keep a promise; **Tiens!** Hey!

tennis *(m)* tennis; **faire du —** to play tennis

tenter: — sa chance to try one's luck

tenu(e) par owned by

tenue *(f)* outfit

terminer to finish; **se —** to end

terrasse *(f)* terrace; sidewalk in front of a café

terrine *(f)* pâté

tête *(f)* head

TGV (Train à Grande Vitesse) *(m)* French high-speed train

thé *(m)* tea; **— -nature** plain tea; **— -citron** tea with lemon; **— au lait** tea with milk

théâtre *(m)* theater

thon *(m)* tuna

timbre *(m)* postage stamp

timide shy

tiroir *(m)*   drawer
tissu *(m)*   material; fabric
toast *(m)*   toast
toile *(f)*   linen; canvas; sailcloth
toilettes *(f pl)*   bathroom;
   restrooms
toit *(m)*   roof
tomate *(f)*   tomato
tomber: — malade   to become sick
ton *(m)*   tone
tonalité *(f)*   dial tone
totalité *(f)*   entirety
toucher: tout ce qui touche à la
   vente   all that concerns selling
toujours   always; still
tour *(f)*   tower
tour: faire un — (à vélo/en voi-
   ture/à moto)   to take a ride (on a
   bike/in a car/on a motorcycle);
   faire un — à pied   to go for a
   walk; **à son —**   in turn; **à — de**
   rôle   in turn; **le — de taille**
   waist size; **le — de poitrine**
   chest size; **le — de hanches (bas-**
   sin)   hip size
tourisme: faire du —   to go
   sightseeing
touriste *(m, f)*   tourist
tourner   to turn; **— à droite**   to
   turn right
tousser   to cough
tout(e)   all; **toute une boîte**   a
   whole box
tout: pas du —   not at all; **tous les**
   ans   every year; **tous les deux**
   both; **— à fait**   exactly; **— de**
   suite   right away; immediately;
   — naturellement   quite naturally; **— près**   very close
toux *(f)*   cough
traditionnel(le)   traditional;
   conservative
traduction *(f)*   translation
traduire *(traduit)*   to translate
trafic *(m)*   traffic
train *(m)*   train
train: en — de   in the process of
traîner   to lie around; to drag
trait *(m)* **de caractère**   character
   trait
traitement *(m)*   treatment
traître *(m)*   traitor
tranche *(f)*   slice
transistor *(m)*   transistor radio
transport *(m)*   transportation
travail *(m)*   work; job; **— (à mi-**
   temps/à plein temps)   (part-
   time/full-time) work; **des travaux**
   pratiques   lab work

travailler   to work
travailleur(-euse) *(m, f)*   worker
travailleur(-euse)   hard-working
travers: à —   across; over
traverser   to cross
trembler   to tremble
très   very
tricoter   to knit
trimestre *(m)*   trimester
triomphe *(m)*   triumph
triste   sad
trombone *(m)*   trombone
tromper: se —   to be mistaken; **se**
   — de route   to take the wrong
   road
trompette *(f)*   trumpet
trop (de)   too much; too many
troquer   to trade
trouver   to find; to think; **se —**
   to be located
truite *(f)*   trout
tube *(m)*   tube
Tunisie *(f)*   Tunisia
tunisien(ne)   Tunisian
turc (turque)   Turkish
typiquement   typically

U

URSS (former) *(f)*   USSR (former)
uni(e)   one color
Union Soviétique *(f)*   Soviet
   Union
université *(f)*   university
urgence: en cas d'—   in case of
   emergency
usagé(e)   used; worn
utile   useful
utiliser   to use

V

vacances *(f pl)*   vacation
vacanciers *(m pl)*   vacationers
vache *(f)*   cow
vachement = très
vague *(f)*   wave
vaisselle: faire la —   to do the
   dishes
val: le — de Loire   the Loire
   Valley
vallée *(f)*   valley
valise *(f)*   suitcase; **faire les —s**
   to pack
valoir   to be worth; **Il vaut mieux**
   (que)...   It is better to (that). . .

vanille *(f)*   vanilla
varier   to vary
varié(e)s   various
variété *(f)*   variety
veau *(m)*   calf; veal
vélo *(m)*   bicycle
vélomoteur *(m)*   moped
vendeur(-euse) *(m, f)*   salesperson
vendre *(vendu)*   to sell; **à —**   for
   sale
Venezuela *(m)*   Venezuela
vénézuélien(ne)   Venezuelan
venir *(venu)*   to come; **— de**   to
   have just
ventes *(f pl)*   sales
ventre *(m)*   stomach
verglas *(m)*   ice on the road
véritable   real
vérité *(f)*   truth
verre *(m)*   glass
vers   toward; **— 10h**   around
   10:00
verser   to pour
vert(e)   green
vertige: avoir le —   to be dizzy
veste *(f)*   sport jacket
vêtement *(m)*   article of clothing;
   —s   clothes
vêtu(e)   dressed
viande *(f)*   meat
vidéo *(f)*   videotape
vidéo-clip *(m)*   music video
vie *(f)*   life
vieillir   to grow old
Viêt-Nam *(m)*   Viet Nam
vietnamien(ne)   Vietnamese
vieux/vieil (vieille)   old
vigne *(f)*   vine
vignoble *(m)*   vineyard
village *(m)*   village
ville *(f)*   city; **en —**   to (in) town
vin *(m)*   wine
vinaigre *(m)*   vinegar
violet(te)   purple
violon *(m)*   violin
visa *(m)*   visa
visage *(m)*   face
visite: être en —   to be visiting;
   rendre — à   to visit (a person)
visiter   to visit (a place)
vitamines *(f pl)*   vitamins
vite   quickly
vitesse *(f)*   speed; **— maximale**
   maximum speed
vitrine *(f)*   window
Vittel *(m)*   non-carbonated mineral
   water
vivant(e)   alive; living; **couleurs**
   — es   bright colors

vivre *(vécu)*   to live
vocabulaire *(m)*   vocabulary
voici   here's; **Le —.**   Here it (he) is.
voie *(f)*   track; lane
voilà   there's
voile: faire de la —   to go sailing
voir *(vu)*   to see; **faire —**   to show; **Voyons...**   Let's see. . .; **On verra.**   We'll see.
voire   or even
voisin(e) *(m, f)*   neighbor
voiture *(f)*   car; **— de fonction**   company car
voix *(f)*   voice; **à haute —**   aloud
vol *(m)*   flight
voler   to steal
volet *(m)*   shutter

volley *(m)*   volleyball
volonté *(f)*   will; **bonne —**   willingness
volontiers   gladly; willingly
vomir   to vomit
vouloir *(voulu)*   to want; to wish; **Je voudrais...**   I would like. . .; **Je veux bien.**   Gladly. (With pleasure.)
voyage: faire un —   to take a trip
voyager   to travel
voyageur(-euse) *(m, f)*   traveler
voyelle *(f)*   vowel
vrai(e)   true; **à — dire**   to tell the truth; **C'est vrai.**   That's right
vraiment   really
vu(e)   seen; **bien —**   highly regarded

vue *(f)*   sight; **à première —**   at first sight

W — Z

Walkman *(m)*   Walkman
W.C. *(m pl)*   toilet
wagon *(m)*   car (of a train)
week-end *(m)*   weekend
western *(m)*   western (film)
y   there; **il — a**   there is; there are; **Allons- —!**   Let's go!; **il — a 3 jours**   3 days ago
yaourt *(m)*   yogurt
Zaïre *(m)*   Zaire
Zut!   Darn!

LEXIQUE

Anglais-français

▼▼▼▼▼▼▼▼▼▼▼▼

A

a un (une)
to abandon abandonner
abbey abbaye (f)
abbreviation abréviation (f)
able: to be — pouvoir (pu)
about à propos de; environ; sur; au sujet de; **— whom (which)** dont; **— a hundred** une centaine de; **to be —** porter sur
above ci-dessus
abroad à l'étranger
absent absent(e)
absolutely absolument
abstract abstrait(e)
abundant abondant(e)
accent accent (m)
to accept accepter
access accès (m)
accident accident (m)
to accompany accompagner
to accomplish accomplir
accomplishment accomplissement (m)
according to selon
accountant comptable (m, f)
accounting comptabilité (f)
accusation reproche (m)
ache: to be aching avoir des courbatures
acquaintance connaissance (f)
to acquire acquérir (acquis)
across à travers; **— from** en face de
acrylic acrylique (f)
to act agir
active actif(-ve)
activity activité (f)
actor acteur(-trice) (m, f)
actually effectivement
to add ajouter
addition: in — de plus
address adresse (f)
advance: in — à l'avance
advanced avancé(e)
advantage avantage (m)

adventure aventure (f)
advertisement publicité (f)
advertising publicité (f)
advice conseil (m)
to advise conseiller
aerobics: to do — faire de l'aérobic
afraid: to be — (of) avoir peur (de)
Africa Afrique (f); **South —** Afrique du Sud
after après; **— having finished** après avoir fini
afternoon après-midi (m)
afterwards après
again: once — encore une fois
against contre
age âge (m)
agent agent(e) (m, f)
to agree être d'accord; **Agreed?** C'est convenu?
agricultural agricole
ailment mal (m)
airplane avion (m)
airport aéroport (m)
airsickness mal (m) de l'air
alarm clock réveil-matin (m)
alas hélas
album album (m)
alcoholic (beverages) alcoolisé(e)
Algeria Algérie (f)
Algerian algérien(ne)
alive vivant(e)
all tout(e); **— the better.** Tant mieux.; **— day** toute la journée; **— red** tout(e) rouge; **at —** du tout
allergy allergie (f)
allies alliés (m pl)
almond amande (f)
almost presque
alone seul(e)
along le long de; au bord de; **to get — with** s'entendre avec
aloud à haute voix
already déjà
also aussi

always toujours
ambiguous ambigu(-üe)
ambitious ambitieux(-euse)
America Amérique (f)
American américain(e)
among parmi
amphitheater amphithéâtre (m)
ancestors ancêtres (m pl)
and et
anger colère (f)
angry fâché(e)
ankle cheville (f)
to announce annoncer
anonymous anonyme
another un(una) autre; **— year** encore un an
to answer répondre (à)
answer réponse (f)
anthropology anthropologie (f)
antihistamine anti-histaminique (m)
anymore: not — ne...plus
anyway quand même
apartment appartement (m); **— building** immeuble (m)
to appear paraître (paru)
appearance apparence (f)
appetite appétit (m)
appetizer hors-d'œuvre (m)
apple pomme (f)
apply: to — for a job poser sa candidature
appointment rendez-vous (m)
to appreciate apprécier
to approach (a person) aborder
appropriate approprié(e); convenable
apricot abricot (m)
Arabic arabe (m)
architect architecte (m, f)
architecture architecture (f)
area superficie (f)
area code indicatif (m)
arena arène (f)
Argentina Argentine (f)
Argentinian argentin(e)
to argue se disputer

arm bras *(m)*
armchair fauteuil *(m)*
to arrange arranger; régler
arrival arrivée *(f)*
to arrive arriver
around: — 10:00 vers 10h
art art *(m)*
artichoke artichaut *(m)*
as comme; **— old —** aussi vieux que
ashes cendres *(f pl)*
ashtray cendrier *(m)*
Asia Asie *(f)*
to ask (for) demander; **to — a question** poser une question; **to — for a favor** demander un service
asparagus asperges *(f pl)*
aspirin aspirine *(f)*
assembly line chaîne *(f)*
associated: to be — with s'associer à
astronaut astronaute *(m, f)*
astronomy astronomie *(f)*
at à; en; **to work — Kodak** travailler chez Kodak
to attend assister à
to attract attirer
auction vente *(f)* aux enchères
aunt tante *(f)*
Australia Australie *(f)*
Australian australien(ne)
Austrian autrichien(ne)
automatic teller machine distributeur *(m)* automatique de billets
automatically automatiquement
autonomous autonome
autumn automne *(f)*
available disponible
average moyen(ne)
to avoid éviter

B

B.C. avant Jésus-Christ
baby bébé *(m)*
back dos *(m)*; **in —** à l'arrière; **to get — on the train** reprendre le train; **to be —** être de retour; **You're back!** Te voilà de retour!
background fond *(m)*
backpack sac *(m)* à dos
backwards à la renverse
bacon bacon *(m)*
bad mauvais(e); **The weather is —.** Il fait mauvais.
badge badge *(m)*
bag sac *(m)*

baggage claim livraison *(f)* des bagages
baker boulanger(-ère) *(m, f)*
bakery boulangerie *(f)*
balanced équilibré(e)
balcony balcon *(m)*
bald chauve
ball balle *(f)*; ballon *(m)*
banana banane *(f)*
bandage pansement *(m)*
bank banque (f); **(of a river)** rive *(f)*; **data —** base *(f)* de données
bankruptcy faillite *(f)*
baseball base-ball *(m)*
basement sous-sol *(m)*
basket panier *(m)*
basketball basket *(m)*
bathing suit maillot *(m)* de bain (de surf)
bathroom salle *(f)* de bains; cabinet *(m)* de toilette; toilettes *(f pl)*
bathtub baignoire *(f)*
battle bataille *(f)*
bay baie *(f)*
to be être *(été)*
beach plage *(f)*
bean haricot *(m)*
bear ours *(m)*
to bear supporter
beard barbe *(f)*
beautiful beau/bel (belle); **It's — weather.** Il fait beau.
beautifully à merveille
because parce que; car
to become devenir *(devenu)*; **to — sick** tomber malade
bed lit *(m)*; **in —** au lit; **to go to —** se coucher
bedroom chambre *(f)* à coucher
beef bœuf *(m)*
beer bière *(f)*; **glass of draft —** demi *(m)*
before avant ; **— entering** avant d'entrer
before-dinner drink apéritif *(m)*
to begin commencer
beginner débutant(e)
beginning début *(m)*; **— with (in)** à partir de; **— of the school year** rentrée *(f)*
behavior comportement *(m)*
behind derrière
Belgian belge
Belgium Belgique *(f)*
to believe croire *(cru)*
belongings affaires *(f pl)*
below ci-dessous
belt ceinture *(f)*
bench banc *(m)*

beret béret *(m)*
berth couchette *(f)*
best meilleur(e); mieux; **to do one's — to** faire de son mieux pour
better: — than meilleur(e) que; mieux que; **It is — to. . .** Il vaut mieux...; **It would be — that. . .** Il vaut mieux que...; **All the —.** Tant mieux.
between entre
bicycle bicyclette *(f)*; vélo *(m)*
big grand(e); gros(se)
bikini bikini *(m)*
bill (money) billet *(m)*
billing facturation *(f)*
billion milliard *(m)*
billionaire milliardaire *(m)*
biography biographie *(f)*
biology biologie *(f)*
birth naissance *(f)*; **of —** natal(e)
birthday anniversaire *(m)*
black noir(e)
blank: — tape cassette vierge
blond blond(e)
blood sang *(m)*
blouse chemisier *(m)*
blue bleu(e); **— jeans** blue-jean *(m)*; jean *(m)*
boarding house pension *(f)*
boat bateau *(m)*
bobsled luge *(f)*; **to go bobsledding** faire de la luge
body corps *(m)*; **— suit** maillot *(m)* de corps
bohemian bohème
bond lien *(m)*
book livre *(m)*; **— of tickets** carnet *(m)*
bookstore librairie *(f)*
boots bottes *(f pl)*
bored: to be — s'ennuyer
boring ennuyeux(-euse); barbant(e); rasant(e)
born: I was — Je suis né(e)
to borrow emprunter
boss patron(ne) *(m, f)*
botany botanique *(f)*
both tous (toutes) les deux
bother: Don't —. Ce n'est pas la peine.
bothersome gênant(e)
bottle bouteille *(f)*
bowl bol *(m)*
box boîte *(f)*; carton *(m)*
boy garçon *(m)*; **— friend** petit ami
branch office succursale *(f)*

brand marque *(f)*
Brazil Brésil *(m)*
Brazilian brésilien(ne)
bread pain *(m)*
to break down (car) avoir une panne (de moteur)
breakdown panne *(f)* de voiture (de moteur)
breakfast petit déjeuner *(m)*
brick brique *(f)*
bridge pont *(m)*
brief bref (brève)
briefcase serviette *(f)*
bright: — colors couleurs vives
to bring amener; apporter; **to — back** ramener; **to — together** réunir
Brittany Bretagne *(f)*
broadcast émission *(f)*
brochure brochure *(f)*
brother frère *(m)*; **— -in-law** beau-frère
brown marron; brun(e)
brunette brun(e)
brush brosse *(f)*
to build construire *(construit)*
building bâtiment *(m)*
bull taureau *(m)*
bunch (radishes, etc.) botte *(f)*
burgundy (color) bordeaux
burn brûlure *(f)*
to burn brûler
bus autobus *(m)*; car *(m)*
business affaires *(f pl)*; commerce *(m)*; **— card** carte *(f)* de visite
businessman (-woman) homme (femme) d'affaires
but mais
butcher boucher(-ère) *(m, f)*
butter beurre *(m)*
buttock fesse *(f)*
to buy acheter; un billet **— a ticket** prendre
by par; **— plane** en avion; **— using** en utilisant

C

cabbage chou *(m)*
cafeteria cafétéria *(f)*
café café *(m)*
Cairo Le Caire *(m)*
cake gâteau *(m)*
to calculate calculer
calculator calculatrice *(f)*
calendar calendrier *(m)*
calf veau *(m)*
call appel *(m)*

to call téléphoner à; appeler; **to — again** rappeler
called nommé(e)
calm calme
camcorder caméra *(f)*
camera appareil-photo *(m)*
Cameroon Cameroun *(m)*
camp colonie *(f)* de vacances
camping camping *(m)*
campus campus *(m)*
can boîte *(f)*
Canada Canada *(m)*
Canadian canadien(ne)
to cancel annuler
candy bonbon *(m)*
canned foods conserves *(f pl)*
canoe: to go canoeing faire du canoë
canvas toile *(f)*
capital capitale *(f)*
cap bonnet *(m)*; casquette *(f)*
capsule gélule *(f)*
car auto *(f)*; voiture *(f)*; **— of a train** wagon *(m)*
carbonated gazeux(-euse)
card carte *(f)*; **credit —** carte de crédit
care: to take — of s'occuper de; **to take — of oneself** se soigner
career carrière *(f)*
careful: to be — (of) faire attention (à)
carefully soigneusement
carrot carotte *(f)*
cartoon dessin *(m)* animé
case cas *(m)*
cash register caisse *(f)*
cassette tape cassette *(f)*
castle château *(m)*
cat chat *(m)*
category catégorie *(f)*
cathedral cathédrale *(f)*
cauliflower choux-fleur *(m)*
CD compact disque *(m)*
to celebrate célébrer; fêter
center centre *(m)*
centimeter centimètre *(m)*
century siècle *(m)*
cereal céréales *(f pl)*
certain certain(e)
certainly certainement
certainty certitude *(f)*
chain chaîne *(f)*
chair chaise *(f)*
chalkboard tableau *(m)*
challenge défi *(m)*
champagne champagne *(m)*
chance (opportunity) occasion *(f)*; **to have the — to** avoir l'occasion de

change changement *(m)*
change (money) monnaie *(f)*
to change changer; **to — one's mind** changer d'avis; **to — trains (subway)** prendre une correspondance
chapter chapitre *(m)*
character personnage *(m)*; **— trait** trait *(m)* de caractère
characterized caractérisé(e)
charge: in — of chargé(e) de
charm charme *(m)*
chart tableau *(m)*, diagramme *(m)*
cheap bon marché
check chèque *(m)*; **(in a restaurant)** addition *(f)*
cheese fromage *(m)*
chef cuisinier(-ère) *(m, f)*
chemistry chimie *(f)*
cherry cerise *(f)*
chess échecs *(m pl)*
chest poitrine *(f)*
chestnut marron *(m)*
chicken poulet *(m)*
child enfant *(m)*
childhood enfance *(f)*; jeunesse *(f)*
chills frissons *(m pl)*
chimney cheminée *(f)*
China Chine *(f)*
Chinese chinois(e)
chocolat chocolat *(m)*
choice choix *(m)*
to choose choisir
Christian chrétien(ne)
Christmas Noël *(m)*
church église *(f)*
cider cidre *(m)*
to circulate circuler
circumstance circonstance *(f)*
city ville *(f)*; **— hall** hôtel *(f)* de ville
civil servant fonctionnaire *(m, f)*
clarinet clarinette *(f)*
class classe *(f)*; cours *(m)*; **first (second) —** première (deuxième) classe; **in —** en classe; **I have — in 5 minutes.** J'ai cours dans 5 minutes.
classic, classical classique
classified ads petites annonces
classmate camarade *(m, f)* de classe
to clean nettoyer
clear clair(e)
to clear the table débarrasser la table
clever habile; intelligent
climate climat *(m)*
clock radio radioréveil *(m)*

to close　fermer
close to　près de; proche
closet　placard *(m)*
clothes　vêtements *(m pl)*
clothing　habillement *(m)*
cloud　nuage *(m)*; **It's cloudy.**　Le ciel est nuageux (couvert).
coast　côte *(f)*
coat　manteau *(m)*
coated　enrobé(e)
Coca-Cola　Coca *(m)*
coffee　café *(m)*
coin　pièce *(f)* de monnaie
cold　froid(e); froid *(m)*; **to have a —**　avoir un rhume; **It is —.**　Il fait froid
collar　col *(m)*
colleague　collègue *(m, f)*
Colombia　Colombie *(f)*
colony　colonie *(f)*
color　couleur *(f)*
colored　coloré(e)
comb　peigne *(m)*
combination　combinaison *(f)*
to come　venir *(venu)*; **to — back**　revenir; **to — across**　rencontrer
comedy　comédie *(f)*
comfort　confort *(m)*
comfortable　confortable; **to get —**　se mettre à l'aise
coming from　en provenance de
comment　commentaire *(m)*
commercial　commercial(e)
companion　compagnon *(m)*
company　entreprise *(f)*; société *(f)*; firme *(f)*
to compare　comparer
competitor　concurrent(e) *(m, f)*
to complain　se plaindre
complaint　plainte *(f)*
completely　tout(e); complètement
complicated　compliqué(e)
comprised: to be — of　comprendre
computer　ordinateur *(m)*; **— programmer**　programmeur(-euse) *(m, f)*; **— science**　informatique *(f)*
to concentrate　concentrer; **to — on**　se concentrer sur
concerning　en ce qui concerne
concert　concert *(m)*
conference　conférence *(f)*
confluence　confluent *(m)*
to connect　relier
conquered　conquis(e)
consequently　par conséquent
conservative　traditionnel(le)
to consist of　consister en

consonant　consonne *(f)*
constantly　constamment
constipated　constipé(e)
constraint　contrainte *(f)*
to consult　consulter
consumer　consommateur(-trice) *(m, f)*
to contain　contenir
continuation　suite *(f)*
to continue　continuer; poursuivre; **to be continued**　à suivre
contradictory　contradictoire
to contribute　contribuer
convent　couvent *(m)*
convention　congrès *(m)*
cook　cuisinier(-ère) *(m, f)*
cooked　cuit(e)
cookie　biscuit *(m)*
cool: It's —　Il fait frais.
corn　maïs *(m)*
corner　coin *(m)*
to correct　corriger
cost　coût *(m)*
to cost　coûter
costly　coûteux(-euse)
cotton　coton *(m)*
couch　canapé *(m)*
cough　toux *(f)*; **to —**　tousser
to count　compter
country　pays *(m)*; campagne *(f)*; **in the —**　à la campagne
courageous　courageux(-euse)
course　cours *(m)*; **first — (of a meal)**　entrée *(f)*
course: of —　bien sûr; bien entendu
courtesy　courtoisie *(f)*
cousin　cousin(e) *(m, f)*
covered　couvert(e)
cow　vache *(f)*
crazy　fou/fol (folle)
cream　crème *(f)*; **— fouettée**　whipped cream
to create　créer
crepe　crêpe *(f)*
crime　crime *(m)*
crisis　crise *(f)*
to criticize　critiquer
to cross　traverser
to cry　pleurer
cucumber　concombre *(f)*
cuisine　cuisine *(f)*
cup　tasse *(f)*
current　actuel(le)
currently　actuellement
curtain　rideau *(m)*
cushion　coussin *(m)*

custom　coutume *(m)*
customer　client(e) *(m, f)*
customs　douane *(f)*
to cut　couper
cutlet　escalope *(f)*
cyclist　cycliste *(m, f)*

D

dairy products　produits laitiers
damaged　endommagé(e)
dance　danse *(f)*
dancer　danseur(-euse) *(m, f)*
dangerous　dangereux(-euse)
Danish　danois(e)
danse　bal *(m)*
dark: — blue　bleu foncé
Darn!　Zut!
to date from　dater de
daughter　fille *(f)*
dawn　aube *(f)*
day　jour *(m)*; journée *(f)*; **What — is it?**　Quel jour sommes-nous?; **the following —**　lendemain *(m)*
dear　cher (chère)
death　mort *(f)*
to decide　décider (de)
decision　décision *(f)*; **to make a —**　prendre une décision
to declare　déclarer
degree　diplôme *(m)*
delay　délai *(m)*
delegate　délégué(e) *(m, f)*
delicious　délicieux(-euse)
delighted　ravi(e); enchanté(e); **to be —**　se réjouir
to demand　exiger
demanding　exigeant(e)
demonstration　manifestation *(f)*
Denmark　Danemark *(m)*
dense　dense
dentist　dentiste *(m, f)*
department (of a store)　rayon *(m)*
departure　départ *(m)*
to depend: That —s on. . .　Ça dépend de...
depressed: to be —　avoir le cafard *(fam)*
depressing　déprimant(e)
to describe　décrire *(décrit)*
deserted　désert(e)
to designate　désigner
desire　désir *(m)*
desired　souhaité(e)
desk　bureau *(m)*; **front — (hotel)**　réception *(f)*
despite　malgré

dessert   dessert *(m)*
detail   détail *(m)*; **to give —s** préciser
detailed   détaillé(e)
detective movie   film *(m)* policier
development   développement *(m)*
devil   diable *(m)*
dial   cadran *(m)*; **to —**   composer; **— tone**   tonalité *(f)*
dialogue   dialogue *(m)*
to die   mourir *(mort)*; crever
diet: to be on a —   être au régime
to differ from   différer de
difficult   difficile
digit   chiffre *(m)*
to diminish   diminuer
dining room   salle *(f)* à manger
dinner   dîner *(m)*; **to have —** dîner
diploma   diplôme *(m)*
diplomacy   diplomatie *(f)*
direct   direct(e)
direction   direction *(f)*; sens *(m)*; **(of a movie, play)**   mise en scène *(f)*
directly   directement
director   directeur(-trice) *(m, f)*
dirty   sale
disagreement   différend *(m)*
disappointed   déçu(e)
disappointing   décevant(e)
disastrous   désastreux(-euse)
disciplined   discipliné(e)
discotheque   discothèque *(f)*
to discourage   décourager
to discover   découvrir *(découvert)*
discreet   discret(-ète)
to discuss   discuter (de)
dish   plat *(m)*
dishonest   malhonnête
to dislike   détester
display   étalage *(m)*
distinctive   distinctif(-ive)
to distinguish   distinguer
to distribute   distribuer
to divide   diviser
divorce: to (get a) —   divorcer
to do   faire *(fait)*
doctor   médecin *(m)*
doctoral degree   doctorat *(m)*
dog   chien *(m)*
doll   poupée *(f)*
door   porte *(f)*
dormitory   résidence *(f)* universitaire; **— complex**   cité *(f)* universitaire
dose   dose *(f)*
doubt   doute *(m)*
to doubt   douter

down: to go —   descendre
downtown   centre-ville *(m)*
dozen   douzaine *(f)*
drama   drame *(m)*
dramatic   dramatique
to draw   dessiner
drawer   tiroir *(m)*
drawing   dessin *(m)*
to dream   rêver
dress   robe *(f)*
dressed   habillé(e); vêtu(e); **to get —**   s'habiller
dresser   commode *(f)*
drink   boisson *(f)*; **to —**   boire *(bu)*
to drive   conduire
driver   chauffeur *(m)*
driving   conduite *(f)*
drop   goutte *(f)*
to drop off   déposer
drug store   pharmacie *(f)*
drums   batterie *(f)*
dry   sec (sèche)
dryer   séchoir *(m)*
duck   canard *(m)*
due to   dû (due) à
during   durant, au cours de; **— the week**   en semaine
duty-free   hors taxes; exempt de droit
dwelling   logement *(m)*
dynamic   dynamique

E

each   chaque; **— one**   chacun(e); **with — other**   l'un(e) avec l'autre
ear   oreille *(f)*
early   de bonne heure; en avance
to earn   gagner
earrings   boucles *(m pl)* d'oreille
easily   facilement
east   est *(m)*
Easter   Pâques *(f pl)*
easy   facile; aisé(e)
to eat   manger
eclair   éclair *(m)*
economics   sciences économiques
economy   économie *(f)*
edge   bord *(m)*
education   formation *(f)*; **continuing —**   formation permanente; **higher —**   enseignement supérieur
effect   effet *(m)*
efficient   efficace
egg   œuf *(m)*

Egypt   Égypte *(f)*
Egyptian   égyptien(ne)
either. . .or   soit...soit
elbow   coude *(m)*
eldest   aîné(e)
electric   électrique
elegant   élégant(e)
element   élément *(m)*
elevator   ascenseur *(m)*
embassy   ambassade *(m)*
embroidered   brodé(e)
emergency: in case of —   en cas d'urgence
employee   employé(e) *(m, f)*; agent(e) *(m, f)*
employment   emploi *(m)*
enclosure (in a letter)   P.J. (pièce jointe)
to encourage   encourager
end   fin *(f)*; bout *(m)*; **in the —** pour finir; par la suite
to end   (se) terminer
energetic   énergique
engaged: to get — (to)   se fiancer (avec)
engineer   ingénieur *(m)*
England   Angleterre *(f)*
English   anglais(e)
English Channel   Manche *(f)*
to engrave   graver
enjoy: — your meal!   Bon appétit!
enough   assez (de); **to be —** suffire
to enroll   s'inscrire
to enter   entrer dans; s'introduire dans
enthusiasm   enthousiasme *(m)*
enthusiastic   enthousiaste
entire   entier(-ère)
entirely   complètement
entirety   totalité *(f)*
entrance   entrée *(f)*
environment   environnement *(m)*
equally   également
equipped   équipé(e)
errand   course *(f)*; **to run —s** faire les courses
escalator   escalier *(m)* roulant
to escape   se sauver
espadrilles   espadrilles *(f pl)*
especially   surtout
espionage   espionnage *(m)*
espresso   express *(m)*
essential   indispensable; **It is — that. . .**   Il est essentiel que...
essentially   essentiellement
to establish   établir
European   européen(ne)
even   même; **or —**   voire

evening soir *(m)*

event événement *(m)*; **in any —** de toute façon

ever jamais

every: — week toutes les semaines; **— year** tous les ans; **— body** tout le monde; **—where** partout

to evolve évoluer

exact exact(e)

exactly exactement; justement; tout à fait

exaggeration exagération *(f)*

exam examen *(m)*; **competitive —** concours *(m)*; **final —** examen de fin de semestre

example exemple *(m)*; **for —** par exemple

except sauf

exception: with the — of à l'exception de

exceptional exceptionnel(le)

excerpt extrait *(m)*

exchange échange *(f)*; **foreign currency —** bureau *(m)* de change; **to —** échanger

exciting passionnant(e)

exclusively exclusivement

excuse excuse *(f)*; **— me. . .** Pardon...

executive cadre *(m)*; **high-level —** cadre supérieur

exercise exercice *(m)*

exit sortie *(f)*

expensive cher (chère); **to be —** coûter cher

to explain expliquer

explanation explication *(f)*

to express exprimer

exterior extérieur *(m)*

extra supplémentaire

extraordinary extraordinaire

extreme extrême *(m)*

extremity extrémité *(f)*

eye œil (pl yeux) *(m)*

eyeglasses lunettes *(f pl)*

F

fabric tissu *(m)*

face figure *(f)*; visage *(m)*

to facilitate faciliter

fact: in — en fait

to fail (a test) rater; échouer à

faith foi *(f)*

false faux (fausse)

family famille *(f)*; **pertaining to the —** familial(e)

famous célèbre

fantastic fantastique

fantasy: — movie film *(m)* fantastique

far (from) loin (de)

faraway lointain(e)

farm ferme *(f)*

farmer agriculteur(-trice) *(m, f)*

fascinating fascinant(e)

fashion mode *(f)*; **high —** haute couture; **in —** à la mode

fast food fast-food *(m)*; **a — restaurant** un fast-food

fat gros(se); gras(se)

fatality fatalité *(f)*

father père *(m)*; **- -in-law, stepfather** beau-père

favorite préféré(e)

fax machine télécopieur *(m)*

fed: to be — up with en avoir marre de

to feel se sentir; **I'm feeling better.** Je vais mieux.

festival festival *(m)*

fever fièvre *(f)*; **hay—** rhume *(m)* des foins

few: a — quelques; **so —** si peu de

fiance fiancé(e) *(m, f)*

field champ *(m)*

to fill out (a form) remplir

filled chargé(e); rempli(e)

filmmaker cinéaste *(m f)*

finally finalement; enfin; **She — got her car.** Elle a fini par avoir sa voiture.

financial financier(-ère)

to find trouver

fine: I am —. Je vais bien.

finger doigt *(m)*

to finish finir; terminer

fire incendie *(m)*

fireworks feux *(m pl)* d'artifice

first premier(-ère); **— of all** d'abord; premièrement

fish poisson *(m)*; **— soup** bouillabaisse *(f)*

fishing pêche *(f)*; **to go —** aller à la pêche

fitting room salon *(m)* d'essayage

to fix one's hair se coiffer

fixed figé(e); décidé(e)

flavor saveur *(f)*

flight vol *(m)*

flooded inondé(e)

floor plancher *(m)*; étage *(m)*; **—plan** plan *(m)*; **ground —** rez-de-chausée *(m)*

flour farine *(f)*

flower fleur *(f)*

flu grippe *(f)*

fluently: to speak French — parler couramment le français

flute flûte *(f)*

fog brouillard *(m)*

foggy: It's —. Il fait du brouillard.

to follow suivre *(suivi)*; **followed by** suivi(e) de; **following** suivant(e)

food alimentation *(f)*; nourriture *(f)*; aliments *(m pl)*

foot pied *(m)*

football football *(m)* américain

for pour; **— an hour** pendant une heure; **— hours** depuis des heures

forbidden interdit(e)

forced forcé(e)

foreign étranger(-ère)

foreigner étranger(-ère) *(m, f)*

forest forêt *(f)*

to forget oublier

fork fourchette *(f)*

form: in the — of sous forme de; **to —** former

former ancien(ne)

fortunately heureusement

founded fondé(e)

free gratuit(e); libre

freedom liberté *(f)*

French français(e)

French fries (pommes) frites *(f pl)*

French-speaking francophone

frequently fréquemment

fresh frais (fraîche)

friend ami(e) *(m, f)*; copain (copine) *(m, f)*

to frighten faire peur (à)

frivolous frivole

from de; **— the beginning** dès le début

front: in — of devant

frozen surgelé(e)

fruit fruit *(m)*

frying pan poêle *(f)*

fun: to have — s'amuser; **to make — of** se moquer de

funny drôle; amusant(e); **It's not —.** C'est pas marrant.

furious furieux(-euse)

to furnish fournir; **to — a house** aménager une maison

furnished meublé(e)

furnishings ameublement *(m)*

furniture meubles *(m pl)*

future futur *(m)*; avenir *(m)*

G

to gain weight grossir

game jeu *(m)*; match *(m)*; **to play a — of tennis** faire une partie de tennis

garage garage *(m)*
garden jardin *(m)*
garlic ail *(m)*
garnished garni(e)
gasoline essence *(f)*; **to get a full tank of —** faire le plein
gastronomical gastronomique
gate (airport) porte *(f)*
gender genre *(m)*
general général(e); **in —** en général
generally généralement
generous généreux(-euse)
genius génie *(m)*
gentleman monsieur *(m)*
geology géologie *(f)*
German allemand(e)
Germany Allemagne *(f)*
gesture geste *(m)*
to get obtenir *(obtenu)*; **to — in (car, bus, etc.)** monter dans; **to — off** descendre de; **to — back** récupérer; **to — settled** s'installer; **to — up** se lever; **to — upset** s'énerver; **to — used to** s'habituer à
giant géant(e)
gift cadeau *(m)*
girl fille *(f)*; **—friend** petite amie
to give donner
gladly volontiers; Je veux bien.
glass verre *(m)*
glove gant *(m)*
to go aller; **Let's —!** Allons-y!; **to — and get** aller chercher; **to — back** rentrer, retourner; **to — by (time)** passer; **to — about (doing something)** s'y prendre
goal but *(m)*
goat chèvre *(f)*
gold or *(m)*
golf golf *(m)*
good bon(ne); **Be —.** Sois sage.
good-bye au revoir; salut; **to say —** prendre congé
government gouvernement *(m)*
grade note *(f)*
gram gramme *(m)*
grammar grammaire *(f)*
grand: — daughter petite fille; **— son** petit fils; **— father** grand-père; **— mother** grand-mère
grapefruit pamplemousse *(m)*
grated râpé(e)
gray gris(e)
Great Britain Grande-Bretagne *(f)*

great grand(e); **That's —!** C'est extra (épatant, chouette)!
Greece Grèce *(f)*
Greek grec(que)
green vert(e)
to greet saluer; accueillir
greeting salutation *(f)*
grilled grillé(e)
grocer épicier(-ère) *(m, f)*
grocery store alimentation *(f)* générale; épicerie *(f)*
ground floor rez-de-chaussée *(m)*
group groupe *(m)*
growth croissance *(f)*
to guess deviner
guest invité(e) *(m, f)*
guide guide *(m)*
guitar guitare *(f)*
gulf golfe *(m)*
gun pistolet *(m)*
gymnasium gymnase *(f)*

H

hair cheveux *(m pl)*; **—cut** coupe *(f)*; **—dresser** coiffeur(-euse) *(m, f)*; **—style** coiffure *(f)*
half moitié *(f)*; demi(e)
hallway couloir *(m)*
ham jambon *(m)*
hand main *(f)*; **on one —...on the other** d'un côté...de l'autre; **to give somebody a —** donner un coup de main à quelqu'un
handwritten manuscrit(e)
to hang pendre *(pendu)*; **to — up (phone)** raccrocher
to happen se passer
happiness bonheur *(m)*
happy heureux(-euse); content(e)
hard dur(e); **— working** travailleur(-euse)
hardly ne...guère
harsh rude
hat chapeau *(m)*
to hate avoir horreur de
to have avoir *(eu)*; **(something to eat)** prendre *(pris)*; **to — to** devoir *(dû)*; **to — one's hair cut** se faire couper les cheveux; **having decided to** ayant décidé de
head tête *(f)*
health santé *(f)*; **in good —** en bonne santé; **your good health!** Santé!
to hear entendre *(entendu)*; **to — about** entendre parler de; **to — that** entendre dire que

heart cœur *(m)*
heat chaleur *(f)*
heating chauffage *(m)*
heavy lourd(e); **— -set** costaud(e)
heel talon *(m)*
hello salut; bonjour; allô
help aide *(f)*; secours *(m)*
to help aider
henna henné *(m)*
here ici; **Here's...** Voici...
to hesitate hésiter
Hey! Tiens!
hierarchy hiérarchie *(f)*
high élevé(e)
highway autoroute *(f)*
hike: to go for a — faire une randonnée
to hire embaucher
historic historique
history histoire *(f)*
holiday jour de fête
home: at the — of chez; **at —** à la maison; **to go —** rentrer
honest honnête
honey miel *(m)*
hood capuche *(f)*; capuchon *(m)*
to hope espérer
horrible affreux(-euse)
horror movie film *(m)* d'épouvante
horseback riding équitation *(f)*
hospital hôpital *(m)*; clinique *(f)*
hostel: youth — auberge *(f)* de jèunesse
hostess hôtesse *(f)*
hot chaud(e)
hotel hôtel *(m)*; **— owner** hôtelier(-ère) *(m, f)*
hour heure *(f)*; **24 —s a day** 24 heures sur 24; **130 km per —** 130 km à l'heure; **rush —** heures de pointe
house maison *(f)*
housing logement *(m)*
how comment; **— much (— many)** combien (de); **— are you?** Comment allez-vous? (Comment ça va?); **— strong he is!** Qu'est-ce qu'il est fort!; **— long will it take to go...** Il faut combien de temps pour aller...
huh? hein?
human humain(e)
hunger faim *(f)*
hungry: to be (very) — avoir (grand) faim
to hurry se dépêcher; **in a —** pressé(e)
husband mari *(m)*

I

ice cream glace *(f)*
idea idée *(f)*
idealistic idéaliste
to identify identifier
if si
illness mal *(m)*
illustrated illustré(e)
image image *(f)*
imaginary imaginaire
to imagine imaginer
immediately tout de suite
impatient impatient(e)
importance importance *(f)*
important important(e)
imposed imposé(e)
to impress impressionner; épater
impression: to have the — (of, that) avoir l'impression (de, que)
impressive impressionnant(e)
to improve améliorer
in à; en; dans
to inaugurate inaugurer
to include inclure *(inclus)*
included compris(e)
to increase augmenter
increasing en hausse
independence indépendance *(f)*
independent indépendant(e)
India Inde *(f)*
Indian indien(ne)
to indicate indiquer
indigestion indigestion *(f)*
indiscreet indiscret(-ète)
industry industrie *(f)*
inedible immangeable
inevitable inévitable
to influence influencer
information renseignements *(m pl)*; **to get — (about)** se renseigner (sur)
informed avisé(e)
inhabitant habitant(e) *(m, f)*
inhabited habité(e)
injury blessure *(f)*
inn pension *(f)*; auberge *(f)*
inseam entre-jambes *(m)*
inside à l'intérieur de
to insist (that) insister (pour que)
institute institut *(m)*
intellectual intellectuel(le)
to intend to avoir l'intention (de)
intercom interphone *(m)*
interest intérêt *(m)*
interested: to be — in s'intéresser à
interesting intéressant(e)

international international(e); mondial(e)
to interrogate interroger
interrupted interrompu(e)
intersection carrefour *(m)*
interview interview *(f)*; entretien *(m)*; **to —** interviewer
to introduce présenter
introduction présentation *(f)*
introverted introverti(e)
to invent inventer
investment investissement *(m)*
Iran Iran *(m)*
Iranian iranien(ne)
Iraq Irak *(m)*
iron fer *(m)*
island île *(f)*
Israel Israël *(m)*
Israeli israélien(ne)
Italian italien(ne)
itinerary itinéraire *(m)*
Ivory Coast Côte d'Ivoire *(f)*

J

jacket blouson *(m)*; **sports —** veste *(f)*
jam confiture *(f)*
Japan Japon *(m)*
Japanese japonais(e)
jazz jazz *(m)*
jewelry bijoux *(m pl)*
job job *(m)*; poste *(m)*; travail *(m)*; emploi *(m)*
to jog faire du jogging
to join rejoindre *(rejoint)*; **to — us** être des nôtres
jolly jovial(e)
journalism journalisme *(m)*
journalist journaliste *(m, f)*
joy joie *(f)*
to judge juger
juice jus *(m)*; **fruit —** jus *(m)* de fruit
just: I have — arrived. Je viens d'arriver

K

karate karaté *(m)*
to keep garder; **to — a promise** tenir une promesse
ketchup ketchup *(m)*
key clé *(f)*
keychain porte-clés *(m)*
kidney rein *(m)*

kilogram kilo *(m)*
kind (nice) gentil(le)
kind (type) genre *(m)*; sorte *(f)*
king roi *(m)*
to kiss embrasser
kitchen cuisine *(f)*
knee genou *(m)*
knife couteau *(m)*
to knit tricoter
to knock frapper
to know connaître *(connu)*; savoir *(su)*; **I — what I'm doing.** Je m'y connais.
known connu(e)

L

label étiquette *(f)*; griffe *(f)*
laboratory laboratoire *(m)*
lack manque *(m)*
ladder échelle *(f)*
lamp lampe *(f)*
landing débarquement *(m)*
lane voie *(f)*
language langue *(f)*
large grand(e); **— family** famille nombreuse
last dernier(-ère); passé(e)
to last durer
late tard; en retard; tardif(-ve)
later plus tard
latest dernier(ère)
laundry linge *(m)*; **to do the —** faire la lessive; **— room** buanderie *(f)*
law droit *(m)*
lawyer avocat(e) *(m, f)*
lazy paresseux(-euse)
to lead mener
leader chef *(m)*
to learn apprendre *(appris)*
least moindre; **the —** le (la) moins; **at —** au moins
to leave quitter; sortir *(sorti)*; partir *(parti)*; **to — again** repartir; **to take —** prendre congé
Lebanese libanais(e)
lecture conférence *(f)*
leek poireau *(m)*
left gauche *(f)*
left: the money I have — l'argent qui me reste
leg jambe *(f)*
legend légende *(f)*
lemon citron *(m)*
lemonade citron *(m)* pressé
to lend prêter
length durée *(f)*

less moins; — ...**than** moins de...que
lesson leçon (f)
letter lettre (f); **application —** lettre de candidature
lettuce salade (f)
level niveau (m)
liberal arts lettres (f pl)
library bibliothèque (f)
Libya Libye (f)
life vie (f)
to light allumer
light: — blue bleu clair
light léger(-ère)
lightly légèrement
to like aimer; aimer bien; **to — better** aimer mieux; **to — the best** aimer le mieux; **I would like...** Je voudrais...
limited limité(e)
line ligne (f); file (f)
lined doublé(e)
linguistics linguistique (f)
lip lèvre (f)
list liste (f)
to listen (to) écouter
liter litre (m)
literature littérature (f)
little un peu; **so —** si peu (de)
to live vivre (vécu); habiter
living room salle (f) de séjour
loafers mocassins (m pl)
lobster homard (m)
located situé(e); **to be —** se trouver
location situation (f)
locked fermé(e) à clé
to lodge héberger
lodging hébergement
long long(ue)
look regard (m); **to — (seem)** avoir l'air; **to — at** regarder; **to — for** chercher; **That looks good on you.** Ça te va très bien.
to lose perdre; **to — weight** maigrir
lot: a — (of) beaucoup (de); énormément (de)
loudly: to talk — parler fort
love amour (m); **to —** aimer; adorer; **to be in — with** être amoureux(-euse) de
lover: — of amateur(-trice) de (m, f); **—s** amoureux (m pl)
low bas(se)
lozenge pastille (f)
lucky: to be — avoir de la chance
lunch déjeuner (m); **to have —** déjeuner; **— time** l'heure du déjeuner

luxurious luxueux(-euse)
luxury luxe (m)

M

made of composé(e) de
magazine magazine (m); revue (f)
main principal(e)
major (in college) spécialisation (f); **to — in French** se spécialiser en français
majority majorité (f)
to make faire (fait); fabriquer; **to — beautiful** rendre beau
man homme (m)
to manage gérer; **to — to do something** se débrouiller
management gestion (f)
manager gérant(e) (m, f)
mandatory obligatoire
manners manières (f pl)
manufacture fabrication (f)
to manufacture fabriquer
many beaucoup; **so — tellement** (de); **as — as** tant que; autant que; **as — ...as** autant de...que
map carte (f); plan (m)
marked marqué(e)
market marché (m); **flea —** marché aux puces; **Common —** Marché Commun
marketing marketing (m)
married marié(e) **to get —** se marier
to marry épouser
marvel merveille (f)
master maître (m); **—'s degree** maîtrise (f)
masterpiece chef d'œuvre
material matière (f)
math mathématiques (f pl)
matter: It doesn't —. Ça m'est égal.; Ça ne fait rien.; **What's the —?** Qu'est-ce que tu as?; Qu'est-ce qu'il y a?
maybe peut-être
mayonnaise mayonnaise (f)
meal repas (m)
to mean signifier; **That means...** Ça veut dire...
means moyen (m)
meantime: in the — entretemps; en attendant
to measure mesurer
meat viande (f)
mechanic mécanicien(ne) (m, f)
medical médical(e)
medicine médecine (f); **to study —** faire sa médecine

medication médicament (m)
Mediterranean Sea Mer Méditerranée
to meet faire la connaissance de; rencontrer; retrouver; se retrouver; se réunir; **I met him in Paris.** Je l'ai connu à Paris.
meeting rendez-vous (m); congrès (m); réunion (f)
melon melon (m)
member membre (m)
memory souvenir (m)
menu carte (f); menu (m)
message message (m); **to leave a —** laisser un mot
meter mètre (m)
method mode (f)
metric métrique
Mexican mexicain(e)
Mexico Mexique (m)
middle milieu (m); **— -aged** d'un certain âge; **— -class** bourgeois(e)
midnight minuit (m)
migraine headache migraine (f)
mild (climate) doux (douce)
milk lait (m); **—shake** milkshake (m)
million million (m)
mint menthe (f)
minute minute (f)
mirror miroir (m)
miser avare (m)
miserly avare
to miss: I — her Elle me manque.
mistake: to make a — se tromper
mix mélange (m)
to mix mélanger
model modèle (m); **fashion —** mannequin (m)
modern moderne
to modernize moderniser
moment instant (m); moment (m)
monarchy monarchie (f)
money argent (m)
monster monstre (m)
month mois (m)
mood: in a good (bad) — de bonne (mauvaise) humeur
moped vélomoteur (m)
more davantage; encore de; **— than** plus que; **— ...than** plus de...que; **25 francs —** 25 francs de plus; **no —** ne...plus
morning matin (m)
Moroccan marocain(e)
Morocco Maroc (m)
Moslem musulman(e)
most la plupart de; **the —** le plus (de)

mother mère *(f)*; — **-in-law, step-mother** belle-mère

to motivate motiver

motorcycle moto *(f)*; motocyclette *(f)*

mountain montagne *(f)*

mountainous montagneux(-euse)

mousse mousse *(f)*

moustache moustache *(f)*

mouth bouche *(f)*

movement mouvement *(m)*; déplacement *(m)*

movie film *(m)*; **—s, — theater** cinéma *(m)*; **— camera** caméra *(f)*

moving émouvant(e)

much: so — tellement (de); **as — as** tant que; autant que; **as — ...as** autant de...que

muscular musclé(e)

museum musée *(m)*

mushroom champignon *(m)*

music musique *(f)*; **classical —** la musique classique; **popular —** la musique populaire; **— video** (vidéo-)clip *(m)*

musical musical(e)

musician musicien(ne) *(m, f)*

mussel moule *(f)*

mustard moutarde *(f)*

mutton mouton *(m)*

my mon; ma; mes

mysterious mystérieux(-euse)

N

naive naïf (naïve)

to name nommer

name nom *(m)*; **first —** prénom *(m)*; **last —** nom de famille; **My — is. . .** Je m'appelle...

nationality nationalité *(f)*

natural naturel(le)

nature nature *(f)*

nauseated: to feel — avoir mal au cœur

navy: — blue bleu marine

near proche; près (de)

nearly à peu près; presque

neat chouette

necessary nécessaire; **It is — (that). . .** Il faut (que)...

neck cou *(m)*

need besoin *(m)*; **to —** avoir besoin de; **I — . . .** Il me faut...; **if — be** à la rigueur

to neglect négliger

neighbor voisin(e) *(m, f)*

neighborhood quartier *(m)*

neither non plus; **— . . .nor** ne...ni...ni

nervous nerveux(-euse)

Netherlands Pays-Bas *(m pl)*

network réseau *(m)*

neutrality neutralité *(f)*

never ne...jamais

nevertheless néanmoins

new nouveau/nouvel (nouvelle); neuf (neuve)

New Orleans Nouvelle-Orléans *(f)*

newly nouvellement

news nouvelles *(f pl)*

newspaper journal *(m)*

New Year's le Nouvel An

New Zealand Nouvelle Zélande *(f)*

next prochain(e); **— to** à côté de; **the cafe — door** le café à côté; **the — morning** le lendemain matin

nice sympathique; **It's — (weather).** Il fait bon.

nightclub boîte *(f)* de nuit

no non

nobody ne...personne

noise bruit *(m)*

none whatsoever ne...aucun(e)

noon midi *(m)*

normal normal(e)

normally normalement; d'habitude

north nord *(m)*

Norwegian norvégien(ne)

nose nez *(m)*; **to have a runny —** avoir le nez qui coule;

not: — bad pas mal; **— at all** pas du tout; **— much** pas grand'chose; **— yet** pas encore

note pad carnet *(m)*

notebook cahier *(m)*

to notice s'apercevoir de; remarquer

noticeable sensible; remarquable

noun nom *(m)*

novel roman *(m)*

now maintenant; en ce moment

nowadays de nos jours

nowhere nulle part

number numéro *(m)*; nombre *(m)*

numerous nombreux(-euses)

nurse infirmier(-ère) *(m, f)*

nut noix *(f)*

O

obey obéir à

object objet *(m)*

to oblige obliger

obsessed with obsédé(e) par

obvious évident(e)

occupation métier *(m)*

occupied occupé(e)

to occupy occuper

o'clock: 10 — 10 heures

of de

off-campus hors campus

offer offre *(f)*

to offer offrir *(offert)*

office bureau *(m)*

official officiel(le)

often souvent

oil huile *(f)*

okay d'accord; **Is that —?** Ça vous va?; **It will be —.** Ça ira.

old vieux/vieil (vieille); ancien(ne); âgé(e); **How — are you?** Quel-âge as-tu?; **to grow —** vieillir

omelet omelette *(f)*

on sur; **— Balzac Street** dans la rue Balzac; **— Mondays** le lundi; **— page 3** à la page 3; **— sale** en solde; **— television** à la télévision; **— the other hand** par contre; **— the phone** au téléphone; **— the way to** en route pour; **— time** à l'heure

one-way (ticket) aller-simple *(m)*; **(street)** à sens unique

oneself soi-même

onion oignon *(m)*

only ne...que; seulement

to open ouvrir *(ouvert)*

opinion opinion *(f)*; **in my —** à mon avis

opportunity occasion *(f)*

opposite contraire *(m)*

optimistic optimiste

or ou

orange orange *(f)*

order commande *(f)*; ordre *(m)*; **in — to** afin de; pour

to order commander

organ orgue *(f)*

organization organisme *(m)*; organisation *(f)*

to organize organiser

organized: to get — s'organiser

organizer organisateur(-trice) *(m, f)*

origin origine *(f)*

original original(e)

other autre

out: to go — sortir *(sorti)*; **one — of three** un sur trois

outfit tenue *(f)*

outing sortie *(f)*

outside (of) à l'extérieur (de); en dehors (de)

oven four *(m)*; **microwave —** four à micro-ondes
over sur; dessus; par-dessus
overalls salopette *(f)*
overcoat manteau *(m)*; pardessus *(m)*
to owe devoir *(dû)*
own propre

P

to pack faire les valises
package paquet *(m)*
painting peinture *(f)*; tableau *(m)*
pair paire *(f)*
palace palais *(m)*
pale pâle
pan casserole *(f)*
pants pantalon *(m)*
parade défilé *(m)*
paragraph paragraphe *(m)*
parentheses parenthèses *(f pl)*
parents parents *(m pl)*
Parisian parisien(ne)
park parc *(m)*
to park stationner
parking stationnement *(m)*; **— lot** parking *(m)*
part partie *(f)*; **in —** en partie; **to be a — of** faire partie de
particular: in — en particulier
particularly particulièrement
partner partenaire *(m, f)*
party boum *(f)*; soirée *(f)*; surprise-partie *(f)*
to pass dépasser; **to — a test** réussir à un examen
passenger passager(-ere) *(m, f)*
passerby passant(e) *(m, f)*
passport passeport *(m)*
past passé *(m)*; **in the —** autrefois
pasta pâtes *(f pl)*
pastry, pastry shop pâtisserie *(f)*; **— chef** pâtissier(-ère) *(m, f)*
path allée *(f)*; chemin *(m)*
patience patience *(f)*
patient patient(e)
patiently patiemment
pattern (sewing) patron *(m)*
to pay (for) payer, régler; **to — attention** faire attention; **to — cash** payer en espèces; **to — extra** payer un supplément
peach pêche *(f)*
pear poire *(f)*
pearl perle *(f)*
peas petits pois *(m pl)*
to peel éplucher

pen stylo *(m)*
pencil crayon *(m)*
people gens *(m f pl)*; peuple *(m)*
pepper poivre *(m)*
per par
percent: thirty — trente pour cent
percentage pourcentage *(m)*
perfect parfait(e)
to perfect perfectionner
perfectly parfaitement
perfume parfum *(m)*
perhaps peut-être
period période *(f)*
to permit permettre *(permis)*
person personne *(f)*
personal personnel(le)
personality personnalité *(f)*
personally personnellement
personnel personnel *(m)*; effectifs *(m pl)*
to persuade décider
Peru Pérou *(m)*
pessimistic pessimiste
pharmaceutical pharmaceutique
pharmacist pharmacien(ne) *(m, f)*
Philippines Philippines *(f pl)*
philosophy philosophie *(f)*
photocopier copieur *(m)*
photograph photo *(f)*
to photograph photographier
photographer photographe *(m, f)*
physics physique *(f)*
physical physique
piano piano *(m)*
pick: to — up (phone) décrocher
picnic pique-nique *(m)*
picturesque pittoresque
pie tarte *(f)*
piece bout *(m)*; morceau *(m)*; part *(f)*
pierced percé(e)
pig cochon *(m)*
pinball flipper *(m)*
pink rose
pity: It's a —. C'est dommage.
pizza pizza *(f)*
place endroit *(m)*; lieu *(m)*; **meeting —** lieu de rencontre
plans préparatifs *(m pl)*; projets *(m pl)*
plant plante *(f)*
plate assiette *(f)*
platform (train station) quai *(m)*
play pièce *(f)* de théatre
to play jouer; **(sport)** jouer à; **(musical instrument)** jouer de; **to — tennis** faire du tennis
playing: to be — (movie) passer
pleasant agréable
pleased content(e)

please s'il vous (te) plaît
pleasure plaisir *(m)*
pocket poche *(f)*
poet poète *(m)*
to point out signaler
police station commissariat *(m)* de police
Polish polonais(e)
polite poli(e)
political politique; **— party** parti *(m)*; **— science** science *(f)* politique
politics politique *(f)*
polka dots pois *(m pl)*
polo shirt polo jersey *(m)*
polyester polyester *(m)*
poor pauvre
poorly mal
pork porc *(m)*
Portugal Portugal *(m)*
Portuguese portugais(e)
position situation *(f)*; poste *(m)*
to possess posséder
possession possession *(f)*
possible: It is — that. . . Il se peut que...; **That's —.** Ça se peut bien.
to post afficher
post office bureau *(m)* de poste
postage stamp timbre *(m)*
postal worker postier(-ère) *(m, f)*
postcard carte *(f)* postale
poster affiche *(f)*; poster *(m)*
pound livre *(f)*
to pour verser
practical pratique
practicum stage *(m)*
prawn langoustine *(f)*
precarious précaire
predecessor prédécesseur *(m)*
to predict prévoir *(prévu)*
to prefer préférer; aimer mieux
preferable: It is — that. . . Il est préférable que...
preferably de préférence
pregnant enceinte
preparations préparatifs *(m pl)*
to prepare préparer
to prescribe prescrire *(prescrit)*
to present présenter
president président(e) *(m, f)*
pressure pression *(f)*
pretty joli(e)
price prix *(m)*
primary primaire
private privé(e)
privileged privilégié(e)
prize prix *(m)*
probably probablement; sans doute
problem problème *(m)*; ennui *(m)*

process: in the — of en train de
product produit *(m)*
profession métier *(m)*; profession *(f)*
professional professionnel(le)
profitable rentable
program programme *(m)*
progress: to make — faire des progrès
promise promesse *(f)*
promotion avancement *(m)*
pronoun pronom *(m)*
to propose proposer
prosperous prospère
to protect protéger
protein protéine *(f)*
proud fier (fière)
province province *(f)*
psychiatry psychiatrie *(f)*
psychology psychologie *(f)*
public public (publique)
to publish publier
pumps escarpins *(m pl)*
to punish punir
purchase achat *(m)*; **to —** acheter
purchasing (department) achats *(m pl)*
purple violet(te)
purse sac *(m)* à main
to pursue poursuivre *(poursuivi)*
to put mettre *(mis)*; **to — up with** supporter
puzzle rébus *(m)*; énigme *(f)*

Q

qualified qualifié(e)
quality qualité *(f)*
question question *(f)*
quickly rapidement; vite
quiet: to be — se taire
quite: — a bit of pas mal de; **— naturally** tout naturellement

R

R&B music funk *(m)*
rabbit lapin *(m)*
racket raquette *(f)*
rain pluie *(f)*; **in the —** sous la pluie
to rain pleuvoir *(plu)*; **It's raining.** Il pleut.
to rank classer
ranking classement *(m)*
rare rare; **— (meat)** saignant(e)
rarely rarement

rate taux *(m)*
rather plutôt; assez
ravine ravin *(m)*
to reach atteindre *(atteint)*
to react réagir
reaction réaction *(f)*
to read lire *(lu)*
reading lecture *(f)*
ready prêt(e); **to get — (to)** se préparer (pour)
real véritable
real estate agency agence *(f)* immobilière
realistic réaliste
reality réalité *(f)*
to realize se rendre compte de
really vraiment
reason raison *(f)*; **the — why** la raison pour laquelle
reasonable raisonnable
to reassure rassurer
to receive recevoir *(reçu)*
recently récemment
reception réception *(f)*
recipe recette *(f)*
to recognize reconnaître *(reconnu)*
to recommend recommander
to reconstruct reconstruire *(reconstruit)*
record disque *(m)*
to recruit recruter
red rouge; **to have — hair** avoir les cheveux roux
to reduce réduire *(réduit)*
to reestablish rétablir
to reflect refléter
refresher course cours *(m)* de recyclage
refrigerator frigo *(m)*
to refuse refuser
regarding en ce qui concerne
to register enrégistrer
registration form bulletin *(m)* d'inscription
regularly régulièrement
to reign régner
relationship rapport *(m)*
relatives parents *(m pl)*
relaxed décontracté(e); relax
relief soulagement *(m)*
relieved soulagé(e)
religious religieux(-euse)
to remain demeurer
remark remarque *(f)*
to remember se rappeler; se souvenir (de)
to remind rappeler
renowned renommé(e)

rent loyer *(m)*
to rent louer
rental location *(f)*; **— agency** agence *(f)* de location
to repeat répéter
to replace remplacer
to represent représenter
to reproduce reproduire *(reproduit)*
research recherche *(f)*; **to do —** faire des recherches
to reserve réserver
to resign démissionner
resignation démission *(f)*
resources ressources *(f pl)*
responsibility responsabilité *(f)*
responsible responsable
rest repos *(m)*; **to —** se reposer; **— area** aire *(f)* de repos
restaurant restaurant *(m)*
results résultats *(m pl)*
retired: to be — être à la retraite
to return (give back) rendre *(rendu)*
return trip retour *(m)*
review révision *(f)*
résumé curriculum vitae (CV) *(m)*
rib côte *(f)*
rice riz *(m)*
rich riche
right droite *(f)*
right (correct) vrai; exact; **to be —** avoir raison
to ring sonner
river fleuve *(m)*
road chemin *(m)*; route *(f)*; **— signs** signalisation *(f)* routière; **pertaining to —s** routier(-ière)
to rob cambrioler
robber cambrioleur *(m)*
rock music rock *(m)*
rocket fusée *(f)*
role rôle *(m)*
roof toit *(m)*
room chambre *(f)*; pièce *(f)*; salle *(f)*; **—mate** camarade *(m, f)* de chambre; **bath—** salle de bains; **class—** salle de classe (cours)
round-trip (ticket) aller-retour *(m)*
rubber caoutchouc *(m)*
rug tapis *(m)*
ruins ruines *(f pl)*
rule règle *(f)*
to run (business) exploiter; **manage** gérer; **to — away** se sauver; **to — out of gas** avoir une panne d'essence
rural rural(e)
Russian russe

S

sad   triste

sail: — boat   bateau *(m)* à voile; **to go sailing**   faire de la voile

salad   salade *(f)*

salary   salaire *(m)*

sale: for —   à vendre

sales   ventes *(f pl)*; soldes *(f pl)*

salesperson   vendeur(-euse) *(m, f)*

same   même

sandals   sandales *(f pl)*

sandwich   sandwich *(m)*

satisfied (with)   satisfait(e) (de)

to satisfy   rassasier

to save (money)   faire des économies

savory   savoreux(-euse)

saxophone   saxophone *(m)*

to say   dire *(dit)*; déclarer; **to — goodbye**   faire ses adieux; **Say. . .**   Dis... (Dites...)

scallops   coquilles Saint-Jacques *(f)*

scarf   écharpe *(f)*; foulard *(m)*

scene   scène *(f)*

schedule   emploi *(m)* du temps; horaire *(m)*

scholarship   bourse *(f)*

school   école *(f)*; **high —**   lycée *(m)*; **intermediate (middle) —**   collège *(m)*; **nursery —**   école maternelle; **pertaining to —**   scolaire

science   science *(f)*; **— fiction**   science fiction *(f)*

Scottish   écossais(e)

screen   écran *(m)*

sculpture   sculpture *(f)*

sea   mer *(f)*; **—food**   fruits *(m pl)* de mer

seamstress   couturière *(f)*

search   recherche *(f)*

seashore   bord *(m)* de la mer

seasickness   mal *(m)* de mer

seaside resort   station *(f)* balnéaire

season   saison *(f)*

seat   place *(f)*; **front (back) —**   siège *(m)* avant (arrière)

seatbelt   ceinture *(f)* de sécurité

seated   assis(e)

second   deuxième; second(e); **--class ticket**   billet *(m)* de seconde; **— floor**   premier étage

secondary   secondaire

secret   secret(-ète)

secretary   secrétaire *(m, f)*

to see   voir *(vu)*; **— you in a while.**   À tout à l'heure.; **— you soon.**   À bientôt.; **Let's see. . .**   Voyons...; **We'll see. . .**   On verra...

to seem   sembler; avoir l'air

to select   sélectionner

selfish   égoïste

to sell   vendre *(vendu)*

to send   envoyer

Senegal   Sénégal *(m)*

Senegalese   sénégalais(e)

sensational   sensationnel(le)

sense   sens *(m)*; **common —**   bon sens

sentence   phrase *(f)*

separately   séparément

series   série *(f)*

serious   grave; sérieux(-euse)

seriously   sérieusement

servant   serviteur *(m)*

to serve   servir; desservir

service   service *(m)*; **— station**   station-service *(f)*

to set (a date)   fixer; **to — the table**   mettre la table (le couvert)

setting   cadre *(m)*

several   plusieurs

to sew   coudre *(cousu)*

shame: It's a —.   C'est dommage.

shampoo   shampooing *(m)*

to share   partager

to shelter   abriter

shelves   étagères *(f pl)*

shirt   chemise *(f)*; **short-sleeved —**   chemisette *(f)*

shoe   chaussure *(f)*; soulier *(m)*; **— size**   pointure *(f)*

to shop (go shopping)   faire des achats; faire du shopping; faire les courses

shopping mall   centre *(m)* commercial

short   court(e); petit(e)

shorts   short *(m)*; bermuda *(m)*

shot   piqûre *(f)*

should: you — buy   tu devrais acheter

shoulder   épaule *(f)*

show   spectacle *(m)*

to show   montrer; faire voir; indiquer; **to — one's reaction**   marquer sa réaction

shower   douche *(f)*

showing (of a film)   séance *(f)*

shrimp   crevette *(f)*

shutter   volet *(m)*

shy   timide

sick   malade

side   côté *(m)*

sidewalk (of a café)   terrasse *(f)*

to sigh   soupirer

sight   vue *(f)*; **at first —**   à première vue

sightseeing: to go —   faire du tourisme

sign   signe *(m)*

to sign   signer

to signify   signifier

silent   silencieux(-euse)

silk   soie *(f)*

simply   simplement

since   depuis; **— when**   depuis quand; **It has been a year — . . .**   Ça fait un an que...

sincere   sincère

to sing   chanter; **to — off-key**   chanter faux

singer   chanteur(-euse) *(m, f)*

single (not married)   célibataire

sink   évier *(m)*; lavabo *(m)*

sister   sœur *(f)*; **— -in-law,**   belle-sœur; **step —**   demi-sœur

to sit   s'asseoir; **— down!**   Assieds-toi! (Asseyez-vous!)

situation   situation *(f)*

size   taille *(f)*; **I take a — 42 (shoe).**   Je chausse du 42.

skating: to go —   faire du patinage

ski: to go (downhill/cross-country/water) skiing   faire du ski (de piste/de fond/nautique); **— jacket**   anorak *(m)*; **— resort**   station *(f)* de ski

skin   peau *(f)*

skindiving: to go —   faire de la plongée sous-marine

to skip a class   sécher un cours

skirt   jupe *(f)*

sky   ciel *(m)*

to sleep   dormir; coucher

sleeve   manche *(f)*

slightly   légèrement

slot   fente *(f)*

small   petit(e)

smoke   fumée *(f)*

to smoke   fumer

smoking (non-smoking)   fumeur (non-fumeur)

snack   amuse-gueule *(m)*

snail   escargot *(m)*

sneakers   baskets *(m pl)*; **high-top —**   baskets montants

to sneeze   éternuer

so   alors; **— big**   si grand

soap   savon *(m)*

soccer   football *(m)*

sociology   sociologie *(f)*

sock   chausette *(f)*

sofa   sofa *(m)*

soft   doux (douce)

software   logiciel *(m)*

sole   semelle *(f)*

to solicit solliciter
solution solution *(f)*
some des; **— day** un jour; **— (of)** quelques-un(e)s (de)
someone quelqu'un
something quelque chose; **— else** autre chose; **— small** quelque chose de petit; **— to drink** quelque chose à boire
sometimes parfois; quelquefois
somewhere quelque part
son fils *(m)*
soon bientôt
sorrow chagrin *(m)*; tristesse *(f)* **to my —** à mon (grand) regret
sorry désolé(e); navré(e); **to be —** regretter; **I feel — for you.** Je vous plains.; **I'm —.** Je m'excuse.
soup soupe *(f)*; potage *(m)*
south sud *(m)*
souvenir souvenir *(m)*
Soviet Union (former) Union Soviétique *(f)*
space espace *(m)*
spacious spacieux(-euse)
Spain Espagne *(f)*
Spanish espagnol(e)
to speak parler; **to — to someone** s'adresser à quelqu'un, adresser la parole à quelqu'un
special spécial(e)
specialty spécialité *(f)*
speed vitesse *(f)*
to spend (money) dépenser; **(time)** passer le temps
spinach épinards *(m pl)*
spite: in — of malgré
spoiled gâté(e)
spoon cuiller (cuillère) *(f)*
sport: to participate in —s faire du sport; **—jacket** veste *(f)*; **—s -minded** sportif(-ive); **—ing goods store** magasin *(m)* de sport
to sprain se fouler
spring printemps *(m)*
square: (in a town) place *(f)*
stadium stade *(m)*
stairs escalier *(m)*
to stand (put up with) supporter
star étoile *(f)*
state état *(m)*
statue statue *(f)*
status statut *(m)*
stay séjour *(m)*
to stay rester; **to — at a hotel** descendre à un hôtel
to steal voler
steel acier *(m)*
steer bœuf *(m)*

step: — -brother demi-frère; **— -father** beau-père; **— -mother** belle-mère; **— -sister** demi-sœur
stereo chaîne *(f)* stéréo
still encore; toujours
stomach ventre *(m)*; estomac *(m)*
stop arrêt *(m)*; **bus —** arrêt d'autobus; **non— -** sans arrêt; **to —** s'arrêter; cesser; **to — by** passer
store magasin *(m)*
storm orage *(m)*
story histoire *(f)*
straight: — hair cheveux raides; **— ahead** tout droit
strawberry fraise *(f)*
street rue *(f)*
strength force *(f)*; **regain one's strength** regagner ses forces
stress stress *(m)*
string ficelle *(f)*
striped rayé(e); à rayures
strong fort(e)
student (high school) élève *(m, f)*; lycéen(ne) *(m, f)*; **(college)** étudiant(e) *(m, f)*
studious studieux(-euse)
study étude *(f)*; **to —** étudier; **to — for a test** préparer un examen
stuffed: to be — up avoir le nez pris (bouché)
style style *(m)*
stylish chic
subject sujet *(m)*; **school —s** matières *(f pl)*
subscription abonnement *(m)*
subsidiary filiale *(f)*
to substitute substituer
suburbs banlieue *(f)*
subway métro *(m)*; **— station** station *(f)* de métro
to succeed réussir
success succès *(m)*; réussite *(f)*
such: — as tel(le) que; **— a long time** si longtemps
suddenly soudain
to suffer souffrir *(souffert)*
sugar sucre *(m)*
to suggest suggérer; conseiller
suit complet *(m)*; tailleur *(m)*
to suit (be appropriate for) convenir à
suitcase valise *(f)*
summary résumé *(m)*
summer été *(m)*
sumptuous somptueux(-euse)
sun soleil *(m)*; **—burn** coup *(m)* de soleil; **—glasses** lunettes *(f)* de soleil; **to get a —tan** se faire bronzer

sunny ensoleillé(e); **It's —.** Il fait du soleil.
superior supérieur(e)
to support soutenir *(soutenu)*
suppose: She was supposed to. . . Elle devait...
sure sûr(e)
surprised étonné(e); surpris(e)
surprising surprenant(e)
to surround entourer
surrounding area environs *(m pl)*
survey enquête *(f)*; sondage *(m)*
to suspect soupçonner
to swallow avaler
to sweat transpirer
sweater pull-over *(m)*; chandail *(m)*; gilet *(m)*
sweatsuit jogging *(m)*
sweatshirt sweat(shirt) *(m)*
Swedish suédois(e)
sweets sucreries *(f pl)*
to swim nager; se baigner
swimming pool piscine *(f)*
Swiss suisse
switchboard standard *(m)*
Switzerland Suisse *(f)*
sword épée *(f)*
syllable syllabe *(f)*
symptom symptôme *(m)*
synagogue synagogue *(f)*
Syria Syrie *(f)*
syrup sirop *(m)*
system système *(m)*

T

t-shirt T-shirt *(m)*
table table *(f)*
tablet (pill) cachet *(m)*; comprimé *(m)*
to take prendre *(pris)*; **to — (a person)** amener; **to — a class** suivre un cours; **to — a class over** redoubler un cours; **to — a ride (on a bike/in a car/on a motorcycle)** faire un tour (à vélo/en voiture/à moto); **to — a stroll** se balader; **to — a test** passer un examen; **to — a trip** faire un voyage; **to — a walk (ride) in town** faire un tour en ville; **to — a walk** faire une promenade; **to — an hour to go** mettre une heure pour aller; **to — care of** s'occuper de; **to — it easy** se calmer; **to — leave** prendre congé; **to — off** enlever;

to — part in participer à; **to — place** se dérouler; avoir lieu; **to — the wrong road** se tromper de route

talented in doué(e) pour

tall grand(e)

to tan se faire bronzer; **tanned** bronzé(e)

tank top débardeur (m)

tart tartelette (f)

taste goût (m); **to —** déguster

taxes impôts (m pl)

taxi taxi (m)

tea thé (m)

to teach enseigner

teacher professeur (m); **grade school —** instituteur(-trice) (m, f)

teaching enseignement (m); **— assistant** assistant(e) (m, f)

team équipe (f)

technology technologie (f)

telephone téléphone (m); **— number** numéro (m) de téléphone; **— booth** cabine (f) téléphonique; **— call** coup (m) de téléphone (fil); **— book** annuaire (m)

televised télévisé(e)

television téléviseur (m); télévision (f)

to tell raconter

temperate tempéré(e)

to tend avoir tendance à; tendre à

tennis tennis (m); **— shoes** souliers (m pl) de tennis

tense tendu(e)

terrace terrasse (f)

terrible affreux(-euse)

textbook manuel (m)

to thank remercier; **— you** merci; **—s** remerciements (m pl)

that cela; ça; **— day** ce jour-là; **— is (— is to say)** c'est-à-dire; **— one** celui (celle)-là; **— way** par là; **—'s it.** C'est ça.; **—'s okay.** Ça va.

theater théâtre (m)

then puis; ensuite; alors

there y; là; là-bas; **— is (are)** il y a; **—'s...** voilà...

therefore donc

these (those) ces

thin mince; svelte; fin(e)

thing chose (f)

to think penser; croire (cru); **to — about** penser à, réfléchir à

thirst soif (f); **to be thirsty** avoir soif

this (that) ce/cet (cette)

thousand mille; **—s of** des milliers de

thread fil (m)

throat gorge (f)

through: to go — passer par

thus ainsi

ticket billet (m)

to tie (shoes) lacer

tie cravatte (f)

tight (clothing) étroit(e)

time temps (m); **a long —** longtemps; **at that —** à cette époque-là; **three —s** trois fois; **at the same —** en même temps; **at the — of** à l'époque de; **at any —** à tout moment; **at what — ** à quelle heure; **from — to —** de temps en temps; **to have the — to** avoir le temps de; **How many —s?** Combien de fois; **What — is it?** Quelle heure est-il?

timetable horaire (m)

tip pourboire (m)

tire pneu (m); **flat —** pneu crevé

tired fatigué(e)

to à; en; jusqu'à

toast toast (m); pain (m) grillé

toaster grille-pain (m)

tobacco tabac (m); **— store** bureau (m) de tabac

today aujourd'hui

toe doigt (m) de pied

together ensemble

toilet toilette (f); W.C. (m); **— paper** papier (m) toilette (hygiénique)

toll road autoroute à péage

tomato tomate (f)

tomorrow demain

tone ton (m)

tongue langue (f)

too trop; **— much (many)** trop de

tooth dent (f); **—brush** brosse (f) à dents; **—paste** dentifrice (m)

tourist touriste (m, f); **— bureau** syndicat (m) d'initiative; office (m) de tourisme

toward vers

towel serviette (f)

tower tour (f)

towing service service (m) de dépannage

town ville (f); **in (to) —** en ville

toy jouet (m)

track voie (f)

trade (profession) métier (m); **(business)** commerce (m)

traditional traditionnel(le)

traffic trafic (m)

train train (m); **— station** gare (f)

training entraînement (m)

traitor traître (m)

transistor radio transistor (m)

to translate traduire (traduit)

translation traduction (f)

transportation transport (m)

to travel voyager; **— bag** sac (m) de voyage

traveler voyageur(-euse) (m, f)

treatment traitement (m)

tree arbre (m)

to tremble trembler

trimester trimestre (m)

trip: to take a — faire une excursion (un voyage)

triumph triomphe (m)

trombone trombone (m)

trouble peine (f); **in —** en difficulté; **to have — doing** avoir des difficultés à faire

trout truite (f)

truck camion (m)

true vrai(e); **That's —.** C'est vrai.; En effet.

trumpet trompette (f)

truth vérité (f)

to try, to try on (clothing) essayer; **to — to** chercher à; **to — one's luck** tenter sa chance

tube tube (m)

tuna thon (m)

Tunisia Tunisie (f)

Tunisian tunisien(ne)

turkey dinde (f)

Turkish turc(que)

turn: in — à tour de rôle; à son tour; tour à tour

to turn tourner

to type taper

typewriter machine (f) à écrire

typically typiquement

U

U.S.S.R. (former) U.R.S.S. (f)

ugly laid(e); moche

*uh... euh...

uncertainty incertitude (f)

uncle oncle (m)

to understand comprendre (compris)

understood: That's —. Ça s'entend.

unemployed: to be — être au chômage

unemployment chômage *(m)*;
unforgettable inoubliable
unfortunate: That's —. C'est
malheureux.; **It is — that. . .**
C'est dommage que...
United Kingdom Royaume-Uni
(m)
United Nations ONU *(f)* (Organisation des Nations Unies)
university université *(f)*
unlikely: It is — that. . . Il est
peu probable que...
until jusqu'à
up: to go — monter
updated mis(e) à jour
upset énervé(e)
upstairs à l'étage
use emploi *(m)*; **to —** employer;
utiliser
used d'occasion; usagé(e)
used to habitué(e) à
useful utile
usually d'habitude; normalement
utilities charges *(f pl)*

V

vacation vacances *(f pl)*; **paid —**
congé *(m)* payé
vacationers vacanciers *(m pl)*
to validate (ticket) composter
vanilla vanille *(f)*
variety variété *(f)*
various varié(e)s
to vary varier
veal veau *(m)*
vegetable légume *(m)*; **raw —s**
crudités *(f pl)*
Venezuela Venezuela *(m)*
Venezuelan vénézuélien(ne)
verb verbe *(m)*
very très; **— close** tout près
vest gilet *(m)*
video game jeu *(m)* vidéo
videocassette vidéo *(f)*; **— recorder (VCR)** magnétoscope
(m)
Viet Nam Viêt-Nam *(m)*
Vietnamese vietnamien(ne)
village village *(m)*
vine vigne *(f)*
vinegar vinaigre *(m)*
vineyard vignoble *(m)*
violin violon *(m)*
visa visa *(m)*
to visit (a place) visiter; **(a person)** rendre visite à
vitamins vitamines *(f pl)*

vocabulary vocabulaire *(m)*
voice voix *(f)*
volleyball volley *(m)*
to vomit vomir
vowel voyelle *(f)*

W

to wait (for) attendre *(attendu)*
waiter garçon *(m)* de café; serveur
(m)
waitress serveuse *(f)*
to wake up se réveiller
to walk marcher; promener; **to go
for a —** se promener
Walkman Walkman *(m)*; baladeur
(m)
wall mur *(m)* ·
wallet portefeuille *(m)*
to want vouloir *(voulu)*; désirer;
avoir envie de; **— ads** offres *(f
pl)* d'emploi
war guerre *(f)*; **World — II** la
Seconde guerre mondiale
warm chaud(e); **It is — (hot).** Il
fait chaud.
to warn prévenir *(prévenu)*
to wash laver
washing machine machine *(f)* à
laver
waste: to — time perdre du temps
to watch regarder
water eau *(f)*; **mineral —** eau
minérale
wave vague *(f)*
way: in a different — de façon
différente; **in what —** de quelle
façon
weak faible
weakness faiblesse *(f)*
wealth richesse *(f)*
to wear porter
weather temps *(m)*; **What's the
— like?**; Quel temps fait-il?; **— report** météo *(f)*
week semaine *(f)*; **—end** week-
end *(m)*
to weigh peser
weightlifting musculation *(f)*
welcome: — to bienvenue à; **to —**
accueillir; souhaiter la bienvenue;
You're —. Je vous (t')en prie./
De rien./Il n'y a pas de quoi.
well bien; **as — as** ainsi que;
aussi bien que
west ouest *(m)*
western (film) western *(m)*

western occidental(e)
what que; quel(le); ce qui; ce que;
— is it? Qu'est-ce que c'est?; **—
did you say?** Comment? Quoi?
Vous dîtes?; **— else?** Quoi
d'autre?; **— are they like?**
Comment sont-ils?; **— do you
think about it?** Qu'est-ce que
tu en penses?; **— does your
brother look like?** Comment
est ton frère?
whatever: — the level quel que
soit le niveau
wheat blé *(m)*
wheel roue *(f)*
when quand; lorsque; **the day —
. . .** le jour où...; **at the time —**
au moment où
where où
which quel(le); **— one** lequel
(laquelle); **— ones** lesquel(le)s;
that — ce que; **to —** auquel (à
laquelle); **of —** dont
while pendant que; **— waiting**
en attendant
white blanc(he)
who qui; **—'s calling?** C'est de
la part de qui?; C'est qui à l'appareil?; **— is it?** Qui est-ce?
whole entier(-ère)
whom: to — à qui
whose dont
why pourquoi; **That's why. . .**
C'est pour ça que...
wide large
wife femme *(f)*
willingly volontiers
willingness volonté *(f)*
to win gagner
wind vent *(m)*; **It's windy.** Il
fait du vent.
window (of a house) fenêtre *(f)*;
(of a shop) vitrine *(f)*; **(of a
bank, etc.)** guichet *(m)*; **to —
-shop** faire du lèche-vitrines
to windsurf faire de la planche à
voile
wine vin *(m)*; **— cellar** cave *(m)*
wing aile *(f)*
winter hiver *(m)*
to wish souhaiter
with avec
withdrawal retrait *(m)*
without sans; **— doing anything**
sans rien faire
witness témoin *(m)*
woman femme *(f)*; dame *(f)*
wool laine *(f)*
word mot *(m)*; parole *(f)*

work   travail *(m);* **(part-time/full-time)** — travail (à mi-temps/à plein temps); **to** — travailler; **(of a machine)** marcher; **to** — **hard** travailler dur; **to** — **itself out** s'arranger; **to** — **out (exercise)** s'entraîner
worker travailleur(-euse) *(m, f);* **factory** — ouvrier(-ère) *(m, f)*
workout machine appareil *(m)* de gymnastique
world monde *(m)*
worn râpé(e); usagé(e)
to worry (about) s'inquiéter (de); s'en faire au sujet de

wound plaie *(f);* blessure *(f)*
wrist poignet *(m)*
to write écrire *(écrit)*
writer écrivain *(m)*
wrong: to take the — **train** se tromper de train; **What's** —? Qu'est-ce qui ne va pas?

XYZ

year an *(m);* année *(f);* **from** — **to** — d'année en année
yellow jaune

yes oui
yesterday hier; **the day before** — avant-hier
yet pourtant
yogurt yaourt *(m)*
young jeune; — **people** les jeunes
yourself vous-même
youth jeunesse *(f)*
Zaire Zaïre *(m)*
zucchini courgette *(f)*

INDEX

France

MER DU NORD

Pays-Bas

Angleterre

Dunkerque
Calais
NORD-PAS-
DE-CALAIS
Lille
Valenciennes

Belgique

Allemagne

Luxembourg

LA MANCHE

Cherbourg
Le Havre
HAUTE-
NORMANDIE
Rouen
Seine
Amiens
PICARDIE

Reims
Metz
LORRAINE
Nancy
Meuse
Rhin
ALSACE
Strasbourg

Caen
Saint-Malo
BASSE-
NORMANDIE
★Paris
Versailles
ÎLE-DE-
FRANCE
CHAMPAGNE-
ARDENNE
Troyes

Moselle
VOSGES

Brest
Fougères
BRETAGNE
Rennes

Le Mans
PAYS DE LA LOIRE
Angers
St-Nazaire
Nantes
Chinon
Loire
Blois
Tours
Chambord
Chenonceaux
Azay-le-
Rideau
CENTRE
Orléans
BOURGOGNE
Dijon
Seine
Saône
Besançon
FRANCHE-
COMTÉ
Mulhouse
JURA
Suisse

Bourges
Nevers
Chalon-sur-
Saône
Loire

Poitiers

La Rochelle
POITOU-
CHARENTES
LIMOUSIN
Limoges
Vichy
Clermont-
Ferrand
Rhône
Lyon
Annecy

OCÉAN

ATLANTIQUE

Périgueux

Bordeaux

AUVERGNE
Saint Étienne
RHÔNE-ALPES
Grenoble
ALPES
Italie

MASSIF CENTRAL
Rodez
Garonne

AQUITAINE
MIDI-PYRÉNÉES
Toulouse
Rhône
Avignon
PROVENCE-
ALPES-
CÔTE-
D'AZUR
Monte-
Carlo
Monaco

Biarritz
Bayonne
Pau
PYRÉNÉES
Carcassonne
Nîmes
Montpellier
Béziers
Narbonne
Tarascon
Aix-en-
Provence
Marseille
Toulon
Grasse
Nice
Cannes

LANGUEDOC-
ROUSSILLON
Perpignan

Espagne
Andorre

MER MÉDITERRANÉE

CORSE

Ajaccio

0   75 km

©1993 Magellan Geographix^{SM}Santa Barbara CA

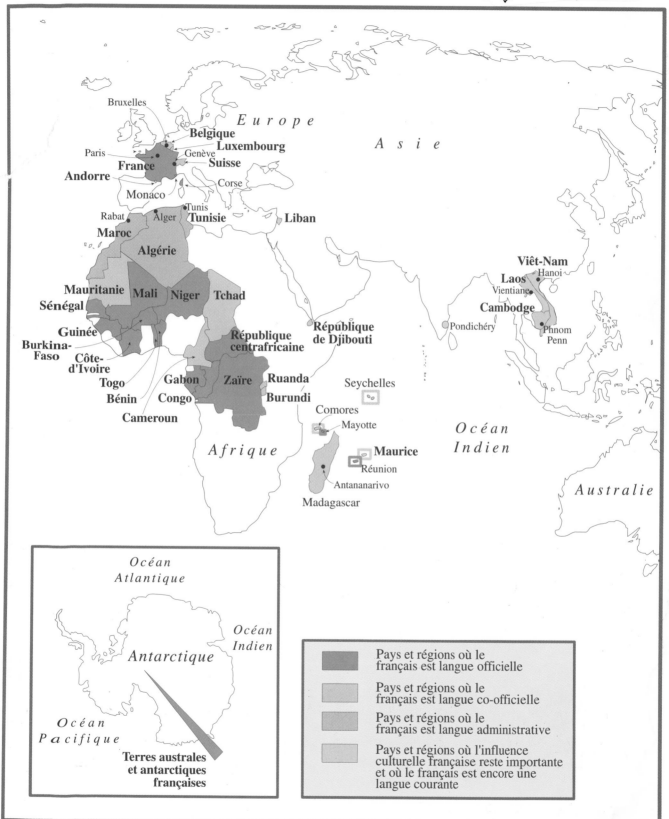

Europe

Asie

Bruxelles

Belgique
Luxembourg
Paris
Genève
France
Suisse
Andorre
Corse
Monaco

Tunis
Rabat
Alger
Tunisie
Liban
Maroc

Algérie

Mauritanie **Mali** **Niger** **Tchad**
Sénégal

Guinée
**Burkina-
Faso**
**Côte-
d'Ivoire**
Togo
Gabon **Zaïre** **Ruanda**
Bénin **Congo** **Burundi**
Cameroun

**République
centrafricaine**

**République
de Djibouti**

Viêt-Nam
Hanoi
Laos
Vientiane
Cambodge
Pondichéry
Phnom
Penn

Seychelles

Comores
Mayotte

Maurice
Réunion

Afrique

*Océan
Indien*

Antananarivo
Madagascar

Australie

*Océan
Atlantique*

*Océan
Indien*

Antarctique

*Océan
Pacifique*

**Terres australes
et antarctiques
françaises**

Pays et régions où le
français est langue officielle

Pays et régions où le
français est langue co-officielle

Pays et régions où le
français est langue administrative

Pays et régions où l'influence
culturelle française reste importante
et où le français est encore une
langue courante